宋元學案

（第四册）

〔清〕黄宗羲原著
全祖望補修
陳金生
梁運華 點校

中華書局

宋元學案卷七十八

張祝諸儒學案

全祖望補本

張祝諸儒學案表

張行成——呂凝之
譙氏門人。

王卿月
並百源續傳。

祝泌——廖應淮見下杜氏門人。
傅立——程直方
祝氏續傳。

朱元昇——子仕可
並邵學之餘。
子仕立

杜可大——廖應淮——彭復初——傅立見上祝氏續傳。
王氏續傳。
附吴浚。

荆□———李俊民別見明道學案。

並邵學別派。

張祝諸儒學案序録

祖望謹案：康節之學不得其傳，牛氏父子自謂有所授受，世弗敢信也。張行成疏通其紕繆，遂成一家，玉山汪文定公雅重之。其後如祝子涇，又稍不同。至于廖應淮之徒，則益誕矣。康節本出于希夷，其後卒流而爲應淮，所謂「必復其始」者與？述張祝諸儒學案。

梓材案：張、吕二先生傳，黄氏本附康節學案，謝山序録别定爲張祝諸儒學案。

百源續傳

郎中張觀物先生行成

張行成，字文饒，臨邛人。乾道間，由成都府路鈐轄司幹辦公事，丐祠歸。梓材案：下文云「乾道二年，表進其書」，中間著述十年，則其丐祠當在紹興間。杜門十年，著成述衍十八卷，以明三聖之易；翼玄十二卷，以明楊氏之易；元包數義三卷，以明衞氏之易；潛虚衍義十六卷，以明司馬氏之易；皇極經世索隱二卷，觀物外篇衍義九卷，以明邵氏之易。先生之學，歸宿在康節，故又别著周易通變四十卷，取自陳希夷至邵氏所傳先天卦數等四十圖，敷演解釋，以通諸易之變，始若殊塗，終歸一致，共七種，凡七十九卷。先是，康節之學有所傳十四圖者，世莫之傳，先生得于蜀中估籍吏人之家，因演解之，以爲象數之用，皆起于交，交則變，故曰「通變」。乾道二年六月，表進其書。詔奬之，除直徽猷閣。先生之自序曰：「康節先生謂：『圖雖無文，吾終日言而未嘗離乎是。蓋天地萬物之理，盡在其中矣。』謂先天圖也。先生之學，祖于象數二圖。象之變爲交泰，圖體極于一十二萬九千六百，而以八萬六千四百爲用，在觀物爲以元經會、以會經運、以運經世之數，其要則總于四象運行之一圖。數之變爲既濟，圖體極于一十二萬二千八百八十，而以三萬四千四十八爲用，在觀物爲日月、星辰、水火、土石、聲音、律呂、倡和之數，其要則總于八卦變化之八圖。四象運行者，天數也；八卦變化者，物數也。處乎其間，上以承天，下以生物者，地數也。故二者之用，全在卦氣之一圖，以動植通數，布爲九位，中五斡旋，卦乃生焉。二百五十六卦，會分十二，位分十六，具一十三萬八千二百四十之體，九萬二千一百六十之用，而天之運行，物之變化，自一至千八百萬之數皆在其中。衍而伸之，逐類而長之，以至于坤之無極之數，陰陽之消息，運世之否泰，人物之盛衰，可得而攷矣。夫天垂象，河、洛出圖、書，伏羲因之而畫卦。伏羲之意，傳天之意也。先生之書，盡寓乎十四圖。先生之意，推明伏羲之意也。僕不自揆，輒敷演解釋，命曰『通變』，庶幾學先天者得其門而入焉。李氏心傳嘗曰：『行成謂三陳九卦者，明天用二十七也。序十三卦者，明地用七十八也。二十七者，卦體也。其爻用則百六十二者，九九之合也。七十八者，爻用也。其卦體則十三者，閏歲之月也。』蓋亦牽合也。祝泌亦爲康節之學者，謂：『先生之書，其發明固多，其支蔓亦多。』獨魏文靖公則盛稱之，而惜其書之不盡傳。嘗曰：『行成大意，謂理者，太虛之實義，數者，太虛之定分，未形之初，因理而有數，因數而有象，既形之後，因象以推數，因數以知理。』是則論易之名言也。」先生官至兵部郎中、知潼川府。汪文定應辰帥蜀，薦其有捐軀殉國之忠，而又善于理財。梓材案：玉山帥蜀，在隆興二年。學者稱爲觀物先生。修。

祖望謹案：陳本堂云：「張文饒自謂精數，及其立身行事，則大悖于易，與汪玉山之言異當。」雲濠案：謝山學案劄記有此條，蓋案語而未及歸者，特爲附入。梓材謹案：儒林宗派列先生于譙天授之門，蓋因譙先生傳云：「馮時行、張行成得先生之餘意。」故與馮先生牽連及之，則亦伊川私淑也。

附錄

王深寧困學紀聞曰：「張文饒曰：『處心不可著，著則偏；作事不可盡，盡則窮。先天之學，止此一語，天之道也。』愚謂：邵子詩『夏去休言暑，冬來始講寒』，則心不著矣；『美酒飲教微醉後，好花看到半開時』，則事不盡矣。」

尚書王醒庵先生卿月

王卿月，字清叔，祥符人也。南渡，卜居天台。累官至太府卿。其提刑蜀中時，從康節後人傳其易學，論人窮達壽夭甚中。及以吏部尚書充金國生辰使，語家人曰：「今年吾當厄萬里之行，其能免乎？」

已而疽發于背，或勸之辭，曰：「君命也。」行次揚州卒。先是，取其所著書盡焚之，遂無傳。

雲濠謹案：先生乾道進士。樓攻媿誌其墓云：「隆興改元，試入右庠。乾道二年，中其科，官漢陽都巡檢，非其志也，益進于學。五年，遂登進士第。」

梓材謹案：先生號醒庵居士，台州府志作臨海人。

張氏門人

太府呂先生凝之

呂凝之，字澤父，蜀人也。淳熙八年，以知閬州入覲，奏陳經世之學。阜陵大喜，以問周必大，對曰：「此必從張行成講學者。」上曰：「行成所著頗略。」必大對曰：「凝之以卦爻配年，所以加密。」留爲太府丞。其觀物篇隔眼大書云：「康節手筆也。」

邵學之餘

提幹祝子涇先生泌

祝泌，字子涇，德興人。自稱觀物老人，著有皇極經世書鈐。袁蒙齋贈之以序曰：「康節觀物篇，其學自老氏乎？致虛極，守靜篤，萬物並作，吾以觀其復，斯道也，豈獨老氏！易繫辭曰『設卦觀象』，物皆象也。又曰『聖人見天下之動而觀其會通』，物皆動也。老氏守靜觀復乃動也，易觀其動乃靜也。何動非靜？何靜非動？陰陽剛柔，互爲其根，知此者，可以觀矣。祝君好康節書，余大書觀物二字遺

之。非觀物也，自觀也。觀我生，觀民也。大觀在上，何物何我！」參袁蒙齋文集

梓材謹案：先生一字涇甫。德興縣志載：「先生以進士授饒州路三司提幹，傳邵氏皇極之學于廖應淮。年老乞休，御書『觀物樓』扁額賜之。元世祖詔徵，不赴。」是先生元初尚存，然考黃瑞節題蔡西山皇極經世書纂圖指要云：「邵子之書，伯温略發其微，至祝氏而其說詳，其用異。蔡氏蓋由博而約之也。」又云：「若夫以聲起數，以數合卦，則具祝氏鈐，而邵子未言，蔡氏未用」云。似先生與蔡氏及見然者，且與袁蒙齋往來，在紹定、嘉熙間，如及元初，則當百餘歲矣。

皇極經世書鈐自序

易繫曰：「天生神物，聖人則之。天地變化，聖人效之。天垂象，見吉凶，聖人象之。河出圖，洛出書，聖人則之。」制法垂教，祖道鈞元，是極也。先高厚而肇始，運萬有而不遺。推其動靜，得兩儀之本。沿其始交，得四象之元。循其變化，識卦位之分。得河圖、洛書而證其擬議形容之實，傳十四圖而悟布卦用卦之旨。今探賾索隱，儻不明其所由，肇是康節之學，且入于術矣。不揣其本而齊其末，可乎？粤疏造物之圖，達于取卦之妙，而後備列先天之所由運行，動植之所以感應，而要之以折衷之法，庶幾覽者由門及序，升堂入室，識其條貫，是編也，尚少裨好古博雅之君子。若鄭夬所謂「泄天之蘊，豈無禍福」，不可謂之知言。今但虞絕學之無傳，亦何暇慮乎禍福之間哉！

巡檢朱水簷先生元昇附子仕可、仕立。

朱元昇，字日華，號水簷，平陽人。所著三易備遺，家鉉翁表進之。別有邵易略例，今不傳。其言曰：「孔安國、馬融、鄭康成、關子明諸儒，皆謂自一至十爲河圖，自一至九爲洛書，惟劉牧反是。牧非無見而然也。河以通乾出天苞，洛以流坤出地符，河圖本天，宜得奇數，洛書本地，宜得耦數，此其據依以爲左驗者也。由是因往順來逆之八卦，推五行納音，以明四十五數之爲河圖；因起震終艮之八卦，推五行生成，以明五十五數之爲洛書，而三易之大綱定矣。連山，夏易也。賈公彥謂連山作于伏羲，因于夏后氏，夏易不可見，卽羲易可見矣。連山易卽春首純艮之義也。說卦曰：『艮，東北之卦也，萬物之所成終而成始也。』又曰：『終萬物，始萬物者，莫盛乎艮。』邵子雖以此一節爲明文王之卦，要之首艮之秘，已具此兩言，是以述連山象數圖，以備夏后氏易之遺。歸藏，黃帝易也，商人用之。黃帝命大撓作甲子，使伶倫造律呂。日辰有十幹十二枝，而其相承之數，究于六十。律呂有五聲十二律，而其相承之數，亦究于六十。乾之策三十六，坤之策二十四，此六十也。震、坎、艮之策三十二，巽、離、兑之策二十八，亦六十也。稽之以納音，定之以策數，己亥爲陰陽之終，子午爲陰陽之始，納音遇己亥、子午之間，數必交，音必藏，交則生生之機不息，藏則化化之迹不露，一象一數，莫不與圖、書合。大傳曰：『顯諸仁，藏諸用。』說卦曰：『乾以君之，坤以藏之。』是以述歸藏象數圖，以備商易之遺。卦之象，不易者四，反易者二，此以六變而成八也。重卦之象，不易者八，反易者二十八，此以三十六變而成六十四也。其說尚矣，未有究先天後天之體用，因象數之合，以驗羲、文之合者。乾、坤之體，不互夬、姤、剥、復，具乾、坤之體，不互既濟、未濟，具坎、離之體，不互其餘互卦五十六。其說尚矣，未有悉以卦爻彖象之辭證之者，是以演反對互體圖例，備周易之遺。」先生登右科，官政和縣巡檢。長子仕可，字起予，亦登右科；次子仕立，字起潛，皆能卒業于其父之書。

邵學别派

杜道士可大

杜可大，蜀道士也。廖應淮配漢陽軍，抵漢江濱，遇之。可大揖曰：「子非廖應淮邪？」應淮愕然曰：「道士何自知之？」可大曰：「宇宙太虚一塵爾，人生其間，爲塵幾何？是茫茫者，尚了然心目間，矧吾子邪？然自邵堯夫以先天學授王豫天悦，天悦死，無所授，同葬玉枕中。未百年，而吴曦叛，盜發其冢，得皇極經世體要一篇，内外觀象數十篇，余賄盜得之。今餘五十年，數當授子，吾俟子亦久矣。」乃言于上官，脱其籍，盡教以冢中書。其算由聲音起，應淮神鑒潁利，可大指畫未到者，應淮已先意逆悟，可大自以爲不及云。參宋文憲文集。

隱君荆先生□

荆□。

梓材謹案：先生河南隱士，嘗授皇極數學于李鶴鳴。見黄氏補本李鶴鳴傳。

祝氏門人

廖溟涬先生應淮見下杜氏門人。

杜氏門人

廖溟涬先生應淮附吴浚。

廖應淮，字學海，南城人也。自號溟涬生。抱負奇偉，年三十，遊杭，上疏言丁大全亂政狀，配漢陽軍，先生荷校行歌出都，見者壯之。蜀人杜可大者，客漢陽，言之督將，脱戍籍，授以邵子先天易數。其算由先天起數，先生神警，一授卽了。自是能洞知未知，乃坐臨安市樓賣大衍卜。卜已，輒閉樓危坐，取一鐶，按劍自鍛之，當火少休，復危坐以爲常。賈似道延之，先生直言宋鼎將移，語畢徑出。常過曾淵子家索酒，飲酣，抵掌放歌。有國子監簿吴浚者，以先天易箋、陰符經注、六花陳法欲上之朝，先生擲之曰：「嘻！誤天下國家者，此書也。」浚請受易，駡曰：「若黄口小兒耳！若能此，則人人安樂翁矣。」其後，以所傳授進士彭復之。再傳爲鄱陽傅立。所著有歷髓、星野指南、象滋説會補、畫前妙旨諸書。先生數學雖近于方伎，然亦畸士，有不可泯滅者，故附之康節弟子學案，梓材案：謝山始以是卷合王、張諸儒爲康節弟子學案，故云爾。以存其別派。

雲濠謹案：德興縣志言：祝泌傳邵氏皇極之學于廖應淮，是溟涬兼得祝氏之傳者也。

荆氏門人

莊靖李鶴鳴先生俊民

別見明道學案。

廖氏門人杜氏再傳。

進士彭先生復初

彭復初，安福人。精于易，嘗本朱子、邵子之説，著易學源流。參江西通志。

梓材謹案：廖溟涬傳所謂「進士彭復之」，蓋即先生，一名、一字爾。

祝氏續傳

文懿傅初庵先生立

傅立，字權甫，德興人也。刻意經學。先是，祝氏有皇極元元集之作，其説多與張氏異同，而進士彭復之從溟涬生別有所得，先生受之，頗有與祝氏異同者，遂通其學。入元，累官集賢院大學士。謚文懿，學者稱爲初庵先生。而程直方其高弟，乃有皇極續元元集之作。

雲濠謹案：饒州府志言：「先生得里人祝泌皇極數學。」元史世祖本紀，至元十六年，「遣使訪求通皇極數鄱陽祝泌子孫，其甥傅立持泌書來上」。蓋先生爲祝氏後人之甥而續其傳，又可見德興縣志所云「詔徵不赴」者，謂泌後人也。

彭氏門人杜氏三傳。

文懿傅初庵先生立見上祝氏續傳。

傅氏門人

程前村先生直方

程直方，字道大，婺源人。讀書十年不下樓，尤深于易。入元，絶意仕進。行部至者必造請，或敦延至學宫，執禮受教。參安徽通志。

梓材謹案：經義考引董時乂之説，言先生號前村，嘗闢書室曰觀易堂，與初庵傅先生爲莫逆交，盡得邵氏不傳之祕。又言其通諸經，平生著述，易則有程氏啓蒙翼得、四聖一心、觀易堂隨筆，書則有蔡傳辨疑，詩則有學詩筆記，春秋則有諸傳考正、春秋旁通。是先生所著，不獨續元元之作，其于初庵，蓋在師友之間。

宋元學案卷七十九

丘劉諸儒學案

全祖望補本

丘劉諸儒學案表

丘𥦗——史賓之

南軒、東萊同調。

劉光祖——游似——子汶

晦翁同調。

——周端朝別見嶽麓諸儒學案。

樓鑰——孫枝別見滄洲諸儒學案。

附師王默、

李鴻漸、

鄭鍔。

——史守之別見慈湖學案。

柴中行——饒魯別爲雙峯學案。

並晦翁私淑。

——湯千

——湯巾

崔與之——洪咨夔——程掌別見鶴山學案。
父世明。
　湯中並爲存齋晦静息庵學案。
　湯漢別見存齋晦静息庵學案。

攻媿講友。

柴中守——羅晉君別見槐堂諸儒學案。

柴元裕——饒魯別爲雙峯學案。
並南溪學侶。
　湯漢別見存齋晦静息庵學案。
　李伯玉

林大中

游仲鴻——子似見上後溪門人。

趙鞏
並慶元之學。

丘劉諸儒學案序録

祖望謹案：自淳熙至嘉定，疏附先後諸家者，有若丘忠定公、劉文節公、樓宣獻公之徒，雖不入諸先生之學派，然皆能用先聖之道，而柴獻肅公尤醇。述丘劉諸儒學案。梓材案：是卷亦謝山所特立，第其稿存者無幾，多參史傳以足之。

張呂同調

忠定丘宗卿先生崈

丘崈，字宗卿，江陰軍人。隆興元年進士，歷除國子博士。孝宗諭虞允文舉自代者，允文首薦先生。賜對，遂言：「恢復須遵養十年，乃可北向。」時方祈請陵寢，先生言：「泛使無益。」孝宗怒，先生退待罪，孝宗察其忠，不譴也。遷太常博士，出知華亭縣，修復海堰。累遷至樞密院檢詳文字。王抃爲樞密，先生不少下之。以迓客異議，抃訾先生不禮金使，予祠。起知鄂州，移江西轉運判官，提點浙東刑獄，進直徽猷閣、知平江府，陞龍圖閣，移帥紹興府，改兩浙轉運副使，以憂去。光宗即位，除太常少卿兼權工部侍郎，進户部侍郎，擢煥章閣直學士、四川安撫制置使兼知成都府。奏撤吳挺兵權，革世將之患。先生向主復讎，韓侂胄與議北伐，以圖功名。先生曰：「中原淪陷且百年，此必有夸誕貪進之人，攘臂以僥倖萬一，宜亟斥絶。」進敷文閣學士，改知建康府。將行，侂胄曰：「此事姑爲遲之。」先生因贊曰：「翻然而改，誠社稷生靈之幸。」後侂胄移書，欲除先生内職，宣諭兩淮。先生答以「不宜輕舉」。侂胄不悦。陞寶文閣學士、刑部尚書、江淮宣撫使。金人犯淮南，或勸先生棄廬、和州爲守江計，先生曰：「棄淮則與敵共長江之險矣。吾當與淮南俱存亡。」益增兵爲防。進端明殿學士、侍讀，尋拜簽書樞密院，督視江、淮軍馬。時移金書，先生謂彼指侂胄爲元謀，宜暫免係銜。侂胄大怒，罷知樞密㈠。以資政殿學士知建康府，尋改江、淮制置大使兼知建康府。淮南運司招輯邊民二萬，揀爲御前武定軍。既成軍伍，淮西賴其力。以病丐歸，拜同知樞密院。卒，謚忠定。先生儀狀魁傑，機神英悟。嘗慷慨謂人曰：「生無以報國，死願爲猛將以滅敵。」切齒君父之仇，雖其忠義性然，而先後建議規切時勢，器識宏遠，非專恃血氣者比也。參史傳。

雲濠謹案：先生謚一作文定。黃氏日鈔讀葉水心集云：「丘文定之父仁，不忍校費，幾盡産。母臧氏，既寡，力貧教子孫。」燭湖、袁清容集亦俱作文定。

附錄

葉水心祭先生文曰：「自古講學，祖性宗命，克己復禮，終始篤敬，惟公本原，我則素知，授之麈尾，張、呂同歸。」

晦翁同調

文節劉後溪先生光祖

劉光祖，字德修，簡州人。第進士，除劍南東川節度推官，辟潼川提刑司檢法。淳熙五年，召對，論恢復事，請以太祖用人爲法。除太學正。召試正字，兼吳益王府教授，遷校書郎，除右正言、知果州。

㈠「罷知樞密」，宋史本傳作「罷密，以知樞密院張巖代之」。

以趙忠定薦，召入。光宗卽位，除軍器少監兼權侍左郎官，又兼禮部。時殿中侍御史闕，上方嚴其選，宰相留正舉先生，上曰：「久在朕心矣。」先生入謝，因論：「本朝士大夫學術議論，最爲近古。咸平、景德以來，至于慶曆、嘉祐盛矣。不幸而壞于熙、豐之邪說，幸而元祐君子起而救之，末流大分，事故反覆。紹聖、元符之際，羣凶得志，絶滅綱常，其論既勝，其勢既成，崇、觀而下，尚復何言。臣始至時，聞有譏貶道學之說，而實未睹朋黨之分。逮臣復來，其事果見。因惡道學，乃生朋黨，因生朋黨，乃罪忠諫。嗟乎，以忠諫爲罪，其去紹聖幾何！」劾罷户部尚書葉翥、中書舍人沈揆結近習，圖進用，言：「比年以來，前輩老成，零落殆盡。後生晚進，議論無所據依，學術無所宗主，正論益衰，士風不競。幸詔大臣，妙搜人物，必朝野所共屬，賢愚所同敬者一二十人，參錯立朝，國勢自壯。」出知夔州。時孝宗不豫，上不過宫，先生致書留公與忠定曰：「上未過宫，宰執不可歸安私第。」孝宗崩，又詒書忠定，勉以安國家、定社稷之事。寧宗卽位，除侍御史，改司農少卿。入對，獻謹始五箴。進起居舍人，遷起居郎。朱子議卜孝宗山陵，予祠，先生言：「漢武帝于汲黯，唐太宗于魏徵，仁宗于唐介，皆暫怒旋悔。熹明先聖之道，爲今宿儒，又非三臣比。陛下初膺大寶，招徠耆儒，此初政之最善者。」再疏，不聽。劉德秀劾先生，出爲湖南運判，不就，主管玉局觀。既而，忠定罷相，韓侂胄擅朝政，遂目士大夫爲僞學，禁錮之。先生撰涪州學記，謂：「學之大者，明聖人之道以修其身，而世方以道爲僞；小者治文章以達其志，而時方以文爲病。好惡出于一時，是非定于萬世。」諫官張釜指爲謗訕，比之楊惲，奪職，謫房州。久之，起知眉州，復職，將漕利路，以不習邊事辭。進直寶謨閣，主管沖佑觀。侂胄誅，召除右文殿修撰，以寶謨閣直學士知潼川府。請改正憲聖慈烈皇后諱日，從之。陞顯謨閣直學士、提舉玉隆萬壽宮。引年不許，提舉西京嵩山崇福宮。嘉定十五年卒，謚文節。忠定嘗稱先生論諫激烈似蘇軾，懇惻似范祖禹，世以爲名言。所著後溪集十卷。參史傳。

雲濠謹案：真西山誌先生墓云：「其先句容人，居簡州。」又云：「公從族兄東溪先生伯熊學。其在房州，謫居無事，取東溪所傳易續之。蓋東溪傳止睽，公續之始蹇。」

論道學疏

方今道學，伊洛爲宗，實非程氏之私言，出于大學之紀載。大學之教，明明德爲先，其間舉詩人之言，遂有道學之目。曰如切如磋者，道學也，然則臣所謂以居仁由義爲道，以正心誠意爲學者，又在于切磋之，琢磨之。今之道學，其得之有淺深，其行之有誠僞，得之深者固已合大學之明德矣，得之淺者又可不切磋而琢磨之，使之益深，而遽自矜以召禍，則無乃亦非歟？行之誠者足以爲君子矣，行之僞者人將見其肺肝然，是固其師友之所不予也，而又何爲乎？臣每因論學之間，必有至平之說，往往僞者色愧，淺者心服，又安敢一概輕議而痛疾之也？何況其率多善士！善人所至，人必喜稱，又以僞黨若俱擯斥，安得更有好人，必取凡才充塞朝路。陛下履位之初，端拱而治，凡所進退，率由人言，初無好惡之私，豈以偏黨爲主？而一歲之內，斥逐紛紛，中間好人固亦不少，反以人臣之私意，微累天日之清明。方是時，大臣無所異同，給舍無所封駁，侍從無所論救，竊歎而已，委寄謂何，所以斯論益熾。今之君子，不明大道，自是太高，而責人太苛。自是太高，則實將不副；責人太苛，則衆忿且怨。雖然，以此窮居議道，猶之可也。朝廷之上，賢才並用，名利之途，智愚交馳，古今然也，而或者乃倡爲薦士之舉，若區別而封域之。夫薦士非不善也，然而凡有所取，豈無所遺，凡有所揚，豈無所抑，品題既衆，則疑怨叢興，心雖主于至公，迹已涉于朋黨，謗毀先喧于羣口，進退豈必于一言，是以一時之虛名，而賈今日之實禍。彼既得志，決不我容，我于窮達進退之間，亦未有充實涵養之素，彼如譏誚以修往怨，必至過甚而快私情，往往忠諫之言，指爲沽名之舉，至于潔身而退，亦曰怨懟而然，欲激怒于至尊，必加之以訐訕，則事勢至此，循默成風，國家安賴！臣欲熄將來之禍，故不憚反覆以陳，伏幾聖心廓然，永爲皇極之主，使是非由此而定，邪正由此而別，公論由此而明，私情由此而熄，道學之議由此而消，朋黨之迹由此而泯，和平之福由此而集，國家之事由此而理，生靈之幸，社稷之福也。如其不然，使相激相勝，展轉報復，爲禍無窮，臣實未知稅駕之所。

晦翁私淑

宣獻樓攻媿先生鑰附師王默、李鴻漸、鄭鍔。

樓鑰，字大防，雲濠案：行狀，先生舊字啓伯。鄞縣人。幼從鄉先生王默、李鴻漸爲嚴師。既冠，三山鄭屯田鍔寓館鄉鄰，先生又師之。隆興元年，試南宮，考官胡忠簡銓稱之曰：「此翰苑長才也。」歷知温州。屬縣樂清倡言方臘之變且復起，邑令捕數人歸于郡。先生隸其爲首者，而驅其從出境，民言遂定。丞相周益公必大心善之。光宗嗣位，除考功郎兼禮部。吏銓多所壅底，先生盡革去之。改國子司業，擢起居郎兼中書舍人，繳奏無所回避。禁中或私請，上曰：「樓舍人朕亦憚之，不如且已。」聖政、會要書成，兼直學士院。光宗内禪詔書，先生所草也，有云：「雖喪紀自行于宮中，而禮文難示于天下。」薦紳傳誦之。遷給事中。朱子以論事忤韓侂胄，除職與郡。先生言：「鴻儒碩學，陛下閔其耆老，當此隆寒，立講不便，何如畀之内祠，仍令修史，少俟春和，復還講筵。」不報。趙忠定謂人曰：「樓公當今人物也，直恐臨事少剛決耳。」及見其持論堅正，歎曰：「吾于是大過所望矣。」出知婺州，移寧國府，罷，仍舊職。韓侂胄嘗副先生爲館伴，以先生不附己，深嗛之。侂胄誅，詔起先生爲翰林學士，遷吏部尚書兼翰林侍講。時先生年過七十，精敏絶人，詞頭下，立進草，院吏驚詫。入朝，陛循舊班，帝視先生曰：「久不見此官矣。」進參知政事。位兩府者五年，累疏求去，除資政殿學士、知太平州，辭，進大學士，提舉萬壽觀。嘉定六年卒，年七十七，贈少師，謚宣獻。先生文辭精博，袁清容延祐四明志稱其于中原師友所傳，悉窮淵奥。永嘉王和叔枏亦嘗以經世之學授之。雲濠案：行狀，先生官永嘉時，聞寺正薛公季宣深于兵略，屢請問焉。每言「儒不知兵，無以應猝，惟講之有素，則緩急可用」。自號攻媿主人，著有攻媿集若干卷。參史傳。雲濠案：攻媿集載于諸家書目者，或作百卷，或作八十五卷，蓋流傳既久，多所佚脱。四庫書目稱兩淮鹽政進本作一百二十卷，與宋志及陳直齋書録解題卷帙相符，惟中多残闕，並削青詞、朱表，重編爲百十二卷。

攻媿文集

坤「利牝馬之貞」，説者止謂取其順爾，曾不知聖人取象，皆曲有妙理。禽獸之牝者皆順，惟牝馬之性最貞，游牝率以一牡引十牝，雖雜以千百，苟非其偶，他牡犯之，則踶齧不可近。坤之卦雖主平順，惟其能貞，乃成地道，故曰至柔而動也剛，至静而德方也。妻道臣道，豈曰順而已哉。答楊敬仲論易。

書序曰：「武王有疾，周公作金縢。」讀者遂謂公作金縢之匱。殊不知序書者，蓋言金縢之篇爲公而作也。古之卜筮，非若後世之輕易，記曰：「易抱龜南面，天子北面。」蓋聖人齋戒以求蓍龜，其求之天也，可易乎哉！此篇之説既不明，似覺文義間斷，又若非可以傳後世者，間有不通，先儒多略而不道。余熟復之，始得其意，而後辭意聯屬。所謂豐不餘一言，約不失一辭者，要當先正「金縢」二字。所謂金縢之匱者，其中實藏占書。自后稷之封于邰，分茅胙土，授之以龜，占書至嚴，子孫世守，非有大事不啓也。武王克商纔二年，而疾弗豫，召公、太公曰：「我其爲王穆卜。」穆，敬也，二公欲卜之于天也。周公曰：「未可。不若以戚動我先王。」遂以告太王、王季、文王，卜三龜而皆吉。所謂啓籥見書者，正啓先世金縢之匱也。既覩占書，亦曰吉。公納册于匱中，不欲人之見之，非聖人欲徼福于後也。罪人斯得之後，又爲鴟鴞之詩以遺王，其意切矣。史臣書王亦未敢誚公。言雖不誚公，而不利孺子之讒，王之心猶未釋然也。雷電以風，禾偃木拔，王與大夫盡弁以啓金縢之書。不知何爲而啓此書也。以爲不知，則天變于上，何爲而啓此？以爲知之，則亦不必啓此書也。蓋其時正以不知天之所以爲變，故啓占書以卜天意。及得公代武王之説，至于執書以泣，王心始大悟，首曰「其勿穆卜」，蓋本欲卜而今不必卜也，始知天變之意，欲彰公之勤勞爾。出郊而迎，雨反風而歲大熟，而後一篇之義焕然。孔子定書，特存此篇，以見周公之制禮作樂以致太平，本于此也。新莽以平帝有疾，作策請命，願以身代，藏册金縢。莽之譏詐，不足言。漢去古未遠，此説已不明，直以金縢之匱爲周公所作，而況于後世乎！跋金縢圖。

歐陽公于「燕兄弟」之詩，發「不如友生」之義，高矣。此詩方以兄弟爲急，而毛、鄭二氏失其本義。使得公之言，詩意始明，而末章猶未甚詳。深哉，詩人之旨也！「儐爾籩豆，飲酒之飫」，特一時之適耳。「兄弟既具」而無他，則和樂至于且孺，猶孺慕之孺，此真情也。妻子，人合也，苟能好合，猶如瑟琴。兄弟，天倫也，如其既翕而無間，則其樂至于且湛，猶湛酒之湛，其樂尤深矣。故又曰，如此則可以「宜爾室家，樂爾妻帑」，所謂人不間于昆弟之言而家肥矣。「是究是圖，亶其然乎」，而後篇終，兄弟之道，無餘蘊矣。跋周氏棣華编。

附錄

中教官選，調温州教授，範物以躬，出入冠帶惟謹。日與學者周旋，講明爲學之要，務在篤實，毋溺浮華。學者日益歸心，争執經席下。里居賢士大夫稱美一辭，相與定交。公亦虚心叩擊，甚于飢渴。于是學問之源委，治道之綱目，制度之沿革，靡不研究，胸中之藴日富。秩滿，諸公餞送之。公請益焉，或告之曰：「前輩有云：『拆破藩籬卽大家。』君之藩籬，不憂不拆，直恐過甚耳。」公正色曰：「某于無利害事則拆，有利害事則否。」聞者悚服。

修淳熙法，議者欲降太學釋奠爲中祀與右學等，公曰：「乘輿臨幸，于先聖則拜，武成惟肅揖，厥禮異矣，祀可均敵乎？」遂得無變。

遷宗正丞，對延和殿，言：「天下之大患，每起于細微，漢之黨錮，始于南北二部之謡，唐之朋黨，始于二三士大夫不得志之徒。今朝廷清明，豈復有此！然端倪已見，不敢不言。夫道者，天下之所通行；學者，士君子之所當務。秦、漢而下，此道不明，論說相夸，去本逾遠。國家累聖傳授，丕闡大原，名儒間出，究極微旨，然後語道者不涉于異端，爲學者不至于無用。陛下得執中之傳，體克己之仁，嚴謹獨之戒，篤正心誠意之學，躬行此道于上，而士大夫諱言于下，凡端謹好修，談論經理者，例指之爲僞學，不謂聖世乃有此風。詩曰：『君子實維，秉心無競。誰生厲階，至今爲梗。』士大夫自相傾軋，爲害最大，惟人主能用中　然後可以消弭。」謂：「宜明詔中外，咸推無競之心，勿徇偏曲之見，精白一意，以仰承人主之休德。」

會雷雪交作于仲春之月，應詔條陳闕政，言：「疏遠之臣，惟願陛下之憂勤；親密之臣，惟願陛下之逸樂。憂勤則幽枉必達，下情得通，而膏澤及民矣。逸樂則伺候顔色，干求恩澤，而私意得行矣。陛下自雷雪之變，憂形玉色，宵旰興歎，度數日間，干請必希。以是推之，聖心憂勤，恩倖自遠。誠能日謹一日，宸襟泰然，淵靜鑑明，其視燕遊之惑，豈不相千萬哉！」又曰：「今朝行不聞直聲，而或以多言見黜，士氣消沮，無敢論事，豈國家之福哉！臣願陛下開忠直之路，窒宣諭之門，遇災而懼，不諱盡言，力行消弭之道。」遷起居郎，直前奏事，言：「進德可以養生，養生可以進德。人受天地之中以生，氣不可過盛，亦不可過弱，惟得其中，則養生之要，心廣體胖，神氣舒暢，雖有陰陽之寇，豈能爲吾害哉！」

公夙昔誦顧愷之之言曰：「命有定分，非智力所移，惟應恭己守道，信天任運。而闇者不達，妄意僥倖，徒傷雅道，無關得喪。」每以此語爲持循之要，掖垣瑣闥，風節凜然，所養者固矣。洎爲執政，不忘斯言，終身途轍，有一無二，遵乎正道而已。行險詭遇，而他歧是適，公所不爲也。

榜書齋以「攻媿」，曰：「人患不知其過。知之而不能改，是無勇也。自號爲攻媿主人，小有過差，不敢自恕，期至于無媿之可攻。」銘諸座右曰：「逆境進德，順境誤人。」

獻肅柴南溪先生中行

柴中行，字與之，餘干人。以儒學顯。紹熙元年進士，授撫州軍事推官。權臣韓侂胄禁道學，運司移檄，令自言非僞學，先生奮筆曰：「自幼習讀程氏易傳，如以爲僞，不願考校。」士論壯之。調江州學教授，廣西轉運司辟爲幹官，帥將薦之，使其客嘗先生，先生正色曰：「身爲人師，而稱人爲恩主、恩帥，心竊恥之。毋汙我！」遷太學博士，謂太學風化，首童子科。覆試胄子，有挾勢者，先生言于長，守法無秋毫私。遷太常主簿，轉軍器監丞。出知光州，治行爲淮右最。遷西京轉運使兼提刑。改直秘閣、知襄陽兼京西帥，仍領漕事。江陵戎司移屯襄州，兵政久弛，先生考覆軍實。遷江東轉運司判官，旋改湖南提刑，貪吏豪家，一繩以法。入爲吏部郎官，多所啓沃，遇事持正，不爲勢屈。擢宗正少卿，疏請收攬大權。又言：「臣下納説，非觀望則希合，非回緩則畏避，而面折廷諍之風，未之多見，此任事大臣之責也。」調祕書監、崇政殿説書，極論「往年以道學爲僞學者，欲加遠竄，杜絶言語，使忠義士箝口結舌，天下之氣豈堪沮壞如此」！又論内治外患，辨君子小人，「顧明詔大臣，絕私意，布公道」。進祕閣修撰、知贛州軍事。踰年，請老以歸，與弟中守、中立講學南溪之上。時從遊若東澗湯伯紀、雙峯饒伯輿等數百人，因稱之曰南溪先生。理宗即位，以右文殿修撰主管南京鴻慶宮。卒，贈通議大夫、寶章閣待制，謚曰獻肅。所著有易繫集傳、書集傳、詩講義、論語童蒙說。參史傳。

梓材謹案：先生之謚，謝山序録作獻肅。及言三湯源流，又稱柴憲敏云。三湯之學，並出于憲敏，固朱學也。

攻媿講友

清獻崔菊坡先生與之父世明。

崔與之，字正之，增城人。父世明，博學，精于醫。先生少卓犖有奇節，不遠數千里遊太學。紹熙中進士，廣之士由太學取科第自先生始。累知成都府、本路安撫使。時安丙握蜀重兵久，每忌蜀帥之自東南來者，至是獨推誠相與。丙卒，詔盡護四蜀之師，開誠布公，兼用吳、蜀之士，拊循將士，人心悅服。蜀知名士若家大酉、游似、李性傳、李心傳、度正之徒皆薦達之。召爲禮部尚書，又除參知政事，進右丞相，皆辭不就。卒，追封南海郡公，謚清獻。先生歷仕四十七年，清風高節，屹然師表，未嘗沾一彈墨。嘗書座右銘曰：「無以嗜欲殺身，無以財貨殺子孫，無以政事殺民，無以學術殺天下後世。」其卒也，遺戒不得作佛事。參史傳。

梓材謹案：先生與攻媿友善，號菊坡。見王氏困學紀聞。真文忠公自箴「量未若南海之寬」。原注又案：魏鶴山簡州三賢祠記云:「成都之天慶觀、仙遊閣,故有張忠定公繪象。嘉定十三年,南海崔公與之來守成都,劉文節公一見異之,語人曰:『是宜配忠定與趙清獻公。』崔公之門人洪咨夔等,乃即忠定之次,圖趙、崔二公而並祠焉。」據此,則先生之謚宜與趙公同矣。

南溪學侶

柴蒙堂先生中守

柴中守,號蒙堂,南溪之弟。進賢羅晉君早從之學。參劉後村集。

梓材謹案:劉寶山厚南行狀以蒙堂爲中行之號,蓋誤。

柴强恕先生元裕

柴元裕,字益之,餘干人。通五經,尤長于易,以窮理盡性爲本。四方從學者衆,湯伯紀漢、饒伯輿魯、李純甫伯玉皆其門人。所著春秋、尚書、論語解,易繫辭、中庸、大學説,宋名臣傳題。所居齋曰「强恕」,門人稱曰强恕先生。參饒州府志。

梓材謹案:萬姓通譜以先生爲元祐,殆以字近而譌。又案:袁蒙齋集稱强恕、南溪、蒙堂曰「三柴」。南溪名中行,蒙堂名中守,則强恕必南溪傳所謂中立者矣,元裕蓋其改名爾。

慶元之學

正惠林先生大中

林大中，字和叔，永康人。入太學，登紹興三十年進士第，知金溪縣。郡督輸賦急，先生請寬其期，不聽，納告敕，投劾而歸。已而主太常寺簿。光宗受禪，除監察御史。遷殿中侍御史，奏言：「進退人才，當觀其趨向之大體，不當責其行事之小節。趨向果正，雖小節可責，不失爲君子；趨向不正，雖小節可喜，不失爲小人。」又論：「今日之事，莫大于讎恥之未復。此事未就，則此念不可忘。此念存于心，于以來天下之才，作天下之氣，倡天下之義。此義既明，則事之條目可得而言，治功可得而成矣。」陳賈以靜江守臣入奏，先生極論其「庸回亡識，嘗表裏王淮，創爲道學之目，陰廢正人。儻許入奏，必再留中，善類聞之，紛然引去，非所以靖國。」命遂寢。守侍御史兼侍講。知潭州趙善俊得旨奏事，先生上疏劾善俊，而言宗室汝愚之賢當召。上用其言，召汝愚而出善俊與郡。既以言不行，求去，改吏部侍郎，辭不拜，乃除直寶謨閣。初，占星者謂朱晦庵曰：「某星示變，正人當之，其在林和叔邪？」至是，晦庵貽書朝士曰：「聞林和叔入臺，無一事不中的，去國一節，風義凜然，當于古人中求之。」尋命知寧國府，又移贛州。寧宗即位，召還，試中書舍人，遷給事中，尋兼侍講。知閤門事韓侂冑來謁，先生接之，無他語，陰請內交，先生笑而卻之，侂冑怨由此始。改吏部侍郎，不拜，以煥章閣待制知慶元府。丐祠，得請。給事中許及之繳駁，遂削職。罷歸，屏居十二年，未嘗以得喪關其心。及侂冑誅，即召見，試吏部尚書，除端明殿學士、簽書樞密院事。卒，謚正惠。先生清修寡欲，退然如不勝衣，及其遇事而發，凜乎不可犯。自少力學，趨向不凡。所著有奏議、外制、文集三十卷。參史傳。

忠公游先生仲鴻

游仲鴻，字子正，南充人。淳熙初進士，知中江縣。制置使京鏜等薦之，召赴闕，宰相趙忠定甚重之。時光宗以疾，久不朝重華宮，先生遺忠定書，陳宗社計。及孝宗登遐，遂贊定大策。後知嘉定，有政績。卒，謚曰忠。參姓譜。

修撰趙西林先生鞏

趙鞏，字子固，錢塘人。乾道八年進士，官祕閣修撰，知揚州。嘗奉使金，金主問皇帝清問下民賦非所作乎？歎服其文學。從遊者甚衆，號西林先生。慶元禁僞學，入黨籍。參咸淳臨安志。

宗卿門人

通奉史先生賓之

史賓之，鄞縣人，忠定之孫，而忠宣之子也。朝議大夫、直敷文閣、荆湖北路轉運副使。少事丘文定公。以政事稱，亦爲郡太守。贈通奉大夫。參清容居士集。

後溪門人

丞相游克齋先生似

游似，字景仁，南充人。嘉定十四年進士，累官吏部尚書，入侍經幄。帝問貞觀治效何速如是，對曰：「人主一念之烈，足以旋乾轉坤。或謂霸圖速而王道遲，不知一日歸仁，期月已可，王道曷嘗不速！」淳祐中，爲右丞相兼樞密使，自南充伯進爵國公。卒，贈少師。子汶。

雲濠謹案：先生號克齋。見劉後村看詳薛氏孔子集評進狀。

梓材謹案：先生傳本在鶴山學案，爲鶴山門人，然攷先生乃慶元黨案忠公仲鴻之子。鶴山序忠公鑑虛集，言：「守潼川，獲交公之子似，除館舍之。」似先生特館于鶴山，未必在弟子之列。又案：先生序鶴山師友雅言云：「尚憶嘉定十有四載，余方家居，公致之潼川郡齋，聞諸友讀易，徧攷舊說，切磋究之。」又云：「余因及往歲侍後溪先生。先生謂劉侍郎招美，勸閱注疏，以爲不先此而立論，恐徒高明而不實。公深然之。」據此，則先生本後溪門人，而于鶴山特其學侶，故于序尾亦未自稱門人也。

忠文周先生端朝別見嶽麓諸儒學案。

攻媿門人

監嶽孫先生枝別見滄洲諸儒學案。

朝奉史先生守之別見慈湖學案。

南溪門人

文元饒雙峯先生魯別爲雙峯學案。

通直湯存齋先生千

郡守湯晦静先生巾

侍郎湯息庵先生中并爲存齋晦静息庵學案。

文清湯東澗先生漢别見存齋晦静息庵學案。

菊坡門人

忠文洪平齋先生咨夔

洪咨夔，字舜俞，於潛人。嘉定二年進士，授如皋主簿，尋試爲饒州教授。作大治賦，樓攻媿賞識之。授南外宗學教授，以言去。應博學宏詞科，直院夏莊舉自代。崔清獻與之帥淮東，辟置幕府。後通判成都府。清獻爲制置使，首檄先生自近，辭曰：「今當開誠心，布公道，合西南人物以濟國事，乃一未有聞而先及門生、故吏，是示人私也。」卒不受，惟以通判職事往來效忠，蜀人高之。還，爲祕書郎，遷金部員外郎。會詔求直言，慨然曰：「吾可以盡言悟主矣。」其父見其疏，曰：「吾能喫茄子飯，汝無憂。」史彌遠讀至「濟王之死，非陛下本心」，大恚，擲于地。轉考功員外郎。轉對，言李全必爲國患。于是臺諫交論，鐫二秩。讀書故山，七年而彌遠死，帝親政五日，即以禮部員外郎召。入見，乞養英明之氣，及論君子小人之分。帝問今日急務，對以「進君子而退小人，開誠心而布公道」。且言「在陛下一念堅凝」。翌日，與王實齋遂並拜監察御史。先生感激知遇，疏言：「權歸人主，政出中書，天下未有不治。」改元端平，時登進諸儒，以廣講讀、説書之選。先生言聖學之實，所當講明而推行者有六：一，親睦本支；二，正始閨門；三，警肅侍御；四，審正邪用舍；五，儲養文武之才；六，憂根本，無生事邊功。擢殿中侍御史、中書舍人，尋兼權吏部侍郎，與真文忠德秀同知貢舉。歷進刑部尚書，加端明殿學士，卒。特贈兩官，謚忠文。其遺文有兩漢詔令擘鈔、春秋説、外内制、奏議、詩文行于世。參史傳。

梓材謹案：魏鶴山集洪氏天目山房記蓋爲先生而作。

蒙堂門人

羅先生晉君

別見槐堂諸儒學案。

强恕門人

文元饒雙峯先生魯

別爲雙峯學案。

文清湯東澗先生漢

別見存齋晦静息庵學案。

尚書李斛峯先生伯玉

李伯玉，字純甫，餘干人。端平二年，進士第二，授觀察推官。召試館職，歷詆貴戚大臣，直聲暴起。改校書郎，歷官至權禮部尚書兼侍讀。賈似道專國柄，度宗以先生舊學，進之卧内，相對泣下，欲用以參大政，似道忌之，尋病卒。所著有斛峯集。參史傳。

游氏家學

丞相游克齋先生似

見上後溪門人。

克齋家學

後溪再傳。

提刑游先生汶

游汶，字魯望，丞相似之子。蜀亂後，寓居德清。累官江東、江西提刑。賈似道當國，罷官家居。入元，有薦爲福建總管者，不就，書其布袍之背曰：「前宋遺民，無寒暑衣之。」

洪氏門人

菊坡再傳。

教授程先生掌

別見鶴山學案。

宋元學案卷八十

鶴山學案

黄宗羲原本　黄百家纂輯　全祖望修定

鶴山學案表

魏了翁（潛庵、宏齋講友。范氏所傳。晦翁、南軒私淑。）
- 從弟文翁
- 子克愚
- 郭黄中
- 吴泳
- 游似（別見丘劉諸儒學案。）
- 牟子才
  - 子巘
    - 孫應龍
  - 趙范
  - 趙葵（並見滄洲諸儒學案。）
  - 唐震
    - 胡應之
    - 毛振
    - 王濤

王萬 —屠高
程掌
史守道
蔣公順
稅與權
滕處厚
蔣重珍
虞㼆
唐季乙
蔣山
許月卿別見介軒學案。
史繩祖
葉元老
許玠
嚴植
張端義別見慈湖學案。
王爚——李芾

存齋同調。

——趙卯發

——唐震見上存齋門人。

高載

范氏門人。

南軒再傳。

五峯、紫巖三

傳。

高稼——子斯得

高崇

宋氏、李氏門

人。

南軒、清江、迂

齋再傳。

五峯、紫巖、東

萊三傳。

高定子

並鶴山學侶。

真德秀別爲西山真氏學案。

輔廣別爲潛庵學案。

李燔

張洽並爲滄洲諸儒學案。

李坤臣——魏文翁見上鶴山家學。

高斯得見上鮚齋家學。

郭黄中見上鶴山門人。

譙仲午

李從周

並鶴山講友。

魏天祐

附兄天啓。

中父學侶。

鶴山學案序録

祖望謹案：嘉定而後，私淑朱、張之學者，曰鶴山魏文靖公。兼有永嘉經制之粹，而去其駁。世之稱之者，以並之西山，有如温公、蜀公，不敢軒輊。梨洲則曰：「鶴山之卓犖，非西山之依門傍户所能及。」予以爲知言。述鶴山學案。梓材案：鶴山學案，謝山修補甚備，其稿具存。

范氏所傳朱、張再傳。

文靖魏鶴山先生了翁

魏了翁，字華父，邛州蒲江人。慶元五年，登進士第，授簽書劍南西川節度判官。召爲國子正。以校書郎出知嘉定府。在蜀十七年，而後入進兵部郎中。累官至權工部侍郎。降三官，靖州居住。史彌遠死，以權禮部尚書還朝。入對，首乞明君子小人之辨，次論故相十失猶存，又及修身、齊家。六閱月，以端明殿學士、同簽樞密院事督視京湖軍馬。尋復召還，遂知紹興府安撫使而出。嘉熙元年卒，贈太師，諡文靖。雲濠案：四庫書目有先生九經要義二百六十三卷、鶴山全集一百九卷，別有經外雜鈔、古今考等書。

百家謹案：宋史言：鶴山「築室白鶴山下，以所聞于輔廣、李燔者開門授徒，士爭負笈從之。由是蜀人盡知義理之學」。于是嘉興志輔漢卿傳遂謂鶴山是漢卿之門人。然攷鶴山集言：「開禧中，余始識漢卿于都城。漢卿從朱文公最久，盡得公平生言語文字。每過余，相與熟復誦味，輒移晷弗去。余既補外，漢卿悉舉以相畀。」又言：「亡友輔漢卿，端方而沈碩，文公深所許與。」乃知友而非師也。梓材案：二江諸儒學案范雙流先生子長傳云：「鶴山之初志學也，由先生兄弟及薛符溪以得門户，及入中原，始友李敬子、輔潛庵。」案：雙流弟名子該，薛名紱。

鶴山師友雅言

博愛之謂仁，似未盡。次言行而宜之之謂義，則非無差等矣。

某向來與李微之說，六經、語、孟發多少義理，不曾有體、用二字，逮後世方有此字。先儒不以人廢言，取之以明理，而二百年來，才説性理，便欠此二字不得。亦要別尋一字換，卻終不得似此精密。以上梨洲原本。

梓材謹案：師友雅言，梨洲原録六條，今移爲鶴山文集者二條，又移入五峰學案一條，移入南軒學案一條。

湯以前未言仁與信字，孔子以前未言恕字。

乾、坤後，屯伏剥，蒙伏復，所謂雜物撰德。

周禮女男巫職，須如國語楚昭王問觀射父，謂民之精爽齊肅衷正，其智能上下比義，其聖能光遠宣朗，其明能光照，其聰能聽徹，如是則明神降之。在男曰覡，在女曰巫。又曰：「使先聖之後，有光烈忠信而敬恭者，爲祝使；名儒之後，心率舊典者，爲宗巫，亦皆抱道懷德之人。故孔子曰：『人而無恆，不可作巫醫。』」

周禮與左氏兩部，字字謹嚴，首尾如一，更無疏漏處，疑秦、漢人所作，因聖賢遺言足成之。

祧字以廟神之兆域爲義，非謂祧其親盡之廟也。康成以超然訓祧，後世承誤，不知冠于先君之祧，而成公之廟止四世，豈祧廟乎？

周時天下諸侯無史，及衰而齊、魯有之，故太史公謂史記獨藏周室。

明堂無屋，只以方明爲壇。

離騷作而文辭興，蓋聖賢詩書，皆實有之事，雖比興亦無不實。自莊周寓言，而屈原始託卜者漁父等爲虚辭，相如又託之亡是公等爲賦，自是以來多謾語。

獻田宅者操右契。古者鄉井受田有定法，安得有獻田宅之理？吾嘗欲著禮記一部，專破漢儒曲說。

柏舟是傷宗國不容去之義。

井田一變于宣王之料民，再變于齊桓之内政，大壞于渠梁、商鞅之決裂阡陌。周人以厲、宣、幽、平並稱，其有以夫！

左傳所載，固未能全粹，而格言精義，賴此得存者居六七，如劉子受中一節，曉然爲聖賢相傳之要。

講學須一字一義不放過，則面前何限合理會處，如先王禮樂刑政，始變于厲、宣、幽、平，浸微于春秋、戰國，大壞于秦，不能復于漢，而盡亡于五胡之亂。今從殘編中搜討，于孔、孟、王、鄭、伏、杜諸儒訓註中參求，諸儒已是臆度，無三代以前規模在胸中，只在漢、晉諸儒脚跡下盤旋，終不濟事。程、邵、張諸公皆由此而充者。

古者，明王祭祀，親行禮，不曾差人。東漢有不行禮，羣臣争之。只如講讀，是早間到晚，要人主不敢自暇逸。後世直是以位爲樂。

天子統天下而君之，諸侯統一國而君之，上下相維相親相敬，故天子有迎送諸侯之禮，有大饗于廟之禮，有故使人致享致幣。自秦罷侯置守，尊君卑臣，無復古意，其亡宜矣。

「凡爲人子之禮，冬溫而夏凊，昏定而晨省，在醜夷不爭。」此二句全在醜夷不爭，方是孝子之實。妻子好合，兄弟和樂，而父母其順，然則在醜夷而爭者，父母心所不樂也。

禮失則求諸野。向見靖州祭鬼，皆以人爲尸，蕢桴土鼓，皆有存者，喪戴片白，不茹葷腥二年。

「敖不可長」四句，非孔氏語。敖不可有，豈止不可長哉！王肅本，敖，遊也，平聲，此義勝鄭。

古人位天地，育萬物，把做己職事，天地是我去做，五行五氣都在我一念節宣之。後世人自人，天自天，人失其人之職，說修德只在于釋囚負等做去，天當刑之，人卻存之，以是感格雨暘，偏頗莫盛，又甚則從事祈禱而已。

陰不與陽對，地不與天對。

據荀悅漢紀，田租行百一之稅，雖武帝窮兵四夷，榷鹽鐵，算舟車，無所不至，有司欲加賦，帝不從。末年，輪臺悔悟，下詔而根本不搖，皆民力不竭，止拾工商之貲耳。

禮記「祭先脾」，許氏異義曰：「今尚書歐陽說：肝，木也；心，火也；脾，土也；肺，金也；腎，水也。古尚書說：脾，木也；肺，火也；心，土也；肝，金也；腎，水也。」許氏又謹案：「月令四時之祭，與古尚書同。」鄭駮曰：「月令祭四時之物，及其五臟之上下次之耳。」愚案：以心爲土，蓋漢以前大抵皆然。考于五行傳，以貌言視聽思于五行爲木火金水土，于五常爲仁義禮智信。思，卽心也。論塡星亦曰：「中央季夏土，信也，思也。仁義禮智以信爲主，貌言視聽以思爲主，故四星皆失，塡星爲之動。」徐鍇云：「人心，土藏，在身之中，象形。博士說，以爲火藏。」鍇云，心星爲大火，然則屬火也。」案：此則漢以來原有二說，但以水火爲心腎，未見所出。禮記季夏民驚則心動，是害土神之氣。

素問，人以爲黃帝書，但其中云「醉後入房」，決非黃帝時語。以六經考之，有門有廬，有唐有階，有陳有督，有垂有塾，有阤有廉，其中爲堂爲室，堂室各半，大率堂之向北一半爲室，室之兩夾爲房，乃祭祀享賓之所，非人燕休之地，謂房爲婦人所在，後世語也。

坎中一畫，卽心體，故八卦惟「習坎有孚，惟心亨」。心居中虛，于坎可見。然則心腎皆屬坎，水火未嘗離，非深于易者不及此。以上謝山補。

梓材謹案：謝山補録師友雅言四十三條，今移爲文集者二條，移爲附録者四條，又移入廬陵學案一條，移入涑水學案一條，移入濂溪學案一條，移入橫渠學案一條，移入漢上學案一條，移入五峯學案一條，移入晦翁學案一條，移入東萊學案一條，移入荆公新學略四條。

鶴山大全集

某向來多作易與三禮工夫，意欲似讀詩記之類爲一書。比來山間温尋舊讀，益覺今是昨非，安知數年後不又非今也？以此多懼，未易輕有著述。

又見得向來多看先儒解說，不如一一從聖經看來，蓋不到地頭親自涉歷一番，終是見得不真。來書乃謂：「只須祖述朱文公。」朱文公諸書，讀之久矣，正緣不欲于賣花擔上看桃李，須樹頭枝底，方見得活精神也。以上答周子□。梨洲原本。

某循環讀經，亦以自明此心，未敢便有著述。來諭拈出禮注中太乙鬼神等說，乃下與鄙見合。中庸疏中已有氣稟之説，亦與先儒相表裏。惟所疑其誤以水屬信，蓋古來原有二説，師傳各異，如乾鑿度與緯中，皆謂水爲信，土爲智，故王制、禮運等處注、疏，皆有水主信之説，而五行傳、許叔重説文之類，又有肺火、心土等説，然亦皆有理，蓋水火相包，火土同位，各有所據。以天文察之，以一身驗之，亦有合處。惟以坎爲腎，離爲心，則聖賢書中未有明文，特見之岐、黄之説。與眞西山。

讀書雖不可無注，然有不可盡從者，只如鄭注三禮，已各隨時爲義，不能盡同。禮與詩異，詩與書異，書與易異，一事而自爲兩説三説者極多，其改字處十有八九不可從。最害義者，以緯證經，以莽制證周公之法。答夔漕趙師恕。

梓材謹案：以上二條，從謝山補録師友雅言移入。

洪範講義，明白正大，使學之者有所據依，以求端用力，私淑之功茂矣。其間所謂由玄妙而至親切，由虛無而趨實用，由沖漠而至明察，區區者未能深曉，尚俟面請所教。聖人言語，蓋欲使人事事理會，步步踏實，只在君臣父子夫婦昆弟朋友日用飲食間作去。答李侍郎𡌴。

孔門説仁處，大抵多有敬意，四勿二如之類是也。左傳敬德之聚，此義極精，聖學不傳，人多以擎跽、拳曲、正坐、拱默之類爲敬。周、程所謂主一無適之謂敬，方得聖賢本旨，來教所謂敬而未仁，似以世俗之謬爲恭謹者爲敬，蓋敬則仁矣，敬而未仁，亦未得爲敬。答張大監忠恕。

古人所志所學，戰國以後無傳。騖于高遠者，惟欲直指徑造，以步步而行、字字而講者爲卑近，而安于卑近者，又以區區記誦、小小辭章爲學問之極功；所謂合内外貫精粗者，百數十年間始有人講尋，以發漢、唐之所未及，又苦于實未有所見者，勦說雷同，以爲斯道之病。方欲通古今爲一書，使後之有志正道者，猶可以推源尋流，而學未能信，不敢輕易下筆也。答袁衢州甫。

古人格君事業，全在觀摩麗習，左右前後，出入起居，無非學也。賈生所謂習與知長，故切而不媿，化與心成，故中道若性，教于未濫，禁于未發，薰陶漸漬，非一朝夕之功，用能愈治愈明，愈得愈警，雖以九十之武王，功成治盛，召公猶有一簣之戒。後世之君，非無天資之美，血氣之勇，一旦發于憤悱，如漢武、宣，如唐憲、武，赫然剛斷，立底成績，然而正本澄源之道未深，終有作輟滿除之憂。與鄭丞相。

吾儒只說正心養心，不說明心，故于離不言心，而于坎言心。答蔣大著重珍。

易中光明，多爲艮發，蓋人心遷于物則蔽闇，止其所則光明，是以大象申之曰：「君子思不出其位，止非其所思。出其位則志爲氣役，物欲外遷，光明內蝕。」送左轝。

古來禱禳之典，于郊于宮，于方于社，若久雨則有禜祭國門之禮。後世乃舍所當事，而奔走于浮屠、老子之宮。乞行禜祭禮。

古者自天子至于士，皆有廟，廟之子姓，以昭穆爲序。祭非正主，則不厭不嘏，不旅不酢；非同姓同宗同族，則不得與于祭。大烝瞽宗，雖有他姓之祀，而不立同氣之尸，與廟祀異。自鯀祀于晉，相祀于衞，周公祀于鄭，董安于祀于趙，大非先王之舊。展禽謂：「先王制祀，有法施于民，以勞定國、禦災、捍患之目。」然六經終無文。漢諸葛公之卒，巷祭野祀，朝論猶能以禮止之，卽墓之近立廟，而斷其私祀。其後，所至郡國，爲他人之親立廟，不知始于何年。非鬼之祭，無所無之。姑卽夫禮之變而言，則有功有德于其國而祠之，尚人心之不可已也。諸葛武侯廟碑。

宇宙之間，氣之至而伸者爲神，反而歸者爲鬼。在人則陽魂爲神，陰魄爲鬼；二氣合則魂聚魄凝而生，離則魂升爲神，魄降爲鬼。易所謂精氣遊魂，記所謂禮樂鬼神，夫子所謂物之精神之著，而子思所謂德之盛、誠之不可揜者，其義蓋若此。古之聖賢知之，故一死生，通微顯，昭昭于天地之間，生爲賢知，没爲明神，安有今昔存亡之間，自義理不競！于是，鬼神之説，不眩于怪，則怵于畏，禮壞樂廢，浮偽日滋，而人心之去本愈遠。中江縣感應神廟墓記。

古者，自入小學學幼儀，既有以固其肌膚之會，筋骸之束，而養其良知良能之本。其入大學也，所以爲教之具，非强其所無也，凡以上帝所降之衷，生民所秉之彝，萬物備具而作之君師者，特因其固有而爲之品節以導迪之，使明其仁義禮智之性，以行諸君臣父子兄弟夫婦朋友之倫，而無不盡其分耳。今之爲教者何如哉？利禄之誘，梏于其前，務記覽爲辭章，求合于有司之程。爲規取利禄計，自始童習以階成人，耳目之所濡，心志之所之，隨事娓娓，往而不返。以是干澤，不得不已；幸而得之，又以教人，蓋不俟其入政，而固可前知之。石泉軍學記。

老耼爲周柱下史，著書以自明其説，亦不過恬養虛無以自淑其身者之所爲。世無得于其約，而徒有慕乎其高，直欲垢濁斯世，妄意于六合之外，求其所謂道者，于是神仙荒誕之説，乘間抵巇，蕩摇人主之侈心，歷世窮年，其説未已。開元觀者，實始于唐之玄宗。其始初清明，耆俊在服，二氏之書，數加擯抑。河南參軍鄭詵、朱陽丞郭仙舟投匭獻詩，語涉道法，以爲不切事情，免所居官，廢爲道士。承平既久，怠荒怱政，乃始外事物，棄倫理，以委其心，而方士之說入。今日表莊、列，明日祠玄元，崇信方術，繕修宮庭，若繩以老氏清虛澹泊之旨，則此又習訛踵陋，愈求而愈失之者，而天下靡然向風，以訖于今。雖然，有一于此，異端之教，揆之吾道，皆弗合也，而老氏緜緜若存之說，蓋有近于大易生生之旨。其所謂專氣致柔，歸根復命，視夫窮大而失居者，則又有間。誠能守澹泊，去健羨，瀹神滌慮，如潔其庭宇，修身謹行，如固其垣墉，則不惟可進于汝師之道，而存體明用，吾猶將有望焉，尚庶幾歸儒之意。漢州開元觀記。

祖望謹案，泉州金粟觀記略同。

太祖嘗議武成廟之配享，所退黜二十有二人，陶侃、李光弼且不得與。嘗跡其事，陶特綴于討賊，李特稽于赴援。一有瑕纇，在所不録，節之難于始終也如此。節齋記。

房公三王並封之議，謂足以褫禄山之氣。然既爲之前，必慮其後。三王之封，珙、琦未出閤，惟璘赴鎮，而後五月以江淮判。然則分封之策，其然邪？其不然邪？當時如高適且盛言其不可，則後日賀蘭之譖，固有所入。漢州房公榭記。

祖望謹案：鶴山謂房太尉三王出鎮之說，豐、盛二王年少，未嘗出鎮也，而永王一出即不靜，幾誤大事，太尉之言，未見其有當也。此說惜乎深寧未之見。愚謂，藩王屏翰王室，固一定之大義，然如梁之湘東，能討賊而不勇于赴難，竟與邵陵、武陵骨肉相殘。

帝王盛時，其交鬼神有道。自顓至舜，咸命重黎，絶地天通，俾高卑小大，各有分限，毋相侵瀆，以帥天地之度，儀生物之則，正人心，防世變。周官文史星歷卜筮之職，領于春官者，皆以大夫士爲之；三巫之屬，凡以神仕者，亦皆精爽不貳之民。夫如是，鬼神之與人，分殊而情通也。先事而禱，以六祝之祠；有事而禳，以六祈之禮。下逮鄉遂，亦各有制。水旱之不時，則于黨鄙乎禜之，而涖之以正師；疾癘之不明，則于酇族乎酺之，而涖之以師長。交神塞明，蓋若有洋洋在上在左右者。此惟上之人，深知鬼神之情狀，故能委曲綢繆于幽明之變，雖巫覡之人，亦皆不諂不誣，爲神所依，此帝王所以爲民立命、立心者也。自王政不修，聖賢之學不講，于是禳禱之事，方社不舉，而諂非其鬼，雖經生學士，往往安見聞之陋，以疑陰陽之化，怵利害之私，以佛典則之經，敬不以遠，遠不必敬，況泯泯棼棼之民乎！天慶觀記。

古之人任大責重，則心愈畏，年高德劭，則禮滋恭。畢公弼亮四世，而罔不惟師言之祗衞。武公年過九十，而惟懼交戒之不聞。下逮秦穆，困而後知，其言尤爲深切，曰：「責人斯無難，惟受責俾如流，是惟艱哉！」此非以身體之，不能及此。蓋責人甚易，受人之責，則苟有一毫未克之私橫于其中，縱變色受之，然未能全無捍格如順流然，則猶不受也。穆公閱變既久，故言之有味。敍州蠲役記。

地險則易明指其爲山川丘陵矣，而獨不名天險爲何物，王公所設之險爲何事。愚謂，盈天地間，截然有等級之辨，不域而不可踰，不兵而不可犯，此天險也。昔人以大師爲垣，以得道爲助，以在德爲險，以禮義廉恥爲城，皆王者所設之險也。盛服以禦盜，幘坐以受使，長嘯以御胡，單騎以見敵，則是物之效也。夫苟不明乎是，而專以城郭兵粟爲山川丘陵之守，則寧怪夫離合去來之無常也！海州太守題名壁記。

近世士各挾其所以溺于人者溺人。記問，學之末也，今又非聖賢之書而虞初稗官矣；虛無，道之害也，今又非佛、老之初而梵唄土木矣；權利，誼之蠹也，今又非管、晏之道而錐刀毫末矣；辭章，技之小也，今又非騷、選之文而淫哇淺陋矣，此憂世之士所以慨然也。周元公祠堂記。

人物之生有剛柔，于是乎有善惡。剛之善也，其言直以暢；惡也，其言麤以厲。柔之善也，其言和以舒；惡也，其言闇以弱。是則言也者，命于氣禀之剛柔，剛柔既分，厚薄斷矣，雖他日事業之廣狹，時位之窮通，亦未有不由之。此誠非人力可以升沈者。然則，爲士者果無所用其力乎？曰，不然也。志有所守，而大本先立，則氣得其養，而生生不窮，夫如是，可以變化氣質，愚明柔强，雖引爲聖賢可也。省元樓記。

聖賢言寡欲矣，未嘗言無欲也。所謂欲仁、欲立、欲達、欲善，莫非使人卽欲以求諸道。至于富貴所欲也，有不可處，己所不欲，有不可施，則又使人卽其不欲以求諸非道，歲積月累，必至于從心所欲而自不踰矩，然後爲至。曾子得之，明六欲之目，孟子傳之，開六等之科，今曰自寡欲以至無欲，不其戾乎？曰，性不能無感，性之欲也，知誘物化，則爲私欲，故聖人雖使人卽欲以求道，而于季康子，于由、求，于申棖，曷嘗以其欲爲可乎？胡仁仲之言曰：「天理人欲，同行異情，以此求之，則養心之說備矣。」濂溪先生祠堂記。

古者祀祭享之別，不相僭瀆，未有非鬼、非族而可以言廟，不尸不厭、不嘏不綏、不旅不繹而可以言享也。魯哀公十七年，立孔廟于故宅，閱千餘載，未嘗出闕里也。漢儒所謂立學釋奠，未知先聖先師爲誰，自戴記之外無聞焉。迨魏齊王、晉武帝釋奠于學，雖昉見史册，而未有原廟也。唐武德二年，廟周、孔于冑監。迨貞觀，定孔子爲先聖，而黜周公，于是牲牢器幣，日增月益，無異廟祧之祀。古者弟子之于師，子孫之于父祖，尊之而無以加也，則稱字以別之，字之至貴也。新莽不知仲尼之爲尊，妄爲作謚，然宣尼之云，未敢削其字也。至其典代增，則以累謚爲重，王封爲貴。古者惟功臣與享大烝，未聞弟子從祀于師也。自建武祠七十二子于孔廟，然不出闕里也。貞觀末，加以左、卜諸儒祀太學，而武成王祠亦倣之。總章、開元以來，又加諸儒以三等之爵，而州縣學宫咸有從祀。夫是數者，孰非致隆極美之事？然則古禮非與？大抵先王之時，其人則四民也，其居則六鄉三采五比四閭也，其田則一井二牧三屋九夫也，其食則九穀六畜五牲三犧也，其服則九文六采五色五章也，其官則三吏六聯五侯九伯也，其教則五事五典六德六行也，其學則五禮六樂五射五御六書九數也，民少而習之，長而安焉，不奪于奇器異物，不撓于淫辭詖行，不蕩于姦聲亂色，族閭所學，師友所講，無適而非堯、舜、禹、湯、文、武、周、孔之道，雖以周之叔季，而車軌書文行倫，莫之或異也。自壞田制，燔詩、書，道失民散，至漢而不能復，詖淫邪遁之言，乘虚竊人。始也，孔、老離立，久之，而釋氏參焉。蓋自天地山川、日月星辰、風雨雷電，下至蟲豸草木，皆爲宫室衣冠以肖人類，府史胥徒以象官府，以至民之日用飲食、車服器皿亦無一而不改先王之舊舉，世由之不以爲疑也。于是時，又不爲之建學立師，則生民之類，幾何不胥爲夷！然則，學盛而員廣，廟隆而祀煩，其起于異端日熾、大道寖微之時乎？曰：「生斯世也，而必古制之是，不其迂乎？」曰：「吾固知是古之無益，而不可以末之聞也。以郡縣之制視邦國，以塔廟之儀同庠序，以羌、胡之教釋聖言，今曰無益，而竟弗之聞也，是孰爲有益乎？」瀘州學記。

善之與慶，不善之與殃，蓋同出而異名，非善惡之外，復有所謂慶與殃，而亦非有所覬而後爲善，有所懼而後不爲惡也。夫使行善于家，聲乎氣感，父父子子，兄兄弟弟，夫夫婦婦，無不各盡其分焉，則吾閨門之內，固已日由乎吉祥之中，何慶如之。是慶之傳，流及苗裔，固其所也。而一家所感，一國化之，仁遜禮義，皆由此始，則是慶所被，又不知其幾矣。董子謂：「人之所爲，其善惡之極，乃至與天地流通，往來無間。」然則，雖天地間，吉凶妖祥，亦一氣之感耳。」積善堂記。

自科舉取士，讀聖賢之書者，曷嘗不知辭華之喪志，記問之溺心，權利之倍誼，姦邪之病正，淫哇之亂雅，慘刻之傷恩，聚斂之妨民，虛無之害道，妖妄之疑衆，相與辭而闢之，而夷考其朝夕之所孜孜者，則不惟實有以事乎此，而又出是數者之下焉。于是，小有才則溺益深，居近利則壞愈速，蓋其說曰：「正學以言，則有司之所必棄；直道而行，則斯世之所不容。」故雖心迹言行，顯然不相顧，而人不以爲怪。以此胥告，固已可鄙，又有諱其名而踐其實者。豈知乖逢得喪，有義有名，況正學以言，安知其不合？直道而行，安知其不容？黔陽縣學記。

多識前言往行，所以畜其心之德，蓋畜故所以養新，而新非自外至也。昭昭之多，止于所不見，是以愈畜而愈新。今學士大夫，師傳友習，晝誦夜講，夫孰非前言往行？然而實未能以止健之義畜德于其中，是以聽其言則若有以事乎此，見諸事則亦知所以尚乎此，方其才壯氣新，席天資之美，挾口耳之知，往往可以名于人，歲月慆邁，志隨氣索，則前日誦說之功，浸非我有，或反假其一二，以飾辯言，以濟私欲，則反不若未嘗有口耳之知也。四先生祠堂記。

古不以繪象事鬼神，不以非族享鬼神。戴記謂：「釋奠于其先師。」釋者曰：「如禮有高堂，樂有制氏，書有伏生，詩有毛公。」記謂：「釋奠者必有合。」釋者曰：「如唐、虞有夷、夔，周有周公，魯有孔子，各自奠之。若國無其人，則與鄰國合。」夫三代之學者，有專經授徒如漢儒者乎？若有，功烈如夷、夔、周公，則祭于大烝，又豈學者所得祠乎？審如傳者之說，此必爲秦、漢以後之制。而況古所謂庠序，皆爲鄉民行射飲、讀教法之所，事已則返于閭塾，事親從兄，親師取友，亦未有越鄉違家，羣居聚食，如漢中世以來之學校者。故予于今之郡國祠先賢于學，謂事雖甚美，而古未有考。惟是世亂民散，猶有聖賢在下，聚而教之，孔、孟氏沒，猶賴專門名家之儒，聚而教之，故生則職教于里閭，沒則釋奠于學校。習是經則祀是師，居是邦則祀是賢。記禮之儒，習見其事，而筆之于書，而有國有家者，相承不廢。事雖不純于古，猶愈于日降日下、師廢而民散者。雖然，比年以來，不惟諸儒之祠，布滿郡國，而諸儒之書，家藏人誦，乃剽竊語言，襲近似以眩流俗，以規取利祿，此又予所甚懼者焉。六先生祠堂記。

子思于中庸撮易之要而言之。乾、坤性之體，離、坎性之用。坤之正位，變乾爲離，明見乎外者也，而曰「畜牝牛吉」，則順以養之；乾之正位，變坤爲坎，明根于中者也，而曰「有孚，維心亨」，則剛以行之。此盡心知性之極功也。率性堂記。

古之學者，始乎禮樂射御書數，蓋比物知類，求仁入德，皆本諸此。今禮慝樂淫，射御及數，有其名，無其義。六書之法，惟小篆僅存，而莫知好之，爲士者十名九舛，不暇問也。六經所傳，如仁義中誠、性命天道、鬼神變化，此致知格物之要也，今往往善柔爲仁，果敢爲義，依違以爲中，鈍魯以爲誠，氣質以爲性，六物以爲命，玄虛以爲天道，冥漠以爲鬼神，虛無以爲變化。甚則以察爲知，以蕩爲情，以貪爲欲，以反經爲權，以捷給爲才，以譎詐爲術，流弊乃爾。若夫先王之制，又在所當講，而風氣既降，名稱亦訛，一事而數説，一物而數名，去籍于周末，大壞于秦，觖望于漢，盡覆于典午之亂。帝號官儀，承秦舛矣；郊祧廟室，踵漢誤矣；衣冠樂律，雜胡制矣；學校養不賓之士；科舉取投牒之人；資格用自陳之吏；刺平人以爲軍，而聽其坐食；髡農夫以規利，而縱其自奉；授田無限，而豪奪武斷以相尚；出泉輸租，而重科覆折以相蒙。生斯世也，爲斯民也，讀聖賢之書，以求帝王之法，始以春秋、戰國之壞制，衷以秦、漢、晉、魏之雜儀，終以鄭、王諸儒之臆説，學者之耳目肺腸爲其所摇，而不得以自信。于是根本不立，而異端得以乘之，利禄得以移之；于是有口六經而心佛、老，篤信而實踐者，有輯爲文辭，隨世以就功名者。天目山房記。

聖人之心，如天之運，純亦不已，如川之逝，不舍晝夜，雖血氣盛衰所不能免，而才壯志堅，始終勿貳，曷嘗以老少爲鋭惰，窮達爲榮悴。文辭之士，有虛憍恃氣之習，方其年盛氣强，位重志得，往往以所能眩世，歲慆月邁，血氣隨之，則不惟文辭衰颯不振，雖建功立事，蓄縮顧畏，亦非盛年之比。此無他，非有志以基之，有學以成之，徒以天資之美，口耳之知，才驅氣駕而爲之耳。夫才命于氣，氣禀于志，志立于學。夢筆山房記。

有國故而祀之，此禮之經，人情之常也。合他國之聖賢而祀之，此禮之變，而人情之義起者也，出于義起，固不必皆禮之所有，然人心世變，亦于是有發焉。比干祠記。

天地不可量也，古今不可度也，人以七尺之軀，方寸之心，立乎兩間，形氣所拘，僅百年耳，然而由百世之上，以攷諸太古久遠二帝、三王之事，隨其心之所之，如生乎其時，立乎其位，與之相周旋也。著龜不可方物也，而是心之動，見乎卜筮；鬼神不可見聞也，而是心之誠，行乎祭享；萬世之後，不可藝極也，而是心之靈，著乎方册；舟車所至，不可限際也，而是心之明，光乎日月。然則，心者，神明之舍，所以範圍天地，出入古今，錯綜人物，貫通幽明，其遠若此。彼溺于文藝，泥于佛、老，沈于功利者，尚爲知所以用其心乎！況又文藝之末，如纂緝駢麗；佛、老之弊，如梵唄土木；功利之下，如聲色貨寶，抑在所不足言矣。胡公康侯嘗爲學者言：「或尚友古人，或志在天下，或慮及後世，或不求人知而求天知，皆所謂心遠也。」心遠堂記。

辭章雖末技，然根于性，命于氣，發于情，止于道，非無本者能之。楊少逸不欺集序。

書日多而説日明，儁慧者勦説浮道，可以欺世，不必深體篤踐也，故予不以喜而以憂。朱文公五書序。

人子不必曰踰禮佚義而後爲虧且辱也，甘于中晝，安于小成，怠于爲人，此皆自薄其身，以忝所受。跋史峴母墓志。

古所謂七十而致仕，蓋約言之，豈必七十！仕止久速，皆惟其時。何謂時？止其所而不忘，慊于中而無餒，則時也。跋江宗博致仕帖。

常夷甫晚節鄙賤可笑，其欲追帝孔子，何但知聖人汙也。跋李清臣疏。

言貴于有物，無物，非言也。跋蘇文忠啓。

心之神明，則天也，此心之所不安，則天理之所不可，天豈屑屑然與人商校是非邪？詩云：「敬天之怒，無敢戲渝」違心所安，是戲渝也。跋師厚卿致仕詩。

世多言「學行之士，辭章必迂，吏事必疏，故文士能吏，雖不學無術，無害也」。不知今之爲學，夐與古異，今之文，古所謂辭，今之政，古所謂事，今之才，則古所謂佞人、壬人也。夫使學而真知實踐，則非今之所謂辭與政者。魏嘉父墓志。以上謝山補。

梓材謹案：謝山節録大全集四十三條，今爲許先生玠立傳一條，爲嚴先生植立傳一條，又移附魏德先傳後一條，移附吳鶴林傳後一條，又移入南軒學案一條，移入新學略一條。

鶴山奏劄補。

臣聞，心者，人之太極，而人心又爲天地之太極，以主兩儀，以命萬物，不越諸此。故天之神明爲春秋冬夏、風雨霜露，地載神氣爲風霆流形、庶物露生，其于人也，則清明在躬，志氣如神。蓋貫通上下，表裏民物，自繼善以及于成性，皆一本而分也，而人心之靈，則所以奠人極，人極立而天地位焉。孔子曰：「事父孝，故事天明；事母孝，故事地察。」子思曰：「君子之道，造端乎夫婦，及其至也，察乎天地。」夫天高地下，人位乎其中，判然三才，若不相接也，而五行二氣，自一而分，故上下同流，彼動此應。行乎宮庭屋漏之間，爛然清明，無少愧怍，則仰觀俯察，光潔昭著，前參後倚，流布充塞，無非此心之發見；一有不慊，則視上帝而夢夢，顧四方而蹙蹙，雖日星草木，亦若隨人意而不舒者。陛下謂此心之外，別有所謂天地神明者乎？抑天地神明不越乎此心也？正月之朔，風來自乾，丁丑既望，月蝕于翼，古者以爲兵戈之應，迫近之象；而雷霆先時而發，雨雪繼雷而應，劉向亦以爲陽不閉陰，陰見間而勝陽之應，然此必有感而後爲應，既應則復爲感，不可以其變在外而忽之，其事已應而幸焉。側聞陛下謂講讀之臣，「夜來雪作，朕終夜爲之不安，當益恐懼修德」。大哉聖言，此正求端用力之要也。且陛下居深宮之中，十手十目所不覩聞也，而惕然終夜，若有臨乎其前者，以此見天非蒼蒼之謂也。陛下之心，與億兆人之心，義理所安，是之謂天。不愧于人，是不愧于天也。不畏于人，是不畏于天也。臣願陛下即此不安之心，而益加推廣：共見天地也，毋專以禱祀爲事，常使此心兢兢惕惕，如與天陟降，如在帝左右，可以對越而無愧；奉宗廟也，毋專以備物爲享，常使此心油油翼翼，如見乎位，如聞其聲，可以受終而無怍；事太母也，毋專以儼恪爲恭，常使此心洞洞屬屬，如執玉捧盈，如將勿勝，可以感通而無間；對公卿百執事，毋徒以尊嚴爲儀也，常使此心平虛寬夷，盡下而無所伏；對經生學士，毋徒以誦説爲功也，常使此心緝熙光明，日新而不可已；播告于萬方有衆，毋徒以言語爲化也，常使此心明白洞達，觀感而無所惑；心有未喻，必反覆問辨以求之，毋厭煩以自畫也；心有未可，必熟復思念以圖之，毋恥過以成非也。夫如是息養瞬存，朝習暮益，無頃刻之閒，則大本既立，何事不可爲！以徵諸庶民，以考諸三王，以建諸天地，以質諸鬼神，以施諸後世，何往而不可！不然，庶民且勿信，況其他乎？乙酉上殿劄子。

今日風俗之弊，莫不議其尚同也，而臣則議其未嘗有同。進焉而柔良，退焉而剛方，面焉而唯唯否否，背焉而戚戚嗟嗟，成焉挾其所嘗言以夸于人，不成焉而託于所嘗料以議其上；省曹之勘當，掾屬之書擬，有司之按事，長吏之舉賢，恩則斂而歸己，怨則委之曰此安能以自由；天象之妖祥，時政之得失，除授之當否，疆埸之緩急，言而得則矜以爲功，否則訕之曰此徒言而無益；龍斷而望，可左可右，踦閭而語，可出可入，蓋嗜利無恥之人，貪前慮後者之所爲，其心豈復以國事爲飢渴休戚者哉！蹤跡詭秘，朋友有不相知，情態横生，父子有不相悉，使此習也而日長月益，見利則逝，見便則奪，陛下又何賴于此也？對章奏疏，率循故事，曰惡訐以成名，惡激以敗事，其號爲讜直者，亦不過先爲稱贊之辭，而後微致規切，如論治道則曰大綱已舉，而節目小有未備，論疆事則曰處置得宜，而奉行稍若未至。夫齊人無以仁義與王言，而孟子謂其不敬莫大乎是。今之爲此説者，是敬朝廷乎？慢朝廷乎？今之建言，非如漢、唐有駢頸刑戮之甚，而知莫敢言，言莫敢盡，是謂吾君吾相不能行不能受也。表順而裏藏，面從而腹誹，人見其同，而臣見其未嘗同也，至無禮也，大不敬也。然士習至此，亦有由然者：老師宿儒，零替殆盡，正人端士，散漫不合，習諛踵陋，積久不知。臣爲此懼，深願陛下與二三大臣，察人心邪正之實，推世變倚伏之機，拓開規模，收拾人物。苟挺特自守者，雖無順適之可喜，而決知其無反復難信之憂，必假借而納用之；雷同相隨者，雖無觸忤之可憎，而決知其有包藏不測之患，必疏遠而芟夷之，若是，則意嚮所形，人心齊奮，平居有規警之益，緩急必無乏才之憂。論士大夫風俗疏。

孽韓柄國，學禁既密，士習日浮。嘉定以來，雖曰更轍，然後生晚學，小慧纖能，僅于經解語録，揣摩剽竊，以應時用，文辭剽淺，名節墮頓。蓋自始學，父師所開導，弟子所課習，不過以譁衆取寵，惟官資宮室妻妾是計。及其從仕，則上所以軒輊，下所以喜悦，亦不出諸此。古人所謂爲己之學，成物之本，固不及知也。一旦臨小小利害，周章錯愕，已昧所擇；不幸而死生臨乎其前，則全軀保妻子之是務，雖亂常干紀有不遑恤。平居無直諒多聞之友，臨難無仗義死節之臣，雖利在盜賊，利在夷狄，亦委己聽命而已。願陛下毋以書生爲迂腐，毋以正論爲闊疏，敷求碩儒，開闡正學，使人人知其有禮義廉恥之實，知其有君臣父子之親，知此身之靈于物而異于禽獸也，則見得必思義，見危必致命。周敦頤曰：「師道立則善人多，善人多則朝廷正而天下治。」此斷斷然如穀之可療飢也。論敷求碩儒開闡正學疏。

聞之道路，陛下聽政之暇，時以辭翰自娛。非聖賢之學也。必知聖賢相傳者何事，朝夕所講者何學，自修身齊家、涖朝設官、分土授田、建學制賦，其規模制度，視秦、漢以來，率意更張之事，精粗詳略爲何如。既有所見，必須審問、明辨、篤行，如生乎其時，立乎其位，以與聖賢相周旋，則持之不怠，堯、舜不難至也。應詔封事貼黃。

附錄

嘗曰：「某自遷渠陽，山深日永，易、詩、三禮，重下鈍工，名物度數，音訓偏旁，字字看過，益知義理無窮，而歲月易失。使非假以暇日，將虛此生。今未敢便有著述，且温舊讀，以發新知。」

又曰：「學規以謗訕朝政爲第一。此規自蔡京創爲之，專以禁太學諸公議政。此規當毀。」

曾見彌遠論諸賢士，彌遠曰：「恐相激成朋黨。」鶴山答曰：「朋黨有君子有小人。」彌遠曰：「然。」鶴山曰：「不知誰認作小人。」彌遠沈吟。

應懋之問鬼神，曰：「風雨霜露，無非教也，此天之神；風霆流形，庶物露生，此地之神；維嶽降神，生甫及申，此山川之神；清明在躬，志氣如神，此人之神，極其至，以爲文、武之德。」以上師友雅言。

祖望謹案：鶴山最喜禮記，此一段以爲善言天人之道。

劉漫堂回魏侍郎書曰：「張、朱、呂三先生之亡，學者伥伥然無所歸。葉水心之博，而未免誤學者于有；楊慈湖之淳，而未免誘學者于無，非有大力量如侍郎者，孰是正之！」並補。

鶴山學侶

知縣高先生載

高載，字東叔，蒲江人也，鶴山魏文靖同産長兄。鶴山之大母爲高氏，其兄黄中無子，以其子孝璹後之。孝璹有子六人，而其魏氏之兄士行又無子，故鶴山復歸于魏，而高、魏稱同産。先生八歲能屬文。嘗爲犬噬，作賦詈之，有云：「逐利不顧，則從跖而吠堯。爲養所移，則事齊而背漢。」識者奇之。于書無所不讀。以進士累仕攝丹稜令，有兄弟搆訟者，呼其父至，則直其弟曰：「是能食我。」先生諭曰：「天倫所在，麗于法則害于教，儻以其不養，而繩以令甲，奚翅不祥之難，姑令百拜以謝，幸其翻然返于彝也。若猶不悛，以干于僇，則縣令風之未至，將無辭于責，敢緩閉閤之思乎？」于是兄弟感泣而退，敦睦如初。丁艱去,調補瀘州録事。范吏部子長適以帥至,先生將歸矣,吏部留之入幕府,于是朝夕講學。知靈泉縣,有聲,會以母喪,自傷不得侍養,曰:「吾何以生爲也!」哀毁而卒。先生嘗語學者曰:「人若斯須廢學,則無所措其身,以故孜孜無一日之怠。」補。

祖望謹案:鶴山兄弟同時共學,鶴山早達,而聞道亦最早。東叔學于范氏,西叔學于李、宋之間,因以私淑于兄弟,各有所成,皆南軒之瓣香也,而鶴山益旁搜諸家以大之,盛矣。

忠公高縮齋先生稼

高稼,字南叔,東叔弟。博極羣書,嘉定進士,真西山一見,以國士期之。歷宫直祕閣知沔州、利州提刑兼參議官。始至,告于神曰:「郡當兵難之後,生聚撫摩,所當盡力,去之日,誓垂橐以入劍門。」乃葺理創殘,招集流散,民皆襁負來歸。進三官,爲朝請大夫兼關外四州安撫使公事,措置西路屯田。北兵至,城陷,死之。詔進七官,謚曰忠。死之日,聞者莫不於邑。先生爲人慷慨,有大志,聞人有善,稱之不容口;不善,面折無所避。推轂人士,常恐不及。著有縮齋類稾三十卷。參史傳。

知州高先生崇

高崇,字西叔,蒲江人也,鶴山魏文靖公同産叔兄。與南叔同成進士。時真西山爲人言:「二高不首列,是盲有司也。」會任伯起爲詳定官,伯起故嘗從朱子,至喪其師傳,言「政事與議論,自是兩途,不必以人言摇國是」,于是先生兄弟皆以伊洛之説被抑置下等。釋褐眉山尉,李雁湖方家居,宋正仲爲太守，從之講學。崔公與之薦于朝，知什邡縣，有惠政。通判黎州，尋爲守，兼管內安撫使。黎爲夷壤，先生信賞必罰，以作士氣，邊警以息。先生嘗言潘福不可爲將，制司不聽。已而臺臣反以先生操大閫命帥之權，劾之，坐罷官。先生笑曰：「是誣天也。」時已病亟，歸，尋卒。先生兄弟自相師友，而淵源則出自南軒。教人主于自得。嘗因校士，謂「學者竄拾關、洛方言以入舉文，絶無領會，此膏肓之病也」。其言深中南宋學者之謬。吳侍郎畏齋入蜀，先生勸以立周、程之祠，配以朱、張，昌明正學，以厲人心。其在黎，故有玉淵書院，前守薛仲章所建也，修復之以講學。顧惜其與長兄東叔俱不永年以歿云。著有周官解十二卷。補。

忠襄高著齋先生定子

高定子，字瞻叔，忠公稼之弟。博通六經，嘉泰初進士，授鄞縣簿。吳曦叛，解官歸養，宇文公紹薦其忠孝兩全，調中江縣丞。父就養得疾，先生衣不解帶六旬。居喪，哀毀骨立。知夾江縣。鄰邑有爭田十餘年不決，部使者以屬先生，先生察知僞爲質劑，其人不伏。先生曰：「嘉定改元詔三月始至縣，安得有嘉定元年正月文書邪？」兩造遂決。累官權禮部尚書，升兼侍讀。入奏，言：「國無仁賢，無禮義，無政事，有類叔世。」帝竦然。歷端明殿學士、簽書樞密院事，兼參知政事。嘗以忤史嵩之謫官，退居吳中，深衣大帶，日以著述自娛。卒，贈少保，謚忠襄。先生歷州縣，所至以教化爲先務。嘗作同人書院于夾江，修長興學，創六先生祠。著有著齋文集、北門類稾、微垣類稾、經説、紹熙講義、奏議、歷官表奏行世。參史傳。

雲濠謹案：謝山學案劄記：「著齋高忠襄公當是高稼。」經義考引盧氏熊曰：「高瞻叔學者稱爲著齋先生。」則忠襄爲參政，而非南叔之謚矣。

鶴山講友

文忠真西山先生德秀別爲西山真氏學案。

朝奉輔傳貽先生廣別爲潛庵學案。

文定李宏齋先生燔

直閣張主一先生洽並爲滄洲諸儒學案。

教授李中父先生坤臣

李坤臣，字中父，臨邛人也。大父母及其父普州教授相繼卒，歎曰：「吾無意于斯世矣。」日夜哭泣，遂喪明。授徒自給，出則門生，入則子弟，從旁代讀，有問焉，必答，有目者所不如也。嘗因痔痛貫心，爲詩曰：「吾道由來貫古今，纖毫不假外推尋。只因疾病呻吟切，識得平生第一心。」尤邃于易，以周、程子書參諸邵子，每謂「太極大衍相爲表裏，象、繫多述先天心法」，而人罕知之。于三禮最該暢，鶴山魏文靖家居讀禮，迎之共相討論。蓋嘗欲爲易、禮二傳而未及也。疾甚，歎曰：「君子曰終，小人曰死，吾今日其庶幾乎！」鶴山嘗稱之曰：「中父遭家多難，以有左、卜之厄，然因此動心忍性，觸慮增知，觀身于艮，觀心于復，悠然獨得于義理之奥。」蜀中賢士大夫，自後溪劉文節公、張東父㊀震、張義立方、虞仲易剛簡，以至鶴山兄弟皆重之。其門人曰魏文翁、高斯得、郭黄中。補。

教授譙説齋先生仲午

譙仲午，字仲甫，臨邛人。以進士爲隆州教授。鶴山魏文靖公居相鄰，學相友。鶴山早貴，其帥潼川也，以射洪尉授之，將倚爲助，辭不就。書問往復，有規警而無請寄。及官隆州，鶴山以書責隆守曰：「有賢寮而不舉，何也？」守謝曰：「非敢遺之，先生不欲也。」五十七歲即致仕，其高致如此。嘗論：「士習之敝，不本之踐履，不求之經史，徒勦取伊洛問方言，以用之科舉之文，問之則曰先儒語録也。語録，一時門弟子所傳鈔，非文也，徒欲以乘有司之闇而給取之。陸氏之學，尤爲乖僻，宜速止之。」其歸也，監司太守皆言于朝，請加旌異，以激頹競。詔晉一階。時鶴山亦還靖，以詩貽之，喜其以罪行，蓋其高節如此。所著有孟子旨義、漢書補注、三國名臣諸論、説齋集。補。

李先生從周

李從周，字肩吾，臨邛人也。不詳其生平。鶴山講學之友，「三禮多質之中父，六書多質之先生，嘗同在渠陽山中，稱其强志精識。所著字通，能追原篆隸以來流别，而惜乎今之不可得見也。鶴山門人

㊀「父」下原本衍一「子」字，今删。張震字東父。

税與權作雅言，頗引先生之說，皆考證經史語。其謂「古無四聲，只其有九韻，力糾吴才老之非」云。宋藝文志有其書。補。

中父學侶

魏先生天祐附兄天啓。

魏天祐，字德先，蒲江人，鶴山族昆也。鶴山丱角時，嘗欲從之遊，既而偕試于春官，益加敬焉。先生少與兄天啓齊名。年四十餘，當以恩補官，辭不受。于是年七十矣，益大肆力于學，聖經賢傳，歷覽博究。又卽河、洛正傳，以上泝洙泗之源，歷歷乎獨而的然無所疑也。每燕坐，輒緩聲微吟曰：「天何言哉，四時行焉，百物生焉。」或問之，則曰：「學者須是識得到此地位，方是極至。」一日，忽書紙曰「生死事大，能當澄心靜意」等語，凡數十言，末及孟氏六等之序。卒，年八十有二。著有論孟中庸大學說、巵言、贅言、信心編、雞肋編、日録諸書。參鶴山文集。

梓材謹案：鶴山誌先生墓如此。又誌李中父墓，言先生安貧樂道，與中父爲久敬交。

魏德先語

才智有餘者，其陷溺深。補。

鶴山家學朱、張三傳。

知州魏果齋先生文翁

魏文翁，字嘉父，鶴山先生從弟也。少學舉子業，既而歎曰：「是足爲學乎！」同郡李坤臣中父者，宿儒也，先生從之遊。中父喪明，興居飲食，扶持必親，如古師弟子之禮。力從事于正學。成嘉定進士，歷仕至蜀制置司幹、知上津縣。鶴山以父喪家居，讀三禮，招中父與之偕，先生辭官侍焉，學益進。知新繁縣，縣有祖宗原廟四，每祭則用道流唱舞于庭，祭品亦不經，先生曰：「是褻神孰甚焉！」請于朝，得如禮。朔望與民講學。通判成都，政以最。知敍州，敍爲夷境，横江砦之諸峒，其最蕃曰始鵝，始鵝之諸族其最肆曰隔柱，歲入爲患，先生曰：「是守封者之恥也。」乃乞師于連帥，躬率大軍問夷罪。夷拒命，先生分軍以入，七戰殲其衆，戮其渠，夷勢蹙，乃面縛軍門，誓無反，歸所侵四十八村地及民畜。先生受降班師，知安南堡。狄厚叔者，累有賣國誤師之罪，是役也，斬以徇。捷聞，詔增秩，且令再任。因請移安南堡于風洞市，以控諸夷，詔可。于是帥府正倚先生爲助，而以病卒。先生以千載自期，氣方而行和，見義必爲，雅不喜陸氏之學，而是時其傳甚廣，乃與新都令郭黃中控于提學，請有司無得以此取人，曰：「科舉之取舍，士風所係也。」所著有讀書日記二十卷、中庸大學講義二卷、雜稿十卷。補。

知州魏靖齋先生克愚

魏克愚，號靖齋，文靖子。寶祐中，知徽州，爲政知先務，闢貢闈，作橋梁，政恬事熙，民安其化。參姓譜。

鶴山門人

縣令郭先生黄中

郭黄中，字方叔，利州安撫正孫子也。嘗往來鶴山之門。安撫殉難，一門遇害，惟先生免。爲新都令，以學行著。補。

尚書吴鶴林先生泳

吴泳，字叔永，潼川人。嘉定二年進士。累官權刑部尚書，出知寧國、温州、泉州而罷。輪對，嘗言：「澄源正本，使君身之所自立者先有其地。夫然後移所留之聰明以經世務，移所舍之精神以强國政，移所用之心力以衈罷民，移所省之浮費以養兵卒。」所著有鶴林集。

梓材謹案：勉齋學案吴季永昌裔傳云：「與兄泳師事黄勉齋。」知先生本勉齋門人。儒林宗派則列先生于鶴山之門。

附錄

鶴山答吴寺丞書曰：「周、程諸先生祠堂，近世太泛，古無此典。先聖先師之祀，只是漢儒之説。先師之廟，原不出闕里，封謚之類尤不經，不知何爲。朱、張諸先生亦皆謂當然，益知讀書窮理工夫無窮。此不是矜奇衒博，義理所係，世變所關，不容草草。」

丞相游克齋先生似別見丘劉諸儒學案。

清忠牟存齋先生子才

牟子才，字存叟，井研人。學于魏鶴山，又從李公晦。嘉定十六年進士。累官權禮部尚書，以資政殿學士致仕。卒，謚清忠。

宗羲案：宋史文靖傳言：「游似、吴泳、牟子才皆蜀名士，造門受業。」

知府王淡齋先生萬

王萬，字萬里，蒲江人也。于鶴山魏文靖公爲寮壻。篤學通經術，尤善戴氏禮。鶴山每稱之曰：「真吾徒也。」嘉定三年，省試第一。歷仕太常博士。史彌遠當國，應詔言三事。其一曰：厚風俗必本于明人倫。君臣也，父子也，夫婦也，昆弟也，朋友之交也，所以彌綸天地，扶植人極，使不爲禽獸夷狄之歸者，以有是倫也。人倫明于上，小民親于下，俗之不厚，未之有也。書曰：「惟民生厚，因物有遷。違上所命，從厥攸好。」今天下風俗，可謂薄矣。化薄卽厚，在陛下一轉移之頃。陛下設廉恥以厲臣節，明聽斷以强主威，赫然如大明正中，萬物畢照，而君臣之義立矣。以四海之歡心爲孝，不以一己之服勞，念遺大投艱之託，思繼志述事之重，而父子之恩隆矣。致嚴喪紀，不邇聲色，俟三年終喪，求婚士族，禮備而後聘，而夫婦之道正矣。陛下之于兄弟，不幸而居人道之變，然友愛素深，神人所共知也，若垂念于死喪之戚，致厚于卹終之典，而兄弟之愛篤矣。日御經幄，親近友臣，惟正人是親，而朋友之化行矣。凡此五者，陛下既躬其厚，誰忍復趨于薄。二曰：尊朝廷在于聚賢才。漢梅福謂：「孝武時，淮南王安緣間而起，所以計慮不成者，以衆賢聚于本朝也。孝成時，蜀郡山陽亡徒布衣，乃窺國家之隙，見間而起者，此皆輕量大臣，無所畏忌，國家之權輕，故匹夫欲與上争衡也。」賢才足爲國輕重者如此。然所以聚之，則必有道。蓋天地沖和之氣，鍾而爲人，賢者尤其氣之清也，利禄不能誘，威勢不能壓，惟虚心忘我，用其人而行其言，則賢者樂爲吾用，自靖自獻之恐後，寧復有遲回偃仰，召而不至，知而不言者？三曰：崇學校在于養士氣。士者，國之元氣，而天下之精神也。故可殺可貧而不可辱者，謂之士。京師者，首善之地也，太學者，賢士之關也，士聚其間，豈徒誦説詞章，攫取聲利而已哉！蓋將講明義理，涵養氣質，以成其材，而待國家之用也。上之人宜嬰以廉恥，不可恐以戮辱；宜閑以禮義，不可繩以刑辟。今朝廷並建長貳，所當專其職任，勿煩以他職。博士正録，不徒以課試爲事，日進諸生，相與講論經術，陳説古今，以作其氣。如有佻達不檢，則成規具在長貳，以次舉而行之，誰曰不然。今乃郡吏得以繩之，下走得以辱之，殆非以章好示俗風厲四方也。世之論治者，鮮不以城郭甲兵、田野貨財爲有國之先務，而孟軻獨以禮壞樂廢爲憂，非闊于事情也。而況揆諸今日之事，三邊風寒，赤子露立，非無城郭不修之患；客强主弱，誨盜納侮，非無兵甲不多之憂；兵荒之餘，屯墾未就，非無田野不闢之慮；幣輕物重，十室九空，非無貨財不聚之歎，而臣區區惟前三者是急，亦曰人倫薄則世道廢，賢才散則主勢孤，士氣索則邦家空匱，此孟軻所謂『上無禮，下無學，賊民興，喪無日』者，臣之所爲大懼也。時有濟邸之獄，有蜀邊之擾，有山陽之變，有郡吏卒繫捕弟子員之辱，故先生及之。所引蜀郡山陽輕量大臣，尤切中時務，宰相已深惡之。其秋輪對，又上疏曰：「乃者中外之臣，指陳得失，願忠于陛下，而在廷之臣，已過憂其沾激，逆慮其朋黨。夫留班伏閤，封章叩匭，此在先朝常常見之。今以降詔求言，久而後應，尚曰沽激乎？內外小大之臣千數，言者無幾，尚云朋黨乎？今天下議論，大概有三：勸陛下崇孝道，厚天倫，篤意儒學，以養聖明之資，親近正人，以杜邪佞之口，此愛君憂國之論也，其言必懇惻；憤主威之撓奪，傷國體之搶攘，疾貪暴如仇讎，惡佞諛如惡臭，此憤世嫉邪之論也，其言必激切；聽其言，汪洋汗漫，察其意，避就回曲，此模棱兩可之論也，其言必依違。臣願陛下以懇惻者施行之，激切者獎借之，依違者斥絕之，則朝廷之是非，卽天下之是非也，何憂乎沽激？何慮乎朋黨？」其二論蜀之利害，謂：「任梱寄者，聞命勇往，侻然以功名自任，然政令峻急，人情惶駭；任總餉者，承命算寄，奮然以了辦自居，始謂不以累公上，今乃有七百萬緡之請，既上欺朝廷，又苛取州縣。陛下端拱穆清，亦知數千里外，有歎息愁恨之聲矣乎？」時鄭損制蜀，李景翺司蜀餉，故先生及之。理宗反覆顧問，先生隨事條析，理宗領之，而宰相益怒。于是朱端常疏劾魏鶴山有不食周粟語，并及真希元與先生，一時君子皆去國。先生既忤柄臣，又忤蜀之大吏，人皆危之，而先生浩然歸里，逍遙若將終身焉。又二年而起用，然不得入朝。再分符知紹興府。史彌遠歿，始有赴闕奏事之命，而先生卒矣。所著有心銘、淡齋規約。補。

祖望謹案：宋理宗朝有二王萬，其一力排鄭清之者，見東發先生杜範傳。

教授程先生掌

程掌，字叔運，眉之丹稜人。紹定二年進士，授揚州觀察推官，再調巴州教授。嘗徒步杖策訪魏鶴山于山中，曰：「嘗見洪公咨夔于於潛，謁真公德秀于浦城，聿求當今名教宗主，觀善而歸。今見先生，志願畢矣。」先生嗜關、洛之書，尤精通鑑。平生爲人負氣，不肯少屈，鶴山嘗曰：「以子剛大之氣，而加之直養無害之功，則行行之由，亦可爲聖門之高弟矣。」其後先生自贊曰：「粗厲猛起，頗欠時中。强矯磨礲，晚果有功。」鶴山喜曰：「叔運進矣。」不幸早卒。

進士史傳齋先生守道

史守道，字孟傳，丹稜人。讀書一覽不忘，發之爲文，援據詳明，辭辯雄放。當時學者託周、程諸儒先語以自標榜，先生爲詩曰：「但使躬行爲孔、孟，何憂吾道不周、程。」每誦先儒語曰：「士不可多受恩，亦不可多受知。」故所依惟鶴山而已。後溪劉文節公、雁湖李文懿公皆恨相見之晚。考試有欲爲之地者，謝不可。嘉定十三年，將入對，忽以疾卒。詔附劉渭榜，賜同進士出身，追授迪功郎。所著有傳齋集十卷、傳齋有用之學二十卷、書略十卷、詩略十卷、周禮略十卷、春秋統會十二卷、國朝名賢年譜十卷。

縣尉蔣一齋先生公順

蔣公順，字成父，清湘人。研精義理之學，從鶴山遊者七年，築室湘源，命之曰一齋。税巽甫嘗謂易上經似指體，下經似指用，先生云：「經之有上下，本謂造化互相終始，于乾、坤體用皆不可分。如上經坤終于復，下經乾終于姤；上經坤盡于復，又二卦而乾盡，下經乾盡于姤，又二卦而坤盡。乾、坤之畫，盡于升，遂繼以困，則上下經不可分體用明矣。」此說甚精。鶴山亦云：「成父從子渠陽山中，所得甚多。」在別之傑幕，以解安豐之圍補官，監施州靜江稅，再爲沅州黔陽尉。辟桃源令，未赴而卒。

稅先生與權

稅與權，字巽甫，巴郡人。受業鶴山之門，精于經學。其所著易學啓蒙小傳，自序云：「文公以伏羲先天理數之原，特于易學啓蒙而抉其祕，圖象咸本諸邵氏。間與袁機仲談後天易，則謂嘗以卦畫縱橫反覆求之，竟不得文王所以安排之意，是以畏懼，未敢妄爲之說。與權曩從先師鶴山魏文靖公講究邵氏諸書，乃于觀物篇得後天易上下經序卦圖，反覆觀之，皆成十有八卦，然後知乾、坤、坎、離、頤、中孚、大小過不易之八卦爲上下兩篇之幹，其互易五十六卦爲上下兩篇之用。自漢揚子雲謂『文王重易，六爻互用，兩卦十二爻』，而唐孔穎達亦謂『驗六十四卦，二二相偶，非覆卽變』，孔子取上下經名而序其相次之義，非邵氏此圖，則後天之旨，千載不明矣。竊嘗因此圖推之，上下經皆爲十八卦者，始終不出九數而已。九者，究也，萬物盈牣于天地間者，究之象也，是故易以十八變而起卦，元以十八策而生日，大抵易六十四卦，不越乾、坤奇耦之九畫，而乾、坤奇耦之畫，又重爲二九而窮，窮則變，故革在先天當十八，二九之究也，在後天當四十九，蓍數之極也，四十九而革去，故五十而鼎取新，開物于寅，帝出乎震，而循環無窮矣。蓋天地五十有五之數，河圖、洛書實互用之，先天則河圖之九，而分左右，皆疊二九而周乎六十四，後天衍洛書之九，而分上下，亦合二九而總乎三十六，邵氏此圖，豈非明羲、文之易，同中異，異中同也與？嗚呼！孔子雜卦傳專以反對而發後天易互用兩卦十二爻之深旨也，學者潛玩雜卦，而參以子雲、穎達之説，則于邵氏此圖，信其爲寫出天地自然之法象矣。文公殆亦留斯義以俟後人耶？輒不自揆，敬述而申之曰易學啓蒙小傳。」雲濠案：四庫書目，易學啓蒙小傳一卷，附古經傳一卷。先生又嘗述鶴山講周禮語爲二卷，曰周禮折衷。補。

附録

史子翚曰：「巽甫以後天以震、兑爲用，故孔子謂歸妹天地之大義，予因謂艮、巽者，震、兑之反也，震東兑西，乃天地生成之方，日月出没之位，實備乾、坤、坎、離而爲下經之用，故泰之六五，亦曰『帝乙歸妹』，以互體有震、兑耳。然則巽甫得于邵子者固深。雖然，巽甫謂乾九能兼坤六，坤不能包乾，予謂六之中有一三五焉，則九數固藏于六也，巽甫以爲如何？」

帥幕滕先生處厚

滕處厚，字謹仲，清湘人。鶴山稱爲通經窮理之士。原本下有「鶴林玉露云云」六字。嘗答其論易書曰：「康節先天後天之説，所以發明盡心踐形之義，而人未盡知也。先天之易，乾、坤以定上下，離、坎以列左右，此天地陰陽之定位，而人物之生，必得是理，必稟是氣，是所謂性之體也。後天以坎、離居南北之正，則所以位天地命萬物者，莫不本諸此。離之二爻自坤來變乾爲離，蓋坤道之光而爲離，故離火外明，以明來自外也，元是坤體，故曰『畜牝牛吉』。坎之二爻自乾來變坤爲坎，蓋乾道之涵而爲坎，故坎水內明，以明根于中也，元是乾體，故曰「有孚，惟心亨」，乃以剛中也，是所謂性之用也。大抵陽居尊而陰居卑，陰爲虛而陽爲實，此性之體，即乾南坤北是也。陽以剛實居中，而陰以文明發外，此不睹不聞之極功，爲性之用，即離南坎北是也。」累官潭州帥幕，守正不阿。或笑其迂，曰：「迂，吾所自取，但媿予之不迂耳。有謂予迂者，予披襟當之矣，豈以彼易此哉。」易簀時，賦詩談笑而逝。

忠文蔣先生重珍

蔣重珍，字良貴，無錫人。嘉定十六年進士第一，簽判建康軍。紹定二年，召入對，首以「自天子至于庶人，所當知者，本心、外物二者之界限」爲言。火災應詔，以「親攬大柄，盡破恩私」爲言。後又進爲君難六箴。乞召真西山、魏鶴山用之。每草奏，齋心盛服，有密啓則手書削稾，務積精神，以寤上意。後以刑部侍郎致仕，謚忠文。先生本鶴山校試禮部門下士也，其後遂問業，嘗有「心授神予」之語。修。

虞先生兟

虞兟，字退夫，仁壽人，滄江先生從子也。壻于鶴山。傳其家學，又得婦翁之傳。補。

教授唐先生季乙

唐季乙，字述之，崇慶之晉原人也。與高西叔兄弟同居，類試高等，西叔因以女妻之。鶴山與西叔爲同産兄弟，先生遂從鶴山遊，稱其體行醇固。官緜州教授，不久卒。補。

蔣先生山

蔣山，字得之，靖州人也。鶴山以言南遷，先生從焉。鶴山嘗答其論易之書曰：「朱子九圖十書之說，引邵子以證之，但邵子第言圖圓書方，不言九十，故僕未敢以爲證也。得之斷然謂河圖則先天數也，洛書則五行生成數也，此不爲無見。蓋九宮數見之乾鑿度與張平子傳，自是太乙圖而長民取爲河圖，誠可疑。先天乃天地自然之數，必爲古書無疑。得之定爲河圖，雖未有明證，而僕心善之。魏伯陽參同契所載月法，乾、坤、坎、離、震、巽、艮、兌二位相對，即先天圖也。土王四季，羅絡終始，青赤白黑，各居一方，皆稟中宮戊己之功。」又云：「太乙乃君移居中州，則又似九宮圖矣。至于上弦兌數八，下弦亦如之，則不惟九宮圖，亦是後天圖也。伯陽所取，蓋非一圖，故其後又云，上察河圖文，下序地形流，中稽于人心，參和考三才。其意若取河圖數爲天，五行數爲地，後天卦爲人，雖不明言，而一書之中，實兼舉錯用，然參同之末云：『履行步斗宿六甲以日辰，則道家步斗法；地九還七反八歸六居，則道家還丹法。』步斗與還丹，亦太乙下行九宮法，乃知三圖二法，起數雖異，其論則一，故朱子謂：『安知圖不爲書？書不爲圖？』此又得之所當知也。」觀鶴山所以告先生者，則其致功于易可知矣。

提舉許山屋先生月卿別見介軒學案。

祕監史先生繩祖

史繩祖，字長慶。官祕監。著有孝經解一卷，鶴山跋曰：「朱文公嘗著孝經刊誤，公之子在，嘗舉元彙以遺予，予既授梓，與學士共之。史長慶又以告予曰：「昔者，繩祖嘗集先正名賢孝經註解，今願得刊誤，爲之章指。」予舉以畀之，俾得彙次成編，則又以黃直卿孝經本旨及其所輯洙泗論孝合爲一書。嗚呼！此民生日用之常，后王降德之本，而由之不知，觀是書者，其亦知所發哉。」補。

葉先生元老

葉元老，吳門人。鶴山送其歸浮光序曰：「元老識度器藻，夐出儕類。嘗受學于陸伯微，具有師法，所交多天下賢士。予因陳正父識之，傾蓋如舊交。一旦匹馬數童，來自浮光，爲予數月留，每日聚友讀書。元老從容出一詞，率中要會。談古今治忽，人物優劣，山川險易，下至甲兵良窳，米粟多少之數，皆探原索委，蓋有志之士也。」參鶴山文集。

梓材謹案：滄洲諸儒學案竇從周傳引劉漫塘云：「近世吳門葉元老忘其年之長，往從鶴山于渠陽。」謝山原底標云：「葉元老，陸伯微弟子。伯微，象山子也。」蓋卽據鶴山集言之。

又案：先生逸其名，元老，其字也。攷慈湖弟子葉同庵祐之，字元吉，吳縣人，內弟張荃翁師事之。元吉、元老，其字相似，且同爲吳人，同爲陸學，未知卽一人否也。

許先生玠

許玠，字介之。鶴山嘗答其書云：「來翰稿山筆冢，至老未衰。駸駸六十，胡不深自收斂，以趨于實。而多求題識序引，爲是無益。介之儻以爲然，涵泳而體習焉，其得也不亦多乎！」補。

嚴先生植

嚴植，鶴山之徒也。鶴山答其書曰：「師席易被人推許，便少講摩。須從勝己者交，更從諸經字字看過，思所以自得，不可只從前賢言語上作工夫。」補。

張荃翁先生端義別見慈湖學案。

存齋同調

少保王修齋先生爚

王爚，字仲潛，一字伯晦，新昌人。登嘉定進士。咸淳八年爲左丞相。言賈似道誤國喪師之罪，于是始降詔切責似道。日食，乞罷黜，以答天譴。京學生上書詆陳宜中，或謂先生實使之，遂罷職奉祠。初先生兼中書時，請詔大臣「哀恫警省，修德行政，摧抑陰邪之氣燄，保護微陽之根本」。時論壯之。度宗詔充上蔡書院山主，後進率多成就。及登相位，卒與宜中不協，去。生平清修剛勁，李芾、趙卯發、唐震皆從之遊，皆以節死。忠義之士，萃于一門，可謂沆瀣相承，千載猶勁者矣。參史傳。

縮齋家學

簽樞高恥堂先生斯得

高斯得，字不妄，南叔子。少從李中父遊，成紹定進士。官至端明殿學士、簽樞兼參政，因争留夢炎庇護賈似道，遽罷去，而宋亦亡。著有易膚說㊀、儀禮合鈔、增損刊正杜佑通典、徽宗長編、高孝二宗繫年要録、恥堂文集。參史傳。

梓材謹案：先生本名斯信，嘗跋李秀巖學易編誦詩訓云：「斯得受業于門，每念有以廣其傳者。來守桐江，首以詩、易二書刻之，與同志共。」故謝山學案劄記云：「高斯得，李心傳弟子也。」是先生又爲微之門人。

中父門人

知州魏果齋先生文翁見上鶴山家學。

簽樞高恥堂先生斯得見上縮齋家學。

縣令郭先生黄中見上鶴山門人。

存齋家學朱、張四傳。

提刑牟陵陽先生巘

牟巘，字獻甫，一字獻之，清忠公子才子也。以父蔭累歷浙東提刑、大理少卿，以忤賈似道去官。宋亡，不出。討論六經，尤雄于文，蜀中自蘇氏父子後，推巽巖李氏父子，繼之者，牟氏也。學者稱爲陵

㊀「易膚說」，宋史本傳作「詩膚說」。

陽先生。理宗嘗曰：「汝名臣之子，漢人所謂家之珍寶，國之英俊者也。」以得罪時相，幾得大禍。國亡三十六年而卒，得年八十五歲。修。

教授牟隆山先生應龍

牟應龍，字成父，一字隆山，陵陽子也。咸淳進士。賈似道欲引之，不受。對策極言時弊。官定城尉。宋亡，留夢炎招之，不出。已而爲溧陽教授。

存齋門人

忠敏趙先生范

忠靖趙庸齋先生葵並見滄洲諸儒學案。

忠介唐先生震

唐震，字景實，會稽人。少居鄉，介然不苟交，有言其過者，輒喜。既登第，歷官知饒州，所至以神明稱。先生爲霅主簿時，執弟子禮于牟存齋。存齋以其用志堅苦，必有所立，甚敬之。存齋之子陵陽忤權貴，幾得大禍于越中，先生以書勞之江上，論甚偉。明年，元兵陷饒州，死節，謚忠介。補。

修齋門人

忠節李肯齋先生芾

李芾，字叔章，衡州人。生而聰警，少時卽自樹立，名其齋曰無暴棄。魏鶴山一見禮之，謂有祖風。蓋先生高祖升爲名進士。金人破汴，與父俱死，因易其齋額曰肯齋。先生嘗從王仲潛遊，以蔭補南安司户。後攝湘潭縣，不避貴勢。再知潭州，敵兵已至城下，先生誓以死守。城破，命帳下沈忠曰：「吾家人不可辱于俘，汝盡殺之，而後及我。」忠泣而徧刃之。先生乃受刃。忠亦自刎而死。事聞，謚忠節。子裕孫、孫輔叔，先生初至潭，卽遣他適，未及于難。參史傳。

文節趙先生卯發

趙卯發，字漢卿，昌化人。與唐忠介震師事王仲潛。咸淳十年，判池州。攝州事，元兵薄城，與妻雍氏同縊從容堂。先生始爲此堂，至是指所題扁謂客曰：「古人謂『慷慨殺身易，從容就義難』，此殆其兆也。」事聞，謚文節。參史傳。

忠介唐先生震見上存齋門人。

唐氏門人朱、張五傳。

隱君胡先生應之

毛先生振合傳。

王先生濤合傳。

屠先生高合傳。

胡應之，字泰來，嵊縣人也。受業于唐忠介公，以明善誠身爲本。東發先生一見重之，曰：「古君子也。」中表諸父爲王衛公淪兄弟，亦與爲忘分交。平居若與世忘，及言天下事自了了。宋亡，隱居不仕。忠介之弟子有名者曰毛振、王濤、屠高，而先生尤爲之魁。屠高，字仰之。王濤，字東之，本堂云：「不得其死。」毛振，字翔父。補。

宋元學案卷八十一

西山眞氏學案

黄宗羲原本　黄百家纂輯　全祖望修定

西山真氏學案表

真德秀（詹氏門人。屏山、晦翁再傳。）
- 子志道
- 王埜——王應麟別爲深寧學案。
- 馬光祖
- 金文剛
- 孔元龍
- 吕良才
- 吕敬伯
- 江塤
- 劉炎
- 陳均
- 周天駿

徐元杰
劉克莊別見艾軒學案。
王邁
程掌別見鶴山學案。
熊慶冑
徐幾——王應麟別為深寧學案。
湯千
湯巾
湯中並為存齋晦靜息庵學案。
劉漢弼——弟漢傳別見九峯學案。
忠愍同調。
陳策
王天與——子振
西山續傳。
魏了翁別為鶴山學案。
李燔
張洽
李方子並為滄洲諸儒學案。
並西山講友。

西山真氏學案序録

祖望謹案：西山之望，直繼晦翁，然晚節何其委蛇也！東發于朱學最尊信，而不滿于西山，理度兩朝政要言之詳矣。宋史亦有微辭。述西山真氏學案。梓材案：是卷本稱西山學案，謝山序録定本益以真氏，所以别于西山蔡氏也。

詹氏門人劉、朱再傳。

文忠真西山先生德秀

真德秀，字景元，後更希元，建之浦城人。慶元五年進士，繼中博學宏辭科。累官起居舍人，兼太常少卿，出爲江東轉運副使，歷知泉州、隆興、潭州。理宗卽位，召爲中書舍人，擢禮部侍郎，史彌遠憚之，落職。紹定五年，起知泉州、福州，召爲户部尚書，時去國已十年矣。改翰林學士，尋得疾，拜參知政事而卒，端平二年也，年五十八，謚文忠，學者稱西山先生。立朝不滿十年，奏疏亡慮數十萬言，直聲震朝廷。四方文士誦其文，想見其風采。及遊宦所至，惠政深洽，由是中外交頌。都城人時驚傳傾動㈠，奔擁出闕曰：「真直院至矣！」果至，則又填塞聚觀不置。時相益以此忌之，輒擯不用，而名愈彰。自韓侂胄立僞學之名以錮善類，凡近時㈡大儒之書，皆顯禁絶之。先生晚出，獨立慨然以斯文自任，講習而

㈠「動」，宋史本傳作「洞」。　㈡「時」，宋史本傳作「世」。

服行之。黨禁既開，而正學遂明于天下後世，多其力也。宋史詹體仁傳言：「郡人真德秀早從其遊，嘗問居官涖民之法，體仁曰：『盡心、平心而已，盡心則無愧，平心則無偏。』」先生能守而行之。所著有西山甲乙稿、對越甲乙集、經筵講義等書。雲濠案：先生著述尚有四書集編二十六卷，又文章正宗二十卷，續集二十卷，俱內府藏本。

百家謹案：從來西山、鶴山並稱，如鳥之雙翼，車之雙輪，不獨舉也。鶴山之誌西山，亦以司馬文正、范忠文之生同志、死同傳相比，後世亦無敢優劣之者。然百家嘗聞先遺獻之言曰：「兩家學術雖同出于考亭，而鶴山識力橫絕，真所謂卓犖觀羣書者；西山則依門傍户，不敢自出一頭地，蓋墨守之而已。」

西山答問

問收其放心，養其德性

德性，謂得之于天者，仁義禮智信是也。收放心，養德性，雖曰二事，其實一事，蓋德性在人，本皆全備，緣放縱其心，不知操存，自致賊害其性，若能收其放心，即是養其德性，非有二事也。

問端莊靜一乃存養工夫

端莊，主容貌而言；靜一，主心而言，蓋表裏交正之義。合而言之，則敬而已矣。

問學問思辨乃窮理工夫

程子曰：「涵養須用敬，進學在致知。」蓋窮理以此心爲主，必須以敬自持，使心有主宰，無私意邪念之紛擾，然後有以爲窮理之基。本心既有所主宰矣，又須事事物物各窮其理，然後能致盡心之功。欲窮理而不知持敬以養心，則思慮紛紜，精神昏亂，于義理必無所得。知以養心矣，而不知窮理，則此心雖清明虛静，又只是箇空蕩蕩底物事，而無許多義理以爲之主，其于應事接物，必不能皆當，釋氏禪學，正是如此。故必以敬涵養，而又博學、審問、慎思、明辨以致其知，則于清明虛静之中，而衆理悉備，其静則湛然寂然，而有未發之中，其動則泛應曲當，而爲中節之和，天下義理，學者工夫，無以加于此者。自伊川發出，而文公又從而闡明之。中庸「尊德性道問學」章與大學此章皆同此意也。

問零零碎碎湊合，將來不知不覺自然省悟

正如曾子平日學問，皆是逐一用功，如三省，如問禮，逐些逐小做將去，積累之久，一旦通悟，夫子遂以吾道一以貫告之，至此方知從前所爲，百行萬善，只是一理。方其積累之時，件件著力，到此如炊之已熟，釀之已就，更不須著分毫之力。

問大學只說格物，不說窮理

器者，有形之物也；道者，無形之理也。明道先生曰：「道卽器，器卽道，兩者未嘗相離。」蓋凡天下之物，有形有象者，皆器也，其理便在其中。大而天地，亦形而下者，乾、坤乃形而上者。日月星辰、風雨霜露亦形而下者，其理卽形而上者。以身言之，身之形體，皆形而下者，曰性曰心之理，乃形而上者。至于一物一器，莫不皆然。且如燈燭者，器也，其所以能照物，形而上之理也。且如牀卓，器也，而其用，理也。天下未嘗有無理之器，無器之理。卽器以求之，而理在其中，如卽天地則有健順之理，卽形體則有性情之理，精粗本末，初不相離。若舍器而求理，未有不蹈于空虛之見，非吾儒之實學也。所以大學教人以格物致知，蓋卽物而理在焉，庶幾學者有著實用力之地，不致馳心于虛無之境也。

問致知一段是夢覺關，誠意一段是善惡關

言格物致知，必窮得盡，知得至，則如夢之覺，若窮理未盡，見善未明，則如夢之未覺，故曰夢覺關。好善必實然好之，如飢之必食，渴之必飲；惡惡必實然惡之，如水之不可入，火之不可蹈，如此方能盡人之道，以充人之形。若名爲好善，而好之不出于實，名爲惡惡，而惡之不出于實，則是爲欺而已。欺心一萌，無往而非惡矣，亦何以異于禽獸哉！故曰善惡關。大學雖有八條，緊要全在兩節，若知已至，意已誠，則大本已立，其他以序而進，有用力之地矣。若知不至，意不誠，既無其本，無往而可矣。故朱子以二關喻之，言如行軍然，必須過此二重關隘，方可進兵故也。

問主忠信章

論語止言主忠信，不言誠，至子思、孟子然後言誠，蓋誠指全體而言，忠信指用功處而言。忠是盡于中者，信是形于外者，有忠方有信，不信則非所以爲忠，二者表裏體用之謂，如形之與影也。心無不盡之謂忠，言與行無不實之謂信，盡得忠與信，卽是誠，故孔子雖不言誠，但欲人于忠信上著力，忠信無不盡，則誠在其中矣。孔子教人，大抵只就行處說，行到盡處，自知誠之本源。子思、孟子則併本源發出以示人，其義一也。

問非鬼而祭章

鬼神之理，雖非始學者所易窮，然亦須識其名義。若以神示鬼三字言之，則天之神曰神，地之神曰示，人之神曰鬼。若以鬼神二字言之，則神者氣之伸，鬼者氣之屈。氣之方伸者屬陽，故爲神；氣之屈者屬陰，故爲鬼。神者，伸也；鬼者，歸也。且以人之身論之，生則曰人，死則曰鬼，此生死之大分也。然自其生而言之，則自幼而壯，此氣之伸也；自壯而老，自老而死，此又伸而屈也。自其死而言之，則魂游魄降，寂然無形，此氣之屈也。及子孫享祀，以誠感之，則又能來格，此又屈而伸也。姑舉人鬼一端如此。至若造化之鬼神，則山澤水火雷風是也。日與電皆火也，月與雨皆水也，此數者合而言之，又只是陰陽二氣而已。陰陽二氣，流行于天地之間，萬物賴之以生，賴之以成，此卽所謂鬼神也。今人只塑像畫像爲鬼神，及以幽暗不可見者爲鬼神，殊不知山峙川流，日照雨潤，雷動風散，乃分明有跡之鬼神。伊川曰：「鬼神者，造化之迹。」又曰：「鬼神，天地之功用。」橫渠曰：「鬼神，二氣之良能。」凡此皆指陰陽而言。天地之氣，卽人身之氣，人身之氣，卽天地之氣。易繫辭曰：「精氣爲物，游魂爲變。」人之生也，精與氣合而已。精者，血之類，是滋養一身者，故屬陰；氣是能知覺運動者，故屬陽。二者合而爲人，精卽魄也。目之所以明，耳之所以聽者，卽精之爲也，此之謂魄。氣充乎體，凡人心之能思慮，有知識，身之能舉動，與夫勇決敢爲者，卽氣之所爲也，此之謂魂。人之少壯也，血氣强，血氣强，故魂魄盛，此所謂伸。及其老也，血氣既耗，魂魄亦衰，此所謂屈也。既死，則魂升于天以從陽，魄降于地以從陰，所謂各從其類也。魂魄合則生，離則死，故先王制祭祀之禮，使爲人子孫者，盡誠致敬，以焫蕭之屬，求之于陽，灌鬯之屬，求之于陰，求之既至，則魂魄雖離而可以復合，故禮記曰：「合鬼與神，教之至也。」神指魂而言，鬼指魄而言，此所謂屈而伸也。

問仁字

凡天下至微之物，皆有箇心，發生皆從此出，緣是稟受之初，皆得天地發生之心以爲心，故其心無不能發生者。一物有一心，自心中發出生意，又成無限物，且如蓮實之中，有所謂幺荷者，便儼然如一根之荷，他物亦莫不如是，故上蔡先生論仁，以桃仁杏仁比之，謂其中有生意，才種便生故也。惟人受中以生，全具天地之理，故其爲心又最靈于物，故其所蘊生意纔發出，便近而親親，推而仁民，又推而愛物，無所不可，以至于覆冒四海，惠利百世，亦自此而推之耳。此仁心之大，所以與天地同量也。然一爲利欲所汩，則私意橫生，遂流而爲殘忍，爲刻薄，則生意消亡，頑如鐵石，便與禽獸相去不遠，豈不可畏也哉！今爲學之要，須要常存此心，平居省察，覺得胸中盎然有慈祥惻怛之意，無忮忍刻害之私，此卽所謂本心，卽所謂仁也，便當存之養之，使之不失，則萬善皆從此而生。

問敬字

伊川先生言：「主一之謂敬。」又恐人未曉一字之義，又曰：「無適之謂一。」適，往也，主于此事，則不移于他事，是之謂無適也。主者，存主之義。伊川又云：「主一之謂敬，一者之謂誠。」主則有意，在學者用功，須當主于一。主者，念念守此而不離之意也。及其涵養旣熟，此心湛然，自然無二無雜，則不待主而自一矣。不待主而自一，卽所謂誠也。敬，是人事之本，學者用功之要，至于誠，則達乎天道矣，此又誠敬之分也。所謂主一者，靜時要一，動時亦要一，平居暇日，未有作爲，此心亦要主于一，應事接物，有所作爲，此心亦要主于一，此是靜時敬，動時敬。靜時能敬，則無思慮紛紜之患；動時能敬，則無舉措煩擾之患，如此則本心常存而不失。爲學之要，莫先于此，當更以胡致堂一段參觀。

問顏樂

集註所引程子三說，其一曰不以貧窶改其樂，二曰蓋其自有樂，三曰所樂何事，皆不說出顏子之樂是如何樂，其末卻令學者于博文約禮上用功。博文約禮亦有何樂，程、朱二先生似若有所隱而不以告人者。其實無所隱而告人之深也。又程氏遺書有人謂顏子所樂者道，程先生以爲非。由今觀之，言豈不有理，先生非之何也？蓋道只是當然之理而已，非有一物可以玩弄而娛悅也。若云所樂者道，則吾身與道各爲一物，未到渾融無間之地，豈足以語聖賢之樂哉！顏子工夫，乃是從博文約禮上用力。博文者，言于天下之理，無不窮究，而用功之廣也。約禮者，言以禮檢束其身，而用功之要也。博文者，格物致知之事也。約禮者，克己復禮之事也。內外精粗，二者並進，則此身此心皆與理爲一，從容游泳于天理之中，雖簞瓢陋巷不知其爲貧，萬鍾九鼎不知其爲富，此乃顏子之樂也。程、朱二先生恐人只想像顏子之樂，而不知實用其功，雖日談顏子之樂，何益于我，故程子全然不露，只使人自思而得之，朱文公又恐人無下手處，特說出博文約禮四字，令學者從此用力，真積既久，自然有得，至于欲罷不能之地，則顏子之樂，可以庶幾矣。二先生之拳拳于學者，可謂甚至，不可不深玩其旨也。

問語上語下

此章南軒先生之說至爲精密，所當玩味。所謂聖人之道，精粗雖無二致者，蓋道德性命者，理之精也，事親事長、灑掃應對之屬，事之粗也，然道德性命只在事親事長之中，苟能盡其事親事長之道，則道德性命不外乎此矣。但中人以下之資質，若驟然告之以道德性命，彼將何所從入？想像臆㊀度，反所以害道，不若且從分明易知處告之，如事親事長、灑掃應對之屬，皆人所易知也，如此則可以循序而用力，不期而至于高遠之地。此聖門教人之要法也。

問不由户章

舊說謂人之不能不由道，如出之不能不由户。朱文公非之，以爲世人之行不由道者多矣，若如舊

㊀「臆」字，原本作「憶」，據龍本改。

説，則凡人所行，不問是非善惡，皆可以爲道矣。且如事親事長，人人所同也，然必事親孝，事長弟，然後謂之道，不然，則非道矣。此章蓋歎世人但知出由户，而不知行必由道，欲人知行不可以不由道也。

又中庸道不可須臾離章，龜山先生謂：「寒而衣，飢而食，出而作，入而息，耳目之視聽，手足之舉履，無非道也。此百姓所以日用而不知。伊尹耕有莘之野，而樂堯、舜之道。所謂堯、舜之道，卽樂于有莘之野是已。」朱文公辨之曰：「衣食作息、視聽舉履皆物也，其所以如此之義理準則乃道也。若便指物爲道，不惟昧于形而上、下之别，而墜于釋氏作用是性之失，且使學者誤爲道無不在，雖猖狂妄行，亦無適而不爲道矣。其害可勝言哉！」蓋龜山先生以物卽是道，而文公以爲物之則方是道，正與出不由户章意同。

又告子曰：「生之謂性。」蓋言人之能知覺運動者卽性也。孟子不然之。朱文公發其義曰：「能知覺運動者只是氣，知覺運動之理方是性。告子誤認氣爲性。」又引龜山舉釋氏語云：「神通幷妙用，運水與搬柴，以比徐行後長，不知徐行後長方謂之弟，疾行先長則爲不弟。若謂運水搬柴便是妙用，則徐行疾行皆是弟矣。」此亦與前章意同，大抵皆謂，人于日用事物間處處當理，然後爲道，不可以日用事物便爲道。朱文公此説最有益于學者，當參而味之。

問太極中庸之義

下問太極、[illegible]庸二條，自顧淺陋，何足以辱。姑卽平日所讀朱文公先生之書，及嘗見所窺者，略陳一二。所謂無極而太極者，豈太極之上別有所謂無極哉，特不過謂無形無象而至理存焉耳。蓋極者，至極之理也，窮天下之物，可尊可貴，孰有加于此者！故曰太極也。世之人以北辰爲天極，屋脊爲屋極，此皆有形而可見者。周子恐人亦以太極爲一物，故以無極二字加于其上，猶言本無一物，只有此理也。自陰陽而下，則麗乎形氣矣。陰陽未動之先，只是此理，豈有物之可名邪！即吾一心而觀之，方喜怒哀樂之未發也，渾然一性而已，無形無象之中，萬理畢具，豈非所謂無極而太極乎？以是而言，則思過半矣。喜怒哀樂之未發，即寂然不動之時，思慮一萌，則已動矣，故程子以思爲已發，此至論也。來論謂思是已發，則致知格物亦是已發，此則未然。蓋格物致知，自屬窮理工夫，大凡講論義理，最忌交雜，今方論喜怒哀樂之發、未發，而以格物致知雜之，則愈渾雜而不明矣。來論又恐懸空無致力處，此亦未然。蓋未發之時，則當戒慎恐懼；其將發之時，則當慎其獨，逐時逐節，皆有用功之地。惟其未發也，戒懼而不敢忘；將發也，慎獨而不敢肆，則其發自然中節矣。聖賢之學所以無弊者，正緣句句著實，未嘗說懸空道理。且如中庸始言天命之性，終言無聲無臭，宜若高妙矣。然曰戒慎，曰恐懼，曰篤恭，則皆示人以用力之方，蓋必戒懼慎獨而後能全天性之善，必篤恭而後能造無聲無臭之境，未嘗使人馳于窈冥而不踐其實也。太極圖說亦然，首言無極太極，次言陰陽五行，亦可謂高且遠矣。要其歸宿，只在中正仁義而主靜之一語，其于中庸戒懼慎獨之云，若合符節。總而言之，惟敬之一字可以該也。蓋戒懼慎獨者，敬也；主靜，亦敬也。學者儻能居敬以立其本，而又窮理以致其知，則學問之道無餘蘊矣。大率此理自文公盡發其祕，已洞然無疑。所慮學者欲自立一等新奇之論，而于文公之言反致疑焉，不知此老先生是用幾年之功，沈潛反覆，參貫融液，然後發出以示人。今讀其書，未能究竟底蘊，已先疑其說之未盡，所以愈惑亂而無所明也。故區區常勸朋友間且將文公四書朝夕涵泳既深，達其旨矣，然後以次及于太極、西銘解、近思録諸書，如此作數年工夫，則夫義理之精微不患其無所見矣。又必合所知所行爲一致，講貫乎此，則必踐履乎此，而不墮于空談無實之病，庶乎其可矣。此平生拙論如此，故因垂問及之，更望詳加鐫曉，以補其昏愚之所不逮，幸甚。

大學衍義自序

臣始讀大學之書，見其自格物致知、誠意正心、修身齊家至于治國平天下，其本末有序，其先後有倫，蓋嘗撫卷三歎曰：「爲人君者，不可以不知大學；爲人臣者，不可以不知大學。爲人君而不知大學，無以清出治之源；爲人臣而不知大學，無以盡正君之法。」既又考觀在昔帝王之治，未有不本之身而達之天下者，然後知此書所陳，實百聖傳心之要典，而非孔氏之私言也。三代而下，此學失傳，其書雖存，概以傳記目之而已，求治者既莫之或考，言治者亦不以望其君。獨唐韓愈、李翺嘗舉其說，見于原道、復性之篇，而立朝論議曾弗之及，蓋自秦、漢以後，尊信此書者，惟愈及翺，而亦未知其爲聖學之淵源，治道之根柢也，況其他乎！臣嘗妄謂：「大學一書，君天下者之律令格例也，本之則必治，違之則必亂。」近世大儒朱熹嘗爲章句、或問以析其義。寧皇之初，入侍經帷，又嘗以此書進講。顧治之君，儻取其書玩而繹之，則凡帝王爲治之序，爲學之本，洞然于胸次矣。臣不佞，竊思所以羽翼是書者，故劉取經文二百有五字，載于是編，而先之以堯典、臯謨、伊訓與思齊之詩、家人之卦者，見前聖之規無不異乎此也，繼之以子思、孟子、荀況、董仲舒、揚雄、周敦頤之説者，見後賢之議論，不能外乎此也。以上論帝王爲治之序。堯、舜、禹、湯、文、武之學，純乎此者也；商高宗、周成王之學，庶幾乎此者也；漢、唐賢君之所謂學，已不能無悖乎此矣；而漢孝元以下數君之學，或以技藝，或以文辭，則甚繆乎此者也。以上論帝王爲學之本。上下數千載間，治亂存亡皆由是出，臣故斷然以爲君天下之律令格例也。雖然，人君之學，必知其要，然後有以爲用力之地。蓋明道術，辨人材，審治體，察民情者，人君格物致知之要也；明道術之目有四：曰天性人心之善，曰天理人倫之正，曰吾道異端之分，曰王道霸術之異。辨人材之目亦有四：曰聖賢觀人之法，曰帝王知人之事，曰奸雄竊國之術，曰憸邪罔上之情。審治體之目有二：曰德刑先後之分，曰義利重輕之別。察民情之目亦有二：曰生靈向背之由，曰田里休戚之實。崇敬畏，戒逸欲者，誠意正心之要也；崇敬畏之目有六：曰修己之敬，曰事天之敬，曰臨民之敬，曰治事之敬，曰操存省察之功，曰規儆箴誡之助。戒逸欲之目有五：曰沈湎之戒，曰荒淫之戒，曰盤遊之戒，曰奢侈之戒。而先之以總論者，所以兼戒四者之失也。謹言行，正威儀者，修身之要也；一事無其目。重妃匹，嚴內治，定國本，教戚屬者，齊家之要也。重妃匹之目有四：曰謹選立之道，曰賴規儆之益，曰明嫡媵之辨，曰懲廢奪之失。嚴內治之目有四：曰宮闈內外之分，曰宮闈預政之戒，曰內臣忠謹之福，曰內臣預政之禍。定國本之目有四：曰建立之計宜早，曰論教之法宜豫，曰嫡庶之分宜辨，曰廢奪之失宜鑒。教戚屬之目有二：曰外家謙謹之福，曰外家驕溢之禍。四者之道得，則治國平天下在其中矣。每條之中，首以聖賢之明訓，參以前古之事蹟，得失之鑑，炳焉可觀。昔時入侍邇英，蓋嘗有志乎是。比年以來，屏居無事，迺得紬閱經傳，彙而輯之。畎畝微忠，朝思暮繹，所得惟此，祕之巾衍，以俟時而獻焉。其書之指，皆本大學，前列二者之綱，後分四者之目，所以推衍大學之義也，故題之曰大學衍義云。

附錄

張荎翁貴耳集曰：「西山入朝，都下歌曰：『若要百物賤，須是真直院。及至換得來，攪做一鑊麫。』」補。

又曰：「南省士子，爲文曰誤，南省之多士，真西山之餓夫。」補。

梓材謹案：此二條，謝山學案劄記有之，蓋卽黃文潔所云「州兵皆閧，知貢舉以喧罵出院」者也。

王深寧困學紀聞曰：「真文忠公曰：『恃焉而弗修，賊天者也。安焉而弗求，樂天者也。此聖狂所以異。』」補。

又曰：「善推其所爲，此心之充拓也。求其放心，此心之收斂也。致堂曰：『心無理不該。亡而不能推，則視之不見，聽之不聞，痒疴疾痛之不知；存而善推，則潛天地，撫四海，致千歲之日至，知百世之損益。』此言充拓之功也。西山曰：『心一而已。由義理而發，無以害之，可使與天地參；由形氣而發，無以檢之，至于違禽獸不遠。』此言收斂之功也。不闔則無闢，不涵養則不能推廣。」補。

梓材謹案：此二條，從深寧學案謝山所節録移入。深寧，蓋私淑西山者也，故録其精語如是。

黃文潔兩朝政要曰：「理宗時，天下所素望其爲相者，真德秀文行聲迹獨重。嘉定、寶、紹間，僉謂用則卽日可太平。端平親政，趨召至朝，正當世道安危升降之機，略無一語及之，乃阿時相鄭清之，飾其輕舉敗事，謂爲和、扁代庸醫受責；又以清之開邊建議，御閱卒以府庫不足犒賞，事不可行，致前至諸軍，質貸備衣裝，無以償，故閧，延及州兵皆閧，自是軍政不復立。知貢舉事，復以喧罵出院。除參政，未及拜，以疾終。補。

謝山題真西山集曰：「乾、淳諸老之後，百口交推，以爲正學大宗者，莫如西山。近臨川李侍郎穆堂譏其『沈溺于二氏之學，梵語青辭，連軸接幅，垂老津津不倦，此豈有聞于聖人之道者』！愚嘗詳考其本末，而歎西山之過負重名，尚不止于此。兩宋諸儒門庭徑路，半出入于佛、老，然其立身行己則固有不媿于古人者，龜山、上蔡而後，橫浦、玉山皆是也。西山則自得罪史彌遠以出，晚節頗多慚德。其學術之醇疵，姑弗論可矣。文潔篤行醇儒，固非輕詆人者，況其生平依歸，左西江而右建安，而論是時之有宰相器者，獨推袁蒙齋，而深惜西山之無實，則是非之公心也，其事又耳目所親接，則非傳聞失實也。宋史西山本傳即出文潔之手，其後元人重修，雖諱其隳軍知舉之短，而于呵護鄭清之一節，亦多微辭。然則端平之出，得非前此偶著風節，本無定力，老將知而耄及之邪？吾于是而致歎于保歲寒之難也。西山以博學宏辭起家，故辭命爲最著，然其兩制文字，凡遇嘉定以後宰執，多有伊、傅、周、召之譽，殆亦可以已而不已者與？或又言倪文節公糾彌遠昆命元龜之制，彌遠私人所據以自辯者，亦得之西山，雖西山未必以此求用于當時，然亦要可以已者耳。慈湖初見西山，因以其命訊日者，戒其須忘富貴利達之心。梓材案：西山集題慈湖行述云：「嘉定初元，先生以祕書郎召，某備數館職，始獲從之遊。」似西山嘗爲慈湖門人。然其辭爲墓銘云：「銘于體爲最重，述其道當最詳，非門人高弟不可。」則又自外于及門矣。由今觀之，西山未能終身踐此言也，然則其不能攘斥佛、老，固其宜耳。

西山講友

文靖魏鶴山先生了翁別爲鶴山學案。

文定李宏齋先生燔

直閣張主一先生洽

通判李果齋先生方子並爲滄洲諸儒學案。

西山家學劉、朱三傳。

監稅真先生志道

真志道，字仁夫，西山之子也。嘗請益于袁蒙齋甫，蒙齋請以小字字先生曰實之，而因爲之說以贈之。參袁蒙齋集。

雲濠謹案：先生嘗監南劍州在城稅務。見劉後村所狀西山行實與鶴山所作神道碑。

西山門人

簽樞王潛齋先生埜

王埜，字子文，金華人。嘉定十二年進士，仕爲潭屬，真西山一見奇之，延致幕下，遂執弟子禮。西山授以辭學，先生曰：「所爲學于先生者，義理之奥也。」西山益奇之。累官樞密院編修官兼檢討。淳祐初，爲兩浙轉運判官，又以訪察使出視江防。寶祐二年，拜端明殿學士、簽書樞密院事。與宰相不合，罷。提舉洞霄宮卒，贈特進。

雲濠謹案：先生爲朱、吕弟子介之子，謝山劄記所云：「真西山門人王潛齋，官端明。」蓋即先生。西山爲作潛齋記。

莊敏馬先生光祖

馬光祖，字華父，東陽人。寶慶二年進士，主新喻簿。見真西山講學，悦之，遂執弟子禮從焉。積陞右曹郎官，歷知處州、建康、臨安。咸淳三年，拜參知政事。五年，進知樞密院事。以光禄大夫致仕，卒，謚莊敏。

龍圖金先生文剛

金文剛，字子潛，休寧人。用遺恩補將仕郎，調潭州司户。時真西山帥潭，得先生，喜其端厚，由是受知，遂爲真氏門人。歷知奉新縣通判、興國軍監左藏及封樁庫，出知臨江軍、常德府，遷太府丞、浙江提舉、將作監，進直龍圖閣卒。先生莊重修潔，燕居如肅賓，莅官尤嚴明，求民利病爲兢兢，老而制行尤篤。寶祐間，真、魏得罪去國，門人或更名他師，先生獨音問不絶，舉步出言，一以西山爲準。

文介孔先生元龍

孔元龍，字季凱，衢州人，先聖五十世孫也。尚志篤學，從西山遊。主餘干簿，後爲柯山精舍山長。以宣教郎致仕。年至九十，手不釋卷。贈太子少師。所著有柯山講義、論語集說、魯樵斐稟、奏議叢璧等書。

雲濠謹案：闕里志稱先生卒之日，門弟子三百哭之，私謚曰文介。

縣尉呂先生良才

呂良才，字賢甫。從西山遊。舉淳祐進士，任潭州善化尉，改京秩，辭歸。

呂先生敬伯

呂敬伯，從學于西山。西山稱其有求道之志，因示以入道之要。佩服仁、誠、敬三字，終身不忘。

梓材謹案：先生名中，初字仲甫。敬伯，西山所爲改字也。

知軍江先生塤

江塤，字叔文，崇安人。嘉定元年進士，尉古田縣，歷武岡軍司法參軍、提點刑獄、檢法官，知永平，通判靖州，知南平軍而卒。先生從西山遊最久，貌肅而氣和，孜孜然惟講學是崇。

劉先生炎

劉炎，字子宣，括蒼人。西山序其邇言曰：「予讀劉子邇言，屢廢而歎。有問者曰：『劉子之言，常言也，子何歎之數乎？』予曰：『子以予爲玩其文辭也邪？若惟文辭之玩而已，則劉子固常言也。夫孰知其有功于學者邪？』」

梓材謹案：學案劉氏名炎者二，其一字潛夫，邵武人，晦翁門人。見滄洲諸儒學案。

承旨陳公齊先生均

陳均，字子公，一字公齊，平陽人，雲濠案：一作永嘉人。資政殿學士昉兄子。受學于西山。官江東提刑，改廣東。猺寇犯邊，漕臣方攝帥邀功，囚平民數十，先生曰：「治兵帥職，治刑吾職。」審覈而縱之。被中傷去。起爲江西提刑，兼知贛州，以慈祥介潔著。咸淳初，除檢正。賈似道在西湖，欲以堂印自隨，先生爭之曰：「堂印無出城之理。」復坐免。尋以樞密都承旨、祕閣修撰致仕。修。

周敬齋先生天駿

周天駿，字子美，永豐人也。從西山遊，稱其質性渾厚，若在璞之玉。其學以持敬爲主，西山字之曰敬齋。

忠愍徐先生元杰

徐元杰，字仁伯，上饒人。陳文蔚講書鉛山，爲朱子門人，先生往師之。後師事西山。紹定五年，進士及第。官至工部侍郎。淳祐四年，史嵩之丁父憂，詔起復。先生適輪對，言：「大臣讀聖賢書，畏天命，畏人言。士論所以凜凜者，實以陛下爲四海綱常之主，大臣尤當身任道揆，扶翼綱常者也。自聞起復之命，凡有父母之心者莫不失聲。興言及此，非可使聞于鄰國者也。」疏出，朝野傳誦。帝亦察其孤忠，起復之命遂寢。明年，以暴疾卒。或以爲嵩之毒之，太學生相繼訟冤，臺諫交疏論奏。詔付臨安府逮醫者及常所給使鞫治。獄迄無成，謚忠愍。

文定劉後村先生克莊別見艾軒學案。

朝請王臞軒先生邁

王邁，字實之㊀，仙遊人，號臞軒。從西山遊。嘉定丁丑進士甲科。端平中，爲祕書省正字，史嵩之將復相，極言嵩之姦憸刻薄，不可用。輪對，論：「君不可欺天，臣不可欺君，厚權臣而薄同氣，此欺天之大者。」理宗爲動容。出通判漳州。禋祀雷雨，應詔上言：「麯糵致疾，妖冶伐性，道路憂疑，綱淪法斁，此天與寧考之所以怒也。陛下方册免三公，乃遥相崔與之，恐與之不至，政柄必他有所屬。」於是言官李大同、蔣峴希意論之，補外。徙知邵武軍。亢旱，應詔驛奏七事，以撤龍翔宮、立濟王後爲先。終朝請郎，贈司農少卿。補。

㊀「實之」，宋史本傳作「貫之」。

教授程先生掌別見鶴山學案。

熊竹谷先生慶胄

熊慶胄，字竹谷，建陽人。少受業于蔡節齋，後遊西山之門，兼師劉垕。所著有三禮通議。補。

通判徐進齋先生幾

徐幾，字子與，號進齋，崇安人。通經，尤精于易。自朱、真後，理學之傳，先生稱得其妙。景定間，臣僚交薦，與何北山基同以布衣召，詔補迪功郎，添差建寧府教授，兼建安書院山長。有經義行世。補。

梓材謹案：謝山修補稿又爲先生一傳云：「建安人，節齋蔡氏弟子也。崇政殿說書，通判建寧府。著有易輯。」是先生兼受真、蔡之學者。又案：謝山作同谷三先生書院記引或說云：「深寧之學，得之王氏埜、徐氏鳳，王、徐得之西山真氏。」攷清容居士集陳教授墓志云：「方宋文治時，立博學宏辭科。至吕成公、真文忠公闡正，學彌貴重。真傳諸徐鳳，徐鳳傳諸尚書王公應麟。」是或說所本。然祕書少監徐鳳以嘉定十七年卒，深寧以前一年生，無師傳之理，豈謂先生邪？

通直湯存齋先生千

郡守湯晦静先生巾

侍郎湯息庵先生中並爲存齋晦静息庵學案。

忠愍同調

忠公劉先生漢弼

劉漢弼，字正甫，上虞人。成嘉定九年進士，累官侍御史。首論濮斗南、葉賁爲時相史嵩之腹心，且言嵩之久擅國柄，願聽其終喪，亟選賢臣，早定相位。至論：「馬光祖奪情，總賦淮南，乃嵩之預爲引例之地，乞勒令追服，以補名教。」已感疾，遂卒，謚曰忠。先生之歿也，太學生蔡德潤等上書訟冤，程公許著先生墓誌，與徐元杰並稱，其旨微矣。史稱先生學明義利，律身嚴正，故不容于小人傾軋之世，至以微疾暴亡，是則可哀也已。弟子知名者曰陳策。參史傳。

王徐門人劉、朱四傳。

尚書王厚齋先生應麟別爲深寧學案。

劉氏家學

司農劉先生漢傳別見九峰學案。

劉氏門人

帥幕陳南墅先生策

陳策，字次賈，上虞人也。受業于劉忠公漢弼。累官帥幕。欲以經世自任而不遂。晚年自號南墅。陳本堂銘其墓。補。

西山續傳

教授王梅浦先生天與附子振。

王天與，字立大，別號梅浦，吉安人。初習舉子業，諸生從遊者甚衆。後乃研精覃思，著尚書纂傳四十六卷，先引漢、唐二孔氏之說，次收諸家傳註，而一以晦庵朱子、西山真氏爲歸，雖其說之散在文集語録者，靡不會萃于中，反復考證十五年而後成。其心似薄蔡氏而不攻其非，間亦采摭其說。成宗大德三年，憲使臧夢解上書于朝，詔授臨江路儒學教授。武宗至大中，其子振板行之。從黃氏補本録入。

尚書纂傳自序

晦庵先生于易于詩皆有訓傳，獨于書，晚年屬之蔡氏九峯，二典、禹謨，親所訂定。其貢舉私議，則曰諸經皆以註疏爲本，書則兼取劉、王、蘇、程、楊、晁、葉、吳、薛、呂；其與門人答問，則如林、如史、如曾、如李、如陳各取其長。西山先生讀書記纂三十餘篇、大學衍義講數十餘條。愚竊歎曰：「古今傳書者之是非，至晦庵而遂定。晦庵折衷傳書者之是非，至西山而愈明。學者不于二先生據，將焉據？」積日累月而編始就。乙亥冬，求是正于集齋彭先生，增廣校定凡若干條。

梓材謹案：梅浦傳及尚書纂傳序，並從黃氏補本增之。

宋元學案卷八十二

北山四先生學案

黃宗羲原本　黃百家纂輯　全祖望修定

北山四先生學案表

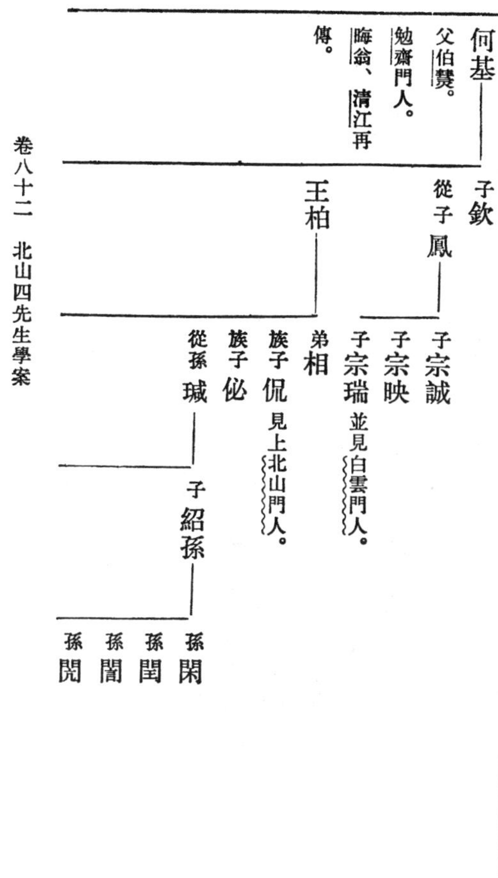

何基　父伯熭。勉齋門人。晦翁、清江再傳。
　子欽
　從子鳳
　　子宗誠
　　子宗映
　　子宗瑞　並見白雲門人。
王柏
　弟相
　族子侃　見上北山門人。
　族子佖
　從孫琙
　　子紹孫
　　　孫閑
　　　孫閏
　　　孫闇
　　　孫閲

—子雲龍

金履祥見上北山門人。

王賁

車若水別見南湖學案。

周敬孫——子仁榮——周潤祖
　　　　　　　　　泰不華
　　　　　　　　　朱嗣壽——陶凱
　　　　　　　　　紫巖講友。

楊珏——周仁榮見上子高家學。
　　　孟夢恂

陳天瑞——周仁榮見上子高家學。
　　　　孟夢恂見上簡齋門人。

黃超然

朱致中

薛松年

張翌——楊剛中——子翮
　　　夾谷之奇

聞人詵——子夢吉——吳履

汪開之

樊萬
　宋濂——子璲
　方孝孺詳見明儒學案。
　唐以仁——子光祖——胡仕寧

盛象翁——陳德永見下絃齋門人。

林絃齋——陳德永——朱右附師李五峯。
　　　　張明卿附師邵素心。

趙宏偉導江講友。

張莘夫絃齋同調。——子明卿見上絃齋門人。
　　　　　　　　　鄧文原——王守誠別見草廬學案。
　　　　　　　　　牟楷魯齋續傳。
　　　　　　　　　陳紹夫靜正同調。

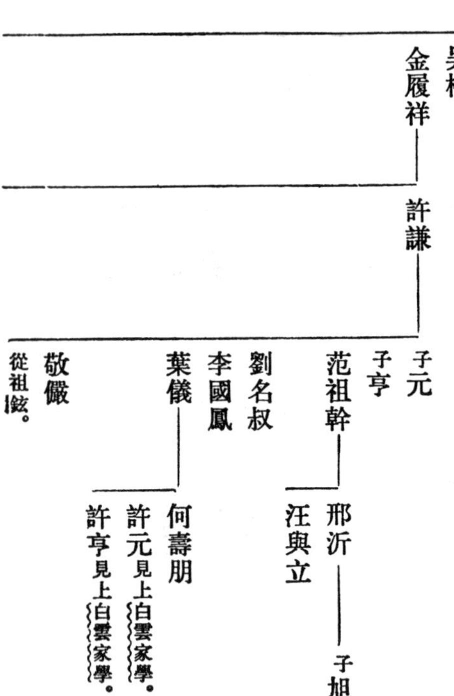

倪公晦
倪公度
倪公武
張潤之
王侃
季鏞
吴梅
金履祥

許謙

子元
子亨
范祖幹
邢沂
子旭
汪與立
劉名叔
李國鳳
葉儀
何壽朋
許元見上白雲家學。
許亨見上白雲家學。
敬儼
從祖鉉。

唐懷德

揭傒斯別見雙峯學案。

朱公遷別見雙峯學案。

歐陽玄

附師張貫之。

方用

蘇友龍——子伯衡

胡翰

朱震亨

王餘慶

呂洙

呂權

呂機

李唐——子希明

衛富益——沈夢麟

黃彝

鄭忠

戚崇僧

朱同善
劉涓
李裕
李序
蔣元——子允升別見滄洲諸儒學案。
樓巨卿
趙子漸
張匡敬
大父衎。
父士善。
馬道貫
江孚
江起
王麟——子延齡
合剌不花
何宗誠
何宗映
何宗瑞

郭子昭
柳貫
方麟
李亦
蔣允升別見滄洲諸儒學案。
鄭謐
范、葉學侶。
宋濂見下凝熙門人。
鄭濤
戴良
李孝謙
父仕開。
李悌謙
李忠謙
唐轅別見慈湖學案。
楊璲
附兄琰，
弟璵。
衛富益見下白雲門人。
唐良驥
張樞

吴師道 並白雲學侶。

子 沈

胡翰 見上白雲門人。

諸葛伯衡

徐原

趙宏偉 白雲同調。

金麟

張必大

童偕

童俱

余澤

潘墀 魯齋學侶。

何南坡

葉由庚 別見滄洲諸儒學案。

並北山學侶。

方鎔 朱學續傳。

子 逢辰

玄孫 道叡 別見慈湖學案。

魏新之

邵桂士

汪斗建——子汝楙別見慈湖學案。

孫潼發

袁易

並石川講友。

子逢振

族孫一夔

蔣沐——孫元見上白雲門人。

蛟峯同調。

北山四先生學案序録

祖望謹案：勉齋之傳，得金華而益昌。説者謂北山絶似和靖，魯齋絶似上蔡，而金文安公尤爲明體達用之儒，浙學之中興也。述北山四先生學案。梓材案：是卷梨洲本稱金華學案，謝山序録始稱北山四先生學案。又案：方蛟峯父子亦講朱學者，其派附此。

勉齋門人朱、劉再傳。

文定何北山先生基父伯㷖。

何基，字子恭，金華人。父伯㷖，丞臨川，而黃勉齋榦知其縣事，伯㷖使二子師事之。勉齋告以必有眞實心地、刻苦工夫而後可，先生悚惕受命。于是研精覃思，平心易氣，以俟義理之自通，未嘗立異以爲高，徇人而少變也。凡所讀書，朱墨標點，義顯意明，有不待論說而自見者。楊與立深推服之。先生未嘗開門授徒，聞而來學者亦未嘗立題目作話頭。王魯齋柏登其門，先生舉胡五峯之言曰：「立志以定其本，居敬以持其志，志立乎事物之表，敬行乎事物之間。」先生有文集三十卷，其間與魯齋問辯者十八卷，蓋一事而至十餘往復，先生終不變其說也。景定五年，添差婺州學教授，兼麗澤書院山長，力辭。咸淳初，授史館校勘兼崇政殿說書，改承務郎，主管西嶽廟，終不出。卒，年八十一，謚文定。居金華山北，人稱北山先生。

何文定語

爲學立志貴堅，規模貴大，充踐服行，死而後已。

讀詩別是一法，須掃蕩胸次淨盡，然後吟哦上下，諷詠從容，使人感發，方爲有功。

以洪範參之大學、中庸，有不約而符者：敬五事則明明德也，厚八政則新民也，建皇極則止至善也；至于皇極，有休徵而無咎徵，有仁壽而無鄙殀，則中和位育之應，皇極之極功也。

讀易者當盡去其膠固支離之見，以潔淨其心，玩精微之理，沈深涵泳，得其根源，乃可漸觀爻象，究其義理。

治經當謹守精玩，不必多起議論，有欲爲後學言者，謹之又謹可也。

四書當以集註爲主，而以語録輔翼之。語録既出衆手，不無失真，當以集註之精微，折衷語録之疏密，以語録之詳明，發揮集註之曲折。

宗羲案：北山之宗旨，熟讀四書而已。北山晚年之論曰：「集註義理自足，若添入諸家語，反覺緩散。」蓋自嘉定以來，黨禁既開，人各以朱子之學爲進取之具，天樂淺而世好深，所就日下，而剽掠見聞以欺世盜名者，尤不足數。北山介然獨立，于同門宿學，猶不滿意，曰：「恨某早衰，不能如若人强健，徧應聘講，第恐無益于人，而徒勤道路耳。」然則，若人者，皆不熟讀四書之故也。北山確守師説，可謂有漢儒之風焉。

百家謹案：勉齋之學，既傳北山，而廣信饒㊀雙峯亦高弟也。雙峯之後，有吴中行、朱公遷亦錚錚一時。然再傳卽不振。而北山一派，魯齋、仁山、白雲既純然得朱子之學髓，而柳道傳、吴正傳以逮戴叔能、宋潛溪一輩，又得朱子之文瀾，蔚乎盛哉！是數紫陽之嫡子，端在金華也。

㊀「饒」字，原本作「鐃」，形近而誤，據龍本改。

北山學侶

漕元何南坡先生□

何南坡，北山先生之兄也。嘗舉漕元，與北山同師黄勉齋。其卒也，金仁山履祥偕張必大、童偕、金麟、余澤、童俱等祭之曰：「考亭、洙泗，勉齋、曾顔，公與叔子，俱親其傳。始侍宦遊，臨川之滸，父師同寅，伯仲步武。終焉退老，磐溪之濱，廎廎兩公，翼翼典刑。勉齋遺言，被于後進，實公始傳，叔子訂定。公舉計臺，卒隱丘林，叔子特詔，亦辭執經。叔子云亡，公乃慟悶，曾是信宿，相繼而殞。孰無兄弟，惟公怡怡，孰無生死，惟公同歸。師學匪殊，塤篪一律，清風不孤，夷、齊雙骨。峩峩北山，道脈攸傳，有公之兄，允爲二難。我登師門，並獲趨拜，教語温良，重重燕賚。昔登公門，乃玉乃金，今登公堂，乃聯銘旌。令德壽終，于公奚憾，儀刑俱隔，兹之永歎。」參金仁山集。

葉通齋先生由庚別見滄洲諸儒學案。

朱學續傳

奉直方先生鎔

方鎔，字伯冶，淳安人。少以詞章名，兩魁郡試。後棄去，盡心聖賢知行之學。每曰：「人與天地對立者，文藝云乎哉！」日訓諸子，所講明必以窮理盡性爲先，至于應事接物，則以持敬實踐爲功。其教不言而躬行，不見其有的然之迹，而家庭日用起居無非六經之道。暨二子逢辰、逢振前後登第，乃曰：「吾昔以爲不足爲者，今吾兒爲之，爾曹勿謂足也。」二子及第，後授宣教郎，歷官奉直大夫、兩淮制置司參謀官。參兩浙名賢録。

北山家學朱、劉三傳。

何先生欽

何欽，文定公基之子也。與王成齋以風流文雅相尚，爲忘年交。參王忠文集。

何遯山先生鳳

何鳳，字天儀，號遯山翁，文定公之羣從子也。潛溪稱其言論風範，可以冠冕風俗。參宋文憲集。

何先生宗誠

何先生宗映

何先生宗瑞並見白雲門人。

北山門人

文憲王魯齋先生柏

王柏，字會之，金華人。雲濠案：先生之祖師愈，爲龜山弟子。父瀚，東萊弟子。少慕諸葛孔明，自號長嘯。年踰三十，與其友汪開之同讀四書，取論、孟集義，別以鉛黄朱墨，求朱子去取之意。以黄勉齋通釋尚缺答問，乃約語録精要足之，名之曰通旨。一日讀「居處恭，執事敬」章，惕然曰：「長嘯非持敬之道。」更以魯齋。已遇楊與立，告以何北山基學于黄勉齋幹，得朱氏之傳，即往從之。北山授以立志居敬之旨，且作魯齋箴勉之。自是發憤奮勵，讀書精密，標抹點檢，旨趣自見，謂：「古人左圖右書，後世圖學幾絶。」作研幾七十餘圖，又作敬齋箴圖。以日用從事，夙興見廟。閉閤静坐，子弟白事，非衣冠不見也。來學者衆，其教必先之以大學。蔡杭、楊棟守婺，趙景緯守台，聘爲麗澤、上蔡兩書院師。理宗崩，率諸生製服臨于郡。咸淳十年卒，年七十有八。國子祭酒楊文仲請于朝，謚文憲。雲濠案：四庫書目收録先生書疑九卷、詩疑二卷、詩目四卷。

魯齋要語

三代以下所甚急者，富國强兵而已。富國强兵，必以理財爲本，而儒者不屑爲。夫理財而不用儒者，其害不可勝言矣。

世衰道微，學絶教弛，士氣不振，風俗不淑，以士大夫體不立而急于用，借濟時行道之言，以蓋其富貴利欲之私心。

梓材謹案：此下有二條，一移入濂溪學案，一移入南湖學案。

蘇氏以爲，管仲智有餘而德不足，亦過矣。當是之時，利欲汩沒，人心已亡，其所謂知，亦卽知得利欲一路，而于天理民彝，未嘗知也。愚方病其不足，安得謂之有餘！陳恆弑其君，蘇氏謂：「齊不與者半。以魯之衆，加齊之半，可克也。」此是以戰國縱橫之士待聖人也。聖人以大義告其君，豈以利害動其聽哉！

尋樂之說，似覺求上達之意多，于下學之意少。竊謂，苟無下學之功，決無上達之理。朱子于此一段公案，固曰：「學者但當從事于博文約禮，以至于欲罷不能，而既竭吾才，則庶乎有以得之。」吁！此千古不易之教，而傳之無弊者也。

孟子之所謂自得，欲自然得于深造之餘，而無强探力索之病，非有脫落先儒之說，必有超然獨立之見也。舉世誤認自得之意，紛紛新奇之論，爲害不少。且集註之書，雖曰開示後學爲甚明，其間包含無窮之味，蓋深求之于言意之內，尚未能得其彷彿，而欲求于言意之外乎？修道，指其當行之路也。明誠，指其當知之路也。知而後能行，行固不先于知也。

原其繼善成性之初，理與氣未嘗相離也。推其極本窮源之義，理與氣不可相雜也。于不可相雜之中，要見未嘗相離之實；于未嘗相離之中，要知其不可相雜之意，方謂純粹峻潔，不悖厥旨。夫氣者，性之所寄也；性者，氣之所體也。舜之命禹曰人心，曰道心，此分理氣而並言。湯誥曰降衷，劉子曰受中，此于性中獨提理言，所謂性卽理也。告子曰食色，曰生之謂性，此于性中獨提氣言，故曰不識性也。子思曰天命，則理氣混然在中；曰喜怒哀樂，本乎氣者也，特以其未發無所偏倚，故謂之中，此氣而合理也。發而中節，亦氣也，有理以帥乎其中，故發而能中節矣。古今之遠，四海之大，人生消息變化之無窮，推其所以相生相克者，止于五行。五行，氣也。五行之神，則仁義禮智之性也。性卽天賦之理也，君子修之吉，小人悖之凶，此常理也。君子修之亦有時而不吉，小人悖之亦有時而不凶，此非常理也，變也。氣之不齊也，故氣㈠有時而變，理則一定而不可易。學者當循其常而安其變，秉其彝而御其氣，使理常爲主，而氣常聽命焉，雖富貴貧賤夭壽之不同，而仁義禮智之在我者皆不得而泯，此自昔聖賢教人之要法。

自伏羲則河圖，推一陰一陽之義，畫出奇耦，皆因自然之勢而生八卦。文王則河圖，卻因已定之卦，推其交合，乃求未畫之圖而易位置。河圖者，先後天之宗祖乎！大禹得洛書而列九疇，箕子得九疇而傳洪範。洛書之數四十有五，而洪範之經，推其事五十有五，與河圖之數不期而暗合。箕子之傳，又推而倍大衍之數。洪範者，經傳之宗祖乎！

洛書之所以則河圖者，何也？洛書以河圖生成之數並位，此其大意也。以二四易置于東南，以七九易置于西北，此其妙機也。惟如是而後縱橫相對皆十，于是陽居正而陰居偏矣。後天之所以則河圖者，河圖是逐位奇耦之交，後天是統體奇耦之交，惟四生數不動，以四成數而下上之，則耦在上而奇在下矣。「初一曰五行」以下六十五字，洪範也；「五皇極」以下六十四字，皇極經也。此帝王相傳之大訓，非箕子之言也。洪範五皇極居中，一六、二七、三八、四九相並，有並義焉；一九、三七、二八、四六相對，

㈠「氣」字，原本無，據龍本補。

有對義焉。箕子所陳，事徵相感，舉一隅也；今三從一衡取義，亦舉一隅焉。

詩三百五篇，豈盡夫子之舊？漢初諸儒，各出所記足之。夫子所删，容有存于閭巷浮薄之口者。乃以二南各十有一篇，兩兩相配，退何彼穠矣、甘棠于王風，而削去野有死麕。鄭、衞淫奔諸詩，皆所當删也。

杜征南注：「隱公之元年，周王之正月。」明白有典矣。豈有魯國之史，不用周正，而用夏正？是不奉正朔也。聖人義精理明，無其位而輒改正朔，悖莫甚焉。二百四十二年之間，四時之序常違，聖人欲行夏之時，正以此也。先儒謂周正非春，是矣。謂假天時以立義，則非也。謂以周正記事，無位不敢自專，是矣。謂以夏時冠月爲垂法後世，則非也。

中庸古有二篇，誠明可爲綱而不可爲目。

梓材謹案：此下有一條，移爲附録于後。

百家謹案：魯齋之宗信紫陽，可謂篤矣，而于大學則以爲格致之傳不亡，無待于補；于中庸則以爲漢志有中庸說二篇，當分誠明以下別爲一篇；于太極圖說則以爲無極一句當就圖上說，不以無極爲無形、太極爲有理也；其于詩、書，莫不有所更定，豈有心與紫陽異哉！歐陽子曰：「經非一世之書，傳之謬，非一人之失，刊正補緝，非一人之能也。學者各極其所見，而明者擇焉，以俟聖人之復生也。後世之宗紫陽者，不能入郛廓，寧守注而背經，而昧其所以爲說，苟有一言之異，則以爲攻紫陽矣。然則，魯齋亦攻紫陽者乎？甚矣，今人之不學也！」

朋友服議

咸淳戊辰臘月十有九夜，承北山何先生之訃。次早，排闥往哭之。既斂，僕雖以深衣入哭，隱之于心，疑所服之未稱也。自吾夫子之喪，門人不立正服，乃以義起，若喪父，而爲心喪。程子曰：「師可立，服不可立也，當以情之厚薄、事之大小處之。若顏、閔之于孔子，雖斬衰三年可也。其成己之功若君父，並其次各有淺深，稱其情而已。」僕于北山受教爲甚深，豈可自同于流俗！因思儀禮喪服有「朋友麻」三字，豈非朋友之服乎？鄭康成云：「朋友雖無親，有同道之恩，相爲服加經帶。」又曰：「士以緦麻爲喪服，其弔服則疑衰。」疑之爲言擬也，緦麻之布十五升，疑衰十四升，即白麻深衣，擬于吉物也。蓋緦衰，服之至輕者也，他無服矣，止有弔服，所以擬之注云：「弔服加麻，其師與朋友同，既葬，除之。」疏云：「以白布深衣，庶人之常服，又尊卑未成服以前服之，故庶人得爲弔服。」素冠吉履無絇。其弔服圖云：「庶人弔服，素委貌白布深衣。士朋友相爲服弔，服加麻。加麻者，即加緦之經帶，是爲疑衰。」或曰：「深衣，吉服也，而可爲弔服乎？」僕曰：「注固已云，擬于吉服也，況非正爲弔服。親疾病時，男女改服，注云：『庶人服深衣。』又曰：『子爲父斬衰。尸既襲，衣十五升布深衣，扱上衽，徒跣，交手哭。』是孝子未成服，亦服深衣也。」或者又曰：「安知深衣爲弔服，又爲麻純乎？」僕曰：「純之以采者曰深衣；純之以麻者曰麻衣；純之以素者曰長衣；以采緣之，袖長在外，則曰中衣，又各自有名，不可亂也。」或又曰：「子創爲此服，豈不驚世駭俗？人將指爲怪民矣。」僕曰：「以深衣爲弔服，鄉閭亦行之，但未有麻耳。是服也，勉齋黃先生考之爲至詳。其書進之于朝，藏于祕省，板行天下，非一家之私書也，遵而行之，豈得爲過！」僕于北山成服日，服深衣，加絰帶，冠加絲武，卽素委貌，覆以白巾，見者未嘗以爲怪。越數日，通齋葉仲成父來弔，僕問：「昔日毅齋之喪，門人何服？」曰：「初遭喪時，朋友以襴，僕加布帶。」其後共攷儀禮，至葬時，方以深衣加絰帶。僕于是釋然知其無戾于禮也，故作朋友服議。

梓材謹案：謝山學案劄記有「魯齋經說補」五字，蓋其稿未全。

附錄

理宗時，講官徐僑請錫命論語爲魯經，有詔奉行，時議迂之而止。先生以爲，聖人言行，萬世大經，日語曰子，顧不得與帝王之書並，可乎！乃爲魯經章句，以大學、中庸、孟子爲之傳。

汪先生開之

汪開之，字元思，金華人，東萊弟子獨善之孫也。居貧力學，與魯齋爲友，魯齋稱其「堅礪勇往，能自拔于困苦之中。予爲爲己之學，實開端于元思」云。先生嘗自著貧約曰：「不衣絹帛，不食夜飯，不僱僕從，不妄收買，不趁人情，不作雜書，不轉假借，不轉懇事，不爲妄費，不借人物。」凡十條。其卒也，魯齋率朋友斂之，又請于北山爲銘其墓。參金華府志。

梓材謹案：吳禮部正傳跋固窮集云：「元思力學忍貧，爲貧約，指心以誓。其友胡潛類聚聖賢處貧言行爲固窮集贈之，元思以貧約附焉，質于北山何先生，愈勵共操。」據此，則先生嘗及北山之門矣。

幹辦倪先生公晦

倪先生公度合傳。

倪先生公武合傳。

倪公晦，字孟陽，金華人。魯齋稱其遷善改過，專志于下學。仕至轉運司幹辦公事，清廉介直。所著有周易管窺。先生之兄公度，字孟容；公武，字孟德，皆受業何氏，時稱箕谷三倪。孟德有風雅質疑、六書本義。修。

張思誠先生潤之

張潤之，字伯誠，蘭溪人，號思誠子。從北山學，餘三十年，盡得其要。北山輯敬思録，發揮未就，金仁山履祥續成之，每條必質于先生而後定。北山之葬也，先生爲定士禮，不用品官之儀，以成其志。仁山曰：「思誠子于朱門爲嫡孫行，端平、淳祐，文獻靈光，值亂處約，蔬薪不繼，人不堪其憂，處之裕如，至或靳之，不以爲凂，冰雪中孤松也。」許白雲謙亦曰：「先生天機駿利，襟度融朗，有浴沂詠歸氣象。」先生長于仁山二十年，與魯齋爲學侶，仁山視以前輩，稱之爲丈，而平居商畧討論，情好最密，他人不及。魯齋爲北山成服，用古禮，先生不以爲然，獨不赴。仁山曰：「張丈之言，自可以爲朋友之糾彈也。」

王立齋先生侃

王侃，字剛仲，金華人，文定公淮之孫也。初從撝堂劉氏，卒業北山，與族父魯齋自爲師友。有立齋集。蔡樞密久軒，其契友也。補。

知州季先生鏞

季鏞，龍泉人。嘗登北山之門。

雲濠謹案：萬姓統譜載，先生字伯韶，括蒼人。淳祐十三年，知睦州。時歲饑，先生既至，虚己問俗，首蠲私茶十六力請于朝，寬京府榷糴之令，發廩分賑，頓之四明觀，民樂安生。

縣尉吴先生梅

吴梅，字仁伯，麗水人。從北山遊。咸淳進士，官浦江、錢塘尉。見括蒼彙記。

文安金仁山先生履祥

金履祥，字吉父，蘭溪人。凡天文、地形、禮樂、田乘、兵謀、陰陽、律曆之書，靡不畢究。已向濂、洛之學，事同郡王魯齋，從登何北山之門。自是講貫益密，造詣益邃。德祐初，以迪功郎、史館編校起之，辭勿受。宋季，國勢阽危，任事者束手罔措，先生獨進奇策，請以舟師由海道直趨燕、薊，俾擣虚牽制，以解襄、樊之圍。其敘洋島險易，歷歷有據。時不能用。宋亡，屏舍金華山中，視世故泊如也。北山、魯齋之喪，先生率其同門之士，以義制服，觀者始知師弟子之禮。當時議者謂北山之清介純實似和靖，魯齋之高明剛正似上蔡，先生則兼得之二氏，而並充于一己者也。居仁山之下，學者稱爲仁山先生。謚曰文安。所著通鑑前編二十卷、大學章句疏義二卷、論語孟子集註考證十七卷、書表注四卷。修。雲濠案：四庫書目稱先生尚書注十二卷，今存二卷，又仁山集六卷。

百家謹案：仁山有論孟考證，發朱子之所未發，多所牴牾。其所以牴牾朱子者，非立異以爲高，其明道之心，亦欲如朱子耳。朱子豈好同而惡異者哉！世爲科舉之學者，于朱子之言，未嘗不錙銖以求合也。乃學術之傳，在此而不在彼，可以憬然悟矣。

梓材謹案：謝山學案劄記有「仁山先生經説補」七字，而稿亦未全。姑録講義數篇于左。

復其見天地之心講義

程子曰：「先儒皆以静爲見天地之心，不知動之端乃天地之心也，非知道者，孰能識之。」天地之化，包括無外，運行無窮，萬類散殊，品物形著。聖人作易，所以體天地之撰，而夫子贊易，獨于復之一卦繫之曰：「復其見天地之心。」夫以卦而論，則卦之六十有四，爻之三百八十有奇，皆天地之心所寓也；以時而論，則春生夏長，萬寶秋成，形形色色，生生性性，皆天地之心所爲也，而聖人謂天地之心獨于復有見焉。蓋六十四卦，固天地之用，不難見也，惟復乃見天地之心；春敷夏長，萬物生成，皆天地之迹，不難見也，惟復乃見天地之心。夫所謂天地之心者，何也？仁也，生生之道也，語其象則復卦一爻是也。夫富窮冬之時，五陰在上，天地閉塞，寒氣用事，風霜嚴凝，雨雪交作，萬物肅殺之極，天地之間，若已絶無生息，而一陽之仁，乃已潛回于地中。吁，此天地生生之所以爲化生萬物之初乎！異時生氣磅礴，品物流行，皆從此中出，故程子謂一陽復于下，乃天地生物之心也。蓋其仁意渾然，而萬化之全美已具，生氣闇然，而一毫之形迹未呈，此其所以爲天地之心，而造化之端，生物之始也與！故邵子冬至吟有曰：「一陽初動處，萬物未生時。玄酒味方淡，太音聲正希。」夫淡者味之本，爲醪爲醴，皆從此生。希者聲之真，翕如純如，皆從此變。而又終之曰：「此言如不信，更請問包犧。」愚謂此一爻象天地之心，乃伏羲畫卦之始。今人但見六十四卦更互交錯，卻不知孔子獨于復之一陽贊之，曰「天地之心」，何也？此一陽爻，正是伏羲畫卦之始也。邵子㊀見此意本于先天一圖，所謂天根者也，蓋有生生之心，是以有天地生生之用。伏羲畫卦，先從天地之心畫起，故先畫一陽爻，以其相生于是而有耦，又乘之而爲四象，又乘之而爲八卦，又乘之而爲六十四卦，皆一畫之生，而此心之用也。此一道理，直看則此一陽六十四卦之始，是爲天地生生之心，太極圖說見之；橫看則卦氣剥爲純坤，天地生物，若已盡矣，而一陽又復，是爲天地不窮之心，先天圖見之。程子又曰：「先儒皆以靜爲見天地之心，蓋不知動之端乃天地之心也，非知道者，孰能識之。」夫復卦，一陽在下，便是動之端。先儒如王弼輩乃解爲動在于地是爲靜，見天地之心，蓋看卦象不明，所以看道理不出，大抵纔說靜時，便是死殺，是固亦天地之迹，如何見天地之心！惟于極靜之中，而乃有動之端焉，是乃天地之心也。然以理而論，則靜不足以見天地之心，而動之端乃見天地之心；以人心而論，則動不能見天地之心，而靜可以見天地之心。何則？人之所以

㊀「邵子」，原本作「周子」，據龍本改。

失其良心，迷此仁性，而終不能見天地之心者，蓋其欲動情勝，而常失之于動也。夫物之感人無窮，人之好惡無節，此心所存，逐物而動，則飛揚升降，幻貿驅馳，安能體認義理，充養仁心？其于天地之心，惘然莫知也。故學者亦須收視反聽，澄心定慮，然後可以玩索天理，省察初心，而有以見天地之心。所以復之象曰：「先王以至日閉關，商旅不行，后不省方。」記「仲冬之月」亦曰：「君子齋戒，處必掩身，去聲色，禁嗜欲，安形性。」凡此無非說靜之工夫。雖曰古人如此，凡以養此陽氣之微，然古人所以見得道理分明，保得人心全固，亦是以此工夫得之。故靜之工夫，古人以此養陽氣之微，學者當以此觀義理之妙，則天地之心，豈不躍然而可見哉！故嘗謂：「有天道之復，有吾心之復。」天道之復，前所說是也；吾心之復，則凡善念之動是也。蓋四端之心，無時不發，而就中惻隱之心最先且最多，此正天地之心在吾心者。大抵人雖日營營于人欲之中，孰無一線天理之萌，此卽吾心之復也，人自不察，亦自不充耳。所以不察不充，正由汩于動而不能靜之故。學者須是于此下耐靜工夫，察此一念天理之復，充此所復天理之正，而敬以持之，學以廣之，力行以踐之，古人求仁之功，蓋得諸此。然則，茂對天時之復，以反求吾心之復，惟諸君勉之。是知復者，特此心之初耳。既復之後，無以長養之，則復失矣。朱子所謂復而不固，則屢失屢復者也。自天地之有此復也，日長日盛，進而爲臨，又進而爲泰，又進而爲大壯，又進而爲夬，又進而爲純乾矣。人心之有是復也，亦必日增日長，進而爲臨之大，爲泰之通，又進而大壯之動以天，夬之剛決，乾之不息，而與天合德焉。此又復之之後工夫也。又況凡事莫不有復，如學宮既廢而新，則爲學校之復；綱常既晦而明，則爲世道之復；國家既危而安，則爲國勢之復。賢卿帥出鎮大邦，作興學校，崇建明倫之堂，此學校之復也。綱常既廢而復明，國勢阽危而復振，在諸君子必有得于復之義而充復之功用者，幸不廢焉。

孟子性命章講義

「性也」之性，是氣質之性；「有性焉」之性，是天地之性，此固不待言。惟二命字難分。「有命焉」之命一節，是氣之理；「命也」之命一節，是理之氣。何以謂氣之理？是就氣上說，而理亦在于其中，爲之品節限制。何以謂理之氣？是就理上說，而氣卻在于其中，有清濁厚薄之不同。蓋理氣未始相離。天以陰陽五行化生萬物，氣以成形，而理亦賦焉，猶命令也，然理則一，而氣則有清濁厚薄之不同，所以在人便有智愚賢否、貴賤貧富之異，而理固無一而不在焉，此皆所謂命也。但「命也」之命，自其清濁厚薄者言之，則全屬氣；「有命焉」之命，自其貧富貴賤之分限言之，則便屬理。「命也」之命在前，「有命焉」之命在後，然方其清濁厚薄，便自有貧富貴賤；纔有貧富貴賤，便自有上下品節，所以總謂之命。但其上一截清濁厚薄全屬氣，到貧賤富貴各有品節則屬理，此兩命字所以同、所以異者如此。

仁義五者，非命也，到得所值不同，則命也。故程子、朱子當初于此五者之命，見其說不去，卻把命也推上去說，清濁厚薄所值不同，以補其語意，此說盡之矣。五者之命，程子清濁厚薄之說盡之。夫清濁厚薄氣也，而清濁發于所知，厚薄發于所值。自其清者言之，則仁之于父子也自至，義之于君臣也自盡，禮之于賓主也自節，智自能辨賢否，聖人自能脗合乎天道；自其濁者言之，則于父子而仁有所窒，于君臣而義有未充，于賓主而禮有未合，于賢否而智有所昏，于天道固不能如聖人之自然脗合，此命之有清濁也。自其厚者言之，則爲父而得其子之孝，爲子而得其父之慈，爲君而得其臣之忠，爲臣而遇其君之敬，賓主之相得，賢否之會遇，聖人而得位得禄、得名得壽；自其薄者言之，則子孝而有瞽瞍之父，父慈而有朱均之子，君賢而有管、蔡之臣，臣忠而有龍逢、比干之戮，爲主而晉侯見弱于齊，爲賓而魯君不禮于楚，以言乎智，則晏嬰而不知仲尼，以言乎聖與天道，而孔子不得位，此命之厚薄也。氣化流行，紛綸錯糅，化生人物，隨處不同，或清或濁，或厚或薄，四者相經相緯，相糅相雜，而發于心，驗于身，遇于事，各有不同者，清者生知安行，而濁者則反是，厚者氣數遇合，而薄者則不同，此所以謂之命也。程子發此四字，或問兼存兩説，嘗以是質之何先生矣，先生曰：「然。」故筆之。「目之于色也」以下五句，是氣質自然之欲，故斷之曰性也，此是順結；「仁之于父子也」以下五句，此是人心自然之理，乃結之曰命也，此卻反結。何邪？曰：「目之于色五事，是就人身言，仁之于父子五事，是就人事言，則所處所遇，自是有不同，故曰命。然人以前五者在人身爲性，而求必得之，故孟子指出天分，謂各有限制之不同，故曰『有命焉，君子不謂性』。人以後五者在人事爲命，而不求盡，故孟子指出源頭，謂本有義理之不異，故曰『有性焉，君子不謂命』。謂之君子不謂性，則知一謂之性者，世人之言也；謂之君子不謂命，則知一謂之命者，亦世人之言也，故朱子有世人之説。履祥又聞之王先生曰：『孟子後斷命也一句，是歇後語。』」

金先生𪋻

金麟。

梓材謹案：先生爲仁山先生弟。見仁山文集。縣學立純孝公祠，子孫奉安祝文，蓋皆純孝曾孫也。

張先生必大

張必大。

童先生偕

童先生俱

童偕。童俱。

余先生澤

余澤。

梓材謹案：以上五先生，皆北山門人。見金仁山所作北山與其兄南坡祭文。

魯齋學侶

修撰潘介巖先生墀

潘墀，字經，一字介巖，金華人，魯齋之學侶也。嘗以李貫之所編朱子語類，專取其論語，補其不備，別爲論語語類行世。官至祕書修撰。補。

奉直家學

尚書方蛟峯先生逢辰

方逢辰，字君錫，淳安人也。學者稱爲蛟峯先生。元名夢魁，淳祐九年進士第一，御筆特賜改名。尚未授官，適二御史以忤鄭清之去國，已而雷震，先生上書曰：「伏覩御筆，以雷發非時，避殿減膳恤刑，而獨無求言一條，天下怪之。以廟堂爲監謗，所貴乎大臣者，以道事君，不可則止。今君嗣未定，大臣不能贊之；土木方新，大臣不能爭之；貨臣聚斂，大臣不能禁之；敵國佯遁，大臣無以備之，顛而不扶，危而不持，則具臣而已矣。聞大臣累疏乞閒，而未可其請，留之益堅，攻之愈衆，乃所以招天下之議，非所以愛之也。」疏上，舉朝偉之。釋褐平江簽判，講學于和靖書院。寶祐元年，以正字召。海州喪師，制使賈似道以捷聞，降詔獎諭，先生上書：「海州之事，三尺童子能言之，而帥臣抗章夾辯，以一去恐朝廷，較之楊國忠又甚焉！萬世㊀之議，卽未暇卹，四鄰笑我，何以立國。」于是似道之恨先生自此始。二年，除校書郎。理宗信用宦豎，儲君尚幼，先生疏言：「大本猶豫之秋，豈無旁睨蚍蜉之撼。甫、節之炎炎，難度其心；平、勃之屹屹，當儲其後。」又曰：「天下有貧州郡而無貧太守，有貧國家而無貧邸第，南司貧而北司之應奉不貧，百姓貧而緇黃之寵宅不貧，如此類者，不可枚舉。至于挾小材以濟大貪㊁者，于陛下之近親有依憑焉，于陛下之宮中有承受焉，于陛下之左右有游譽焉。專伺陛下之好惡喜怒以媒其身，

㊀「世」字，原本作「事」，據龍本改。

㊁「貪」字，原本作「貧」，據龍本改。

陛下曰某人能，某人廉，或畀麾，或授節，曰：『吾自除吏也。』而不知西園之諸媚，固有從旁而竊威福者矣。」又曰：「京師，邦家之根本；王畿，四方之命脈，此天下所恃以爲國者。京有尹，畿有漕，所以使培護根本，愛養命脈也，豈願其撥而戕之，以便吾之私哉！邇年爲是官者，不過爲奄豎輩一大承受耳。無名宣頭，眞僞莫詰，非時取索，隱匿莫稽，誰敢執拗以取禍者。仇士良教其徒曰：『天子不可令閒暇，莫若以財貨聲色蠱其心，使不及他事。』今此曹皇皇汲汲，前之藻棁未休，後之丹雘又起。陛下方以其動適吾意，而不知此正士良之策也。帥、漕兩司，疲于應奉之不給，帑庫赤立，廩如垂磬，職此之由，萬一畿甸之内，有一旦警急，不知何以趣辦，何所倚仗乎？如將救之，願斷自今日，掃除蠹穴，然後可爲緩急之備也。」三年，又上疏曰：「善處急者，不以急而震天下，亦不以暇而愚天下。夫天下之勢，固不可激，尤不可偷。勢急矣，吾又示之以急，則失之激，故不容不暇以壓之。此豈眞暇哉！當爲皇皇之急，不當爲悠悠之偷，古之人有爲之者。莫窘于淮、淝，而談笑于弈棋；莫迫于新亭，而從容于就席，此之謂不以急而震天下。然外示談笑，内必有以神其指授之畧；陽示從容，陰必有以伐其璧後之謀，此之謂不以暇而愚天下。故處急必以暇，處暇必以急，不然，天下之憂端未艾也。」又曰：「天下貴有以自謀，不可以鄰國之存亡爲安危；貴有以自備，不可以敵國之緩急爲喜懼。善爲謀者，不依于人；善爲備者，不制于人，不然，萬一鄰國陽示安枕以紿我，而假敵以道，臍可噬乎？胡不移其揣摩他人者而自謀自備乎！」湖山之役日盛，又上疏曰：「今與敵對境，我無一日謀敵，而敵無一日不謀我。我之所築，土妖血山；彼之所築，金城鐵壁。彼之所築，奪我之地爲之；我之所築，奪民之地爲之。」又疏云：「備邊之事，必爭浮、光，然後可以全兩淮而保長江，必守襄、樊，然後可以拒光化而全江陵。夫淮之猶可守可耕者，以有河也。今彼涉河而築浮、光，乃吾户内，若其生聚教訓于斯，日夜出騎以撓我，淮東、西俱不可耕矣，故當盡力以争浮、光，使彼不得以牢其巢，則兩淮猶可安枕也。襄、樊不守，則江陵爲孤注，豈尚足恃？故當必以死守襄、樊，則北可拒光化，而南可全江陵。」時不能用。訖宋之亡，先生之言無不應。洪天錫劾内豎不行而去，先生貽書宰相，勸其行申屠嘉之事。又疏言：「臺臣欲爲國家去厲鬼，以除膏上肓下之疾，陛下愛國家反不如愛二豎乎？漢、唐之季，閹豎罪大惡極，朝廷不能誅，天下必有起而誅之者。」又曰：「小人所忌憚在外廷，若外廷攻之而絀，則此曹無復忌憚，而無君之心動矣。」上以其激烈，惡之。先生求去，董丞相槐留之，先生嘆曰：「丞相且自爲防。」已而丞相亦被逐。除著作郎，爲丁大全之黨所論罷。未幾，程丞相元鳳疏薦知寧國府，復以論罷，杜門説易。開慶元年，大全敗，理宗强起，吴丞相潛首薦先生爲著作郎。明年，權尚左郎官。是時，大全之黨有所謂六賊者尚存，國博徐庚金等相繼上書，乞誅以謝天下，而上庇之，宣諭丞相，不當汲引庚金等。議論紛紜，丞相抗疏言之，上自是怒。先是，鄂州危急，似道提師江陵，密奏欲請下流兵權，上以問丞相，丞相謂「鄂以上既屬似道，鄂以下宜屬趙葵」，而上不從，于是上與賈密相往復，丞相不得與聞，而反以丞相不知邊報爲罪。夜半，片紙中出與郡，于是先生上疏曰：「天下所同好，我獨惡之，天下所同非，我獨是之，則爲人上者，亦難知矣。上易知則下親，上難知則下畏，下親則上安，下畏則上孤，窘急而求之，一緩而遣之，號呼而進之，一唯而退之，旁觀沮縮，何以作用人任事之氣乎！」上問爲誰，先生言：「臣不敢直指，顧陛下曲回天怒，以安中外。」上首肯之，然未幾似道入朝，而丞相終不免有循州之行，先生亦論罷矣，于是徐庚金招先生講學于金華。適有詔以先生知婺州，復爲似道之黨所論罷。先生歸，講學于淳安。已而除知嘉興府，以論罷。知瑞州，又以論罷。度宗即位，以司封郎召，尋兼直舍人院，請以朝臣爲知縣，如天聖、紹興法；用胡安國之言，以均田税、正版籍、均力役、勸農桑、崇孝弟、訓士卒、除盜賊爲考課法。有詔從之而不行。三遷以祕閣修撰提刑江東。信州軍亂，或語先生無往，先生單騎入城，密訪亂卒姓名，調諸寨鋭卒禽之，一軍帖然。晉集英殿修撰，持江西漕節，時欲以銅錢一當十，令江西先行之，疏陳其害，得止。凡所至，輒與諸生講學。于是歷權兵部侍郎兼侍讀，遷吏部侍郎，賜石峽書院額，以丁艱歸。自是，凡四召至禮部尚書，皆不赴，而宋亡。元人召之，亦不赴。至元二十八年卒。所著有孝經解一卷，易外傳、尚書釋傳、中庸大學註釋若干卷，格物入門一卷，蛟峯集六卷。先生之學，以格物爲窮理之本，以篤行爲修己之實，終身願未嘗有師承，蓋淳安之學，皆宗陸氏，而先生獨爲別派也。梓材案：先生爲奉直長子，自承家學，別無他師，故云爾。補。

石峽書院講義

先儒論仁，最善名狀者，無如謝上蔡，指草木之核，種之卽生，道以爲仁，其中一包，皆生理也。雖然，此物借草木之核而言耳。人之核安在？曰心。天地之核安在？曰人。夫生生不息者，天地之心也，然其心不能直遂，必以託諸人。人得天地之氣以爲形，得天地之理以爲性，故萬物皆備于我。而天地之所以生生者，實寄吾性分之内，天高地下，一日無人，則天地特塊然者耳，故孟子曰：「仁也者，人也。」二物相配之爲合，仁以性言，人以形言，仁固所以爲人之理，人則所以載是理而行之者，故曰：「合而言之，道也。」然則，天地以此心寄諸人，豈徒然哉！許多道理，皆要從人心上抽迸出來，如草木句萌，自有勃然不可遏者，羞惡辭讓是非之心，迸裂而出。上蔡曰：「活者爲仁，死者爲不仁。」人心不仁，則天地之心亦死矣，故孟子又曰：「仁，人心也。」七篇之書，自首至尾，切切焉以陷溺人心爲憂，凡教人曰存，曰養，曰盡，曰求，曰心之端，曰心之官，曰根心，曰生心，曰物之長短輕重心爲甚，直指人之識痛癢有知覺處示之，非便以知覺痛癢爲仁，特欲其切己省察而救活其本心也。不然，死灰而已，槁木而已，頑石而已，此之謂不仁。莊、列之徒，正坐此病。

蛟峯文集

世有以穎悟爲道，以鹵莽滅裂爲學者，其説謂：「不由階級，不假修爲。」以致知格物爲支離，以躐等淩節爲易簡，以日就月將爲初學，以真積力久爲鈍才，匪徒誣人，亦以自誣，天下未有一超徑詣忽焉而爲聖賢者也。勤有堂記。

四書爲根本，六經爲律令，格物致知以窮此理，誠意正心以體此理，學之博以積之，反之約以一之。常州路重修儒學記。

二程未嘗一語及太極，或遂疑非元公之書，不知所謂太極，豈必盡在圖！二程教人，日用切近，莫非太極也，故曰「道不離器」。贛州興國先賢祠記。

諺曰：「一世識陰陽，三世翁無墟墓場。」此爲不識陰陽之理者發。欲識其理，則程子五患之外，莫非佳山佳水。跋地理心機。

府簿方山房先生逢振

方逢振，字君玉，蛟峯先生弟也。景定三年進士，官至太府寺簿。宋亡，蛟峯隱于石峽，先生隱于鳳潭，元人以淮西北道僉事起之，不赴。蛟峯卒，先生嗣主石峽講席，申明蛟峯之學，學者稱爲山房先生，配享書院中。補。

隱君方富山先生一夔

方一夔，字時佐，蛟峯先生孫也。隱居富山，學者稱爲富山先生。嘗主石峽講席。所著有富山集。補。

雲濠謹案：蛟峯外集附先生賀山房人新居詩云：「吾宗紫陽民，秀挺鸞鳳骨。家學印大程，南北斗柄揭。」大程蓋指蛟峯，顧稱山房爲吾宗。集中又有先生輓蛟峯詩，似非蛟峯之孫。

蛟峯同調

主簿蔣先生沐

蔣沐，字澤甫，東陽人也。築横城精舍，以延蛟峯。其後子孫世講學，多登許文懿、黄文獻二公之門。補。

梓材謹案：金華先民傳載先生云：「横城，即所居之西，建義塾一區，迎方蛟峯爲之師。其教法一遵白鹿洞遺規。喬見山、陳霽月、吕存齋繼主師席，前後題名者六百八十有五人。至元中，薦授建昌縣主簿。」

魯齋家學朱、劉四傳。

王先生相

王相，字元章，魯齋之弟也。幼爲童子科，學問文章望于庠校，金仁山吉父取友得之，而先生亦深相器許。仁山聞何北山得紫陽宗旨，欲往從之，而莫爲之介，乃即先生而謀之，將求書往謁。王敬巖階之，以踐北山之庭。先生曰：「見敬巖姪，不如見魯齋兄。」仁山曰：「曩嘗獲覩王先生文粹序而竊慕之，不知其爲令兄也。」先生即爲書曰：「金吉父與相生同年而月長，蘭溪學者，莫或先焉，今欲請教于左右。吾兄求賢弟子久矣，亦必有以處吉父也。」仁山于是受業于魯齋。參柳待制集。

王立齋先生侃見上北山門人。

運使王敬巖先生佖

王佖，號敬巖，金華人，文定公淮之孫也。學于撝堂雙峯，而卒業于魯齋。累官直敷文閣、福建轉運副使。嘗闢真西山夜氣歌之説。

宗羲案：方虛谷云：「西山婦翁楊圭，已以此箴爲不然。」

修職王成齋先生瑊附子紹孫、雲龍，孫閑、閏、閶、閭。

王瑊，字玉成，金華人。學者稱爲成齋先生。幼穎悟，資稟温厚，不樂華靡，篤志問學，不少懈。從高叔祖師愈從潘待制良貴及楊龜山、吕舍人遊，其子瀚，受業吕成公之門，其孫文憲公柏，傳道于何文定，得于朱子門人黄文肅公，先生于文憲爲諸孫，又在弟子列，未嘗輒去左右；而曾叔祖丞相淮之孫敷文佖，其學得于劉撝堂、饒雙峯，皆本于朱子，先生于敷文爲從子，又得朝夕承教而無間，其學粹然一出于正。補修職郎監建康酒税院，未及上而宋亡，不復出。子二：紹孫、雲龍。梓材案：柳待制送王雲卿教授赴官嚴陵序，言「其先府君爲成齋先生」。雲卿當卽雲龍之字。孫四：閑、閏、閶、閭，並以文學世其家。參王忠文集。

魯齋門人

文安金仁山先生履祥見上北山門人。

堂長王石潭先生賁

王賁，字蘊文，號石潭，天台人。介特有守，鄉俗化之，不敢爲非。王實翁創上蔡書院，請魯齋爲堂長，先生具古冠服來謁。及魯齋歸，乃敦請代理其事。既卒，無以斂，門人争經理其喪。至于葬道有兩岐，一大而遠，一狹而近，門人請于其婦，婦曰：「先夫平日不曾由徑，不可以死而違其志。」聞者歎息曰：

「有是夫，宜有是婦。」參兩浙名賢録。

聘君車玉峯先生若水別見南湖學案。

太學周子高先生敬孫

周敬孫，字子高，臨海人，太學生。魯齋主台之上蔡書院，受業焉。所著有易象占、尚書補遺、春秋類例。修。

機宜楊簡齋先生珏

楊珏，字君寶，號簡齋，臨海人也。咸淳進士，爲督府機宜官。入元，不仕。補。

縣令陳南村先生天瑞

陳天瑞，字德修，號南村，臨海人。咸淳進士，知金華縣。宋末，隱遯林壑。詩文高古，效淵明書甲子，有甲子集五十卷。修。

康敏黄壽雲先生超然

黄超然，字立道，黄巖人。宋鄉貢進士。精于易學，所著有周易通義二十卷、或問五卷、發例三卷、釋象五卷、壽雲集。自號壽雲。至治初卒，謚康敏。修。

朱先生致中

薛先生松年合傳。

朱致中、薛松年，並台州人。魯齋以朱子之學主上蔡書院，同郡周敬孫、楊珏、陳天瑞、車若水、黄超然與二先生師事之，受性理之旨。參史傳。

教授張導江先生𥁕

張𥁕，字達善，其先蜀之導江人，僑寓江左。魯齋講學于上蔡書院，從而受業焉。至元中，中丞吴曼慶延至江寧學宫，俾子弟受業，時中州士大夫欲淑子弟以四書集註者，皆遣從先生遊，或闢私塾迎之。其在維、揚，來學者尤衆，稱曰導江先生，朝命爲孔、顏、孟三氏教授。其所著書，草廬吴氏澄以爲議論正，援據博，貫穿縱横，儼然新安朱氏之尸祝也。

百家謹案：吴正傳言：「導江學行于北方，故魯齋之名因導江而益著。蓋是時北方盛行朱子之學，然皆無師授，導江以四傳世嫡起而乘之，宜乎其從風而應也。」

聞人桂山先生詵

聞人詵，雲濠案：凝熙傳云：「詵老子。」詵老當是先生之字。金華人。號桂山翁。嘗遊魯齋之門。

提舉樊先生萬

樊萬，字萬里，縉雲人。嘗執經魯齋之門。元初爲滁州教授，入爲應奉翰林文字，終江浙儒學提舉。參括蒼彙記。

梓材謹案：梨洲原本祇存「樊萬，縉雲人」五字。

州判盛聖泉先生象翁

盛象翁，字景則，黄巖人也。學于車玉峯，又師王魯齋，而與黄壽雲爲友。累官昌國州判官。學者稱爲聖泉先生。所著有聖泉集。補。

林絃齋先生□

林□，號絃齋，天台人。爲鄉先生。參宋文憲集。

梓材謹案：謝山補陳兩峯傳云：「有林絃齋者，亦魯齋之徒也。」而宋濳溪銘張務光墓碣作「弦齋林氏」。蓋本作「絃」，故亦作「弦」。其作「絃」者，傳寫之譌也。

導江講友

貞獻趙松澗先生宏偉

趙宏偉，字子英，甘陵人也。金末，避兵居潁昌，其後卜居真州。豫于平宋之功，官至衡州總管府治中。解官一十五年，延致導江先生張𥂕，講明伊洛之學，起爲浙西廉訪使僉事。先是，鎭江以旱免租九萬五千石，已而以飛語復徵，民無所出，先生卒復之。是秋大風，海溢于潤于常，居民不粒食，先生欲發粟食之，有司以未報不敢發，先生曰：「民且死矣。如以不待報得罪，我當獨坐之，不相及也。」于是全活者十七萬人，而沈骸腐胔，亦俱得掩，時以爲汲黯復出。遷江南行御史臺都事，江南大饑，猶徵積逋數百萬，先生請弛之，行省不可。先生力争之，中丞廉公解之。先生争益力，廉公不以爲忤，退謂人曰：「賢佐也。」卒行之。時兩賢之。入爲内臺都事，尋除浙東海右廉訪副使，以許公白雲薦，禁越人之停葬者。擢江南治書侍御史，延白雲于金陵，率子弟師事之，白雲爲之强出。已而以七十遂致仕。先生在都臺，有選吏累求用，先生不之許也。及除官，先生亦不以告，其人始恨之。久而知之，乃大媿服。學者稱爲松澗先生。補。

雲濠謹案：元史先生本傳：「卒年七十四，追封天水郡侯，謚貞獻。」止載其延致白雲，未及導江，殊爲疏漏。

絃齋同調

學正張先生莘夫

張莘夫，天台人。隱約田里間，能以詩、書自振。入元，用薦爲鄉郡儒學正，鄧文肅公嘗受業焉。

參宋文憲集。

仁山門人

文懿許白雲先生謙

許謙，字益之，金華人。學者稱白雲先生。長值宋亡，家破，力學不已。僑寓借書，分四部而讀之。年踰三十，開門授徒。聞金仁山履祥講道蘭江，乃往就爲弟子，仁山謂曰：「士之爲學，若五味之在和，醯鹽既加，而鹹酸頓異。子來見我已三日，而猶夫人也，豈吾之學無以感發子邪！」先生聞之，惕然。仁山因揭爲學之要曰：「吾儒之學，理一而分殊，理不患其不一，所難者分殊耳。」又曰：「聖人之道，中而已矣。」先生由是致其辨于分之殊，而要其歸于理之一，每事每物求夫中者而用之。居數年，得其所傳，油然融會。嘗自謂：「吾無以過人者，惟爲學之功無間斷耳。」中外列薦，皆不應。屏迹東陽八華山中，學者負笈重趼而至，著録者前後千餘人。侍御史趙宏偉自金陵寓書，願率子弟以事，先生爲之強出。踰年卽歸。其教以五性人倫爲本，以開明心術、變化氣質爲立身之要，以分辨義利爲處事之制，攝其粗疏，入于微密，隨其材分，咸有所得，以身任道者垂四十年。先生雖身立草萊，而心存當世。大德十一年，歲在丁未，熒惑入南斗句已而行，先生以爲變在吳、楚，竊深憂之。是歲大祲，先生貌加瘠，或問曰：「先生有不適邪？」答曰：「道殣相望，吾能獨飽邪！」嘗謂：「吾非必于隱以爲名高，仕止惟其時耳。」晚年，尤以涵養本原爲上。講學之餘，齋居凝然。一日，瞑目坐堂上，門人徑入，則闃其無人乎先生之側，拱立久之，先生顧而徐言曰：「爾在斯邪！」其習于静定如此。至元三年十月，病革，正衣冠而坐，坐呼子元受遺戒。元復請所未盡，先生曰：「吾平日訓爾多矣，復何言！」門人朱震亨進曰：「先生視稍偏矣。」先生更肅容而逝，年六十八。至正七年，謚曰文懿。其所論著于四書曰：「學以聖人爲準的，必得聖人之心，而後可學聖人之事。聖人之心，具在四書，而四書之義，備于朱子，顧其詞約義廣，安可以易心求之哉！」于書傳與蔡氏時有不合，每誦仁山之言曰：「自我言之則爲忠臣，自他人言之則爲讒賊，要歸于是而已。」于詩則正其音釋，攷其名物度數，以補先儒之所未備，仍存在逸義，旁採遠引，而以己意終之。于春秋三傳，有温故管窺一書。于史則有治忽幾微一書，放史家年經國緯之法，起太皡氏，迄宋元祐元年秋九月尚書左僕射司馬光卒，總其歲年，原其興亡，著其善惡，蓋以爲光卒，則中國之治不可復興，誠理亂之幾也，故附于續經而書孔子卒之義，以致其意焉。嘗句讀九經、儀禮、三傳，而于大綱要旨，錯簡衍文，悉别鉛黄朱墨，意有所明，則表見之。其後吴師道得吕東萊點校儀禮，以相參校，所不同者十三條而已。其與先儒意見脗合如此。有許白雲集。修。雲濠案：四庫書目收録先生讀書叢説六卷、詩集傳名物鈔八卷、讀四書叢説四卷、白雲集四卷。

白雲文集

夫聖人之道，常道也，不出于君臣、父子、夫婦、昆弟、朋友、應事、接物之間。致其極，則中庸而已耳。非有絶俗離倫、幻視天地、埃等世故如老、佛氏之所云者，其道雖存于方册，而不明于世，久矣。周、程、張、朱諸子世出，而闢邪扶正，破蒙儆愚。秦、漢以來千五百年，英才多矣，而有昧于是，吾儕生于斯時，未必能躐于千五百年之才，而獨有見于聖人之道如是其明也。幸而生于諸子之後，固當平氣虚心，隨而求之，階之梯之，以達于上，顧實有益于己而止，何用倔强自意，摭奇務新，力與作者争衡，又將轢而踐之哉！古之立言者，誦于口而可以心存，存于心而可以身踐，而成天下之務，則聖人之道也。今口誦之而不足明乎心，降其心以識之而不可施于事，是則佛、老之流之説耳。爲佛、老之説者，措之事固不能行于跬步，而自理其身，庸可以爲善人！則好爲異説者，其風又下于彼矣。道在天地間，宏博精微，非可以躁心求也，而乃攘袂扼腕，作氣決背，售其説而競，復思欲以厭今人，陵古人，則吾未之信也。古愚氣和心廣，余嘗欲從容論之，而以滿秩解去。君采芹藻之英，將以淑道諸人者也，以余之説評之，然與？否與？余非敢爲子勉也，子固余所敬也。送胡古愚序。

昔文公初登延平之門，務爲儱侗宏闊之言，好同而惡異，喜大而恥小，延平皆不之許。既而言曰：「吾儒之學所以異于異端者，理一而分殊也。理不患其不一，所患者分殊耳。」朱子感其言，故其精察妙契，著書立言，莫不由此。足下所示程子「涵養須用敬，進學在致知」之兩言，固學者求道之綱領。然所謂致知，當求其所以知而思得乎知之，非但奉持致知二字而已也，非謂知夫理之一而不必求之于分之殊也。朱子所著書，蓋數十萬言，巨細精粗，本末隱顯，無所不備，方將句而誦，字而求，竭吾之力，惟恐其不至。然則，舉大綱棄萬目者，幾何不爲釋氏之空談也？近日學者，蓋不免此失矣，吾儕其可踵而爲之乎？抑愚又有所聞，聖賢之學，知與行兩事爾。講問詰辯，朋友之職也，至于自得之妙，力行之功，他人不得與焉，非自勉無所得也。某雖愚鈍，然不可謂無志于此。足下于斯兩者，涵泳從容，精修力踐，旦旦有得，幸明以告我，賜中流之一壺，則感責善之德深矣。□□□□□。

宗羲案：「理一分殊，理不患其不一，所難者分殊耳」，此李延平之謂朱子也。是時朱子好爲儱侗之言，故延平因病發藥耳。當仁山白雲之時，浙、河皆慈湖一派，求爲本體，便爲究竟，更不理會事物，不知本體未嘗離物以爲本體也，故仁山重舉斯言以救時弊，此五世之血脈也。後之學者，昧卻本體，而求之一事一物間，零星補湊，是謂無本之學，因藥生病，又未嘗不在斯言也。

梓材謹案：梨洲所録白雲文集本三條，今移一條于濂溪學案朱、陸太極圖說辯後。

臺掾郭先生子昭

郭子昭，汝南人。仕爲御史掾。受業于仁山。白雲謂：「師門數十人，惟子昭與余合志以求道，不汨流輩。羣會無長語，晝講肄有條。夜則執經問難，析理毫縷，率下漏過半，疲極抵足而卧。覺，復共索所未悟。稍間，各言其志，思苴漏易弊振奮，以邁尋常。若是者久。」

文肅柳靜儉先生貫

柳貫，字道傳，浦江人。受經于仁山，究其旨趣，又徧交故宋之遺老，故學問皆有本末。舉爲江山教諭，遷昌國學正，擢湖廣儒學副提舉，未上，改國子助教、太常博士，出提舉江西儒學，秩滿歸，杜門十餘年。至元元年，召爲翰林待制兼國史院編修官，莅任七月而卒，年七十三。門人私謚文肅。其文與黃晉卿溍、虞伯生集、揭曼碩傒斯齊名，天下稱爲「四先生」。雲濠案：史傳先生「所著書有文集四十卷、字系二卷、近思録廣輯三卷、金石竹帛遺文十卷」。

正節衛耕讀先生富益見下白雲門人。

唐先生良驥

唐良驥，蘭溪人。

梓材謹案：蘭溪唐氏譜載：「先王建齊芳書院，延仁山金先生講道著書」。可以知其概矣。儒林宗派亦列先生于仁山之門。

白雲學侶

修撰張子長先生樞

張樞，字子長，金華人。幼而夙慧，外家蓄書萬卷，悉取讀之，過目輒不忘，宇宙之分合，政治之得失，禮樂之廢興，以至帝號官名，歲月後先，皆無脱誤。每論及一人，則其世系閥閲，與材質之良窳，歷如指掌。一日，白雲漫叩以高帝取天下之故，子長矢口而對，出入紀傳，語蟬聯不能休，白雲大奇之。既而以書上謁，請就弟子列，白雲不可，以友待之，由是斂華就實，而其學益粹。至正間，脱脱修三史，奏辟爲長史，力辭不就。再以翰林修撰同知制誥兼國史編修官召之，行至武林驛，以病辭歸而卒。

郎中吴正傳先生師道

吴師道，字正傳，蘭溪人。初工詞章。及閲真西山遺書，幡然志于爲己之學。嘗以持敬致知之學質之白雲，白雲復以理一分殊之旨，由是造詣益深。元至治初，登進士第，授高郵丞，調寧國録事，遷池州建德尹。召爲國子助教，陞博士。其教一遵許魯齋成法。以母憂去職。尋以奉議大夫、禮部郎中致仕。先生于白雲雖不稱弟子，而其祭白雲之文曰：「小子託交殆三十年，指聖途而誘掖，極友道以磨鐫，骨肉不足以儷其親，金石不足以擬其堅。比居閒而獨處，益共究于遺編，不鄙予以不肖，將叩竭于師傳。」然則先生不可謂不與于授受之際者也。子沈。

百家謹案：白雲高第弟子雖衆，皆隱約自修，非巖棲谷汲，則浮沈庠序州邑耳。如子長、正傳，文采足以動衆，爲一世所指名者，則又在師友之間，非帖帖函丈之下者也。然白雲非得子長、正傳，其道又未必光顯如是耳。

白雲同調

貞獻趙松澗先生宏偉見上導江講友。

蛟峯門人奉直再傳。

教授魏石川先生新之

魏新之，字德夫，雲濠案：先生號石川。桐廬人也。受業于蛟峯。咸淳七年進士，爲鄞教授。宋亡，隱居不出，與同里孫潼發、袁易稱爲「三先生」。補。

邵先生桂士

邵桂士，字古香，淳安人也。補。

汪先生斗建

汪斗建，淳安人。梓材案：先生歙人，徙淳安。倜儻有奇志，在京學率同舍生伏闕上書，攻賈似道誤國。至元內附，從蛟峯講道石峽書院。參戴九靈集。

石川講友

幹官孫盤峯先生潼發

孫潼發，字帝錫，一字君文，別號盤峯，桐廬人。登咸淳進士，調衢州軍事判官，有廉能聲。蜀名卿史繩祖僑寓是邦，先生暇日輒相與研究先儒性理之學，爲士往往聞其緒言，有所開悟。辟御前軍器所幹辦公事，未幾宋亡，家亦燬，先生避地萬山中。久之乃歸，稍復其故宇，爲終焉之計。元侍御史程鉅夫求遺逸，以先生應詔，先生固辭，弗能强，慨然以風節自期，與鄉先生袁易、魏新之爲三友。袁、魏云亡，先生踦孤孑立，如鼎一足，意有不適，咄咄書空而已。參黄文獻集。

山長袁静春先生易

袁易，字通甫，平江人。不樂仕進，行中書省署爲石洞山長。歸，卒隱弗仕，卽所居西爲堂曰静春。

先生少敏于學，蘊積之素，一發于詩，未始高談性命以師道自任。其在石洞，推明雙峯之說，上及于考亭，多諸生昔所未聞，莫不敬服焉。所爲詩有靜春堂集。同上。

子高家學朱、劉五傳。

待制周先生仁榮

周仁榮，字本心，敬孫之子也。承其家學，又師楊珏、陳天瑞。因薦署美化書院山長。美化在處州萬山中，人不知學，舉行鄉飲酒禮，士俗爲變。辟江浙行省掾史，省臣皆呼先生，不以吏遇之。泰定初，召拜國子博士，遷翰林修撰，陞集賢待制。奉旨代祀嶽瀆，至會稽，以疾作，不復還朝。卒年六十有一。修。

雲濠謹案：梨洲原本傳尾有「所著有易象占、書補遺、春秋類例」十三字。查浙江通志，皆先生之父之書，故謝山抹之。

簡齋門人

待制周先生仁榮見上子高家學。

康靖孟森碧先生夢恂

孟夢恂，字長文，黃巖人。與周仁榮同師事楊珏、陳天瑞，講解經旨，體認精切，務見諸行事，四方從遊者服焉。部使者薦其行義，署本郡學録。至正十三年，以禦寇功，授常州宜興判官，未上而卒，年七十四。賜謚號曰康靖。先生所著有性理本旨、四書五經辯疑、漢唐會要、七政疑解、筆海雜録。修。

雲濠謹案：先生號森碧。見台州府志。

南村門人

待制周先生仁榮見上子高家學。

康靖孟森碧先生夢恂見上簡齋門人。

導江門人

待制楊通微先生剛中附子翮。

楊剛中，字志行，上元人。爲文奇奥簡澀，動法古人，不屑爲世俗凡語，元明善極歎異之。仕元，累官江浙提學，以洛、閩之説教學者，至翰林待制卒。子翮，世其家學，亦爲江浙提學，有聲。修。

梓材謹案：先生稱通微先生，見楊鐵崖所作楊文舉文集序。金陵新志云：「其先松陽人，徙居建康。」又云：「著有易通微、説詩講義若干卷。」元史本傳云：「有霜月集行于世。」

尚書夾谷先生之奇

夾谷之奇，字士常。家于滕州。累官至侍御史、吏部尚書，政事卓卓可稱。雖老于吏學者，自以爲不及。爲文簡嚴有法。元史張䎖傳言：「其高第弟子知名者甚多，夾谷之奇、楊剛中尤顯。」

宗羲案：魯齋以下，開門授徒，惟仁山、導江爲最盛。仁山在南，其門多隱逸；導江在北，其門多貴仕，亦地使之然也。

桂山家學

提舉聞人凝熙先生夢吉

聞人夢吉，字應之，詵老先生之子。詵老學于魯齋，里中稱爲桂山先生。受學家庭，七經傳疏，皆手鈔成集，訓詁牴牾者，别白是非，使歸于一，閉户討論逾十年不出。因薦起歷處州學録、西安教諭、昌國學正、泉州教授。至正戊戌，授福建副提舉。卒年七十。門人宋景濂等私謚凝熙先生。修。

聖泉門人

提舉陳兩峯先生德永見下絃齋門人。

絃齋門人

提舉陳兩峯先生德永

陳德永，字叔夏，黄巖人也。杜清碧稱其文章似歐陽子，而尤長于理。先生少從盛象翁。又有林絃齋者，亦魯齋之徒也，亦從之遊，造詣邃密，學者稱爲兩峯先生。所著有兩峯慚草。補。

雲濠謹案：台州府志載先生「臺省辟爲和靖書院山長，歷官江浙儒學提舉」。

張務光先生明卿附師邵素心。

張明卿，字子晦，天台人，學正莘夫之子也。始成童而學正卒，卽知家學是荷。弦齋林氏、素心邵氏皆鄉先生行，先生執經往從之，反覆詰難，愈出愈新，二氏方毅斬推與，咸曰：「張氏有子矣。」至大閒，詔求直言，先生慨然爲政事書一卷，將渡大江淩黄河以獻于朝，既而歎曰：「吾爲生民計耳。不知我者，其以爲干祿乎！盍止之！」于是南還，而教授里中，終日儼坐，不窺户庭。鄉之人士，至有父子執經于門者。傍縣慕其爲人，聘致爲子弟師，亦不辭。然天性嚴重，有挾貴而驕，及習鄙褻事者，叱之不悛，輒令束書以歸。人曰：「先生不已甚乎？」先生曰：「我之道，蓋如是也。」鄧文肅公爲廉訪使者，屢遣使致書起之，謝不往。其學術一以考亭爲宗，毫分縷析，洞見其肯綮，著之事爲，不易心于賤貧，不屈節于名勢，綽然能任人師之重。登其門者，皆彬彬雅飭，諒而不傾。先生長身疏鬣，衣冠整嚴，昂然如出林之鶴，見者畏而愛之，因其所自號務光，稱之爲務光先生。著有言志稿四卷、六藝編六卷、存養録十二卷、尚友編五卷、世運畧八卷、家傳一卷及政事書藏于家。參宋文憲集。

學正家學

張務光先生明卿見上絃齋門人。

學正門人

文肅鄧匪石先生文原

鄧文原，字善之，一字匪石，綿州人。自父徙錢塘。先生年十五通春秋。在宋時，以流寓試浙西轉運使，魁四川士。至元二十七年，行中書省辟爲杭州路儒學正。繼召爲國子司業。至官，首建白更學校之政，當路因循，重于改作，論不合，移病去。科舉制行，先生校文江浙，慮士守舊習，大書朱子貢舉私議，揭于門。延祐四年，陞翰林待制。五年，出僉江南浙西道肅政廉訪司事。六年，移江東道。至治二年，召爲集賢直學士。明年，兼國子祭酒。泰定元年，兼經筵官，以疾乞致仕歸。天曆元年卒，年七十一。先生內嚴而外恕，家貧而行廉。有文集、內制集。至順五年，贈江浙行省參知政事，謚文肅。參史傳。

魯齋續傳

隱君牟靜正先生楷

牟楷，字仲裴，黃巖人也。學者稱爲靜正先生。刻志正心誠意之學，以養母不仕。時天台方行王魯齋之學，先生不知師傳所出，要亦其私淑也。所著有九書辯疑、河洛圖書説、春秋建正辯、深衣刊誤、定武成錯簡、管仲子糾辯、致中和議、桐葉封弟辯、四書疑義。門人稱曰「牟氏理窟」。補。

梓材謹案：台州府志載：「先生號九溪，教授生徒至數百人。」

靜正同調

隱君陳西山先生紹大

陳紹大，字成甫，黄巖人也。學者稱爲西山先生。以聖學自任，爲文必本經義。所著有四書辯疑。門徒與牟氏並盛。補。

梓材謹案：台州府志載先生云：「世以儒業名家，其學出于紫陽門人。」天台潘時舉又稱其「從遊者以百計，居斷江西山下，躬耕樂道，不求仕進」云。赤城新志則言其「生徒二百餘人，稱之曰西山夫子」。

白雲家學

祭酒許先生元

許元，字存仁，金華人。父白雲先生，雲濠案：原作「大父白雲」。攷諸家文集，作父者是。學于仁山金氏，得朱子之傳。明祖初起，幸金華，訪求其後，乃驛赴金陵，拜京學教授，仍命入傅皇太子及諸王。乙巳九月，始置國子學，命爲博士。奉命進講經史，極陳洪範休徵咎徵之應。吴元年四月，上至白虎殿，問孟子何言爲要。對曰：「勸國君以行王道，施仁政，省刑罰，薄税斂，乃其要也。」冬十月，擢爲祭酒，最見禮遇。設立教國子條例數十事，皆見施行。既而浙江僉事程孔昭誣劾其過，安置韶州，遇赦，還，卒。參儒林録。

梓材謹案：白雲之殁，以先生屬于張子長，先生欲師事之，則以白雲之待己者待焉。見黄文獻所作子長墓表。

教授許先生亨

許亨，字存禮，文懿之子。學有淵源，而工于文辭。赴任北平教授，宋潛溪作序以送之。參宋文憲集。

白雲門人

純孝范柏軒先生祖幹

劉先生名叔合傳。

經畧李先生國鳳合傳。

范祖幹，字景先，金華人。白雲嘗語人曰：「吾得劉名叔而學知進，得李國鳳而學日彰，得范景先而學有傳。」先生之學，以誠意爲主，而嚴之以愼獨持守之功，嘗曰：「爲學之本，莫大乎正心修身。欲修其身，莫若理會君子之所謂道者三，知斯三者，則知所以修身矣。若切己之實，歸而求之，可也；心不在焉，而能自得其根本者，吾未之聞也。」至正中爲西湖書院山長，辭歸養親。李文忠鎭嚴州，修師資之敬。郡守王宗顯上其孝行，立純孝坊，學者因稱純孝先生。洪武十八年，疾革，召門人講學，危坐而卒。所著有衆經指要、讀詩記、大學中庸發微、柏軒集。修。

雲濠謹案：李先生字景儀，山東人。官亞中大夫、治書侍御史兼經略使。

經師葉南陽先生儀

葉儀，字景翰，金華人。立志堅苦，取四部書分程讀之。義有未明，質于白雲，隨所咨叩，咸爲之盡。久之，學業日進。白雲命其子存仁、存禮師之。白雲歿，先生率同門以義制服，經紀其喪。既而開門授徒，東南之士多趨之。洪武初，郡守王宗顯起爲五經師。學者稱爲南陽先生。卒年八十二。所著有南陽雜稿。修。

文忠敬先生儼從祖鉉。

敬儼，字威卿，易州人也。其從大父鉉，精于經學，有春秋備忘，金人稱爲大寧先生者也。先生嘗爲浙東參政，涖金華，受業白雲，而以張子長爲友。白雲贈之詩，曰「皇皇駟馬車，誤立門外雪」者也。補。

梓材謹案：謝山原稾作「其大父鉉」。攷元史先生本傳：「祖鑑，同知嵩州事。」鉉其叔祖也，據以正之。又案：先生官至中書平章政事。卒，封魯國公，謚文忠。

學録唐存齋先生懷德

唐懷德，字思誠，金華人。梓材案：先生號存齋。受業白雲，不出户者十年，六經百家之書無不研究。余闕持節海右，特容接之。或請余書揚雄九州箴，未知所出。先生曰：「此出古文苑。」卽援筆寫之，不遺一字。嘗與宋景濂宿錢塘，辯諸子是非，凡九十餘種，交舉所疑以質。宋推其博，先生曰：「徒博，則陸澄之書厨耳，吾則藉之以窮理，而施諸事也。」用部使者薦，擢金華教諭。遷衢州學録，未上而卒。所著有破萬總録、六經問答、鉤玄集、書學指南、存齋集，共百餘卷。修。

文安揭先生傒斯

教授朱明所先生公遷並見雙峯學案。

文公歐陽圭齋先生玄附師張貫之。

歐陽玄，字原功，其先家廬陵，與文忠同所自出。曾大父新，始居瀏陽。先生幼岐嶷，母李氏，親授孝經、論語、小學諸書。八歲能成誦，始從鄉先生張貫之學，日記數千言，卽知屬文。年十四，益從宋故老習爲辭章，下筆輒成章。弱冠，下帷數年，人莫見其面，經史百家，靡不研究，伊洛諸儒源委，尤爲淹貫。延祐元年，詔設科取士，先生以尚書與貢。明年，賜進士出身，授岳州路平江州同知。調太平路蕪湖縣尹，改武岡，召爲國子博士。初置藝文監，文宗親署爲少監，奉詔纂修經世大典，陞太監、檢校書籍事。拜翰林直學士，編修四朝實録，兼國子祭酒。重紀至元五年，足患風痺，乞歸不允。拜翰林學士。歸，復起，以疾未行。詔修遼、金、宋三史，召爲總裁官，發凡舉例，俾論撰者有所據依。拜翰林學士承旨。除福建廉訪使，行次浙西，疾復作，乃上休致之請，作南山隱居，優游山水間，有終焉之志。復拜承旨，力辭，不獲命。奉敕定國律，尋乞致仕。將行，帝復降旨不允，進階光禄大夫。十七年，卒于崇教里之寓舍，年八十五。贈崇仁昭德推忠守正功臣、大司徒、柱國，追封楚國公，謚曰文。先生處己儉約，爲政廉平，歷官四十餘年，在朝之日，殆四之三。三任成均，而再爲祭酒，六入翰林，而三拜承旨。文章道德，卓然名世。有圭齋文集若干卷。參史傳。

方茗谷先生用

方用，字希才，望江人。少負逸才，與揭傒斯、朱公遷、歐陽玄同遊于許白雲之門，以羽翼斯文相砥礪，時稱許門四傑。著有先儒宗旨、茗谷叢說諸書。子三人，以詩禮世其家。參江南通志。

都事蘇栗齋先生友龍

蘇友龍，字伯夔，金華人。學經于白雲。以才推擇爲吏，擢令蕭山，轉行樞密院，照磨陞行省都事，多著能績。入明而卒。子伯衡。修。

雲濠謹案：先生門下侍郎轍之裔。宋文憲志其墓云：「伯夔，字也，人稱之曰栗齋而不敢字。其先居眉州，文定長子遲知婺州，因家金華。」又言：「先生上距文定蓋九世矣。」然其子平仲爲待制，遲八世孫，則先生距文定祇八世耳。

教授胡長山先生翰

胡翰，字仲申，金華人。從吳正傳師道受經、吳立夫萊學古文詞，又登白雲之門，獲聞考亭相傳的緒。嘗至京師，徧交當世名士，而于余闕、貢師泰尤善。避地南華山中著書。入明，除衢州教授。聘修元史，賜金繒而歸。居長山之陽，稱長山先生。卒年七十五。

仲子文集補。

皇降而帝，帝降而王，王降而霸，猶春之有夏，秋之有冬也。由皇等而上，始乎有物之始，由霸等而下，終乎閉物之終，消長得失，治亂存亡，生乎天下之動，極乎天下之變，紀之以十二運，統之以六十四卦。乾，天道也，健而運乎上。坤，地道也，順而承乎下。天地既判，其氣未交爲否，既交爲泰。始乎乾，訖乎泰，四卦統七百二十年，是爲天地否泰之運。乾一索得男而爲震，坤一索得女而爲巽。震，長男也；巽，長女也。夫婦之道也，始成爲恆，既交爲益。乾再索得男而爲坎，坎，中男也。坤再索得女而爲離，離，中女也。中男中女，夫婦之道成爲既濟，既交爲未濟。乾三索得男而爲艮，艮，少男也。坤三索得女而爲兑，兑，少女也。少男少女，夫婦之道成爲損，既交爲咸。始乎震，訖乎咸，十二卦統一千六百七十有六年，是爲男女交親之運。男治政于先，女理事以承其後。男之治也，從父之道。大壯也，无妄也，長男從父者也；需也，訟也，中男從父者也；大畜也，遯也，少男從父者也，六卦統一千一百五十有二年，是爲陽晶守政之運。女之治也，從母之道。觀也，升也，長女從母者也；晉也，明夷也，中女從母者也；萃也，臨也，少女從母者也，六卦統一千有八年，是爲陰毳權行之運。坤，陰也，得陽育而生男。乾，陽也，得陰化而生女。男歸于母，女應于父。豫也，復也，長男歸母者也；比也，師也，中男歸母者也；剥也，謙也，少男歸母者也，六卦統九百三十有六年，是爲資育還本之運。小畜也，姤也，長女應父者也；同人也，大有也，中女應父者也；夬也，履也，少女應父者也，六卦統一千二百二十有四年，是爲造化符天之運。乾、坤，父母之道也，必有代者焉。代父者，長男也。從長男者，中男、少男也。解也，屯也，中男從長者也；小過也，頤也，少男從長者也，四卦統六百七十有二年，内外以剛陽治政，是爲剛中健至之運。陽剛之極，陰必行之。代母者，長女也。從長女者，中女、少女也。家人也，鼎也，中女從長者也；中孚也，大過也，少女從長者也，四卦統七百九十有二年，内外以陰柔爲治，是爲羣愚位賢之運。陰隨于陽爲順，豐也，噬嗑也，中女從長男者也；歸妹也，隨也，少女從長男者也，節也，困也，少女從中男者也，六卦統一千八百年，是爲德義順命之運。陽隨于陰爲不順，渙也，井也，中男從長女者也；漸也，蠱也，少男從長女者也；旅也，賁也，少男從中女者也，六卦統一千八十年，是爲惑妒留天之運。長男既息，爲男之窮也，長女既息，爲女之窮也，于是中男與少男相摶焉。蹇也，蒙也，二卦統三百三十有六年，是爲寡陽相摶之運。陽之摶也，陰必隨之，于是中女與少女會焉。睽也，革也，二卦統三百八十有四年，是爲物極元終之運。十二運上下萬有一千七百八十載，陽來陰往，太乙臨之，不浸則不極，不極則不復，復而與天下更始，非聖人不能也。聖人非天不生也，天生仲尼，當五霸之衰，而不能爲太和之春者，何也？時未臻乎革也。仲尼歿，繼周者爲秦、爲漢、爲晉、爲隋、爲唐、爲宋，垂二千年猶未臻乎革也。泯泯棼棼，天下之生，欲望其爲王、爲帝、爲皇之世，固君子之所深患也。余聞之廣陵秦曉山，迺推明天人之際，皇帝王霸之别，定次于篇。衡運論。

梓材謹案：謝山劄記云：「長山載入衡運諸篇。」

六合之大，萬民之衆，有紀焉而後持之。何紀也？曰：天紀也，地紀也，人紀也。天紀不正，不足以爲君；地紀不正，不足以爲國；人紀不正，不足以爲天下。何謂天紀？天子無所受命者也。其所受命者，天也，故國君受命于天子，天子受命于天，義至公也。堯有天下七十載而得舜，舜有天下五十載而得禹，舜以德，禹以功。其得天下也，不曰堯、舜與之，而曰天與之也。由禹之後，桀承其紀，而自絕于天，故湯放之。由湯之後，紂承其紀，而又絕于天，故武王伐之。天下不以湯、武爲篡，而曰此天吏也。天之所廢，孰能興之？天之所興，又可廢乎？皆曆數也。虞、夏、商、周之取與異道，皆推至誠以順天者也，而後世欲以詐力爲之，始亂天下之大義矣。何謂地紀？中國之與夷狄，內外之辨也。以中國治中國，以夷狄治夷狄，勢至順也。自三危、積石，負終南地絡之陰，抵太華，而北逾大河，並太行，抵恆山之右，循塞垣，至于濊、貊、朝鮮，是謂北紀胡門也。自岷山、嶓冢，負地絡之陽，並商山，抵上洛，而南逾江、漢，至于荆、衡，循嶺徼，至于百粤，是謂南紀越門也。其間包有冀、兖、青、徐、荆、揚、豫、梁、雍之地。上黨，天下之脊也；宏農分陝，兩河之會也，其外四夷居之，風氣不同，習俗亦異。虞有三苗之叛，周有昆夷之患，雖有聖人，不能使之同仁，從其族類可也。而後世務勤遠略，欲以冠帶治之，始失天下之大勢矣，非一朝一夕之故也。由漢之後，汩天之紀者，莫曹操若也。由晉之後，汩地之紀者，莫劉淵若也。魏、晉之事，衰世之事也。以唐高祖、太宗之爲君，而不能挈天下歸之正者，何也？高祖起兵晉陽，下西河，取臨汾，鼓行而入長安，除暴隋之禁，約法十有二條，民懷其德，威震海內，與漢何異哉！漢王即位汜水之上，蕭王即位鄗南，君子與之。唐受隋禪，獨不與焉。非有惡于唐也，楊廣弒父與君，天下之首惡也，與天下誅之，天下之大義也，不知出此，而從事于繁文僞飾，猶竊人之鐘，自掩其耳，知其不可，而猶爲之，是以魏、晉自處矣。太宗承武德之後，以百戰之師，命李靖等將之，擒頡利，降伊吾，平党項，西通吐蕃、回紇，南致謝元深，空人之國，俘人之衆，嚮然自以秦始皇、漢武帝不若也。魏徵言之，不聽。顏師古、李百藥言之，又不聽。好須臾之名，忘將來之患，卒從温彦博之議，虛漠南之境，徙其部落，居吾内地，留其君長，備吾屯衛，而帝加號天可汗，刻之璽書，是以夷狄自處矣。以夷狄處者，以夷狄與之；以魏、晉處者，以魏、晉與之，春秋之義也，蓋將以正天地之紀也。天地之紀不正，雖有人紀，君臣也，父子也，夫婦也，朋友之交也，長幼之序也，何自而立哉！而人紀之在天下，固有不可泯焉者也。當魏、晉之初，毛玠、荀彧雖以操之奉獻帝爲扶宏義、示至公，而當時之士，如甘寧、周瑜、金禕、耿紀之徒，奮不與之。淵雖尊漢安樂，自謂漢氏之甥，而孔恂逆知其奸，睦夸不仕其朝。忠臣孝子，遭時多難，未嘗不駢首接跡于當世，鼎鑊在前而不辟，刀鋸在後而不顧，吾以是知生人之紀未嘗泯也。有能正者，豈難也哉！故天下莫要于人紀，莫嚴于地紀，莫尊于天紀，亂其一，則其二隨之，亂其二，則三者夷矣。非秦、漢不亂則操固漢之征西也，晉不殘則淵固晉之都尉也。天地之紀不正，由生人之紀先紊之也。隋之亂，漢高帝、唐太宗亦何自而興哉！漢承秦之變，變而近正者也。唐承隋之變，變而不善正者也。三紀之立，其堯、舜、禹、湯、文、武之世乎？善爲天下者，亦法乎堯、舜、禹、湯、文、武而已矣！正紀論。

人君兼天下之所有，以貴則天下莫與侔其勢也，以富則天下莫與較其利也，以權則天下生殺之所由懸也，何求而不得，何爲而不成，而必有待于賢者，知天下不可自用也。雖聰明睿知，一堵之外，目有所不見；十室之間，耳有所不聞；萬鈞之重，力有所不舉；百工之事，能有所不通，況天下，大器也，舉天下之大器，重任也，而三代之王者，或以不明而克綏先祿，或以幼沖而宏濟多難，或負過人之才、强力辯捷而遂亡國喪家，不保其身。豈天下之大器重任，材力者有所不堪，而幼沖不明者能勝之哉！太甲、成王以有伊尹、周公爲之輔佐，故天下不勞而治。夏癸、商辛有終古、龍逢而不能聽，有膠鬲、商容而不能用，故天下不治而底于滅亡。用得其人，則太甲之不明，成王之幼沖，可以遷善改過，緝熙光明，而爲令主；不得其人，而自用之，則雖夏癸之勇力，商辛之辯捷，負過人之才，而不免爲獨夫。得失之機，不可不審也。亡國之人，非盡不肖；興王之臣，非必皆賢，天之生才，何代無之！伊尹、仲虺、巫咸、甘盤、傅說非盡生于亳邑也，閎夭、泰顛、散宜生、南宮适、太公望非盡出于豐、鎬也，亦非素有位而貴也。遇之以其道，則耕築漁釣、遠迹田野海濱之人皆起而任公卿大臣之責，伊尹、傅說、太公望之于商、周是也。遇之不以其道，雖千乘之國，萬鍾之粟，曾不足以延搢紳游談之士，孟軻氏之于齊、梁是也。道合則合，道離則離，去就之義，不可苟也。至治之世，以德相尚，天下無不可仕之國，故君爲官擇人，而臣無擇官。士患德不修，不患無聞也；患業不廣，不患無位也。德修而業廣矣，雖欲處衡門而樂考槃也，詢衆庶者在閭，其能舍乎！與賢能者在鄉，其能不舉乎！由鄉而達于諸侯，貢于天子之廷，三適者受上賞，不賢者貶爵土，則諸侯之責重矣。賢者授之以官，大賢授大官；能者任之以事，大能任大事，則天子之任又重矣。商、周之盛，上無曠官，下無遺才，其君臣遇合蓋如此。周德既衰，春秋、戰國之際，不能統一，于是君擇臣，而臣亦擇君以事之，然猶以義相尚。侯嬴，魏夷門監也，而魏之公子，枉車騎，虛左迎之。毛遂，趙下士也，而楚烈王願奉社稷，歃血聽之。魯仲連，東海布衣也，居邯鄲圍城之中，不肯西面而帝秦，人以爲天下士也，訾然負其高世之志，伸大義于諸侯之上。漢、唐數百年之盛，未有肖其風烈者。高帝、太宗，解衣輟哺，傾身散財，從海內之士，舉天下于反掌之間，傳世永久。當是時也，曰奇士者有矣，曰國士者有矣，求所謂天下士，果何人哉！士氣卑而主氣崇，偈偈焉以權利相任使，其人固有不屑者矣，如魯兩生、野王二老，世豈盡知之乎。夫揭數尺之竿，懸尋丈之緡，鉤螾爲餌而投之河海，所得者，鰌鮒之屬耳，吞舟之魚終不足致也，其爲術亦疏矣。人主之心，其精神念慮與天地相酬酢，苟積至誠，廓至公，求天下之賢，以寅亮天工，孰不風動而應之于下！天下至廣，人才至衆，其要莫先于論相。相之賢否，官之得失所繫也；官之得失，政之隆替所繫也，由君子言之，是猶後世之論相也，未能盡古之道也。治天下有本，君之謂也；治天下有要，賢之謂也。其本正者，天下不勞而治；其要得者，天下之本不勞而正。漢、唐之君，莫或知之。其有天下，非不求賢也，其求而用之者，不過以郡國之政有不舉耳，朝廷之治有不備耳，公卿大夫之職有不稱耳，未嘗知正天下之本也。爲公卿大夫者，亦以爲能寄郡國之政，佐朝廷之治，于職足矣，未有能正天下之本者也。王霸之糅混，聖賢之道塞，非此其故乎？蓋至趙宋而後，世之君子有以此爲任者，而其主不能擇也。帝王之大經大本，託之空言而無補，當此之時，得君專且久者，皆是匪人，假儒術以濟其奸者也。易言拔茅連茹，泰之君子以此進其君子，否之小人亦以此進其小人，二者迭爲消長，故知人之難，非獨難于君子，而深難于小人。至于君子之小人，則又難也，其言辯，其行堅，其見聞之博足以出人之不能，其情貌之深足以欺人之不測，其知術之巧足以移人所好而不悟，其才藝之美足以行人所難而不憚，其名君子，實則戾也。辨之不早，去之不果，植爲朋黨，惡知其非君子也？雖有君子，橫罹口語，又惡知其非小人也？知人則哲，帝陶唐氏猶難之。共工、崇伯之屬，衆所共賢者矣，而帝獨以爲非賢，其後果不賢也，于是去之，而帝之廷無惡人矣，于是禹、皋陶爲帝臣者皆得著其成績。人主欲進賢而不能遠小人，不足以言知人，不知人，不足以言得人。非常之士，待非常之主然後用之。天降時雨，山川出雲，其興于此時也，蓋必有之矣。其興于此時也，予必得而見之矣。尚賢論。

天地養萬物，聖人養萬民，故天下之利，聖人不私諸己，亦不以私于人，井田之制是也。井田者，仁政之首也，井田不復，仁政不行，天下之民始敝敝矣。其後二百三十有二年，而漢始有名田之議，猶古之遺意也。又其後六百有三年，而元魏始有均田之法，猶古之遺制也。先王之遺制、遺意，由秦以來，僅一二見，又皆行之不遠，天下之民益敝敝矣。爲政者南面以子萬姓，一夫之飢，猶己飢之，一夫之寒，猶己寒之，孰無是心也，而訖莫之拯焉。方漢承秦苛虐之後，民新脱去湯火，未遑蘇息，高帝因而撫之。逮及文、景之世，國家晏安無事，宗戚大臣，憑藉貴高之勢，爭取美田宅以爲子孫利益；郡邑富商大賈，周流天下，貲累鉅萬，治生産畜牧，膏壤十倍，上儗封君；編户之氓無立錐之地，則卑下之爲役爲僕，不暇顧其身。貧富不均，勢所馴致也，故董仲舒言于孝武，以古井田法雖難卒行，宜少近古，限民名田，以抑兼并。名田者，占田也，占田有限，是富者不得過制也。其後師丹、孔光之徒因之，令民名田無過三十頃，期盡三年，而犯者没入之。議者以三十頃之田，周三十夫之地也，一夫占之過矣。晉石苞令民男女二人占田百畝，丁男女有差，有國食禄者有差，或十頃，或五十頃，兼以品蔭其親屬，自起奸端矣。民無恆產，不能制之，專事要求，其間不勞民駭衆，坐獲井田之利，此吾所未喻也。殆不過爲兼并之閑耳，非有資于畎畝，細民能無不足之患也。故名田雖有古之遺意，不若均田之善。李安世在魏太和中，其得君非華夏之主也，其得民非歸馬牧牛之時也，以魏國之大，獨能均其土地，審其徑術，差露田，別世業，魏人賴之，力業相稱。北齊、後周因而不變。隋又因之。唐有天下，遂定爲口分、永業之制，而取以租庸調之法。口分卽露田也。露田，夫四十畝，婦人二十畝，而率倍之。口分八十畝而不倍，惟歲易之田倍之。永業卽世業也，夫家受而不還，皆二十畝，所以課蒔桑麻也。民有多寡，鄉有寬狹，田有盈縮，狹鄉之民，受田半之，爲工商者不給，而在寬鄉者給之亦半也；老疾寡妻妾給之三十畝、四十畝，雖不耕，不可無養也；當户者益之二十畝，雖已有田，不可不優也。以此均天下之田，貧不得粥，富不得兼，猶懼不能守吾法，而乃聽民粥永業以葬，粥口分以遷，是以小不足而大亂法也，何捄于敝？振窮恤貧，民獲保息，周典也，何惜而不爲之？粥而加罰，永徽之禁抑末耳。議者如宋劉敞，又以魏、齊、周、隋享國日淺，兵革不息，土曠人稀，其田足以給其衆，民獲其實。唐承平日久，丁口滋多，官無閒田給授，民不復獲其實，徒爲具文。不知隋、唐之盛，丁口相若耳。開皇十二年，發使均天下之田，狹鄉一夫僅二十畝，隋之給授，何加于唐也？唐雖承平日久，貞觀、開元之盛，其人户猶不及隋，何至其田具文無實也？敞言過矣！但狹鄉之民多而田不盈，永業之田粥而民不固，如陸贄所謂時弊者，勢馴致也。時弊則法亦弊，故均田雖有古之遺制，不若井田之善。周制九夫爲井，井有溝；四井爲邑，四邑爲丘，四丘爲甸，甸有洫；四甸爲縣，四縣爲都，都有澮，地方百里，是爲一同，治都鄙者以之。夫間有遂，遂有徑；十夫有溝，溝有畛；百夫有洫，洫有涂；千夫有澮，澮有道；萬夫有川，川有路，萬夫之地三十二里，治鄉遂者以之。孟軻氏請野九一而助，國中什一使自賦，蓋二法並行。遂人匠人，多寡異數，而内外相經緯焉。王畿之内五十里爲近郊，百里爲遠郊，六鄉六遂居之。六遂之餘地爲甸地，距國中二百里，卽公邑之田，天子使吏治之者也。甸地之外爲稍地，距國中三百里，大夫所食之采地也。稍地之外爲縣地，卽小都之田，距國中四百里，卿及王子弟之疏者所食之采地也。縣地之外爲畺地，卽大都之田，距國中五百里，公及王子弟之親者所食之采地也。此王畿之制，井田常居十之六，其不爲井者，四郊甸地耳。其曰夫三爲屋，屋三爲井，則出地貢者，亦三三相任，如井田之法，八家樹藝，一夫稅入于公，孟軻氏所謂皆什一者是也。鄉遂之采地五十畝，或百畝、二百畝，而都鄙之田，或不易，或一易再易，是亦名異而實同也。地有肥磽，爲之井者，必有牧以濟之，所謂采與易者，則皆牧也，故小司徒曰井牧其田野。井者，其正也；牧者，其變也。井地均，不必牧也；井地不均，必牧以均之也。由是達于天下，雖有山林川澤，不可以開方制者，以井牧授之，以貢助取之，諸侯之國，可按而定也。楚人，東南之要服也，蔿掩爲司馬，度山林，鳩藪澤，辨京陵，表淳鹵，數疆潦，規堰豬，町原防，牧隰皐，井衍沃，量九土之入，修千乘之賦，況中國之地，無山林藪澤之阻，無淳鹵疆潦之患，原隰衍沃，舉目千里，夏后氏用之以爲貢，商人用之以爲助，而周人兼用之以制畿甸，經邦國，其法可考者，往往存于周官之書，其不合者，以孟軻氏爲之權衡，豈不較然也哉！故嘗以爲，井田之法，行有十便：民有恆產，不事末作，知重本，一也；同井並耕，勞逸巧拙不相負，齊民力，二也；奉生送死，有無相贍，通貨財，三也；貨財不匱，富者無以取贏，絶兼并，四也；取以什一，天下之中正，吏無橫斂，五也；比其丘甸，革車長轂于是乎出，有事以足軍實，六也；一同之間，萬溝百洫，又有川澮，戎馬不得馳突，無邊患，七也；畎澮之水，潦則疏之，旱乾則引以溉注，少凶荒，八也；少壯皆土著，奸僞不容，善心易生，以其暇日，習詩、書、俎豆，養老息物，成禮俗，九也；遠近共貫，各安其居，樂其業，尊君親上，長子孫其中，不煩刑罰而成政教，十也。一舉而十者具矣，何憚而不爲乎？其謂不可爲者，蓋亦有二焉：丘甸縣都，其間萬井，爲溝洫者又萬計，包原隰而爲之，窮天下之力，傾天下之財，非數十年之久，不克潰于成也，非大有爲之君，不能致其決也，此不可者一也；中古以降，淳厚之俗薄，澆僞之風熾，恭儉之化衰，功利之習勝，經久之慮少，僥倖之敝多，以限田抑富强，猶有撓之者，況使盡棄其私家之産乎？以均田授農民，猶有不能周之者，又況生齒滋衆之時乎？怨歸于上，奸興于下，此不可爲者二也。以余論之，二者何足厄吾事乎！古者步百爲畝，漢人益以二百四十爲畝，北齊又益之以三百六十爲畝。今所用者，漢畝步也。今之五十畝，古之百畝也。漢提封田萬萬頃，惟邑居道路山林川澤不可墾，餘三千二百二十九萬頃皆可墾。元始初，遣司農勸課，定墾田八百二十七萬五百三十頃，是時天下之民一千二百二十三萬三千户，以田均之，計户得田六十七畝，古之百四十畝也。家獲百四十畝耕之，未爲不給也，加之簡稽，則工商禄食之可損者，又不知其幾也。雖唐盛時，永徽民户不過三百八十萬，至開元七百八十六萬，亦不漢過也。以天下之田，給天下之民，徵之漢、唐，則後世寧有不足之患乎？田無不足之患，則取諸臣以與民，天下皆知吾君之不私也。天下有如卜式者，且將先吾民而爲之，孰不響應于下也？秦長城之役，袤延萬里，塹山堙谷，暴兵三十萬，而阿房之作，督用徒刑者又七十餘萬，郡邑之民，發調徙邊者又歲不休息，不德甚矣！天下怨誹，未聞有一人違者。況下令如流水之源，固民心之所欲也，王政之所本也。令先取一鄉之田井之，其制定，其事便，其民悦，然後行之一郡。取一郡之田井之，其制定，其事便，其民悦，然後行之天下。天下之制定、事便、而民悦也，亦何異于鄉郡乎！是天下之田可井也。事不勞者不永逸，欲長治久安而不于此圖之，亦苟矣。唐太宗嘗讀周官之書，至「體國經野，設官分職，以爲民極」，慨然歎曰：「不井田，不封建，不足以法三代之治。」人君負有爲之才，操可致之勢，其時又非難也。封建議而不行，井田知而不復，君子蓋深爲唐惜之。吾聞春氣至則草木生，秋氣至則草木落，生與落必有使之者矣，物莫知之也。故使之者至，物無不爲；使之者不至，物無可爲，上之人審其所以，使故物莫不爲用。管、商之法，孰與先王之制？天下皆知其非民利也，而齊、秦舉國聽之，其故又可知也。以先王之制使若管、商者爲之，以紀人事，經地利，吾知天下之田可限也，可均也，亦可井也。此無他，善操其所使而已矣。忠信之道，賞罰之柄，上之所以使也。井牧論。

梓材謹案：井田之制，世儒多以爲不可復行，然自橫渠謂「治天下不由井地，終無由得平」，是後朱子井田譜、夏氏井田譜、程畏齋讀書工程並取之，合之此論，可以互相發明矣。

天下之勢，窮則變。由治而趨亂者，其變易，雖一憸人壞之而有餘；由亂而趨治者，其變難，雖合天下之智力爲之而不足。由秦以來，天下之變數矣，議者莫不慨然欲追復先王之舊歷。漢、唐千數百年而卒循乎秦人之敝者，此豈其勢難而力不足哉？荀卿子曰：「法後王，一天下制度。」又曰：「法貳後王，謂之不雅。」蓋卿有以啟之也。自卿之論興，其徒李斯用之以相秦，凡可以變古者，莫不假秦之柄，奮其恣睢之心而爲之，雖商鞅之刻薄，不若是之烈也。鞅廢井田，止秦之土地；改法令，止秦之人民。而斯也，尊王爲皇帝，舉天下以爲郡縣，舉天下不復有井田，夷其城郭，銷其兵刃，人主之勢孤立于上，而怨起于下，計無所出，益倒行而逆施之，燔詩、書以塗民之耳目，黜儒術以滅天下之口說，所守者，律令也，所師者，刀筆吏也。其變既極，其習既成，秦亡而漢承之。聖王之繼亂世，掃除其迹而悉去之，崇教化而興起之，此其幾也。陳經立紀，以爲萬世法程，此又一幾也。高帝以寬仁定天下，規模宏遠矣，然未嘗有一于此。其後賈誼言之于文帝，董仲舒言之于武帝，皆不能用。又其後王吉言之，而宣帝亦恬不以爲意。觀高帝命叔孫博士之言，令度吾所能行爲之，天下事孰非人主所能者？奈何帝之自畫如此，而羣臣不足佐之！創業之君，後昆所取法，由是文帝有「卑之無甚高論」之喻，宣帝有「漢家自有制度」之語。當更化而不更化，當改制而不改制，一切緣秦之故，雜霸以爲治。逮于中興，光武以吏事責公卿，顯宗以耳目爲明察，文法密而職任違，辨急過而恩意少，雖從事儒雅，投戈講藝，臨雍拜老，有緝熙揖讓之風，未能盡更化、改制之實也。故朱浮言罷斥之擾于前，陳寵建輕刑之議于後，建初之政，所以濟永平之失也。之數君者，在當時號爲賢主，且去古未遠，而因陋就簡，未嘗取先王之法一試爲之。爲之而不效，舍之可也。不爲而舍之，烏知其不可乎？蓋其溺于所習者久矣。辟之戎人生于戎，夷人生于夷，少長所濡染者皆夷戎也，中國之禮義未嘗接焉，雖知其美，不能使之一朝去其夷狄之俗。此豈其性殊哉！習固使之耳。古今之相去，何以異此！有能善變其習者，果孰禦之？魏、晉之衰，天下之亂極矣。而孝文元魏起代北，其先土托后跋之裔也，其人民被旃控弦之屬也，與漢不侔矣，宜未易以禮法理也。

遷都洛邑，挈其人民而居之，均田別里，崇祀建學，國人莫不有忤心焉，獨排衆議而咨之。王肅、李安世之流，釋胡服而爲冠帶，絶北俗以事詩、書，王通氏曰：「中國之道不墜，孝文之力也。」豈不信乎！及隋之衰，天下又大亂，而唐承之。太宗卻封倫之對，從魏徵之勸，貞觀之初，力行仁義，其爲化也，得矣。制官以六典，制兵以府衛，制民以均田，制賦以租庸調，其爲制也備矣。行之數歲，家給人足，行旅不齎糧，外户不待閉，方制四夷之外，太平之效可謂盛矣。故宋儒以爲，由文、武之治，千有餘歲而有太宗之爲君。方之于漢，其寬仁孰與高帝？其玄默孰與文帝？其所以致此者，由其不惑于後世之論，能自拔于秦、漢之習也。向使孝文無卓然之見，必爲之志，雖得中國，終于戎狄而止耳。使太宗有躬行之實，持世之佐，舉唐之治，又豈殷、周之不若乎！故俗之不淳不患也，刑之不措不患也，功之不遂不患也，而患無必爲之志，躬行之實，持之者未久也。惟聖爲能盡倫，惟王爲能盡制。三代之興，其王皆聖人也，其所以爲天下者，莫不本諸天理，要諸人心。大法之則大治，小法之則小治，苟以爲遠而莫之法也，其道固存，其意猶可識也。春秋譏變法而大復古，聖人豈好爲異哉，懼後世不知有先王之法，故假筆削力爭之，然猶懼不勝，況順而下之，是猶決江、河而放之陸，勢必胥溺而已耳。故余不責斯之不師古，而深悼況之法後王，由其有以啟之也。君子度己以繩，接人用枻。夫與世遷徙而偃仰者，戰國之遺習也，卿之意不過如此。學術不醇，而遂以毒天下。太史公曰：「法後王，何也？以其近己而俗變相類，議卑而易行也。」天下有能知其近而相類者爲不可法也，卑而易行者爲不可行也，則秦人之敝去矣，非聖人其孰能之！慎習論。

天地之初，未始有物也。馮馮翼翼，由一而二，二氣則一；睢睢盱盱，由二而三，三才則一。天下同由之謂道，同得之謂德，同善之謂性，同靈之謂心。道，一也，人皆由之，而有不由者焉；德，一也，人皆得之，而有不得者焉；性，一也，人皆善，而有不善者焉。此人也，非天也，心不能盡性，則不能盡德矣，不能盡德，則不能盡道矣，故雖天也，莫與能焉，而成能者，聖人也，此聖人所以爲萬世開太平也。鴻荒之世，天地草昧，民物雜糅，穴居野處，雖蚑息蠕動之屬不異也，而不以爲墊；毛食血飲，雖鷙擊獷搏之屬不異也，而不以爲臊；蒙以羽革草木，而不以爲野；瘞以積薪，而不以爲薄；約以結繩，而不以爲愚，其民安之，免于飢寒，而不及于災患，斯可矣。五龍、燧人，彼十有七氏者，何氏也？九頭、攝提，彼十紀者，又何紀也？其人果聖而世果治也歟？宜于此有以變而通之矣，何至委其人于顓蒙倥侗之域，累數十萬年，同于禽犢，而不少拯之，豈天生民立君之意乎？必不然矣。世雖傳之，聖人不言也。聖人不言者，蓋無稽而愼之也。道本于三皇，德著于五帝，法備于三王，過此以往，未之能尚也。德固道也，而法亦道也，所因者異耳。山川之風氣不同，五方之民異俗，古今之風氣不侔，歷代之治異宜，其要皆所以納民于道也。包犧氏、神農氏、軒轅氏繼天而王，畫卦以開物，備物以致用，民利賴之。其具不過網罟、耒耜，而佃漁農父之所務也；其制不過宮室、舟車、關市、弧矢、杵臼，而工商武夫之所能也，方其未創之時，民固無所措其心思手足之力矣，故必聖人而後爲之，爲之不足，必聖人而後繼之。因時變通，不變不通也。書契之足，法之始也；衣裳之治，德之昭也，其化神而民宜有善，而不知天下同歸于道，泯乎其迹矣！軒轅之後，是爲五帝，歷少昊、高陽、高辛而至唐、虞。唐、虞之帝爲堯、舜，聖聖相承，疇咨都俞，南面以臨羣臣，其治猶黄帝也，而政教禮樂之在天下，有皐陶、稷、契以任之，有伯夷、后夔之屬以典之，而又以伯禹總焉，雖有洪水之災，四凶之惡，不勞而治，帝何爲哉！天下同歸于德，雖莫之名焉，而焕乎其文矣。有虞之後，夏后氏承帝執中之傳，以功踐帝之位，九土既平，九疇既錫，彝倫攸敍，三年而天下遂于仁。不得賢而與之，而其子啟能敬承父道，以天下與其子，猶與賢也。及啟之身，有扈不服，于甘之役，大戰而後服之，欲如有虞之世，不可得矣，而父子相繼，卒能止天下之亂，是乃變而通之也。夏德既衰，商人繼之。商德既衰，周人繼之。南巢之放，湯有慚德。牧野之師，武王以爲有光焉，則居之不疑矣，無復商人之意矣。其順天應人則一也，故君臣易位，天下不以爲非，是亦變而通之也。撥亂世而反之正，天下同歸于義，義形而法益備矣。禹之興也，承乎虞而不及虞者也；文之興也，承乎商而進乎商者也，皆三代之盛王也。其道同、其德異者有之，其德同、其法異者有之，其法同、其制異者有之，存乎其人焉爾，存乎其世焉爾。消息者，候之徵也；淳厖者，俗之判也；理亂者，變之象也；質文者，治之體也；損益者，制之宜也；變通者，權之用也；神化者，用之妙也。進乎消息之候，審乎淳厖之俗，明乎理亂之幾，别乎質文之體，損益變通合乎神化之妙，此聖人之所同也。及周之衰，王降而爲霸，霸降而爲戰國，諸子分裂聖人之道，人騖其私智異説，掎挈是非，梟亂名實，世患苦之，雖爲諸子者亦病焉。于是刑名農墨之家，崇儉質，尚功實。而老子貴清浄，將棄仁義，蔑禮法，與天下共反其朴于太古之時，意在懲周之弊，而非大公至正之道也。漢用其術，文、景之世，天下無事，最爲有效，而非五帝三王之所尚也。聖人之道，辟之天地，明之爲日月，潤之爲雨露，變之爲風霆、爲鬼神，莫不由天地以成化；斂之爲山川，微之爲草木、爲昆蟲，莫不由天地以成體，而天地之所以爲天地者，易簡而已矣。聖人在位，大之爲朝廷之遜禪，父子之繼立；變之爲征討君臣之革命，皆天命所當然。重之爲郊廟社稷之事，公卿大夫賢不肖之黜陟，下至閭伍井牧之賦，庠序之教，闢市權衡度量之制，刑賞之具，禮樂之用，皆民生之不可去者也，聖人何容心哉，亦行其所無事而已矣。故聖人之心，天地之心也；聖人之性，天地之性也。聖人以其心溥萬物而物無不平，以其性盡萬物而物無不成，非固詠之也，有生者各一其性，有知者各一其心，聲氣之同，捷于桴鼓，念慮之孚，堅于金石，故曰天地感而萬物化生，聖人感人心而天下和平。聖人之化如神而人不與知焉，聖人之化如天而神不與能焉，蕩蕩乎，平平乎，皇極之道也，而非老氏者之所謂道也。皇極之道立，而天下之治得矣。苟不爲皇，猶當爲帝，苟不爲帝，猶當爲王。降是而霸，聖人之徒羞稱之矣，矧漢以下乎！皇初論。

聘君朱丹溪先生震亨

朱震亨，字彥修，義烏人。初爲聲律之文，刻燭而成，已棄去爲任俠。既壯，則又悔之，遂往從白雲于八華山中。白雲爲開明天命人心之祕，內聖外王之微，先生聞之汗下，由是挾册坐至四鼓，默察理欲之消長，抑其粗豪，歸于純粹，數年而其學堅定。以其所得者行之鄉黨州閭之間，興利除害，郡邑不能奪也。又曰：「吾窮而在下，澤不能及遠，隨分可自致者，其惟醫乎？」于是得羅知悌之傳，遂以醫名，醫家傳之爲丹溪先生。其學以躬行爲本，以一心同天地之大，以耳目爲禮樂之原，積養之久，內外一致，曰：

「聖賢一言，終身行之不盡，奚以多爲？」浮豔之詞，尤不樂顧，直以吾道蟊賊目之。

御史王先生餘慶

王餘慶，字叔善，金華人。受業白雲。嘗遊京師，番僧爲總統，欲見之，先生曰：「吾學將以明道，寧有屈身異教而道可明邪？」至正初，入經筵，爲檢討官，累拜監察御史。

呂竹溪先生溥

呂溥，字公甫，永康人。從學白雲。講究經旨，爲文落落有奇氣。詩動盪激烈可喜。冠昏喪祭，一依朱子所定禮行之。所著有大學疑問、史論、竹溪集。族子權，亦許氏弟子，早卒。修。

呂先生洙

呂洙，字宗魯，溥之兄也。在白雲門，服其精敏，未究而卒。有周易圖說、太極圖說、大學辯疑。修。

呂先生權

呂先生機合傳。

呂權，字子義，永康人。從白雲，竟夕不寐。嘗自書其夢中之語曰：「青壁雖萬里，白雲只三尋。」已而三十八歲病卒。弟機，字審言，亦從白雲。通春秋左氏，尤精于資治通鑑，有篤行。補。

教授李靜學先生唐

李唐，字仲宏，號靜學，東陽人。從白雲遊。爲詩文以理勝，一時名輩相推重之。仕爲本郡儒學教授。所著有靜學齋集、尚絅齋集。修。

正節衛耕讀先生富益

衛富益，字□□，崇德人也。從金仁山遊，深探易理，而卒業于許白雲，默識心融，洞究性理。聞崖山亡，日夜悲泣，設壇以祭文、陸二丞相，詞極哀慘。歎曰：「夷、齊何人邪！馮道何人邪！」遂絶意進取，隱居石人涇講學，所謂白社書院者也。先生立學規，凡薦紳仕元者不許聽講，爲人所恨。至大中，有司薦之，不就，遂遭搆，毁其書院。乃遷居湖之金蓋山，授徒不輟。所著書曰四書考證，曰性理集義，曰易說，曰讀史纂要，曰耕讀怡情録。至治中，始還故里，别署耕讀居士，足不入市。或有乞詩文者，辭曰：「吾欲涵養德性，何口說爲！」疾篤，取所著書焚之，曰：「玄奥處，宋儒已盡之，安用此糟粕爲！」九十六歲而卒。其門人曰沈夢麟，曰黄彝，曰鄭忠，相率制服，葬于金蓋，私謚正節。修。

戚朝陽先生崇僧

戚崇僧，字仲咸，金華人，貞孝先生紹之孫也。家學出于吕氏。先生年二十七，始從白雲講道，同門推爲高第，清苦自處，不以時尚改度，每謂：「人知富貴之可欲，而不知貧賤之可樂也。」先生之父，訪其壻呂汲于永康太平山中，愛之，先生遂奉父居焉。汲之子權，亦白雲徒也，其諸孫遂從先生學。居常默坐一室，環書數百卷，非有故不出，人稱朝陽先生。所著有春秋纂例原旨三卷、四書儀對二卷、後復古編一卷、昭穆圖一卷、歷代指掌圖二卷。先生精于篆學，嘗以篆法繕寫易、詩、書、禮、春秋、孝經、論語、學、庸、孟子，將獻之朝，以儀禮一經未及竟，不果上。又嘗爲書言時政，將詣闕陳之，亦不果行。黄晉卿曰：「人見君高蹈物表，目以爲畸人静者，而不知其未始忘情斯世，第不苟售耳。」修。

朱裕軒先生同善

朱同善，字聖與，義烏人。從白雲講究經旨，學者師之，稱曰裕軒先生。

隱君劉青村先生涓

劉涓，梓材案：金華先民傳作金涓，蓋與仁山先生同爲項伯之後，由項而賜姓爲劉，吴、越時又由劉而改姓爲金者，故金涓即劉涓也。字德源，義烏人。從白雲于八華山，稱爲高第弟子。又從黄文獻溍學古文詞。不樂仕進，徙蜀山之青村，朋舊叩門，焚香瀹茗，對榻劇談，去則閉門不出，學者稱曰青村先生。

推官李先生裕

李裕，字公饒，東陽人。從白雲學。嘗詣闕上至治聖德頌，英宗召見至德殿，中書奏補國子生。登天曆間進士第，授陳州同知，轉道州路總管府推官而卒。

李先生序

李序，字仲倫，東陽人。弱冠從白雲，推爲上第。爲文以左、國、史、漢爲標格，唐、宋以下勿論也。宋褧按部，以先生自隨。危太樸素在史館時，歌其詩以爲入格。卧東白山中，與鹿皮子陳樵相倡和，士類皆師表之。

貞節蔣若晦先生元

蔣元，梓材案：先生姓原本作薛，復抹去，改作蔣。攷先生之祖蔣沐，築橫城精舍以延方蛟峯，則以爲蔣氏者是也。華陰薛元，字微之，號庸齋，與辛愿、姚樞等講貫古學者，別一人。字子晦，一字若晦，東陽人。從白雲遊，不仕。學者私諡貞節先生。所著有中庸注。補。

雲濠謹案：兩浙名賢録載：「先生著有學則二十卷。」又謝山學案劄記云：「先生著有四書箋惑。」

樓先生巨卿

樓巨卿，東陽青石渡人。白雲高弟。

趙先生子漸

趙子漸，金華人。

梓材謹案：黄文獻誌退藏山人趙若晉墓言：「其先自開封徙衢州，又自衢徙蘭溪。退藏僑居于郡城，次子嗣鴻，遣之受業于鄉先生許君。」嗣鴻蓋卽先生之名，子漸其字也。

張先生匡敬大父衍，父主善。

張匡敬，字主一，金華人也。其大父曰頤齋先生衍，父曰木齋先生主善，皆有學行，而先生從白雲遊。補。

馬一得先生道貫

馬道貫，字德珍，東陽人。白雲弟子。自號一得叟。恬退，非公不入城府。所著有尚書疏義六卷、一得叟集。補。

鄉舉江先生孚

江先生起合傳。

江孚、江起，常山人。兄弟並從白雲。補。

雲濠謹案：弘治衢州府志言：「先生兄弟與伯兄叔載齊名，人號曰『三江先生』。」但載「江孚受業于文懿之門，以書經中至順壬申鄉第。弟起，詞氣雄辯」云。

教諭王先生麟附子延齡。

王麟，東平人也。嘗自廣陵至婺，學于白雲，期年而歸，白雲書學箴以遺之。仕終昌平教諭。其居廣陵，聞白雲歿，爲發喪，悲不自勝。其後凡遇白雲生辰忌日，必設祭，去酒肉不食。又爲白雲刻尚書、大學諸書以傳，蓋不負師門者也。子延齡，爲明翰林。補。

縣官合剌不花先生

合剌不花，蒙古人也。官浙之台州達魯花赤，已而移徽州。嘗遊白雲之門。其學以誠意不欺爲主，嘗喜挾方册，攜一羊皮，坐于山顛水涯，歌詠終日，野老過者，輒呼而問以民間疾苦。以德爲化，嘗曰：「法所以防姦，事苟集矣，法不必盡用也。」二州之民化之，幾于無訟，考績爲天下最。元儒惟魯齋之門有以蒙古從學者，此外惟白雲而已。補。

何先生宗誠

何先生宗映合傳。

何先生宗瑞合傳。

何宗誠，字□□，金華人也。其父遯山先生鳳，隱于醫道，君子也，三子：曰宗誠，曰宗映，曰宗瑞。白雲許文懿公方羈孤時，落落不偶，莫從之遊，遯山獨奇之，館于家，使先生兄弟師之，而以世務機利，迷罔他岐，固勉以義，令求其遠者大者，文懿遂決意于學。遯山悉出其藏書使觀之，率其鄉之子弟以共師之，而文懿之名始盛，終身嚴事遯山，以爲淵源之自也。先生兄弟三人皆學于白雲，而其詳不可考。補。

方先生麟

李先生亦合傳。

方麟，太末人，李亦，東陽人，與蔣貞節元皆文懿弟子。貞節延兩先生于家塾，俾其子允升禮而師之。參王忠文集。

范葉學侶

鄭先生謐

鄭謐，字彥淵，范祖幹、葉儀之學侶也。所著心學圖說。詳金華先賢傳。補。

靜儉門人

文憲宋潛溪先生濂見下凝熙門人。

博士鄭先生濤

鄭濤，字仲舒，浦江人。受業柳道傳。工于詞翰，爲丞相脫脫所知，授經筵檢討，轉國史院編修、翰林應奉，遷太常博士而罷。

提舉戴九靈先生良

戴良，字叔能，浦江人。所居在九靈山下，因以爲號。好讀書，天文、地理、醫卜、佛老之書皆精究其旨。棄舉子業，學于柳道傳貫。道傳之死，心喪三年。雲濠案：朱氏彝尊爲先生擬傳云：「父暄，與柳貫交，命良受學于貫，并從黃溍、吳萊遊。」至正十年，余闕僉浙東廉訪，行部至浦江，先生上謁，與之談詩，闕曰：「士不知詩久矣，非子吾不敢語。」乃盡授以平日所得于師友者。時以潛溪、華川、長山與叔能稱四先生。起爲月泉書院山長。婺、越攻取不已，避兵山中者久之。張士誠用至正年號，開藩于吳，東南之名士多往依之，先生受中順大夫、淮南行省儒學提舉。明伐吳，先生從海道求救于山東擴廓帖木兒。洪武元年，山東降附，先生附海舟還定海，與東南失職之徒謝肅、揭汯、丁鶴年歌哭于四明山中，其子挽之還家，不得也。十五年，徵至金陵。明年，欲授以官，不可而自裁，年六十七。修。

謝山九靈先生山房記曰：「九靈以不肯屈身而被繫，顧其死不甚明。使其出于自裁，固爲元畢命；卽令以瘐死，亦爲元也。九靈之大節，不必果出于自裁，而要可信其爲元也。」

學官楊元度先生璲附兄琰、弟瑀。

楊璲，字元度，餘姚人。師事柳待制貫。與海內博洽者辯説，數困之。註詩傳名物類考，侍御史姚紱剡文上之。後以鄉貢歷寧海、縉雲及本州學官。兄琰、弟瑀，稱三楊。

雲濠謹案：「琰」一作「瑛」，黃氏補本爲元度傳云：「兄瑛，慶元路學正，弟瑀，縉雲教諭，並有文名。」

正傳家學

閣學吴先生沈

吴沈，字濬仲，蘭溪人。元國子博士正傳之子，以學行聞。太祖下婺州，召先生及同郡許元、葉瓚玉、胡翰、汪仲山、李公常、金信、徐孳、童冀、戴良、吴履、孫履、張起敬會食省中，日令三人進講經史。已，命先生爲郡學訓導。洪武初，郡以儒士舉，誤上其名曰信仲，授翰林院待制。先生謂修撰王釐曰：「名誤不更，是欺罔也。」將白于朝。釐言恐觸上怒。先生不從，牒請改正。帝喜曰：「誠慤人也。」召侍左右。以事降編修。給事中鄭相同言：「故事，啟事東宫，惟東宫官屬稱臣，朝臣則否。今一體稱臣，于禮未安。」先生駁之曰：「東宫，國之大本。尊東宫，所以尊主上也。相同言非是。」帝從之。尋以奏對失旨，降翰林院典籍。已，擢東閣大學士。初，帝謂先生曰：「聖賢立教有三：曰敬天，曰忠君，曰孝親。散在經卷，未易會其要領，爾等以三事編輯。」至是書成，賜名精誠録，命先生撰序。後改國子博士，以老歸。先生嘗著辯，言孔子封王爲非禮。後布政使夏寅、祭酒丘濬皆沿其説。至嘉靖九年，更定祀典，改稱「至聖先師」，實自先生發之也。

正傳門人

教授胡長山先生翰見上白雲門人。

參議諸葛先生伯衡

諸葛伯衡，蘭溪人也。吳禮部門人。見金華先賢傳。補。

梓材謹案：先生官至廣東參議卒。金華杜桓爲作小傳，稱爲清修直亮之士。

訓導徐先生原

徐原，字均善，蘭溪人也。少從吳禮部遊，與禮部子沈童稺爲友。博覽羣書，以詩文名世。所著有五經講義、强學齋文集數卷。明太祖取婺州，與沈同命爲訓導，歷主福建、江西考試。或云太祖改婺州爲寧越府，命知府王宗顯開郡學，延儒士葉儀、宋濂爲五經師，戴良爲學正，吳沈、徐原爲訓導。時喪亂之餘，學校久廢，至是始聞弦誦之聲。參金華府志。

汪氏學家

縣令汪遯齋先生汝懋別見慈湖學案。

蔣氏家學

貞節蔣若晦先生元見上白雲門人。

本心門人朱、劉六傳。

隱君周紫巖先生潤祖

周潤祖，字彥德，臨海人也。學于周待制仁榮，與達兼善爲講學友。梓材案：達兼善蓋卽泰不華。隱居教授四十年。至正中，召之，已卒。鄉人卽其所居，稱之曰紫巖先生。所著有紫巖集十卷。補。

忠介達先生泰不華

泰不華，字兼善，以父爲台州録事，遂居于台。家貧，好讀書，周仁榮養而教之。年十七，江浙鄉試第一。明年，對策大廷，賜進士及第，授集賢修撰，累官至禮部侍郎。至正元年，除紹興總管。召入史館，與修三史，陞禮部尚書，出爲台州路達魯花赤。方國珍作亂，死之，追贈江浙行省平章政事，封魏公，諡忠介。

紫巖講友

隱君朱鞠隱先生嗣壽

朱嗣壽，字得仁，一字鞠隱，本台之臨海人，徙仙居。台學自魯齋而後，生徒甚衆。先生少以文雄于曹，既而慨然曰：「學不爲己，雖多無益也。」乃益從事于性命之旨，一切文詞必根柢于理。紫巖周先生潤祖，魯齋之嫡傳也，少與同舍，至是相見論學，歛衽服曰：「高見層出，吾弗如也。」長潭陶凱以師禮嚴事之。嘗言：「世俗爲學，不過資講説，助佔畢，求其躬行之實，無有也。」故力修門内之行。泰不華欲薦于朝，先生謝曰：「禄以逮親爲榮，親已歿矣，不願仕。」泰不華重違其意而止。晚治别業曰東園，蒔菊甚盛，學者不呼其姓，但稱爲鞠隱先生。補。

凝熙門人

知州吳德基先生履

吳履，字德基，蘭溪人。受學于聞人夢吉。爲文以遷、固爲法。起家南康丞，遷知安化、濰州，以循吏稱。

文憲宋潛溪先生濂附子璲。

宋濂，字景濂，世居金華之潛溪，至先生始遷浦江之青蘿山。先生少讀書，日記二千餘言。嘗從聞人夢吉受春秋。繼從柳貫、黃溍、吳萊學古文詞。年二十五明道，著書義門鄭氏之東明山，名震朝野。元至正中，有薦爲翰林編修，辭不赴。明初定鼎金陵，遣使奉書幣聘爲江南等處儒學提舉。召授皇太子經筵、起居注，總修元史，陞翰林學士。議封功臣勳爵，遷國子司業，三轉爲翰林侍講學士，總修大明日歷，拜翰林學士承旨、嘉議大夫、知制誥，兼修國史，兼太子贊善大夫，寵遇隆渥，啟沃宏多。既而念其開國文臣之首，侍從十有九年，制度典章，燦然大備，詔以年老致政還家。以長孫慎坐法，舉家遷謫茂州，至夔門得疾，不食者三旬，書觀化帖，端坐而逝，年七十有二。正統中，賜謚文憲。先生博極羣書，孜孜聖學，道德文章，師表當世，敷昭皇猷，贊翊治化，名徧寰宇，文傳外夷，而循循然謙抑下士，接引後進。所著有潛溪集、翰苑集、芝園集、蘿山集、龍門子、浦陽人物記，合一百四十餘卷。子璲，字仲珩，以書法擅名當世，朝野稱之。參金華賢達傳。

百家謹案：金華之學，自白雲一輩而下，多流而爲文人。夫文與道不相離，文顯而道薄耳，雖然，道之不亡也，猶幸有斯。

謝山宋文憲公畫像記曰：「文憲之學，受之其鄉黄文獻公、柳文肅公、淵穎先生吴萊、凝熙先生聞人夢吉四家之學，並出于北山、魯齋、仁山、白雲之遞傳，上溯勉齋，以爲徽公世嫡。予嘗謂：『婺中之學，至白雲而所求于道者，疑若稍淺，漸流于章句訓詁，未有深造自得之語，視仁山遠遜之，婺中學統之一變也。義烏諸公師之，遂成文章之士，則再變也。至公而漸流于佞佛者流，則三變也。猶幸方文正公爲公高弟，一振而有光于西河，幾幾乎可以復振徽公之緒，惜其以凶終，未見其止，而并不得其傳。雖然，吾讀文獻、文肅、淵穎及公之文，愛其雅馴不佻，粹然有儒者氣象，此則究其所得于經苑之墜言，不可誣也。詞章雖君子之餘事，然而心氣由之以傳，雖欲粉飾而卒不可得。公以開國巨公，首倡有明三百年鍾吕之音，故尤有蒼渾肅穆之神，旁魄于行墨之間，其一代之元化，所以鼓吹休明者與！』」

唐先生以仁

唐以仁，金華人。從聞人夢吉學，夢吉奇之，妻以女。元末，奉夢吉避地永康魁山下，因家焉。補。

兩峯門人

長史朱白雲先生右附師李五峯。

朱右，字伯賢，雲濠案：儒林録作序賢。臨江人，程門高弟光庭之後。學于陳兩峯，又嘗受文法于李五峯。明初，徵赴史局，累官至晉府右長史。所著有白雲稿、春秋類編、三史鉤元、秦漢文衡、深衣考誤、歷代統紀要覽、元史補遺。先生在明初與潛溪、子充輩皆朱門之世嫡，然漸趨于文章，而心得則似少減矣。

匪石門人

左丞王先生守誠別見草廬學案。

柏軒門人

邢先生沂附子旭。

邢沂，雲濠案：黄氏補本作邢祈。金華人也。從范純孝祖幹遊，以詞翰知名。子旭，字景暘，學于家庭。登永樂二年進士，累官河南參政。適歲旱澇，修舉荒政，民賴以安。奏免二程子孫徭役，賜田土。正統初，陞四川布政，革弊去奸，撫養軍民，恩威並著。土司王永壽、董敏失和，治兵交攻，朝廷遣師討之，景暘身詣其寨，諭以禍福，皆釋甲待罪，請遣子入質，進馬謝恩。尋致仕卒，蜀人追思惠政，立碑成都三公廟祀之。所著有退省集。

隱君汪先生與立

汪與立，字師道，金華人也。雲濠案：一作蘭溪人。受業于范祖幹。其德行與何壽朋齊名，而文學稍優。嘗謂「學者當視古人爲不足，毋視今人爲有餘」，人以爲名言。隱居教授，不求聞達，優游林泉，以高壽終。

南陽門人

隱君何歸全先生壽朋

何壽朋，字德齡，金華人也。雲濠案：一作蘭溪人。學于葉儀。守道安貧，不肯干人。明洪武中，舉孝廉。父歿，以所居易地而葬。學者稱爲歸全先生。補。

祭酒許先生元

教授許先生亨並見白雲家學。

栗齋家學

教授蘇先生伯衡

蘇伯衡，字平仲，金華人。父友龍，受業許白雲之門。先生警敏絶倫，博洽羣籍，爲古文有聲。元末貢于鄉。明太祖置禮賢館，先生與焉。歲丙午用爲國子學録，遷學正。被薦，召見，擢翰林編修。力辭，乞省覲歸。洪武十年，學士宋潛溪濂致仕，太祖問誰可代者，濂對曰：「伯衡，臣鄉人，學博行修，文辭蔚贍有法。」太祖卽徵之，入見，復以疾辭，賜衣鈔而還。二十一年聘主會試，事竣復辭還。尋爲處州教授，坐表箋誤，下吏死。

靜學家學

侍郎李先生希明

李希明，字濬文，白雲高弟唐之子也。承其父之學。洪武初，以薦舉。累官監察御史，出爲江西參政。陳友諒餘孽尚蠢動，朝議出師勦之，先生以爲不若招撫，從之。仕終刑部侍郎。補。

正節門人

縣尹沈先生夢麟

沈夢麟，字元昭，歸安人。少有詩名。元時以乙科授婺州學正，遷武康尹，以疾辭。洪武間，五主文衡于閩、浙。年九十三卒。著有花溪集。參弘治湖州志。

黄先生彝

黄彝。

隱君鄭先生忠

鄭忠，字原凱，嘉興人。閉門讀書，無問寒暑。從衛富益講易。一夕，夢呑北斗，自是時名大著。志在恬淡，雅好泉石，終元世，高蹈不仕。參浙江通志。

若晦家學

學正蔣先生允升別見滄洲諸儒學案。

方李門人

學正蔣先生允升別見滄洲諸儒學案。

九靈門人

處士李先生孝謙父仕開。

李先生悌謙合傳。

李先生忠謙合傳。

李孝謙，鄞縣人。父仕開。操履方正，當元季，四方繹騷，閉門不妄交，惟善武林楊彝、台州陸德暘、金華戴良、永嘉高明、慈溪胡舜咨，令子弟受學焉。先生及弟悌謙、忠謙皆孝友嗜學，親瘵，各求醫藥，迭侍床下，親食後食，不食，終弗御匕箸。及明永樂中，詔天下纂修圖志，太守汪𨘷起先生總修郡乘，書成而卒。參寧波府志。

謝山跋四明文獻録題詞曰：「處士讀書，歷嘗受業于胡舜咨、戴九靈、楊彦常、吴主一、揭伯防，遠有端緒。其生平所著，尚有經書問難、通鑑考證、許心百忍箴註、急就章解、長律英華、中林集，而今不可得見矣。是録之後，又別有四明名賢記，今亦不可得。」

唐先生𩋆別見慈湖學案。

蛟峯續傳

員外方愚泉先生道叡別見慈湖學案。

鞠隱門人

尚書陶耐久先生凱

陶凱，字中立，樂清人。洪武中，薦舉授翰林應奉，歷官國子祭酒。自稱耐久道人。先生應聘而起，時國家稽古禮文，事多先生裁定。詔令封册歌頌時命，先生文章遂盛傳于世。參姓譜。

梓材謹案：台州府治以先生爲臨海人，官至禮部尚書，贈太子少保，以旌其忠。

潛溪門人朱、劉七傳。

文正方正學先生孝孺詳見明儒學案。

唐氏家學

唐委順先生光祖

唐光祖，字仲暹，金華人，以仁子。先生承其家傳，授徒講學，以師道自任。所著有委順夫集。修。

委順門人朱、劉八傳。

胡先生仕寧

胡仕寧，字□□，永康人也。受業于唐仲暹，有高節。補。

宋元學案卷八十三

雙峯學案

黄宗羲原本　黄百家纂輯　全祖望修定

雙峯學案表

饒魯（黄勉齋、李宏齋、黄尚質、柴南溪、强恕門人。晦翁、清江再傳。）
- 陳大猷——子澔
- 吴中——朱以實——子公遷
  - 洪初——王逢——何英
  - 李仕魯
- 吴存（梧岡同調。）——劉耳
- 羅天酉
- 趙良淳
- 萬鎮
- 湯伯陽
- 魯士能
- 程若庸——金若洙

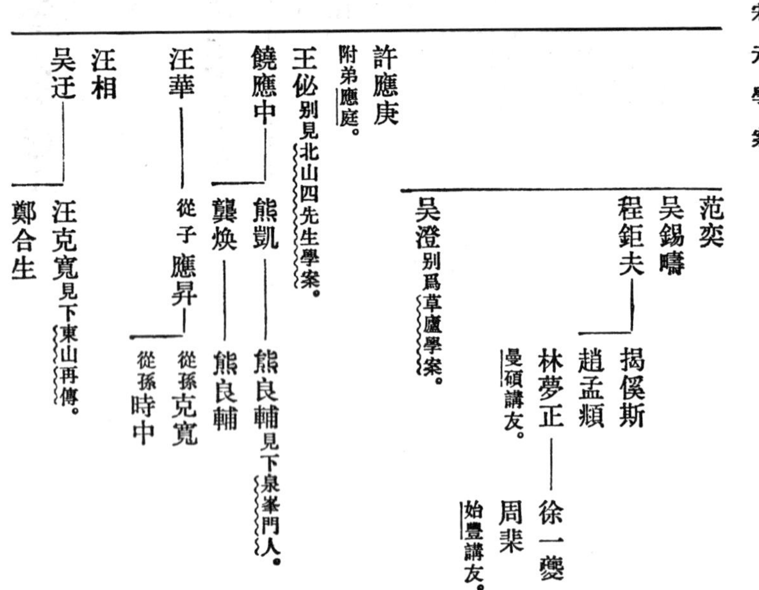
范奕
吴錫疇
程鉅夫
揭傒斯
趙孟頫
林夢正
曼碩講友。
徐一夔
周棐
始豐講友。
吴澄別爲草廬學案。
許應庚
附弟應庭。
王佖別見北山四先生學案。
饒應中
熊凱
熊良輔見下泉峯門人。
龔煥
熊良輔
汪華
從子應昇
從孫克寬
從孫時中
汪相
吴迂
汪克寬見下東山再傳。
鄭合生

蔡汝揆

羅椅

史泳

李實

一戴璹

徐道隆——子戴孫

景程同調。

私淑袁易別見北山四先生學案。

吴存見下梧岡同調。

方暹別見勉齋學案。

雙峯講友。

雙峯學案序録

祖望謹案：雙峯亦勉齋之一支也，累傳而得草廬。説者謂雙峯晚年多不同于朱子，以此詆之。予謂是未足以少雙峯也，獨惜其書之不傳。述雙峯學案。梓材案：是卷學案多仍梨洲原本之舊，謝山修補未完。

黄柴門人朱、劉再傳。

文元饒雙峯先生魯

饒魯，字伯輿，一字仲元，餘干人。髫齡有志于學，稍長，從黄勉齋榦、李宏齋燔學。勉齋問：「論語首論時習，習是如何用功？」先生曰：「當兼二義，繹之以思慮，熟之以踐履。」勉齋大器之。嘗以易赴棘試，不遇，遂歸，專意聖賢之學，以致知力行爲本。中書舍人趙汝騰、御史董槐、左司諫湯中、提刑蔡杭等皆相爲引薦，召，不起。時理學大明，師儒攸屬，四方聘講無虚日，作朋來館以居學者。又作石洞書院，前有兩峯，因號雙峯。門人私謚曰文元。所著有五經講義、語孟紀聞、春秋節傳、學庸纂述、太極三圖、庸學十二圖、西銘圖、近思録註。

百家謹案：黄勉齋榦得朱子之正統，其門人一傳于金華何北山基，以遞傳于王魯齋柏、金仁山履祥、許白雲謙，又于江右傳饒雙峯魯，其後遂有吴草廬澄，上接朱子之經學，可謂盛矣。

祖望謹案：草廬嘗曰：「朱子中庸章句、或問，擇之精，語之詳矣。惟精也，精之又精，鄰于巧；惟詳也，詳之又詳，流于多。其渾然者，巧則裂；其粲然者，多則惑。澄少讀中庸，不無一二與朱子異。後觀饒伯輿父所見亦然，恨生晚，不獲就正之。」則雙峯蓋亦不盡同于朱子者。

雙峯語録

「下學上達，意在言表」。程子此語，蓋爲讀書者言。讀書是下學之一事，蓋凡下學者，皆可以上達，但恐下學得不是，則不能上達耳。且如讀書，則聖人所以作經之意，是上面一層事，其言語，則只是下面一層事，所以謂之「意在言表」。若讀書而能求其意，則由辭以通理，而可上達。若但溺心于章句訓詁之間，不能玩其意之所以然，則是徒事于言語文辭而已，決不能通其理也。程子曰：「玩其辭，不得其意者有矣。」又曰：「前儒失意以傳言，後學誦言而忘味。」此皆下學得不是，而無由上達者也。

問：「夫子所謂下學，兼知行否？」曰：「夫子此章只說知，惟程子引此以釋『忠恕違道不遠』曰：『斯下學上達之意。』卻是兼知行說。」

問：「或問云：『上達而與天爲一。』是知行都到，能如此否？」曰：「與天爲一，亦以知言。方其未上達時，與天隔幾重在。及其既已上達，則吾心卽天，天卽吾心。但聖人之上達，與學者之上達，有遲速之不同，聖人才學便達，學者則今日格一物，明日格一物，久後方貫通。」

問：「入門涵養之道，須用敬否？」曰：「固是如此。但工夫熟時，亦不用說敬，只是纔靜便存。而今初學卻須把敬來作一件事，常常持守，久之而熟，則忘其爲敬矣。」

問：「明道教人且靜坐，是如何？」曰：「此亦爲初學而言，蓋他從紛擾中來，此心不定，如野馬然，如何便做得工夫？故教他靜坐。待此心寧後，卻做工夫。然亦非教他終只靜坐也，故下且字。」

因言調息箴亦不可無，如釋氏之念佛號，道家之數息，皆是要收此心，使之專一在此。若此心不存，則數珠之數，數息之數，皆差了。調息亦然。人心不定者，其鼻息之噓氣常長，吸氣常短，故須有以調之。息數停勻，則心亦漸定，調息又勝數息。

須是静，方看得道理出。廬山諸人如蔡元思、胡伯量輩，皆不肯于此著功，見某有時静坐，諸公皆見攻以爲學禪，雖宏齋亦不能不以爲慮也。看道理須是涵養，若此心不得其正，如何看得出？調息箴亦不可無，蓋心固氣之帥，然亦當持其志，無暴其氣也。

梓材謹案：雙峯語録諸條與附録，俱從程氏讀書分年日程録出。謝山于是卷劄記雙峯講義，是又欲補而未得者。

附録

明甫見勉齋説「性者，萬物之一原」，明甫曰：「在廬山時，饒師魯曾如此説來。」勉齋曰：「是他這事物静了看得如此。」

梓材謹案：據此，則先生亦名師魯矣。

雙峯講友

處士方連雲先生暹

別見勉齋學案。

雙峯門人

朱、劉三傳。

州判陳東齋先生大猷

陳大猷，字文獻，號東齋，都昌人。師雙峯饒氏。歷仕至從政郎，改黄州軍判官。著尚書集傳會通。子澔。

隱君吴準軒先生中

吴中，字中行，號準軒，樂平人。早慕伊洛之學，聞雙峯饒魯得考亭朱子正緒，往從之遊，盡得其緒論，體認精詳。隱居不仕，名藉藉當時。部使者税駕其門，因質曰：「論語言心凡幾等？」卽應聲曰：「簡在帝心，天地之心也。從心所欲不踰矩，聖人之心也。其心三月不違仁，亞聖大賢之心也。飽食終日，無所用心，衆人之心也。」使者愕然歎服，惜其嘉言善行不盡傳于世。

縣令羅栢岡先生天酉

羅天酉，字恭甫，新昌人。師事雙峯。成開慶進士，以格非心、去非人對策，丁大全擯外。歷官知懷集縣，不期年而治成。父卒服除，賦詩有云：「三釜爲親今莫及，萬鍾于我復何加。」遂不起。所著有栢岡集。修。

知州趙先生良淳

趙良淳，字景程，餘干人，忠定公汝愚曾孫。少學于其鄉饒雙峯，知立身大節。及仕，所至以幹治稱。以蔭，三遷至淮西運轄。改知分寧劇邑，俗尚譁訐，先生治之，不用刑戮，不任吏胥，取民之敦孝者，尊禮之，其桀驁者，乃繩以法，俗爲少革。秩滿。知安吉州時，元兵垂至，知州李庚先遁，百事隳廢，先生至，凡所以守禦之備，悉舉行之。飢歲盜起，勸富人出粟賑之，嘗語人曰：「使太守身可以濟人民，亦所不惜。」其言懇懇，足以動人，人皆倒困以應。且以義諭盜，卒爲良民。及兵圍城，率衆城守。元將范文虎遣使招降，先生焚書斬其使。卒爲吴國定所賣，先降。先生自縊死，其妻雍氏同縊于郡治之集芳軒。

參軍萬先生鎮

湯先生伯陽合傳。

萬鎮，字子静，平江人。師方明甫、饒雙峯，而雙峯尤愛之，嘗稱：「天下讀書，湯伯陽第一，子静次之。」梓材案：湯伯陽，一統志作伯易，鄱陽人，亦雙峯弟子。天下讀書云云，雙峯謂魯時舉語。賈似道帥荆，辟先生爲公安竹□書院山長，不赴。登淳祐庚戌第，授灃州司户參軍。著有左傳十辯。做晦翁社倉，率鄉人以爲規矩。魯士能嘗曰：「子静言語懇懇，極古今事情，非老生常談也。」

録事魯寶潭先生士能

魯士能，字時舉，平江人。淳祐間進士。從饒雙峯學。自號寶潭。爲監利令，辟充沅州録事兼餉事。時吕帥政貪酷，沅有叔訟姪分金者，委先生勘，帥意有所望，而先生得誣狀，據事申之。吕大怒，遣卒覈所掌軍餉，餉積三十餘年，至是啟之，耗五十石，責先生償，白于朝廷，追毁出身文字，覊流沅州。六年，呂死，事得白。先生受誣與得直並無喜憂色。既歸，講學道巖。

山長程徽庵先生若庸

程若庸，字逢原，休寧人。從雙峯及沈毅齋貴瑤得朱子之學。淳祐間，聘湖州安定書院山長。馮去疾創臨汝書院于撫州，復聘爲山長。咸淳間，登進士，授武夷書院山長，累主師席，其從遊者最盛，稱徽庵先生。所著有性理字訓講義、太極洪範圖說。陳定宇極稱其字訓。雲濠案：黄氏補本續云：「吳草廬澄，其門人也。」

斛峯書院講義

龜山先生楊文靖公曰：「古之學者，以聖人爲師，其學有不至，故其德有差焉。人見聖人之難爲也，故凡學者以聖人爲可至，則必以爲狂而竊笑之。夫聖人固未易至，若舍聖人而學，是將何所取則乎？以聖人爲師，猶學射而立的然，的立于彼，然後射者可視之而求中。其不中，則在人而已。不立之的，以何爲準？」又嘗語羅公仲素云：「今之學者，只爲不知爲學之方，又不知學成要何用。此事大體，須是曾著力來，方知不易。夫學者，學聖賢之所爲也。欲爲聖賢之所爲，須是學聖賢所得之道。若只要博古通今爲文章，作忠信愿慤，不爲非義之士而已，則古來如此等人不少，然以爲聞道則不可。且如東漢之衰，處士逸人，與夫名節之士，有聞當世者多矣，觀其作處，責以古聖賢之道，則畧無毫髮髣髴相似。何也？以彼于道，初無所聞故也。今時學者，平居則曰，吾當爲古人之所爲，才有一事到手，便措置不得。蓋其所學，以博古通今爲文章，或志于忠信愿慤，不爲非義而已，而不知須是聞道，故應如此。由是觀之，學而不聞道，猶不學也。」

言道易，知道之體用難。言道之體用易，知道之全體妙用難。道者何？陰陽五行萬物萬事之理，初非有出于陰陽五行萬物萬事之外者。以形器爲道，而不知其有沖漠無朕之體者，非也。以空虛爲道，而不知其有闔闢無窮之用者，非也。知其體之無朕，而不知其彌綸六合，無毫釐之空缺；知其用之無窮，而不知其貫通千古，無頃刻之間斷，則其體之全，用之妙，亦有知之而未盡焉者矣。或聞而知之，或見而知之，其知之而盡焉者乎？生而知之，不思而得，安而行之，不勉而中者，聖人也；學而知之，思焉而無不得，利而行之，勉焉而無不中者，賢人也，皆知之而盡焉者也。學者之學無他，亦學乎聖賢所知之道而已。學乎聖賢所知之道無他，主敬以立其本，窮理以致其知，反躬以踐其實而已矣。窮理以致其知，反躬以踐其實，大學「明明德」之工夫也。主敬以立其本，則又小學之工夫，而大學之所以成始而成終焉者也。程、朱子以來，誰不知由小學而進于大學？然少而習焉，壯而勉焉，老雖或知之，往往未能盡焉。何也？文靖之言曰，以身體之，以心驗之，從容默會于幽閒靜一之中，而超然自得于書言象意之表，此讀書之法也。不以此爲法，而徒于章句訓詁文墨議論之是尚，則其于主敬也，不過曰，有整齊嚴肅，而無怠惰縱肆，斯可矣；其于窮理也，不過曰，有誦讀記問，而無疏脫遺忘，斯可矣；其于反躬也，不過曰，有忠信愿慤，而無私僞邪慝，斯可矣。嗚呼！是豈知聖賢之學，斯道之全體妙用，有不但如是而已者乎？聖賢之學，斯道之全體妙用，其何以言之？道爲太極，造化之樞紐，萬物統體一太極也。心爲太極品彙之根柢，一物各統體一太極也。萬化之流行，由于元亨利貞之四德者，天地之全體妙用也。有人心之全體，而後天地之全體始于是而立焉。人心之全體少有或虧，則天地之全體不能以自立矣！有人心之妙用，而後天地之妙用始于是而行焉。人心之妙用少有或戾，則天地之妙用不能以自行矣！此參天地、贊化育所以不可一日而無聖賢之道。學聖賢之道者，不以一身一家、一時一世之心爲心，而以彌綸六合、貫通千古之心爲心；不以一身一家、一時一世之道爲道，而以彌綸六合、貫通千古之道爲道，則此心爲此道之統宗會元，渾乎大德之敦化，此道爲此心之汎應曲當，脈乎小德之川流。其于主敬也，必將如對日星，如臨淵谷，靜而無靜，動而無動，仰不愧于天，俯不怍于人，而彌綸六合、貫通千古之心在其中矣。其于窮理也，必將探賾索隱，鉤深致遠，究事物之準則，推造化之本原，致廣大而盡精微，極高明而道中庸，而彌綸六合、貫通千古之道在其中矣。其于反躬也，必將以無欲爲一，以無息爲誠，以日新爲德，以富有爲業，以一民一物不被其澤爲己任，以天下後世不傳此道爲己憂，而此心此道之全體妙用皆在其中矣。張子所謂「爲天地立心，爲生民立命，爲去聖繼絕學，爲來世開太平」；子思所謂「建諸天地而不悖，質諸鬼神而無疑，百世以俟聖人而不惑」；曾子所謂「置之而塞天地，溥之而橫四海，施諸後世而無朝夕」，是皆吾分之所當爲，而吾力之所能爲者。文靖所謂「以聖人爲師，猶學射而立的」者，此也；所謂「學聖賢之所爲」，必欲聞聖賢所得之道者，此也，自非體之以身，從容默會而有深功，驗之以心，超然自得而有餘味者，能之乎？程子曰：「莫說道，將第一等遜與別人，且做第二等，才如此說，便是自棄，雖與不能居仁由義者差等不同，其自小一也。」言學便以道爲志，言人便以聖爲志，是志也，坐春立雪之時，身體心驗之舊矣。「道南」之教，寧不以是爲先務乎？由龜山、豫章而延平，逮吾朱子，大成集焉，推其說以教天下後世，至明且備。若庸嘗取其後集所答劉季章書，畫爲四等之圖，其一等曰聖賢之學，其二等曰仁義名節之學，其三等曰辭章之學，其四等曰科舉之學。有剽竊架漏而不入等者，有志于第二等而未能篤實者，有志于第一等而不能無過不及之偏者，有在二三四等中不安于小成而能勇進于一等者。大抵三四等識趣不高，奪其舊習，雖有甚難，而其不變，亦自不足爲世輕重。惟第二等，資質稍高，一生謹畏，循規守矩，向仁慕義，不爲不力，惜其不知向上更有聖賢之學，切于身心而爲事業之根本者焉。今之收拾人才，推廣聖賢學問血脈，正須著力救拔此一等人，而不可與其下二等概而視之也。若夫聖賢之學無他，始由此以爲士，終卽此以爲聖人；始由此以修身，終卽此以平天下。卽知此道是天地間自然之理，又知此學是吾人本分之事，旣能真知而篤信之，則其趣向自然正當，其志氣自然勇決，其工夫次第必能向上尋覓，不待他人勸率，而自不能已矣。不幸而或不遇于世，亦必有以自樂，而無所怨悔焉。嗚呼！所以爲聞道之士也，此所謂聖賢之學也。文靖曰：「學而不聞道，猶不學也。」若庸亦曰：「創書院而不講明此道，與無書院等爾。」立軒大夫寧不謂然？」或問：「彌綸六合、貫通千古者道也，聖賢之體是道，而欲其彌綸六合、貫通千古，其可汎然言之，而無一定之義乎？」曰：「以此心言，莫若一誠字，誠者，五常百行之根柢也。以此理言，莫若一中字，中者，應事接物之準則也。對而言，則此心此理不可偏廢；單而言，則心不外乎此理，理不外乎此心，誠可以兼中，中亦可以兼誠。堯、舜、禹、湯言中，誠固在其中；中庸、通書言誠，中亦不在其外。朱子謂理只是一箇理，舉著全無欠缺，且如說著誠則都在誠上，說著仁則都在仁上，說著忠恕則都在忠恕上，只是這箇，道理血脈，自然貫通，其此之謂歟！」

梓材謹案：先生有增廣性理字訓若干條，當爲補入。

附錄

朱楓林書性理字訓後曰：「晦庵門人程正思字訓三十條，勿齋增廣之爲六門百八十三條，今增善字補以蒙齋之訓凡百八十四條，德業盡性心正四條，訓有未妥，僭易數字，餘皆元文。程敬叔讀書日程：『八歲未入小學，教之讀此甚善。』但此書四字成言，其語既簡約，而題目多涉命性，其理又幽深，若非根據出處本義，而旁取世俗事物以開喻之，未見其有益也。試以開卷太極之訓言之。孔子贊易曰：『易有太極，是生兩儀。兩儀生四象，四象生八卦。』今訓太極之字，當原乎此。其曰：『至理渾然，沖漠無朕者，理行乎事理之中，如身體之脈理，如枝幹之紋理，徹上徹下，無不至到。』所謂至理也，脈理紋理，皆不一也，而皆必有統會之處。今以八卦觀之，乾、兑二卦，同生于太陽之象也；離、震二卦，同生于少陰之象也；巽、坎二卦，同生于少陽之象也；艮、坤二卦，同生于太陰之象也。又以四象觀之，太陽少陰，同生于陽儀也；少陽太陰，同生于陰儀也。八卦四象，各有統會。既如此矣，則兩儀豈無統會哉！故孔子指其統會者而名之曰太極。極者，屋之脊棟，中正高上，衆材之所冓合者也。太者，大大之謂也。太極者，大大高上統會之稱而已。易書之儀之象之卦，兩而四，四而八，以至于無窮，由本而末，由原而流，皆所謂至理也。太極者，至理之渾然者也。渾然云者，如水之渾濁然，人之視之，不見其中之所有，蓋理之統會，其胚胎融聚者，固如此也。泉之未發曰沖，沙地曠遠曰漠。眹者，目未開而有其罅隙也。曰沖曰漠曰無眹，皆以形容其渾然者也。其曰『造化樞紐，品彙根柢』者，氣一噓而萬物盈，所謂造也；氣一吸而萬物虛，所謂化也。氣之造物化物，猶户之一闔一闢也，究而言之，則闔闢在乎樞，樞必在乎容，樞之紐，易之儀象卦者，造化也，所謂太極者，其樞紐。物之異類曰品，物之同類曰彙。萬物並生于兩間，而有同類異類者，如花葉之在枝幹，或同或異也，究而言之，則枝幹本于根，根必附乎命，根之柢，易之儀象卦者，品彙也，所謂太極者，其根柢也。玩諸易，以釋太極之本義，本義既得，則後世儒者所稱述，可一見而決。若異端之所言者，固不足論也。凡讀聖賢之書，皆當如此考究，令字字有著落，非特此書也，故舉此一條以見例云。」

進士許先生應庚附弟應庭。

許應庚，字春伯，平江人。遊李宏齋及雙峯之門。與弟應庭，並有時名，俱登紹定二年進士。先生尤以操行著。張萬全守岳州，以學行宜列鄉貢。

運使王敬巖先生佖別見北山四先生學案。

饒先生應中

饒應中。

梓材謹案：熊遥溪從先生以得雙峯之傳，則先生雙峯之高弟也。

隱君汪東山先生華

汪華，字榮夫，號東山，祁門人。與族兄相同事雙峯。早歲又從學鄱陽趙介如，江古心高弟也。與中書右丞燕公楠爲同門友。至元初，公楠僉江浙行省事，道祁門，訪先生，與論舊故，將薦諸朝，先生固辭而止。從孫克寬，知名于世。雲濠案：黄氏本云：「仲孫克寬，實能嗣其傳。」仲孫當是從孫之譌。

汪先生相

汪相，字魏夫。與弟榮夫皆學于雙峯，兩人問難叩擊，悉得其藴奥。祁邑理學之盛，自二人發之。

逸民吴可堂先生迂

吴迂，字仲迂，浮梁人。從雙峯學。嘗應科舉不上，遂棄之。辟兵横塘，講道不廢。皇慶間，浮梁牧郭郁延之爲師，以訓學者，時稱可堂先生。汪克寬，其門人也。雲濠案：黄氏本云：「同邑鄭合生、戴璿皆師事之。」所著有四書語録、五經發明、孔子世家、先儒法言粹言、重定綱目。使者表其所居曰「逸民」。年九十卒。

蔡愚泉先生汝揆

蔡汝揆，字君審，新昌人，用之七世孫也。師饒雙峯，得道學之傳。門人稱爲愚泉先生。所著有希賢録、貫道集、友議諸種。修。

縣令羅磵谷先生椅

羅椅，字子遠，號磵谷，廬陵人也。雙峯弟子。寶祐進士，以秉義郎爲江陵教授，改潭州，辛贛之信豐，遷提轄榷貨。補。

史水東先生泳

李先生實合傳。

史泳，字自亨，餘干人。嘗述雙峯之言曰：「人爲萬物之靈，天地不足者亦能補，故人當與天地配，不當與萬物倫。」同門李實嘗曰：「自亨問答，出入微妙。」學者尊之爲水東先生。

梓材謹案：李先生實與胡弋溪門人臨川李實同名。弋溪已在元之中葉，其門人不得與水東同門，蓋別一人也。

景程同調

提刑徐先生道隆附子載孫。

徐道隆，字伯謙，武義人。以任入官，爲浙西提刑。元兵至臨平皐亭山，令間道入援，時水陸皆有屯軍，道絶不通，議由太湖經武康、臨安縣境勤王。即日乘舟出臨湖門，泊宋村。郡守趙良淳既縊死，德祐二年正月朔旦，追兵及先生，江陵親從軍三百人殊死戰，矢盡槍槊折，一軍盡没。先生見執艦内，間守者少怠，赴水死，長子載孫亦赴水死。餘兵有脱歸者言于朝，命贈官賜謚，厚恤其家，立廟安吉。越三日，宋亡。參史傳。

雙峯私淑

山長袁先生易別見北山四先生學案。

教授吴先生存見下梧岡同調。

東齋家學朱、劉四傳。

經師陳雲莊先生澔

陳澔，字可大，號雲莊，又號北山，東齋先生大猷子。于宋季不求聞達，博學好古，有禮記集説行于世。學者稱爲雲莊先生。雲濠案：江西人物志作：「學者稱爲經師㊀先生。」年八十有二卒。元奎章學士虞集題其墓曰「經師陳先生墓」。

雲濠謹案：梨洲原本先生傳末云：「明成化七年，禮部題請從祀學宮，未報。弘治十七年，巡撫御史張本、提學副使邵寶題準別祠祀之。」

㊀「師」字，原本作「歸」，據龍本改。

準軒門人

朱梧岡先生以實

朱以實，號梧岡，樂平人也。師事吴準軒，以紹朱子。子公遷。

梧岡同調

教授吴先生存附門人劉耳。

吴存，字仲退，鄱陽人。私淑雙峯之學，部使者爭勸以仕，不答。延祐元年，設科總管，史烜曰：「是不可無吴先生。」强起之，選授本路學正，不及代，歸。又調寧國教授，未久引年。七年，聘主本省鄉試，尋卒。先生嘗語門人劉耳曰：「學非樂，不足言學。樂在心，心誠則樂，不然不樂，故一言一動，不可不誠。」所著有程朱傳義折衷、月灣集。補。

祖望謹案：先生當與朱梧岡父子同輩。饒之志乘妄言先生爲王逢原之徒，謬矣。

徽庵門人

縣令金東園先生若洙

金若洙，字子方，休寧人。受業于程徽庵。寶祐間，鄉舉官黔江縣令。宋亡不仕，歸築東園，隱讀其間。所著有東園集、四詠吟編、性理字訓集文。

范先生奕

吴蘭皐先生錫疇合傳。

范奕、吴錫疇，皆新安人，程若庸高弟子。

梓材謹案：吴先生字元倫，休寧人，竹洲先生儆之從孫，隱君壆之子也。徽州府志載其研精理學，所居蓺蘭以自況。著有蘭皐集。

文憲程雪樓先生鉅夫

程鉅夫，名文海，以字行，新建之吴城人。叔父飛卿，通判建昌，以城内附。先生入爲質子，授管軍千户。召見，應對詳明，改直翰林，授應奉翰林文字，進修撰、集賢直學士、秘書少監、翰林集賢學士。至元二十四年，以侍御史求賢于江南，有宋遺老網羅殆盡，仍拜集賢學士，行御史臺事。二十九年，召對。明年，出爲閩海道肅政廉訪使，移江南、湖北道。大德八年，召拜翰林學士。至大三年，廉訪山南、江北。明年，召對，留爲翰林學士承旨。以病乞骸骨。居五年而卒，年七十。贈大司徒，追封楚國公，謚文憲。初先生讀書臨汝書院，受學于族叔徽庵與吴草廬，同門友人稱爲雪樓先生，因其所居曰「雪樓」也。

文正吴草廬先生澄別爲草廬學案。

應中門人

熊遥溪先生凱

熊凱，字舜夫，南昌人。從饒應中得雙峯之傳。以明經開塾四十餘年，時稱遥溪先生。門人同邑熊良輔最知名。參南昌府志。

龔泉峯先生焕

龔焕，字幼文，雲濠案：一作右文。進賢人。通五經，師饒應中，以明體返躬爲務。時科舉未行，文章猶尚華靡，先生獨與學者議曰：「苟以科舉必遵朱氏之學，其程式皆預爲擬定。」先生歿而科目興，一如其言。居泉峯下，人稱爲泉峯先生。同上。

東山家學

汪先生應昇

汪應昇。

梓材謹案：先生爲環谷之父，東山先生從子也。俟考其事實。

可堂門人

鄉舉汪環谷先生克寬見下東山再傳。

鄭先生合生

鄭合生，字子謙，浮梁人。

徵君戴先生𡼖

戴𡼖，字仲才，浮梁人。學于吳仲迂。元季，避兵深山講道。明初，重定賦稅法，浮梁頗重，先生上書言之，得減。及累薦，卒不起。所著有東山集。

梧岡家學朱、劉五傳。

教授朱明所先生公遷

朱公遷，字克升，梧岡子。有家學，歷婺、處二州教授。辟兵轉徙徽、栝、歙、信之間，已而以病歸里。先生有篤行，里人乘亂喜戕人者，聞其來，爲之止殺，先生曰：「是可化也。」力疾訪之，其人感悟，然病遂以是篤，五日而卒。先生嘗題其室曰「高明之所」，學者稱爲明所先生。所著有四書通旨、四書約說、餘力稿、詩經疏義。其高弟曰洪初。

雲濠謹案：黄氏補本作：「其高弟曰洪初、李士魯。」又案：士魯，過氏分省人物考作仕魯。

雪樓門人

文安揭曼碩先生傒斯

揭傒斯，字曼碩，富州人。早有文名。大德間，出遊湘、漢，程鉅夫爲湖南憲長，特器重之，妻以從妹，與盧摯列薦于朝。三入翰林，仕至侍講學士、同知經筵事。卒官，追封豫章郡公，謚文安。先生狀鉅夫，謂：「獲出門下，受知最深。」修。

文敏趙松雪先生孟頫

趙孟頫，字子昂，湖州人。累官翰林學士承旨。卒，謚文敏，追封魏國公。程鉅夫搜訪遺逸于江南，得先生，以之入見，故終身以師事之。修。

梓材謹案：朱氏經義考引姓譜言：「敖繼公寓居湖州，邃通經術，趙孟頫師事之。」是文敏本敖氏門人。

曼碩講友

教授林古泉先生夢正

林夢正，字古泉，黄巖人。生時，宋已内附。稍長，無所干進，去爲浮屠氏。先生性聰敏，凡六經百氏，無不記覽成誦，其爲文詞，下筆輒千百言。後歸于儒，客吴、楚間，以授徒爲業，久之，去遊京師，清河元公、蜀郡虞公、豫章揭公，先生皆與之遊，而知先生者，無如揭公。賀丞相當國，擢先生教授溧陽，其州之人，夙知先生，争遣弟子來學。蘄、黄寇起且至，先生避居蟾疃。守臣應敵死，州人迎先生攝州事，亦遇害。參徐始豐稿。

遜溪門人

鄉貢熊梅邊先生良輔見下泉峯門人。

泉峯門人

鄉貢熊梅邊先生良輔

熊良輔，字任重，别號梅邊，南昌人。舉仁宗延祐鄉貢。早師同邑遜溪熊凱學易，復得易傳于凱友進賢龔焕。試禮部不第，歸，訓徒鄉塾，研究易旨。先是，朱子本義一遵吕成公所訂古文爲主，以六十四卦象爻之辭爲上、下經，而孔子所釋彖、象、文言及上、下繫辭、説卦、序卦、雜卦爲十翼，先生所著，仍舊本上、下經二卷，謂之「集成」，十翼十卷，謂之「附録」，統名曰周易本義集成附録。其所採摭，自唐迄元，凡八十四家中與本義合者録之，即不合而有得于經旨者亦備録以相發明，末則折衷己意，蓋本朱子之書而不泥焉者。英宗至治二年，鋟諸梓。所著又有風雅遺音、小學入門等書。從黄氏補本録入。

周易本義集成自序

六經皆聖人垂訓後世之書，而易經四聖人之手乃成。其爲書也，大而天地性命之理無不包，微而事物纖悉之情無不盡，精入于無形，粗及于有象，人生日用，一動静語默之間，無非易道之流行，顧由而不知者多耳。伏羲始畫卦，無文字可傳，大概以陽吉陰凶爲義。文王、周公繫之以辭，象占其本旨也。夫子贊易，一以義理爲主，吉凶消長之理，進退存亡之道，于是乎大備，蓋象占固義理之所寓，而以義理爲主，象占亦在其中矣。善學者于此，先求易之本旨，然後廣而充之，體用一源，顯微無間之旨，將不待卜筮而後見，此又自然之妙也。自後儒析經傳會之餘，學者支離漫衍，欲以明易，而反以晦易。至宋程子作易傳，而義理之學大明，然程子亦自謂其解易只說得七分。朱子一以卜筮爲説，然後作易之本旨益著。朱子嘗曰：「有天地自然之易，有伏羲之易，有文王、周公之易，有孔子之易。」是則程子之傳，孔子之易也；朱子之本義，文王、周公之易也。推本而論，孔子之易即文王、周公之易，文王、周公之易即伏羲之易，即天地自然之易也，雖其旨意微有不同，而其理則未嘗有二，要在善觀之耳。良輔曩執經于遥溪熊先生，已知好易。大德壬寅，泉峯龔先生授徒泉山之麓，良輔分教小學，因得肆意于易，取諸説而涵泳之，乃以己意採輯成編，以朱子本義爲主，如語録，如程傳，以及諸家之説與本義意合者，亦有與本義不合而似得其旨者，備録以相發，名曰集疏。其後，間有鄙見一二附焉。重念理義無窮，學無止法，期有所得，以卒初志，于是繕寫成編，凡一十二卷，藏之以俟知者。

東山再傳

鄉舉汪環谷先生克寬

汪克寬，字德輔，一字仲裕，自歙還居祁門。舉泰定三年浙江鄉試。歸以經學教授宣、歙間。雲濠案：過氏分省人物考云：「既謁吴仲迂先生而歸，遂有志聖賢之學。後以經學教授宣、歙間，數與師山鄭公講理論學，意氣相得。」學者稱環谷先生。著春秋經傳附録纂疏、經禮補逸二書行世，有周易傳義音考、詩傳音義會通藏于家。補。

經禮補逸後論

周禮一書，果爲周公所爲乎？漢武嘗謂周禮爲瀆亂不經之書，何休又云六國陰謀之書，歐陽文忠公謂周禮可疑者二，蘇潁濱謂周禮不可信者三，是皆論以爲非周公之遺制也。然則，周禮果非周公所作乎？朱子蓋嘗以周家法度廣大精密言之，嘗以周公建太平之基本稱之，又嘗以周公從廣大心中流出稱之；張橫渠謂周公治周，莫詳于周禮；賈公彦序周禮廢興，又謂鄭玄徧覽羣經，知周禮者，乃周公致太平之迹，是則又明爲周公所作也。考西漢志于周禮未見；東漢儒林傳乃謂周官經六篇，本孔安國所獻；隋經籍志乃云，漢時有李氏得周官，上于河間獻王，獨缺冬官一篇，獻王購以千金不得，遂以考工記補成六篇奏之。孝武時蓋有其書，特未與五經例置博士爾。西漢劉歆始置博士，遂盛行于世，後世因有周禮作于劉歆之説。是則周禮作于周公，而非他人之作，明矣。然冬官何爲而缺也？經罹秦燄，散佚之餘，與漢儒編録附麗之誤，而始謂之缺也。何以知其然？愚因攷補散逸得之。夫五官所掌，曰治、曰教、曰禮、曰政、曰刑，而冬官則掌邦士，或坐而論道謂之王公，或作而行之謂之士大夫，或審曲面勢、以飭五材、以辨民器謂之百工，通四方之精異以資之謂之商旅，飭力以長地材謂之農夫，治絲麻以成之謂之婦功，此冬官之大較也。見考工記所載者，其屬二十有九，皆工之事，而士與商、農之職俱缺焉。考之春官之中，如世婦、內宗、外宗，皆宮中之職，本屬天官，而乃入之春官；夏官之中，如司士、諸子，皆掌士之職，本屬冬官，而乃入之夏官；地官之中，如司市、質人、廛人、賈師、司虣、司稽、胥師、肆長、泉府，此皆主于商，土均、草人、稻人、場人、司稼等職，此皆主于農，皆本屬冬官，因其職與大司徒掌士地人民者相類，乃以入之地官，若是者，謂非編録附麗之誤不可也。況小宰記六官六屬各六十，考之天官自太宰以下六十二，地官大司徒以下七十九，春官大宗伯以下七十一，夏官大司馬以下六十九，秋官大司寇以下六十五，何則冬官獨缺，而爲數不及？五官皆盈，而餘數過之？無是理也。他如儀禮有嗇夫之官，國語有司商之官，皆不載諸周禮，此亦冬官之脱簡也。要之，見載于考工記者，固爲冬官之屬，然司空掌邦士，居四民，時地利，職不止此，當自大司空、小司空而下，摭夏官之中掌士者，地官之中掌商、農者，與夫嗇夫、司商之數，并今考工記所載之工，總屬冬官，則不惟合于周官司空之所職與小宰六官六屬之目，而且周公制作之盛，粲然溢著于編，使人得以覩其會通，而爲太平典禮之全書也。克寬因并録卷末，以俟博古君子正焉。

通鑑綱目凡例考異自序

綱目凡例，與綱目之書，皆子朱子手筆，襃善貶惡，明著義例，悉用春秋書法，一字不苟。然學者鈔録，書肆傳刊，久而漏誤者多，尹氏發明乃或曲爲之説。噫！朱子論春秋變例，謂門人曰：「此惡可信？

聖人作春秋，正欲示萬世不易之法，今乃忽用此説以誅人，未幾又用此説以賞人，使天下後世皆求之而莫識其意，是乃後世弄法舞文之吏之所爲也，曾謂大中至正之道乃如此乎？」竊詳此言，則綱目之與凡例，時或異同，皆鈔録傳刊之失也。況尹氏所紀綱目，如秦王遷太后誤作秦人，隋主堅弒介公闡誤作殺，慕容泓敗死作貶死，徽士陶潛作處士之類，訛舛尤甚。克寬自幼受讀，嘗有所疑，而未敢決其必然。今僭躐謹摭刊本綱目與子朱子凡例相戾者，敬録如左，以俟有識者考焉。

隱君汪查山先生時中

汪時中，字天麟，祁門人。博學善吟，不樂仕進。元季，隱查山，築書堂，與兄環谷克寬講學，學者稱查山先生。所著有三分稿藏于家。參姓譜。

明所門人朱、劉六傳。

縣令洪野谷先生初

洪初，字義初，樂平人，明所朱氏高弟也。明所纂詩義，先生左右之。學者稱爲野谷先生。明洪武初，以薦知淯川縣。

李先生仕魯

李仕魯，字宗孔，濮州人。聞朱公遷得晦翁之傳，千里負笈從之，盡傳其所學而歸。參分省人物考。

古泉門人

教授徐始豐先生一夔

徐一夔，字大章，天台人。洪武初，任杭州府儒學教授，通題博古，以詩文擅名于一時。召入史館，纂修元史。自後言教授之賢者，必推先生云。參姓譜。

梓材謹案：謝山學案劄記云：「徐一夔，不知何師。今查始豐稾。蓋師林古泉。

始豐講友

山長周先生棐

周棐，字致堯，四明人。由鄮山書院山長移宜公書院，與徐始豐善。補。

雲濠謹案：先生與始豐俱爲白苧里詩人。見禾錄。

野谷門人朱、劉七傳。

徵君王松塢先生逢

王逢，字原夫，樂平人。幼穎異不凡，天性孝友。比長，默契義理之學，師事野谷洪氏，道脈所自，先生以心會焉，乃厭科舉業，研精道理性命之懿，淹貫經史。宣德初，薦授富陽訓導，不就，退歸鄉塾，日與門人何英等相討論，道益明，學益成。復以明經辟，及門强起。召見，極論禮樂二字，日晡不徹。

明日，復賜，堅辭不就職。歸即杜門環堵，足跡不入城市，毅然以斯道爲己任。著有言行志自。書其廬曰「松塢」，學者稱爲松塢先生。

松塢門人朱、劉八傳。

徵君何梅谷先生英

何英，字積中，鄱陽人。性警敏，不事詞章。學于王松塢之門，造詣益深。累薦不起。建玉溪書院，以納天下來學。所著有四書釋要、詩經增釋、易經發明諸書。初，松塢嘗贈詩曰：「癯梅谷裏先春意。」先生因遂自署曰「梅谷」。

宋元學案卷八十四

存齋晦靜息庵學案

全祖望補本

存齋晦靜息庵學案表

湯千 父德威。

湯巾——從子漢——危復之

徐霖——謝枋得①——胡一桂 別見介軒學案。

徐炎午

虞舜臣

方南一

李天勇

魏天應

蔡正孫

王濟淵

①「得」字，原本作「德」，據本傳改。

徐直方
曾子良——吴定翁 附師甘泳。
饒宗魯——子敬仲 附見草廬學案。
胡志仁 饒氏學侶。——李實
王觀
胡棣
程紹開 古爲同調。——吴澄 别爲草廬學案。
王應麟 别爲深寧學案。東澗學侶。
湯中 並柴南溪、真西山門人。詹氏再傳。屏山、晦翁三傳。

存齋晦静息庵學案序録

祖望謹案：鄱陽湯氏三先生，導源于南溪，傳宗于西山，而晦静由朱而入陸，傳之東澗；晦静又傳之徑畈。楊、袁之後，陸學之一盛也。述存齋晦静息庵學案。梓材案：是卷學案，謝山所特立。鄭氏二老閣刻本序録作息庵晦静存齋學案。然息庵乃季庸之號，存齋則升伯之號也，謝山序三湯學統源流亦兩相錯互，特爲正之。

柴眞門人詹氏再傳。

通直湯存齋先生千父德威。

郡守湯晦静先生巾合傳。

侍郎湯息庵先生中合傳。

湯千，字升伯，饒之安仁人。先生少從鄉先生肄業，講求先朝名卿言行，輒慕其爲人。登慶元二年進士，調黄陂尉，益務涵飫經術，吟諷山房中，家人少覿其面。先是，先生父臨齋德威于古學無不通，先生爲舉子時，罕以語之，至是始發所藴，先生乃盡得家學之傳。俄居父憂，諸弟皆幼，先生以養以教，俾至有成。服除，調金華主簿，辟江州都統司機宜文字。又丁母憂。服除，調武昌軍節度推官，遂授南劍、嘉興二郡學。日與諸生講論道義，間造諸齋，爲從容咨叩，勉以進業，雖吏胥市人子，有可教者，亦收置釁序，親授經史，其所成就居多。改通直郎，知湖州武康縣，未上，卒，年五十五。先生恬夷靜深，德宇粹然，自其少時，博參聖賢言論，以爲指歸，精思力踐，不進不已，至孝友至情、君國大義，誠至弗渝。嘗從真西山論洙泗、伊洛之源流，與朱、陸氏之所以同異，融會貫通，卓然自有見處，西山謂「其用心于內，而求踐其實者也」。有集二十卷、泮宮講義二卷、史漢雜考二卷、記聞十卷、楮幣罪言一卷。弟巾，字仲能，嘉定進士；中，字季庸，寶慶進士，與先生並師柴憲敏公中行，斷又並事西山。仲能之主繁昌簿也，西山作序以送之，官至郡守。季庸官司諫，至工部侍郎，其從子爲文清公漢。參真西山集。

謝山答臨川序三湯學統源流札子曰：「陸文安弟子，在江南西道中最大者，有鄱陽湯氏，而向來無知之者。案三湯子並起，至東澗先生文清公而益著。東澗在宋史有傳，而不詳其學術師友，且誤志其世系。三湯子者，其長曰息庵先生千，官郡守；其次曰晦靜先生巾，官提領；其少曰存齋先生中，官司諫，乃東澗之從父也，而宋史以爲兄，謬矣。梓材案：袁蒙齋送林德甫教授序云：「德甫受知真西山，結交湯同年仲能及其弟伯紀。」兄曰仲而弟曰伯，無是行次，必有誤文。又案：晦靜官至郡守，見蔡氏九儒書。息庵當作存齋，未官提領；存齋改作息庵，亦不止司諫也。三湯子之學，並出于柴憲敏公中行，固朱學也。其後又並事真文忠公，亦朱學。乃晚年，則息、存二老仍主朱學，稱大、小湯，而晦靜別主陸學。東澗之學，肩隨三從父而出，師友皆同，而晚亦獨得于晦靜。是時朱、陸二家之學並行，而湯氏一門四魁儒，中分朱、陸，各得其二。方虛谷主張朱學，力詆東澗，以爲「見包恢，入政府，方守陸學，遂爲所脅，舍而從之」。此乃門戶黨伐、入主出奴之說，不足信。晦靜之以陸學名，乃在包氏未登宰執之時，不自東澗始也。案袁清容集亦言晦静始會同朱、陸之説，至東澗而益闡同之。是二湯之書，殆在趙東山之前，而先儒皆未之及，不可謂非一大罣漏也。梓材案：真西山爲大湯升伯墓誌云：「初號隨適居士，晚更號存齋。」是存齋乃升伯而非季庸也。且升伯知武康，未上而卒，非郡守可知。又案：謝山奉臨川帖子引袁清容云：「陸子與朱子，生同時，仕同朝，其辯争者，朋友麗澤之益，書牘具在。不百餘年，異黨之説興，深文巧闢。淳祐中，鄱陽湯中氏合朱、陸之説，至其猶子端明文清公漢益闡同之，足以補兩家之未備，是會同朱、陸之最先者。」今鈔本清容居士集同作湯中，迺謝山札子屬之晦静，則湯中氏係湯巾氏傳寫之譌。然核之真西山集，似和合朱、陸實大湯之事，且云諸弟皆幼，以養以教，俾至有成，又似仲能、季庸皆承大湯家學，況大湯成慶元進士，前西山三年，其從西山，亦祇講學之侶耳。蔡氏九儒書載湯某贈蔡久軒提刑江東詩二首，注云：「淳祐辛亥正月，蔡久軒到弋陽訪湯，而湯作詩以贈別。」又云：「湯，弋陽人，逸名，號息庵，工部侍郎。」查江西通志，官至侍郎者爲湯中，則息庵乃季庸之號，其非升伯明矣。

晦静家學詹氏三傳。

文清湯東澗先生漢

湯漢，字伯紀，安仁人。爲上饒縣主簿。轉運使趙希塈言：「漢，今海内知名士也，豈得吏之州縣哉！」歷信州教授兼象山書院。陞太學博士，遷祕書郎，輪對，極言邊事，以爲：「今日扶危救亂，無復他策，在乎人主清心無欲，盡用天下之財力以治兵；大臣公心無我，盡用天下之人才以彊本，庶幾尚有以亡爲存之理耳。」擢太常少卿。後知隆興府。度宗即位，以端明殿學士致仕。先生嘗自儆曰：「春秋責備賢者，造物計較好人。一點莫留餘滓，十分成就全身。」王深寧謂：「此老晚節，庶幾踐斯言也。」謚文清。有文集六十卷，今佚。

附錄

王深寧桃源世譜引曰：「聞之東澗湯公，自契敷五教而人倫始明，是以學問淵源在商。湯學于伊尹，高宗學于甘盤，曰仁曰誠曰學，皆自商始。箕子以之陳洪範。正考父校頌，以那爲首，而聖王之傳恭可見。至夫子而集大成。湯本殷氏，故東澗云然。」

晦靜門人

著作徐徑畈先生霖

徐霖，字景説，西安人。有志聖賢之道。淳祐四年，試禮部第一，授沅州教授。先生卽上疏言史嵩之姦深之狀，見者吐舌，先生亦由是著直聲。擢祕書省正字，遷校書郎。會大旱，應詔上封事，不報，去國。上遣姚希得留之，辭曰：「向爲身死而不敢欺君父，今爲高官而自眩于生平，失其本心，何以暴其忠志？」尋以宣教郎主管雲臺觀，乃拜受之。十二年，遷著作郎。乞外，知撫州，幾一月而舉政。以言去，士民遮道，至不得行。又知汀州，卒。理宗賜田以旌其直。衢守游鈞營築精舍，聘請講學，是日聽者數千人，則其開講尤大有名，今皆不可考矣。謝文節公疊山，其門人也。

謝山序三湯學統源流札子曰：「晦静之學，傳者其一爲東澗，其一爲三衢。徐公徑畈，當咸淳之際，開講尤大有名，而宋史本傳亦不詳其師友。大抵宋史排陸學，凡爲陸學皆不詳，故虚谷之力詆徑畈，雖不足信，然非虚谷集亦莫知其所自出也。徑畈之弟子，曰謝文節公疊山，乃忠臣；曰徐古爲，乃遺民，有詩，見天地間集，而謝、徐論學宗旨，不可得而聞；其一曰曾子良，所謂平山先生者也。著録及門者頗多。」

東澗學侶

尚書王厚齋先生應麟別爲深寧學案。

東澗門人詹氏四傳。

太學危貞白先生復之

危復之，字見心，撫州人。宋末太學生，師事湯東澗。博覽羣書，好讀易，尤工于詩。入元，累徵不起。隱紫霞山。學者私謚曰貞白先生。

徑畈門人

文節謝疊山先生枋得

謝枋得，字君直，弋陽人。觀書，五行俱下，一覽終身不忘。與人論古今治亂，必掀髯抵几，跳躍自奮，以忠義自任。徐徑畈稱其「如驚鶴摩霄，不可籠縶」。寶祐中，舉進士，對策極攻丞相董槐與宦官董宋臣。吴潛宣撫江東、西，辟之。先生得民兵萬餘人守信州。五年，考試建康，摘賈似道政事爲問目，言：「兵必至，國必亡。」漕使陸景思銜之，上其稾于似道，坐居鄉不法，起兵時冒破科降錢，且訕謗，謫居興國軍。咸淳三年，赦歸。德祐初，呂文焕導元兵東下，屯建康。先生與呂師夔善，應詔上書，以一族保師夔可任，乞分沿江諸屯兵，以之爲鎮撫使，使之行成，且願身至江州見文焕與議。從之，使以沿江察訪使行。會文焕北歸，不及而反。以江東提刑、江西招諭使知信州。明年正月，師夔爲元徇定江東地，先生以兵逆之，使前鋒呼曰：「謝提刑來。」呂軍馳至，射之，矢及馬前。先生走入安仁，調淮士張孝忠逆戰團湖坪，孝忠揮雙刀擊殺百餘人。既中流矢死，馬奔歸，先生坐敵樓見之，曰：「馬歸，孝忠敗矣。」遂奔信州。師夔攻信州，不守。先生乃變姓名，入建寧唐石山，轉茶坂，寓逆旅中，日麻衣躡屨，東鄉而哭，人不識之，以爲被病也。已而去，賣卜建陽市中，惟取米屨，委以錢，率謝不取。其後，人稍稍識之，多延至其家，使爲弟子論學。宋亡，居閩中。至元二十三年，集賢學士程鉅夫薦宋臣二十二人，以先生爲首，辭不起。又明年，行省丞相忙兀台將旨詔之，執手相勉勞。先生曰：「上有堯、舜，下有巢、由，枋得名姓不祥，不敢赴詔。」尚書留夢炎薦先生，先生遺書夢炎曰：「江南無人材，求一瑕呂飴甥、程嬰、杵臼厮養，卒不可得也。王倫一市井無賴，謂梓宮可還，太后可歸。終則二事皆符其言。今一王倫且無之，則江南無人材可見也。今吾年六十餘矣，所欠一死耳。」福建行省參政魏天祐見時以求材爲急，欲薦先生爲功，使其友趙孟迴來言，先生罵曰：「天祐仕閩，無治行，顧以我輩飾好邪？」及見天祐，又傲岸不爲禮。天祐怒，强之而北。先生卽日食菜果。至京師，問謝太后欑所及瀛國所在，再拜慟哭。已而病，遷憫忠寺，見壁間曹娥碑，泣曰：「小女子猶爾，吾豈不汝若哉！」留夢炎使醫持藥雜米飲進之，先生怒曰：「吾欲死，汝乃欲生我邪？」終不食而死。參史傳。

疊山文集

傳曰：「求忠臣必于孝子之門，爲人臣不盡孝于家而能盡忠于國者，未之有也。」某親喪未克葬，持服未三年，若違禮背法，從郡縣之令，順執事之意，其爲不孝莫大焉。大元以道德仁義治天下，取士必忠孝，人有不葬其親而急于得君者，人心何在？天理何在？非聖君賢相所忍聞也！上程雪樓御史書。

人可回天地之心，天地不能奪人之心。大丈夫行事，論是非不論利害，論逆順不論成敗，論萬世不論一生，志之所在，氣亦隨之，氣之所在，天地鬼神亦隨之，願養吾益自珍重。儒者常談所謂爲天地立心，爲生民立極，爲去聖繼絕學，爲萬世開太平，正在我輩人承當，不可使天下後世謂程、朱之事皆大言無當也。與李養吾書。

賢者不得見，得見其象者，可以崇之矣。古之人不得見，得見其似者，可以續之矣。范文正公守嚴州，求嚴子陵之後，而免租稅奉祠事者四家；黃子畊守台州，求謝上蔡之後，給以田宅者數人；余景瞻守南劍，求楊龜山之後，賜以室廬，養以廩稍者十餘口，皆明時士大夫盛德事也。故家遺俗之昌微，豈特與郡政有相關者，斯文之興喪，世道之汙隆，君子亦相覘之。爲蔡文節子孫免差科書。

古之所謂經天緯地曰文者，必非場屋無用之文也。子既薄場屋之文而不爲，文而經天緯地，必有所傳矣，安得借一席地，相與講明之乎？予方挾龜策，坐卜肆，豈得已哉！是亦不願爲儒者。以予所不願而願子爲之，有愧于忠恕之道多矣。雖然，天地之大，無儒道亦不能自立，況國乎！送方伯載歸三山序。

天下有達道，不曰朋友，而曰朋友之交，交者，精神有契，道德有同，非外相慕也。不交以朋友，視君臣、父子、夫婦、昆弟則疏矣。易大傳曰：「定其交而後求。」定者，見其心之可交也，交亦豈易定哉！公卿求士，見其才，不見其心能負人，吾視魏其侯、翟廷尉悲之。士求公卿，見其勢，不見其心能汙人，吾視揚雄、班固、蔡邕笑之。契之教人曰：「朋友有信。」孔門合交與信並言。信而交，交而信，亦可以無悔矣。同富貴相忘而有九官十臣，同貧賤相疏而有仲尼弟子，同患難相怨而有東漢黨，此謂交，此謂信，此朋友得以列于人倫也。今人録求交曰雲萍，雲萍皆無情之物，己不信，交何能堅？請名之曰交信録，交無上下，無貴賤，無死生，吾盡吾信，不敢求諸人，百年之間，萬世之後，儻能無愧天地而謂之人，始可見朋友之助，始可言交信矣。交信録序。

古之大臣，能以道覺其君臣者，自伊尹始；能以學勉其君民者，自傅説始。由伊、傅至孔、孟，窮達雖不同，其道皆有功于天地。

學孔、孟者，必自讀四書始。意之誠，家、國、天下與吾心爲一；誠之至，天地人物與吾性爲一。夫人能言之，手指目視，常在于人所不見；戒慎恐懼，常在于己所獨知，天下能幾人哉！以上東山書院記。

天地間，一年之氣莫清于秋，一日之氣莫清于旦。人與天地相似者，血氣也，有能反觀吾所性所樂于此時者，幸以藐然之軀，與天地並立爲三極，可無愧矣。冬之閉者春之發，晦之息者明之見，學之誠者動之神，聖人合夜氣旦氣行啟我者昭昭，君固不必問，予亦不必辯。」秋旦說。

憲使徐古爲先生直方

徐直方，字立大，廣信人，號古爲。先生初補迪功郎。咸淳三年，進易解六卷。後除正言，官至江東憲。

縣令曾平山先生子良

曾子良，金溪人。嘗從徐徑畈遊。咸淳進士。知淳安縣，清慎自守，時邊事已急，多方保障，民賴以安。入元，程鉅夫薦爲憲僉，不赴，扁其室曰節居。學者稱平山先生。參江西通志。

古爲同調

程月巖先生紹開

程紹開，雲濠案：一作曹紹開，疑誤。號月巖，廣信人也。嘗築道一書院，以合朱、陸兩家之說。

梓材謹案：謝山述草廬學案序録云：「草廬出于雙峯，固朱學也。其後亦兼主陸學，蓋草廬又師程氏紹開。程氏嘗築道一書院，思和會兩家。」據此，則先生本爲陸學而和合朱學者也。

疊山門人疊氏五傳。

鄉舉胡雙湖先生一桂別見介軒學案。

通判徐先生炎午

徐炎午者，永豐人，疊山高弟也。景定進士。累官建寧通判，稱循吏。

虞先生舜臣

虞舜臣，弋陽人也。疊山死後二十四年，先生爲之築室買田，祠于弋陽之東，語之行省，得賜疊山書院之名。

州判方先生南一

方南一者，貴溪人，疊山高弟也。性耿介，官至贛州判官。

李先生天勇

李天勇者，臨川人也。從謝疊山學，尚氣節。元兵迫饒州，疊山援之，先生以兵會戰于團湖坪，軍敗，與張孝忠俱死之。

魏梅野先生天應

蔡蒙齋先生正孫合傳。

王先生濟淵合傳。

魏天應，號梅野；蔡正孫，號蒙齋；王濟淵，字道可，俱疊山門人。補。

梓材謹案：魏先生，建安人。

平山門人

隱君吳北齋先生定翁附師甘泳。

吳定翁，字仲谷，一字北齋，臨川人也。早喪父，鞠于伯氏。其歿也，服伯氏之服而喪之三年。宋亡，隱居不出。薦辟交至，終身不動。程鉅夫貽之書以招之，竟不答。故淳安令平山先生曾子良退居臨川，先生從之遊，其要以爲求孔、顏樂處。平山之學受之徑畈，徑畈受之晦静，陸文安公一大支也。文安壻于吳，踰三世而先生復紹其傳。崇仁甘泳中夫者，工詩，先生亦從之遊。其言曰：「士無求用于世，唯求無媿于世而已矣。」吳草廬極稱之。

祖望謹案：道園銘仲谷墓，但述其先世爲陸氏之姻，以志淵源所自出。又言其從平山學，然似不知平山一支之出于陸子者，何也？道園雖兼宗朱、陸，然于其流派不甚了了。其稱徑畈爲名士，似不知其傳陸學也。東發爲端嚴人，似不知其傳朱學也。

隱君饒先生宗魯

饒宗魯，字心道，臨川人。性孝友，生五歲，母歿，事繼母孝養備至。隱居不仕。天曆二年，大旱，鄉人乏食，死者相藉，發廩賑之，所活甚衆。所著有易傳、庸言等集。參江西通志。

雲濠謹案：江西通志于先生傳後，言其嘗輯所聞于曾子良語爲周易輯說，是先生亦平山門人也。

饒氏學侶

州判胡弋溪先生志仁附門人李實、王觀、胡棣。

胡志仁，餘干人。延祐戊午進士。學有淵源，與饒□□遊，博洽淹貫，踐履純篤。判樂平州，致仕，教授生徒，臨川李實、上饒王觀、進賢胡棣皆其門人。世稱爲弋溪先生。

梓材謹案：是傳梨洲原本在雙峯學案，列于雙峯門人，且云與饒雙峯遊，蓋本江西人物志。然雙峯及從黄勉齋、李宏齋爲朱子再傳弟子。其門人許應庚，紹定進士；魯士能，淳祐進士；羅椅，寶祐進士；羅天酉，開慶進士，皆在宋世。先生爲元延祐進士，上距許、魯諸子，近者已六十年，遠者幾至百年矣，其不得與雙峯遊從明矣。蓋由雙峯名魯，與饒先生宗魯氏名相同，先生殆與饒宗魯遊，傳寫者軼去「宗」字，因而譌爲雙峯爾。兹據其年世正之，移入于此。萬氏儒林宗派亦列先生于雙峯之門，猶仍學案原本之譌，非也。

月巖門人

文正吴草廬先生澄別爲草廬學案。

饒氏家學詹氏六傳。

饒先生敬仲別見草廬學案。

宋元學案卷八十五

深寧學案

黄宗羲原本　黄百家纂輯　全祖望補定

深寧學案表

王應麟（王潛齋、徐進齋門人。迂齋、節齋、真西山再傳。晦翁、東萊、慈湖、會氏、蔡西山三傳。元城、龜山、譙氏、武夷、横浦、白水、籍溪、屏山、延）——子良學
　子昌世——孫厚孫
　　孫寧孫
胡三省——子幼文
史蒙卿別爲静清學案。
戴表元——袁桷
黄叔雅別見東發學案。
鄭芳叔——子覺民——孫駒
　　孫真
袁桷見下剡源門人。
王惟賢

平、玉山、三山、芮氏、象山四傳。附弟惟義。

王應鳳

韓性別見潛庵學案。

並深寧學侶。

黃震別爲東發學案。

深寧同調。

深寧學案序録

祖望謹案：四明之學多陸氏，深寧之父亦師史獨善以接陸學。而深寧紹其家訓，又從王子文以接朱氏，從樓迂齋以接吕氏。又嘗與湯東澗遊，東澗亦兼治朱、吕、陸之學者也。和齊斟酌，不名一師。宋史但夸其辭業之盛，予之微嫌于深寧者，正以其辭科習氣未盡耳！若區區以其玉海之少作爲足盡其底緼，陋矣！述深寧學案。梓材案：深寧原傳本附真西山學案，謝山始别立學案。謝山文集以深寧爲吕學大宗，故標以樓氏之傳，而推原于吕氏。

王徐門人樓、真再傳。

尚書王厚齋先生應麟

王應麟，字伯厚，慶元府鄞縣人。與弟應鳳同日生。九歲通六經，從王子文埜受學。淳祐元年第進士，先生曰：「今之事舉子業者，一切委棄，制度典故漫不省，非國家所望于通儒。」于是閉門發憤，誓以博學宏辭科自見，假館閣書讀之。寶祐四年中是科。其弟應鳳，開慶元年亦中是科，詔褒諭之，添差浙西安撫使幹辦公事。帝御集英殿策士，召先生覆考。帝欲易第七卷置其首。先生讀之，乃頓首爲得士賀，遂爲首選。及唱名，乃文天祥也。歷太常寺主簿，面對，定修攘至計。時丁大全諱言邊事，于是先生罷。未幾，起通判台州，遷至著作佐郎，守軍器少監。又累遷起居舍人，兼權中書舍人。忤賈似道，以祕閣修撰奉祠。起知徽州，召爲祕書監，兼史職，兼侍講。遷起居郎兼權吏部侍郎。時朝臣無以邊事言者，先生指陳成敗順逆之説，帝不懌。似道復謀逐之，適以憂去。及似道潰師江上，授中書舍人兼直學士院，即引疏陳十事。進兼同修國史、實録院同修撰兼侍讀，遷禮部侍郎兼中書舍人。日食，應詔論消弭及備禦之策，皆不及用。尋轉禮部尚書兼給事中。丞相留夢炎用徐囊爲御史，擢江西制置使黄萬石等，先生繳奏。疏再上，不報。出關俟命，再奏，又不報，遂東歸。詔中使以翰林學士召，力辭。入元，不出。學者稱爲厚齋先生。後二十年卒。所著有深寧集、困學紀聞、玉海等書。修。雲濠案：宋史本傳，先生著有深寧集一百卷、玉堂類稾二十三卷、詩攷五卷、詩地理攷五卷、漢藝文志攷證十卷、通鑑地理攷一百卷、通鑑地理通釋十六卷、通鑑答問四卷、困學紀聞二十卷、蒙訓七十卷、集解踐阼篇、補注急就篇六卷、補註王會篇、小學紺珠十卷、玉海二百卷、詞學指南四卷、詞學題苑四十卷、筆海四十卷、姓氏急就篇六卷、漢制攷四卷、六經天文編六卷、小學諷詠四卷。

百家謹案：清江貝瓊言：「自厚齋尚書倡學者以考亭朱子之説，一時從之而變，故今粹然皆出于正，無陸氏偏駁之弊。然則，四明之學以朱而變陸者，同時凡三人矣：史果齋也，黄東發也，王伯厚也。三人學術既同歸矣，而其倡和之言不可得聞，何也？厚齋著書之法，則在西山真爲肖子矣。」謝山同谷三先生書院記曰：「王尚書深寧獨得吕學之大宗。或曰：『深寧之學得之王氏埜、徐氏鳳。王、徐得之西山真氏，實自詹公元善之門，而又頗疑吕學未免和光同塵之失，則子之推爲吕氏世嫡也，何歟？』曰：『深寧論學，蓋亦兼取諸家，然其綜羅文獻，實師法東萊，況深寧少師迂齋，則固明招之傳也。』」梓材案：深寧少師迂齋，蓋因温州而誤。説詳麗澤諸儒學案。

困學紀聞補。

「修辭立其誠」。修其内則爲誠，修其外則爲巧。言易以辭爲重，上繫終于默而成之，養其誠也；下繫終于六辭，驗其誠不誠也。辭非止言語，今之文，古所謂辭也。

潛龍以不見成德，管寧所以箴邴原也；全身以待時，杜襲所以戒繁欽也。易曰：「括囊无咎无譽。」

同人之初曰出門，隨之初曰出門，謹于出門之初，則不苟同，不詭隨。

冥于豫而勉其有渝，開遷善之門也；冥于升而勉其不息，回進善之機也。

召平、董公、四皓、魯兩生之流，士不以秦而賤也；伏生、浮丘伯之徒，經不以秦而亡也；萬石君之家，俗不以秦而壞也。剥之終曰：「碩果不食。」陽非陰之所能剥。

易于蠱「終則有始」，于剥「消息盈虚」，于復「反復其道」，皆曰天行也。然則，無豫于人事與？曰：「聖人以天自處，扶陽抑陰，盡人事以回天運，而天在我矣。」

言行可以欺于人，而不可以欺于家，故家人之象曰：「君子以言有物而行有恒。」

致命遂志，命可致而志不可奪；行法俟命，命可俟而法不可變。龜靈而焦，雉文而翳，是以衣錦尚絅。蘭薰而摧，玉剛而折，是以危行言孫。白賁素履，所以无咎。

知止而后有定，故觀身于艮；惻隱之心，仁之端也，故觀心于復。君子無斯須不學也，黄霸之受尚書，趙岐之注孟子，皆在患難顛沛中，況優游暇豫之時乎！易曰：「困而不失其所，亨。」頤初九王輔嗣注云：「安身莫若不競，修己莫若自保。守道則福至，求禄則辱來。」至哉！斯言可書諸紳。

充善端于蒙泉之始，絶惡念于履霜之萌。

大畜爲學，賁爲文。能止健而後可以爲學，文明以止而後可以爲文。止者，篤實而已。不以篤實爲本，則學不足以成德，文不足以明理。

天地未嘗一日無陽，亦未嘗一日無君子，故十月爲陽，純坤稱龍。

蒙之養正察乎微，頤之養正先乎近。以上易。

梓材謹案：謝山所録易説十九條，今移入南軒學案一條，移入東萊學案一條，移入滄洲諸儒學案一條。

禹之告舜曰：「安汝止。」盡天理而無人欲，得至善而止也。伊之告太甲曰：「欽厥止。」去人欲而復天理，求至善而止也。

學，立志而後成，遜志而後得。立志剛也，遜志柔也。

無逸多言不敢，孝經亦多言不敢，堯、舜之兢業，曾子之戰兢，皆所以存此心也。

「式和民則」，順帝之則，有物有則，動作禮義威儀之則，皆天理之自然，有一定之成法。聖賢傳心之學，唯一則字。

「乃命三后。」先儒曰：「人心不正則入于禽獸，雖有土不得而居，雖有穀不得而食，故先伯夷而後及禹、稷。」此説得孔子「去食」、孟子「正人心」之意。

「小雅盡廢」，其禍烈于洚水；四維不張，其害憯于阻飢。

「有言遜于汝志」，艮之不拯其隨也；「惟學遜志」，謙之卑以自牧也。遜一也，而善惡異。

舜之克艱，文之無逸，心也。後之勤政者，事爲而已。

「我生不有命在天。」得之不得曰有命，一爲獨夫之言，一爲聖人之言。以上書。

梓材謹案：謝山所録書説十一條，今移入滄洲諸儒學案一條，移入西山真氏一條。

「凡百君子，各敬爾㊀身。胡不相畏，不畏于㊁天。」宗周既滅，哀痛深矣，猶以敬畏相戒，聖賢心學，守而弗失。中夏雖亡，而義理未嘗亡，世道雖壞，而本心未嘗壞，君子修身以俟命而已。

「不愧于人，不畏于天。」天人一也，不愧則不畏。

㊀「爾」字，原本作「其」，據龍本改。　㊁「不畏于天」，原本無，據龍本補。

「神之聽之，終和且平。」朋友之信，可質于神明。「神之聽之，式穀以女。」正直之道，無愧于幽隱。孝經「非先王之法服不敢服」，孟子「服堯之服，聖賢之訓」，皆以服在言行之先，蓋服之不衷，則言必不忠信，行必不恭敬。中庸「修身」，亦先以「齊明盛服」；都人士之「狐裘黄黄」，所以「出言有章，行歸于周也」。

「不顯亦臨。」愼獨者，齊家之本。

古之君子，剛中而柔外，仲山甫「柔嘉維則」，衛武公「無不柔嘉」，隨會「柔而不犯」。以上詩。

梓材謹案：謝山所録詩説七條，今移入横浦學案一條。

禮學不可不講。

曾子問于變禮無不講，天圓篇言天地萬物之理，曾子之學，博而約者也。

夏時坤、乾何以見夏、殷之禮，易象、魯春秋何以見周禮，此三代損益大綱領也，學者宜切磋究之。

人者，天地之心也。仁，人心也。人而不仁，則天地之心不立矣。爲天地立心，仁也。

「四十始仕，道合則服從，不可則去。」古人始仕已然。「色斯舉矣」，去之速也；「翔而後集」，就之遲也，故曰：「以道事君，不可則止。」

學記以「發慮憲」爲第一義，謂所發之志慮合于法式也。「一年視離經辨志」，一年者，學之始分别，其心所趨向也，慮之所發必謹，志之所趨必辨，爲善不爲利，爲己不爲人，爲君子儒不爲小人儒，此學之本也。

天理二字，始見于樂記。如孟子性善養氣，前聖所未發也。

哀公之問，非切問也，故孔子于問舜冠則不對，于問儒服則不知。

古者無一民不學也。二十五家爲閭，閭同一巷，巷有門，門有兩塾。上老坐于右塾爲右師，庶老坐于左塾爲左師。出入則里胥坐右塾，鄰長坐左塾，察其長幼揖遜之序。餘子皆入學，距冬至四十五日始出學，所謂「家有塾」也。古道何時而復乎？以上禮。

梓材謹案：謝山所録禮説十一條，今移入安定學案一條，移入晦翁學案一條。

古者以德爲才，十六才子是也。如狄之酆舒、晉之智伯、齊之盆成括，以才稱者，古所謂不才子也。氣志有交勝之理，治亂有可易之道，故君相不可以言命；多福自我求，哲命自我貽，故聖賢可以言天。

郗文公之知命，楚昭王之知道，惠王之知志，其所知有在于卜祝史巫之外者。

漢士習于謟諛，而以汲長孺爲戇、朱游爲狂；晉士惑于曠達，而以卞望之爲鄙。君子之所守，不以習俗移。

叔向爲平公傅而不能諫四姬之惑，何也？曰：「正己可以格君，叔向娶于申公巫臣氏，自反而不縮矣。

先儒有言，寡欲之臣，然後可以言王佐。以上左氏傳。

梓材謹案：謝山所録春秋傳説六條，今移入紫微學案一條。

思欲近，近則精；慮欲遠，遠則周。

沮、溺、荷篠之行，雖未能合乎中，陳仲子之操，雖未能充其類，然惟孔、孟可以議之。斯人清風遠韻，如鸞鵠之高翔，玉雪之不污，視世俗徇利亡恥饕榮苟得者，猶腐鼠糞壤也。小人無忌憚，自以爲中庸，而逸民清士，乃在譏評之列，學者其審諸。

君子不因小人而求福，孔子之于彌子也。不因小人而避禍，叔向之于樂王鮒也。朱博之黨丁傅，福可求乎？賈捐之之諂石顯，禍可避乎？故曰：「不知命，無以爲君子。」

去惡不力，則爲善不勇，故克己改過，皆斷以勿。以上論語。

梓材謹案：謝山所録論語說六條，今移入絜齋學案一條，移入新學略一條。

楊之學似老，墨之學似佛。

「仁，人心也。」「求其放心」，此孟子直指本心處。但禪學有體無用。

何德將歎？習日入時愈深則趨正愈遠。

「夫道一而已矣。」爲善而雜于利者非善也，爲儒而雜于異端者非儒也。

楊肩吾曰：「天下雖不治平，而吾國未嘗不治且平者，岐周是也。一國雖不治平，而吾家未嘗不治且平者，曾、閔是也。一家雖不治平，而吾身吾心未嘗不治且平者，舜與周公是也。」

求在我者，盡性于己；求在外者，聽命于天。以上孟子。

梓材謹案：謝山所録孟子說九條，今移入南軒學案一條，移入水心學案一條，移入西山真氏一條。

虞溥厲學曰：「聖人之道，淡而寡味，故學者不好也。及至期月，所觀彌博，所習彌多，日聞所不聞，日見所不知㊀，然後心開意朗，敬業樂羣，忽然不覺大化之陶己，至道之入神也。」學者不患才不及，而患志不立。

任子曰：「學所以治己，教所以治人。」不勤學無以爲智，不勤教無以爲仁。說經。

楊倞注荀子曰：「天無實形，地之上空虚者，盡皆天也。」其說本于張湛列子注謂：「自地而上，則皆天矣，故俯仰喘息，未始離天。」天道。

世說其言清以浮，有天下分裂之象；中說其言閎以實，有天下將治之象。

「吏者，民之本綱也，聖人治吏不治民。」斯言不可以韓非廢。諸子。

剛者必仁，佞者必不仁。龐萌爲人遜順，而光武以託孤期之，其惑于佞甚矣，子陵所以鴻飛冥冥也。

曲禮、少儀之教廢，幼不肯事長，不肖不肯事賢。東都之季，風化何其美也！魏昭灑埽于郭泰，荀爽御于李膺，殷陶、黃穆侍衞于范滂，闕里氣象，不過是矣。以上攷史。

梓材謹案：謝山所録深寧攷史十二條，今移入涑水學案一條，移入明道學案一條，移入上蔡學案一條，移入龜山學案一條，移入紫微學案一條，移入豫章學案一條，移入趙張諸儒一條，移入西山蔡氏一條，移入勉齋學案一條。又一條云：「李誠之語真希元曰：『篤信好學，守死善道，此吾輩八字箴。』」已入麗澤諸儒學案李傳中，删之。

梓材又案：謝山又録評文二條，今歸入慈湖學案一條，絜齋學案一條。又録評詩五條，今歸入范吕諸儒一條，張祝諸儒一條，蜀學略二條。其一條曰：「湯伯紀自警云：『春秋責備賢者，造物計較好人，一點莫留餘滓，十分成就全身。』此老晚節，庶幾踐斯言也。」已入三湯學案伯紀傳中，删之。

㊀「知」字，晉書本傳作「見」。

王渙之曰：「乘車常以顛墜處之，乘舟常以覆溺處之，仕宦常以不遇處之，無事矣。」此言近于達者。

尚志謂之士，行己有恥謂之士，否則何以異乎工商？特立獨行謂之儒，通天地人謂之儒，否則何以異乎老、釋？困而不學，則下民爾；待文王而興，則凡民爾。

羣居終日，言不及義，而險薄之習成焉；飽食終日，無所用心，而非僻之心生焉。故曰：「民勞則思，思則善心生。」

儒之教以萬事爲實，釋之教以萬法爲空。以上雜識。

梓材謹案：謝山所録雜識八條，今移入元城學案一條，移入橫浦學案一條，移入東萊學案一條，移入止齋學案一條。

深寧文集補。

萬古一道，萬化一心。仁，人心也。人者，天地之心也。天有四時，風雨霜露，地載神氣，風霆流形，無一物而非仁。仁則清明虛静，與天地同流。慈湖書院記。

以仁存心，以心合天。醫學記。

爲政之本，自相在爾室始。千室之邑易治也，一室之自治爲難，亦惟暗室之不欺而已。堂上一笑嚬，堂下萬休戚繫焉。重修鄞縣治記。

漢之經生守家法，唐之世族重宗譜，子弟彬彬，三代之流風猶存。然金籝之諺，城南之詩，識者謂誘以利禄，非天爵之貴。廣平書塾記。

庸敬在心，斯須之敬在祭。奉化社稷壇記。

三陳九卦，此涉變處難之法。履以澤爲德之基，井以水爲德之地，基者德之積，地者德之厚，積則涵養爲淵泉之溥，厚則和順爲時雨之化。德潤齋記。

納鼎有諫，觀社有諫，申繻名子之對，里革斷罟之規，御孫別男女之贄，管仲辭上卿之饗，柳下季之述祀典，單襄公之述夏令，魏絳之陳訓箴，郯子能言紀官，州鳩能言七律，子革倚相能誦祈招懿戒，觀射父之言祭祀，閔馬父之稱商頌，格言猷訓，粲然可睹，故齊虞人能守官，魯宗人能守禮。而劉子所云「天地之中」，子產所云「天地之經」，胥臣敬德之聚，晏子禮之善物，皆能識其大者。此三代之禮所以扶持于未墜，豈一人之力哉！漢制攷序。

人之心與天地山川流通，發于聲，見于辭，莫不繫水土之風，而屬三光五嶽之氣，稽風俗之薄厚，見政化之盛衰，匪徒辨疆域也。詩地理攷序。

梓材謹案：謝山所録深寧文集九條，今移入存齋晦静息庵學案一條。

附録

咸淳元年七月，除著作郎時，湯文清公爲太常少卿，與先生鄰牆居，朝夕講道，言關、洛、濂、閩、江西之同異，永嘉制度、沙隨古易、蔡氏圖書經緯、西蜀史學，通貫精微，剖析幽渺，湯公曰：「吾閲士良廣，惟伯厚乃真儒也。」

謝山宋王尚書畫像記曰：「先生之學，私淑東萊，而兼綜建安、江右、永嘉之傳。生平大節，自擬于司空圖、韓偓之間，良無所愧。顧所當發明者有二：其一則宋史之書法也。先生于德祐之末，拜疏出關，此與曾淵子輩之潛竄者不同。先生既不與軍師之任，國事已去，而所言不用，不去何待？必俟元師入城，親見百官署名降表之辱乎？試觀先生在兩制時，晨夕所草辭命，猶思挽既渙之人心，讀之令人淚下，則先生非肯恝然而去者。今與淵子輩同書曰遁，妄矣！其一則明儒所議，先生入元，曾爲山長一節也。先生應元人山長之請，史傳家傳志乘諸傳皆無之，不知其所出。然即令曾應之，則山長非命官，無所屈也。箕子且應武王之訪，而況山長乎！予謂先生之拜疏而歸，蓋與馬丞相碧梧同科；即爲山長，亦與家參政之教授同科，而先生之大節如清天白日，不可掩也。嗚呼！先生困學紀聞中有取于姚弋仲、王猛之徒，與楊盛之不改晉朔，并謝靈運臨難之詩，其亦悲矣。而謂士不以秦賤，經不以秦亡，俗不以秦壞，何其壯也！罵李德林之以事周者事隋，更足爲興王用人之戒。今觀先生之像，鬚眉惆悵，端居不樂，其當杜門謝客之際乎？

深寧學侶

常博王默齋先生應鳳

王應鳳，字仲儀，深寧之弟。相與講學矻矻，忘寢食，劌心文囿，根柢左氏、班、馬。寶祐間，登文文山榜進士。廷對，披腹盡言，中甲科第九，賜第。或謂曰：「此麗澤先生名第也，盍以異科自見？」開慶元年，中博學宏辭科，歷淮西制置司參議官。未幾，文山薦其學宜在翰墨之選，除太常博士以終。所著有默齋稾及訂正三輔黃圖諸書。參成化四明志。

莊節韓先生性別見潛庵學案。

深寧同調

文潔黃於越先生震別爲東萊學案。

深寧家學樓、真三傳。

王先生良學

王良學，厚齋尚書長子，嘗從三江李氏遊。

承務王靜學先生昌世

王昌世，字昭甫，深寧次子也。恩補承務郎，未及禄而宋社已墟。深寧杜門不出，朝夕取經史諸書講解論辯，先生甫十歲，聽受無倦。深寧所著述，先生蒐輯考訂，贊助爲多。蓄書萬餘卷，燬于火，露鈔雪纂，至忘寢食，書以復完。尤精于易筮，占驗如神。參黃文獻集。

教授王遂初先生厚孫

隱君王先生寧孫合傳。

王厚孫，字叔載，深寧之孫。少侍大父左右，聞見充積，由是熟于職官典故、世冑譜牒，凡鄉里欲述其先世者，多諮問之。袁清容桷自翰林歸里，問所學，對曰：「世之學者，涉獵朱子書，自謂得其真傳，輒譏乾、淳諸老，不知諸老與朱子同時，博聞實踐，爲朱子所推許。今人耳目有所不及，乃藉口性理，以自文其寡陋，恐漸成虛誕之風。」清容心折之。以黄文獻溍薦，爲郡學訓導，後改授象山教諭，調浦江。甫閱月，卽解官歸。李國鳳經畧江南，以便宜舉用遺逸，有司以先生名上，李曰：「此危太樸所深敬者。」署衢州儒學教授。中書復有薦者，除邵武路教授福建分省，又陞爲副提舉，皆不赴。嘗誡其子曰：「承家不在名位，而在不失身。其有同流合污爲通，患得患失以終其身者，吾所深惡也。」晚號遂初老人。弟寧孫，字叔遠。初治詩。後治春秋，訂正各傳異同，必格其終始而止。其于文章制度，尤致意焉。未嘗一造場屋。僉憲戴東皐按浙東，民安其政，適被誣，叔遠奮然直之。戴復職，將薦，刻謝不與通，遂不仕而終。參寧波府志。

深寧門人

朝奉胡梅磵先生三省

胡三省，字身之，天台人。雲濠案：一作寧海人。博學能文章，尤篤于史學。宋寶祐進士。德祐元年，以賈似道辟，從軍蕪湖，言輒不用。及師潰，間道歸。宋亡，隱居不仕。著資治通鑑音注及釋文辯誤百餘卷。史失其傳，不知卒于何時。據先生自序，德祐丙子，浙東始騷，避地越之新昌，遭亂失其書。是年宋亡。先生亂定反室，復購得他本爲之注，以乙酉徹編，蓋至元二十二年也。從黄氏補本録入。

梓材謹案：是傳從黄氏補本增入，原列胡熊諸儒學案。攷深寧年譜，弟子著名者：胡三省、戴表元、袁桷、黄叔雅、史蒙卿、趙孟僕、楊渼、王惟賢。知先生爲王門首座云。又案：台州府志載先生終朝奉郎。

通鑑注釋自序

古者國有史以紀年書事，晉乘、楚檮杌雖不可復見，春秋經聖人筆削，周轍既東，二百四十二年事昭如日星。秦滅諸侯，燔天下書，以國各有史，刺譏其先，疾之尤甚。詩、書所以復見者，諸儒能藏之屋壁。諸國史記各藏諸其國，國滅而史從之，至漢時，獨有秦紀。太史公因春秋以爲十二諸侯年表，因秦紀以爲六國年表，三代則爲世表。當其時，黄帝以來牒紀猶存，具有年數，子長歷稽其譜牒，終始五德之傳，咸與古文乖異，且謂「孔子序書，畧無年月；雖頗有，然多闕。夫子之弗論次，蓋其慎也」。子長述夫子之意，故其表三代也，以世不以年。汲冢紀年出于晉太康初，編年相次，起自夏、殷、周，止魏哀王之二十年，此魏國史記，脱秦火之厄而晉得之，子長不及見也。子長之史，爲紀、表、書、傳、世家，自班孟堅以下不能易，雖以紀紀年，而書事畧甚，蓋其事分見志、傳，紀宜畧也。自荀悦漢紀以下，紀年書事，世有其人。獨梁武帝通史至六百卷，侯景之亂，王僧辯平建業，與文德殿書七萬卷俱西，江陵之陷，其書燼焉。唐四庫書，編年四十一家，九百四十七卷，而王仲淹元經十五卷，蕭穎士依春秋義類作傳百卷，逸矣。今四十一家，存者復無幾。乙部書以遷、固等書爲正史，編年類次之，蓋紀、傳、表、志之書行，編年之書特備乙庫之藏耳。宋英宗命司馬光論次歷代君臣事跡爲編年一書，神宗以鑑于往事，有資治道，賜名資治通鑑，且爲序其造端立意之由。温公之意，專取關國家盛衰，繫生民休戚，善可爲法，惡可爲戒者以爲是書。治平、熙寧間，公與諸人議國事相是非之日也。蕭、曹畫一之辯不足以勝變法者之口，分司西京，不豫國論，專以史局爲事。其忠憤感慨不能自已于言者，則智伯才德之論，樊英名實之説，唐太宗君臣之議樂，李德裕、牛僧孺争維州事之類是也。至黄幡綽、石野豬俳諧之語，猶書與局官，欲存之以示警，此其微意，後人不能盡知也。編年豈徒哉！世之論者率曰：「經以載道，史以記事，史與經不可同日語也。」夫道無不在，散于事爲之間，因事之得失成敗，可以知道之萬世無弊，史可少歟！爲人君而不知通鑑，則欲治而不知自治之源，惡亂而不知防亂之術。爲人臣而不知通鑑，則上無以事君，下無以治民。爲人子而不知通鑑，則謀身必至于辱先，作事不足以垂後。乃如用兵行師，創法立制，而不知迹古人之所以得，鑑古人之所以失，則求勝而敗，圖利而害，此必然者也。孔子序書，斷自唐、虞，訖文侯之命而繫之秦，魯春秋則始于平王之四十九年；左丘明傳春秋，止哀之二十七年趙襄子惎智伯事，通鑑則書趙興智滅以先事。以此見孔子定書而作春秋，通鑑之作，實接春秋左氏後也。温公徧閲舊史，旁採小説，抉擿幽隱，薈萃爲書，勞矣。而修書分屬，漢則劉攽，三國訖于南北朝則劉恕，唐則范祖禹，各因其所長屬之，皆天下選也，歷十九年而成。則合十六代一千三百六十二年行事爲一書，豈一人心思耳目之力哉！公言：「修通鑑成，惟王勝之借一讀；他人讀未盡一紙，已欠伸思睡。」是正文二百九十四卷，有未能徧觀者。若考異三十卷，所以參訂羣書之異同，俾歸于一。目録三十卷，年經國緯，不特使諸國事雜然並録者粲然有別而已，前代曆法之更造，天文之失行，實著于目録上方，是可以凡書目録觀邪！先君素篤史學，每謂三省曰：「史、漢自服虔、應劭至三劉，注解多矣。章懷注范史，裴松之注陳壽史，雖間有音釋，其實廣異聞，補未備，以示博洽。晉書之楊正衡，唐書之竇苹、董衝，吾無取焉。徐無黨注五代史，粗言歐公書法義例，他未之及也。通鑑先有劉安世音義十卷，而世不傳。釋文本出于蜀史炤，馮時行爲之序，今海陵板本又有温公之子康釋文，與炤文大同小異。公休于書局爲檢閲㊀官，是其得温公辟咡之㊁教詔，劉、范諸公羣居之講明，不應乖剌乃爾，意海陵釋文非公休爲之。若能刊正乎？」三省捧手對曰：「願學焉。」乃大肆力于是書。依陸德明經典釋文，釐爲廣注九十七卷；著論十篇，自周訖五代，畧敘興亡大致。以考異及所注者散入通鑑各文之下；曆法、天文則隨目録所書而附注焉。凡紀事之本末，地名之同異，州縣之建置離合，制度之因革損益，悉疏其所以然。若釋文之舛謬，悉改正之，別著辯誤十二卷。嗚呼！注班書者多矣：晉灼集服、應之義而辯其當否，臣瓚總諸家之説而駁以己見。至小顏新注，則又譏服、應之疏紊尚多，蘇、晉之剖斷蓋尠，訾臣瓚以差爽，詆蔡謨以牴牾，自謂窮波討源，搆會甄釋，無復遺恨；而劉氏兄弟之所以議顔者，猶顔之議前人也。人苦不自覺，前注之失，吾知之，吾注之失，吾不能知也。又，古人注書，文約而義見；今吾所注，博則博矣，反之于約，有未能焉。世運推遷，文公儒師從而凋謝，吾無從取正。或勉以北學于中國，嘻，有志焉，然吾衰

㊀「閲」字，原本作「書」，據龍本改。
㊁「之」字，原本作「又」，據龍本改。

矣！通鑑音注序。

通鑑釋文行世，有史炤本，有公休本。史炤本，馮時行爲之序；公休本刻于海陵郡齋，前無序，後無跋，直署公休官位姓名于卷首而已。又有成都府廣都縣費氏進修堂板行通鑑，于正文下附注，多本之史炤，間以己意附之，世人以其有注，遂謂之善本，號曰「龍爪通鑑」。要之，海陵釋文、龍爪注，大同而小異，皆蹈襲史炤者也。謁謬相傳，而海陵本乃託之公休以欺世，適所以誣玷公休，此不容不辯也。觀海陵所刊公休釋文，以「烏桓」爲「烏丸」，按宋欽宗諱桓，靖康之時，公休歿已久，安得豫爲欽宗諱桓字邪！又謂南、北史無地理志，是止見李延壽南、北史，不知外七史宋書、魏書、蕭齊書皆有志，而隋書有㊀五代志也。温公修通鑑，公休爲檢閱文字官，安得不見諸書邪！海陵釋文、費氏注，雖視史炤釋文爲差畧，至其同處則無一字異。費氏，蜀中鬻書家，固宜用炤釋刊行；若公休，則在史炤前數十年，炤書既不言祖述公休，而公休書乃如剽竊史炤者。又其書中多淺陋，甚至不考通鑑上下本文而妄爲之説，有不得其句者，有不得其字者，辯誤悉已疏之于前，讀者詳之，其真僞可見矣！又有通鑑前例者，浙東提舉常平茶鹽司板本，乃公休之孫伋所編，亦言「欲與音釋並行于世，此吾先人所疑，今人所依以爲信者」。考伋之所編，温公與范夢得論修書二帖，則得之三衢學官，與劉道原㊁十一帖，則得之高文虎氏，伋取以編于前例之後，其網羅放失者僅如此！蓋温公之薨，公休以毀卒，通鑑之學，其家無傳矣。汴京破，温公之後曰朴者，金故以其世而敬之，盡徙其家而北，後莫知其音問。紹興，兩國講和，金使來問：

㊀「有」字，原本無，據資治通鑑補。

㊁「與劉道原」，原本落「與」字，據資治通鑑補。

「汝家復能用司馬温公子孫否？」朝廷始訪温公之後之在江南者，得伋，乃公之從曾孫也，使奉公祀。伋欲昌其家學，凡言書出于司馬公者，必鋟梓而行之，而不審其爲時人附會也。容齋隨筆曰：「司馬季思知泉州，刻温公集，有作中丞日彈王安石章，尤可笑。温公治平四年，解中丞還翰林，而此章乃熙寧三年，季思爲妄人所誤，不察耳！」季思，伋字也。以此證之，則伋以音釋出于其先，欲與所編前例並行，亦爲妄人所誤也。今時有寶應謝珏通鑑直音，自燕板行，而南又有廬陵郭仲山直音，又有閩本直音。直音者，最害後學，未暇問其考據，其書更不論四聲翻切，各自以土音爲之音，率語轉而失其正音，亦有因土音而失其本，至于大相遠者，不特語轉而已。今辯誤爲公林辯誣，以公休本爲海陵本，龍爪本爲費氏本。先舉史炤之誤，二本與之同者，則分注其下曰同，然後辯其非而歸于是，如直音之淺謬，皆畧而不録云。通鑑釋文辯誤序。

謝山胡梅磵藏書窖記曰：「宋之亡，四方遺老避地來慶元者多，而天台三宿儒預焉：其一爲舒閬風嶽祥，其一爲先生，其一爲劉正仲莊孫，皆館袁氏。時奉化戴户部剡源亦在其中，與閬風、正仲和詩最富，而梅磵獨注通鑑。案梅磵注通鑑凡三十年，其自記謂，寶祐丙辰既成進士，卽從事于是書，爲廣注九十七卷，通論十篇。咸淳庚午，從淮壖歸杭都，延平廖公見而韙之，禮致諸家，俾以授其子弟，爲著讐校通鑑凡例。廖薦之賈相。德祐乙亥，從軍江上，言輒不用。既而軍潰，間道徒步歸里。丙子，避地浙之新昌，師從之，以孥免，失其書。亂定反室，復購得他本注之，訖乙酉冬，始克成編。丙戌始作釋文辯誤。梅磵以甲申至鄞，清容謂其日手鈔定注，己丑寇作，以書藏窖中得免。是時深寧方作通鑑答問及通鑑地理釋，亦居南湖，而清容其弟子也，顧疑梅磵是書未嘗與深寧商榷。此其故不可曉。豈深寧方杜門，而梅磵亦未嘗以質之邪？」

教授史果齋先生蒙卿別爲靜清學案。

户部戴剡源先生表元

戴表元，字帥初，奉化人。咸淳中，入太學，升上舍，登進士第，教授建康。後遷臨安教授，行户部掌故，不就。元大德八年，以執政薦，起家信州教授。遷婺州，以疾辭。初先生閔宋季文章萎薾，慨然以振起斯文爲己任。時同郡王厚齋、天台舒閬風並以文章師表一代，先生皆受業焉。至元、大德間，東南以文章大家名者，唯先生而已。晚年，翰林、集賢以修撰、博士二職論薦，老疾不起。其官建康教授，同郡袁洪，時通判建康，朝夕互往還。先生貧，洪每周之。轉國子主簿，遭德祐之變，避兵走鄰郡。明年，兵平歸里，寓居于鄞，授徒賣文，以活老稚。洪命其子桷師之。參寧波府志。

處士黄先生叔雅別見東發學案。

訓導鄭先生芳叔

鄭芳叔，字德仲，鄞縣人。本范氏子，後于鄭。宋亡，遍從遺老遊，博學廣記。家貧無書，嘗假奥篇祕帙，躬自繕寫，積數十百卷。爲文絶去浮靡之習，一根于理。兩任郡學訓導。敦厚嚴重，以道自尊。

晚署郡學録，未上，卒。參四明文獻録。

梓材謹案：先生遍從宋之遺老遊，深寧爲遺老鉅儒，當必從之遊也。

文清袁清容先生桷見下剡源門人。

王先生惟賢附弟惟義。

王惟賢，字思齊，鄞縣人。與弟惟義，皆以儒名。著春秋指要，本朱子直書善惡自見之説，不用夏時，冠周月，以周未嘗改月數，孔子初非改周制，所書春王正月，正用夏時云。補。

梅磵家學樓、真四傳。

胡先生幼文

胡幼文，字德華，天台人也。制幕三省之子，本堂壻補。

剡源門人

文清袁清容先生桷

袁桷，字伯長，鄞縣人，越公韶之曾孫也。爲童子時，已著聲。部使者舉茂才異等，起爲麗澤書院山長。大德初，閻復、程文海、王構薦爲翰林國史院檢閲官。時建南郊，先生進十議曰：「天無二日，天既不得有二，五帝不得謂之天，作昊天五帝議。祭天歲或爲九，或爲二，作祭天名數議。圜丘不見于五經，郊不見于周官，作圜丘非郊議。后土，社也，作后土卽社議。三歲一郊，非古也，作祭天無間歲議。燔柴見于古經，周官以禋祀爲天，義各有指，作燔柴泰壇議。祭天之牛角繭栗，用牲于郊，牛二，合配而言之，增羣祀而合祠，非周公之制矣，作郊不當立從祀議。郊，質而尊之義也；明堂，文而親之義也，作郊明堂禮儀異制議。郊用辛，魯禮也，卜不得常爲辛，作郊非辛日議。北郊不見于三禮，尊地而遵北郊，鄭玄之說也，作北郊議。」禮官推其博，多採用之。陞應奉翰林文字，兼國史院編修官，請購求遼、金、宋三史遺書，遷待制，拜集賢直學士。久之，移疾去官。後仍以直學士召入集賢，改翰林直學士、同修國史。至治元年，遷侍講學士。泰定初，辭歸家居。四年卒，年六十二。贈江浙行省參知政事，追封陳留郡公，謚文清。參史傳。

清容答問高彞元問。

問：「先儒謂春秋常事不書，凡書者皆非常也，非常者，見其不正也。又謂事之非常者誌于册。又謂有貶無褒。邵子謂録實事而善惡形乎其中。愚竊謂如桓公以管仲九合諸侯以奬王室，孔子是之；如許叔入于許；又如葵丘之盟，同盟于幽；又如書有年，書大有年，公弟叔肸卒，豈皆非不善歟？若謂無褒，擧録而罪之者，愚所未曉，邵子之說，是歟？非歟？」

春秋書法，惟吾邵子知之，録實事而善惡形乎其中者是也。又曰：「五霸功過不相掩，先褒其功，後貶其罪，夫是之謂褒貶。」其言得之。獨所謂褒貶者，是啟後世紛紛之疑也。常事不書，其說得之，而謂非常者不正，則非矣。謂事之非常，有貶而無褒，亦非矣。會稽□□曰：「無褒之義，諸人皆知之；無貶之義，子何知之？」姑以隱、桓之事言之。桓之弒兄，猶以公稱，何取乎其貶也？夫人姜氏，人皆醜之，會于禚，夫子不削其夫人，何言乎其貶？此直書而見其非常也。許絶十有五年，而直書之，何褒何貶焉？是直書而見其非常也。葵丘、幽、首止、召陵之盟，齊桓之尊王明矣，謂之貶邪，吾實不敢。以子糾、葵丘之說考之，皆孔、孟之言也，貶何從而生與？季子來歸，吾不敢謂之貶也，褒其可乎？此皆書非常之例也。有年，大有年，因桓、宣之時而書之，亦非褒貶，此亦非常事也。宣公之螽蝝饑見于十五年，螽見于六年，大旱見于七年。自文公時，不雨之書不一，則其十六年之大有年，誠宜書，何褒貶焉！是非常而書，無疑矣。叔肸兄弟之義明矣，書之亦非常也。

問：「易有辭象變占，太玄以方州部家擬辭象變占，其太玄方州部家九首之說傳諸世者，請喻其所長。」

太玄以蓋天之法爲之，方州部家在上，此地承天之說也，起于牛宿，隨天而左行也。方州部家者，以元而生三方，方爲三州，州爲三部，部爲三家。其所謂八十一者，則棄其方州部而言之也。先儒多以辭象變占擬玄之方州部家，僕獨以爲非。易成六十四卦之後，一卦之內，必有辭焉，有象焉，有變焉，有占焉，是四者，缺一不可也。揚氏之玄，既棄其方州部，而獨取家，而爲八十一，復取八十一，而爲七百二十九，以贊是方州部者，緣三以起，于家若無預者焉。先儒嘗言太玄與卦氣圖偶合，邵子亦言易之卦始于乾而終于未濟，玄之首始于中而終于養，中者法于中孚，養者法于頤，此始終之異。自邵子、温公、荆公尊玄之後，如二蘇譏玄之說，遂棄不道。然其中十有七卦，分而爲二義，殊不可曉。所謂卦氣圖公辟侯卿大夫之定卦，亦不能通，執事其詳思之。

問：「易有起于中孚者，未究其理。」

易起中孚，先儒之說甚詳。今録其說，曰先儒言卦起中孚，非也，中孚復起于甲子耳。蓋由揚雄作太玄，以初卦準中孚，故先儒誤以爲卦起中孚耳。夫六十四卦，首之以乾、坤，何以言起于中孚邪？夫子分上下經，而上經三十卦，始于乾、坤，終于坎、離，下經三十四卦，始于咸、恒，終于既濟、未濟。且乾配甲而起于子，坤配乙而起于丑，故六十四卦，歷乾之甲子，泰之甲戌，噬嗑之甲申，至坎、離凡三甲，而上經三十卦盡矣；又歷咸之甲午，損之甲辰，震之甲寅，至節而周。凡六十卦，爲六六三百六十爻，一年之日周矣。而中孚、小過、既濟、未濟之四卦繼節之後，謂中孚復起甲子，可也，謂卦起中孚，不可也。且乾爲十一月之卦，而起甲子，節爲十月之卦，而得癸亥，由是知上經三十卦，是爲陽生于子而終于巳；下經三十卦，是爲陰生于午而終于亥。至中孚而陽氣復生于子，故亦爲十一月之卦。自乾之起甲子，至節六十卦而終，是四其河圖十五之數，爲三百六十爻，爻當一日，而爲六十卦，一年之候也。自中孚之起甲子，至未濟四卦而終，是四其六子之數，凡二十四爻，而爻當一氣，爲二十四氣，應一年之候也。或又曰：「何取于四其六子之數？」應之曰：「中孚巽上兑下，小過震上艮下，併既濟、未濟、坎、離互體爲六子，少陽少陰六子之氣分布于四時，故四之以應二十四氣耳，亦應四其河圖十五數而日當一卦，凡六十日爲六十卦，一年之候也。其淵妙如此。」

問：「窮理盡性，以至于命，又不知命無以爲君子也，與公伯寮，其如命何？又知命者不立乎嚴牆之下，其義同否？」

命也者，稟于有生之初也。夫人之生，天所與者，有一定而不能移，先儒雖有理氣之分，以命言之，其實一也。天以命人者氣，人受于天者理。若仁義禮智則理也，貧賤壽夭則氣也，是豈命有二也哉？析之雖殊，命則一也。尚論古聖賢之言命者，其辭旨蓋有不同，亦各從其所由而發之，啟道德之門者有之，達微妙者有之，有不得已而言之者有之，又有有爲而言之者有之，故易曰：「窮理盡性，以至于命。」孔子言知命，孟子亦曰知命。知其命者，夫是之謂君子。君子之所以知之者，修身成德，順其正而已。至若見危忘身，不苟去就，死宗廟社稷城郭封疆者，皆得其正者也；自罹刑戮，此以罪致，而不知命者矣。孔子曰：「公伯寮其如命何！」言公伯寮何預焉，在我者豈委而廢，在天者豈强以必。今之言命者悖于此，至若不保其身，死于巖牆之下，當在不弔之義。然所謂命者，乃天命之命，孟子之言詳矣。

問：「邵子謂天覆地，地載天，天地相函，故天上有地，地上有天。」

邵子言天依乎地，先儒言地在其中，蓋如磨然，上下皆天。虛者爲氣，只天之形；濁者爲體，只地之形。所謂天上有地者，日月五星周行晝夜，日没于地下。但認得地在其中，則天上天下，皆可通矣。

問：「邵子謂數起于午。」

數起于午，微妙不可言。已生之數，皆順天而行，復至于乾也；未生之數，皆逆天而行，姤至于坤也。非午不能起，陽盡于午，由静而動，此知來之妙。邵子之祕，先儒未嘗言之。

問：「邵子謂天行不息，未嘗有晝夜，人居地上，以爲晝夜，故以地上之數，爲人之用。」邵子曰：「先天學，心法也。圖從中起，萬化萬事生乎心。」又曰：「先天圖者，環中也。方圓之圖尤密。」所謂地上之數，爲人之用，方圖是也。用九環中，則依天而行，圓圖是也。合天而行，附地而生，故人爲萬物之靈，而乾之九三、九四，其功用尤可見。

梓材謹案：此下有答邵子聲音之學及字母淵源條，載入百源學案。

鄭氏家學

教諭鄭求齋先生覺民

鄭覺民，字以道，號求齋，鄞縣人，芳叔之子。積學累行，承其家學。郡舊有鄉飲酒禮，守王元恭與程敬叔議復之，屬其討論，鄰郡咸取以爲法。性至孝，母嘗患目翳，日以舌舐之，卽愈。後母病痱，至刲股和肉以進。父嘗葬，適病痁甚劇，人皆止其臨壙，泣曰：「幸後先人訖大事，卽道死無憾。」返而瘥，人以爲孝感。爲龍游教諭，三月卽棄官歸。經畧使徵遺逸，署婺州學職。後中書奏授處州教授，命下已卒。參四明文獻録。

教授鄭先生駒

鄭駒，字千里，求齋覺民之長子也。持身修潔，爲文温潤縝密。洪武初，聘爲郡庠訓導，陞義烏教諭，皆能以道淑人。宋濳溪自翰林歸里，見卽推重，以賓禮遇之。弟真、鳳，並以文學著名，人目爲三驥。參成化四明志。

教授鄭先生真

鄭真，字千之，求齋覺民之子。研窮六籍，尤長于春秋，旁及百氏傳記，靡不究心。元季，科舉中廢，乃刻意古作。臨川吴草廬策問治道十二事，對者十不得一，先生答之，無疑滯。明洪武四年，鄉舉第一，授臨淮教諭。秩滿入見，太祖賜之宴，命賦菊綻西風、霜脂楓葉詩，稱旨，陞廣信教授。嘗采摭鄉先生言行文辭萃爲一編，曰四明文獻録。又嘗類聚諸家格言，著爲集傳、集説、集論。參寧波府志。

謝山滎陽外史題詞曰：「鄭氏自德仲、求齋以來，一門以文獻世其家。其與深寧之孫遂初砥礪最切。先生兄弟並能文，而先生之文益篤。其時楊徵君廉夫以文章起越中，先生從之學文，然楊氏之文奇而葩，先生之文質以厚，其于師門，稱爲轉手。蓋先生最策心經學，嘗及見草廬吴文正公問道，其文平正通達，而不求異于時，此自宋乾、淳而降，儒者之文皆然，而楊氏所傳，反稱别派，故先生雖討論其門，而其文不甚肖。」

宋元學案卷八十六

東發學案

黃宗羲原本　黃百家纂輯　全祖望補定

東發學案表

黃震（王貫道、王實齋門人。默齋、訥庵再傳。南軒、潛庵三傳。五峯、紫巖、劉氏、王氏、晦翁、東萊四傳。）
- 子夢幹
  - 孫正孫
    - 曾孫玠
- 子叔雅
- 子叔英
  - 黃珏
  - 岑士貴
  - 王士毅

楊維楨（別見艮齋學案。）

以下東發續傳。

黃翔鳳
- 陳深（見下本堂家學。）

陳著（並東發學侶。）
- 子深
- 子泌
  - 孫桱

陳桱（見上本堂家學。）

從子沫

趙炎

吳漢

吳應奎

黄正孫見上東發家學。

胡幼文別見深寧學案。

安劉別見廣平定川學案。

東發同調。

東發學案序録

祖望謹案：四明之專宗朱氏者，東發爲最。日鈔百卷，躬行自得之言也，淵源出于輔氏。晦翁生平不喜浙學，而端平以後，閩中、江右諸弟子，支離、舛戾、固陋無不有之，其能中振之者，北山師弟爲一支，東發爲一支，皆浙產也。其亦足以報先正惓惓浙學之意也夫！述東發學案。梓材案：是卷梨洲本稱四明朱門學案二，謝山序録始稱東發學案。

二王門人游、余再傳。

文潔黄於越先生震

黃震，字東發，慈溪人，學者稱爲於越先生。寶祐四年登第。度宗時，爲史館檢閱，與修寧宗、理宗兩朝國史、實録。輪對，言當時之大弊：曰民窮，曰兵弱，曰財匱，曰士大夫無恥。乞罷給度僧人道士牒，使其徒老死卽消弭之，收其田入，可以富軍國，紓民力。時宮中建内道場，故首及之。帝怒，批降三秩，卽出國門。用諫官言，得寢。出通判廣德軍。郡守賈蕃世以權相從子驕縱不法，先生數與争論是非，蕃世積不堪，疏先生撓政，坐解官。尋通判紹興府，獲海寇，僇之。撫州饑起，先生知其州，多善政。詔增秩，遂陞提舉常平。初，常平有慈幼局，爲貧而棄子者設，久而名存實亡。先生謂收哺于既棄之後，不若先其未棄保全之。乃損益舊法，凡當娩而貧者，許里胥請于官贍之，棄者許人收養，官出粟給所收家，成活者衆。改提點刑獄。御史中丞陳堅以讒者言劾去，遂奉雲臺祠。賈似道罷相，以宗正寺簿召，將與俞浙並爲監察御史，有内戚畏先生直，止之，而浙亦以直言去。移浙東提舉常平。時皇叔大父福王與芮判紹興府，遂兼王府長史。先生奏曰：「朝廷之制，尊卑不同，而紀綱不可紊。外雖藩王，監司得言之。今爲其屬，豈敢察其非，奈何自臣復壞其法？」固不拜長史。命進侍左郎官及宗正少卿，皆不拜。嘗師王文貫，其語人曰：「非聖賢之書不可觀，無益之詩文不作可也。」居官恆未明視事，事至立決。自奉儉薄，人有急難，則周之不少吝。所著日鈔一百卷。宋亡，餓于寶幢而卒，門人私謚曰文潔先生。先生本貫定海，其後徙于慈溪。晚年，自官歸，復居定海靈緒鄉之澤山，榜其門曰「澤山行館」，其室曰「歸來之廬」。已而僑寓鄞之南湖。已而遷寓桓溪，自署「杖錫山居士」。已而又避地同谷。先生没後，其子孫多居澤山者。澤山本名櫟山，先生始改名焉。元至正中，學者建澤山書院以祀之。修。

百家謹案：先遺獻曰：「嗟夫！學問之道，蓋難言哉。無師授者，則有多歧亡羊之歎；非自得者，則有買櫝還珠之誚，所以哲人代興，因時補救，視其已甚者而爲之一變。當宋季之時，吾東浙狂慧充斥，慈湖之流弊極矣，果齋、文潔不得不起而救之。然果齋之氣魄，不能及于文潔，而日鈔之作，折衷諸儒，卽于考亭亦不肯苟同，其所自得者深也。今但言文潔之上接考亭，豈知言哉！」

謝山澤山書院記曰：「朱徽公之學統，累傳至雙峯、北溪諸子，流入訓詁派。迨至咸淳而後，北山、魯齋、仁山起于婺，先生起于明，所造博大精深，徽公瓣香爲之重振。婺學出于長樂黄氏，建安之心法所歸，其淵源固極盛。先生則獨得之遺籍，默識而冥搜，其功尤巨。試讀其日鈔，諸經説間，或不盡主建安舊講，大抵求其心之所安而止，斯其所以爲功臣也。西山爲建安大宗，先生獨深惜其晚節之玷，其嚴密如此。婺學由白雲以傳潛溪諸公，以文章著，故倍發揚其師説。先生獨與其子弟唱歎于海隅，傳之者少，遂稍闇澹。予嘗謂婺中四先生從祀，而獨遺東發，儒林之月旦有未當者，抑不獨從祀之典有闕。宋史儒林所作傳，本之剡源墓表，其于先生之學，無所發明；清容則但稱先生之清節。嗚呼！聖人所以歎知德之鮮也。」

又杜洲六先生書院記曰：「慈湖之學宗陸，東發之學宗朱，門户截然，故日鈔中頗不以心學爲是。由今考之，則東發嘗與杜洲之講會，而其後别爲一家者也。夫門户之病，最足錮人，聖賢所重在實踐，不在詞説，故東發雖詆心學，而所上史館劄子，未嘗不服慈湖爲己之功。然則杜洲祠祭其仍推東發者，蓋亦以爲，他山之石，是可以見前輩之異而同也。」

東發講義

子曰：「弟子入則孝，出則弟，謹而信，汎愛衆而親仁，行有餘力則以學文。」

此章教人爲學以躬行爲本，躬行以孝弟爲先，文則行有餘力而後學之。所謂文者，又禮樂射御書數之謂，非言語文字之末。今之學者，乃或反是，豈因講造化性命之高遠，反忘孝弟謹信之切近乎？然嘗思之，二者本無異旨也。造化流行，賦于萬物，是之謂性，而人得其至粹；善性發見，始于事親，是之謂孝，而推之爲百行。是孝也者，其體源于造化流行之粹，其用達爲天下國家之仁，本末一貫，皆此物也，故論語一書，首章先言學，次章即言孝弟，至于性與天道，則未嘗輕發其祕，豈非孝弟實行，正從性與天道中來，聖門之學，惟欲約之，使歸于實行哉！自夫性近習遠，利欲易昏，孟子不得已，始教人知性知天，周子不得已，又始曉人以太極陰陽五行，無非指示此性之所從來，使人知心之所具者即性，性之所稟者即天，虛靈瑩徹，超然物表，塵視軒冕，芥視珠玉，則見于事父從兄，推之躬行踐履，自然無玷無缺，純是本然天性。凡言性天之妙者，正爲孝弟之實也。二程先生講明周子之說，以達于孔、孟之說，由性命而歸之躬行，其說未嘗不兼舉。後有學者，宜已不待他求。不幸有佛氏爲吾儒之異端；莊、列之戲誕，遁入禪學，又爲異端之異端。雖其無父無君，喪失本心，正與孝弟相反，奈何程門言心，彼亦于此時指虛空而言心，程門言性，彼亦于此時指虛空而言性，不惟大相反，而適相亂。彼之空虛，反以高廣而易入；此之切實，反以平常而易厭，故二程既没，門人弟子多潛移于禪學而不自知。雖晦翁朱先生，初年亦幾陷焉，後始一切反而歸之平實，平生用功，多于論語，平生說論語，多主孝弟忠信，至其言太極性命等說，乃因一時行輩儒先相與講論而發，亦本非其得已。文公既沒，其學雖盛行，學者乃不于其切實，而獨于其高遠；講學舍論語不言，而必先大易；說論語舍孝弟忠信不言，而獨講一貫。凡皆文公之所深戒，學者乃自偏徇而莫知返，入耳出口，無關躬行。竊嘗譬之，酌水者必浚其源，浚其源爲酌水計也，反舍其水而不酌，何義也？食實者必溉其根，溉其根爲食實地也，反棄其實而不食，何見也？正躬行者必精性理，精性理爲正躬行設也，反置躬行于不問，何爲也？漢、唐老師宿儒泥于訓詁，多不精義理，近世三尺童子承襲緒餘，皆能言義理，然能言而不能行，反出漢、唐諸儒下，是不痛省而速反之，流弊當何如也！竊意儒先講貫已精之餘，正學者敬信服行之日，由儒先之發明，以反求乎孔子之大旨，知性命之從來，以歸宿于孝弟之實行，守之以謹，行之以信，愛衆以推廣乎此，親仁以增益乎此，其本既立，其用斯溥，他日推之天下國家，特舉而措之耳，故曰：「人人親其親，長其長，而天下平。」恐必如此，斯爲實學，又何更求多于言語間哉！子曰：「君子欲訥于言而敏于行。」又曰：「古者言之不出，恥躬之不逮也。」孔子之教人，拳拳于躬行者如此，此晦翁先生所以終身常讀論語。某嘗竊謂，人之初生，知有父母而已，及其少長，游戲徵逐，往往至于忘返，與父母漸疏，終身慕父母者，古今一大舜而已。人之初學，知有論語而已，及其既長，博習討論，往往至于忘返，遂與論語日疏，終身讀論語者，古今一晦翁而已。學者常能以孔子之教爲主，以論語之說爲正，庶幾不爲時尚所移，蓋孔子之說，萬世無弊。自孟子而下之說，皆隨時救弊者也，吾徒尚當謹之哉！

子曰：「參乎！吾道一以貫之。」曾子曰：「唯。」子出，門人問曰：「何謂也？」曾子曰：「夫子之道，忠恕而已矣。」

謹按，聖門之指示要領，在此一章，異端之竊證空談，亦在此一章，故學者讀此章，最不可不審。夫萬事莫不有理，學者當貫通之以理，故夫子謂之一以貫。然必先以學問之功，而後能至于貫通之地，故曾子釋之以忠與恕，蓋理固無所不在，而人之未能以貫通者，己私間之也。盡己之謂忠，推己及人之謂恕，忠恕既盡，己私乃克，此理所在，斯能貫通，故忠恕者，所能一以貫之者也。夫子他日又嘗以告子貢曰：「女以予爲多學而識之者與？」「非也，予一以貫之。」此謂㊀多學正所以求爲貫通，不可止于務多而已也。顏子得此意，故曰：「博我以文，約我以禮。」約以禮，則一以貫矣，然非出于博文之外也。孟子得此意，故曰：「博學而詳説之，將以反説約也。」反説約，則一以貫矣，然皆自博學詳説中來也。聖賢之學，首尾該貫，昭然甚明，初未嘗單出而爲一貫之説。奈何異端之學既興，蕩空之説肆行，盡論語二十篇，無一可借爲蕩空之證者，始節略忠恕之説，單摘一貫之語，矯誣聖言，自證己説，以爲天下之理，自成一貫，初無事于他求，是不從事于博文而徑欲約禮也，不從事于博學詳説而徑欲反説約也，已非聖賢教人本旨矣。甚至挑剔新説，謂不必言貫，此道不必貫而本一。嗚呼！此有物混成之説也，而可以亂聖言哉！愚嘗考其故，其端蓋自春秋、戰國來矣。夫道卽理也，粲然于天地閒者，皆理也，不謂之理而謂之道者，道者大路之名，人之無有不由于理，亦猶人之無有不由于路，謂理爲道者，正以人所當行，欲

㊀「謂」字，原本作「以」，據龍本改。

人之曉然易見，而非超出于人事之外，他有所謂高深之道也！唐、虞、三代之隆，上之所行者皆此道，下之所見者亦皆此道，士之已達者以此道見之設施，士之未達者以此道見之講明，大之爲三綱五常，細之爲萬事萬物，無非此道，而何有異說！周室既衰，學校既廢，上無與主張，下無與講習，士始分裂而四出。得志于當世者，外此道而爲功名，則爲管、晏之功利，則爲蘇、張之縱橫，則爲申、韓之法術；不得志于當世者，外此道而爲橫議，則爲老聃之清虛，則爲莊、列之寓言，則爲騶衍之誣誕，凡皆道之不明故也。然得志于當世者，其禍雖烈，而禍猶止于一時；不得志于當世者，其說雖高，而禍乃極于萬世。凡今之削髮緇衣喝佛爲祖者，自以爲深于禪學，而不知皆戰國之士不得志于當世者戲劇之餘談也；凡今之流于高虛求異一世者，自以爲善談聖經，而不知此卽禪學，亦戰國之士不得志于當世者展轉之流毒也。天生夫子，不于他時，而獨于春秋之世，正使于衆說淆亂之餘，立大中至正之極，明日用常行之道，爲天下萬世之師。論語二十篇，拳拳訓詁，惟以學問躬行，惟以孝弟忠信，獨于曾子之宏毅，而告以一以貫之之說，又獨于子貢之敏悟，而啟以一以貫之之機。以一而貫之，是于功深力到之餘，更求提綱挈領之要。夫子教人，意蓋出此。後世學者，于曾子、子貢平日之功尚未必一日用其力，反欲盡畧論語二十篇，而獨取一以貫之之章；又于此章節畧忠恕之語，而徑爲一貫之說。且貫者，串物之名，而繩者，所以串物者也，必有物之可貫也，然後得以繩而貫之，必有積學之功、講明之素也，然後得以理而貫之，故曰一以貫之。以云者，用此以貫之之名也，今直曰一貫，併與以之一辭而去之，是自成一貫也，所講求已大不可，況可併去貫字，單出言一，論語本文，何嘗如此！而天下亦安有此理哉！愚所謂讀論語此章，最不可不審者，以此故也，惟吾徒其深省而懋明之。

子曰：「古者言之不出，恥躬之不逮也。」

古者，舉古之人以警今之人也。恥者，謂言或過其行，則古之人以爲深恥也。夫子此意，正欲學者訥于言而敏于行耳。蓋理有自然，本不待言。四時行，百物生，天不待言，而有自然之運化；大之爲三綱五常，微之爲薄物細故，人亦不待言而各有自然之準則。此夫子所以歎「天何言哉」，而謂「予欲無言」，其有不得已而見于問答者，亦皆正爲學者躬行而發。凡今見于論語二十篇者，往往不過片言而止。言之非艱，行之爲艱，聖門何嘗以能言爲事！自楊氏爲我，墨氏兼愛，不力辯之，則行之者差矣，孟子始不得已而詳于言。老氏清淨，佛氏寂滅，不力辯之，則行之者差矣，韓子始不得已而詳于言。高者淪空虛，卑者溺功利，不力辯之，則行之者差矣，周子、程子始又不得已而詳于言。周、程既沒，學者談虛，借周、程之説，售佛、老之私。向也以異端而談禪，世猶知禪學自爲禪學，及其以儒者而談禪，世因誤認禪㈠學亦㈡爲儒學，以僞易真，是非瞀亂，此而不闢，其誤天下後世之躬行，將又有大于楊、墨以來之患者，文公朱先生于是力主知行之説，必使先明義理，別白是非，然後見之躬行，可免陷入異端之弊。此其救世之心甚切，析理之説甚精，學者因其言之已明，正其身之所行，爲聖爲賢，何所不可！顧乃掇拾緒餘，增衍浮説，徒有終身之議論，竟無一日之躬行，甚至借以文姦，轉以欺世，風俗大壞，甚不忍言，文公所以講明之初意，夫豈若是！然則，今日其將何以救此？亦在明吾夫子之訓，而深以言之輕出爲

㈠「禪」字，原本作「儒」，據龍本改。 ㈡「亦」字，原本作「自」，據龍本改。

恥。其形于言也，常恐行有不類，惕然愧恥，而不敢輕于言；其見于行也，常恐不副所言，惕然愧恥，而不敢不勉于行，則言日以精，行日以修，庶幾君子之歸，而不至騃騃陷入虛誕欺罔之域，則可無負于文公知行並進之訓矣。君子小人之分，決于言行之相顧與否，言行之相顧不相顧，又決于此心之知恥與否，吾徒其可不加警省，而徒以多言爲能哉！

東發日鈔

孝經視論語雖有衍文，其每章引詩爲斷，雖與劉向說苑、新序、列女傳文法相類，而孝爲百行之本，孔門發明孝之爲義，自是萬世學者所當拳拳服膺；他皆文義之細而不容不考，至晦庵疏剔瞭然矣。嚴父配天一章，晦庵謂孝之所以爲大者，本自有親切處，使爲人臣子者，皆有今將之心，反陷于大不孝，此非天下通訓，而戒學者詳之，其義爲尤精。愚按，中庸以追王大王、王季爲達孝，亦與此章嚴父配天之孝同旨。古人發言，義各有主，學者宜審所躬行焉。若夫推其事之至極，至于非其分之當言，如晦庵所云者，則不可不知也。讀孝經。

聖人言語簡易，而義理涵蓄無窮，凡人自通文義以上，讀之無不犂然有當于心者。讀之愈久，則其味愈深，程子所謂：「有不知手舞足蹈，但以言語解著，意便不足。」此說盡之矣。故漢、唐諸儒，不過訓詁以釋文義，而未嘗敢贊之辭。自本朝講明理學，脫去詁訓，說雖遠過漢、唐，而不善學者，求之過高，從而增衍新說，不特意味反淺，而失之遠者或有矣。至晦庵爲集註，復祖詁訓，先明字義，使本文坦然易知，而後擇先儒議論之精者一二語附之，以發其指要。諸說不同，恐疑誤後學者，又爲或問以辯之。我輩何幸，乃獲蒙成，敬受熟誦，體之躬行，庶不負先儒拳拳之意耳。近世闢晦庵字義者，固不屑事此；其尊而慕之者，又争欲以註解名家，浩浩長篇，多自爲之辭，于經漸相遠，甚者或鑿爲新奇，反欲求勝，豈理固無窮邪！讀論語。

梁惠王問利國，孟子言利之害，而進以仁義之效；梁惠王問沼上之樂，孟子言獨樂之患，而進以與民同樂；齊宣王問桓、文，則黜桓、文之無足道，而進以行王道；齊宣王有不忍一牛之心，則反覆言之，而使推此心保四海；及教齊、梁以王道，又皆歸之耕桑孝弟之實，無非因其機而誘進之，晦庵集註，已各發其旨趣之歸，辭意瞭然，熟誦足矣。讀孟子。

毛詩註釋簡古，鄭氏雖以禮說詩，于人情或不通，及多改字之弊，然亦多有足以裨毛詩之未及者。至孔氏疏義出，而二家之說遂明。本朝伊川與歐、蘇諸公，又爲發其理趣，詩益煥然矣。南渡後，李迂仲集諸家，爲之辯而去取之，南軒、東萊、止齋㊀諸家可取者，視李氏爲徑，而東萊之詩記獨行，岷隱戴氏遂爲續詩記，建昌段氏又用詩記之法爲集解，華谷嚴氏又用其法爲詩緝，諸家之要者多在焉，此讀詩之本說也。雪山王公質、夾漈鄭公樵，始皆去序而言詩，與諸家之說不同。晦庵先生因鄭公之說，盡去美刺，探求古始，其說頗驚俗，雖東萊不能無疑焉。夫詩非序莫知其所自作，去之千載之下，欲一旦盡去自昔相傳之說，別求其說于茫冥之中，誠亦難事。然其指桑中、溱洧爲鄭、衛之音，則其辭曉然，諸儒

㊀「齋」字，原本作「集」，據龍本改。

安得回護而謂之雅音？若謂甫田、大田諸篇皆非刺詩，自今讀之，皆藹然治世之音。若謂「成王不敢康」之成王爲周成王，則其說實出于國語，亦文義之曉然者。其餘改易，固不可一一盡知，若其發理之精到，措辭之簡潔，讀之使人瞭然，亦孰有加于晦庵之詩傳者哉！學者當以晦庵詩傳爲主，至其改易古說，間有于意未能遽曉者，則以諸家參之，庶乎得之矣。讀毛詩。

易，聖人之書也，所以明斯道之變易，無往不在也。王弼間以老、莊虛無之說參之，誤矣。我朝理學大明，伊川程先生作易傳，以明聖人之道，謂易有聖人之道四焉：以言者尚其辭，以動者尚其變，以制器者尚其象，以卜筮者尚其占。吉凶消長之理，進退存亡之道，備于辭，推辭考卦，可以知變，而象與占在其中，故其爲傳，專主于辭，發理精明，如揭日月矣。時則有若康節邵先生，才奇學博，探賾造化，又別求易于辭之外，謂今之易，後天之易也，而有先天之易焉，用以推占事物，無不可以前知者。自是二說並興，言理學者宗伊川，言數學者宗康節，同名爲易，而莫能相一。至晦庵朱先生作易本義，作易啓蒙，乃兼二說，窮極古始，謂易本爲卜筮而作，謂康節先天圖得作易之原，謂伊川言理甚備，于象數猶有闕，學之未至于此者，遂亦翕然向往之，揣摩圖象，日演日高，以先天爲先，以後天爲次，而易經之上，晚添祖父矣。愚按，易誠爲卜筮而作也，考之經傳無有不合者也。爻者，誠爲卦之占；吉凶悔吝者，誠爲占之辭，考之本文，亦無有不合者也。且其義精辭覈，多足以發伊川之所未及，易至晦庵，信乎其復舊而明且備也。然吉者必其合乎理，凶悔吝者必其違乎理，因理爲訓，使各知所趨避，自文王、孔子已然，不特伊川也。伊川奮自千餘載之後，易之以卜者，今無其法；以制器者，今無其事；以動者尚變，今具存乎卦之爻，遂于四者之中，專主于辭以明理，亦豈非時之宜而易之要也哉！若康節所謂先天之說，則易之書本無有也，雖據其援易爲證者凡二章，亦未見其確然有合者也。其一章援「易有太極，是生兩儀，兩儀生四象，四象生八卦」，曰此先天之卦畫，于是盡改易中伏羲始作八卦之說，與文王演易重爲六十四卦之說，而以六十四卦皆爲伏羲先天之卦畫。其法自一畫而二，二而四，四而八，八而十六，十六而三十二，三十二而六十四。然生兩、生四、生八，易有之矣，生十六、生三十二，易此章有之否邪？其一章援易言「天地定位，山澤通氣，雷風相薄，水火不相射」，曰此先天之卦位也，于是盡變易中離南坎北之說，與凡震東方卦、兌西方卦之說，而以乾南坤北爲伏羲先天之卦位。其說以離爲東，以坎爲西，以兌、巽爲東南、西南，以震、艮爲東北、西北。然天地定位，安知非指天位乎上、地位乎下而言？南方炎爲火，北方寒爲水，亦未見離與坎之果屬東與西，而可移離、坎之位以位乾、坤也！易之此章，果有此位置之意否邪？且易之此二章，果誰爲之也？謂出于孔子，孔子無先天之說也；謂出于伏羲，伏羲未有易之書也。何從而知此二章爲先天者邪？圖方畫于康節，何以明其爲伏羲者邪？然聞先天爲演數設也。夫易于理與數，固無所不包，伊川、康節皆本朝大儒，晦庵集諸儒之大成，其同其異，豈後學所能知！顧伊川與康節生同時，居同洛，相與二十年，天下事無不言，伊川獨不與言易之數，康節每欲以數學傳伊川，而伊川終不欲。康節既没，數學無傳。今所存之空圖，殆不能調絃者之琴譜。晦庵雖爲之訓釋，他日晦庵答王子合書，亦自有「康節說伏羲八卦，近于附會穿鑿」之疑，則學者亦當兩酌其說，而審所當務矣。伊川言理，而理者人心之所同，今讀其傳，犁然卽與妙合。康節言數，而數者康節之所獨，今得其圖，若何而可推驗！此宜審所當務者也。明理者雖不知數，自能避凶而從吉，學數者儻不明理，必至舍人而言天，此宜審所當務者也。伊川之言理，本之文王、孔子，康節之言數，得之李挺之、穆伯長、陳希夷，此宜審所當務者也。窮理而精，則可修己治人，有補當世；言數而精，不過尋流逐末，流爲技術，此宜審所當務者也。故學必如康節，而後可創言先天之易；學必如晦庵，而後可兼釋先天之圖。易雖古以卜筮，而未嘗聞以推步。漢世納甲、飛伏、卦氣，凡推步之術，無一不倚易爲說，而易皆實無之。康節大儒，以易言數，雖超出漢人之上，然學者亦未易躐等。若以易言理，則日用常行，無往非易，此宜審所當務者也。讀易。

孔子曰：「吾志在春秋。」孟子曰：「春秋，天子之事。」「孔子作春秋，而亂臣賊子懼。」蓋方是時，王綱解紐，篡奪相尋，孔子不得其位以行其權，于是約史記而修春秋，隨事直書，亂臣賊子無所逃其罪，而一王之法以明。所謂撥亂世而反之正，此其爲志，此其爲天子之事，故春秋無出于夫子之所自道，及孟子所以論春秋者矣。自褒貶凡例之說興，讀春秋者往往穿鑿聖經，以求合其所謂凡例，又變移凡例以遷就其所謂褒貶。如國各有稱號，書之所以别也，今必曰以某事也，故國以罪之，及有不合，則又遁其辭；人必有姓氏，書之所以别也，今必曰以某事也，故㊀名以誅之，及有不合，則又遁其辭；事必有日月，至必有地所，此記事之常，否則闕文也，今必曰以某事也，故致以危之，故不月以外之，故不日以畧之，及有不合，則又爲之遁其辭，是則非以義理求聖經，反以聖經釋凡例也。聖人豈先有凡例而後作經乎？

㊀「故」字，原本作「必」，據龍本改。

何乃一一以經而求合凡例邪？春秋正次王王次春，以天子上承天而下統諸侯，弑君、弑父者書，殺世子、殺大夫者書，以其邑叛、以其邑來奔者書，明白洞達，一一皆天子之事，而天之爲也，今必謂其陰寓褒貶，使人測度而自知，如優戲之所謂隱者，已大不可，況又于褒貶生凡例邪？理無定形，隨萬變而不齊，後世法更深刻，始于敕律之外立所謂例，士君子尚羞用之，果誰爲春秋先立例，而聖人必以是書之，而後世以是求之邪？以例求春秋，動皆逆詐億不信之心，愚故私摭先儒凡外褒貶凡例而説春秋者集録之，使子孫考焉，非敢爲他人發也。讀春秋。

孟子生于周末，周室班爵禄之制，已不可得而聞，劉歆生于漢末，乃反得今所謂周禮六官之書，故後世疑信相半，如張横渠則最尊敬之，如胡五峯則最擯抑之。至晦庵朱先生折衷其説，則意周公曾立下規模而未及用。近世趙汝騰按「惟王建國，以爲民極」數語，意周公作洛後所爲，然亦不可考矣。惟程子謂有關雎、麟趾之意，然後可以行周官之法度。此爲于其本而言之，學者明乎此，則不必泥其紛紛者。然竊意周官法度在尚書周官一篇，而未必在此書六典耳。今以先儒考訂，聊筆其一二云。讀周禮。

孔子之言，散見于經，不獨論語也。他如莊、荀諸書，以及諸子百家，亦多傳述，第記載不同，辭氣頓異，往往各肖所記者之口吻，幾有毫釐千里之謬。至家語，莫考纂述何人，相傳爲孔子遺書，觀相魯、儒行及論禮樂等篇，揆諸聖經，若出一轍。乃各篇中似尚有可疑處，蓋傳聞異辭，述所傳聞又異辭，其間記載之不同，亦無足怪。或有竟疑是書爲漢人僞託，此又不然。然盡信爲聖人之言，則亦泥古太甚。夫去聖已遠，何從質證？千載而下，儻有任道者出，體任微言，闡揚奥旨，與莊、荀及諸子百家所傳述，節而彙録之，别爲一書，其有功于聖門，匪淺鮮矣。讀家語。

本朝理學，闡幽于周子，集成于晦翁。太極之圖，易通之書，微晦翁，萬世莫之能明也。肅襟莊誦之，爲快何啻蟬脱塵滓而鵬運青冥哉！通書慎動一章，周子曰：「動而正曰道。」晦翁釋之曰：「動之所以正，以其合乎衆所共由之道也。」竊意慎動常有謹審之意，動而合乎正，是卽爲道，周子本意，恐亦止此。若謂合乎道，此動之所以正，是乃動而合乎道曰正，與動而正曰道，又成一意，恐因此而發明者耳。又務實一章，周子曰：「君子日休，小人日憂。」晦翁釋之曰：「實修而無名勝之恥，故休。名勝而無實修之善，故憂。」竊恐小人未必知以無實爲憂，果能憂其無實，是卽君子之用心矣，何名小人。或者小人飾僞無實之心，自宜崎嶇而多憂。書曰：「作德心逸日休，作僞心勞日拙。」周子之所謂憂，恐類書之所謂勞者耳。

孔子于性理，舉其端而不盡言，或言之，必要之踐履之實，固可垂萬世而無弊。自心性天等説，一詳于孟子。至濂、洛窮思力索，極而至性以上不可説處，其意固將指義理之所從來，以歸之講學之實用，適不幸與禪學之遁辭言識心而見性者，雖所出異源，而同湍激之衝，故二程甫没，門人高第多陷溺焉，不有晦翁，孰與救止！故二程固大有功于聖門，而晦翁尤大有功于程子。

本朝理學，發于周子，盛于程子。程子之門人，以其學傳世者，龜山楊氏、上蔡謝氏、和靖尹氏爲最顯。龜山不免雜于佛，幸而傳之羅仲素，羅仲素傳之李愿中，李愿中傳之朱晦翁，晦翁遂能大明程子之學，故以晦翁繼程子，而次龜山于此，以明其自來焉。上蔡才尤高而弊尤甚，其于佛學，殆不止雜而已，蓋其所資者僧總老，其後橫浦張氏又復資僧杲老，一脈相承，非復程學矣，故以上蔡次龜山，以明源流益別之自始焉。和靖雖亦以母命誦佛書，而未嘗談禪，能恪守其師説而不變；且高宗中興，崇尚儒學之初，程門弟子，惟和靖在，故以和靖次上蔡，以明斯道之碩果不食，而程門之學，固有不流于佛者焉。和靖力辯程門之語録爲非，其後晦翁追編語録，又力辯和靖之説爲非，然晦翁搜拾于散亡，其功固大，和靖親得于見聞，其説尤的。今觀程録，凡禪學之所有而孔門之所無者，往往竄入其間，安知非程氏既没，楊、謝諸人附益邪？是雖晦翁不敢自保，其于編録，猶深致其意，謂失之毫釐，其弊將有不可勝言者。然則和靖力辯語録之説，其可廢也哉！

愚按，程門高弟如謝上蔡、楊龜山，末流皆不免畧染禪學，惟尹和靖堅守不變。其後龜山幸三傳而得朱文公，始裒萃諸家而辨析之，程門之學，因以大明。故愚所讀先儒諸書，始于濂溪，終于文公所傳之勉齋，以究正學之終始焉。次以龜山、上蔡，以見其流雖異而源則同焉。又次以和靖，以見源雖異而其流有不變者焉。次以橫浦、三陸，以見其源流之益別焉。然上蔡、龜山雖均爲畧染禪學，而龜山傳之羅仲素，羅仲素傳之李延平，延平亦主澄心静坐，乃反能救文公之幾陷禪學，一轉爲大中至正之歸，致知之學，毫釐之辨，不可不精，蓋如此，故又次延平于此，以明心學雖易流于禪，而自有心學之正者焉。延平答問，文公所親集。延平之學，以涵養爲工夫，以常在心目之間爲效驗，以脱然灑落處爲超詣之地；文公之問，多本論語，多先孝弟，此皆學者所當熟味。

師道之廢，正學之不明，久矣。宋興八十年，安定胡先生、泰山孫先生、徂徠石先生始以其學教授，而安定之徒最盛，繼而伊洛之學興矣。本朝理學，雖至伊洛而精，實自三先生而始，故晦庵有伊川不敢忘三先生之語。震既讀伊洛書，鈔其要，繼及其流之或同或異，而終之以徂徠、安定篤實之學，以推發源之自，以示歸根復命之意，使爲吾子孫，毋蹈或者末流談虛之失，而反之篤行之實。以上讀本朝諸儒理學書。

謝山東發先生史稾跋曰：「東發先生日鈔後一半即其文集也，別有理度二朝政要。近又得其戊辰史稾，乃其爲史館檢閱時所作，列傳一杜範、一真德秀，一洪咨夔、一袁甫、一徐元杰、一李心傳，凡六篇，疑卽日鈔中所闕二卷是也。先生所極稱者杜丞相。其于真文忠公傳，謂晚節阿附鄭清之，大有微辭，與理度兩朝政要所言互相證明。政要最推袁正肅公，而傳中稍不滿其論學。今宋史真文忠公傳，頗采公文以爲藍本。

東發學侶

山長黃虛谷先生翔鳳

黃翔鳳，字子羽，慈溪人，東發先生族弟也。嘗爲山長。本堂長子深乃其壻。學者稱爲虛谷先生。補。

知州陳本堂先生著

陳著，字本堂，鄞縣人，習庵姪也。梓材案：謝山甬上族望表，習庵爲同谷陳氏，本堂爲冥庵陳氏，世系已遠，當是族子。然考謝山答萬編修府志雜問云：「清容作陳觀墓誌，謂陳氏自居奉化以來，最著者爲本堂，若習庵，自是吾鄞忠諫里文介公禾之裔。」似非一族，疑莫能定。文天祥榜進士。賈似道當國，諷其及門，曰：「寧不登朝，不可屈節。」授安福令，改知嵊縣。時嵊爲戚畹所居，有司不得行其政，闕之者十七年，先生整葺之，威令肅然。及遷，後令李興宗問政，答曰：「義利明而取予當，教化先而獄賦後，識大體而用小心，愛細民而化巨室，如斯而已。」嵊民乞留不得，祖帳塞路，至城國嶺上，因名曰陳公嶺。後知台州。補。

梓材謹案：本堂先生，傳不言其師承。謝山學案劄記云「陳本堂當入習庵學案，以其爲習庵姪也。第考其集，稱述輔潛庵先生之説，蓋亦爲輔氏之學者，其不合于賈相，與東發同，故列于東發之後」云。

本堂文集補。

人之爲學，莫病于過，過則其歸爲老、莊；亦莫病于固，固則其歸爲告子，故君子必擇乎中庸，而知性爲難，知言爲尤難。贈吳安仲。

夫人幸而儒其名，必儒其實。滔滔于中，與俗俱流，日蕩而薄，于本心何在？至于朋呼儔引，區區小技，風月自命，妄立標榜，行行然無復餘事，良可悲已。贈孫會叔。

學無止法，老當益懼。書山房圖後。

道，天常也，常之外，安有道？外常以求道，妄而已。奚其儒，儒以身任道，道與儒有二乎？二儒與道，自太史公始。不知道而以家分之，流弊之極，至于謂可以乘雲御風，騎鶴按鯉。吁，有是哉！題洞真觀石後。

人之所學何事？亦惟言必有物，行必有常，而忠信篤敬爲本。虚則易放，閒則易怠。參前亭記。

風景已非，月明猶在。與俞察院浙。

連年奔走山林，逃難以爲苟活，先世一絲經脈，凜乎莫續。若曰待天下事定，然後爲計，則水流已下，蓬遂其曲，何日可回！招單君範教子書。

乾、坤納納，風雨蕭蕭，習坎心亨，遯世無悶，于此可以觀人。答許宫講。

人受血氣而生，心統性情之妙，心不能不感于物，静不能不動于感，而性之欲出矣。欲所當欲，則亦天性也；欲非所欲，則血氣之私也，欲其善惡之機乎！剡學講義。

梓材謹案：謝山所録本堂集十一條，今以其一條爲陳先生泳立傳于後，又移入潛庵學案一條。

雲濠謹案：謝山學案劄記云：「范楷有蓬閬唱和集，本堂爲之跋。」

東發同調

吏部安先生劉別見廣平定川學案。

東發家學游、余三傳。

黄先生夢榦

黄夢榦，字祖勉，文潔之長子也。沈潛汲古，天性淡静。文潔峻肅，于人少可，而先生濟以和平。同年丈人陳本堂見而謂文潔曰：「君家叔度之流也。」屈行輩與爲親家。宋亡，無仕進意。文潔避地寶幢，其山北精舍且就荒，先生重葺之，欲奉其父歸講學，未竟而病，亟還寶幢，竟卒。是年文潔亦卒。

處士黃先生叔雅

黃叔雅，字仲正，文潔次子。事母孝，居家無語笑聲。待弟姪不使有忤意，持敬讓以禮。宗姻鄉黨長者洽之，幼者慕之。其學汪洋暢整，經以載道，必考其精微幽顯之委折，于史辨疆理、氏族、制度、官名之興廢，旁搜博徵，曲而通，確而明，故爲文辭纚屬，不能以窮。將臻乎極，而始底于用，欲以名世者，不在仕進也。有司三奉科舉令，卒不應試，而嘗以其說授于其徒。延祐七年卒，年五十有四。參清容居士集。

梓材謹案：黃晉卿誌先生弟叔英墓云：「文潔三子，俱克紹家學。」而深寧年譜數弟子著名者，先生與焉。

教授黃戇庵先生叔英

黃叔英，字彥實，文潔之子也。一以躬行爲本。嘗爲晉陵、宣城、蕪湖三學教諭，又爲和靖、采石兩院山長。以家學教授閩、越間。與韓性相友善。受業其門者，皆卓然有立。學者稱爲戇庵先生。有戇庵雜著二十卷、戇庵暇筆三卷。

隱君黃尚絅先生正孫

黃正孫，字長孺，祖勉子也。本堂之壻，有學行。補。

雲濠謹案：黄文獻誌先生墓云：「年二十出爲贅壻，居十有七年乃歸。至正乙酉卒，年八十一。子二，長即隱君玠也。」又稱其雅志恬静，年十二而宋亡，即絶意于仕進。晚自號尚絅翁，以見其志。

隱君黄先生玠

黄玠，字孟成，祖勉之孫也。志尚卓然，不隨流俗，躬行力踐，以古聖賢爲期。隱居教授，于書無不通曉。以講學寓居弁山。所著有弁山小隱集、知非稾。

虚谷門人

教授陳先生深見下本堂家學。

本堂家學

教授陳先生深

教授陳先生泌合傳。

陳深，字汝資，四明人，本堂子。弟泌，字汝泉。陳夷白跋先生書其弟詩後曰：「余年二十許時，識汝泉翁，翁時年已五十餘矣。越二十有七年，從其嗣子樫獲視翁兄教授君所書翁十八歲時侍其先公秘監府君中秋飲酒所賦五言三韻七篇，蓋翁以學問文章世其家業，而老蒼峻潔之氣，已見于少年如此。」又言「嗣子樫伯仲，能以家學爲己任」云。參夷白齋集。

梓材謹案：汝泉先生名一作宓，嘗官饒州教授。蓋本堂諸子，皆克承家學，先生其季也。

陳先生洙

陳洙，本堂之姪。本堂嘗與書曰：「古者禮稱其家，雖斂手足形而窆，禮所許可，切不可爲陰陽亂說所奪。有方道不利等說，若曰求利其亡者，則萬萬無此理；若曰欲利其後，則因父以求利，是大不孝，況必無是理！」補。

學士陳先生桱

陳桱，字子經，本堂先生著之孫也。本堂與東發善，先承其家學，而私淑黄氏之教。尤長于史學，謂司馬文正公作通鑑斷自周威烈王，訖于五代，而金文安公作通鑑前編以紀其前事，蓋用邵氏皇極經世曆，胡氏皇王大紀例，其年始陶唐氏，而唐之前，五代之後，咸未有論著，乃以盤古至高辛、宋至元爲二十四卷，名曰續編。又取金氏之書，删定爲通鑑前編舉要。先生明初僑居白下。爲翰林學士，以非罪死。

本堂門人

主簿趙先生炎

趙炎，字光叔，嵊縣人也。本堂稱其「有學有識，有才有骨」，官義烏簿時，嘗薦之趙汝楳。補。

吴先生漢

吴先生應奎合傳。

吴漢，字叔度；吴應奎，字文可，奉化人也。二吴皆居白巖，而學于本堂。補。

隱君黄尚絅先生正孫見上東發家學。

胡先生幼文別見深寧學案。

戇庵門人游、余四傳。

教授黄菊東先生珏

黄珏，字玉合，餘姚人。從戇庵受蔡氏尚書，既有所得，郡邑争致于師席，教授者餘四十年。尤喜玩皇極經世書，嘗曰：「天人之理微，邵子能推；帝王之道大，蔡氏能解，然非朱子訂定而發明之，愚亦何能窺見其髣髴邪？」與太原王萬石、上虞謝肅爲文字歡。洪武三年卒，年七十一。自號菊東。修。

縣官岑栲峯先生士貴

岑士貴，字尚周，餘姚人也。從黄彦實學，得其先世日鈔之傳。彦實負用世之志，不遇。一夕，夢坐岑氏廳上，氍毹四設，先生年最少，前拜跪，乃脱身所被緑衣衣之。覺而先生至，拜跪如夢。彦實驚問，先生對曰：「士貴幸不墜先生所教。」彥實急扶之，然頗不樂，因撰悲誦一篇，自是日飲，無何，卒不起。先生既得薦禮部，任官黃巖，有大姓李者，肩輿自甬道入，先生詰之，吏曰：「是家素能執持州縣短長者。」先生素惡強禦，乃廉得其私煎、盜販、過賕、鬻獄等罪，丹書之。李憾，亦以事中先生。已而出巡，遽以食遇毒死。吳淵穎痛惜之，爲作哀誄。補。

典史王東皐先生士毅

王士毅，字子英，本秀州人，後爲餘姚人。嘗任蘆花場典史，非其志也，棄去，從事于正學。黃戇庵講道于慈溪之杜洲書院，遂往從之，益知道德性命之奧，自是所造愈粹而行愈高。或有欲援之爲祿仕者，不爲少動。環堵蕭然，妻子淸坐相對，終無慼容。久而鄉里亦凜然異其爲人，有岑梈峯者，亦黃氏徒，而先生之鄰也，相與同游湖山間，唱和甚樂，嘗有句曰：「陶潛千載友，相望老東皐。」因自稱東皐處士。戴九靈銘其墓。補。

東發續傳

縣尹楊鐵崖先生維楨別見艮齋學案。

學士陳先生桱見上本堂家學。

宋元學案卷八十七

靜清學案

黃宗羲原本　黃百家纂輯　全祖望補定

靜清學案表

- 史蒙卿（獨善孫。小陽、深寧門人。蓮塘、潛齋、進齋再傳。晦翁、迂齋、慈湖、節齋、真西山二傳。白水、籍溪、屏山、延平、東萊、象山、詹氏、蔡西山四傳。）
  - 程端禮
    - 蔣宗簡
    - 樂良（附從弟衍、復。）
      - 張信
      - 陳韶
    - 戚秉肅
    - 王楚鼇（父起宗。）
    - 徐仁
  - 程端學

靜清學案序録

祖望謹案：四明史氏皆陸學，至靜清始改而宗朱，淵源出于蓮塘㊀晏氏。然嘗聞深寧不喜靜清之説易，以其嗜奇也，則似乎未必盡同于朱。其所傳爲程畏齋兄弟，則純于朱者。述靜清學案。梓材案：是卷梨洲本稱四明朱門學案一，謝山序録改爲靜清學案。

陽王門人晏、徐再傳。

教授史果齋先生蒙卿

史蒙卿，字景正，號果齋，鄞縣人，獨善先生彌鞏之孫也。年十二，入國子學，通春秋、周官。時江益公萬里爲祭酒，甚器之。咸淳元年進士，授景陵主簿，歷江陰、平江教授。四明之學，祖陸氏而宗楊、袁，其言朱子之學，自黄東發與先生始。黄氏主于躬行，而先生務明體以達用，著書立言，一以朱子爲法。宋亡，不復仕。自號靜清處士。有靜清集。修。

百家謹案：四明自楊、袁、舒、沈從學于象山，故陸氏之學甚盛。其時傳朱子之學者有二派：其一史果齋，從晏氏入；其一余正君，從輔氏入，故爲四明朱門一、二兩案。又王深寧從學于王埜，埜從學于真文忠公，亦出自朱門詹體仁者也。

㊀「塘」字，原本作「蕩」，今改。晏淵號蓮塘。下同。

果齋訓語

學問進修之大端，其畧有四：一曰尚志，二曰居敬，三曰窮理，四曰反身。大抵爲士莫先于尚志。孔子曰：「吾十有五而志于學。」孟子曰：「士何事？」曰「尚志」，「仁義而已矣。」程子亦曰：「言學便當以道爲志，言人便當以聖爲志，苟此志不立，而惟流俗之徇，利欲之趨，則終身墮于卑陋，而不足與詣高明光大之域矣，何足以爲士哉！」此志既立，便當居敬以涵養其本原，蓋人心虛靈，天理具足，仁義禮智皆吾固有。聖賢之所以爲聖賢者，非自外而得之也，苟能端莊靜一以涵養之，則志氣清明，義理昭著，而人欲自然退聽。以此窮理，理必明；以此反身，身必誠，乃學問之大原也。夫既知涵養其本原，則天理之全體，固渾然于吾心矣。然一心之中，雖曰萬理咸具，天敍天秩，品節粲然，苟非稽之聖賢，講之師友，察之事物，驗之身心，以究析其精微之極至，則知有所蔽，而行必有所差，此大學之誠意、正心、修身所以必先格物、致知，中庸之篤行所以必先博學、審問、愼思、明辨也。既知所以窮理矣，則必以其所窮之理，反之于身，以踐其實，日用之間，微而念慮，著而云爲，其當然者，皆天理之公，其不當然者，皆人欲之私也。于此謹而察之，果當然乎？則充之惟恐其不廣，行之惟恐其不至。果不當然乎？則改之惟恐其不速，去之惟恐其不盡。從事于斯，無少間斷，人欲日以銷泯，天理日以純熟，而聖賢之道，忽不自知，其實有于我矣。窮則獨善其身，可以繼往聖而開來學；達則兼善天下，可以參天地而贊化育，其功用有不可勝窮者。若夫趨向卑陋，而此志不立，持養疏畧，而此心不存，講學之功不加，而所知者昏蔽，反身之誠不篤，而所行者悖戾，將見人欲愈熾，天理愈微，本心一亡，亦將何所不至哉！書曰：「惟聖罔念作狂，惟狂克念作聖。」聖狂之分，特在念不念之間而已矣，並惟同志勉之。此本雙峯饒氏之訓。

附錄

果齋先生每教學者以朱子日用自警詩揭于座右，其詩曰：「圓融無際大無餘，即此身心是太虛。不向用時勤猛省，卻于何處味真腴。尋常應對尤須謹，造次施爲莫放疏。一日洞然無別體，方知不枉費工夫。」

祖望謹案：蓮塘晏氏之學傳于陽氏，陽氏之學傳于吾鄉史氏，卽靜清也。梓材案：宋史史南叔附先生傳云：「早受業巴川㊀陽恪。」號以齋，爲小陽先生之子。小陽則朱子再傳弟子也。顧程畏齋親及先生之門，其爲讀書分年日程，識工程綱領後云：「果齋先生早師常德小陽先生、大陽先生。陽先生師涪陵晏先生，晏先生師朱子。」未嘗言及以齋。袁清容誌先生墓亦云：「太中在湖北時，謁告歸省，從巴川陽公岊學易、春秋。」太中者，先生之父，名肯之。黃文獻則云：「繼朱子之學者，自晏氏淵、大陽先生枋、小陽先生岊，以至于史氏。」是知先生所受業者小陽先生，非小陽之子，史傳蓋誤。

謝山靜清書院記曰：「有元儒林世系，魯齋、白雲專主朱學，靜修頗祖康節，草廬兼主文安，其足以輔翼二許者，吾鄉程敬叔兄弟最醇。魯齋得之江漢趙氏，白雲得之仁山，而敬叔兄弟得之靜清史先生。先是，吾鄉學者，楊、袁之徒極盛，史氏之賢喆，如忠宣公、文靖公、獨善先生、和旨先生、鴻禧君、饒州君，皆楊、袁門下傑然者也。靜清爲獨善孫，始由巴陵陽氏以溯朱學。當時雙輪

㊀「巴川」，宋史本傳作「色川」。

孤翼，莫之應和，而黄提刑東發出焉，遂稍稍盛。朱學之行于吾鄉也，自静清始，其功大矣。江漢、仁山皆已俎豆澤宫，而静清莫有擷溪毛以問之者，後死之于斯文，能無媿色。清容作静清墓志，于其易代大節，言之已悉，而學統所在，不甚了了。清容文士，其于儒苑窔奥，宜其在所忽也。然清容言『静清嘗與深寧説經，每好奇，以是多與深寧不合』，則又可知静清雖宗主朱學，而其獨探微言，正非墨守集傳、章句、或問諸書以爲苟同者。正如東發亦宗朱學，而其于先、後天圖説攻之甚力，蓋必如是而始爲碩儒。不善學者，但據一先生之言，窮老盡氣，不敢少異，而未嘗顧其心之安否。是爲有信而無疑，學問之道，未之有也。清容以爲好奇，是尤不知静清者也。」

静清門人晏、徐三傳。

教授程畏齋先生端禮

程端禮，字敬叔，鄞縣人。學者稱爲畏齋先生。初用舉者爲建平、建德兩縣教諭。歷稼軒、江東兩書院山長，累考授鉛山州學教諭，以台州教授致仕。先生受學于史静清，色莊而氣夷，善誘學者，使之日改月化，而其弟端學剛明，動有師法，學者咸嚴憚之，人以比河南兩程氏云。修。

百家謹案：慶元自宋季皆傳陸子之學，而朱學不行于慶元，得史静清而爲之一變。蓋慈湖之下，大抵盡入于禪，士以不讀書爲學，源遠流分，其所以傳陸子者，乃其所以失陸子也。余觀畏齋讀書日程㈠，本末不遺，工夫有序，由是而之焉，卽謂陸子之功臣可也。

集慶路江東書院講義

端禮竊聞之朱子曰：「爲學之道，莫先于窮理，窮理之要，必在于讀書，讀書之法，莫貴于循序而致精，而致精之本，則又在于居敬而持志，此不易之理也。」其門人與私淑之徒，會萃朱子平日之訓，而節取其要，定爲讀書法六條：曰循序漸進，曰熟讀精思，曰虛心涵泳，曰切己體察，曰著緊用力，曰居敬持志。其㈡所謂循序漸進者，朱子曰：「以二書言之，則通一書而後及一書；以一書言之，篇章句字㈢，首尾次第，亦各有序而不可亂也，量力所至而謹守之，字求其訓，句索其旨，未得乎前，則不敢求乎後，未通乎此，則不敢志乎彼，如是則志定理明，而無疏易陵躐之患矣。若奔程趁限，一向趲看了，則看猶不看也。近方覺此病痛不是小事。元來道學不明，不是上面欠工夫，乃是下面無根脚。」其循序漸進之說如此。所謂熟讀精思者，朱子曰：「荀子說誦數以貫之，見得古人誦書亦記徧數，乃知橫渠教人讀書，必須成誦，真道學第一義。徧數已足，而未成誦，必欲成誦；徧數未足，雖已成誦，必滿徧數。但百徧時，自是强五十徧時；二百徧時，自是强一百徧時。今所以記不得，說不去，心下若存若亡，皆是不精不熟之患。今人所以不如古人處，只爭這些子。學者觀書，讀得正文，記得註解，成誦精熟，註中訓釋文意、事物名件、發明相穿紐處，一一認得，如自己做出來底一般，方能玩味，反覆向上，有通透處。若不如

㈠「日」字，原本作「工」，據龍本改。　㈡「其」字，原本作「且」，據龍本改。　㈢「句字」，原本作「文句」，據龍本改。

此，只是虛設議論，非爲己之學也。」其熟讀精思之説如此。所謂虛心涵泳者，朱子曰：「莊子説，『吾與之虛而委蛇。』既虛了，又要隨他曲折去。讀書須是虛心，方得聖賢説一字是一字，自家只平著心去秤停他，都使不得一毫杜撰。學者看文字，不必自立説，只記前賢與諸家説便了。今人讀書，多是心下先有箇意思了，卻將聖賢言語來㊀湊他底意思，其有不合，便穿鑿之使合。」其㊁虛心涵泳之説如此。所謂切己體察者，朱子曰：「入道之門，是將自箇㊂己身入那道理中去，漸漸相親，與己爲一。而今人道在這裏，自家在外，元不相干。學者讀書，須要將聖賢言語體之于身，如『克己復禮』，如『出門如見大賓』等事，須就自家身上體覆㊃。我實能克己復禮、主敬行恕否？件件如此，方有益。」其切己體察之説如此。所謂著緊用力者，朱子曰：「寬著期限，緊著課程，爲學要剛毅果決，悠悠不濟事。且如『發憤忘食，樂以忘憂』是甚麽精神！甚麽筋骨！今之學者，全不曾發憤。直要抖擻精神，如救火治病然，如撐上水船，一篙不可放緩。」其著緊用力之説如此。所謂居敬持志者，朱子曰：「程先生云：『涵養須用敬，進學則在致知。』此最精要。方無事時，敬以自持，凡心不可加入無何有之鄉，須是收斂在此。及其應事時，敬于應事；讀書時，敬于讀書，便自然該貫動靜，心無不在。今學者説書，多是捻合來説，卻不詳密活熟。此病不是説書上病，乃是心上病，蓋心不專靜純一，故思慮不精明。須要養得虛明專靜，使道理從裏面流出方好。」其居敬持志之説如此。愚按：此六條者，乃朱子教人讀書之要，故其誨學者，告君上，舉不出

㊀「來」字，原本作「夾」，據龍本改。 ㊁「其」字，原本作「有」，據龍本改。 ㊂「自箇」，原本作「箇自」，據龍本改。

㊃「覆」字，原本作「覈」，據龍本改。

此，而自謂其爲平日艱難已試之效者也。竊嘗論之，自孔子有「博學于文，約之以禮，亦可以弗畔矣夫」之訓，以顏子之善學，其贊孔子「循循善誘」，亦不過曰「博我以文，約我以禮」而已。是孔子之教，顏子之學，不越乎博文約禮二事，豈非以學者舍是無以爲用力之地與？蓋盈天地間，萬物萬事，莫非文也。其文出于聖人之手，而存之于書者，載道爲尤顯，故觀孔子責子路「何必讀書，然後爲學」之語，可爲深戒，豈非讀書爲博文之大而急者與？朱子曰：「約禮則只是這些子㊀。博文各有次序，當以大而急者爲先。」蓋謂是也。然則，博文豈可不以讀書爲先？而讀書又豈可不守朱子之法？朱子平日教人，千言萬語，總而言之，不越乎此六條。而六條者，總而言之，又不越乎「熟讀精思」、「切己體察」之兩條。蓋熟讀精思即博文之功，而切己體察即約禮之事。然則，欲學顏子之學者，豈可不由是而求之哉！今幸其說具存，學者讀書，能循是六者，以實用其力，則何道之不可進，何聖賢之不可爲！使朱子復生，身登其門，耳聞其誨，未必若是之詳且要也，學者可不自知其幸與？世之讀書，其怠忽間斷者，固不足論。其終日勤勞，貪多務廣，終身無得者，蓋以讀之不知法故也。惟精廬初建，端禮荒陋匪材，夫豈其任！承乏之初，敢以朱子讀書法，首與同志講之，期相與確守焉，以求共學之益，使他日義精仁熟，賢才輩出，則朱子之訓不爲虛語，精廬不爲虛設，顧不美哉！

存存齋銘

㊀「這些子」三字，原本無，據龍本補。

性與天道，夫子罕言。于易乃言，成性存存。惟性之成，天予其全。如體畢具，無異愚賢。心統性情，性體惟静。心乘氣機，存之斯正。曰惟存心，所以存性。其方伊何？在乎主敬。其效伊何？動静皆定。無間無雜，始曰存存。虚閒静一，細微糾紛。弗謹弗養，千里其奔。勉强安行，聖賢是分。效天法地，道義之門。

讀書分年日程

八歲未入學之前

讀性理字訓。程逢源增廣者。日讀字訓綱三五段，此乃朱子以孫芝老能言作性理絶句百首教之之意，以此代世俗蒙求、千字文最佳。又以朱子童子須知貼壁，于飯後使之記説一段。

自八歲入學之後

讀小學書正文。日止讀一書，自幼至長皆然。此朱子苦口教人之語。隨日力性資，自一二百字，漸增至六七百字。日永年長，可近千字乃已。每大段内，必分作細段，每細段必看讀百徧，倍讀百徧，又通倍讀二三十徧。後凡讀經書放此。自此説小學書，即嚴幼儀。大抵小兒終日讀誦，不惟困其精神，且致其習爲悠緩，以待日暮。法當纔辦徧數，即暫歇少時，復令入學。如此可免二者之患。

日程：一、每夙興，即先自倍讀已讀册首書至昨日所讀書一徧。内一日看讀，内一日倍讀，生處誤處，記號以待夜間補正徧數。其間日看讀本，爲童幼文理未通、誤不自知者設。年十四五以上者，只倍讀，師標起止于日程空眼簿。凡册首書爛熟，無一句生誤，方是工夫已到，方可他日退在夜間與平日已讀書輪流倍温，乃得力。如未精熟，遽然退混諸書中，則温倍漸疏，不得力矣，宜謹之。凡倍讀熟書，逐字逐句，要讀之緩而又緩，思而又思，使理與心浹。朱子所謂精思，所謂虛心涵泳；孔子所謂温故知新，以異于記問之學者，在乎此也。一、師試倍讀昨日書。一、師授本日正書。假令授讀大學正文、章句、或問共約六七百字，或一千字，須多授一二十行，以備次日或有故及生徒衆不得即授書，可先自讀，免致妨功。先計字數，畫定大段。師記號起止于簿，預令其套端禮所參館閣校勘法，黄勉齋、何北山、王魯齋、張導江及諸先生所點抹四書例，及攷㊀王魯齋正始音等書點定本，點定句讀，圈發假借字音，令面讀子細正過。于内分作細段，隨文義可斷處，多不過十句，少約五六句。大段約千字，分作十段，或十一二段，用朱點記于簿，還按每細段讀二百徧，内一百徧看讀，内一百徧倍讀，句句字字要分明，不可太快。讀須聲實，如講説然，句盡字重道則句完，不可添虛聲，致句讀不明，且難足徧數。他日信口難舉，須用數珠或記數板子記數。每細段二百徧足，即以墨銷朱點，即換讀如前。盡一日之力，須足六七百字。日永年長，可近一千字。寧賸段數，不可省徧數。仍通大段倍讀二三十徧，或止通倍讀全章正經並註、或問所盡亦可。必待一書畢，然後方換一書，並不得兼讀他書，及省徧數。此以朱子讀書法、小學書及所訂程、董學則修。一、師試説昨日已説書。一、師授説平日已讀書不必多，先説小學書畢，次大學畢，次論語。假如説小學書，先令每句説通朱子本註，及熊氏解，及熊氏標題。已通，方令

㊀「攷」字，原本作「放」，據龍本改。

依傍所解字訓句意、説正文。字求其訓註中無者，使簡韻會求之，不可杜撰以誤人，寧以俗説粗解卻不妨。既通，説每句大義。又通，説每段大義。即令自反覆説通，面試通，乃已。久之，纔覺文義粗通，能自説，即使自看註，沈潛玩索。使來試説，更詰難之，以使之明透。如説大學、論語，亦先令説註透，然後依傍註意説正文。一、小學習寫字，必于四日内，以一日令影寫智永千文楷字。如童稚初寫者，先以子昂所展千文大字爲格，影寫一徧過，卻用智永如錢真字影寫。每字本一紙，影寫十紙。止令影寫，不得惜紙于空處令自寫，以致走樣。寧令翻紙，以空處再影寫。如此影寫千文足後，歇讀書一二月，以全日之力，通影寫一千五百字，添至二千三千四千字。以全日之力如此寫一二月乃止。必如此寫，方能他日寫多，運筆如飛，永不走樣。又使自看寫一徧。其所以用千文用智永楷字，皆有深意，此不暇論，待他年有餘力，自爲充廣可也。蓋儒者别項工夫多，故習字止如此用筆之法。雙鉤懸腕，讓左側右，虛掌實指，意前筆後，此口訣也。欲考字，看説文、字林、六書畧、切韻指掌圖、正始音、韻會等書，以求音義偏傍點畫六書之正。每考三五字或十數字，擇切用之字先考。凡鈔書之字，偏傍須依説文翻楷之體，骨肉間架氣象用智永，非寫詩帖，不得全用智永也。一、小學不得令日日作詩作對，虛費日力。今世俗之教，十五歲前，不能讀記九經正文，皆是此弊。但令習字演文之日，將已説小學書作口義，以學演文。每句先逐字訓之，然後通解一句之意，又通結一章之義。相接續作去，明理演文，一舉兩得。更令記對類單字，使知虛實死活字。更記類首長天永日字，但臨放學時，面屬一對便行，使畧知對偶輕重虛實足矣。此正爲己爲人，務内務外，君子儒、小人儒之所由分。此心先入者爲主，終此生不可奪，不惟妨功，最是奪志，朱子諄諄言之，切戒。一、隻日之夜，大學令玩索。已讀大學，字求其訓，句求其義，章求其旨。每一節，十數次涵泳思索，以求其通。又須虛心以爲之本，每正文一節，先考索章句明透，然後摭章句之旨，以説上正文，每句要説得精確成文。鈔記旨要，又考索或問明透，以參章句。如遇説性理深奥精微處，不計數看，直要曉得，記得爛熟，乃止。仍參看黄勉齋、真西山集義、通釋、講義，饒雙峯纂述、輯講、語録，金仁山大學疏義、語孟考證，何北山、王魯齋、張達善句讀、批抹畫截表、注音考，胡雲峯四書通通證，趙氏纂疏、集成、發明等書，諸説有異處，標貼以待思問。如引用經史先儒語，及性理制度治道故事相關處，必須檢尋看過。凡玩索一字一句一章，分看合看，要析之極其精，合之無不貫，去了本子，信口分説得出，合説得出，于身心體認得出，方爲爛熟。朱子諄諄之訓，「先要熟讀，須是正看背看，左看右看，看得是了，未可便道是，更須反覆玩味」，此之謂也。不必多，論語止看得一章二章三章足矣，只要自得。凡先説者，要極其精通，其後未説者，一節易一節，工夫不難矣。只要記得大學畢，次論語，次孟子，次中庸，小學止令玩索。小學燈火，起中秋，止端午。或生徒多，參考之書難徧及，則參差雙、隻夜以便之。一、雙日之夜，倍讀凡平日已讀書一徧。倍讀一二卷或三四卷，隨力所至。記號起止，以待後夜續讀。倍讀熟書，必緩而又緩，思而又思。詳見讀㈠冊首書條。凡温書，必要倍讀，纔放看讀，永無可再倍之日，前功廢矣，切戒。如防誤處，寧以書安于案，疑處正之，再倍讀。倍讀熟書時，必須先倍讀本章正文畢，以目視本章正文，倍讀盡本章註文，就思玩涵泳本章理趣。此法不

㈠「讀」字，原本作「續」，據龍本改。

惟得所以釋此章之深意，且免經文註文混記無別之患。如倍讀忘處，急用徧數補之。凡已讀書，一一整放在案，周而復始，以日程并書日揭之于壁，夏夜浴後，露坐無燈，自可倍讀。一、隨雙、隻日之夜，附讀看玩索性理書。性理畢，次治道，次制度。如大學失時失序，當補小學書者，先讀小學書數段，仍詳看解，字字句句自要説得通透乃止。小學書畢，讀程氏增廣字訓綱，此書鈐定性理，語約而義備，如醫家脈訣，最便初學。次看北溪字義、續字義，次讀太極圖、通書、西銘，並看朱子解，及看何北山發揮，次讀近思録、看葉氏解。續近思録，蔡㊀氏編，見性理羣書。次看讀書記、大學衍義、程子遺書、外書、經説、文集、周子文集、張子正蒙、朱子大全集、語類等書，或看或讀，必詳玩潛思，以求透徹融會，切己體察，以求自得性理緊切。書目通載于此，讀看㊁者自循輕重先後之序。有合記者，仍分類節鈔。若治道，亦見西山讀書記、大學衍義。一、以前日程，依序分日，定其節目，寫作空眼，刊定印板，使生徒每人各置一簿，以憑用功。次日早，于師前試驗，親筆句銷，師復親標所授起止于簿。庶日有常守，心力整暇，積日而月，積月而歲，師生兩盡，皆可自見。施之學校公教，尤便有司拘鈐考察。小學讀經習字演文，必須分日。假如小學簿紙百張，以七十五張印讀書日程，以二十五張印習字讀文日程，可用二百日。讀經必用三日，習字演文止用一日，本未欲以此間讀書之日，緣小學習字習演口義小文辭，欲使其學開筆路，有不可後者故也。至如大學，惟印讀經日程。待四書本經傳註既畢，作次卷工程時，方印分日讀看史日程。畢，印分日讀看文日程。畢，印分日作文日程。其先後次序，分日輕重，決不可紊。人若依法讀得十餘箇簿，則爲大儒也，

㊀「蔡」字，原本作「蘇」，據龍本改。　㊁「看」字，原本作「書」，據龍本改。

孰禦？他年亦須自填以自檢束，則歲月不虛擲矣。今將已刊定空眼式連于次卷，學者誠能刊印，置簿日填，功效自見也。

小學書畢。

次讀大學經傳正文。一、讀書、倍温書、説書、習字、演文如前法。

次讀論語正文。

次讀孟子正文。

次讀中庸正文。

次讀孝經刊誤。一、讀書、倍温書、説書、習字、演文並如前法。

次讀易正文。六經正文依程子、朱子、胡氏、蔡氏句讀，參廖氏及古註陸氏音義、賈氏音辯、牟氏音考。一、讀書、倍温書、説書、習字、演文如前法。

次讀書正文。

次讀詩正文。

次讀儀禮並禮記正文。

次讀周禮正文。

次讀春秋經并三傳正文。

前自八歲，約用六七年之功，則十五歲前，小學書、四書諸經正文可以盡畢。既每細段看讀百徧，倍讀百徧，又通倍大段，早倍温冊首書，夜以序通倍温已讀書，守此，決無不熟之理。

自十五志學之年，即當尚志。爲學以道爲志，爲人以聖爲志。自此依朱子法讀四書註，或十五歲前用功失時失序者，止從此起，便讀大學章句、或問，仍兼補小學書。

讀大學章句、或問。一、讀書、倍温書所讀字數分段，看讀百徧，倍讀百徧，並如前法。一、夜間玩索倍讀已讀書，玩索讀看性理書，並如前法。

必確守朱子讀書法六條：居敬持志。循序漸進。熟讀精思。虛心涵泳。切己體察。著緊用力。

必以身任道，静存動察，敬義夾持，知行並進，始可言學。不然，則不誠無物，雖勤無益也。朱子諭學者曰：「學者書不記熟，讀可記，義不精細，思可精，惟有志不立，真是無著力處。只如今人貪利祿而不貪道義，要作貴人而不要作好人，皆是志不立之病。直須反覆思量，究其病痛起處，勇猛奮躍，不復作此等人，一躍躍出，見得聖賢千言萬語，都無一字不是實語，方始立得此志。就此積累工夫，迤邐向上去，大有事在，諸君勉旃，不是小事。」又如程子四箴、朱子敬齋箴、西山夜氣箴當熟玩體察外，有天台南塘陳先生夙興夜寐箴曰：「鷄鳴而寤，思慮漸馳，盍于其間，澹以整之。或省舊愆，或紬新得，次第條理，瞭然默識。本既立矣，昧爽乃興，盥櫛衣冠，端坐斂形。提掇此心，皦如出日，嚴肅整齊，虛明静一。乃啟方册，對越聖賢，夫子在坐，顏、曾後先。聖師所言，親切敬聽，弟子問辨，反覆參訂。事至斯應，則驗于爲，明命赫然，常目在之。事應既已，我則如故，方寸湛然，凝神息慮。動静循環，惟心是監，静存動察，勿二勿三。讀書之餘，間以游泳，發舒精神，休養情性。日暮人倦，昏氣易乘，齋莊正齊，振拔精神。夜久斯寢㊀，齊手斂足，不作思維，心神歸宿。養以夜氣，貞則復元，念茲在茲，日夕乾乾。」昔金華魯齋王先生以爲，此箴甚切得受用，以教上蔡書院諸生，使之人寫一本，置坐右。又云：「養以夜氣，足以證西山之誤。」

大學章句、或問畢。

次讀論語集註。

次讀孟子集註。

次讀中庸章句、或問。

次鈔讀論語或問之合于集註者。

次鈔讀孟子或問之合于集註者。

次讀本經。　治周易。鈔法，一依古易十二篇。勿鈔彖傳、象傳附每段經文之後。先手鈔四聖經傳正文，依古易讀之。別用紙依次鈔每段正文。次低正文一字，鈔所主朱子本義。次低正文一字，鈔所主程子傳。其連解彖傳、象傳者，須截在彖傳、象傳正文後鈔。次低正文一字，節鈔所兼用古註疏。次低正文二字，附節鈔陸氏音義，次節鈔胡庭芳所附朱子語録、文集、何北山啟蒙、繫辭發揮、朱子孫鑑所集易遺説，去其重者。次低正文二字，節鈔董氏所附程子語録、文集。次低正文三字，節鈔胡庭芳所

㊀「寢」字，原本作「精」，據龍本改。

纂諸家解及胡雲峯易通及諸説精確而有裨朱子本義者。其正文分段，以朱子本義爲主。每段正文既鈔諸説，仍空餘紙，使可續鈔。其讀易綱領，及先儒諸圖及説，鈔于卷首，圖在啟蒙者，不可移。讀法，其朱子本義、程子傳所節古註疏，並依讀四書例，盡填讀經空眼簿如前法，須令先讀五贊、啟蒙及發揮，次本義畢，然後讀程子傳畢，然後讀所節古註疏。其所附鈔，亦玩讀其所當讀者，餘止熟看參考。其程子傳、古註疏與朱子本義訓詁，指義同異，以玩索精熟爲度。異者以異色筆批抹。每卦作一册。治尚書。鈔法，先手鈔全篇正文讀之。别用紙鈔正文一段。次低正文一字，鈔所主蔡氏傳。次低正文二字，節鈔所兼用古註疏。次低正文二字，附節鈔陸氏音義。次低正文二字，節鈔朱子語録、文集之及此段者。次低正文三字，節鈔金氏表註及董氏所纂諸儒之説，及諸説精確而有裨蔡氏傳者。其正文分段，以蔡氏傳爲主。每段正文既鈔諸説，仍空餘紙，使可續鈔。其書序及朱子所辯，附鈔每篇之末。其讀書綱領及先儒諸圖，鈔于首卷。讀法，其蔡氏傳及所節古註疏，並依讀四書例，盡填讀經空眼簿如前法。其所附鈔，亦玩讀其所當讀者，餘止熟看參考。須令先讀蔡氏傳畢，然後讀古註疏。其古註疏與蔡氏傳訓詁，指義同異，以玩索精熟爲度。異者以異色筆批抹。每篇作一册。治詩。鈔法，先手鈔詩全篇正文讀之。别用紙鈔詩正文一章，音義協音，並依朱子。次低正文一字，鈔所主朱子傳。次低正文一字，節鈔所兼用古註疏。次低正文二字，附節鈔陸氏音義。次低正文二字，節鈔朱子語録、文集之及此章者。次低正文三字，節鈔輔氏童子問，及魯齋王氏詩疑辯，及諸説精確而有裨朱子傳者。每段正文既鈔諸説，仍空餘紙，使可續鈔。其詩小序及朱子所辯，附鈔每篇之末。其讀詩綱領及先儒諸圖，鈔于卷首。讀法，其朱子傳及所節古註疏，並依讀四書例，盡填讀經空眼簿如前法。其所附鈔，亦玩讀其所當讀者，餘止熟看參考。須令先讀朱子傳畢，然後讀古註疏。其古註疏及朱子傳訓詁，指義同異，以玩索精熟爲度。異者以異色筆批抹。每篇作一册。治禮記。鈔法，先手鈔每篇正文讀之。別用紙鈔正文一段。次低正文一字，節鈔所用古註。次低正文一字，節鈔疏。次低正文一字，附節鈔陸氏音義。次低正文一字，節鈔朱子儀禮經傳通解之相關者。次節鈔朱子語録、文集之及此段者。次低正文二字，節鈔黄氏日鈔、陳氏櫟詳解、衛氏集解精確而有裨正經古註疏者。其正文分段，以古註爲主。每段正文既鈔諸説，仍空餘紙，使可續鈔。蓋治禮必先讀儀禮經。其讀禮記綱領及先儒諸圖及楊氏儀禮圖鈔于首卷。讀法，其所節古註并疏，依讀四書例，盡填讀經空眼簿如前法。其所附鈔，亦玩讀其所當讀者，餘止熟看參考。其古註疏之所以合于經與否，以玩索精熟爲度。其未合者，以異色筆批抹。每篇作一册或二三册。治㊀春秋。鈔法，先手鈔正經，每一年作一段讀之。讀全經畢，別用紙鈔當年經文一段。次低經文一字，節鈔所許用三傳、胡氏傳諸説之合于經之本義者。次低經文一字，節鈔三傳、胡氏傳諸説之未合者。次低經文二字，附節鈔陸氏音義。次低經文二字，鈔程端學所著辨疑、或問。凡諸説之有裨正經、三傳、胡氏傳者，已詳見成書。每段正文既鈔諸説，仍空餘紙，使可續鈔。其讀春秋綱領及先儒諸圖鈔于首卷。讀法，凡所節三傳、胡氏傳，並依讀四書例，盡填讀經空眼簿如前法。其所附鈔，亦玩讀其所當讀者，餘止熟看參考。其三傳、胡氏之所以合于經與否，以玩索精熟

㊀「治」字，原本作「法」，據龍本改。

爲度。其未合者，以異色筆批抹。每年作一卷，每公作一册或二三册。

前自十五歲讀四書經、註、或問、本經傳註、性理諸書，確守讀書法六條，約用三四年之功，晝夜專治，無非爲己之實學，而不以一毫計功謀利之心亂之，則敬義立，而存養省察之功密，學者終身之大本植矣。

四書、本經既明之後，自此日看史，仍五日内專分二日倍温玩索四書經、註、或問、本經傳註，倍温諸經正文，夜間讀看玩索温看性理書，並如前法。爲學之法，自合接續明經。今以其學文不可過遲，遂讀史，次讀韓文，次讀離騷，次學作文，然後以序明諸經，覽者詳焉。

看通鑑。看通鑑及參綱目，兩漢以上參看史記、漢書，唐參唐書、范氏唐鑑。看取一卷或半卷，隨宜增減，雖不必如讀經之徧數，亦虛心反覆熟看。至于一事之始末，一人之姓名、爵里、謚號、世系，皆當子細考求彊記。又須分項詳看，如當時君臣心德之明暗，治道之得失，紀綱之修廢，制度之因革，國本之虛實，天命人心之離合，君子小人之進退，刑賞之當濫，國用之奢儉，税斂之輕重，兵力之强弱，外戚宦官之崇抑，民生之休戚，風俗之厚薄，外夷之叛服，如此等類，以項目寫貼眼前，以備逐項思玩當時之得失。如當日所讀項目無者，亦須通照前後思之，如我親立其朝，身任其事，每事以我得于四書者照之，思其得失，合如何論斷，合如何區處。有所得與合記者，用册隨鈔。然後參諸儒論斷、管見、綱目、凡例、尹氏發明、金仁山通鑑前編、胡庭芳古今通要之類，以驗學識之淺深。不可先看他人議論，如矮人看場無益。然亦不可先立主意，不虛心也。諸儒好議論亦須記。仍看通鑑釋文，正其音讀。看畢，又通三五日前者看一徧。一、分日倍温玩索四書經、註、或問、本經傳註及諸經正文，夜間讀看玩索温看性理書，並如前法。四書既明，胸中已有權度，自此何書不可看！

通鑑畢。

次讀韓文。讀韓文，先鈔讀西山文章正宗内韓文議論敍事兩體華實兼者七十餘篇，要認此兩體分明後，最得力。正以朱子考異，表以所廣謝疊山批點，自熟讀一篇或兩篇，亦須百徧成誦，緣一生靠此爲作文骨子故也。既讀之後，須反覆詳看。每篇先看主意，以識一篇之綱領，次看其序述抑揚、輕重、運意、轉换、演證、開闔、關鍵、首腹、結末、詳畧、淺深、次序。既于大段中看篇法，又于大段中分小段看章法，又于章法中看句法，句法中看字法，則作者之心，不能逃矣。譬之于樹，通看則𨚫根至表，幹生枝，枝生華葉，大小次第相生而爲樹。又折一幹一枝看，則又皆各自有枝幹華葉，猶一樹然，未嘗毫髮雜亂。此可以識文法矣。看他文皆當如此看，久之自會得法。今日學文能如此看，則他日作文能如此作，亦自能如此改矣。然又當知有法而無法，無法而有法。有法者，篇篇皆有法也；無法者，篇篇法各不同也。所以然者，如化工賦物，皆自然而然，非區區摹擬所致。有意于爲文，已落第二義。在我經史熟，析理精，有學有識有才，又能集義以養氣，是皆有以爲文章之根本矣。不作則已，作則沛然矣。第以欲求其言語之工，不得不如此讀看耳，非曰止步驟此而能作文也。果能如此工程讀書，將見突過退之，何止肩之而已！且如朱子或問及集中文字，皆是用歐、曾法，試看歐、曾，曾有朱子議論否！此非妄言，若能如此讀書，則是學天下第一等學，作天下第一等文，爲天下第一等人，在我而已，未易與俗子言也。自此看他文，欲識文體有許多樣耳。此至末事，一看足矣，不必讀也。其學作文次第，詳見于後。

一、六日内分三日倍温玩索四書經、註、或問、本經傳註、諸經正文及温看史，夜間讀看玩索温看性理書，如前法。

韓文畢。

次讀楚辭。讀楚辭。正以朱子集註，詳其音讀訓義，須令成誦，緣靠此作古賦骨子故也。自此他賦止看不必讀也。其學賦次第詳見于後。一、分日倍温玩索四書經、註、或問、本經傳註、諸經正文，温看史，夜閒讀看玩温性理書，如前法。性理畢，次考制度。制度書多兼治道，有不可分者，詳見諸經註疏、諸史志書、通典、續通典、文獻通考、鄭夾漈通志畧、甄氏五經算術、玉海、山堂考索、尚書中星閏法詳説、林勳本政書、朱子井田譜、夏氏井田譜、蘇氏地理指掌圖、程氏禹貢圖、酈道元水經注、張主一地理沿革、漢官考職源、陸農師禮書、禮圖、陳祥道禮書、陳暘樂書、蔡氏律吕新書及辯證律準、禋典郊廟奉祀禮文、吕氏兩漢精華、唐氏漢精義、唐精義、陳氏漢博議、唐律註疏、宋刑統、大元通制、成憲綱要、説文、五音韻譜、字林、五經文字、九經字樣、戴氏六書考、王氏正始音、陸氏音義、牟氏音考、賈氏羣經音辯、丁度集韻、司馬公類篇、切韻指掌圖、吴氏詩補音及韻補、四聲等子、楊氏韻譜。先擇制度之大者，如律曆、禮樂、兵刑、天文、地理、官職、賦役、郊祀、井田、學校、貢舉等，分類如山堂考索所載歷代沿革，考覈本末得失之後，斷以朱子之意，及後世大儒論議，如朱子經濟文衡、吕成公制度詳説。每事類鈔，仍留餘紙，使可續添，又自爲之著論。此皆學者所當窮格之事。以夫子之聖，猶必問禮問樂而後能知，豈可委之以爲名物度數之細而畧之！平日誠能沉潛參伍，以求其故，一旦在朝，庶免禮官不識禮、樂官不識樂之誚，而和胡、阮、李、范、馬、劉、楊不能相一之論可決，禘祫廟制可自我而定如韓子、朱子矣，豈特可放源流。至論及吕成公、錢學士百段錦，作成策段，爲舉業資而已。通鑑、韓文、楚辭既看既讀之後，約纔二十歲或二十一二歲，仍以每日早飯前循環倍温玩索四書經、註、或問、本經傳註、諸經正文，温看史，温讀韓文、楚辭之外，以二三年之功，專力學文。既有學識，又知文體，何文不可作！

學作文。學文之法，讀韓文法已見前。既知篇法章法句法字法之正體矣，然後更看全集，及選看歐陽公、曾南豐、王臨川三家文體，然後知展開間架之法。緣此三家，俱是步驟韓文，明暢平實，學之則文體純一，庶可望其成一大家數文字。他如柳子厚文、蘇明允文，皆不可不看。其餘諸家文，不須雜看。此是自韓學下來漸要展開之法，看此要識文體之佳耳；其短于理處極多，亦可以爲理不明而不幸能文之戒。如欲敍事雄深雅健，可以當史筆之任，當直學史記、西漢書。先讀真西山文章正宗，及湯東澗所選者，然後熟看班、馬全史。此乃作紀載垂世之文，不可不學。後生學文，先能展開滂沛，後欲收斂簡古甚易。若一下便學簡古，後欲展開作大篇，難矣。若未忘場屋，欲學策，以我平日得于四書者爲本，更守平日所學文法，更畧看漢、唐策、陸宣公奏議、朱子封事書疏、宋名臣奏議、范文正公、王臨川、蘇東坡萬言書、策畧、策别等，學陳利害則得矣。況性理治道制度三者已下工夫，亦不患于無以答所問矣。雖今日事務得失，亦須詳究。欲學經問，直以大學、中庸或問爲法，平日既讀四書註，及讀看性理文字，又不患于無本矣。欲學經義，亦放或問文體，用朱子貢舉私議中作義法爲骨子。方今科制明經，以一家之說爲主，兼用古註疏，乃是用朱子貢舉私議之說。按貢舉私議云：「令應舉人各占兩家以上，將來答義則以本說爲主，而旁通他說，以辯其是非，則治經者不敢妄牽己意，而必有據依矣。」又云：「使治經者必守家法，命題者必依章句，答義者必通貫經文，條舉衆說，而斷以己意，當更寫卷之式，明著問目之文，而疏其上下文，通約三十字以上，次列所治之說，而論其意，次又旁引他說，而以己意反覆辯析，以求至當之歸，但令直論聖賢本意，與其施用之實，不必如今日分段破題。對偶敷衍之體，每道只限五六百字以上。至于舊例經義，禁引史傳，乃王氏末流之弊，皆當有以正之。」此私議之說也。竊謂今之試中經義，既用張庭堅體，亦不得不畧放之也，考試者是亦不思之甚也。張庭堅體已具冒原講證結，特未如宋末所謂文妖經賊之弊耳，致使累舉所取程文，未嘗有一篇能盡依今制，明舉所主所用所兼用之說者。此皆考官不能推明設科初意，預防末流輕淺虛衍之弊，致使舉舉相承，以中爲式。今日鄉試經義，欲如初舉方希愿禮記義者，不可得矣。科制明白，不拘格律，蓋欲學者直寫胷中所學耳，奈何陰用冒原講證結格律，死守而不變？安得士務實學，得實材爲國家用，而爲科目增重哉！因著私論于此，以待能陳于上者取焉。如自朝廷議修學校教法，以輔賓興之制，則此弊息矣。假如書義放張體，以蔡傳之說爲終篇主意，如傳辭已精緊而括盡題意，則就用之爲起；或畧而泛，則以其意自做，次畧衍開，次入題發明以結之；次原題題下再提起前綱主意，歷提上下經文而歸重此題；次反覆敷演，或正演，或反演，或正引事證，或反引事證，繳歸主意；次結，或入講腹提問逐節所主之說，所以釋此章之意，逐節發明其說，援引以證之，繳歸主意，後節如前，又總論以結之。如易，又旁通所主，次一家說，又發明其異者而論斷之，又援引以證之結之，次兼用註疏，論其得失而斷之證之結之。平日既熟讀經傳，又不患于無本矣。此亦姑言其大畧耳，在作者自有活法，直寫平日所得經旨，無不可者。元設科條制，既云作義不拘格律，則自可依貢舉私議法，此則最妙。如不得已，用張庭堅體，亦須守傳註，議論確實，不鑿不浮可也。欲學古賦，讀離騷已見前，更看讀楚辭後語，並韓、柳所作句法韻度，則已得之。欲得著題命意間架，辭語縝密而有議論，爲科舉用，則當擇文選中漢、魏諸賦、七發及晉問熟看。大率近世文章視古漸弱，其運意則縝密于前，但于文選、文粹、文鑑觀之便見。欲學古體制、誥、章、表，讀文章正宗辭命類，及選看王臨川、曾南豐、蘇東坡、汪龍溪、周平園、宏辭總類等體。四六章表以王臨川、鄧潤甫、曾南豐、蘇東坡、汪龍溪、周平園、陸放翁、劉後村及宏辭總類爲式。其四六表體，今縱未能盡見諸家全集，選鈔亦須得舊本翰苑新書觀之，則見諸家之體，且并得其編定事料，爲用作科舉文字之法。用西山法。

讀看近經問文字九日，作一日。

讀看近經義文字九日，作一日。

讀看古賦九日，作一日。

讀看制誥章表九日，作一日。

讀看策九日，作一日。作他文皆然。文體既熟，旋增作文日數。大抵作文辦料識格，在于平日。及作文之日，得題卽放膽立定主意，便布置間架，以平日所見，一筆掃就，卻旋改可也。如此則筆力不餒。作文以主意爲將軍，轉換開闔，如行軍之必由將軍號令，句則其裨將，字則其兵卒，事料則其器械，當使兵隨將轉，所以東坡答江陰葛延之萬里徒步至儋耳求作文祕訣曰：『意而已。作文事料，散在經史子集，惟意足以攝之。』正此之謂。如通篇主意間架未定，臨期逐旋摹擬，用盡心力，不成文矣。切戒！

一、仍以每日早飯前倍温四書經、註、或問、本經傳註、諸經正文，温史。夜間考索制度書，温看性理書，如前法。專以二三年工學文之後，纔二十二三歲，或二十四五歲，自此可以應舉矣。三場既成，卻旋明餘經，及作古文。餘經合讀合看諸書，已見于前。竊謂明四書本經，必用朱子讀法，必專用三年之功，夜止兼看性理書，並不得雜以他書，必以讀經空眼簿日填以自程。看史及學文，必在三年之外，所作經義，必盡依科制條舉所主所用所兼用之説而推明之。又必擇友舉行藍田呂氏鄉約之目，使德業相勸，過失相規，則學者平日皆知敦尚行實，惟恐得罪于鄉評，則讀書不爲空言，而士習厚矣。必若此，然後可以仰稱科制經明行修，鄉黨稱其孝弟，朋友服其信義之實，庶乎其賢才盛而治教興也，豈曰小補。古者大司徒以鄉三物教萬民而賓興之，未有不教而可以賓興者。方今聖朝科制明經，一主程、朱之説，使經術、理學、舉業三者合一，以開志道之士，此誠今日學者之大幸，豈漢、唐、宋科目所能企其萬一。第因方今學校教法未立，不過隨其師之所知所能，以之爲教爲學。凡讀書纔挾册開卷，已準擬作程文，用則是未明道已計功，未正誼已謀利，其始不過因循苟且，失先後本末之宜而已，豈知此實儒之君子小人所由以分，其有害士習，乃如此之大。嗚呼！先賢教人格言大訓，何乃置之無用之地哉！敢私著于此，以待職教養者取焉。

右分年日程，一用朱子之意修之。如此讀書學文皆辦，纔二十二三歲，或二十四五歲；若緊著課程，又未必至此時也；雖前所云失時失序者，不過更增二三年耳，大抵亦在三十歲前皆辦也。世之欲速好徑，失先後本末之序，雖曰讀書作文而白首無成者，可以觀矣。此法似乎迂闊，而收可必之功，如種之穫云。前所云學文之後，方再明一經，出于不得已。纔能作文之後，便補一經，不可遲，須是手自鈔讀。其諸經鈔法讀法並已見前，其餘經史子集音義旁證等書，別見書目，今不備載。讀經之後，當看全史一過。看張子、邵子、三胡、張南軒、呂東萊、真西山、魏鶴山、程、朱門人之書一過。

編修程積齋先生端學

程端學，字時叔，號積齋，畏齋弟。泰定進士，調仙居縣丞，未行，改授國子助教。時隱士張臨慎為司業，先生與之論文，不合，未及考，卽注代。平章素聞其名，留為翰林國史院編修官，學士虞集推服之。出長筠州幕而卒。先生與同里孫友仁，慨春秋一經，未有歸一之說，徧索前代說春秋者，凡百三十家，折衷異同，湛思二十餘年，作春秋本義三十卷、三傳辯疑二十卷、或問十卷，故論春秋之精，未有如先生者也。梓材案：黄氏本，此下續云：「子徐，至正中，以明春秋知名。」而全本無之。

春秋或問

或問：「『天王使宰咺來歸惠公仲子之賵。』天王之天，先儒以為孔子所加，子獨以為魯史之舊，亦有說乎？」曰：「吾聞諸程子曰：『春秋因魯史，有可損而不能益也。』周禮司服『凡喪為天王斬衰』，則天王之稱，其來舊矣。諸侯國史稱天王，無足怪者，況春秋大義，固不在加天于王上，然後為尊王也。凡其所以譏諸侯大夫之僭者，皆尊王之義，愚故斷然以爲非孔子所加也。」曰：「張氏諸儒以宰爲太宰，夫子責其奉命賵妾，特貶冢宰于上士中士之例，而又名之，以深其罪，子獨何以知其不然邪？」曰：「此正一字褒貶，賊經之弊，惡得雷同而許之也？況先儒亦有不同其説者乎！呂樸鄉有言曰：『春秋周大夫不名，爵從其爵，單伯、劉子之類是也。未爵稱字，家父、榮叔之類是也。舍是無名道矣。』是故經書宰有三：元年，『天王使宰咺來歸惠公仲子之賵』，書名而不書氏者，士也；桓四年，『天王使宰渠伯糾來聘』，書氏及字，命大夫也；僖三十年，『天王使宰周公來聘』，書官而不名氏者，三公也。始使士，繼使大夫，終使三公，天子日微，諸侯日强矣。此其旨，不亦甚明白哉！夫以天王之尊，而下賵諸侯之妾母，何必名其使而後知其非哉。」

或問：「『辛未取郜。辛巳取防。』胡翼之曰：『書甚其惡也。辛未至辛巳十一日之間，浹旬取其二邑，故謹而日之也。後之談春秋者，盡不用日月。且如取郜取防之義，苟不用日月，則其實何以明。若但言以此月取郜取防，必不能知一月之間，十一日內，兩取其邑也。』其説然乎？」曰：「此論似是而實非也。日月者，紀事自然之法也。如日月不可用，六經諸史將廢之矣！惟其有用也，是以不得而廢也。春秋非不欲盡書日月也，然舊史有詳畧焉，有闕文焉。其無日月，不可得而益；有日月，又不可得而去也。無日月而益則僞，有日月而去則亂，故春秋紀事，有有日月者矣，有無日月者矣。公、穀見其有日月與無日月也，求其説而不得，從而爲之辭，或牽彼以就此，或例此以方彼，自知不通，則付之不言，故日月之例，爲春秋蠹矣。今壬戌敗宋師，辛未取郜，辛巳取防，魯史紀事自然之法也，得其日而事益詳，魯隱之惡益彰；若或不得其日，既敗宋師，又取郜取防，其惡亦不得揜，非聖人特書其日以甚其惡，亦非謹其事而日之也。苟謂聖人特書日以甚其惡，以謹其事，則餘無日者，皆無甚惡，皆無甚謹乎？此其不書日月者也。若并月不書，則事皆無惡，皆不謹乎？故曰似是而實非也。」曰：「張氏謂二邑非魯之版圖，故書取以著其無名者，然乎？」曰：「取者，善惡通用之。取邑曰爲惡，詩曰『取彼斧斨』，『取彼狐貍』，亦爲惡乎？況取者，舊史之文，非孔子所措之字，春秋之作，其自然之妙與天地侔。天之生物，非物物雕琢，春秋亦非字字安排，其意乃在一句之間，而非著一字以爲義。一字褒貶，乃末世相沿之陋。朱子曰：『當時大亂，聖人據實書之，其是非得失，付後世公論，蓋有言外之意。若必于一字間求褒貶，竊恐不然。』可謂善讀春秋矣，惜其不暇著述也。」

或問曰：「夏五無月。先儒有曰：『傳疑也。疑而不益，見聖人之慎也。故其自言曰：「吾猶及史之闕文。」又語人曰：「多聞闕疑，慎言其餘，則寡尤。」而世或以私意改易古書者有矣，盍亦視此以爲鑒，可也。』然則春秋曷以謂之作？其義斷自聖心，或筆或削，明聖人之大用。其辭則舊史有可損而不能益。』其說然乎？」曰：「此即穀梁之說，而益之以辭者也。穀梁之辯，孫氏、高氏備矣，此不復論。竊謂『吾猶及史之闕文』，孔子蓋謂事之不可知者爾。若事之顯然而可見者，孔子安得不正之哉！『多聞闕疑』，孔子教人闕其理之可疑者爾。若理之斷然而可言者，孔子亦使人慎言之邪？若夏五而無月，乃事之顯然而可見，理之斷然而可言者，而非改易古書之謂也，孔子亦豈恝然而已矣。若曰孔子筆削，可損而不可益，當并去五字，亦不害于此事之義。孔子必不録斷爛不可讀之文爲後世訓也。秀巖亦曰：『胡氏之說，愈密而愈疏矣。聖人作春秋，固謂空言不如行事也。使舊史果有夏五之文，則亦削之而已，存而不益于義，何所當乎？此必秦、漢以後，傳者有所脱遺，如左氏傳成公二年夏有之比爾。必爲之説，則非矣。』」

或問：「『公及齊、宋、陳、衛、鄭、許、曹會王世子于首止』，『諸侯盟于首止』，張氏諸儒謂，再稱首止，美之大者。然乎？」曰：「不然也。會王世子在夏，又與世子爲會盟諸侯在秋，又諸侯自爲盟，會盟既異，而又有二三月之差，故不得不再言其地，乃書法當然，何大美之有！夫桓公知戴世子之爲義，而不知要君之非義；先儒知桓公之有功于王，而不知假仁之非義，正孟子所謂『久假不歸，惡知其非有』者也。吾何以知其假也？古之真有者，躬自厚而薄責于人。桓多内嬖，家嗣不立，身死而公子作亂，其所以正王之家適者，果自身而推之哉！聖人安得而虚美之？昔漢高帝愛趙王如意，欲易太子，張良造謀，使四皓輔太子以朝，朱子論之曰：『良之爲此，不惟不暇爲高祖愛子計，亦不暇爲漢家社稷計矣。』其事正相類，而首止之事，殆又甚焉。嗚呼！權謀術數之計起，大人格君之道不復見，此孔子所以惻然有隱而書與。」

或問：「『衛殺其大夫元咺及公子瑕。』先儒謂，公子瑕未聞有罪而殺之；元咺立以爲君，故衛侯忌而殺之也。然不與衛剽同者，是瑕能守節，不爲國人之所惡也，故經以公子冠瑕，而稱及。然乎？」曰：「不然也。爲此説者，惑于左氏云『元咺歸』，『立公子瑕』之一語也。劉氏固已辯其妄矣。使公子瑕爲元咺所立而不辭，惡得爲無罪哉？惡得爲守節哉？其曰不爲國人之所惡，亦意之之辭爾。瑕苟自立，則既三年矣，使其仁如堯、舜，孔子亦將正名其僭竊之號，安得以不爲國人所惡而去其號，特冠公子哉？其稱及，乃書法當然，亦非無罪而書及也。」曰：「高氏謂，經書于衞侯未歸之前，若不罪衞侯者，蓋以二子之禍，皆晉文爲之者。何也？」曰：「二子之禍，固晉文之爲，然孔子不過據舊史先後而録之，非衞侯既入而殺咺與瑕，孔子特易其先後，以歸晉文之罪也。今觀經文事勢，及左氏事跡，乃衞侯殺咺與瑕而後人，衞侯雖無大罪，而義則未盡也。」曰：「葉氏又謂，執衞侯稱人，不以爲伯討，爲定晉侯之罪；復國加之名，爲定衞侯之罪；自晉歸以復書，爲定元咺之罪；立踰年不稱君，爲定瑕之罪。何也？」曰：「此惑于一字褒貶之失也。夫四人者，固皆有罪矣，然衞侯之罪輕，而瑕之罪不可考，讀春秋者當于事觀之，不可于一字求義也。春秋執諸侯大夫者皆稱人，不可謂定晉侯之罪。曹伯襄無罪，復國亦稱名，不可謂定衞侯之罪。諸侯大夫歸國者多以復書，不可謂定元咺之罪。瑕實不爲君，故稱公子，不可謂定瑕之罪。四人之事，昭如日星，然不求之大體，而求之一字之間，則四人之罪，反得以匿矣，非學春秋之法也。」

或問：「『葬我君僖公。』先儒謂，凡崩薨卒葬，人道始終之大變，不以得禮爲常事而不書。其或失禮而害于王法之甚者，聖人則有削而不存以示義。然乎？」曰：「崩薨卒，于宋公卒既言之矣。其曰聖人削害王法之甚者以示義，則未之辯也。夫所謂削害王法之甚者以示義，其晉文召王以諸侯見之謂與？此三傳之妄，而先儒誤信之者也。夫春秋一經，皆非常之事，苟聖人削害王法之甚者，則將持害王法之輕且小者以示義，此理之不然者也。夫害王法之甚者莫如弑君，其次莫如用諸侯，其次莫如滅國取邑，其次莫如專征伐生殺，春秋皆一一書之，何獨于召王諱之？且後世儒者，覩傳文而謂其削之也，假令春秋而不有三傳，則削之者不可得而知矣。然則，聖人豫知三傳之將作，而先爲經以待之乎？夫春秋大義，炳如日星，三傳直其一助爾，而其間晦盲旨意碎破文義者，不可勝數，學者不求之經，而求之傳，宜其有此說也。嗚呼，惜哉！」

或問：「『楚子滅蕭。』先儒有曰：『假討賊而滅陳，春秋以討賊之義重也，末減而書入；惡貳己而入鄭，春秋以退師之情恕也，末減而書圍，是與人爲善之德，至是滅無罪之國，雖欲赦之，不得也，故傳稱蕭潰，經以滅書，斷其罪也。』其說然乎？」曰：「不然。聖人未嘗誣人之惡，亦未嘗妄稱人之善，故曰：『吾之于人，誰毀誰譽？』如有所譽者，其有所試矣。其于譽且有所試，其于毀肯誣之哉！楚之于陳，入之而已，實未嘗滅也。何以知之？楚既入陳，而陳復見于春秋，則非滅也，審矣。聖人安得誣楚以滅陳哉！其于鄭也，圍之而已，實未嘗入也。左氏之言，違經遠矣。學春秋者，不信經而信傳，故有是言也。今其滅蕭，實夷其社稷，取其土地，春秋不書其滅而何哉？左氏之言，復與經違，謂蕭激楚怒，而楚圍蕭，蕭自潰。黄氏論其爲楚人之言者，得之。學春秋者，復信傳而疑經，欲求其說而不得，故襃貶凡例之說，紛然以興，而春秋之本義晦矣。」

或問：「『吴子使札來聘。』三傳賢之，子既辯而有闢矣。然泰山、康侯、張氏諸儒矯三傳之弊，而以去札公子之稱爲貶，得其說矣。子又不然之，何也？」曰：「書公子不書公子，史氏有常法，非孔子去之也。三傳爲襃而札以名見，則楚椒、秦術亦以名見，諸儒爲貶而札去其氏，則楚椒、秦術亦去其氏，然則襃貶之說，兩不可也。且札讓國致亂，在三十年之後，孔子安得豫去公子而貶之乎？春秋即此事而論此事之義者也，未嘗因此事而論他事之善惡也。甯喜，弒其君者也，春秋復書曰：『晉人執甯喜。』孫林父，逐其君且叛者也，春秋復書曰：『孫林父入于戚以叛。』皆未嘗去氏也。楚公子嬰齊、公子貞、公子壬夫，伐宋、伐鄭、猾夏者也，春秋不去公子。公子翬、公子慶父，弒君之賊也，春秋書曰，『公子翬逆女』，『公子慶父奔莒』，亦不去公子。季札不過因讓致亂，春秋乃去公子以示貶，何輕重之失宜乎？朱子曰：『春秋正誼明道，貴王賤霸，尊君抑臣，內夏外夷，乃其大義，而以爵氏名字日月土地爲褒貶之類，若法家之深刻，乃傳者之鑿說。』夫朱子雖未暇及乎春秋，而其正大之論，亦可見矣。張氏親承朱子之教，以授春秋之託，乃亦爲此穿鑿之說，豈不悖其師哉！」

或問：「『公侵齊。』張氏謂陽虎用事無軍政，用兵無法，故以侵書之，然乎？」曰：「不然也。侵曰侵，伐曰伐，隨事命辭，豈以用兵無法而改伐爲侵乎？使實侵者，何以命辭乎？使侵而有法，可改書曰伐乎？是皆抑揚予奪之弊，學春秋者所當痛掃也。」

或問：「『公至自夾谷。』任氏、師氏諸儒謂，不至以會而至以地，爲孔子之會，異乎常會，以禮義勝而地名不可没者，然乎？」曰：「不然也。桓二年，公至自唐，盟戎也。文十七年，公至自穀，盟弑賊也。定八年，公至自瓦，會晉師也。未見其以禮義勝也，何爲皆至以地乎？」

畏齋門人晏、徐四傳。

蔣敬之先生宗簡

蔣宗簡，字敬之，明州人。程畏齋歸自江東，先生執禮爲弟子，留其舍旁數歲，凡天人性命之本，古今治亂得失之迹，靡不參究，遂棄科舉之學。未幾卒。

梓材謹案：成化四明志：「先生爲宋尚書猷之六世孫，幼嘗受經于天台翁伯章，後師事程氏，日與同里鄭覺民、王厚孫講明正學。」

教諭樂仲本先生良附從弟衎、復。

樂良，字仲本，定海人。少有大志，究心聖賢之學。師事程敬叔，敬叔呼爲老友。至正間，以賢良徵至京，與黄溍、王褘、揭傒斯遊，講明道術，相得歡甚。見元政不綱，歸隱于大浹、小浹之間，築室其上，與從弟平江學正衎、永嘉丞復讀書其中，以山水自娱。洪武初，辟爲定海學教諭，循循善誘，課試有方，一時英俊若張信、陳韶輩咸出其門。參寧波府志。

孝子戚礪齋先生秉肅

戚秉肅，號礪齋，嘉興人也。少有氣節，不伍鄉里。其兄仕浙東，因受學于程敬叔之門，得其爲學程法。家白紵溪上，僻遠城市，水竹幽茂，甚樂之。日攝敝衣冠，灌蔬于畦，罾魚于淵，而戒其妻妾炊脱粟芼野藿以爲供。或勸之仕，曰：「爾非知我者。」日取古人書，究其成敗得失。有得于中，則高歌以爲適。事母至孝。始豐徐大章嘗記其事。補。

臺臣王先生楚鼇父起宗。

王楚鼇，父起宗，嘗尹建平，爲程畏齋築室赤巖，令先生受業焉。先生出入臺閣，卒爲時之名臣。

徐先生仁

徐仁，受業于程敬叔，卒，爲乞銘于黃文獻溍。補。

仲本門人晏、徐五傳。

侍講張先生信

張信，字誠甫，定海人。弱冠補諸生。洪武二十七年，進士第一人，授翰林修撰三載，遷侍講、拾遺補闕，直聲振朝宁。參寧波府志。

陳先生韶

陳韶。

宋元學案卷八十八

巽齋學案　全祖望補本

巽齋學案表

歐陽守道（劉氏門人。晦翁再傳。）
- 文天祥
  - 王炎午
    - 劉省吾
  - 謝翱（梅邊同調。）
- 劉辰翁
  - 子尚友
- 鄧光薦
  - 張珪
- 羅開禮
- 張千載（並文山講友。）

歐陽新（巽齋學侶。）
- 子必泰
- 子逢泰
  - 孫龍生（附師田□。）
    - 曾孫玄（別見北山四先生學案。）

尹穀

邢天榮

董景舒

並忠叟講友。

巽齋學案序録

祖望謹案：「巽齋之宗晦翁，不知所自。攷之滄洲弟子，廬陵有歐陽謙之，實嘗從遊，巽齋其後人邪？其遺書宗旨，不可考見，然巽齋之門有文山，徑畈之門有疊山，可以見宋儒講學之無負于國矣。述巽齋學案。梓材案：是卷學案，謝山所特立，黄氏補本亦因序録而補之。然攷巽齋爲劉月澗門人，月澗則江古心學侣也，而序録疑其爲歐陽希遜後人，以爲晦翁再傳，可耳。

劉氏門人晦翁再傳。

著作歐陽巽齋先生守道

歐陽守道，字公權，吉州人。初名巽，自以更名應舉非是，當祭必稱巽。少孤貧，無師，自力于學。年未三十，翕然以德行爲鄉郡儒宗。淳祐元年第進士，授雩都主簿。調贛州司户，守江文忠公作白鷺洲書院，首致先生爲諸生講説。湖南轉運副使吴子良聘爲嶽麓書院副山長，先生初升講，發明孟氏正人心、「承三聖之說，學者悅服。梓材案：此下有「宗人仲齊至，又薦必泰于當道」九十餘字，今改爲仲齊父子，立傳于後。子良請先生復還吉州。文忠入爲國子祭酒，薦爲史館檢閱，召試館職，授祕書省正字。歷遷祕書郎，轉對，言：「家給人足，必使中外臣庶無復前日言利之風而後可。」以言罷。先生徒步出錢塘門，惟書兩篋而已。度宗立，特旨與祠。少傅呂文德詔舉賢凡九十六人，先生與焉。添差通判建昌軍，以謝廟堂曰：「史贊大將軍不薦士，今大將軍薦士矣，而某何以得此于大將軍哉。幸嘗蒙召，擢備數三館，異時或者謂其放廢無聊，託身諸貴人，虧傷國體，則寧得而解，願仍賜祠祿足矣。」遷著作郎，卒，家無一錢。有易故、文集。從黄氏補本録入。

附録

文文山祭先生文曰：「先生之學，如布帛菽粟，求爲有益于世用，而不爲高談虛語以自標榜于一時。先生之文，如水之有源，如木之有本，與人臣言依于忠，與人子言依于孝，不爲蔓衍而支離。先生之心，其真如赤子，寧使人謂我迂，寧使人謂我可欺。先生之德，其慈如父母，常恐一人寒，常恐一人飢，而寧使我無卓錐。其與人也，如和風之著物，如醇醴之醉人，及其義形于色，如秋霜夏日，有不可犯之威。其爲性也，如槃水之靜，如佩玉之徐，及其赴人之急，如雷電風雨，互發而交馳。其持身也，如履冰，如奉盈，如處子之自潔，及其爲人也，發于誠心，摧山岳，沮金石，雖謗興毁來，而不悔其所爲。天子以爲賢，搢紳以爲善類，海内以爲名儒，而學者以爲師。鳳翔千仞，遥增擊而去之，奈何一蹷而不復支。以先生仁人之心，而不及試一郡，以行其惠愛。以先生作者之文，而不及登兩制，以彷彿乎盤誥之遺。以先生之論議，而不及與聞國家之大政令。以先生之學術，而不及朝夕左右獻納而論思，抑童而習之，白首紛如也。雖孔、孟聖且賢，猶不免與世而差池。先生官二著不爲小，年六十五不爲夭，有子有孫，而又何憾于斯！死而死耳㊀，所以不死者，其文在名山大川，詔百世而奚疑。」

巽齋學侶

講書歐陽先生新附子必泰。

歐陽新，字仲齊，巽齋先生宗人也，及子必泰，先寓居長沙。聞巽齋至，往訪之。初猶未識也，晤語相契，巽齋卽請于吳子良，禮先生爲嶽麓書院講書。先生講禮記「天降時雨，山川出雲」一章，巽齋起曰：「長沙自有仲齊，吾何爲至此。」踰年，先生卒，巽齋哭之慟，自銘其墓。又薦必泰于當道。從黃氏補本錄入。

梓材謹案：湖南通志載：先生之父安時，自廬陵徙瀏陽之馬渡，遂爲瀏陽人。先生以經學著。元時以曾孫玄官贈中奉大夫，追封冀國公。又案：張文穆起巖爲歐陽龍生神道碑，以先生之字爲仲齋，荆溪吳公以禮聘爲講書，因寓長沙云。

巽齋門人晦翁三傳。

忠烈文文山先生天祥

㊀「耳」字，原本作「而」，據龍本改。

文天祥，字宋瑞，又字履善，吉水人。年甫弱冠，理宗親拔進士第一。考官王應麟奏曰：「是卷古誼若龜鑑，忠肝如鐵石，敢爲得人賀。」歷除直學士院，累以臺論罷。援錢若水例致仕。咸淳九年，起爲湖南提刑，因見故相江文忠公。文忠素奇先生志節，語及國事，愀然曰：「吾老矣。世道之責，其在君乎？」江上報急，詔天下勤王。先生捧詔涕泣，遂起兵，諸豪傑皆應，有衆萬人。事聞，以江西提刑安撫使召入衛。其友止之，先生曰：「吾亦知其然也。第國家養育臣庶三百餘年，一旦有急，徵天下兵，無一人一騎入關者。吾深恨于此，故不自量力，而以身徇之，庶天下忠臣義士將有聞風而起者。義勝者謀立，人衆者功濟，如此，則社稷猶可保也。」德祐初，除右丞相兼樞密使。元兵至，奉使軍前，被拘，亡入真州，泛海至温州。益王立，拜右丞相，以都督出兵江西。兵敗被執，囚于燕京四年，不屈，死柴市，年四十七。衣帶中有贊曰：「孔曰成仁，孟曰取義，惟其義盡，所以仁至。讀聖賢書，所學何事，而今而後，庶幾無媿。」從黄氏補本録人。

御試策

臣聞，聖人之心，天地之心也，天地之道，聖人之道也，分而言之，則道自道，天地自天地，聖人自聖人，合而言之，則道一不息也，天地一不息也，聖人亦一不息也。臣請溯其本源言之。茫茫堪輿，坱圠無垠，渾渾元氣，變化無端，人心仁義禮智之性未賦也，人心剛柔善惡之氣未稟也。當是時，未有人心，先有五行，未有五行，先有陰陽，未有陰陽，先有無極太極，未有無極太極，則太虚無形，沖漠無朕，而先有此道。未有物之先，而道具焉，道之體也。既有物之後，而道行焉，道之用也。其體則微，其用甚廣，即人心而道在人心，即五行而道在五行，即陰陽而道在陰陽，即無極太極而道在無極太極，貫顯微，兼費隱，包小大，通物我。何以若此哉？道之在天下，猶水之在地中，地中無往而非水，天下無往而非道，水一不息之流也，道一不息之用也。天以澄著，則日月星辰循其經，地以靖謐，則山川草木順其常，人極以昭明，則君臣父子安其倫，流行古今，綱紀造化，何莫由斯道也。一日而道息焉，雖三才不能以自立。道之不息，功用固如此。夫聖人體天地之不息者也，天地以此道而不息，聖人亦以此道而不息。聖人立不息之體，則斂于修身；推不息之用，則散于治人。立不息之體，則寓于致知以下之工夫；推不息之用，則顯于齊家治國平天下之效驗。立不息之體，則本之精神心術之微；推不息之用，則達之禮樂刑政之著。聖人之所以爲聖人者，猶天地之所以爲天地也。道之在天地間者，常久而不息，聖人之于道，其可以頃刻息邪？言不息之理者，莫如大易，莫如中庸。大易之道，至于乾道變化，各正性命，保合太和，而聖人之論法天，乃歸之自强不息；中庸之道，至于溥博淵泉，上天之載，無聲無臭，而聖人之論配天地，乃歸之不息則久。豈非乾之所以剛健中正純粹精也者，一不息之道耳，是以法天者，亦以一不息；中庸之所以高明博厚悠久無疆者，一不息之道耳，是以配天地者，亦以一不息。以不息之心，行不息之道，聖人卽不息之天地也。陛下臨政願治，于兹歷年，前此不息之歲月，猶日之自朝而午，今此不息之歲月，猶日之至午而中，此正勉强行道大有功之日也。陛下勿謂，數十年間，我之所以擔當宇宙，把握天地，未嘗不以此道，至于今日，而道之驗如此，其迂且遠矣。以臣觀之，道猶百里之途也，今日則適六七十之候也。進于道者，不可以中道而廢，游于途者，不可以中途而畫，孜孜矻矻而不自已焉，則適六七十里者，固所以爲至百里之階也。不然，自止于六七十里之間，則百里雖近，焉能以一武到哉！道無淺功，化行道者，何可以深爲迂？道無速證，效行道者，何可以遲爲遠？惟不息則能極道之功化，惟不息則能極道之證效，氣機動盪于三極之間，神采灌注于萬有之表，要自陛下此一心始。臣不暇遠舉，請以仁宗皇帝事爲陛下陳之。仁祖一不息之天地也，康定之詔曰：「祗勤抑畏。」慶曆之詔曰：「不敢荒寧。」皇祐之詔曰：「緬念爲君之難，深惟履位之重。」慶曆不息之心，卽康定不息之心也；皇祐不息之心，卽慶曆不息之心也。當時仁祖以道德感天心，以福禄勝人力，國家綏靜，邊鄙寧謐，若可以已矣，而猶未也。至和元年，仁祖之三十三年也，方且露立仰天，以畏天變，碎通天犀，以救民生；處賈黯吏銓之職，擢公弼殿柱之名，以厚人材，以昌士習；納景初減用之言，聽范鎮新兵之諫，以裕國計，以强兵力；以至講周禮，薄征緩刑，而拳拳以盜賊爲憂；選將帥，明紀律，而汲汲以西戎北狄爲慮，仁祖之心，至此而不息，則與天地同其悠久矣。陛下之心，仁祖之心也。范祖禹有言：「欲法堯、舜，惟法仁祖。」臣亦曰：「欲法帝王，惟法仁祖。」法仁祖，則可至天德，願加聖心焉。

臣聞，帝王行道之心，一不息而已矣。堯之兢兢，舜之業業，禹之孜孜，湯之慄慄，文王之不已，武王之無貳，成王之無逸，皆是物也。三墳遠矣，五典猶有可論者，臣嘗以五典所載之事推之。當是時，日月星辰之順，以道而順也；鳥獸草木之若，以道而若也；九功惟敍，以道而敍也；四夷來王，以道而來王也，百工以道而熙，庶事以道而康，光天之下，至于海隅蒼生，蓋無一而不拜帝道之賜矣，垂衣拱手，以自逸于土階巖廊之上，夫誰曰不可！而堯、舜不然也，方且考績之法，重于三歲，無歲而敢息也；授曆之命，嚴于四時，無月而敢息也；凜凜乎一日二日之戒，無日而敢息也。此猶可也，授受之際，而堯之命舜，乃曰：「允執厥中。」夫謂之執者，戰兢保持而不敢少放之謂也。味斯語也，則堯之不息可見已。河圖出矣，洛書見矣，執中之說未聞也，而堯獨言之，堯之言贅矣。而舜之命禹，乃復益之以「人心惟危，道心惟微，惟精惟一」之三言。夫致察于危微精一之間，則其戰兢保持之念，又有甚于堯者，舜之心其不息又何如哉！是以堯之道化，不惟驗于七十年在位之日，舜之道化，不惟驗于五十年祝阜之時，讀「萬世永賴」之語，則唐、虞而下，數千百年間，天得以爲天，地得以爲地，人得以爲人者，皆堯、舜之賜也。然則，功化抑何其深，證效抑何其遲歟！降是而王，非固勞于帝者也，太樸日散，風氣日開，人心之機械日益巧，世變之乘除不息，而聖人之所以綱維世變者，亦與之相爲不息焉。俗非結繩之淳也，治非畫象之古也，師不得不誓，侯不得不會，民不得不凝之以政，士不得不凝之以禮，内外異治，不得不以采薇、天保之治治之，以至六典建官，其所以曰治曰政曰禮曰教曰刑曰事者，亦無非扶世道而不使之窮耳。以勢而論之，則夏之治不如唐、虞，商之治又不如夏，周之治又不如商。帝之所以帝者，何其逸！王之所以王者，何其勞！慄慄危懼，不如非心黄屋者之爲適也。始于憂勤，不如恭己南面者之爲安也。然以心而觀，則舜之業業，即堯之兢兢，禹之孜孜，即舜之業業，湯之慄慄，即禹之孜孜，文王之不已，武王之無貳，成王之無逸，何莫非兢兢業業，孜孜慄慄之推也？道之散于宇宙間者，無一日息，帝王之所以行道者，亦無一日息。帝王之心，天地之心也，尚可以帝者之爲逸，而王者之爲勞邪？臣願陛下求帝王之道，必求帝王之心，則今日之功化證效，或可與帝王一視矣。

臣聞，不息則天，息則人；不息則理，息則欲；不息則陽明，息則陰濁。漢、唐諸君，天資敏，地位高，使稍有進道之心，則六五帝、四三王亦未有難能者。奈何天不足以制人，而天反爲人所制；理不足以御欲，而理反爲欲所御；陽明不足以勝陰濁，而陽明反爲陰濁所勝，是以勇于進道者少，沮于求道者多，漢、唐之所以不唐、虞、三代也歟！雖然，是爲不知道者言也，其間亦有號爲知道者矣。漢之文帝、武帝，唐之太宗，亦不可謂非知道者，然而亦有議焉。先儒嘗論漢、唐諸君，以公私義利分數多少爲治亂。三君之心，往往不純乎天，不純乎人，而出入乎天人之間；不純乎理，不純乎欲，而出入乎理欲之間；不純乎陽明，不純乎陰濁，而出入乎陽明陰濁之間。是以專務德化，雖足以陶後元泰和之風，然而尼之以黄、老，則鴈門、上郡之警不能無；外施仁義，雖足以致建元富庶之盛，然而過之以多欲，則輪臺末年之悔不能免；四年行仁，雖足以開貞觀升平之治，然而畫之以近效，則紀綱制度曾不足爲再世之憑藉。蓋有一分之道心者，固足以就一分之事功；有一分之人心者，亦足以召一分之事變，世道污隆之分數，亦係于理欲消長之分數而已。然臣嘗思之，漢、唐以來，爲道之累者，其大有二：一曰雜伯，二曰異端。時君世主，有志于求道者，不陷于此，則陷于彼。姑就三君而言，則文帝之心，異端累之也；武帝、太宗之心，雜伯累之也。武帝無得于道，憲章六經，統一聖真，不足以勝其神仙土木之私，干戈刑罰之慘。其心也荒，太宗全不知道閨門之恥，將相之誇，末年遼東一行，終不能以克其血氣之暴，其心也驕，雜伯一念，憧憧往來，是固不足以語常久不息之事者。若文帝，稍有帝王之天資，稍有帝王之地步，一以君子長者之道待天下，而鼂錯輩刑名之説，未嘗一動其心，是不累于雜伯矣。使其以二三十年恭儉之心，而移之以求道，則後元氣象，且將駸駸乎商、周，進進乎唐、虞。奈何帝之純心，又閒于黄、老之清浄，是以文帝僅得爲漢、唐之令主，而不得一儕于帝王。嗚呼！武帝、太宗累于雜伯，君子固不敢以帝王事望之；文帝不爲雜伯所累，而不能不累于異端，是則重可惜已。臣願陛下監漢、唐之迹，必監漢、唐之心，則今日之功化證效，將超漢、唐數等矣。

何謂天變之來？民怨招之也。天視自我民視，天聽自我民聽，天明畏自我民明畏，人心之休戚，天心所因以爲喜怒者也。熙寧間大旱，是時河、陝流民入京師，監門鄭俠畫流民圖以獻，且曰：「陛下南征北伐，皆以勝捷之圖來上，料無一人以父母妻子遷移困頓皇皇不給之狀爲圖以進者。覽臣之圖，行臣之言，十日不雨，乞正欺君之罪。」上爲之罷新法十八事，京師大雨八日。天人之交，間不容穟，載在經史，此類甚多。陛下以爲今之民生何如邪？今之民生困矣！自瓊林大盈積于私貯而民困，自建章、通天頻于營繕而民困，自獻助疊見于豪家巨室而民困，自和糴不閒于閭閻下户而民困，自所至貪官暴吏視吾民如家雞圈豕惟所咀啖而民困。嗚呼！東南民力竭矣。書曰：「怨豈在明，不見是圖。」今尚可謂之不見乎？書曰：「怨不在大，亦不在小。」今尚可謂之小乎？生斯世，爲斯民，仰事俯育，亦欲各遂其父母妻子之樂，而操斧斤，淬鋒鍔，日夜思所以斬伐其命脈者，滔滔皆是，然則臘雪斳瑞，蟄雷愆期，月犯于木，星隕爲石，以至土雨地震之變，無怪夫屢書不一書也。臣願陛下持不息之心，急求所以爲安民之道，則民生既和，天變或于是而弭矣。

何謂人才之乏？士習蠱之也。臣聞，窮之所養，達之所施，幼之所學，壯之所行，今日之修于家，他日之行于天子之庭者也。國初諸老，嘗以厚士習爲先務，寧收落韻之李迪，不取鑿説之賈邊，寧收直言之蘇轍，不取險怪之劉幾，建學校則必欲崇經術，復鄉舉則必欲參行藝，其後國子監取湖學法，建經學、治道、邊防、水利等齋，使學者因其名以求其實，當時如程頤、徐積、吕希哲皆出其中。嗚呼！此元祐人物之所從出也。士習厚薄，最關人才，從古以來，其語如此。陛下以爲今之士習何如邪？今之士大夫之家，有子而教之，方其幼也，則授其句讀，擇其不戾于時好，不震于有司者，俾熟復焉。及其長也，細書爲工，累牘爲富，持試于鄉校者以是，校藝于科舉者以是，取青紫而得車馬也以是。父兄之所教詔，師友之所講明，利而已矣。其能卓然自拔于流俗者，幾何人哉？心術既壞于未仕之前，則氣節可想于既仕之後，以之領郡邑，如之何責其爲卓茂、黄霸？以之鎮一路，如之何責其爲蘇章、何武？以之曳朝紳，如之何責其爲汲黯、望之？奔競于勢要之路者，無怪也；趨附于權貴之門者，無怪也；牛維馬縶，狗苟蠅營，患得患失，無所不至者，無怪也；悠悠風塵，靡靡媮俗，清芬消歇，濁滓横流，惟皇降衷，秉彝之懿，萌蘖于牛羊斧斤相尋之衝者，其有幾哉！厚今之人才，臣以爲變今之士習而後可也。臣願陛下持不息之心，急求所以爲淑士之道，則士風一淳，人才或于是而可得矣。

何謂「兵力之弱，國計屈之」也？謹按國史，治平間，遣使募京畿淮南兵，司馬光言：「邊臣之請兵無窮，朝廷之募兵無已，倉庫之粟帛有限，百姓之膏血有涯，願罷招禁軍，訓練舊有之兵，自可備禦。」臣聞，古今天下能免于弱者，必不能免于貧，能免于貧者，必不能免于弱，一利之興，一害之伏，未有交受其害者。今之兵財則交受其害矣，自東海城築而調淮兵以防海，則兩淮之兵不足；自襄、樊復歸，而并荆兵以城襄，則荆湖之兵不足；自腥氣染于漢水，寃血濺于寶峯，而正軍忠義空于死徙者過半，則川、蜀之兵又不足；江、淮之兵又抽而入蜀，又抽而實荆，則下流之兵愈不足矣；荆湖之兵又分而策應，分而鎮撫，則上流之兵愈不足矣㊀。夫國之所恃以自衞者，兵也，而今之兵，不足如此，國安得而不弱哉！扶其弱而歸之強，則招兵之策，今日直有所不得已者。然召募方新，調度轉急，問之大農，大農無財，問之版曹，版曹無財，問之餉司，餉司無財，自歲幣銀絹外，未聞有畫一策爲軍食計者，是則弱矣。而又未免于貧也。陛下自肝鬲近又創一安邊太平庫，專一供軍，此藝祖積縑帛以易賊首之心也，仁宗皇帝出錢帛以助兵革之心也。轉易之間，風采立異，前日之弱者可强矣。然飛芻輓粟，給餉餽糧，費于兵者幾何？而琳宫梵宇，照耀湖山，土木之費，則漏巵也。列寵雲屯，樵蘇後爨，費于兵者幾何？而霓裳羽衣，靡金飾翠，宫庭之費，則尾閭也。生熟口券，月給衣糧，費于兵者幾何？而量珠輦玉，倖寵希恩戚畹之費，則濫觴也。蓋天下之財，專以供軍，則財未有不足者，第重之以浮㊁費，重之以冗費，則財始瓶罄而罍恥矣。如此，則雖欲足兵，其何以給兵邪！臣願陛下持不息之心，急求所以爲節財之道，則財計以充，兵力或于是而可強矣。

何謂敵寇之警？盜賊因之也。謹按國史，紹興間，楊幺寇洞庭，連跨數郡，大將王𤫉不能制。時僞齊挾敵使李成寇襄、漢，幺與交通。朝廷患之，始命岳飛措置上流，已而逐李成，擒楊幺，而荆湖平。臣

㊀從「荆湖之兵」至「足矣」二十二字，原本無，據龍本補。

㊁「浮」字，原本作「淨」，據龍本改。

聞，外之敵寇，不能爲中國患，而其來也，必待內之變；內之盜賊，亦不能爲中國患，而其起也，必將納外之侮。盜賊而至于通敵寇，則腹心之大患也已。今之所謂敵者，固可畏矣，然而逼我蜀，則蜀帥策瀘水之勳；窺我淮，則淮帥奏維、揚之凱。狼子野心，固不可以一捷止之，然使之無得氣去，則中國之技，未爲盡出其下，彼亦猶畏中國之有其人也。獨惟舊海在天一隅，逆雛穴之者，數年于兹，颶風瞬息，一葦可杭，彼未必不朝夕爲趨浙計，然而未能焉，短于舟，疏于水，懼吾唐島之有李寶在耳。然洞庭之湖，煙水沈寂，而浙右之湖，濤瀾沸驚，區區妖孽，且謂有楊幺之漸矣。得之京師之耆老，皆以爲此寇出没倏閃，往來翕霍，駕舟如飛，運栧如神，而我之舟師不及焉。夫東南之長技，莫如舟師，我之勝兀朮于金山者以此；我之斃逆亮于采石者以此，而今此曹反挾之以制我，不武甚矣！萬一或出于楊幺之計，則前日李成之不得志于荆者，未必今日之不得志于浙也。曩聞山東荐饑，有司貪市榷之利，空蘇、湖根本以資之，廷紳猶謂互易，安知無爲其鄉道者，一夫登岸，萬事瓦裂。又聞魏村、江灣、福山三寨水軍，興販鹽課，以資逆雛，廷紳猶謂是以扞衛之師，爲商賈之事，以防拓之卒，開鄉道之門。憂時識治之見，往往如此。肘腋之蜂蠆，懷袖之蛇蝎，是其可以忽乎哉！陛下近者命發運兼憲，合兵財而一其權，是將爲滅此朝食之圖矣。然屯海道者非無軍，控海道者非無將，徒有王瓔數年之勞，未聞岳飛八日之捷，子太叔平苻澤之盜恐不如此。長此不已，臣懼爲李成開道地也。臣願陛下持不息之心，急求所以爲弭寇之道，則寇難一清，邊備或于是而可寬矣。

臣聞，天久而不墜也以運，地久而不隤也以轉，水久而不腐也以流，日月星辰久而常新也以行，天下之凡不息者，皆以久也。中庸之不息，即所以爲大易之變通，大易之變通，即所以驗中庸之不息。變通者之久，固肇于不息者之久也，蓋不息者其心，變通者其迹，其心不息，故其迹亦不息，游乎六合之內，而縱論乎六合之外，生乎百世之下，而追想乎百世之上，神化天造，天運無端，發微不可見，充周不可窮。天地之所以變通，固自其不息者爲之，聖人之久于其道，亦法天地而已矣。天地以不息而久，聖人亦以不息而久，外不息而言久焉，皆非所以久也。臣嘗讀無逸一書，見其享國之久者有四君焉，而其間三君爲最久。臣求其所以久者，中宗之心嚴恭寅畏也，高宗之心不敢荒寧也，文王之心無淫于逸，無㊀游于田也。是三君者，皆無逸而已矣。彼之無逸，臣之所謂不息也。一無逸而其效如此，然則不息者，非所以久歟？陛下之行道，蓋非一朝夕之暫矣。寶、紹以來，則涵養此道，端平以來，則發揮此道，嘉熙以來，則把握此道。嘉熙而淳祐，淳祐而寶祐，十餘年間，無非持循此道之歲月。陛下處此也，庭燎未輝，臣知其宵衣以待；日中至昃，臣知其玉食弗遑；夜漏已下，臣知其丙枕無寐，聖人之運，亦可謂不息矣。然既往之不息者易，方來之不息者難，久而不息者易，愈久而愈不息者難。昕臨大廷，百辟星布，陛下之心，此時固不息矣；暗室屋漏之隱，試一警省，則亦能不息否乎？日御經筵，學士雲集，陛下之心此時固不息矣；宦官女子之近，試一循察，則亦能不息否乎？不息于外者，固不能保其不息于內；不息于此者，固不能保其不息于彼。乍勤乍怠，乍作乍輟，則不息之純心間矣。如此，則陛下雖欲久則徵，臣知中庸、九經之治未可以朝夕見也；雖欲通則久，臣知繫辭十三卦之功未可以歲月計也。淵蜎蠖

㊀「無」字，原本作「于」，據龍本改。

濩之中，虛明應物之地，此全在陛下自斟酌，自執持。頃刻之間不繼，則徵久之功俱廢矣，可不戒哉！可不懼哉！

臣聞，公道在天地間，不可一日壅閼，所以昭蘇而滌決之者，宰相責也。然扶公道者，宰相之責，而主公道者，天子之事，天子而侵宰相之權，則公道已矣。三省、樞密，謂之朝廷，天子所與謀大政、出大令之地也。政令不出于中書，昔人謂之斜封墨敕，非盛世事。國初，三省紀綱甚正，中書造命，門下審覆，尚書奉行，宮府之事，無一不統于宰相，是以李沆猶得以焚立妃之詔，王旦猶得以沮節度之除，韓琦猶得出空頭敕以逐內侍，杜衍猶得封還內降以裁僥倖，蓋宰相之權尊，則公道始有所依而立也。今陛下之所以爲公道計者，非不悉矣。以夤緣戒外戚，是以公道責外戚也；以裁制戒內司，是以公道責內司也；以舍法用例戒羣臣，是以公道責外廷也，雷霆發蔀，星日燭幽，天下于此，咸服陛下之明。然或謂比年以來，大廷除授，于義有所未安，于法有所未便者，悉以聖旨行之，不惟諸司陞補，上瀆宸奎，而統帥㊀躐級，閣職超遷，亦以夤緣而得恩澤矣；不惟姦贓湔洗，上勞渙汗，而選人通籍，姦胥逭刑，亦以鑽刺而拜寵命矣；甚至閭閻瑣屑之鬬訟，皁隸猥賤之干求，悉達內庭，盡由中降。此何等蟣蝨事，而陛下以身親之，大臣幾于爲奉承風旨之官，三省幾于爲奉行文書之府，臣恐天下之公道自此壅矣。景祐間，罷內降，凡詔令皆由中書、樞密院，仁祖之所以主張公道者如此。今進言者猶以事當問出睿斷爲說。嗚呼！此亦韓絳告仁祖之辭也。「朕固不憚自有處分，不如先盡大臣之慮而行之」。仁祖之所以諭絳者何

㊀「帥」字，原本作「師」，據龍本改。

說也？奈何復以絳之說啓人主以奪中書之權，是何心哉！宣、靖間，創御筆之令，蔡京坐東廊，專以奉行御筆爲職。其後，童貫、梁師成用事，而天地爲之分裂者數世，是可鑒矣！臣願陛下重宰相之權，正中書之體，凡內批，必經由中書、樞密院，如先朝故事，則天下幸甚！宗社幸甚！

臣聞，直道在天地間，不可一日頽靡，所以光明而張皇之者，君子責也。然扶直道者，君子之責，而主直道者，人君之事。人君而至于沮君子之氣，則直道已矣！夫不直則道不見，君子者，直道之倡也。直道一倡于君子，昔人謂之鳳鳴朝陽，以爲清朝賀。國朝君子氣節大振，有魚頭參政，有鶻擊臺諫，有鐵面御史，軍國之事，無一不得言于君子，是以司馬光猶得以殛守忠之奸，劉摯猶得以折李憲之横，范祖禹猶得以罪宋用臣，張震猶得以擊龍大淵、曾覿，蓋君子之氣伸，則直道始有所附而行也。今陛下之所以爲直道計者，非不至矣，月有供課㊀，是以直道望諫官也；日有輪劄，是以直道望廷臣也；有轉對，有請對，有非時召對，是以直道望公卿百執事也。江海納汙，山澤藏疾，天下于此，咸服陛下之量。然或謂，比年以來，外廷議論，于己有所未協，于情有所未忍者，悉以聖意斷之，不惟言及乘輿，上勤節貼，而小小予奪，小小廢置，亦且寢罷不報矣；不惟事關廊廟，上煩調停，而小小抨彈，小小糾劾，亦且宣諭不已矣；甚者意涉區區之貂璫，論侵瑣瑣之姻婭，不恤公議，反出諫臣。此何等狐鼠輩，而陛下以身庇之，御史至于來和事之譏，臺吏至于重訖了之報，臣恐天下之直道自此阻矣。康定間，歐陽修以言事出，未幾卽召以諫院；至和間，唐介以言事貶，未幾卽除以諫官，仁祖之所以主張直道者如此。今進言

㊀「課」字，原本作「給」，據龍本改。

者猶以臺諫之勢日橫爲疑。嗚呼！茲非富弼忠于仁祖之意也。弼傾身下士，寧以宰相受臺諫風旨，弼之自處何如也？奈何不知弼之意，反啓人君以厭君子之言，是何心哉！元符間，置看詳理訴所，而士大夫得罪者八百餘家。其後，鄒浩、陳瓘去國，無一人敢爲天下伸一喙者，是可鑒矣！臣願陛下壯正人之氣，養公論之鋒，凡以直言去者，悉召之于霜臺烏府中，如先朝故事，則天下幸甚！社稷幸甚！

西澗書院釋菜講義

易曰：「君子進德修業，忠信所以進德也，修辭立其誠，所以居業也。」中心之謂忠，以實之謂信，無妄之謂誠，三者一道也。夫所謂德者，忠信而已矣。辭者，德之表，則立此忠信者，修辭而已矣。德是就心上説，業是就事上説，德者統言。一善，固德也。自其一善以至于無一之不善，亦德也。德有等級，故曰進。忠信者，實心之謂，一念之實，固忠信也。自一念之實以至于無一念之不實，亦忠信也。忠信之心，愈持養則愈充實，故曰忠信所以進德。修辭者，謹飭其辭也。辭之不可以妄發，則謹飭之，故修辭所以立其誠，誠卽上面忠信字。居有守之之意，蓋一辭之誠，固是忠信，以一辭之妄間之，則吾之業頓隳，而德亦隨之矣。故自其一辭之修，以至于無一辭之不修，則守之如一，而無所作輟，乃居業之義。德業如形影，德是存諸中者，業是德之著于外者。上言進，下言修，業之修，所以爲德之表也。上言修業，下言修辭，辭之修，卽業之修也。以進德對修業，則修是用力，進是自然之進。以進德對居業，則進是未見其止，居是守之不變。惟其守之不變，所以未見其止也。辭之義有二，發于言則爲言辭，發于文則爲文辭。「子以四教：文、行、忠、信。」雖若歧爲四者，然文行安有離乎忠信？有忠信之行，自然有忠信之文，能爲忠信之文，方是不失忠信之行。子曰：「言忠信，行篤敬。」則忠信，進德之謂也。言忠信，則修辭立誠之謂也。未有行篤敬而言不忠信者，亦未有言不忠信而可以語行之篤敬者也。天地間只一箇誠字，更顛撲不碎。觀德者，只觀人之辭，一句誠實，便是一德，句句誠實，便是德進而不可禦，人之于其辭也，其可不謹其口之所自出而苟爲之哉！嗟乎！聖學浸遠，人僞交作，而言之無稽甚矣。誕謾而無當謂之大言，悠揚而不根謂之浮言，浸潤而膚受謂之游言，遁天而倍情謂之放言，此數種人，其言不本于其心，而害于忠信，不足論也。最是號爲能言者，卒與之語，出入乎性命道德之奥，宜若忠信人也。夷考其私，則固有行如狗彘而不掩焉者，而其于文也亦然，滔滔然寫出來，無非貫串孔、孟，引接伊、洛，辭嚴義正，使人讀之，肅容歛衽之不暇。然而外頭如此，中心不如此，其實則是脱空誑謾。先儒謂，這樣無緣做得好人，爲其無爲善之地也。外面一幅當雖好，裏面卻踏空，永不足以爲善。蓋由彼以聖賢法語，止可借爲議論之助，而使之實體之于其身，則曰：「此迂闊也，而何以便吾私？」是以心口相反，所言與所行如出二人。嗚呼！聖賢千言萬語，教人存心養性，所以存養此真實也，豈以資人之口講而已哉！俗學至此，遂使質實之道衰，浮僞之意勝，而風俗之不競從之。其陷于惡而不知反者，既以安終其身，而方來之秀，習于其父兄之教，良心善性，亦漸漬汩没而墮于不忠不信之歸。昔人有言，今天下溺矣！吾黨之士，猶幸而不盡溺于波頽瀾倒之衝，纓冠束帶，相與于此，求夫救溺之策，則如之何？噫！宜亦知所勉矣。或曰：「至誠無息，不息則久，積之自然如此，豈卒然旦暮所及哉！今有人焉，平生無以議爲，而一日警省，欲于誠學旋生用工夫，則前妄猶可贖乎？」曰：「無傷也。温公五六歲時，一婢子以湯脱胡桃皮。公紿其女兄曰：『自脱也。』公父阿之曰：『小子何得謾語！』公自是不敢謾語。然則温公腳踏實地，做成九分人，蓋自五六歲時，一覺基之，猶未免一語之疵也。元城事温公凡五年，得一語曰誠，請問其目，曰：『自不妄語入。』元城自謂：『子初甚易之，及退而自檃括，日之所行與凡所言，自相掣肘矛盾者多矣。力行七年而後成。』然則元城造成一箇言行一致，表裏相應，蓋自五年從遊之久，七年持養之熟。前乎此，元城猶未免乎掣肘矛盾之媿也。人患不知方耳，有能一日渙然而悟，盡改心志，求爲不謾不妄，日積月累，守之而不懈，則凡所爲人僞者，出而無所施于外，入而無所藏于中，自將消磨泯没，不得以爲吾之病，而縱横妙用，莫非此誠，乾之君子在是矣。」或曰：「誠者，道之極致，而子直以忠信訓之，反以爲入道之始，其語誠若未安。」曰：「誠之爲言，各有所指，先儒論之詳矣。如周子所謂『誠者，聖人之本』，卽中庸所謂『誠者，天之道』，蓋指實理而言也。如所謂『聖，誠而已矣』，卽中庸所謂『天下至誠』，指人之實有此理而言也。温公、元城之所謂誠，其意主于不欺詐，無矯僞，正學者立心之初所當從事，非指誠之至者言之也。然學者其自温公、元城之所謂誠，則由乾之君子，以至于中庸之聖人，若大路然，夫何遠之有？不敏何足以語誠！抑不自省察，則不覺而陷于人僞之惡，是安得不與同志極論其所終，以求自拔于流俗哉！愚也請事斯語，諸君其服之無斁。」

正氣歌并序

余囚北庭，坐一土室，室廣八尺，深可四尋，單扉低小，白間短窄，汙下而幽暗。當此夏日，諸氣萃然，雨潦四集，浮動牀几，時則爲水氣，塗泥半潮，蒸漚歷瀾；時則爲土氣，乍晴暴陰，風道四塞；時則爲日氣，簷陰新爨，助長炎虐；時則爲火氣，倉腐寄頓，陳陳逼人；時則爲米氣，駢肩雜遝，腥臊汙垢；時則爲人氣，或圊溷積臭暴屍，或腐鼠惡氣雜出；時則爲穢氣。疊是數氣，當之者鮮不爲厲。而予以孱弱俯仰其間，于兹二年矣，審如是，殆有養致然爾。然亦安知所養何哉？孟子曰：「我善養吾浩然之氣。」彼氣有七，吾氣有一，以一敵七，吾何患焉！況浩然者，乃天地之正氣也。作正氣歌一首：天地有正氣，雜然賦流形。下則爲河嶽，上則爲日星。于人曰浩然，沛乎塞蒼冥。皇路當清夷，含和吐明庭。時窮節乃見，一一垂丹青。在齊太史簡，在晉董狐筆。在秦張良椎，在漢蘇武節。爲嚴將軍頭，爲嵇侍中血。爲張睢陽齒，爲顏常山舌。或爲遼東帽，清操厲冰雪。或爲出師表，鬼神泣壯烈。或爲渡江楫，慷慨吞胡羯。或爲擊賊笏，逆豎頭破裂。是氣所旁薄，凜烈萬古存。當其貫日月，生死安足論。地維賴以立，天柱賴以尊。三綱實係命，道義爲之根。嗟予遘陽九，隸也實不力。楚囚纓其冠，傳車送窮北。鼎鑊甘如飴，求之不可得。陰房闃鬼火，春院閟天黑。牛驥同一皁，雞棲鳳凰食。一朝蒙霧露，分作溝中瘠。如此再寒暑，百沴自辟易。嗟哉沮洳場，爲我安樂國。豈有他繆巧，陰陽不能賊。顧此耿耿在，仰視浮雲白。悠悠我心悲，蒼天曷有極。哲人日已遠，典刑在夙昔。風簷展書讀，古道照顏色。

附錄

王炎午祭丞相文曰：「嗚呼！扶顛持危，文山、諸葛，相國雖同，而公死節。倡義舉勇，文山、張巡，殺身不異，而公秉鈞。名相烈士，合爲一傳，三千年間，人不兩見。事繆身執，義當勇決，祭公速公，童子易簀。何知天意，佑忠憐才，留公一死，易水金臺。乘衆捐軀，壯士其或，久而不易，雪松霜柏。嗟哉文山，山高水深，難回者天，不負者心。常山之髮，侍中之血，日月韜光，山河改色。生爲名臣，死爲列星，不然勁氣，爲風爲霆。干將莫邪，或寄良治，出世則神，入土不化。今夕何夕，斗轉河斜，中有光芒，非公也邪！」

博士劉須溪先生辰翁附子尚友。

劉辰翁，字會孟，號須溪，廬陵人也。巽齋弟子。以進士對策，言「濟邸無後可慟，忠良戕害可傷，風節不競可憾。」賈似道惡之，置丙第。以親老，請濂溪書院山長。後以江文忠公萬里薦，除太學博士，固辭。宋亡，逃之方外。子尚友，世其學。從黄氏補本録入。

侍郎鄧中齋先生光薦

鄧光薦，字中父，廬陵人，文丞相門友也。少負奇氣，以詩名世。登進士第。江文忠屢薦不就。後客文氏，贊募勤王，挈家入閩。一門十二口，同時死賊火中，乃隨駕厓山。不數日，厓山潰，先生赴海者再，輾轉不死，敵人援出之。元帥張宏範改容以待。後同文丞相送燕京，至建康，因丞相于驛中，而寓先生于天慶觀，得從黃冠歸，丞相賦詩三章送別。丞相嘗與其弟書曰：「鄧先生真知吾心者，吾銘當以屬之。」參吉安府志。

雲濠謹案：吉州人文紀謂：「文宋瑞、鄧中義、劉會孟皆出巽齋之門，文山、須溪其名甚著。」中義當即中父，父訛爲乂，乂訛爲義耳。萬姓統譜又作中甫，云：「累官禮部侍郎、權直學士。」殆隨至匡山所授邪？

文山講友

教授羅水心先生開禮

羅開禮，字正甫，永豐人。袁州教授。江上兵起，文丞相辟知永豐，倡義以仗大節，連兵鄒渢，駐師永豐。吉、贛軍潰，元兵追及空坑，丞相幸脱大索，先生坐隱巖中，執囚吉安。不屈，八日不食而死。丞相爲制服慟哭祭之。同上。

雲濠謹案：解學士序羅氏族譜作：「用理，字正甫，是爲水心先生。景定中，舉于太學。不屈時，年已八十矣。」

張先生千載

張千載，字毅甫，廬陵人。與文文山友。文山貴時，屢辟不出，及文山被執北上，過吉州，先生涕出相見，曰：「丞相往，千載亦往。」往即寓文山囚所近側，三年供送飲食無缺。又密造一櫝，文山授命日，即藏其首，負骸南歸，付其家安葬。參輟耕録。

仲齊家學

學録歐陽先生逢泰

歐陽逢泰，字忠叟，仲齊次子。儒術行業，師表一方，從學者常數百人，科第相屬。薦爲潭州學録，安撫司檄履學田，堙没者登故額，士廩以羨，廬陵羅子遠在教授席，賴其佐助爲多。晚年，究心太玄，作律曆統元圖書數十卷，因得渴疾，未脱稾卒。元至元初，以孫玄官贈中順大夫，追封渤海伯。參張文穆文。

忠叟講友

知州尹務實先生穀

尹穀，字耕叟，長沙人。性剛直莊厲，初處郡學，士友皆嚴憚之。中年登第。調常德推官，知崇陽縣，所至廉正有聲。丁内艱，居家教授，不改儒素。日未出，授諸生經及朱氏四書，士雖有才思而不謹飭者擯不齒。諸生隆暑必盛服，端居終日，夜滅燭始免巾幘，早作必冠而後出帷。行市中，市人見其舉動有禮，相謂曰：「是必尹先生門人也。」詰之果然。晚入李庭芝制幕，用薦擢知衡州，需次于家。潭城受兵，帥臣李芾禮以爲參謀，共畫備禦策。芾率民死戰，援兵不至，先生知城危，召弟岳秀使出，以存尹氏祀。已乃積薪扃户，朝服望闕拜已，先取歷官告身焚之，即縱火自焚。闔門少長皆死焉。芾聞之，命酒酹之曰：「尹務實，男子也，先我就義矣。」務實，先生自號也。初，潭士以居學肄業爲重，州學生月試積分高等，升湘西嶽麓書院生，又積分高等，升嶽麓精舍生，潭人號爲三學生。兵興時，三學生聚居州學，猶不廢業。先生死，諸生數百人往哭之。城破，多感激死義者。參史傳。

邢先生天榮
董先生景舒合傳。

邢天榮、董景舒，皆潭州人。宋以詞賦取士，季年，惟閩、浙賦擅四方。二先生與同郡尹穀、歐陽逢泰諸人爲賦，體裁務爲典雅，每出一篇，士争學之，由是湖賦與閩、浙頡頏。同上。

文山門人晦翁四傳。

上舍王梅邊先生炎午

王炎午，字鼎翁，安福人。爲上舍生，會文山舉義兵，乃杖策謁見。尋以母憂家居，而文山被執，先生爲生祭文以速其死。隱居不仕。號梅邊先生。所著有吾汶稾。參姓譜。

梓材謹案：先生生祭丞相文，自稱「里學生，舊太學觀化齋生」。

梅邊同調

參軍謝晞髮先生翺別見龍川學案。

鄧氏門人

承旨張澹庵先生珪

張珪，字公端，定興人，淮陽獻武王宏範之子也。至元十六年，獻武平廣海，宋禮部侍郎鄧中父光薦將赴水死，獻武救而禮之，命先生受學。中父嘗遺一編書，目曰相業，語之曰：「熟讀此，後必賴其用。」歷拜中書平章政事。丞相拜住問：「宰相之體何先？」先生曰：「莫先于格君心，莫急于廣言路㊀。」又拜中書平章政事。泰定元年，帝始開經筵，令左丞相與先生領之，先生進翰林學士吳澄等，以備顧問。自是辭位甚力，猶封蔡國公，知經筵事。又拜翰林學士承旨、知制誥兼修國史。四年卒。嘗自號曰澹庵。參史傳。

梓材謹案：謝山學案劄記：「張珪，功臣宏範子也，中齋弟子。」中齋蓋即中父之號也。

忠叟家學

教授歐陽先生龍生附師田□。

歐陽龍生，字成叔，忠叟子。從醴陵田氏受春秋三傳。試國學，以春秋中第二。至元丙子，侍其父還瀏陽。左丞崔斌召之，以親老辭，居山十有七年。瀏有文靖書院，祠龜山楊時，淪廢已久。部使者至，謀復其舊，授先生爲山長，升堂講孟子「承三聖」章，言龜山傳周、程學，而及豫章延平、紫陽朱子，實

㊀「路」字，原本作「語」，據龍本改。

承道統，其功可配孟子。山林老儒，聞講道之復，至爲出涕。秩滿，改本州教授。遷道州路教授，朔望率諸生謁濂溪祠。祠東爲西山精舍，祠蔡元定，先生爲修其祠。卒年五十有七，以子玄爵，追封渤海郡侯，加封冀國公。參張文穆文。

文公歐陽圭齋先生玄別見北山四先生學案。

王氏門人晦翁五傳。

劉先生省吾

劉省吾，廬陵人。王炎午門人。歐陽玄、揭傒斯從之得吾汶稾。參遺民録。

宋元學案卷八十九

介軒學案

黃宗羲原本　黃百家纂輯　全祖望修定

介軒學案表

董夢程槃澗從子。勉齋、蒙齋門人。晦翁、清江、江氏再傳。
- 族弟鼎——族子真卿見下雙湖門人。
- 沈貴珤——胡方平見上介軒門人。
  - 范啟
  - 程若庸別見雙峯學案。
- 胡方平——子一桂——董真卿——子僎
- 許月卿——江凱附汪炎昶。
  - 程榮秀

董琮

齊魯瞻山屋講友。

程正則 並槃澗門人。晦翁再傳。——程時登——許瑶

余季芳 介軒同調。——子芭舒——孫濟——曾孫仲敬
　　——王希旦

朱洪範 附師胡師夔。——胡斗元——子炳文 附族子淀。——程仲文
　　——陳廷玉
　　——王偁——張以忠——鄭四表——趙謙 詳見明儒學案。

曹涇 並晦翁續傳。——子希文
　　——馬端臨

介軒學案序録

祖望謹案：勉齋之傳，尚有自鄱陽流入新安者，董介軒一派也。鄱陽之學，始于程蒙齋、董槃澗、王拙齋，而多卒業于董氏。然自許山屋外，漸流爲訓詁之學矣。述介軒學案。梓材案：梨洲原本稱新安學案，謝山始易爲介軒。

黄程門人朱、江再傳。

州判董介軒先生夢程

董夢程，字萬里，號介軒，鄱陽人，槃澗先生銖之從子也。初學于槃澗與程正思，其後學于勉齋。開禧進士、朝散郎、欽州判。所著詩、書二經、大爾雅通釋。修。

雲濠謹案：梨洲原傳云：「官朝奉大夫，知欽州，著尚書、毛詩訓釋。」謝山云：「按諸書皆云介軒學于勉齋，兼得槃澗之傳。」

槃澗門人 晦翁再傳。

董復齋先生琮

董琮，字玉振，德興人也。槃澗弟子。學者稱爲復齋先生。有書傳疏義、復齋集。補。

程古山先生正則

程正則，號古山，槃澗徒也。程時登師之。補。

介軒同調

司法余桃谷先生季芳

余季芳，字子初，德興人也。少孤力學，淳祐丁未進士。言于吏部曰：「受訓慈幃，願明家學。徼榮干禄，實非初心。即竊收名，志求歸養。」部臣以聞。敕報曰：「謝名乞養，臣子良心。欲勵孝廉，宜從所願。特授九江司法以榮之。」先生歸，講道授徒，與董介軒昌明朱子之緒，弟子稱爲桃谷先生。所著有桃谷尚書義、桃谷集。補。

晦翁續傳

朱小翁先生洪範附師胡師夔。

朱洪範，號小翁，朱子從孫。胡孝善之父易簡居士師夔，實授易學于先生。參戴剡源集。

主簿曹宏齋先生涇附子希文。

曹涇，字清甫，休寧人。八歲能通誦五經。咸淳戊辰丙科，授昌化簿。博學知名，馬端臨嘗師事之。入元，爲紫陽書院山長。卒年八十有二。所著有講議四卷、書稾、文稾、韻稾、儷稾各五卷，餘如服膺録、讀書記、管見、泣血録、過庭録、課餘雜記、曹氏家録、古文選等書藏于家。子希文，梓材案：安徽通志作仲埜，當是其字。能著書，有詩文講義二卷、通鑑日纂二十四卷。參姓譜。

介軒家學朱、江三傳。

董深山先生鼎

董鼎，字季亨，鄱陽人，介軒之族弟也。雲濠案：一作介軒徒。其自序曰：「鼎生也晚，于道未聞，賴族兄介軒親受學于勉齋、槃澗，故再傳而鼎獲私淑焉。」別號深山。所著尚書輯録纂註六卷，草廬極稱之。其采拾諸家極博，不守一師之説，有功于尚書者也。雲濠案：一本云：有四書疏義、書詩二經訓釋、孝經大義。深山書院崇祀之。」子眞卿。

介軒門人

沈毅齋先生貴珤

沈貴珤，字誠叔，德興人也。介軒高弟。有正蒙疑解、四書及諸經說。學者稱爲毅齋先生。

胡玉齋先生方平

胡方平，號玉齋，婺源人。早受易于董介軒，繼師沈貴珤，精研易旨，沈潛反復二十餘年，而後著書發明朱子之意。其言曰：「朱子言易，開卷之初，先有一重象數，而後易可讀。啓蒙四篇，其殆明象數，以爲讀本義而設者與！象出于圖、書而形于卦畫，則上足以該太極之理，而易非淪于無體；數衍于蓍策，而達于變占，則下足以濟生人之事，而易非荒于無用，于是本義一書，如指諸掌也。」子一桂。

提舉許山屋先生月卿

許月卿，字太空，婺源人。初從董介軒遊，已受學于魏鶴山。登淳祐甲辰進士。授濠州司户參軍，歷本州教授、臨安府學教授、幹辦江西提舉常平事。召試館職，罷歸。未幾，復召，而元軍已下錢塘。先生深居一室，但書「范粲寢所乘車」數字，五年不言而卒，蓋至元二十三年也，年七十。謝疊山嘗書其門云：「要看今日謝枋得，便是當年許月卿。」先生在朝，當事有戒以和平勿過剛者，先生曰：「大臣宰相以此取士，特未之思耳。夫和平以從我，豈不能和平以從人；勿過剛以順我，豈不能勿過剛以順人。靖康士大夫率由此道，許某只是一許某，決不能枉道以事人也。」時人稱之曰山屋先生。

宗羲案：新安之學，自山屋一變而爲風節，蓋朱子平日剛毅之氣凜不可犯，則知斯之爲嫡傳也。彼以爲風節者，意氣之未融，而以屈曲隨俗爲得，真邪説之誣民者也！先師嘗言，東漢㊀之風節，一變至道，其有見于此乎！

山屋講友

縣令齊先生魯瞻

齊魯瞻，字興龍，徽州人也。成寶祐進士。不知其官爵。雲濠案：饒州德興有齊興隆，字昕翁。景定進士，蒲圻令。元兵南下，佩印以歸。嘗與許山屋説易，陳定宇稱之。

古山門人晦翁三傳。

太學程先生時登

程時登，字登庸，樂平人也。德興程正則從學董槃澗，以私淑朱子，先生從之遊。雲濠案：謝山劄記云，時登與馬端臨善。著周易啓蒙輯録、大學本末圖説、中庸中和説、太極通書、西銘互解、諸葛八陳圖通釋、律

㊀「漢」字，原本作「海」，據龍本改。

呂新書贅述、臣鑒圖、孔子世系圖、深衣翼、感興詩講義、古詩訂義、閏法贅語、文章原委。咸淳中入太學。宋亡不仕。補。

余氏家學

余息齋先生芑舒

余芑舒，號息齋，桃谷子也。深山董氏父子與新安胡玉齋父子爲朱子之學，先生和之。雲濠案：梨洲原傳云：「息齋亦介軒、深山之學侶也，時稱宿儒四家，曰雙湖胡一桂、定宇陳櫟、其一即先生、其一爲王葵初希旦。每日讀書暇，則整襟端坐，謂弟子曰：「讀書須虛心熟讀，其味無窮。及早了悟身心間事，自有受用。」其詩曰：「何人解管身中事，今我纔知學有源。養得心原身事畢，春花秋月共忘言。」辟補學録，不就。臨卒，口吟東坡「治生不求富，讀書不求官」之句，以告後人。所著有讀蔡氏書傳疑、書傳解、易解、讀孝經刊誤、息齋集。修。

余谷雲先生濟

余濟，字心淵，息齋子也。少承家學。元初，累辟不就。嘗有詩曰：「白首黃塵送隙駒，那知靜處有工夫。幽人世念如秋葉，萬樹西風一點無。」可以知其所存矣。所著有谷雲集。補。

徵君余靜學先生仲敬

余仲敬，號靜學，息齋孫也。世傳朱子之學，絶意仕進，以道自任。江、淮兵起，里中豪傑亦欲舉事，共諮之，以爲不可，乃止。避亂深山，流離顛沛，講學不輟。嘗遇山賊，亦知爲賢者而舍之。其于理學經濟之道，靡不究竟，而以主靜爲本。嘗曰：「未有憧憧往來，而其中能存者也。」太守陶安重之，入薦于朝，累徵不起。所著有讀書日録、靜學先生文集。補。

余氏門人

隱君王葵初先生希旦

王希旦，號葵初，德興人也。隱居學道，自以本宋人，不欲仕。嘗曰：「予生于宋，不可忘所自。長于元，亦嘗蒙其恩。非元非宋，何去何從？惟是飢則食，倦則眠，不飢不倦，則讀古聖賢之書而箋釋之。」先生師事桃谷余先生，而與息齋爲同門友。所著有易通解、尚書通解、五經日記。補。

小翁門人

孝善胡先生斗元

胡斗元，字聲遠，婺源人也。受易學于朱子從孫洪範，學者稱爲孝善先生。嘗謂：「乾專言善，性也；坤兼言善不善，情也。乾之善世，吾無及已；坤之積善，吾庶幾勉之。」參姓譜。

曹氏門人

教授馬竹洲先生端臨

馬端臨，字貴與，樂平人。父廷鸞，宋咸淳中官右丞相。時休寧曹涇精詣朱子學，先生從之遊，師承有自。以蔭補承事郎。宋亡不仕。著文獻通考，自唐、虞至南宋，補杜佑通典之闕，二十餘年而成。仁宗延祐四年，遣真人王壽衍尋訪有道之士，至饒州路，録其書上進。詔官爲鏤板，以廣其傳，仍令先生親齎所著稾本，赴路校勘。英宗至治二年，始竣工。先是，留夢炎爲吏部尚書，與先生之父在宋爲同相，召致先生，欲用之，以親老辭。及父卒，稍起爲慈湖、柯山二書院山長，教授台州路。三月，引年終于家。從黄氏補本録入。

文獻通考自序

昔荀卿子曰：「欲觀聖王之迹，則于其粲然者矣，後王是也。」君子審後王之道，而論于百王之前，若端拜而議。然則考制度，審憲章，博聞而强識之，固通儒事也。詩、書、春秋之後，惟太史公號稱良史，作爲紀、傳、書、表。紀、傳以述理亂興衰，書、表以述典章經制，後之執筆操簡牘者，卒不易其體。然自班孟堅而後，斷代爲史，無會通因仍之道，讀者病之。至司馬温公作通鑑，取千三百餘年之事迹，十七史之紀述，萃爲一書，然後學者開卷之餘，古今咸在。然公之書，詳于理亂興衰，而畧于典章經制。非公之智有所不逮也，簡編浩如烟埃，著述自有體要，其勢不能以兩得也。竊嘗以爲，理亂興衰，不相因者也。

晉之得國異乎漢，隋之喪邦殊乎唐，代各有史，自足以該一代之始終，無以參稽互察爲也。典章經制，實相因者也。殷因夏，周因殷，繼周者之損益，百世可知，聖人蓋已豫言之矣。爰自秦、漢，以至唐、宋，禮樂兵刑之制，賦斂選舉之規，以及官名之更張，地理之沿革，雖其終不能以盡同，而其初亦不能以遽異。如漢之朝儀官制，本秦規也；唐之府衛租庸，本周制也，其變通張弛之故，非融會錯綜、原始要終而推尋之，固未易言也。其不相因者，猶有温公之成書；而其本相因者，顧無其書，獨非後學之所宜究心乎！唐杜岐公始作通典，肇自上古，以至唐之天寶，凡歷代因革之故，粲然可考。其後宋白嘗續其書至周顯德。近代魏了翁又嘗作國朝通典。然宋之書成而傳習者少，魏嘗屬稾而未成書。今行于世者，獨杜氏之書耳。天寶以後，蓋闕焉。有如杜書綱領宏大，考訂該洽，固無以議爲也。然時有古今，述有詳畧，則夫節目之間，未爲明備，而去取之際，頗欠精審，不無遺憾焉。蓋古者因田制賦，賦乃米粟之屬，非可析之于田制之外也。古者任土作貢，貢乃包篚之屬，非可雜之于税法之中也。乃若敍選舉則秀孝與銓選不分，敍典禮則經文與傳注相汩，敍兵則盡遺賦調之規，而姑及成敗之迹。諸如此類，寧免小疵。至夫天文、五行、藝文，歷代史各有志，而通典無述焉。馬、班二史，各有諸侯王列侯表，范氏東漢書以後無之，然歷代封建王侯未嘗廢也。王溥作唐及五代會要，首立帝系一門，以敍各帝歷年之久近，傳授之始末，次及后妃皇子公主之名氏封爵，後之編會要者放之，而唐以前則無其書。凡是二者，蓋歷代之統紀典章係焉，而杜書亦復不及，則亦未爲集著述之大成也。愚自早歲蓋嘗有志綴緝，顧百羅薰心，三餘少暇，吹竽已濫，汲綆不修，豈復敢以斯文自詭。昔夫子言夏、殷之禮，而深慨文獻之不足徵，釋者曰：「文，典籍也。獻，賢人也。」生乎千百載之後，而欲尚論于百載之前，非史傳之實録具存，可以稽考，儒先之緒言未遠，足資討論，雖聖人亦不能臆爲之説也。竊伏自念，業紹箕裘，家藏墳索，插架之收儲，趨庭之問答，其于文獻，蓋庶幾焉。常恐一旦散佚失墜，無以屬來哲。是以忘其固陋，輒加考評，旁搜遠紹，門分彙別，曰田賦，曰錢幣，曰户口，曰職役，曰征榷，曰市糴，曰土貢，曰國用，曰選舉，曰學校，曰職官，曰郊社，曰宗廟，曰王禮，曰樂，曰兵，曰刑，曰輿地，曰四裔，俱放通典之成規。自天寶以前，則增益其事跡之所未備，離析其門類之所未詳。自天寶以後，至宋嘉定末，則續而成之。曰經籍，曰帝系，曰封建，曰象緯，曰物異，則通典元未有論述，而采摭諸書以成之者也。凡敍事則本之經史，而參以歷代會要，及百家傳記之書，信而有徵者從之，乖異傳疑者不録。所謂文也，凡論事則先取當時臣僚之奏疏，次及近代諸儒之評論，以至名流之燕談，稗官之紀録，凡一話一言，可以訂典故之得失，證史傳之是非者，則採而録之。所謂獻也，其載諸史傳之紀録而可疑，稽諸先儒之論辨而未當者，研精覃思，悠然有得，則竊以己意附其後焉。命其書曰文獻通考，爲門二十有四，爲卷三百四十有八。其每門著述之成規，考訂之新意，則各以小序詳之。昔江淹有言：「修史之難，無出于志，誠以志者，憲章之所繫，非老于典故者不能爲也。」陳壽號善敍述，李延壽亦稱究悉舊事，然所著二史，俱有紀傳，而不克作志，重其事也。況上下數千年，貫串二十五代，而欲以末學陋識，操觚竄定其間，雖復窮老盡氣，劌目鉥心，亦何所發明！聊輯見聞，以備遺亡爾。後之君子，儻能芟削繁蕪，增廣闕畧，矜其仰屋之勤，而俾免覆車之媿，庶有志稽古者，或可考焉。

梓材謹案：先生傳及自序，黄氏補本列胡熊諸儒學案，以其與程登庸友善，而並爲朱學也，附入是卷。

深山家學朱、汪四傳。

董先生真卿見下雙湖門人。

毅齋門人

胡玉齋先生方平見上介軒門人。

隱君范求邇先生啟

范啟，字彌發，一字求邇，□□人。博學窮理，沈毅齋高弟也。高尚不樂仕進。理宗末，嘗徵之不起。所著有雞肋漫録、管錐志、井觀雜説。

山長程徽庵先生若庸別見雙峰學案。

玉齋家學

鄉舉胡雙湖先生一桂

胡一桂，字庭芳，婺源人，玉齋子。生而穎悟，好讀書，尤精于易。年十八，領景定甲子鄉薦。試禮部不第，退而講學，得朱氏原委之正。嘗入閩，博訪諸名士。建安熊禾去非方讀書武夷山中，與之上下議論。歸而著書，遠近師之，號雙湖先生。百家記。

周易本義附録纂疏啟蒙翼傳序

朱子于易，有本義，有啟蒙，其書則古經，其訓解則主卜筮，所以發明四聖人作經之初旨。至于專論卦畫蓍策，則本圖、書以首之，考變古以終之，所以開啟蒙昧，而爲讀本義之階梯，大抵皆易經之傳也。先君子慖愚不敏，既爲啟蒙、通釋以誨之。愚不量淺陋，復爲本義附録纂疏以承先志。今重加增纂之餘，又成翼傳四篇者，誠以去朱子纔百餘年，而承學寖失其真，如圖、書已釐正矣，復承劉牧之謬者有之；本義已復古矣，復循王弼之亂者有之；卜筮之數灼如丹青矣，復祖尚玄旨者又有之。若是者，詎容于得已也哉！故日月圖、書之象數明，天地自然之易彰矣。卦、爻、十翼之經傳分，羲、文、周、孔之易辨矣。夏、商、周之易雖殊，而所主同于卜筮。古易之變復雖艱，而終不可逾于古。傳授傳注雖紛紛不一，而專主理義。曷若卜筮上推理義之爲實，夫然後舉要以發其義，而辭變象占，尤所當講明。筮以稽其法，而左傳諸書皆所當備。辨疑以審其是，而河圖、洛書當務爲急。凡此者，固將以羽翼朱子之易，由朱子之易，以參透乎羲、文、周、孔之易也。若夫易緯，京、焦玄虛，以至經世皇極内篇等作，自邵子專用先天卦外，餘皆易之支流餘裔。苟知其概，則其列諸外篇固宜，而朱子之易卓然不可及者，又可見矣。抑又有説，朱子嘗曰：「易只是卜筮之書，本非以設教。」然今凡讀一卦一爻，便如筮所得，觀象玩辭，觀變玩占，而又求其理之所以然者，而施之身心家國天下，皆有所用，方爲善讀。是故，于乾、坤當識君臣父子之分，于咸、恆當識夫婦之别，于震、坎、艮、巽、離、兑當識長幼之序，于「麗澤兑」當識朋友之講習。以至謹言語，節飲食，當有得于頤；懲忿窒慾，遷善改過，當有得于損、益。不諂不瀆，以謹上下之交；安其身而後動，易其心而後語，定其交而後求，以爲全身之道，當有得于大傳。即此而推，隨讀而受用焉，是則君平依忠依孝之微意也，雖曰端策而筮，其根柢所在，亦何以尚此！

文王作易爻辭辯

馮厚齋解明夷六五「箕子之明夷」云：「『箕』字，蜀本作『其』字。此繼統而當明揚之時之象。其指大君當明揚之時而傳之子，則其子亦爲明夷矣。」又謂：「文王作爻辭，移置君象于上六，以『初登于天，後入于地』，況明夷之主六五，在下而承之，明夷之主之子之象也，子繼明夷之治，利在于貞，明不可以復夷也。後世以其爲箕，遂傅會于文王與紂事。甚至以爻辭爲周公作而非文王。蓋箕子之囚奴，在文王羑里之後，方演易時，箕子之明未夷也。李隆山深然其説，謂班、馬只言文王演卦。」又曰：「人更三聖，世歷三古，止言包羲、文王、孔子，未嘗及周公也。馬融、陸績、王肅、姚信始有周公作爻辭之説，絶不經見。孔穎達始引韓宣子見易象與魯春秋而知周公之德與周之所以王，爲周公爻辭之證審爾。謂周公作爻辭，可也，而春秋又將屬之周公乎？」此論確矣。愚則謂，以爻辭爲文王作，固自有據，況夫子唯曰：「易之興也，當文王與紂之時乎？」是故其辭危，未嘗及周公，則所謂辭者，安知非卦爻之辭邪？愚固已疑之矣。然考箕子囚奴，誠在文王羑里之後，文王決無豫言之理。而隨之「王用亨于西山」，升之「王用亨于岐山」，又誠類太王、文王之事。夏、商之王，未有亨于岐山者。朱子解作卜祭山川之義，諸侯祭境內山川，亦正二王爲侯時事。以此觀之，則爻辭未必果文王所作，而韓宣子見易象之言，誠可證也。隆山辯魯春秋之說，蓋自不曉其義耳。宣子本意，見易象則知周公之德，見魯春秋則知周之所以王也。周之王，猶能爲春秋之時之主，義甚昭然。若厚齋因蜀本「其」字之誤，盡疑天下之本，反改而從之，尤有所未可。前漢趙賓正蜀人，解明夷六五「箕子」爲「荄茲」，則蜀本「箕」字初未嘗作「其」字，況厚齋謂父當暗世而傳子，故其子亦爲明夷。歷考前古，惟堯、舜老而舜、禹攝，此乃明德相繼。夏、商之王，未見父在而子立者。惟桀、紂可當明夷之主，其肯遽傳之子乎？馮氏見後世北齊末主、前宋徽、欽而有是說，謂文王作爻辭，乃取此義乎？爻辭稱帝乙、箕子，自是一例，況明夷箕子之稱，又自有夫子彖傳爲之證據。彖傳「利艱貞，箕子以之」之辭，與爻辭「箕子之明夷利貞」之辭，正相應，烏可傅會蜀本一字之誤，以證爻辭爲非周公作哉！愚故不能無辯，以祛讀者之惑。

易文言辯

或疑文言非夫子作，蓋以第一節與穆姜之言不異。本義以爲：「疑古有此語，穆姜稱之，夫子亦有取焉。」得之矣。然猶以爲疑古有之，初亦未嘗質言之者。蓋嘗妄論之曰：「若果如或疑，則何止文言，雖大象亦謂之非夫子作，可也。何者？八卦取象雖多，而其要則天地山澤雷木風水雲泉雨火電日。今考文王彖辭，自震雷之外，離雖取象于日，而未嘗象火。周公爻辭，自巽木離日之外，雖三取雨象，亦未嘗專取坎。他則未之聞焉。至夫子翼易，始列八卦之象，而六十四卦大象，于是乎始各有定屬。如是，則夫子以前，凡引易者，不當有同焉，可也。而左傳所載卜筮之辭，多取八物之象，此皆在夫子之前，而引易以占者如此。若然，則大象亦謂之非夫子作，可也；謂夫子以前原有，可也；謂夫子作者，非也。今欲知其果作于夫子而無疑，其將何說以證？嘗反覆思之而得其說。春秋，夫子筆削之經也；左傳，春秋經傳也，夫子繫易，實在作春秋之前，絕筆于獲麟，蓋不特春秋之絕筆，亦諸經之絕筆也。左氏生夫子之後，尊信夫子春秋，始爲之傳。由此觀之，謂易有取于左傳乎？抑左傳有取于易也？又況左傳所載當時語，其事則髣髴，其文多出于自爲。如呂相絕秦書，今觀其文法，要皆左氏之筆。而穆姜爲人，淫慝迷亂，安得自知其過，而有此正大之言？如棄位而姣等語，決知非出于其口。如是，則四德之說，是左氏本文言語，作爲穆姜之言，明矣。至若占辭，多取諸八物，亦非當時史氏語，實左氏本夫子大象以文之，一時不暇詳審，遽以夫子所作之象，爲夫子以前之人之辭也。又如國語載司空季子爲晉文公占得國之辭，又不特取諸八物，且有及于坎勞卦之說，如是則并與說卦亦謂之非夫子作，可乎？大抵居今之世，讀古聖人書，只當以經證經，不當以傳證經。若經有可疑，他經無證，闕之可也。何況夫子十翼，其目可數，今乃因傳文，反致疑于經，可乎？愚以是知文言、大象真夫子作，而左氏所引，不足爲惑，故不得不辯。」

十七史纂首篇

三皇之號，昉于周禮「外史掌三皇、五帝之書」而不指其名，次則見于秦博士有天皇、地皇、人皇之議。秦去古未遠，三皇之稱，此或庶幾焉。漢孔安國序書，乃始以伏羲、神農、黃帝爲三皇，少昊、顓頊、高辛、堯、舜爲五帝，不知果何所本。蓋孔子家語自伏羲以下皆稱帝，易大傳、春秋内外傳有黃帝、炎帝之稱，月令有帝太皥、帝炎帝、帝黃帝，亦足以表先秦未嘗以伏羲、神農、黃帝爲三皇也。至宋五峯胡氏，直斷以孔子易大傳以伏羲、神農、黃帝、堯、舜爲五帝，不信傳而信經，其論始定。

山屋門人

江雪矼先生凱附汪炎昶。

江凱，字伯幾，婺源人。爲許月卿之壻。不求仕進。所居號雪矼，有澗泉林木之勝，與其友汪炎昶賦詩飲酒，上下古今，以相娛樂，蓋有宋遺民也。

提舉程先生榮秀

程榮秀，字孟敷，休寧人。少遊方回之門，回以睦州内附，將致之仕版，力辭而去。乃從山屋許氏受周易，學成，而以講授爲事，非程、朱之書，蓋不之好也。延祐中，起爲明道書院山長，歷平江學録，嘉興教授，以浙江儒學副提舉致仕。

程氏門人晦翁四傳。

許先生瑤

許瑤，時登之徒。補。

孝善家學

山長胡雲峯先生炳文附族子淀。

胡炳文，字仲虎，婺源人。父孝善先生斗元，從朱子從孫小翁得書、易之傳。先生篤志家學，又潛心朱子之學，上溯伊洛，以達洙泗淵源，靡不推究。雲濠案：一本云：「凡諸子百氏、陰陽醫卜、星歷術數靡不推究。」仁宗延祐中，以薦爲信州道一書院山長，調蘭溪學正，不赴。至大間，其族子淀爲建明經書院，以處四方來學者，儒風之盛甲東南。所居面山，世號雲峯先生。著有易本義通釋、書集解、春秋集解、禮書纂述、四書通、大學指掌圖、五經會義、爾雅韻語等書。修。

周易本義通釋序

宇宙間皆自然之易，易皆自然之天。天不能畫，假伏羲以畫；天不能言，假文王、周、孔以言，則是羲、文、周、孔之畫之言皆天也。易言于象數，而天者具焉；易作于卜筮，而天者寓焉。善乎！子朱子之言曰：「伏羲易自是伏羲易，文王、周公易自是文王、周公易，孔子易自是孔子易。」嗚呼！此其所以爲羲、文、周、孔之天也。必欲比而同之，非天也。易解凡幾百家，支離文義者不足道，附會取象者尤失之。蓋凡可見者，皆謂之象，其或巧或拙，或密或疏，皆天也。易之取象壹是，巧且密焉，非天矣。惟邵子于先天而明其畫，程子于後天而演其辭，朱子本義又合邵、程而一之，是于羲、文、周、孔之易會其天者也。學必有統，道必有傳，溯其傳，羲、文、周、孔之易非朱子不能明；要其統，凡諸家講易，非本義不能一。然其統其傳，非人之所能爲也，亦天也。予此書融諸家之格言，釋本義之要旨，後之學者，或由是而有得于本義，則亦將有得于羲、文、周、孔之天矣。

四書通序

四書通何爲而作也？懼夫讀者得其辭未通其意也。六經，天地也；四書，行天之日月也，子朱子平生精力之所萃，而堯、舜、禹、湯、文、武、周、孔、顔、曾、思、孟之心所寄也。其書推之極天地萬物之奥，而本之皆彝倫日用之懿也；合之盡于至大，而析之極于至細也。言若至近，而涵至永之味；事皆至實，而該至妙之理，學者非曲暢而旁通之，未易謂之知味也；非用力之久，而一旦豁然貫通焉，未易謂之窮理也。余老矣，潛心于此者餘五十年，謂之通矣乎？未也。獨惜乎疏其下者，或泛或舛，將使學者何以決擇于取舍之際也？此余所以不得不會其同而辨其異也。

百家謹案：雲峯于朱子所注四書用力尤深。饒雙峯從事朱學，而爲説多與朱子牴牾，雲峯因而深正其非，作四書通，悉取纂疏集成之，戾于朱子者刪去之，有所發揮者則附己説于其後。

祖望謹案：雲峯初年，有二爻反對論、二體相易論、二十四氣論，晚年乃成通釋。又精六書之學。明儒趙古則之淵源蓋出于此。

雙湖門人朱、江五傳。

董先生真卿

董真卿，字季真，鄱陽人，深山先生鼎之子也。學于雙湖勿軒。著有周易會通十四卷，明楊士奇稱爲集大成之書。子僎。

雲峯門人晦翁五傳。

程先生仲文

程仲文者，不知其爵里，雲峯胡氏弟子也。所著有大學釋旨。

隱君陳先生廷玉

陳廷玉，字伯圭，德興人也。從胡雲峯學。元季不仕。工詩。

王先生偁

王偁，字伯武，□□人，胡雲峯之高第弟子也。補。

梓材謹案：江南通志謂先生與雲峯同邑，則亦婺源人也。通志又載其著書極博。朱楓林升素稱博洽，凡有疑，必曰「以問伯武。」

季眞家學朱、江六傳。

董先生僎

董僎，季真子。季真著易會通，嘗供檢閱參校之職。參周易會通跋。

王氏門人晦翁六傳。

張先生以忠

張以忠，學于王伯武。補。

張氏門人晦翁七傳。

鄭先生四表

鄭四表，天台人，學于張以忠。補。

鄭氏門人晦翁八傳。

教諭趙考古先生謙詳見明儒學案。

宋元學案卷九十

魯齋學案

黃宗羲原本　黃百家纂輯　全祖望修定

魯齋學案表

趙復
程學、朱學續傳。

許衡——子師可
江漢所傳。　子師敬
姚燧——孛朮魯翀別見蕭同諸儒學案。
耶律有尚
呂壄
劉宣
賀伯顏
徐毅

白棟
王都中
李文炳
王遵禮
趙矩
劉季偉
韓思永
高凝
蘇郁
姚燉
孫安
劉安中
孛憐吉䚟
暢師文
王寬
王賓

姚樞
從子燧
從子燉並見魯齋門人。

竇默

附師謝憲子。

並魯齋講友。

劉德淵——董朴

附師樂舜咨。

張文謙

並魯齋同調。

楊奂——郝經見上江漢學侶。

雪齋學侶。

姚燧見上魯齋門人。

王粹

郝經——弟庸別見靜修學案。

並江漢學侶。

荀宗道

硯彌堅——子禹功

附師王登、劉

子禹謨

仁卿。

劉因別爲靜修學案。

江漢同調。

滕安上別見靜修學案。

劉因別爲靜修學案。

江漢別傳。

魯齋學案序録

祖望謹案：河北之學，傳自江漢先生，曰姚樞，曰竇默，曰郝經，而魯齋其大宗也，元時實賴之。述魯齋學案。梓材案：是卷學案，梨洲本稱北方學案，謝山定序録改稱魯齋學案，而以江漢先之，嘗于高平學案取例焉。

程朱續傳

隱君趙江漢先生復

趙復，字仁甫，德安人。元師伐宋，屠德安。姚樞在軍前，凡儒、道、釋、醫、卜占一藝者，活之以歸，先生在其中。姚樞與之言，奇之，而先生不欲生，月夜赴水自沈。樞覺而追之，方行積尸間，見有解髮脱屨呼天而泣者，則先生也，亟挽之出。至燕，以所學教授學子，從者百餘人。當是時，南北不通，程、朱之書不及于北，自先生而發之。樞與楊惟中建太極書院，立周子祠，以二程、張、楊、游、朱六君子配食，選取遺書八千餘卷，請先生講授其中。先生以周、程而後，其書廣博，學者未能貫通，乃原羲、農、堯、舜所以繼天立極，孔子、顔、孟所以垂世立教，周、程、張、朱所以發明紹續者，作傳道圖，而以書目條列于後。樞退隱蘇門，以傳其學，由是許衡、郝經、劉因皆得其書而崇信之，學者稱之曰江漢先生。世祖嘗召見曰：「我欲取宋，卿可導之乎？」對曰：「宋，父母國也，未有引他人之兵以屠父母者。」世祖義之，不强也。先生雖在燕，常有江、漢之思，故學者因而稱之。修。

百家謹案：自石晉燕、雲十六州之割，北方之爲異域也久矣，雖有宋諸儒叠出，聲教不通。自趙江漢以南冠之囚，吾道入北，而姚樞、竇默、許衡、劉因之徒，得聞程、朱之學以廣其傳，由是北方之學鬱起，如吴澄之經學，姚燧之文學，指不勝屈，皆彬彬郁郁矣。

江漢所傳

文正許魯齋先生衡

許衡，字仲平，河内人。七歲入學，授章句，問其師曰：「讀書何爲？」師曰：「取科第耳！」曰：「如斯而已乎？」每受書，即問其旨義，師詘而辭去。如是者三師。流離世亂，嗜學不輟，人亦稍稍從之。訪姚樞于蘇門，得伊洛、新安遺書，乃還謂其徒曰：「昔者授受，殊孟浪也，今始聞進學之序。若必欲相從，當率棄前日所學，從事小學之灑掃應對，以爲進德之基？」衆皆曰：「唯。」遂相與講誦，諸生出入惟謹。客至見之，惻然動念，皆漸濡而出。世祖出王秦中，召爲京兆提學。世祖即位，召至京師，授國子祭酒。尋謝病歸。至元二年，以安童爲右丞相，使先生輔之，乃上書言立國規模。四年又歸。五年復召，至七年又歸。明年，以爲集賢大學士，兼國子祭酒。乃徵其弟子王梓、劉季偉、韓思永、耶律有尚、吕端善、姚燧、高凝、白棟、蘇郁、姚燉、孫安、劉安中十二人分處各齋爲齋長。久之而歸。十三年，定授時新曆，以原官領太史院事，曆成而還。十八年卒，年七十三，贈司徒，謚文正。皇慶二年，從祀孔子廟庭。學者因其所署，稱魯齋先生。先生嘗曰：「綱常不可亡于天下，苟在上者無以任之，則在下之任也，故亂離之中，毅然以爲己任」云。

魯齋遺書

愼思，視之所見，聽之所聞，一切要箇思字。君子有九思，思曰睿是也。要思無邪。目望見山，便謂之青，可乎？惟知，故能思。

或問：「心中思慮多，奈何？」曰：「不知所思慮者何事，果求所當知，雖千思萬慮可也。若人欲之萌，卽當斬去，在自知之耳。人心虛靈，無槁木死灰不思之理，要當精于可思慮處。」

仁爲四德之長，元者善之長，前人訓元爲廣大，直是有理。心胸不廣大，安能愛敬？安能教思無窮、容保民無疆？仁與元俱包四德，而俱列並稱，所謂合之不渾，離之不散。仁者，性之至而愛之理也。愛者，情之發而仁之用也。公者，人之所以爲仁之道也。元者，天之所以爲仁之至也。仁者，人心之所固有，而私或蔽之，以陷于不仁。故仁者必克己，克己則公，公則仁，仁則愛。未至于仁，則愛不可以充體。若夫知覺，則仁之用，而仁者之所兼也。元者，四德之長，故兼亨利貞；仁者，五常之長，故兼義禮智信。此仁者所以必有知覺，不可便以知覺名仁也。

梓材謹案：此下有一條，移入南軒學案。

凡事一一省察，不要逐物去了。雖在千萬人中，常知有己，此持敬大畧也。

日用間若不自加提策，則怠惰之心生焉。怠惰心生，不止于悠悠無所成，而放僻邪侈隨至矣。

耳目聞見，與心之所發，各以類應，如有種焉。今日之所出者，即前日之所入也。同聲相應，同氣相求，未嘗小差，不可不慎也。

或問：「窮理至于天下之物，必有所以然之故，與其所當然之則，所謂理也？」曰：「博學、審問、慎思、明辨，此解說箇窮字。其所以然與其所當然，此說箇理字。所以然者是本原也，所當然者是末流也；所以然者是命也，所當然者是義也。每一事，每一物，須有所以然與所當然。」

天地間須大著心，不可拘于氣質，局于一己貧賤憂戚；不可過爲隕穫。貴爲公相不可驕，當知有天下國家以來，多少聖賢在此位。賤爲匹夫不必恥，當知有古昔志士仁人，多少屈伏甘于貧賤者。無人而不自得也，何欣戚之有！

凡事理之際有兩件，有由自己底，有不由自己底。由自己底有義在，不由自己底有命在，歸于義、命而已。

汲汲焉，毋欲速也；循循焉，毋敢惰也，非止學問如此，日用事爲之間皆當如此，乃能有成。

聖人是因人心固有良知良能上扶接將去。他人心本有如此意思，愛親敬兄，藹然四端，隨感而現，聖人只是與發達推擴，就他原有底本領上進將去，不是將人心上原無底强去安排與他。後世卻將良知良能去斷喪了，卻將人性上原無底强去安排裁接，如雕蟲小技，以此學校廢壞，壞卻天下人才。及去做官，于世事人情，殊不知遠近，不知何者爲天理民彝，似此，民何由嚮方？如何養得成風俗？他如風俗人倫，本不曾學，他家本性已自壞了，如何化得人！

稱人之善，宜就迹上言；議人之失，宜就心上言。蓋人之初心，本自無惡，物以利欲驅之，故失正理，其始甚微，其終至于不可救。仁人雖惡其去道之遠，然亦未嘗不愍其昏昧無知，至此極也，故議之必從始失之地言之，使其人聞之，足以自新而無怨，而吾之言，亦自爲長厚切要之言；善迹既著，卽從而美之，不必更求隱微，主爲一定之論，在人聞則樂于自勉，在我則爲有實驗，而又無他日之弊也。

天地陰陽精氣爲日月星辰，日月不是有輪廓生成，只是至精之氣，到處便如此光明。陰精無光，故遠近隨日所照。日月行有度數，人身氣血周流，亦有度數。天地六氣運轉亦如是，到東方便是春，到南方便是夏，行到處便主一時。日行十二時亦然，萬物都隨他，轉過去便不屬他。

附錄

先生幼與羣兒嬉，卽盡坐作進退周旋之節，羣兒莫敢犯。凡三易師，亂中皆遇難而無後，每歲時，設位祭之，終身。

稍長，益嗜學，然遭世亂，且貧無書。嘗從日者遊，見尚書疏義，請就宿，手鈔以歸。既避難徂徠山，始得王弼易註，夜思晝誦，言動必揆諸義而後發。

嘗暑中過河陽，渴甚，道有梨，衆爭取啖，先生獨危坐樹下。或問之，曰：「非其有而取之，不義。」或曰：「此無主。」曰：「梨無主，吾心獨無主乎？」轉魯留魏，人見其有德，稍稍從之。

家貧，父令爲郡從事，見州縣追呼旁午，嘆曰：「民不聊生矣！」遂棄去。

凡喪祭嫁娶，必徵諸古禮，以倡其俗，學者寖盛。家貧躬耕，粟熟則食，不熟則食糠覈菜茹，處之泰然；有餘卽以分族人及諸生之貧者。人有所遺，一毫非義，弗受也。姚樞嘗被召入京師，以其雪齋居先生，命守者館之，拒不受。庭有果熟，爛墮地，童子過之，亦不睨視而去。

庚申，上卽位，應詔北行。至上都，入見，問所學，曰：「孔子。」問所見，曰：「虛名無實，誤塵聖聽。」問所能，曰：「勤力農務，教授童蒙。」問科舉何如，曰：「不能。」上曰：「卿言務實，科舉虛誕，朕所不取。」留七月還燕。

平章王文統以言利進，姚、許輩入侍，每言治亂休戚，必以義爲本，文統患之。竇默又日于帝前排文統學術不正，遂疑先生與默爲表裏，乃奏樞爲太子太師、默爲太子太傅、先生爲太子太保，陽示尊禮，內實擯使疏遠。默以屢攻文統不中，欲以東宮避禍，與樞同拜命，將入謝，先生曰：「此不安于義也。且禮，師傅與太子位東西鄉，師傅坐，太子乃坐，公等度能復此乎？否則，師道自我廢也。」乃相與懷制立殿下，五辭得免，改先生國子祭酒。明年，謝病以歸。

帝以先生多病，令五日一至省。四年聽歸。踰年，復召赴闕，與太常徐世隆定朝儀。儀成，帝臨觀，甚悅。又詔與太常劉秉忠、右丞張文謙定官制。先生歷考古今分并統屬之序，舉省部院臺郡縣與夫后妃儲藩百司所聯屬統制定爲圖，奏之。命集公卿議省院臺行移之體，先生曰：「中書佐天子總國政，院臺宜具呈。」時商挺在樞密，高鳴在臺，皆不樂，欲定爲咨稟，因大言以動先生曰：「臺院皆宗親大臣，若一忤，禍且不測。」先生曰：「吾論國制耳，何與于人！」遂以其言質帝前。帝曰：「朕意亦與衡合。」未幾，阿合馬領尚書省六部事，大臣多阿附之，先生每議，必正色不少讓。其子忽辛有同簽樞密院之請，先生執奏曰：「國家事權，兵民財三者而已。今其父典民與財，子又典兵，不可。」帝曰：「卿慮其反邪？」對曰：「彼雖不反，此反道也。」阿合馬由是銜之，亟薦先生宜在中書，欲因事中之。俄除中丞，先生屢入辭。帝命左右掖先生出，及闕，還奏曰：「陛下命臣出省邪？」帝笑曰：「出殿門耳。」

從幸上京，論列阿合馬專權罔上、蠹政害民諸事，不報，因謝病，請解機務。帝惻然，召其子師可入，諭舉官自代。先生奏曰：「用人，天子大柄，臣下泛論其賢則可，若授之以位，則當斷自宸衷，不可使臣下有市恩之漸。」帝久欲開太學，會先生求罷益力，乃從其請。十三年，詔王恂定新曆。恂言曆家知數而不知理，宜得衡專領。乃以前官兼領太史院事。召至京，先生謂：「冬至者，曆之本，而求曆本者在驗氣。今所用宋舊儀，自汴遷至大都，已自乖舛，加之歲久，規環不叶。」乃與太史令郭守敬等新製儀象圭表。十七年，曆成，上之，賜名曰「授時曆」，頒天下。

丞相安童一見先生，語同列曰：「若輩自謂不相上下，蓋什百與千萬也，是豈蹭蹬之可及邪？」王磐氣概一世，少所與可，獨見先生曰：「先生神明也！」

梓材謹案：此下有一條，移附張忠宣傳後。

先生入院，恩眷逾隆，上每北還，必問安否，病則賜藥賜杖。至是入見，皆跪奏，上令先生起，賜坐勞問。

病甚，醫者診之曰：「偏陰偏陽謂之疾，今六脈皆平，先生其稍瘳乎？」先生曰：「久病而脈平者，不治。吾殆將不起矣！」適仲春祭祀，力疾奠獻。既徹，曳杖于門曰：「予心怦怦然。」瞑目坐，久之，曰：「死生何異？人精神能有幾？世事何時窮？」遂發嘆，歌朱子所撰歌，奄然而逝。先生嘗語子師可曰：「我平生虛名所累，竟不能辭官，死後慎勿請謚立碑，但書許某之墓，使子孫識其處，足矣。」

先生著述，曰小學大義，乃在京兆教學者口授之語；曰讀易私言，是五十後所作；曰孟子標題，嘗以教其子師可；曰四箴説、中庸説、語録等書，乃雜出衆手，非完書也。

先生自得小學，則主此書以開導學者。嘗語其子曰：「小學、四書，吾敬信如神明，能明此書，雖他書不治可也。」

先生自詣學，家事悉委其子，凡賓客來學中者，皆謝絶。嘗謂：「學中若應接人事，諸生學業必有所荒。」日令家具早午膳，以老疾，日西不復食。

先生説書，章數不務多，唯懇欵周折。見學者有疑問，則喜溢眉宇。又嘗曰：「教人與用人正相反，用人當用其所長，教人當教其所短。」又言：「學者治生，最爲先務，苟生理不足，則于爲學之道有所妨。彼旁求妄進，及作官謀利者，殆亦窘于生理所致。士君子當以務農爲生。商賈雖逐末，果處之不失義理，或以姑濟一時，亦無不可。」

王鹿庵爲像贊曰：「氣和而志剛，外圓而內方，隨時屈伸，與道翺翔。或躬耕太行之麓，或判事中書之堂，布褐蓬茅不爲荒涼，珪組軒冕不爲輝光。虛舟江湖，睛雲卷舒，尚友千古，誰與爲徒？管幼安、王彥方、元魯山、陽道州，蓋異世而同符者也。」

□□□曰：「許文正公表章朱子之書，天下樂爲簡易之説者，知不足以及其高明，姑竊其名以文其虚誕鹵莽，而不可與入聖賢之域。」補。

祖望謹案：道園送李彥方詩序曰：「許文正公表章程、朱之學，天下人心風俗之所係，不可誣也。近日晚學小子，不肯細心讀書窮理，妄引陸子静之説以自欺自棄，至若移易論語章句，直斥程、朱之説爲非，此亦非有見于陸氏者也，特以文其猖狂不學以欺人而已，此在王制之必不容者。」

祖望又案：退齋記，予固疑静修譏魯齋而作也，然未敢質言之。觀道園作安敬仲默庵集序曰：「昔者，天下方一，朔南會同，薦紳先生固有得朱子之書而尊信表章之者，今其言衣被四海，家藏而人道之，其功固不細矣。而静修曰：『老氏者，以術欺世而自免者也。陰用其説者，莫不以一身之利害，節量天下之休戚，其終必至于誤國而害民。然特立于萬物之表，而不受其責焉，而自以孔孟之時義、程朱之名理自居，而人莫知奪也。』觀其考察于幾微之辨，其精如此。」以道園之言考之，其指許文正公無疑也。殆指文正自請罷中書執政、就國子而言邪？」

謝山題文正集後曰：「文正自請罷中書政事教國子，故静修以欺世自免誚之，而亦可見其所得于江漢之傳者，殆不盡與文正合也。道園又曰：『文正遺書，其于聖賢之道，所志甚重遠，其門人之得于文正者，猶未足以盡文正之心也。後之隨聲附影者，謂修詞申義爲玩物，謂辨疑答問爲躐等，謂無猷爲爲涵養德性，謂深中厚貌爲變化氣質，外以聾瞽天下之耳目，内以蠱晦學者之心思，而謂文正之學，果出于此乎？』是則又指當時學派之流弊。要之，文正興絕學于北方，其功不可泯，而生平所造詣，則僅在善人有恆之間，讀其集可見也，故數傳而易衰。静修所謂欺世自免者，則自其辭就之間，有以窺見其微疵，然後知君子用世之難。」

魯齋講友

文獻姚雪齋先生樞

姚樞，字公茂，柳城人。雲濠案：先生後徙洛陽，故一本作洛陽人。少力學，內翰宋九嘉識其有王佐畧。後從中書楊惟中南伐，得名儒趙氏復，以傳程、朱之學。棄官居輝州時，許魯齋在魏，至輝，就録程、朱所註書，遂依先生以居焉。世祖在潛邸，召之，待以客禮。詢治道，以治國平天下之大經，彙爲八目，曰：修身，力學，尊賢，親親，畏天，愛民，好善，遠佞。次及救時之弊，分條而陳之。從征則以不殺一人爲規，佐世祖以定天下，累官翰林學士承旨。年七十八卒，謚文獻。

梓材謹案：先生號雪齋，見程雪樓文集題跋。

附録

時濂溪周子之學未至河朔，楊惟中用師于蜀、湖、京、漢，收集伊洛諸書，載送京師，還與姚樞謀建太極書院及周子祠，以二程、張、楊、游、朱六子配食，請趙復爲師，選俊秀有識者爲道學生，由是河朔始知道學。

蒙古伊囉斡齊在燕，唯事貨賂，以樞爲幕官長，分及之，樞一切拒絶，因辭職去。攜家往輝州蘇門山，作家廟，别爲室奉孔子及宋儒周、程、張、邵、司馬六君子像，刊小學、四書并諸經傳注以惠後學，讀書鳴琴，若將終身。

文正竇漢卿先生默附師謝獻子。

竇默，字子聲，廣平肥鄉人。幼嗜書。族祖旺，爲郡功曹，欲使習刀筆，不肯就，願卒儒業。金末，轉徙兵亂之中，業醫以自給。至德安，孝感令謝獻子授以伊洛性理之書，先生自以爲昔未嘗學，而學自此始。中書楊惟中奉詔招集儒士，先生甫北歸，隱于大名，與姚公樞、許公衡朝暮講習，至忘寢食。久之，還肥鄉，以經術教授諸生，由是知名。世祖在潛邸，遣使召之，問以治道，首舉綱常爲對。且曰：「失此則無以自立于世矣。」又言：「帝王之道，在誠意正心，心既正，則朝廷遠近莫敢不一于正。」後世祖卽位，以先生爲翰林侍講學士，加昭文館大學士。年八十五卒，贈太師，封魏國公，謚文正。修。

梓材謹案：元史先生本傳云：「初名傑，字漢卿。」又云：「轉客蔡州，遇名醫李浩，授以銅人針法。」又稱其「爲人樂易，平居未嘗評品人物，與人居，溫然儒者也。至論國家大計，面折廷諍，人謂汲黯無以過之」云。

魯齋同調

徵君劉道濟先生德淵

劉德淵，字道濟，内丘人。生而貌古，刻苦好學。中統間，三府累辟不就。嘗著書數萬言，敷析同馬温公通鑑數百條，悉與朱子綱目合。許魯齋雅敬之。參畿輔通志。

忠宣張頤齋先生文謙

張文謙，字仲謙，沙河人。蒙古以王文統爲中書平章事，先生爲左丞。文統素殘刻，而先生獨以安國便民爲務，思有以陷之，先生遂求出宣撫大名。抵任，蠲常賦什之四，商酒稅什之二。後拜樞密副使。卒，年六十八。追封魏國公，謚忠宣。參姓譜。

梓材謹案：元史先生本傳言其「與太保劉秉忠同學」，又言「蚤從劉秉忠，洞究術數；晚交許衡，尤粹于義理之學」云。

雲濠謹案：先生號頤齋，見王秋澗集。

附錄

魯齋先生奉旨教授懷孟路子弟，張仲謙由大名宣撫復入中書，初見先生，屢請執弟子禮，拒而止。仲謙數忤倖臣，被譴責，至是遣人求言。先生貽書曰：「弔者在門，慶者在閭，一倚一伏，孰知其初？君子存誠，克己就義，始若甚難，終知甚易。可委者命，可憑者天，人無率爾，事有偶然。舍苗不耘，固爲有害，助而揠之，其害愈大。既懲于色，又發于聲，天道無他，庸玉汝成。」

雪齋學侶

文憲楊紫陽先生奐

楊奐，字煥然，奉天人。蚤喪母，哀毀如成人。金末，嘗作萬言策，指陳時病，欲上不果。元初，隱居鄠縣，講學授徒，學者稱爲紫陽先生。以耶律楚材薦，爲河南廉訪使，約束一以簡易。在官十年，請老于燕之行臺。世祖在潛邸，驛召參議京兆宣撫司事，累上書，得請而歸。卒，謚文憲。所著有還山集。參姓譜。

梓材謹案：先生爲姚牧庵妻父。牧庵序先生文集云：「紫陽先生長先世父少師文獻公十有五年，交友間，少師獨畏而不敢字者，言必稱先生」。又云：「先生鄠國世家傳及平生嗜學，述作之富，與一世之士服爲『關西夫子』者，有遺山、江漢、西庵三先生之碑銘之集序言。」又跋張夢卿所藏紫陽墨蹟云「嘗聞其幼時，文已奇古，歌『白水滿長干，紫陽閑底清風細』之句，遂號紫陽。初名煥，更爲奐，後受太宗簡文判誤『奐』爲『英』，不敢私更，始就名英」云。

江漢學侶

酒官王子正先生粹

王粹，字子正，右北平人。楊中令當國，議所以傳繼道學之緒，必求人而爲之師，聚書以求其學。乃于燕都築院貯江、淮書，立周子祠，刻太極圖及通書、西銘等于壁，請雲夢趙復爲師儒，先生佐之，選俊秀之有識度者爲道學生。參郝陵川集。

梓材謹案：先生初名元亮，改名元粹，後止名粹，系出遼世衣冠家。中州集稱其「年十八九，作詩便有高趣。性習專固，世事不以累其業，故時輩無能當之者。」又言「正大末，用門資敍爲南陽酒官，流寓襄陽。襄陽破，隻身北歸，寄食燕中」云。

文忠郝陵川先生經

郝經，字伯常，澤州陵川人。金末，避地河南。遭亂，走匿窖中，母許爲兵火熏灼而死。時先生方九歲，以蜜和寒葅汁決母齒飲之，即蘇，人以爲異。後徙家順天，守帥張柔延之家塾，教諸子。儲書萬卷，恣其搜覽。上溯洙泗，下追伊洛諸書，經史子集，靡不洞究，慨然以羽翼斯文爲己任。自是藩帥交辟皆不就。世祖以大弟開府金蓮川，徵先生入，咨以治國安民之道。及即位，以先生爲翰林侍讀學士，充國信使使宋，告即位，且尋盟。或爲先生危之，先生曰：「南北搆難，兵連禍結久矣。聖主一視同仁，通兩國之好，雖以微軀蹈不測，苟能弭兵靖亂，活百萬生靈于鋒鏑之下，吾學爲有用矣。」遂行。至則賈似道拘之真州，越十六年，以禮送歸，遂卒，謚文忠。有春秋外傳、易外傳、續後漢書、陵川文集共數百卷，皆拘幽時所著也。補。

梓材謹案：先生誌元遺山墓云：「先生與家君同受業于先大父，經復逮事先生者有年。」又爲渾源劉先生哀辭，謂嘗奉杖屨。則先生遞及元、劉之門。又閱其上紫陽先生論學書，蓋嘗問學于楊氏。又有與漢上先生論性書及北平王子正先生論道學書，則復並接江漢之傳矣。

江漢同調

司業硯鄖城先生彌堅附師王登、劉仁卿，子禹功、禹謨。

硯彌堅，字伯固，應城人。硯氏莫究其始所出，其師初命其名曰彌堅，其父止命堅，故先生在官稱彌堅，自稱曰堅，蓋不忘父師之訓也。生七年，學于黄氏家塾。十六，從鄉先生王景宋學。景宋名登，以進士起家，仕至京西路提刑、京湖制置大使司參謀，爲人卓犖奇偉。先生學得其梗概，慨然有志于事功。年十八，又從袁州劉仁卿學議論。歲乙未，元師徇地漢上，先生與江漢先生趙復俱以名士爲大將招致而北。戊戌，詔試儒士，先生試西京中選。家真定，著儒籍，專以授徒爲業。先生通諸經，善講説，士執經從而問疑者日盛。先生告以聖賢之旨，諄切明白，不繳繞于章句。容城劉因、中山滕安上皆從之受㊀經。燕南宣閫及部使者嘉其行義，又共薦之，擢爲本部教授，凡十餘年，循循爲教，始終不倦。至元二十四年，召爲國子司業，律身嚴以有禮，屢以陽城忠孝之説訓迪諸生。居歲餘，移疾歸。先生問學淳正，文章質實，務明道術以敷其教，自少至老，清苦嚴重，士咸服其學，推其行。有鄖城集十卷。二十六年卒，年七十有八。子禹功、禹謨，皆明經學。禹功，冀州儒學教授。參蘇滋溪集。

江漢別傳

文靖劉靜修先生因別爲靜修學案。

魯齋家學江漢再傳。

文簡許先生師可

許師可，字可臣，魯齋長子。由河東按察副使，歷衛輝、襄陽、廣平、懷孟路總管，終通議大夫。贈禮部尚書，謚文簡。先生志趣端正，未究其用，有文集。參魯齋遺書。

承旨許先生師敬

㊀「受」字，原本作「授」，據龍本改。

許師敬，字敬臣，魯齋第四子。官至參知政事、翰林承旨。先生明經務誠，學尚節概，克有父風。同上。

魯齋門人

文公姚牧庵先生燧

姚燧，字端甫，柳城人，樞之從子也。年十三，見許魯齋于蘇門，十八，始受學于長安。爲文法昌黎，魯齋戒之曰：「弓矢以待盜也，使盜得之，亦將以待主人。文章固發聞士子之利器，然先有能一世之名，將何以應人之見役者哉！非其人而與之，與非其人而拒之，鈞罪也。」魯齋累爲國子祭酒，召弟子十二人，先生自太原驛致館下。累官翰林學士承旨。年七十六卒，謚曰文。先生由窮理致知，反躬實踐，爲世名儒。至元以後三十年間，名臣世勳，顯行盛德，必得先生文始可傳信。先生亦慨然自任，曰：「文章以道輕重，道以文章輕重。復有班孟堅者出，表古今人物，九品中必以一等置歐陽子，則爲去聖賢也有級而不遠。然予觀先生之文，類宋宣獻公耳，則又何也？」自號牧庵。所著有牧庵文集五十卷。修。

文正耶律先生有尚

耶律有尚，字伯强，東平人。受業許魯齋之門，號稱高第弟子。邃于性理，儀容詞令，動中規矩。至元八年，召爲太學齋長。魯齋歸，以先生爲助教，嗣領其學事。除祕書監丞，出知薊州。自先生既去，而國學事頗廢，廷議爲非先生無足以繼魯齋者，遂除國子司業。陞國子祭酒。前後五居國學，爲師表者數十年，海內宗之，一如魯齋。年八十五卒，謚文正。

文穆呂先生堅

呂堅，字伯充，河內人。先生從魯齋學。魯齋爲國子祭酒，舉爲伴讀，輔成教養，其功爲多。至元十三年，擢陝西道按察使知事。未行，改四川行樞密院都事。陞奉訓大夫、四川行省左右司郎中。三十年，知華州。仁宗卽位，召拜翰林學士。未幾致仕。年七十八卒，贈陝西行省參知政事，追封東平郡公，謚文穆。

祖望謹案：魯齋列傳所徵伴讀十二人者無先生名，豈卽呂端善邪？

忠憲劉先生宣

劉宣，字伯宣，太原人。爲中書省掾。暇則從國子祭酒許魯齋講明理學。雲濠案：謝山底本有云：「江西按察使劉伯宣，河東人也。魯齋高弟。方正嚴重。」累官吏部尚書，諫伐交趾、日本。遷行臺御史中丞。爲江浙行省丞相忙古台所陷，自剄死。追封彭城郡公，謚忠憲。

惠愍賀舉安先生伯顏

賀伯顏，本名勝，字貞卿，一字舉安，伯顏，其小字也，以小字行，太師上都留守仁傑之子。幼從魯齋學。仁傑守上都，爲世祖所倚任，先生初入宿衞。有勢，拜集賢學士，領司天事。力言桑哥之奸，遷參知政事，簽樞密院事、大都護、典屬國。仁傑卒，卽拜上都留守，以嗣其任。尋加左丞相，仍留守。奏丞相帖木迭兒之貪穢，罷之。英宗卽位，帖木迭兒復相，誣以罪而殺之。帖木迭兒事敗，其冤始雪。贈太傅、秦國公，諡惠愍。補。

文靖徐先生毅

徐毅，字伯宏，趙城人也。雲濠案：梨洲本傳云：「父德舉，提舉太原鹽鐵使。」少受業于許文正公。清方勁正，辟爲同知檀州事，有聲。世祖擢監察御史。上言：「江南新附未久，宜撫卹流亡，以固民心。京師天下根本，宜蠲除地稅，以厚德意。檢覆災傷，宜以時而發倉廩之儲，捐山澤之利，申明酒禁，以修荒政。鰥寡孤獨宜有養，民所疾苦宜遣使詢問。方今庶政姑息，中書親細務，而宰相失體，六部寮屬，多非其人。」因陳省臺爲治之要，及憲司事宜：「監治官吏，當加儆戒，不可因人之誣言而升降。察官其行樞密院、行大司農司、行通政院及尚書省理算受賞進官者皆可罷。」又以日食地震，乞罷諸行省。又言「四川妄起邊釁，交趾虛勞王師，獻策以要功生事者，宜勿聽。官軍子弟，以膏粱承襲，未嘗知兵，當別議立法。增國子之員，重教官之選，以興學校。治宗廟，以崇祀典；修國史，以存故實。設朝立班，不可全無流品之分，實封陳言，無使苟爲進身之計。」他如選用官吏，減錢糧之費，理婚田之訟，馬禁水利鹽鈔諸法，其弊當改者，前後七十餘疏。世祖崩，上封事于太皇太后、皇太后曰：「四海不可一日無君，大行奄棄天下已五日，非早定大策，萬一啟奸覦，實可寒心。皇孫撫軍朔漠，伏願遣使奉迎，歸正大統。」成宗即位，首請正東朝尊號，因言：「陛下方虛心求治，而大臣不肯任事，宰相員太多，論議不一，宜亟用舊臣伯顏。爲治不在高遠，但當尊守舊制，其要有四：親賢，遠佞，信、賞必罰而已。」又請建儲貳，睦宗藩，選臺諫，教習親軍，勿事西南夷，而專備北邊。赦不可數，凡二十餘疏。累遷至河東、山西廉訪僉事。閱所部獄囚，得其冤狀，所釋五百餘人。召爲徽政院長史。舊例臺察于徽政之事一無所問，先生言其非，有詆之者，即謝去。已而累除治書侍御史。大臣搆害御史郭章，先生爲之辯，有沮之者，又謝去。召還，授陝西、漢中道廉訪使。入爲刑部尚書，改授河北、河南道廉訪使。後入爲刑部尚書、簽樞密院事。仁宗即位，授燕南、河北道廉訪使。召入，參議中書省事。頃之，拜陝西行臺御史中丞，辭歸，卒。追贈中書右丞、平陽郡公，謚文靖。所著有奏議五卷、詩文三卷。修。

副使白先生棟

白棟，字彥隆，太原人。許文正教國子時伴讀也。官至按察副使。見道園集。補。

清獻王本齋先生都中

王都中，字邦翰。雲濠案：先生後居蘇州。姑蘇志云：「字元俞。」父積翁，初仕宋爲福建制置使。元兵入閩，積翁以八郡圖籍獻世祖，授中奉大夫，累官遷刑部尚書，轉江西行省、參知政事。奉使日本，至其境，遇害。武宗時，追封閩國公，謚忠愍。先生以父功授平江路治中，其時年十七。遇事剖析，動中肯綮，僚吏皆愕眙不敢欺。累拜浙江行省參知政事。卒，謚清獻。先生歷仕五十餘年，所至政譽暴著，而治郡之績，雖古循吏無以尚之。當世南人以政事之名聞天下而位登臺憲者，惟先生一人而已。幼留京師，及拜許魯齋，即知所趨向。中年，尤致力于根本之學，自號本齋。有詩集三卷。補。

李先生文炳

李文炳，□□人。其死也，魯齋哭之慟，有「喪予」之嘆。

齋長王先生遵禮

王遵禮，字安卿。魯齋爲之名字説曰：「王氏子，昔嘗從予遊，曾未閲歲，乃遷居燕然，于今蓋八數年矣。頃來復過吾門，狀貌加偉，而其禮節恭謹，無異平時。予嘉其處心近厚也，思有以教之，因其求更前名，遂爲説以命之。」又曰：「誠能因其所已知，而擴其所未知，因其所已能，而推其所未能，則他日修身事親之際，將不止如今日之王生也。」參魯齋遺書。

梓材謹案：先生改名遵禮，且云遷居燕然，蓋即汴人王梓，魯齋兼祭酒時，徵爲齋長者，而學案原表與萬氏儒林宗派皆分而列之，誤也。

縣尹趙先生矩

趙矩，字義臣，大都人也。魯齋弟子。南樂縣尹，勸農養士，稱循吏。補。

憲副劉存齋先生季偉

劉季偉，秦人。號存齋。官四川憲副，與牧庵爲同門人。參姚牧庵集。

齋長韓先生思永

韓思永，大名人。

學士高先生凝

高凝，字道凝，河内人。官至翰林侍讀學士。參姚牧庵集。

附錄

魯齋爲字説曰：「尊君以古自立，又以古道教生，其命生之名，取易卦鼎象『凝命』之凝，欲生之以厚自成也，以正自守也，猶鼎之峙焉。雖然，此體也，未適乎用。欲生之博文約禮，日篤于人道之常，猶鼎之享帝養人之用，不爲法器而已也。夫父子君臣者，天之命也，人之道也，去古既遠，天下之俗，日趨于薄，風靡波蕩，一往而不可復。其間能以古道自重，卓然不爲流俗所移，況又益資學問之力，以進乎道，則厚也不爲徒厚，其正也不爲徒正，體具用行，而于出處窮達㊀無施而不當，其亦賢乎！」

㊀「窮達」二字，原本作「漸遠」，據龍本改。

齋長蘇先生郁

蘇郁，大名人。

僉事姚先生燉

姚燉，河内人，亦文獻之從子也。常僉江西湖東道提刑按察司事。參許圭塘集。

齋長孫先生安

孫安，河内人。

齋長劉先生安中

劉安中，秦人。

梓材謹案：以上七先生，皆魯齋兼祭酒時所徵弟子，分處各齋，以爲齋長者。

郡王孛憐吉䚟先生

河南王孛憐吉䚟，嘗受業魯齋。

文肅暢先生師文

暢師文，字純甫，南陽人也。師魯齋，而友牧庵。至元中，陳時政十六策。官至翰林學士，追封魏郡公，謚文肅。補。

知州王先生寬

祕監王先生賓合傳。

王寬、王賓，唐縣人，文肅公恂之子。皆從魯齋遊。補。

梓材謹案：元史文肅本傳稱先生兄弟「得星曆之傳于家學」。一由保章正，歷兵部郎中，知蠡州，一由保章副，累遷祕書監。

雲濠謹案：祕監，字子立。見蘇滋溪集。

雪齋家學

文公姚牧庵先生燧

僉事姚先生燉並見魯齋門人。

道濟門人

修撰董龍岡先生朴附師樂舜咨。

董朴，字太初，順德人。自幼强記，比冠，師事樂舜咨、劉道濟，皤然有求道之志。世祖至元十六年，以薦爲陝西知法官。尋召爲太史院主事，辭不赴。仁宗皇慶初，年踰八十，以翰林修撰致仕。卒年八十五。其爲學，自孔、孟微言，以及先儒所以開端闡幽者，莫不研極其旨。中山王結曰：「朴之學，造詣既深，充養交至；清而通，和而介，君子人也。」家近龍岡，學者因稱龍岡先生。從黃氏補本録入。

紫陽門人

文忠郝陵川先生經見上江漢學侶。

文公姚牧庵先生燧見上魯齋門人。

陵川家學

郡守郝先生庸別見靜修學案。

陵川門人

祭酒荀先生宗道

荀宗道，字正甫，保定人，郝伯常門人也。伯常使宋，先生弱冠從往爲書佐。及歸，竟以儒名。官至國子祭酒。補。

鄖城門人

文靖劉靜修先生因別爲靜修學案。

文穆滕東庵先生安上別見靜修學案。

牧庵門人

文靖孛朮魯先生翀別見蕭同諸儒學案。

宋元學案卷九十一

靜修學案

黃宗羲原本　黃百家纂輯　全祖望補定

靜修學案表

劉因（硯郿城門人。江漢別傳。）
- 烏沖
- 郝庸
- 李道恒
- 劉君舉
- 李天箎
- 林起宗
- 杜蕭
- 私淑安熙
  - 弟煦
  - 李士興
  - 蘇天爵
  - 楊俊民

滕安上——王文淵——子復——孫秉鈞
子構　孫秉彝
靜修講友。

靜修學案序録

祖望謹案：靜修先生亦出江漢之傳，又别爲一派。蕺山先生嘗曰：「靜修頗近乎康節。」述靜修學案。梓材案：靜修傳，梨洲本附北方學案，謝山序録始别爲靜修學案。

江漢别傳

文靖劉靜修先生因

劉因，字夢吉，雄州容城人。初從國子司業硯彌堅視訓詁疏釋之説，輒嘆曰：「聖人精義，殆不止㊀此。」後于趙江漢復得周、程、張、邵、朱、吕之書，始曰：「我固謂當有是也。」至元十九年，詔徵爲承德郎、右贊善大夫，教近侍子弟。未幾，以母疾辭歸。二十八年，以集賢學士、嘉議大夫召，固辭不就。帝曰：「古所謂不召之臣者，其斯人之徒與！」三十年卒，年四十五。贈翰林學士、資德大夫、上護軍，追封容城郡公，謚文靖。學者稱爲靜修先生。

㊀「止」字，原本作「至」，據龍本改。

百家謹案：有元之學者，魯齋、靜修、草廬三人耳。草廬後，至魯齋、靜修，蓋元之所藉以立國者也。二子之中，魯齋之功甚大，數十年彬彬號稱名卿材大夫者，皆其門人，于是國人始知有聖賢之學。靜修享年不永，所及不遠，然是時虞邵庵之論曰：「文正沒，後之隨聲附影者，謂修辭申義爲玩物而苟且于文章，謂辨疑答問爲躐等而姑困其師長，謂無所猷爲爲涵養德性，謂深中厚貌爲變化氣質，外以聾瞽天下之耳目，內以蠱晦學者之心思，雖其流弊使然，亦是魯齋所見，只具粗迹，故一世靡然而從之也。若靜修者，天分儘高，居然曾點氣象，固未可以功效輕優劣也。」

靜修文集

因自幼讀書，接聞大人君子之餘論，雖他無所得，至如君臣之義，自謂見之甚明，姑以日用近事言之。凡吾人之所以得安居暇食，以遂其生聚之樂者，皆君上所賜也。是以，凡吾有生之民，或給力役，或出智能，亦必各有以自效焉。此理勢之必然，自萬古而不可易，莊周所謂「無所逃于天地之間」者也。因生四十三年，未嘗效尺寸之力，以報國家養育生成之德，而恩命連至，尚敢偃蹇不出，貪高尚之名以自媚，而得罪于聖門中庸之教哉！且因之立心，自幼及長，未嘗一日敢爲崖岸卓絕甚高難繼之行。平昔交友，苟有一日之雅，皆知因之心者也。但或得之傳聞，不求其實，止于蹤跡之近似者觀之，是以有隱士高人之目，惟閣下亦知因之未嘗以此自居也。向者，先儲皇以贊善之命來召，即與使者偕行，再奉旨令教學，亦即時應命。後以老母中風，請還家省視，不幸彌留，竟遭憂制，遂不復出，初豈有意于不仕邪？今聖天子選用賢良，一時新政，雖前日隱晦之人，亦將出而仕矣，況因平昔非隱晦者邪！況加以不次之寵，處以優崇之地邪！是以，形留意往，命與心違，病卧空齋，惶恐待罪。竊謂供職雖未能扶病而行，而恩命不敢不扶病而拜，若稍涉遲疑，則不惟臣子之心有不安，而蹤跡高峻已不近人情矣！是以即日拜受，暫留使者，候病勢稍退，與之俱行。遷延至今，服療百至，略無一效，乃請使者先還，望閤下俯加矜憫，曲爲保全，始終成就之。上宰相書。

梓材謹案：梨洲所録靜修文集二條，今移入濂溪學案一條。

附録

歐陽文公爲像贊曰：「微點之狂，而有沂水風雩之樂；資由之勇，而無北鄙鼓瑟之聲。于裕皇之仁，而見不可留之四皓；以世祖之略，而遇不能致之兩生。嗚呼！麒麟鳳凰，固宇宙之不常有也，然而一鳴而六典作，一出而春秋成，則其志不欲遺世而獨往也明矣！亦將從周公、孔子之後，爲往聖繼絶學，爲來然開太平者邪？」

陶宗儀輟耕録曰：「初，許衡之應召也，道過真定，因謂曰：『公一聘而起，無乃速乎？』衡曰：『不如此則道不行。』及先生不受集賢之命，或問之，乃曰：『不如此則道不尊。』」

謝山書文靖退齋記後曰：「許文正、劉文靖，元北方兩大儒也。文正仕元，而文靖則否。以予考之，兩先生皆非宋人，仕元無害。然以元開創規模言之，其不足有爲可知，則不仕者自此遠矣。

文正從祀而文靖則否，誠不可謂非屈也。然吾讀文靖退齋記，謂『世有挾老子之術以往者，以一身之利害，節量天下之休戚，其終必至于誤國而害民。然而特立于萬物之表，而不受其責。而彼方以孔、孟之時義，程、朱之名理，自居不疑，而人亦莫知奪之，是乃以術欺世，而即以術自免』。斯其言，未知其所指也。及讀楊僉事俊民爲作祠記則曰：『文㊀正得時行道，大闡文風，衆人宗之如伊洛。先生斥之曰：「老氏之術也。」』以祠記之言合之，則所指者，卽文正也。豈當日文正辭左轄，居祭酒，蓋有見于道之難行，而姑思以儒官自安，故公以是詆之歟？要其在當日必實有所見，而今不可考矣。文正之仕元，世多遺議，予蓋不盡以爲然。由文靖之言觀之，則知苟非行道之時，必不當出，亦不當擇地而居之。蓋立人之朝，卽當行道，不僅以明道止。不能行道而思明道，不如居田間而明道之爲愈也。斯其文靖之意，而非後世之論也。然則，文靖高矣！孫徵君奇逢最爲表章文靖之學，而未及此。適校元儒學案，因表此案附之于後，以存先儒異同之故焉。」

又書文靖渡江賦後曰：「劉文靖渡江賦，前人論之者多矣。瓊山以爲幸宋之亡，黜其從祀，後渠則以爲欲存宋。夏峯力主後渠，而論者終未釋然于瓊山之說。予以爲，兩家皆非也。諸公蓋但讀其賦，而未嘗取其集考之，故不能定其案。明儒讀書之疏，大率如此。許文正與文靖皆元人也，其仕元又何害？論者乃以夷夏之說繩之，是不知天作之君之義也。豈有身爲元人，而自附于宋者？真妄言也。文正仕元，文靖則否，何也？文靖蓋知元之不足有爲也。其建國規模無可取者，

㊀「文」字，原本作「先」，據龍本改。

故潔身而退。不然，文靖已受集賢之命，非竟不欲出者。渡江之舉，宋亡而元直，文靖傷宋之爲奸臣所誤，留行人以挑師釁耳。蘇天爵以爲哀宋是也。哀宋則固非幸其亡，而亦非有意于存之，所謂置身事外而言者也。吾請徵之于其詩。其憶郝伯常曰：『一檄期分兩國憂，長纓不到越王頭。』末曰：『飛書寄與平南將，早遣樓船下益州。』此其罪宋之無故而執使臣也。但據此而言，其詞頗厲，幾幾乎若幸其亡者。而正不然。其題理宗南樓風月圖曰：『試聽陰山敕勒歌，朔風悲壯動山河。南樓煙月無多景，緩步微吟奈爾何。』又曰：『物理興衰不可常，每從氣韻見文章。誰知萬古中天月，只辦南樓一夜涼。』理宗自題有「併作南樓一夜涼」之句。「才到天中萬國明」，則藝祖詩也。其題理宗詩卷曰：『己未天王自出師，眼前興廢想當時。臨江釃酒男兒事，誰向深宮正賦詩。』是三詩者，皆以痛晚宋之君不恤國事，自取夷滅，而非幸之之詞。其題理宗緝熙殿硯詩曰：『使君持送緝熙硯，捷音才到山中人。四十三年如電抹，此硯曾經秋復春。』題度宗熙明殿古墨詩曰：『松風含哀生硯滴，似訴優游解亡國。只今惟有哀江南，寶氣不受鵝溪縑。』書事詩曰：『唱徹芙蓉花正開，新聲又聽采茶哀。秋風葉落踏歌起，已覺江南席卷來。』此其哀之至矣！豈幸之乎？至其書事詩又曰：『路人遙指降王道，好似周家七歲兒。』此則尚論陳橋之事之非，而傷天道之好還。其與伯顏『得國小兒，失國小兒』之語，正自不同，故過東安趙氏先塋云：『今古區區等如此，五陵哀雁入秋雲。』至曰：『張、朱遺學有經綸，不是清談誤世人。白首歸來會同館，儒冠爭看宋師臣。』此似美家鉉翁之徒而作。又曰：『風節南朝苦不伸，泝流直欲到崑崙。世宗一死千年見，此是黃河最上津。』此似斥留夢炎之徒而作。其詠海南鳥曰：『精衞有情銜太華，杜鵑無血到天津。聲聲解墮金銅淚，未信吴兒是木人。』凡此，皆文靖置身事外，平情論事之作，存之、幸之俱無預也。至其不肯仕元之意，亦皆見之于詩。其詠四皓詩曰：『智脱暴秦網，義動英主顔。鄙哉山林槁，摶也或可班。安得六黄鵠，五老相追攀。』四皓固嘗入漢廷，希夷亦朝宋祖，而皆不仕，文靖以之自況也。又曰：『孺子誠可教，從容濟時艱。出處今誤我，惜哉不早還。』託興于四皓之輔漢惠，而終不能安漢，以見己之不當留也，故題嚴光詩曰：『爲陵成高節，此亦天子恩。中庸久蕪没，矯激非天民。』其言皆和平中正，以求出處之宜，然其傷時之意，則累見之。和歸園居詩曰：『人生喪亂世，無君欲誰仕。滄海一横流，飄蕩豈由己。』和擬古詩曰：『忍饑待竹實，淡蕩今何之。歌以靈鳳謠，亂以猛虎詩。』和雜詩曰：『太玄豈無知，不覺世運迫。爲問莽大夫，何如成都陌。』又曰：『西山霍原宅，古跡猶可稽。重吟豆田謠，愁雲落崩崖。』則覩時政之謬，而思晦迹以自保，明矣。然其和歸園居詩又曰：『乾坤固未壞，杞人已哀鳴。雖知無所濟，安敢遂忘情。』和擬古詩又曰：『客從關、洛來，高論聽未終。連稱古英傑，秉國或從戎。生世此不惡，君何守賤窮。急呼酌醇酒，延客無何中。』則文靖豈忘世者，特厄于其時耳。其和詠貧士曰：『淵明老解事，撫世如素琴。豈有江州牧，既來不同斟。』是則戒心于霍原之禍，而所以勉受徵書者也。蓋文靖之不仕于元，本不因宋，雖亦嘗譏揚雄，羡管寧、陶潛，而與諸人有故國故君之分者不同。況文靖先世皆仕金，故哀金之詩亦多。和歸園居詩曰：『陵谷變浮雲，家世如殘局。區區寸草心，依然抱朝旭。』題金太子墨竹曰：『策書紛紛少顔色，空山夜哭遺山翁。我亦飄零感白髮，哀歌對此吟雙蓬。』早發濡上曰：『别家忘再宿，桑海問何年。』過奉先曰：『百年元魏史，千古汝南哀。』宋道人詩卷曰：『知音有銅狄，逸史訪金源。』上冢曰：『故國無家仍是客，病軀未老錯呼翁。』登中山城曰：『陵遷谷變横流地，卵覆巢傾死節臣。耄老諸孫生氣在，九原精爽凜猶新。』謂其從伯祖死貞祐事也。雄州詩曰：『灑落規模餘顯德，承平文物記金源。』又題金太子墨竹曰：『手澤明昌祕閣收，當年緹襲爲誰留。露盤流盡金人淚，應笑翔鸞不解愁。』跋遺山墨蹟曰：『遺墨數篇君惜取，注家參校有他年。』此皆其哀金之作，味之似過于哀宋者，蓋其先世所嘗臣事也。文靖生于元代，見宋、金相繼而亡，而元又不足爲輔，故南悲臨安，北悵蔡州，集賢雖勉受命，終敝屣去之，此其實也。瓊山、後渠所云，不皆成囈語哉！」

靜修講友

文穆滕東庵先生安上

滕安上，字仲禮，中山人。年少孤立，克自砥礪，治性理之學。被薦除中山教授，召爲國子丞，陞太常丞。拜監察御史，頃因京師地震，上疏累數百言，反覆深切，以疾辭去。尋爲國子司業，未幾卒，贈昭文館大學士，謚文穆。有東庵稾行于世。參姓譜。

梓材謹案：姚牧庵爲先生墓碣云：「妣李夫人撫君誨曰：『爾性質開朗，記識兼人，且金名士趙爣離孫，不可以貧廢學。』因師西巖」云。所著又有易解、洗心管見。靜修嘗爲作退齋記，則先生又號退齋也。

靜修門人趙、硯再傳。

祕書烏存齋先生沖

烏沖，字叔備，其先大寧人。先生從親官汴，家焉。明經勵行，高蹈深隱。年五十二卒，贈承事郎祕書監祕書郎。初，靜修以高明之資，躬聖賢之學，從者日衆。先生年出二十，以公卿之子，執經趨席，凜若寒士，爲學清苦，聞師之言，晝誦夜思，至忘寢食。父亡，能行古喪禮。母亡，哀踰前喪。其家日貧，日晏，食或不充，意泊如也。牓所居室曰存齋，杜門授徒，講說經訓，諄諄不倦，遠近學者爭歸之。真定安敬仲欲謁靜修，不果，先生盡以所聞告之。參蘇滋溪集。

郡守郝先生庸

郝庸，字季常，澤州人，文忠公經之弟也。從劉靜修受書、詩。文忠拘于宋，先生入宋，問罪而還。終潁川守。補。

李先生道恆

李道恆，□□人。靜修之更召，令先生入京，納上鋪馬聖旨。補。

劉先生君舉

劉君舉，字季賢，南豐人。博學修行，以堯、舜君民爲己任。初，受舉于廣平王公磐。後磐應詔直翰林，即勸以詩云：「節義高千古，功名重一時。」繼聞靜修講學容城，盡棄所學，學之三年，于誠僞之辨，確有定見。及歸，靜修送之，有「伊洛于今道亦高」之句。

李先生天篪

李天篪，吉水人。得劉靜修道學之傳。有詩、書經疏行于世。

隱君林魯庵先生起宗

林起宗，内丘人也。靜修弟子。隱居教授。所著有志學指南、心學淵源二圖、大學論語孟子中庸諸圖、孝經圖解、小學題詞，發明魯庵家説。補。

提舉杜先生蕭

杜蕭，河南儒學提舉。靜修門生。靜修之殁也，爲誌其壙。補。

靜修私淑

隱君安默庵先生熙

安熙，字敬仲，藁城人。聞劉靜修之學，心向慕焉。將造其門，而靜修已殁，乃從靜修門人烏叔備問其緒説。簡靜和易，務爲下學之功。家居教授垂數十年，來學者多所成就。既殁，鄉人立祠于城西

祀之。門人蘇天爵爲輯其遺文，而虞伯生序之曰：「使先生得見劉氏，廓之以高明，厲之以奮發，則劉氏之學，當益昌大于時矣。」修

梓材謹案：儒林宗派列先生于烏氏之門，然觀其與烏叔備書，僅稱叔備爲尊兄，蓋其自居靜修私淑弟子，其于烏氏特學侶爾，不得徑謂烏氏門人也。

東庵門人鄖城再傳。

隱君王貞孝先生文淵附子復、構，孫秉鈞、秉彝。

王文淵，字巨卿，安喜人。幼失其父，能自樹立。家貧，從府尹推擇爲吏，持法廉平。久之，攝府尹，棄吏去。滕司業安上家居教授，先生折節往從焉。司業嘉其志，告以古人爲學之方，先生益自刻勵，尊聞行知，聲聞日隆。司業卒，即杜門不出，稽經訂史，夜以繼晝。于是，母年高，先生奉之彌謹；與弟貞盡友愛，訓子孫甚嚴，家庭之間肅如也。喜作詩，紆餘沖澹，得韋、柳體。當代公卿聞其名而重之，道出中山，或過其廬，聞其言而察其心，不敢以其名薦。卒不仕，終其身，年六十。鄉人誄曰貞孝先生。子復、構，孫秉鈞、秉彝，俱世其學。參滋溪文集。

默庵家學趙、硯三傳。

隱君安素庵先生煦

安煦，藁城人，默庵之弟。其家父子伯仲自爲師友，宗濂、洛性理之學。讀書必涵泳浸沈，以求其

義。默庵卒，事父甚得歡心，撫其孤如己所出。凡受學質疑于門者，隨材立教，人咸有得。里人有患惡疾者，謂先生曰：「死不火吾軀，幸托君以全先人遺體。」先生許之。既死，其家人欲火之，先生勸諭百端，繼之以泣，令得禮葬。退曰：「吾負人所托，何以見之于地下！」其篤于言行類此。時山、陝憲府交辟，皆不起。自號素庵。有文一卷，藏于家。修。

默庵門人

隱君李先生士興

李士興，藁城人。幼從默庵遊，弟子中獨早受知，與同門楊俊民、蘇天爵博求深造，汲汲不倦。先生道講五倫，心存三畏，甘隱遁而不樂仕進，居鄉里多有訓彝，人爭師之。後天爵大顯于時，默庵已卒，天爵貽書先生，使建鄉賢祠，先生擇地立祠，歲時致祭焉。

參政蘇滋溪先生天爵

蘇天爵，字伯修，真定人。累官吏部尚書，參議中書省事。終于江浙行省參知政事。前輩凋謝，先生獨自任一代文獻之寄，常集一代之文，選成元文類一書。晚歲，復以釋經爲己任。學者因其所居，稱之爲滋溪先生。

僉事楊先生俊民

楊俊民，字士傑，真定人。學于其鄉之隱君子安敬仲。安氏之學，祖建安而宗魏國者也。先生明于易，篤守師説，嘗得何北山、王魯齋之書，與其句讀音訓之法，爲博士，與吴正傳師道同僚，爲莫逆。既而去爲御史，正傳爲作静思齋記。參吴禮部集。

雲濠謹案：先生官河東廉訪僉事時，作静修祠堂記，稱默庵曰「先師子安子」，自稱曰「滹川學者」。

宋元學案卷九十二

草廬學案

黄宗羲原本　黄百家纂輯　全祖望修定

草廬學案表

吴澄　程徽庵、戴泉溪、程月巖門人。雙峯再傳。勉齋、宏齋、南溪三傳。晦翁、清江四傳。象山私淑。

孫當

元明善

虞集　陳旅　附師傅古直。

王守誠

蘇天爵別見静修學案。

劉霖

李擴見上草廬門人。

陳伯柔見上草廬門人。

熊本見上草廬門人。

烏本良別見静明寶峯學案。

衆仲講友。

貢師泰——鄭桓別見師山學案。

鮑恂

藍光

夏友蘭

袁明善

黃極——子寶

李本

祖榮。

父伯源。

從父季淵。

李楝

朱夏

黎仲基

王彰

王梁

楊準

李心原

皮溍

解觀

黃㞷

潘音

趙宏毅——子恭

王祁

李擴

陳伯柔

黃㝷

危素別見靜明寶峯學案。

包希魯

熊本

父紹。

丁儼

許晉孫

饒敬仲

鄭真別見深寧學案。

杜本——張理

道園講友。

王科——子梁見上草廬門人。

虞汲——子集見上草廬門人。
並草廬講友。——孛朮魯翀別見蕭同諸儒學案。
——歐陽玄別見北山四先生學案。

貢奎——子師泰見上草廬門人。
父士瞻。

黃澤——趙汸——倪尚誼
附李泝之。

武恪
並草廬同調。

草廬學案序録

祖望謹案：草廬出于雙峯，固朱學也，其後亦兼主陸學。蓋草廬又師程氏紹開，程氏嘗築道一書院，思和會兩家。然草廬之著書，則終近乎朱。述草廬學案。梓材案：是卷多仍黃氏之舊，今併入九江學派。

程戴門人雙峯再傳。

文正吳草廬先生澄

吳澄，字幼清，撫州崇仁人。年二十，應鄉試中選，春省下第。越五載而元革命，程鉅夫求賢江南，起先生至京師。以母老辭歸。鉅夫請置先生所著書于國子監。左丞董士選薦授應奉翰林文字。至官而去。除江西提學副提舉，居三月，又以疾去。至大元年，召爲國子監丞。陞司業。爲學者言：「朱子于道問學之功居多，而陸子以尊德性爲主。問學不本于德性，則其蔽必偏于語言訓釋之末，故學必以德性爲本，庶幾得之。」議者遂以先生爲陸氏之學，非許氏崇信朱子本意，然亦莫知朱、陸之爲何如也。先生一日謝去。未幾，以集賢直學士召，不果行。英宗卽位，遷翰林學士，進階太中大夫。泰定元年，爲經筵講官。至治末，請老而歸。先生嘗曰：「道之大原出于天，神聖繼之，堯、舜而上，道之元也；堯、舜而下，道之亨也；洙、泗、魯、鄒，其利也；濂、洛、關、閩，其貞也。分而言之，上古則羲皇其元，堯、舜其亨，禹、湯其利，文、武、周公其貞乎！中古之統：仲尼其元，顏、曾其亨，子思其利，孟子其貞乎！近古之統：周子其元也，程、張其亨也，朱子其利也，孰爲今日之貞乎？」其自任如此。元統元年卒，年八十五。追封臨川郡公，謚文正。初，先生所居草屋數間，鉅夫題曰草廬，故學者稱爲草廬先生。

百家謹案：幼清從學于程若庸，爲朱子之四傳。考朱子門人多習成説，深通經術者甚少，草廬五經纂言，有功經術，接武建陽，非北溪諸人可及也。

草廬精語

所謂性理之學，既知得吾之性，皆是天地之理，卽當用功以知其性，以養其性。能認得四端之發見，謂之知。既認得日用之間，隨其所發見，保護持守，不可戕賊之謂養。仁之發見，莫切于愛其父母，愛其兄弟，于此擴充，則爲能孝能弟之人，是謂不戕賊。其仁義禮智皆然。有一件不當爲之事而爲之，是謂戕賊其義。于所當敬讓而不敬讓，是戕賊其禮。知得某事之爲是，某事之爲非，而不討分曉，仍舊糊塗，是戕賊其智。今不就身上實學，卻就文字上鑽刺，言某人言性如何，某人言性如何，非善學者也。孔、孟教人之法不如此。如欲去燕京者，觀其行程節次，卽日雇船買馬起程，兩月之間，可到燕京，則見其宮闕是如何，街道是如何，風沙如何，習俗如何，並皆㊀了然，不待問人。今不求到燕京，卻但將曾到人所記録，逐一去挨究參互比較，見他人所記録者有不同，愈添惑亂，蓋不親到其地，而但憑人之言，則愈求而愈不得其真矣。

自未有天地之前，至既有天地之後，只是陰陽二氣而已。本只是一氣，分而言之，則曰陰陽。又就陰陽中細分之，則爲五行。五行卽二氣，二氣卽一氣。氣之所以能如此者，何也？以理爲之主宰也。理者，非別有一物在氣中，只是爲氣之主宰者卽是。無理外之氣，亦無氣外之理。人得天地之氣而成形，有此氣卽有此理，所有之理謂之性。此理在天地，則元亨利貞是也。其在人而爲性，則仁義禮智是

㊀「皆」字，原本作「見」，據龍本改。

也，性即天理，豈有不善！但人之生也，受氣有或清或濁之不同，成質有或美或惡之不同。氣之極清、質之極美者爲上聖，蓋此理在清氣美質之中，本然之真，無所汙壞，此堯、舜之性㈠所以爲至善，而孟子之道性善所以必稱堯、舜以實之也。其氣之至濁、質之至惡者爲下愚。上聖以下，下愚以上，或清或濁，或美或惡，分數多寡，有萬不同。惟其氣濁而質惡㈡，則理在其中者，被其拘礙淪染而非復其本然矣。此性之所以不能皆善而有萬不同也。孟子道性善，是就氣質中挑出其本然之理而言，然不曾分別性之所以有不善者，因氣質之有濁惡而汙壞其性也，故雖與告子言，而終不足以解告子之惑。至今人讀孟子，亦見其未有以折倒告子而使之心服也，蓋孟子但論得理之無不同，不曾論到氣之有不同處，是其言之不備也。不備者，謂但說得一邊不完備也，故曰論性不論氣不備。此指孟子之言性而言也。至若荀、揚以性爲惡，以性爲善惡混，與夫世俗言人性寬、性褊、性緩、性急，皆是指氣質之不同者爲性，而不知氣質中之理謂之性，此其見之不明也。不明者，謂㈢其不曉得性字，故曰論氣不論性不明。此指荀、揚、世俗之說性者言也。程子「性即理也」一語，正是鍼砭世俗錯認性字之非，所以爲有大功。張子言：「形而後有氣質之性，善反之，則天地之性存焉，故氣質之性，君子有弗性者焉。」此言最分曉，而觀者不能解其言，反爲所惑，將謂性有兩種。蓋天地之性，氣質之性，兩性字只是一般，非有兩等性也，故曰二之，則不是言人之性本是得天地之理，因有人之形，則所得天地之性，局在本人氣質中，所謂「形而後有氣質之性」也。氣質雖有不同，而本性之善則一，但氣質不清不美者，其本性不免有所汙壞，故學

㈠「性」字，原本作「聖」，據龍本改。　㈡「惡」字，原本作「愚」，據龍本改。　㈢「謂」字，原本作「爲」，據龍本改。

者當用反之之功。反之如湯、武反之也，反之謂反之于身而學焉，以至變化其不清不美之氣質，則天地之性，渾然全備，具存于氣質之中，故曰「善反之，則天地之性存焉」。氣質之用小，學問之功大，能學者，氣質可變，而不能汙壞吾天地本然之性，而吾性非復如前汙壞于氣質者矣，故曰「氣質之性，君子有弗性者焉」。

欲下工夫，惟敬之一字爲要法。

學者工夫，則當先于用處著力，凡所應接，皆當主于一。主于一，則此心有主，而暗室屋漏之處，自無非僻。使所行皆由乎天理，如是積久，無一事而不主一，則應接之處，心專無二。能如此，則事物未接之時，把捉得住，心能無適矣。若先于動處不能養其性，則于靜時豈能存其心哉！

知者，心之靈，而智之用也，未有出于德性之外者。曰德性之知，曰聞見之知，然則知有二乎哉？夫聞見者，所以致其知也。夫子曰：「多聞闕疑，多見闕殆。」又曰：「多聞擇其善者而從之，多見而識之。」蓋聞見雖得于外，而所聞所見之理則具于心，故外之物格，則內之知致。此儒者內外合一之學，固非如記誦之徒，博覽于外，而無得于內；亦非如釋氏之徒，專求于內，而無事于外也。今立真知、多知之目，而外聞見之知于德性之知，是欲矯記誦者務外之失，而不自知其流入于異端也。聖門一則曰多學，二則曰多識，鄙孤陋寡聞，而賢以多問寡，曷嘗不欲多知哉！記誦之徒，則雖有聞有見，而實未嘗有知也。昔朱子于大學或問嘗言之矣，曰：「此以反身窮理爲主，而必究其本末是非之極致，是以知愈博而心愈明。彼以徇外誇多爲務，而不覈其表裏真妄之實，然是以識愈多而心愈窒。」

太極與此氣非有兩物，只是主宰此氣者便是，非別有一物在氣中而主宰之也。

元亨，誠之通者，春生夏長之時，陽之動也，于此而見太極之用焉。利貞，誠之復者，秋收冬藏之時，陰之靜也，于此而見太極之體焉。此造化之體用動靜也。至若朱子所謂本然未發者，實理之體；善應不測者，實理之用。此則就人身上言，與造化之體用動靜又不同。蓋造化之運，動極而靜，靜極而動，動靜互根，歲歲有常，萬古不易，其動靜各有定時。至若人心之或與物接，或不與物接，初無定時，或動多而靜少，或靜多而動少，非如天地之動靜有常度也。

太極本無動靜體用也，然言太極，則該動用靜體在其中。因陽之動，而指其動中之理爲太極之用耳，因陰之靜，而指其靜中之理爲太極之體耳，太極實無體用之分也。

若曰徒求之五經，而不反之吾心，是買櫝而棄珠也。此則至論。不肖一生，切切然惟恐其墮此窠臼。學者來此講問，每先令其主一持敬，以尊德性，然後令其讀書窮理，以道問學；有數條自警省之語，又揀擇數件書，以開學者格致之端，是蓋欲先反之吾心，而後求之五經也。

百家謹案：草廬嘗謂學必以德性爲本，故其序陸子静語録曰：「道在天地間，今古如一，當反之于身，不待外求也。先生之教以是，豈不至簡至易而切實哉！不求諸己之身，而求諸人之言，此先生之所大憫也。」議者遂以草廬爲陸氏之學云。

先儒云：「道亦器，器亦道。」是道器雖有形而上、形而下之分，然合一無間，未始相離也。理在氣中，原不相離。老子以爲先有理而後有氣，横渠張子詆其有生于無之非，晦庵先生詆其有無爲二之非。其「無」字是說理字,「有」字是說氣字。

百家謹案:理在氣中一語,亦須善看一氣流行,往來過復,有條不紊。從其流行之體謂之氣,從其有條不紊謂之理,非別有一理在氣中也。

仁,人心也,敬則存,不敬則亡。

聖人與天爲一。

夫人之一身,心爲之主。人之一心,敬爲之主。主于敬,則心常虛,虛則物不入也。主于敬,則心常實,實則我不出也。

百家謹案:虛實之言,本于程子。

我之所以爲身,豈五臟六腑四肢百骸之謂哉!身非身也,其所主者心也。心非心也,其所具者性也。性非性也,其所原者天也。天之所以爲天,我之所以爲身也,然則我之身,非人也,天也。

庸者,常而不易之理,然不可以一定求也。庸因中以爲體,中因時以爲用。昔之過也,今爲不及。彼之不及也,此爲過。隨時屢易而不可常者,中也。夫理之常而不易,正以屢易而不可常之故。一定,則惡能常而不易哉!銖兩不易,衡之常也,膠其權則奚取?然則權之前卻無常,衡之所以有常也。時中之謂庸,蓋如此。

或問立之義曰:「定腳之謂立,動腳則非立矣。」此一義也。可與立者,謂行到此處,立定腳跟,更不移動，故先儒以守之固釋之。三十而立，立于禮之立，並同。豎㊀起之謂立，放倒則非立矣，此又一義也。孝經所謂立身行道，名立于後世；左傳所謂立德立功立言；臧文仲其言立之立，並同。

敬者心之一。

主于天理則堅，徇于人欲則柔。堅者，凡世間利害禍福、富貴貧賤舉不足以移易其心。柔，則外物之誘僅如毫毛，而心已爲之動矣。

百家謹案：所謂水不能濡，火不能爇，天理是也，非特堅而已。

夫學，孰爲要？孰爲至？心是已。天之所以與我，我之所以爲人者，在是。不是之求而他求焉，所學何學哉！聖門之教，各因其人，各隨其事，雖不言心，無非心也。孟子始直指而言先立乎其大者噫，其要矣乎！其至矣乎！邵子曰：「心爲太極。」周子曰：「純心要矣。」張子曰：「心清時，視明聽聰，四體不待羈束而自然恭敬。」程子曰：「聖賢千言萬語，只是欲人將已放之心約之使入身來。」此皆得孟子之正傳者也。

予觀四子言志，而聖人獨與曾點，何哉？三子皆言他日之所能爲，而曾點但言今日之所得爲。期所期于後，不若安所安于今也。夫此道之體，充滿無毫毛之缺；此道之用，流逝無須臾之停，苟有見乎是，則出王游衍皆天也。素其位而行，無所顧乎外，夫子之樂，在飯疏飲水之中，顏子之樂，雖簞瓢陋巷而不改也。邵子曰：「在朝廷行朝廷事，在林下行林下事。」其知曾點之樂者與。凡人皆當志于聖，遜第

㊀「豎」字，原本作「堅」，形近而誤，今改。

一等而爲第二等，比于自暴自棄。

始終一信，中允而外諒，然後無愧于古人務實之學。

夫子生知安行之聖，未嘗不思。思而弗得弗措者，子思所以繼聖統也。子思傳之孟子，以心官之能思，而先立乎其大，實發前聖不傳之祕。至汝南周氏，直指思爲聖功之本，有以上接孟氏之傳，而關西之張、河南之程，其學不約而同，可見其真得孔聖傳心之印。

見孺子入井，惻然不忍，于心從何而萌？聞犬馬呼己，能艴然不受，是心從何而起？舉世倀倀，如無目之人，坐無燭之室，金玉滿堂，而冥然莫知其有此寶也。儻能感前聖之所已言，求吾心之所同得，而一旦有覺焉，譬如目翳頓除，燭光四達，左右前後，至寶畢見，皆吾素有，不可勝用也。

約愛、惡、哀、樂、喜、怒、憂、懼、悲、欲十者之情，而歸之于禮、義、仁、智四者之性，所以性其情，而不使情其性也。

敬則心存，心存而一動一靜皆出于正。仁義禮智之得于天者，庶其得于心而不失矣乎！

昔趙清獻公日中所爲，夜必告天；司馬文正公平生所爲，皆可語人。如欲日新乎？每日省之，事之可以告天、可以語人者爲是；其不可告天、不可語人者爲非。非則速改。昨日之非，今日不復爲也。日日而省之，日日而改之，是之謂日日新，又日新。

純乎天理之實爲誠，徇乎人欲之妄爲不誠。惟能以天理勝人欲，一念不妄思，一事不妄行，仰無所愧，俯無所怍，庶幾其誠乎！窮物理者，多不切于人倫日用；析經義者，亦無關于身心性情，如此而博文,非復如夫子之所以教,顏子之所以學者矣!

孔門弟子問夫子所志,曰老安、少懷而信朋友。是使之一一皆得其所也。三者之人,欲其無一之不得其所,故曰聖人之心猶天也。若夫自處其身于無過之地,而視人之得其所、不得其所若無與于吾事然,是則楊朱爲我之學,而聖賢之所深闢也。

時不同,爲其時之所可爲者而已;位不同,爲其位之所當爲者而已。

梓材謹案:此下有一條,移入象山學案。

仁,人心也,然體事而無不在。專一于心,而不務周于事,則無所執著,而或流于空虛。聖賢教人,使其隨事用力,及其至也,無一事之非仁,而本心之全德在是矣。

凡喪,禮制爲斬齊功緦之服者,其文也;不飲酒,不食肉,不處內者,其實也。中有其實,而外飾之以文,是爲情文之稱。徒服其服而無其實,則與不服等耳。雖不服其服而有其實者,謂之心喪。心喪之實,有隆而無殺;服制之文,有殺而有隆,古之道也。

三綱二紀,人之大倫也。五常之道也,君爲臣之綱,其有分者義也;父爲子之綱,其有親者仁也;夫爲妻之綱,其有別者智也。長幼之紀,其序爲禮,朋友之紀,其任爲信,之二紀者,亦不出乎三綱之外。何也?因有父子也,而有兄弟,以至于宗族,其先後以齒者,一家之長幼也;因有君臣也,而有上下,以至于儔侶,其尊卑以等者,一國之長幼也;因有兄弟也,而自同室以至于宗族,其互相助益者,同姓之朋友也;因有上下也,而自同僚以至于儔侶,其互相規正者,異姓之朋友也。舉三綱而二紀在其中,故總謂之綱常。人之所以爲人而異于物者，以其有此綱常之道也。

夫道也者，天之所以與我，己所固有也，不待求諸外。有志而進焉，有見有得，可立而竢。讀四書有法，必究竟其理而有實悟，非徒誦習文句而已；必敦謹其行而有實踐，非徒出入口耳而已。朱子嘗謂大學有二關，格物者夢覺之關，誠意者人獸之關。實悟爲格，實踐爲誠。物既格者，醒夢而爲覺，否則雖當覺時猶夢也。意既誠者，轉獸而爲人，否則雖列人羣亦獸也。號爲讀四書而未離乎夢、未免乎獸者蓋不鮮，可不懼哉！物之格在研精，意之誠在慎獨，苟能是，始可爲眞儒，可以範俗，可以垂世，百代之師也！

朱、陸二師之爲教，一也。而二家庸劣之門人，各立標榜，互相詆訾，至于今，學者猶惑。嗚呼甚矣，道之無傳而人之易惑難曉也！爲人子孫者，思自立而已矣。族姓之或微或著，何算焉？能自立歟，雖微而浸著；不能自立歟，雖著而浸微。盛衰興替亦何常之有，惟自立之爲貴！

不以外物易天性之愛。

夫人之生也，以天地之氣凝聚而有形，以天地之理付畀而有性。心也者，形之主宰，性之郛郭也。此一心也，自堯、舜、禹、湯、文、武、周公傳之，以至于孔子，其道同。道之爲道，具于心，豈有外心而求道者哉！而孔子教人，未嘗直言心體，蓋日用事物，莫非此心之用，于其用處，各當其理，而心之體在是矣。操舍存亡，惟心之謂，孔子之言也。其言不見于論語之所記，而得于孟子之傳，則知孔子教人，非不言心也，一時學者未可與言，而言之有所未及耳。孟子傳孔子之道，而患學者之失其本心也，于是始明指本心以教人。其言曰：「仁，人心也。放其心而不知求，哀哉！」又曰：「學問之道無他，求其放心而已矣。」又曰：「耳目之官不思而蔽于物。心之官則思。先立乎其大者，則其小者不能奪也。」嗚呼至矣！此陸子之學所從出也。夫孟子言心而謂之本心者，以爲萬理之所根，猶草木之有本，而苗莖枝葉皆由是以生也。今人談陸子之學，往往曰以本心爲學，而問其所以，則莫能知陸子之所以爲學者何如。是本心二字，徒習聞其名，而未究竟其實也。夫陸子之學，非可以言傳也，況可以名求哉！然此心也，人人所同有，反求諸身，卽此而是。以心而學，非特陸子爲然，堯、舜、禹、湯、文、武、周、孔、顏、曾、思、孟以逮周、程、張、邵諸子，莫不皆然。故獨指陸子之學爲本心，學者非知聖人之道者也。應接酬酢，千變萬化，無一而非本心之發見，于此而見天理之當然，是之謂不失其本心，非專離去事物，寂然不動，以固守其心而已也。

梓材謹案：此下有二條，其一移入濂溪學案，其一移入伊川學案。

所貴乎讀書者，欲其因古聖賢之言，以明此理存此心而已。此心之不存，此理之不明，而口聖賢之言，其與街談巷議、塗歌里謡等之爲無益。

讀書當知書之所以爲書，知之必好，好之必樂，既樂，則書在我。苟至此，雖不讀，可也。

宋三百年，禮儒臣，尚經訓，雖季世，家法猶未替。

孝豈易能哉！聖門之以孝名者，曾子也。其門人嘗問：「夫子可以爲孝乎？」而曾子以「參安能爲孝」答。曾子之父，聖門高弟，樂道亞于顏子。曾子之事親，極其孝矣，而孟子僅以爲可。豈謂曾子之孝爲有餘哉！蓋子之身所能爲者，皆其所當爲也，是以曾子終身戰兢，惟恐或貽父母羞辱，逮于啓手足之際，然後自喜其可免，于此見孝行之難也。

古今人言静字，所指不同，有深淺難易。程子言「性静者可以爲學」，與諸葛公言「非静無以成學」，此静字稍易，夫人皆可勉而爲。周子言「聖人定之以中正仁義而主静」，與莊子言「萬物無足以撓心故静」，此静字則難，非用功聖賢學者，未之能也。大學「静而后能安」之静，正與周子、莊子所指無異。朱子以心不妄動釋之，即孟子所謂「不動心」也。孟子之學，先窮理知言，先集義養氣，所以能不動心。大學之教，窮理知言則知止，集義養氣則有定，所以能静也。能静者，雖應接萬變，而此心常如止水，周子所謂動而無動是也。安則素其位而行，無入不自得之意。

梓材謹案：此下有一條，移入濂溪學案太極圖説後。

墓焉而體魄安，廟焉而神魂聚，人子之所以孝于親者，二端而已。何也？人之生也，神與體合；而其死也，神與體離。以其離而二也，故于其可見而疑于無知者，謹藏之而不忍見其亡；于其不可見而疑于有知者，勤求之而如或見其存。藏之而不忍見其亡，葬之道也；求之而如或見其存，祭之道也。葬之日，送形而往于墓；葬之後，迎精而反于家。方其迎精而反於家㊀也，一旬之内，五祭而不爲數，惟恐其未聚也。及其除喪而遷于廟也，一歲之内，四祭而不敢疏，惟恐其或散也。家有廟，廟有主，祭之禮，于家不于墓也。墓也者，親之體魄所藏，而神魂之聚不在是，以時展省焉，省之禮非祭也。

㊀「方其迎精而反於家」八字，原本無，據龍本補。

諸經序説

易，羲皇之易。昔在羲皇，始畫八卦，因而重之爲六十四。當是時，易有圖而無書也。後聖因之作連山，作歸藏，作周易，雖一本諸羲皇之圖，而其取用蓋各不同焉。三易既亡其二，而周易獨存，世儒誦習，知有周易而已。羲皇之圖，鮮獲傳授，而淪没于方技家，雖其説具見于夫子之繫辭、説卦，而讀者莫之察也。至宋邵子始得而發揮之，于是人乃知有羲皇之易，而學易者不斷自文王、周公始也。今于易之一經，首揭此圖，冠于經端，以爲羲皇之易，而後以三易繼之，蓋欲使夫學者知易之本原，不至尋流逐末，而昧其所自云爾。

連山，夏之易。周官太卜掌三易，一曰連山，二曰歸藏，三曰周易，經卦皆八，其别皆六十有四。或曰神農作連山，夏因之，以其首艮，故曰連山，今亡。

歸藏，商之易。子曰：「我欲觀殷道，是故之宋，而不足徵也。吾得坤、乾焉。」説者以坤、乾爲歸藏。或曰，黄帝作歸藏，商因之，以其首坤，故曰歸藏，今亡。

周易，上、下經二篇，文王、周公作；彖辭、象辭、繫辭上下、文言、説卦、序卦、雜卦傳十篇，孔子作。秦焚書，周易以占筮獨存。漢志易十二篇，蓋經二傳十也。自魏、晉諸儒分彖、象、文言入經而易非古，注疏傳誦者，苟且仍循，以逮于今。宋東萊吕氏始考之以復其舊，而朱子因之，第其文闕衍謬誤，未悉正也。今重加修訂，視舊本爲精善，雖于大義不能有所損益，而于羽翼遺經，亦不無小補云。凡十三卷，今存。以上易序録。

謝山讀草廬易纂言曰：「草廬著易纂言，累脱槀而始就。其自言曰：『吾于易書，用功至久，下語尤精。其象例皆自得于心，庶乎文、周繫辭之意。』又曰：『吾于書有功于世爲猶小，吾于易有功于世爲最大。』及愚諦觀其書，如以大傳所釋諸卦爻辭爲文言傳之錯簡合作一篇，芟震彖辭『震來虩虩』八字爲爻辭所重出，增『履者禮也』一句于序卦傳，俱未免武斷之失。而坤之二以『大不習』句，師之初以『以律不臧』句，小畜之四以『去惕出』句，履之上以『考祥其旋』句，皆未見其有所據也。若改屯初之『磐桓』爲『盤桓』，師象之『丈人』爲『大人』，否二之『包承』爲『包羞』，而以『億喪貝』爲後世意錢之戲，則經師家亦豈有信之者！然則草廬之所以爲自得者，殆其所以爲自用也。世所傳朱楓林卦變圖以十辟六子爲例，實則本諸草廬云。」

又答董映泉問草廬易纂言外翼書曰：「草廬于諸經中，自負其易纂言之精，而外翼則罕及之，所以揭曼碩奉詔撰神道碑不列是書，而元史本傳俱失載焉。考草廬年譜，至治二年壬戌，如建康，定王氏義塾規制。十月還家，易纂言成。天歷元年戊辰，春秋纂言成。二年己巳，江西省請考校鄉試，辭疾不赴，易纂言外翼成。草廬于易自云：『累脱槀而始就，而猶有未盡，于是有外翼之作。』又考草廬行狀，外翼十二篇，曰卦統，曰卦對，曰卦變，曰卦主，曰變卦，曰互卦，曰象例，曰占例，曰辭例，曰變例，曰易原，曰易流，則是書之卷第也。姚江黄梨洲徵君著學易象數論，中引草廬先天互體圓圖，在纂言中無之，當卽係十二篇之一。徵君于書，無所不窺，不知及見是書而引之邪？

抑展轉出于諸家之所援據邪？草廬之易，愚所不喜。至于先天互體之例用圓圖，創作隔八縮四諸法，以六十四卦互成十六卦，以十六卦互成四卦而止，爲漢、魏諸儒所未有，然實支離不可信。總之，宋人誤信先後天方圓諸圖，以爲出自羲、文之手，而不知其爲陳、邵之學故也，而行狀謂草廬于易自得之妙，有非學者所能遽知，而通其類例以求之者，皆于外翼具之。此固出于弟子推其先師之語，然惜其完書不得見于今，以一一爲之辯正也。草廬行狀，虞學士道園作。年譜，危學士雲林作。」

雲濠謹案：草廬易纂言外翼，謝山以不見完書爲惜。朱竹垞檢討經義考云：「見崑山葉氏，而亦未詳篇目。惟四庫書目經部易類載有易纂言外翼八卷，下注永樂大典本。」

尚書二十八篇，漢伏生所口授者，所謂今文書也。伏生，故秦博士。焚書時，生壁藏之。其後兵起流亡。漢從生求其書，亡數十篇，獨得二十八篇，以教授于齊、魯間。孝文時，求能治尚書者，天下無有。欲召生，時年九十餘矣，不能行。詔太常遣掌故鼂錯往受之。生老，言不可曉，使其女傳言教錯。齊人語多與潁川異，錯所不知凡十二三，畧以其意屬讀而已。夫此二十八篇，伏生口授而鼂錯以意屬讀者也，其間缺誤顛倒固多，然不害其爲古書也。漢、魏數百年間，諸儒所治，不過此耳。當時以應二十八宿，蓋不知二十八篇之外猶有書也。東晉元帝時，有豫章内史梅賾增多伏生書二十五篇，稱爲孔氏壁中古文，鄭沖授之蘇愉，愉授梁柳，柳之内兄皇甫謐從柳得之，以授臧曹，曹授梅賾。賾遂奏上其書。今考傳記所引古書，見于二十五篇之内者，鄭玄、趙岐、韋昭、王肅、杜預輩並指爲「逸書」，則是漢、魏、晉初諸儒曾未之見也。故今特出伏氏二十八篇如舊，以爲漢儒所傳，確然可信，而晉世晚出之書，別見于後，以俟後之君子擇焉。

書二十五篇，晉梅賾所奏上者，所謂古文尚書也。書有今文古文之異，何哉？鼂錯所受伏生書，以隸寫之，隸者，當世通行之字也，故曰今文。魯恭王壞孔子宅，得壁中所藏，皆科斗書，科斗者，倉頡所製之字也，故曰古文。然孔壁中真古文書不傳。後有張霸僞作舜典、汩作、九共九篇、大禹謨、益稷、五子之歌、允征、湯誥、咸有一德、典寶、伊訓、肆命、原命、武成、旅獒、冏命二十四篇，目爲古文書。漢藝文志云，尚書經二十九篇。古經十六卷二十九篇者，即伏生今文書二十八篇及武帝時增僞泰誓一篇也。古經十六卷者，即張霸僞古文書二十四篇也。漢儒所治，不過伏生書及僞泰誓共二十九篇爾。張霸僞古文雖在，而辭義蕪鄙，不足取重于世以售其欺。及梅賾二十五篇之書出，則凡傳記所引書語、諸家指爲「逸書」者，收拾無遺，既有證驗，而其言率依于理，比張霸僞書遼絶矣。析伏氏書二十八篇爲三十三，雜以新出之書，通爲五十八篇，并書序一篇，凡五十九，有孔安國傳及序，世遂以爲真孔壁所藏也。唐初諸儒從而爲之疏義。自是以後，漢世大小夏侯、歐陽氏所傳尚書止二十九篇者，廢不復行，惟此孔壁㊀傳五十八篇孤行于世。伏氏書既與梅賾所增混淆，誰復能辨！竊嘗讀之，伏氏書雖難盡通，然辭義古奧，其爲上古之書無疑；梅賾所增二十五篇，體製如出一手，采集補綴，雖無一字無所本，而平緩卑弱，殊不類先漢以前之文。夫千年古書，最晚乃出，而字畫畧無脱誤，文勢畧無齟齬，不亦大可疑

㊀「壁」字，原本作「氏」，據龍本改。

乎？吴才老曰：「增多之書，皆文從字順，非若伏生之書，詰曲聱牙。夫四代之書，作者不一，乃至二㊀人之手，而定爲二體，其亦難言矣。」朱仲晦曰：「書，凡易讀者皆古文，豈有數百年壁中之物，不能損一字者？」又曰：「伏生所傳皆難讀，如何伏生偏記其所難，而易者全不能記也？」又曰：「孔書至東晉方出，前此諸儒皆未見，可疑之甚。」又曰：「書序，伏生時無之，其文甚弱，亦不是前漢人文字，只是後漢末人。」又曰：「小序決非孔門之舊，安國序亦非西漢文章。」又曰：「先漢文文字重厚，今大序格致極輕。」又曰：「尚書孔安國傳，是魏、晉間人作，託安國爲名耳。」又曰：「孔傳並序皆不類西京文字，氣象與孔叢子同是一手僞書，蓋其言多相表裏，而訓詁亦多出于小爾雅也。」夫以吴氏、朱子之所疑者如此，顧澄何敢質斯疑，而斷斷然不敢信此二十五篇之爲古書，則是非之心，不可得而味也，故今以此二十五篇自爲卷帙，以別于伏氏之書。而小序各冠篇首者，復合爲一，以置其後；孔氏序亦并附焉；而因及其所可疑，非澄之私言也，聞之先儒云爾，凡四卷，今存。以上書序録。

謝山讀草廬書纂言曰：「宋人多疑古文尚書者，其專主今文，則自草廬始。是書出世，人始決言古文爲僞，而欲廢之，不可謂非草廬之過也。近世詆古文者日甚，遂謂當取草廬之書列學宫以取士，亦甚乎其言之矣！竹垞亦不信古文，不敢昌言，而謂草廬之作尚出權辭。噫！權辭也，而輕以之訓後世哉！

詩，風、雅、頌凡三百十一篇，皆古之樂章。六篇無辭者，笙詩也，舊蓋有譜以記其音節而今亡。其

㊀「二」字，原本作「一」，據龍本改。

三百五篇，則歌辭也。樂有八物，人聲爲貴，故樂有歌，歌有辭。鄉樂之歌曰風，其詩乃國中男女道其情思之辭，人心自然之樂也，故先王採以入樂，而被之弦歌。朝廷之樂歌曰雅，宗廟之樂歌曰頌，于燕饗朝會享祀焉用之，因是樂之施于是事，故因是事而作爲是辭。然則風因詩而爲樂，雅、頌因樂而爲詩，詩之先後，于樂不同，其爲歌辭一也。經遭秦火，樂亡而詩存。漢儒以義㈠說詩，既不知詩之爲樂矣，而其所說之義，亦豈能知詩人命辭之本意哉！由漢以來，說三百篇之義者，一本詩序。詩序不知始于何人，後人從而增之。鄭氏謂序自爲一編，毛公分以置諸篇之首。夫其初之自爲一編也，詩自詩，序自序，序之非經本旨者，學者猶可考見。及其分以置篇之首，則未讀經文，先讀詩序，序乃有似詩人所命之題，而詩文反若因序而作，于是讀者必索詩于序之中，而誰復敢索詩于序之外哉！宋儒頗有覺其非者，而莫能斷也。至朱子始深斥其失而去之，然後足以洗千載之謬。嘗因是舍序而讀詩，則雖不煩訓詁而意自明；又嘗爲之强詩以合序，則雖曲生巧說而義愈晦，是則序之有害于詩爲多，而朱子之有功于詩爲甚大也。今因朱子所定，去各篇之序，使不淆亂乎詩之正文，學者因得以詩求詩，而不爲序說所惑。若夫詩篇次第，則文王之二南而間有平王以後之詩；成王之雅、頌而亦有康王以後之詩；變雅之中而或有類乎正雅之辭者，今既無從考據，不敢輒更。至若變風强入樂歌，而未必皆有所用；變雅或擬樂辭，而未必皆爲樂作，其與風、雅合編，蓋因類附載云爾。商頌，商時詩也；七月，夏時詩也，皆異代之詩，故處頌詩、風詩之末。魯頌乃其臣作爲樂歌以頌其君，不得謂之風，故繫之頌。周公居東時詩，非

㈠「義」字，原本作「誼」，據龍本改。

擬朝廷樂歌而作，不得謂之雅，故附之豳風焉。詩序録。

春秋經十二篇，左氏、公羊、穀梁文各不同。昔朱子刻易、書、詩、春秋于臨漳郡，春秋一經止用左氏經文，而曰公、穀二經所以異者，類多人名地名，而非大義所繫，故不能悉具。竊謂三傳得失，先儒固言之矣。載事則左氏詳于公、穀，釋經則公、穀精于左氏。意者左氏必有按據之書，而公、穀多是傳聞之說，況人名地名之殊，或由語音字畫之舛，此類一從左氏可也。然有考之于義，確然見左氏爲失，而公、穀爲得者，則又豈容以偏徇哉。嗚呼！聖人筆削魯史，致謹于一字之微，三家去夫子未久也，文之脱謬已不能是正，尚望其能有得于聖人之微意哉！漢儒專門，守殘護缺，不合不公㊀，誰復能貫穿異同，而有所去取。至唐啖助、趙匡、陸淳三子，始能信經駁傳，以聖人書法，纂而爲例，得其義者十七八。自漢以來，未聞或之先也。觀趙氏所定三傳異同，用意密矣，惜其予奪未能悉當。間嘗再爲審訂，以成其美。其間不繫乎大義者，趙氏于三家從其多，今則如朱氏意，專以左氏爲主。儻義有不然，則從其是，左氏雖有事跡，亦不從也，一斷諸義而已。嗚呼！屬辭比事，春秋教也，今欲因啖、趙、陸三氏遺說，博之以諸家，參之以管見，使人知聖筆有一定之法，而是經無不通之例，不敢隨文生義，以侮聖言。顧有此志而未暇就，故先爲正其史之文如此。若聖人所取之義，則俟同志者共講焉。春秋序録。

謝山讀草廬春秋纂言曰：「草廬諸經，以春秋纂言爲最，惜其開卷解「春王正月」，尚沿陳止齋、項平甫二家之謬，蓋稍立異于胡傳而仍失之者。」

㊀「公」字，原本作「分」，據龍本改。

儀禮十七篇，漢高堂生得之以授瑕丘蕭奮，奮授東海孟卿，卿授后倉，倉授戴德、戴聖。大戴、小戴及劉氏别録所傳十七篇，次第各不同。尊卑吉凶，先後倫序，惟别録爲優，故鄭氏用之，今行于世。禮經殘缺之餘，獨此十七篇爲完書，以唐韓文公尚苦難讀，況其下者！自宋王安石行新經義，廢黜此經，學者益罕傳習。朱子考定易、書、詩、春秋四經，而謂三禮體大，未能敍正。晚年欲成其書，于此至惓惓也，經傳通解，乃其編類草稾，將俟喪祭禮畢而筆削焉，無禄弗逮，遂爲萬世缺典。每伏讀而爲之惋惜。竊謂樂經既亡，經僅存五。易之彖、象傳本與繫辭、文言、説卦、序卦、雜卦諸傳共爲十翼，居上下經二篇之後者也，而後人以入卦爻之中。詩、書之序，本自爲編，居國風、雅、頌、典、謨、誓、誥之後者也，而後人以冠各篇之首。春秋三經、三傳，初皆别行，公、穀配經，其來已久，最後註左氏者又分傳以附經之年。何居夫傳文、序文與經混淆，不惟非所以尊經，且于文義多所梗礙，歷千百年而莫之或非也，莫之或正也。至東萊吕氏于易，始因晁氏本定爲經二篇、傳十篇。朱子于詩、書，各除篇端小序，合而爲一，以置經後；春秋一經，雖未暇詳校，而亦剔出左氏經文，併以刊之臨漳。于是，易、詩、書、春秋悉復夫子之舊。五經之中，其未爲諸儒所亂者，惟二禮經。然三百三千，不存葢十之八九矣。朱子補其遺缺，則編類之初，不得不以儀禮爲綱，而各疏其下。脱稾之後，必將有所科别，決不但如今稾本而已。若執稾本爲定，則經之章也，而以後記、補、傳分隸于其左，與彖、象傳之附易經者，有以異乎？否也？經之篇也，而以傳篇、記篇、補篇錯處于其間，與左氏傳之附春秋經者有以異乎？否也？夫以易、書、詩、春秋之四經既幸而正，而儀禮一經又不幸而亂，是豈朱子之所以相遺經者哉！徒知尊信草創之書，而不能探索未盡之意，亦豈朱子之所望于後學者哉！嗚呼，由朱子而來，至于今將百年，以予之不肖，猶幸得私淑其書，用是忘其僭妄，輒因朱子所分禮經，重加倫紀。其經後之記，依經章次秩序其文，不敢割裂，一仍其舊，附于篇終。其十七篇次第，並如鄭氏本，更不問以他篇，庶十七篇正經，不至雜糅二戴之記中。有經篇者，離之爲逸經。禮各有義，則經之傳也，以戴氏所存，兼劉氏所補，合之而爲傳。正經居首，逸經次之，傳終焉，皆別爲卷而不相紊。此外悉以歸諸戴氏之記。朱子所輯，及黃氏喪禮、楊氏祭禮，亦參伍以去其重複，名曰朱氏記，而與二戴爲三。凡周公之典，其未墜于地者，蓋畧包舉而無遺。造化之運不息，則天之所秩，未必終古而廢壞，有議禮制度考文者出，所損所益，蓋百世可知也。雖然，苟非其人，禮不虛行，存誠主敬，致知力行，下學而上達，多學而一貫，以得夫堯、舜、禹、湯、文、武、周、孔之心，俾吾朱子之學，末流不至爲漢儒學者事也。澄也不敢自棄，同志其尚敦勖之哉！

儀禮逸經八篇，澄所纂次。漢興，高堂生得儀禮十七篇。後魯共王壞孔子宅，得古文禮經于壁中，凡五十六篇。河間獻王得而上之，其十七篇與儀禮正同，餘三十九篇藏在祕府，謂之逸禮。哀帝初，劉歆欲以列之學宮，而諸博士不肯置對，竟不得立。孔、鄭所引逸中霤禮、禘于太廟禮、王居明堂禮，皆其篇也。唐初猶存，諸儒曾不以爲意，遂至于亡。惜哉！今所纂八篇，其二取之小戴記，其三取之大戴記，其三取之鄭氏註。奔喪也、中霤也、禘于太廟也、王居明堂也，固得逸禮三十九篇之四。而投壺之類，未有考焉。疑古禮逸者甚多，不止于三十九篇也。投壺、奔喪篇首與儀禮諸篇之體如一。公冠等三篇雖已不存，此例蓋作記者删取其要以入記，非復正經全篇矣。投壺，大、小戴不同，奔喪與逸禮亦異，則知此二篇，亦經刊削，但未如公冠等篇之甚耳。五經之文，殆皆不完，然實爲禮經之正篇，則不可以其不完而擯之于記，故特纂爲逸經，以續十七篇之末。至若中霤以下三篇，其經亡矣，而篇題僅見于註家片言隻字之未泯者，猶必收拾而不敢遺，亦「我愛其禮」之意也。

儀禮傳十篇，澄所纂次。按儀禮有士冠禮、士昏禮，戴記則有冠義、昏義，儀禮有鄉飲酒禮、鄉射禮、大射禮，戴記則有鄉飲酒義、射義，以至燕聘皆然，蓋周末漢初之人作，以釋儀禮，而戴氏鈔以入記者也。今以此諸篇正爲儀禮之傳，故不以入記，依儀禮篇次，萃爲一編。文有不次者，頗爲更定，如射義一篇，迭陳天子諸侯卿大夫士之射，雜然無倫，釐之爲鄉射義、大射義二篇。士相見義、公食大夫義則用清江劉原父所補，並因朱子而加考詳焉。于是儀禮之經，自一至九經，各有其傳矣。惟覲義闕，然大戴朝事一篇，實釋諸侯朝覲天子及相朝之禮，故以備覲禮之義，而爲傳十篇云。

周官六篇，其冬官一篇闕，漢藝文志序列于禮家，後人名曰周禮。文帝嘗召魏文侯時老樂工至，因得春官大司樂之章。景帝子河間獻王好古學，購得周官五篇，武帝求遺書得之，藏于祕府，禮家諸儒皆莫之見。哀帝時，劉歆校理祕書，始著于録，畧以考工記補冬官之闕。歆門人河南杜子春能通其讀。鄭衆、賈逵受業于杜。漢末馬融傳之鄭玄，玄所注，今行于世。宋張子、程子甚尊信之。王安石又爲新義。朱子謂此經周公所作，但當時行之，恐未能盡，後聖雖復損益可也。至若肆爲排觝訾毁之言，則愚陋無知之人耳。冬官雖闕，以尚書周官考之，冬官司空掌邦土，而雜于地官司徒掌邦教之中，今取其掌邦土之官，列于司空之後，庶乎冬官不亡，而考工記別爲一卷，附之于經後云。

小戴記三十六篇，澄所序次。漢興，得先儒所記禮書二百餘篇，大戴氏刪合爲八十五；小戴氏又損益爲四十三，曲禮、檀弓、雜記分上下；馬氏又增以月令、明堂位、樂記；鄭氏從而爲之註，總四十九篇，精粗雜記，靡所不有。秦火之餘，區區掇拾，所謂存十一于千百，雖不能以皆醇，然先王之遺制，聖賢之格言，往往賴之而存。第其諸篇出于先儒著作之全書者無幾，多是記者旁搜博採，勦取殘篇斷簡，會萃成編，無復詮次，讀者每病其雜亂而無章。唐魏鄭公爲是作類禮二十篇，不知其書果何如也，而不可得見。朱子嘗與東萊呂氏商訂三禮篇次，欲取戴記中有關于儀禮者附之經，其不繫于儀禮者，仍別爲記。呂氏既不及答，而朱子亦不及爲，幸其大綱見于文集，猶可考也。晚年編校儀禮經傳，則其條例與前所商訂又不同矣。其間所附戴記數篇，或削本篇之文，而補以他篇之文。今則不敢，故止就其本篇之中科分櫛剔，以類相從，俾其上下章文義聯屬，章之大指，標識于左，庶讀者開卷瞭然。若其篇第，則大學、中庸程子、朱子既表章之，以與論語、孟子並而爲四書，固不容復厠之禮篇，而投壺、奔喪，實爲禮之正經，亦不可雜之于記。其冠義、昏義、鄉飲酒義、射義、燕義、聘義六篇，正釋儀禮，別輯爲傳，以附經後。此外猶三十六篇，曰通禮者九，曲禮、內則、少儀、玉藻通記大小儀文，而深衣附焉；月令、王制專記國家制度，而文王世子、明堂位附焉。曰喪禮者十有一，喪大記、雜記、喪服小記、服問、檀弓、曾子問六篇記喪，而大傳、間傳、問喪、三年問、喪服四制五篇，則喪之義也。曰祭禮者四，祭法一篇記祭，而郊特牲、祭義、祭統三篇，則祭之義也。曰通論者十有二，禮運、禮器、經解一類，哀公問、仲尼燕居、孔子閒居一類，坊記、表記、緇衣一類，儒行自爲一類，學記、樂記，其文雅馴，非諸篇比，則以爲是書之終。嗚呼！由漢以來，此書千有餘歲矣，而其顛倒糾紛，至朱子始欲爲之是正，而未及竟，豈無望于後之人與！用敢竊取其義，修而成之，篇章文句，秩然有倫，先後始終，頗爲精審，將來學禮之君子，于此考信，或者其有取乎！非但爲戴氏之忠臣而已也。

謝山讀草廬禮記纂言曰：「禮記爲草廬晚年所成之書，蓋本朱子未竟之緒而申之，用功最勤。然愚嘗聞之王震澤，謂「四十九篇雖出漢儒，戢孴而就，流傳既久，不宜擅爲割裂顛倒」。有心哉斯言！朱子可作，亦不能不心折者也。草廬所纂，以衞正叔集説爲底本。予少嘗芟訂正叔之言，已及過半，後取纂言對之，則已有先我者矣。古人之著書，各有淵源如此。

大戴記三十四篇，澄所序次。按隋志大戴記八十五篇，今其書闕前三十八篇，始三十九，終八十一，當爲四十三篇，中間第四十三、四十四、四十五及六十一，四篇復闕，第七十三有二，總四十篇。據云八十五篇，則末又闕其四；或云止八十一，皆不可考。竊意大戴類萃此記，多爲小戴所取，後人合其餘篇，仍爲大戴記，已入小戴記者，不復録，而闕其篇，是以其書冗泛，不及小戴書甚，蓋彼其膏華，而此其渣滓爾。然向或間存精語，不可棄遺。其與小戴重者，投壺、哀公問也。投壺、公冠、諸侯遷廟、諸侯釁廟四篇既入儀禮逸經，朝事一篇又入儀禮傳，哀公問，小戴已取之，則于彼宜存，于此宜去。此外猶三十四篇。夏小正猶月令也。明堂猶明堂位也。本命以下雜録，事辭多與家語、荀子、賈、傅等書相出入，非專爲記禮設。禮運以下諸篇之比也，小戴文多綴補，而此皆成篇，故篇中章句罕所更定，惟其文字錯誤，參互考校，未能盡正，尚以俟好古博學之君子云。以上三禮序録。

漢藝文志：「孝經古文孔氏一篇，二十二章；孝經一篇，十八章。長孫氏、江翁、后倉、翼奉、張禹傳之，各自名家。經文皆同，惟孔氏壁中古文爲異。」隋經籍志：「孝經，河間人顏芝所藏。漢初，芝子貞出之。又有古文孝經與古文尚書同出，孔安國爲傳。劉向以顏本比古文，除其繁惑。而安國之本，亡于梁。至隋，祕書監王劭訪得孔傳，河間劉炫，因序其得喪，講于人間，漸聞朝廷。儒者皆云炫自作之，非孔舊本。」邢昺正義曰：「古文孝經，曠代亡逸。隋開皇十四年，秘書學生王逸于京市陳人處得本，送與著作郎王劭，以示河間劉炫，仍令校定。炫遂以庶人章分爲二，曾子敢問章分爲三，又多閨門一章，凡二十二章，因著古文孝經稽疑一篇。」唐開元七年，國子博士司馬貞議曰：「今文孝經是漢河間王所得顏芝本，至劉向以此校古文，定一十八章。其古文二十二章，出孔壁，未之行，遂亡其本。近儒輒穿鑿更改，僞作閨門一章，文句凡鄙，又分庶人章從『故自天子』以下別爲一章，以應二十二之數。」朱子曰：「孝經獨篇首六七章爲本經，其後乃傳文，皆齊、魯間儒纂取左氏諸書語爲之。傳者又頗失其次第。」澄按夫子遺言，惟大學、論語、中庸、孟子所述，醇而不雜，此外傳記諸書所載，真僞混淆，殆難盡信，孝經亦其一也。竊詳孝經之爲書，肇自孔、曾一時問答之語，今文出于漢初，謂悉曾氏門人記録之舊，已不可知。武帝時，魯共王壞孔子宅，于壁中得古文孝經，以爲秦時孔鮒所藏。昭帝時，魯國三老始以上獻，劉向、衛宏蓋嘗手校。魏、晉以後，其書亡失，世所通行，惟今文孝經十八章而已。隋時，有稱得古文孝經者，其間與今文增減異同，率不過一二字，而文勢曾不若今文之從順，以許氏説文所引，及桓譚新論所言，考證又皆不合，決非漢世孔壁中之古文也。宋大儒司馬公酷尊信之，朱子刊誤亦據古文，未能識其何意。今觀邢氏疏説,則古文之爲僞,審矣。又觀朱子所論,則雖今文,亦不無可疑者焉。今特因朱子刊誤,以今文古文校其同異,定爲此本,以俟後之君子云。孝經序述。

草廬講友

太學王先生科

王科,字子純,樂安人。宋末,貢補國學。草廬嘗曰:「耆儒宿學如吾子純者,寥寥若晨星。」

編修虞井齋先生汲

虞汲,蜀人,郡庵之父也。嘗爲黄岡尉。宋亡,自海上還,隱于臨川之崇仁,禮義忠信,鄉里信之。與吳伯清爲友,伯清稱其文清而醇。晚稍起家教授,有知人之鑒,于諸生中識魯參政子翬、歐陽承旨原功而深期之。以國史院編修致仕。參趙東山集。

梓材謹案:先生後贈四川參政,滄江先生剛簡之後也。滄江二子,伯禮部尚書𡌴,仲兵部侍郎晉。兵部三子,仲從龍子三人,伯即先生。尚書無子,以先生繼宗事,殆以從孫而繼從祖者。道園行狀稱滄江爲曾祖,實則滄江乃先生之曾祖也。

雲濠謹案:趙東山爲雍公行狀,以先生爲尚書之孫。歐陽圭齋爲雍公神道碑則云:「尚書無子,而從祖渠州有子六人,長兵部直寶文閣㬢三子,仲子朝請郎通判惠州從龍子汲,長而賢,乃以爲後,是爲井齋先生。」是即先生也。

草廬同調

文靖貢雲林先生奎父士瞻。

貢奎字仲章，宣城人。父士瀹，梓材案：萬姓統譜作士濬，今據馬石田集正之。力學砥節，宋亡，遂不仕。嘗作義塾以待四方學者，鄉人甚尊敬之。晚而生先生。天資穎敏，容儀端重，十㊀歲便能屬文。長益博綜經史。仕元，爲齊山書院山長，歷授江西儒學提舉，敷明性理之學，諸生皆竦聽不懈。遷集賢直學士。卒，謚文靖。參姓譜。

山長黄資中先生澤附李泂之。

黄澤，字楚望，其先資州内江人。父儀可，累舉不第，隨兄驥子官九江，蜀亂，不能歸，因家焉。先生生有異質，慨然以明經學道爲志，好苦思，屢致成疾，疾止復思，久之，如有所見，作仰高鑽堅論以自廣。蜀人治經，必先古注疏，先生于名物度數，考覈精審，而義理一宗程、朱，作易春秋二經解、三禮祭祀述畧。成宗大德中，署江州景星書院山長。已移洪州東湖書院，受學者益衆。初，先生屢夢見夫子，以爲適然，既而夢夫子手授所校六經，字畫如新，由是深有感發，始悟曩昔所解多徇舊説爲非是，乃作思古吟十章，極言聖人德容之盛，上達文王、周公。秩滿歸，閉門授徒以養親，不復仕。嘗謂去聖久遠，經籍殘闕，傳注家率多附會，近世儒者又各以才識求之，故議論雖多，而經旨愈晦，必積誠研精，有所悟入，然後可窺見聖人之本。乃揭六經中疑義千有餘條，以示學者。既乃盡悟失傳之旨。自言每得之幽閒寂寞、疾病無聊之際，及其久也，則豁然無不貫通。自天地定位、人物未生以前，沿而下之，凡邃古之

㊀「十」字，原本作「一」，據龍本改。

初，萬化之原，載籍所不能具者，皆昭若發蒙，如示諸掌。然後由羲、農以來，下及春秋之末，帝德王道，皆若身在其間，而目擊其事者。于是易、春秋傳注之失，詩、書未決之疑，周禮非聖人書之謗，凡數十年苦思而未通者，皆渙然冰釋，各就條理。近代覃思之學，推爲第一。吴草廬嘗觀其書，以爲生平所見明經士，未有能及之者。然先生雅自慎重，未嘗輕與人言。學士李溉之奉使過九江，願執弟子禮受一經，先生謝曰：「以君之才，輟期歲之功，何經不可明，然不過筆授其義已耳。若余則當百艱萬苦之餘，乃能有見，吾非邵子，不敢以二十年林下期君也。」溉之歎息去。或問先生：「自祕如此，寧無不傳之懼？」曰：「聖經興廢，上關天運，豈區區人力所致邪！」初，先生在家時，郡守寓公猶有能敬重先生者，待以學校賓師之禮，月致米六斛、鈔三十千。蓋國初賢守，設此以奉前代寓公之無歸者。先生敬共奉持，菽水懽然。又十餘年，而二親相繼終，先生年近六十矣。數經歲大祲，家人採木實草根療飢。行部有蔡副使者，考學糧之籍，謂先生一耆儒耳，月廩削其三之二，先生晏然曾不動其意，惟以聖人之心不明，而經學失傳，若己有罪爲大戚。至正六年卒，年八十七。從黄氏補本録入。

九江經説

易起于數，因數設卦，因卦立象，因象起意，因意生辭，故孔子曰：「易者，象也，立象以盡意。居則觀其象而玩其辭。」聖人言易之爲教如此，易不可廢象，明矣。由象學失傳，漢儒區區掇拾凡陋，不足以得聖人之意，而王輔嗣忘象之説興，至邢和叔則遂欲忘卦棄畫，雖以近代鉅儒繼作，理學大明，而莫能奪也。忘象辯。

象有一卦之象，有一爻之象，或近取諸身，或遠取諸物，或以六爻相推，或以陰陽消長而爲象者，學者猶可求也。然有象外之象，則非思慮意想所能及矣，而況于立例以求之乎？李鼎祚綴緝于王氏棄擲之餘，朱子發後出而加密，丁易東繼之而愈詳，聖人立象之妙終不可見。象思。

象學既明，則因象以得意，因意以得辭。陰陽消長有一定之幾，上下貴賤有一定之分，善惡吉凶有一定之則，位之當者，孔子無由獨言，其非卦與爻之小者，文王、周公固不謂之大，然後知三聖人之易，一而已矣。若舍象而求，則人自爲易，不期于異而自異。辨同論。以上易說。

春秋有魯史書法，有聖人書法，而近代乃有夏時冠周月之說，是史法與聖法俱失也。元年春王正月辯。

說春秋有實義，有虛辭。不舍史以論事，不離傳以求經，不純以襃貶疑聖人，酌時宜以取中，此實義也。貴王賤霸，尊君卑臣，內夏外夷，皆古今通義，然人自爲學，家自爲書，而春秋迄無定論，故一切斷以虛辭。筆削本旨。

說春秋，須先識聖人氣象，識得聖人氣象，則一切刻削煩碎之說自然退聽矣。其但以爲録實而已者，則春秋乃一直史可修，亦未爲知聖人也。以上春秋說。

易象與春秋書法廢失之由，大略相似，苟通其一，則可觸機而悟矣。蓋古者占筮之書，即卦爻類物取象，懸虛其義，以斷吉凶，皆自然之理，乃上古聖神之所爲也，文王、周公作易，特取一二立辭以明教。

自九簭之法亡，凡簭人所掌者，皆不可復見，而象義隱微，遂爲百世不通之學矣。魯史記事之法，實有周公遺制，與他國不同，觀韓宣子之言可見。聖人因魯史修春秋，筆則筆，削則削，游、夏不能贊一辭，則必有與史法大異者。然曰其文則史，是經固不出于史也。今魯史舊文亦不可復見，故子朱子以爲不知孰爲聖人所筆，孰爲聖人所削，而春秋書法亦爲歷世不通之義矣。易象春秋說。

六官所掌，皆修唐、虞、夏、商已行之事，雖有因革損益，或加詳密，而大體不能相遠，非周公創爲之制也。古今風俗之事體不同，學者不深考世變，而輒指其一二古遠可疑者，以爲非聖人之書，此不難辨。獨其封國之制，與孟子不合，則所當論。蓋孟子所言，因殷之制，周官乃周家之制也。計武王興周，殷諸侯尚千有餘國，既無功益地，亦無罪削地，此當仍其舊封，百里之下爲三等。如孟子之說，乃若周公、太公有大勳勞，及其餘功臣，當封爵，與夫並建宗親，以爲藩屏，豈可限以百里之法哉！自當用周制耳。諸侯惡其害己而去其籍。是書當世學者鮮得見之，則周家一代之制，雖孟子亦有不能詳也。周禮說。

祭法，虞、夏、商、周皆以禘郊祖宗爲四重祭。周人禘嚳而郊稷，祖文王而宗武王。禘祭天地，以嚳配，卽圓丘方澤是也。郊祀上帝，以后稷配。建寅之月，南郊祀感生帝以祈穀也，四時祀五天帝于四郊以迎氣也。祖禘嚳以后稷配，尊始祖之所自出也。宗祀文王于明堂，以配上帝，總配五天帝也。其後則祖文王于明堂，以配上帝；宗武王于明堂，以配五帝。凡此，皆鄭氏義也，故周禮大司樂註以圓丘、方澤、宗廟爲三禘，蓋天神、地亓并始祖之所自出爲三大祭，皆五年之禘也。郊次圓丘，社次方澤，宗次祖，皆常歲所舉之祭也。東遷，土蹙財匱，大禮遂廢，所修惟郊社二祭，故圓丘、方澤二禘，傳記亦罕言之，非淺聞所及矣。周禮有「祀天旅上帝，祀地旅四望」之文，天地主于一，故稱祀；上帝、四望非一神，故稱旅。肅欲以圓丘爲郊，可乎？司服，王「祀昊天上帝，服大裘而冕；祀五帝亦如之。」既曰「亦如之」，則五帝之祀與昊天上帝非一祭矣。肅欲混之，可乎？孝經稱嚴父配天，又稱「郊祀后稷以配天，宗祀文王于明堂以配上帝」；易豫卦曰：「先王以作樂崇德，殷薦之上帝，以配祖考。」上帝亦天神也。肅欲廢五天帝而以五人帝當之，可乎？崑崙者，地之頂；神州者，地之中，皆天地之所交也。地示主崑崙、神州，非是設此二祭，乃求神于二處。大地神靈莫測，不知神之在彼乎？在此乎？故求之于彼，亦求之于此也。康成以方澤主崑崙，北郊主神州。北郊不見于經，誤分爲二，王氏由此幷崑崙、神州爲一祭，而遂以北郊爲方澤，可乎？若鄭氏知樂九變之祭爲禘，而不言及嚳，又以爲禘小于祫，此則其失也。故斷之曰，鄭氏深而未完，王肅明而實淺。晉武帝，肅外孫也，故用其說，幷方圓二丘而祀南郊，歷代無所因襲，而周禮天神地示人鬼極盛之祭，遂爲古今不決之疑矣。辯王肅說。

姜嫄履帝武敏歆而生后稷，周人特爲立廟而祭，謂之「閟宮」。君子以爲，聖人之生，異于常人，無異義也。況乎生民之初，氣化之始，五天之精，感而爲帝王之祖，亦何疑乎？五帝感生之祀，上世流傳既久，非緯書創爲之說也。且河圖、洛書著策之數，皆緯文也，其可廢乎？辯感生帝。

二社以享水土穀之神，而配以句龍、稷，非祭地也。禮，天子諸侯羣百姓大夫及庶民皆立社，故有王社、侯社、大社、國社、置社之名，其義高下不同，如此而謂之大示之祭，可乎？殷革夏，周革殷，皆屋其社，是辱之也。旱乾水溢，則變置社稷，是責之也。王者，父事天，母事地，而可責、可辱乎？周禮王祭社稷五祀則希冕，以社稷下同五祀，而用第五等之服，不得與先王、先公、四望、山川比，則社非祭地，明矣。傳曰：「戴皇天，履后土。」是后土則地也。周禮，大祝、大封先告后土，大師旅、大會同宜于社，又建國先告后土，則后土非社矣。舜典：「類于上帝，禋于六宗，望于山川。」六宗者，上下四方之神，即五天帝及地也，故其祀在上帝之次，山川之前。周禮，四望與五帝同兆于郊，又與祀地同玉，又與山川同祭服，則四望者，祀地之四方也。又有分樂所祭五土之示。祭地之禮，不止于方澤矣，而欲以社當之，可乎？周禮以圜丘對方澤，以天神對地示，以蒼璧禮天對黃琮禮地，以祀天旅上帝對祀地旅四望，書及禮記乃多以郊對社，蓋郊祀上帝，社祭水土之神，其禮專圜丘方澤，偏祭天神地示，其意廣遠，分爲四祀，明矣。天地之道，高深玄遠，大神大示，不可煩瀆，故歲事祈之于郊，而水土之變則責之于社，此古人立祀深意也。胡氏家學，不信周禮，故專意立說如此。辯胡仁仲說。

趙東山曰：「先生之意以爲，聖人制禮，遠近、親疏、高下、貴賤皆有自然之序，必通其本源，而後禮意可得。蓋圜丘所祭者，全體圓轉之天，總南北極、黃赤道、日月星辰所麗者而言，故主北郊，而曰天神皆降，是總祀天神也。上帝者，高高在上之天，以其在上而爲主宰，故曰上帝；分主五方，故曰五帝；合上下四方而言，則曰六宗，皆天神之分祀者也。方澤所祭者，全體承天之地，總山林川澤極天所覆者而言，故主崑崙，而曰地示皆出，是總祀地示也。地有四方，望其方而祀曰望，五嶽四瀆之祀曰山川，川澤、山林、丘陵、墳衍、原隰之祀曰五土，水土之祀曰社，皆地示之分祀者也。所謂自然之序蓋如此。

大傳：「王者禘其始祖之所自出，以其祖配之。諸侯及其太祖，大夫士有大事㊀省于其君，于祫及其高祖。」此以禘與祫對言，則禘祫皆合祭，通上下文見之也。蓋諸侯之祫，猶天子之禘，諸侯及其太祖，大夫士及其高祖，是有廟無廟之主皆在，而又上及其太祖、高祖，故謂之祫。天子則于七廟，及祧廟之上，更及其所自出之帝，故謂之禘也。若曰禘其祖之所自出，而反不及有廟無廟之主，寂寥簡短，非人情矣。故程子曰：「天子曰禘，諸侯曰祫，其禮皆合祭也。」爾雅：「禘，大祭也。」非大合昭穆，何以謂之大祭乎？字書訓釋曰：「禘者，諦也，審諦昭穆也。」若非合祭，何以有昭穆乎？蓋后稷有廟，郊既祀帝，嚳雖配天而無廟，不可闕人鬼之享，故五年一禘，則后稷率有廟無廟之主，以共享于嚳，所以使子孫皆得見于祖。又以世次久遠，見始祖之功德爲尤盛也，況后稷之廟毀。廟，數十世之主皆藏焉，豈可當享嚳之時而屏置之乎？蓋禘祫所以相亂者，由天子諸侯之制不明，先儒或推天子之禮以説諸侯，或推諸侯之禮以説天子，不知諸侯之禮有祫無禘，天子之禘禮必兼祫，雖其意不主合食，而率子孫以共尊一祖，自然當合食矣。禮曰：「天子犆礿，祫禘祫嘗祫烝。」則是天子祫祭，隨時皆用也。辯趙伯循説。

周公相成王，制禮作樂，爲天子諸侯不易之大法。身歿，而王與伯禽躬爲非禮，以享周公。成王賢王，魯公賢君，必不至是。以魯頌「白牡騂剛」推之，則記禮者之過也。禘者，殷諸侯之盛禮，周公定爲不王不禘之法，故以祫代之。成王以周公有大勳勞于王室，故命魯以殷諸侯之盛禮祀周公，以示不臣

㊀「大事」二字，原本作「善」，據禮記大傳改。

周公之意，故牲用白牡。白牡者，殷牲也；騂剛者，魯公之牲也，又可見魯公以下，皆合食于太廟，而禮秩初未嘗敢同于周公。又以春秋推之，則亦非常歲之祀。成王斟酌禮意蓋如此，而非有祭文王爲所自出之禮，如或者之云也。其禘于羣公之廟，則後世始僭之。然晉亦有禘，蓋文公有勳勞于王室，欲效魯禘祭而請于天子，故得用之也。若夫東周諸侯，爲所自出之王立廟，稱「周廟」，如魯與鄭是也。然止謂之「周廟」，不敢以祖廟稱之，諸侯不敢祖天子也。然則子孫亦不敢與享于廟，單祭所自出而已。祭用生者之祿，則亦用諸侯之禮而已。若魯既得禘于周公之廟，則「周廟」亦應用禘，禘必有配，則固宜于文王廟以周公配也。若據趙氏，則魯本無文王廟，止于周公廟祭文王，臨期立文王主與尸以享之。此于禮意實不相似。若以爲有文王廟，則是自文王廟迎尸以入周公廟，以父就子，以尊臨卑，必不然也。魯之郊大雩，則平王之世，惠公請之，是以得郊祀蒼帝，而三望雖僭，而猶未敢盡同于王室也。辯成王賜魯天子禮樂。以上戴記說。

古者重聲教，故采詩以觀所被之淺深。然今三百篇，有出于太師所采者，周南、召南是也。有録于史官，而非太師所采者，豳風及周大夫所作是也。其餘諸國風，多是東遷以後之作，率皆諸國史官所自紀録。方周之盛，美刺不興；漢廣、江沱諸詩，雖是見諸侯之美，而風化之原，實繫于周。其後天子不能統一諸侯，諸侯善惡皆無與于周，故不以美刺，皆謂之變風，以其不繫于二南，而各自爲風也。周禮，王巡狩，則太史、太師同車。又其宫屬所掌，皆有世奠繫之説。方采詩之時，太師掌其事，而太史録其時世。及巡狩禮廢，太師不復采詩。而後，諸國之詩，皆其國史所自記録，以考其風俗盛衰、政治得失。

若左傳于高克之事則曰「鄭人爲之賦清人」，莊姜之事則曰「衛人爲之賦碩人」，必有所據矣。故大序曰：「國史明乎得失之迹，傷人倫之廢，哀刑政之苛，吟詠情性，以風其上，達于事變，而懷其舊俗。」是説詩者不可不辨采詩之時世也。黍離降爲國風，此時王澤猶未竭也，故人民忠愛其君，猶能若此。其後，聽者既玩，而言者亦厭，遂與之相忘，則雖國風，亦不可復見。至此，則書契以來，文治之迹始劃絶矣。以時考之，國風止于澤陂，在頃王之世，當魯文公之時，故曰「王者之迹熄而詩亡」，故説詩者尚論其世也。詩説。

梓材謹案：楚望及東山，黄氏補本别爲九江學案，而謝山序録無之，以楚望爲草廬最所推重，併入于此。

典簿武先生恪

武恪，字伯威，宣德府人。初以神童遊學江南，吴草廬爲江西儒學副提舉，薦入國學。明宗在潛邸，選爲説書秀才。及出鎮雲南，先生在行。明宗欲起兵陝西，先生諫曰：「太子此行，于國爲君命，于家爲叔父命，何可違也？此行未必非福。若向京師發一矢，史必書太子反，不可悔矣。」左右惡其言，遣之歸。居陋巷，教子弟，文宗知其名，除祕書監典簿。秩滿，丁内艱。再除中瑞司典簿，改汾西縣尹，皆不就。人或勸之仕，先生曰：「向爲親屈，今親已死，何以仕爲！」至正間，朝廷重選守令，浙帥泰不華舉爲平陽沁水縣尹，亦不赴。近臣又薦爲授經郎，先生遂陽爲瘖瘂，不與人接。生平好讀周易，終日堅坐。或問：「先生之學以何爲本？」曰：「以敬爲本。」所著有水雲集若干卷。從黄氏補本録入。

梓材謹案：先生傳，黄氏補本列李俞諸儒學案，今以草廬薦入國學，附入是卷。

草廬家學雙峯三傳。

廉訪吴先生當

吴當，字伯尚，草廬之孫也。幼承祖訓，精通經史百家言。草廬既殁，四方從遊者悉就先生卒業。以薦由國子助教歷官翰林直學士。順帝至元中，江南盜起，大臣有言先生世居江右，習知民俗，且其才可任政事，特授江西廉訪使，克復建、撫兩郡。時參政朶歹方駐兵于此，忌先生屢捷，功在己上，因搆爲飛語，謂先生與賊通。詔解兵柄。尋除名。先是，先生平賊功狀，自廣東海道未達京師，而朶歹方公牘先至，故朝廷責先生，左遷。及得功狀，知其誣，復拜江西參政。命未下，而陳友諒已陷江西。先生戴黄冠，服道士服，杜門不出，日以著書爲事。友諒遣人辟之，先生以死自誓，拘留江州一年，終不屈。歸隱廬陵之谷坪。所著有周禮纂言及學言稿。

草廬門人

文敏元先生明善

元明善，字復初，清河人。讀書過目輒記，諸經皆有師法。時虞集以治經名世，先生言：「集所治者，惟朱子所定者，殊爲未廣。」官至翰林學士，參議中書省事。至治二年，卒于位。贈河南行省左丞，追封清河郡公，謚文敏。初，先生爲江西省掾，吴草廬講于郡學，先生問以易、書、詩、春秋奥義，歎曰：

「與吳先生言，如探淵海。」遂執弟子禮終其身。

學士虞邵庵先生集

虞集，字伯生，蜀人，僑寓崇仁。官至奎章閣侍書學士。至正八年卒，年七十七。先生文章爲一代所宗，而其學術源委則自父汲。與草廬爲友，先生以契家子從之遊，故得其傳云。

道園文集

許文正公遺書，于聖賢之道，五經之學，蓋所志甚重遠焉。其門人之得于文正者，猶未足以盡文正之心也。而後之隨聲附影者，謂修辭申義爲玩物，謂辨疑答問爲躐等，謂無猷爲爲涵養德性，謂深中厚貌爲變化氣質，外以聾瞽天下之耳目，內以蠱晦學者之心思，上負國家，下負天下，而謂文正之學，果出于此乎！送李擴序。

雲濠謹案：先生自題其稾曰道園學古録，蓋其門人類而輯之，得應制稾十二卷，在朝稾二十四卷，歸田稾三十六卷，方外稾八卷。又案：先生亦號邵庵，袁清容爲作邵庵記，見清容居士集。

參政貢玩齋先生師泰

貢師泰，字泰甫，宣城人，文靖公奎之子。肄業國子學爲諸生。泰定四年，釋褐，擢應奉翰林文字。除紹興路總管府推官，治行爲諸郡第一，復入翰林。累除吏部侍郎、禮部尚書、江浙行省參知政事。改除户部尚書，分部閩中。召爲祕書卿，行至浙之海寧，得疾而卒。先生性倜儻，狀貌偉然，既以文字知名，而于政事尤長，所至績效輒暴著。尤喜接引後進，士之賢，不問識不識，即加推轂，以故士譽翕然，咸歸之。有詩文若干卷行于世。參史傳。

雲濠謹案：先生號玩齋。萬姓統譜載其官浙江參知政事，移家烏程。四庫書目著録玩齋集十卷、拾遺一卷，提要稱其本以政事傳，而少承其父家學，又從草廬受業，與虞、揭諸公遊，故文章亦具有源本云。

學士鮑西溪先生恂

鮑恂，字仲孚，崇德人。嘗受易于草廬。洪武初，以明經召除文華殿大學士，輔導東宮，固辭歸里。學者稱爲西溪先生。

都事藍先生光

藍光，字仲晦，江西人。受業于草廬之門。初爲安南路主事。江西陷，先生入閩，轉行省照磨，尋陞檢校，改都事。時八郡騷擾，陳參政方事興役，先生一言不合，遂拂衣而去。全閩内附，先生深衣幅巾，隱居教授，越三十二年而卒。善詩文，考古制度尤加精密。

州同夏先生友蘭

夏友蘭，字幼安，樂安人。事母以孝謹聞。從草廬先生學。大德中，建鰲溪書院，捐田五百畝以贍學者，行省薦于朝。三覲仁宗于潛邸，賜書院額，授會昌州同知，辭。

袁樓山先生明善

袁明善，字誠夫，臨川人。師事吴文正公。晚年教授于邵庵之門，自號樓山。所著有征賦定考，援引經傳，言井田水利之法甚備，經世之書也，邵庵爲之序。又有文集藏于家。

徵君黄西齋先生極附子寶。

黄極，字建可，樂安人。師事草廬。元統中，南臺薦其窮極義理之學，恪守貧素之風，廉介不阿，不求聞達，徵之不起。所著有西齋集。子寶，字仲瑶，淹洽經史，與何淑、張潔、王翊稱樂安四傑。明永樂間，遣使徵之，亦不起。

李先生本祖榮，父伯源，從父季淵。

李先生棟合傳。

李本，字伯宗，臨川人。從學于草廬。祖榮，至元初，爲行軍令史。宜黄南坑盜起，調兵捕治，議晝地以兵殲之，榮抗議不可。時内附未久，守吏率欲以威服衆，軍中又利其子女金帛，計皆出此，聞榮言變色，主兵怒，引弓射榮，榮曰：「殺我以活萬命，可也。」兵官愧悟，納矢箙中，曰：「今當何如？」榮曰：「盜烏合，不能持久；若良民，豈不知逃死。按兵勿動，以誠意諭之，盜可擒矣。」主兵者從之，獲盜首四人，餘散去，鄉民遂安。孫澹軒表其墓。父伯源，爲寧都學正。草廬殁，就學者皆依李氏，先生與從弟棟講明濂、洛之學。所居有環翠亭、君子堂，虞邵庵皆爲之記。棟父季淵，嘗三割股療母疾，輒愈，郡人以孝稱之。

徵君朱先生夏

朱夏，字元會，雲濠案：謝山底本劄記云：「字好謙，見姓譜。」金溪人。自遊草廬先生門，杜門究心經史，草廬稱其爲文不及于古不止。濟南張起巖在江南行臺，辟憲司掾；京兆賀某在相位，欲薦入史館，皆未就。至正中，鄉寇起，竟罹其禍。所著有鳴陽集。

教授黎先生仲基

黎仲基，名載，以字行，臨川人。家三世治喪不用僧道。先生性端重，嘗謁草廬于郡學，草廬喜曰：「期年所接，無如君者。」郡以明經博學薦，湖廣左丞章伯顏徵爲太平路儒學教授。蘄黃盜起，常以奇策佐伯顏取勝江上。歸築室瓜園。洪武初，再薦不起，卒。有瓜園集十卷、語録八卷。

國博王先生彰

王彰，字伯遠，雲濠案：江西林志作黃伯遠。金溪人。少從草廬先生學，登進士，除國子博士。元亡，歸隱故山。王英嘗作六賢詠，謂葛元喆、劉傑、朱夏、陳介、黃昪及先生也。

王西齋先生梁

王梁，樂安人，字純子。師事草廬。嘗築汪陂，溉田千頃，邑長燮理、溥化，郡守楊友直，皆加禮敬。有西齋稾藏于家。

楊玉華先生準

楊準，字公平，泰和人。履行修潔，嘗從學于吳文正公，文章高古，甚爲虞集、揭傒斯所推許，危素尤敬服之。號玉華居士。

李先生心原

李心原，吉水人。師事草廬，通五經，確守朱子之學，尤善推演其說。

通判皮先生湣

皮湣，字昭德，清江人。嘗從草廬先生遊，得其領要。以父南雄總管廕補邵陽丞，廉潔有惠政。秩滿歸家，三召始起，爲平江路通判，流通泉貨，公私便之。

鄉舉解先生觀

解觀，吉水人。天歷鄉舉，預修宋史。有四書大義行于世。

梓材謹案：春雨堂集載先生初名子尚，字觀我，入試名觀，吳文正公更字之曰伯中。稱其著宋書一千卷、天文星歷一卷、地理若干卷、衍八陣圖注武經刑書攷一卷。又稱其作萬分歷，推步如神。又作儒家博要、周易義疑通釋。

又案：先生深于易。經義考述草廬易纂言有觀生跋，言其著是書幾四十年，壬戌秋書成，明年春觀生請鋟諸梓。又言：「寫未及半，適特旨遣使召入翰林，觀生隨侍至郡城，集同志分帙畢寫。」觀生恐亦先生之名也。

教諭黃先生盅

黃盅，字子中，萬載人。受學臨川吳草廬，草廬奇其篤志，以子妻之。至正丁卯，舉于鄉，授龍泉縣學教諭。嘗題其讀書堂曰「大本」。有虞道園記。

隱君潘待清先生音

潘音，字聲甫，新昌人。生甫十歲而宋亡，見長老談崖山事，即潸然涕下。及長，讀夷齊傳，擊節憤嘆。從吳草廬學，草廬以薦召欲行，先生勸止之，不從，遂歸。築室南洲山中，自名其軒曰待清隱居。

編修趙先生宏毅附子恭。

趙宏毅，字仁卿，晉州人。好學，嘗從吳草廬遊。爲國史編修官。元運已終，明兵入城，先生嘆曰：「我今但有一死以報國耳。」乃與妻解氏皆自縊。其子恭爲中書管句，亦與妻訣曰：「吾父母已死，尚敢愛生乎！」遂公服向闕拜而縊死。

王先生祁

王祁，藁城人。早受學于臨川吳草廬先生。既有得，仍東歸教授鄉里，士多賴以成就。

李先生擴

李擴，歸德人。受業于草廬。又從道園爲文。補。

陳先生伯柔

陳伯柔，崇仁人。吴文正公、虞文靖公之講學也，先生以里中子受業其門，爲經則推本于文正，修辭則取法于文靖。其遊江東也，文靖嘗贈之文，其言以謂伯柔有志于聖賢之學，而二程子之學初無同異，且極其歸于天德王道之論，蓋其望于先生者甚至也。參王忠文集。

編修黄先生㝷

黄㝷，字殷士，金溪人。博學明經，善屬文，尤長于詩。用左丞相太平奏，授淮南行省照磨，未行，除國子助教，遷太常博士，轉國子博士，陞監丞，擢翰林待制，兼國史院編修官。二十八年，京城既破，先生歎曰：「我以儒致身，累蒙國恩，爲冑子師，代言禁林。今縱無我戮，何面目見天下士乎！」遂赴井而死，年六十一。有詩文傳于世。參史傳。

承旨危雲林先生素別見靜明寶峯學案。

文忠包先生希魯

包希魯，字魯伯，進賢人。從學草廬。其教人先德行，後文藝。雲濠案：先生著有點四書凡例。及卒，門人私謚之曰文忠。補。

熊萬初先生本父紹。

熊本，字萬卿，一字萬初，臨川人。父紹，進士。先生幼穎悟，經史一覽輒成誦，父子自爲師友。年十八，即下帷講授，郡之俊乂多從之，一時名士如孫澹軒轍、熊天傭朋來、龍麟洲仁夫、揭文安傒斯皆交相推譽，或折輩行爲忘年交。吴文正公倡道于崇仁山中，先生負笈徒步往從，摘經中所疑七十二條，反覆詰難，文正一一答之，中其肯綮，先生爲之喜而不寐。閒論古文尚書，亹亹數千言，援據精切，文正器之。宋季，劉須溪以文辭名一代，人争慕效，先生獨疑其怪僻，因究極原委，質于虞文靖公，文靖亦器之。先生自此以講學摛文爲務。至正癸巳卒，年六十六。著有讀書記二十五卷、經問四十卷、讀史衍義若干卷、舊雨集五十卷，外有朝野詩集五百餘卷、吴山録三十卷、仁壽録一百卷。吴山即記吴門問難所得者。仁壽則手録文靖之文也。參宋文憲集。

酒務丁先先儼

丁儼，字主敬，新建人。遊吴草廬之門，草廬禮之，爲製主敬字説。范梈嘗拊其背曰：「有美君子，如金如玉，吾不及也。」母病，侍湯藥，不解帶者兩月。及喪，哀毁幾絶。手編金閨彝訓八卷，及著小溪集四卷、寓興十卷。授龍興酒務大使，值兵燹未任，卒于家。參南昌府志。

州判許先生晉孫

許晉孫，字伯昭，建昌人也。延祐二年進士。釋褐後，從草廬遊，每以及門晚爲憾。累官茶陵州判官，有善政，詳見黃晉卿所爲墓銘。將卒之前一月，夢爲詩云：「至道難聞歲年晚，聖賢不作後世亂。」且語人曰：「吾詩辭意甚悲。」未幾而病。補。

饒先生敬仲

饒敬仲，草廬弟子。補。

梓材謹案：草廬爲周氏墓誌云：「饒宗魯，臨川士之好修者。」又言：「其子約，從予在京師，聞喪乃歸。」蓋即先生，而敬仲其字也。

教授鄭先生真別見深寧學案。

道園講友

待制杜清碧先生本

杜本，字伯原，清江人。博學，善屬文。嘗被召至京師，未幾，歸隱武夷山中。文宗在江南時，聞其名，及即位，以幣徵之，不起。至正三年，右丞相脫脫以隱士薦，召爲翰林待制、奉議大夫，兼國史院編修官。至杭州，稱疾固辭，而致書于丞相曰：「以萬事合爲一理，以萬民合爲一心，以千載合爲一日，以四海合爲一家，則可言制禮作樂，而躋五帝三王之盛矣。」遂不行。先生湛静寡欲，無疾言遽色。與人交，尤篤于義，平居書册未嘗釋手。天文、地理、律歷、度數，靡不通究，尤工于篆隸。所著有詩經表義㊀、六書通編，學者稱爲清碧先生。至正十年卒，年七十有五。參史傳。

雲濠謹案：虞道園爲先生作思學齋記云：「予始識杜伯原甫于京師也，其博識多聞，心愛重之。間從之遊，沛乎其應之無窮也。」又云：「未幾，去隱武夷山中。其友詹景仁氏力資之，益得肆志于所願學，而予不及從之矣。延祐庚申，予居憂，在臨川，原甫使人來告曰：『我著書以求皇極經書之旨，子其來共講焉。』且曰：『我以「思學」名齋居舊矣，子爲我記之。』」是先生爲道園講可見友，亦其嘗事邵子之學矣。又案：先生其先自京兆徙天台。

王氏家學

王西齋先生梁見上草廬門人。

虞氏家學

學士虞邵庵先生集見上草廬門人。

虞氏門人

文靖孛朮魯先生翀別見蕭同諸儒學案。

文公歐陽圭齋先生玄別見北山四先生學案。

㊀「詩經表義」，元史本傳作「四經表義」。

貢氏家學

參政貢玩齋先生師泰見上草廬門人。

資中門人

隱君趙東山先生汸

趙汸，字子常，休寧人。常受業于九江黄楚望。先生究心春秋，楚望告以「窮經之要，在致思而已。然不盡悟傳註之失，則亦不知所以爲思也」。請問致思之道，楚望曰：「當以一事爲例。禮，女有五不娶，其一爲喪父長子。註曰：『無所受命。』近代説者曰：『蓋喪父而無兄者也。』女之喪父無兄者多矣，何罪而見絶于人如此？其非先王之意矣！姑以此思之，或二三年，或七八年，儻得其説，則知先儒説經，其已通者，未必皆當，其未通者，未嘗不可致思也。」先生退而思之，女之喪父無兄者，誠不當與逆亂刑疾之子同棄于世。久之，乃得其説曰：「此蓋宋桓夫人、許穆夫人之類耳，故曰無所受命，註猶未失也。若喪父而無兄，則期功之親皆得主之矣。」嘗以質于楚望，楚望曰：「子能如是求之，甚善。然六經疑義，若此者衆矣，當務完善而慎思之，毋輕發也。」遂授以春秋之要曰：「『楚殺其大夫得臣』，此書法也，當求之于二百四十二年之外。」先生思之經歲，不得其説。楚望爲易置其説曰：「『楚殺其大夫得臣』，此書法也，當求之二百四十二年之外。夫人姜氏如齊師，此書法也，當求之二百四十二年之内。夫人姜氏如齊師，此書法也，當求之二百四十二年之内。」先生蓋自是始達春秋筆削之權。雲濠案：過氏庭訓分省人物考言：「先生受學于黄楚望，復以書謁臨川虞集，求草廬吴澄道學淵源。」晚年，屏迹東山，著述垂老不倦，學者稱爲東山先生。所著有春秋集傳、屬辭各十五卷，左氏補註十卷，師説三卷。其門人倪尚誼續成春秋集傳。**從黄氏補本録入。**

春秋集傳自序

春秋，聖人經世之書也。書成一歲而孔子卒，當時高第弟子，蓋僅有得其傳者。歷戰國、秦、漢以及近代，説者殆數十百家，其深知聖人制作之原者，鄒孟氏而已矣。蓋夫孟氏之言曰：「王者之迹熄而詩亡，然後春秋作。」此孔、孟傳春秋學者之微言也。周雖失政，而先王詩、書、禮、樂之教結于民心者未泯，故善有美而惡有刺。迨其極也，三綱失序，而上下相忘，怨刺不作，則文、武、成、康治教之迹始湮滅無餘矣。夫世變如此，而春秋不作，則人心將安所底止乎？故曰：「詩亡然後春秋作。」隱、桓之世，王室日卑，齊霸肇興，春秋所由始也。定、哀之世，中國日衰，晉霸寖廢，春秋所由終也。方天命在周未改，而上無天子，下無方伯，桓、文之功，不可誣也，是以聖人詳焉，故曰：「其事則齊桓、晉文。」古者列國皆有史官，掌記一國之事。春秋，魯史，策書也，事之得書不得書，有周公遺法焉，太史氏掌之，非夫人之所得議也。孔子，魯司寇也，一旦取太史氏所職而修之，魯之君臣其能無惑志歟？然則將如之何？凡史所書，有筆有削，史所不書，不加益也，故曰：「其文則史。」史主實録而已。春秋志存撥亂，筆則筆，削則削，游、夏不能贊一辭，非史氏所及也，故曰：「其義則某竊取之矣。」此制作之原也。然自孟氏以來，鮮有能推是説以論春秋者，蓋其失由三傳始。左氏有見于史，其所發皆史例也，故常主史以釋經，是不知筆削之有義也。公羊、穀梁有見于經，其所傳者，猶有經之佚義焉，故常據經以生義，是不知其文之則史也。後世學者，舍三傳無所師承，莫能相一。其有兼取三傳者，則臆決無據，流遁失中。其厭于尋繹者，則欲盡舍三傳，直究遺經，分異乖離，莫知統紀。至永嘉陳君舉，始用二家之説，參之左氏，以其所不書，實其所書，以其所書，推其所不書，爲得學春秋之要。然其所蔽，則遂以左氏所録爲魯史舊文，而不知策書有體，夫子所據以加筆削者，左氏亦未之見也。左氏書首所載不書之例，皆史法也，非筆削之義。公、穀所謂常事不書，乃筆削之一義，不可通于全經。陳氏于左氏所録而經不書者，每斷以常事不書之法，且或以爲夫子所削，其不合于聖經者亦多矣，由不考孟氏而昧乎制作之原也。蓋嘗論之，策書之例十有五，而筆削之義有八。策書之例：一曰，君舉必書，非君命不書。二曰，公卽位，不行其禮不書。三曰，納幣，逆夫人，夫人至，夫人歸，皆書。四曰，君夫人薨，不成喪不書，葬不用夫人禮則書卒，君見弑則諱而書薨。五曰，適子生則書，公子大夫在位書卒。六曰，公女嫁爲諸侯夫人，納幣、來逆、女歸、娣歸、來媵、致女、卒葬、來歸皆書，爲大夫妻則止書來逆。七曰，時祀時田，苟過時越禮則書，軍賦改作踰制亦書，此史氏之録乎内者也。八曰，諸侯有命告則書，崩薨不赴則不書，雖及滅國，滅不告敗，勝不告克，不書。九曰，雖霸主之役，令不及魯，亦不書。十曰，凡諸侯之女行，惟王后書，適諸侯，雖告不書。十一曰，諸侯之大夫奔，有玉帛之使則告，告則書，此史氏之録乎外者也。十二曰，凡天子之命，無不書，王臣有事于諸侯，則以内辭書之。十三曰，大夫已命書名氏，未命書名，微者名氏不書，外微者書人。十四曰，將尊師少稱將，將卑師衆稱師，將尊師衆稱某帥師，君自將不言帥師。十五曰，凡天災物異無不書，外災告則書，此史氏之通錄乎內外者也。筆削之義：一曰，存策書之大體。凡策書大體，曰天道，曰王命，曰民力，曰公卽位，曰逆夫人，曰夫人至，曰世子生，曰公夫人薨葬，曰孫，曰夫人歸，曰內女卒葬，曰來歸，曰大夫公子卒，曰公大夫出疆，曰盟會，曰出師，曰國受兵，曰祭祀蒐狩越禮，軍賦改作踰制，曰諸侯卒葬，曰兩君之好，曰玉帛之使，凡此類之書于策者，皆不削也。春秋，魯史也，策書之大體，吾不與易焉，以爲猶魯春秋也。二曰，假筆削以行權。春秋撥亂經世，于是有書有不書，以互顯其義，書者筆之，不書者削之。其筆削大凡有五：或畧同以存異，公行不書至之類也；或畧常以明變，釋不朝正內女歸寧之類也；或畧彼以見此，以來歸爲義則不書歸，以出奔爲義則殺之不書之類也；或畧是以著非，諸侯有罪及勤王復辟不書之類也；或畧輕以明重，非關于天下之故不悉書是也。三曰，變文以示義。春秋雖有筆有削，而所書者皆從主人之辭。然有事同而文異者，有文同而事異者，則予奪無章而是非不著，于是有變文之法焉，將使學者卽其文之異同詳畧以求之，則可別嫌疑明是非矣。四曰，辨名實之際。亦變文也。正必書王，諸侯稱爵，大夫稱名氏，四裔雖大皆稱子，此春秋之名也。諸侯不王而霸者興，中國無霸而荆楚橫，大夫專兵而諸侯散，此春秋之實也。于是有去名以全實者：征伐在諸侯，則大夫將不稱名氏，中國有霸，則楚君侵伐不稱君。又有去名以責實者：諸侯無王則正不書王，中國無霸則諸侯不序君，大夫將畧其恆稱則稱人。五曰，謹華夏之辨。亦變文也。楚至東周，僭王猾夏，故霸者之興，以卻攘爲功。自晉霸中衰，楚益侵陵中國，甚至假討賊之義，以號令天下，天下知有楚而已，故春秋書楚事，無一不致其嚴者；而書吳、越與徐，亦必與中國異辭，所以信大義于天下也。六曰，特筆以正名。筆削不足以盡義，而後有變文。然禍亂既極，大分不明，雖變文猶不足盡義，而後聖人加之以特筆，所以正名分也。夫變文雖有損益，猶曰史氏恆辭，若特筆，則辭旨卓異，非復史氏恆辭矣。七曰，因日月以明類。上下内外之無別，天道人事之反常，六者尚不能盡見，則又假日月之法，區而別之。大抵以日爲詳，則以不日爲畧；以月爲詳，則以不月爲畧。其以日爲恆，則以不日爲變；以不日爲恆，則以日爲變。甚則以不月爲異。其以月爲恆，則以不月爲變；以不月爲恆，則以月爲變。甚則以日爲異。將使屬辭比事以求之，則筆削、變文、特筆既各以類明，而日月又相爲經緯，無微不顯矣。八曰，辭從主人。主人，謂魯君也。春秋本魯史成書，夫子作經，惟以筆削見義，自㊀非有所是正，皆從史氏舊文，而所是正，亦不多見，故曰辭從主人。此八者，實制作之權衡也，然聖人議而弗辯。是非之心，人皆有之，善而見録則爲褒，惡而見録則爲貶，其褒貶皆千萬世人心之公也，聖人何容心哉！辭足以明義斯已矣。是故知存策書之大體，而治乎内者，恆異乎外也，則謂之夫子法書者，不足以言春秋矣。知假筆削以行權，而治乎外者，恆異乎内也，則謂之實録者，不足以言春秋矣。知一經之體要，議而弗辯，則凡謂春秋賞人之功，罰人之罪，去人之族，黜人之爵，褒而字之，貶而名之者，亦不足以論聖人矣。故學者必知策書之例，然後筆削之義可求，筆削之義既明，則凡以虚辭説經者，其刻深辯急之説，皆不攻自破，然後春秋經世之道可得而明矣。雖然，使非孟氏之遺言尚在，則亦安能追求聖人之意于千百年之上哉！汸自早歲獲聞資中黄先生論五經旨要，于春秋以求書法爲先，于是思之十有餘載，卒有得于孟

㊀「自」字，原本作「是」，據龍本改。

氏之言，因其説以考三傳及諸家陳氏書，具知其得失異同之故，乃輯録爲書，名曰春秋集傳，凡十五卷。尚慮學者溺于所聞，未能無惑，別撰屬辭八篇，發其隱微，傳㊀諸同志焉。

春秋左氏傳補註自序

春秋，魯史記事之書也，聖人就加筆削，以寓撥亂之權，惟孟子爲能識其意。自三傳失其旨，而春秋之義不明。左氏于二百四十二年事變畧具始終，而赴告之情，策書之體，亦一二有見焉，則其事與文，庶乎有考矣，其失在不知以筆削見義。公、穀以書不書發義，不可謂無所受者，然不知其文之則史也。故三傳得失雖殊，而學春秋者，必自左氏始。然自唐啖、趙以來，説者莫不曰兼取三傳，而于左氏取舍尤詳，則宜有所發明矣，而春秋之義愈晦。何也？凡春秋之作，以諸侯無王，大夫無君也，故上不可諭于三代盛事，而下與秦、漢以來，舉天下制于一人者亦異。其禮失樂流寖微漸靡之故，皆不可以後世一切之法繩之。而近代説者，類皆概以後世之事，則其取諸左氏者亦疏矣。況其説經大旨，不出襃貶、實録二端。然尚襃貶者，文苛例密，出入無準，既非所以論聖人；其以爲實録者，僅史氏之事，亦豈所以言春秋哉！是以爲説雖多，而家異人殊，其失視三傳滋甚，未有能因孟子之言而反求之者。至資中黄先生之教，乃謂春秋有魯史書法，有聖人書法，必先考史法，而後聖人之法可求，若其本原脈絡，則盡在左傳，蓋因孟子之言而致其思，亦已精矣。汸自始受學，則取左氏傳、註諸書，伏讀之數年，然後知魯史

㊀「傳」字，原本作「傅」，據龍本改。

舊章，猶賴左氏存其梗概。既反覆乎二傳，出入乎百家者十餘年，又知三傳而後，説春秋者，惟杜元凱、陳君舉爲有據依。然杜氏序所著書，自知不能錯綜經文，以盡其變，則其專修左氏傳以釋經，乃姑以盡一家之言。陳氏通二傳于左氏，以其所書，證其所不書，庶幾善求筆削之旨，然不知聖人之法與史法不同，則猶未免于二傳之蔽也。第左氏傳經唐、宋諸儒詆毁之餘，幾無一言可信，欲人潛心于此而無惑，難矣！問嘗究其得失，且取陳氏章指，附于杜註之下，去短集長，而補其所不及，庶幾史文經義，互見端緒，有志者得由是以窺見聖人述作之原。凡傳所序事，多列國簡牘之遺，名卿才大夫良史所記，其微辭奥旨，註有未備者，頗采孔氏疏暢而通之。諸牽合猥陋，有不逃後儒之議者，亦具見其説，以極乎是非之公焉。若夫不得于經，則致疑于傳，務爲一切之説以釋經，而無所據依以持其説，則豈杜氏、陳氏比乎！故三傳之外，不可無辯證者，二家他説，固不暇及也。

梓材謹案：謝山原底標題有東山學案之目，序録無之，而并失其稾，兹從姚江補本增入。

邵庵門人雙峯四傳。

監丞陳先生旅附師傅古直。

陳旅，字衆仲，莆田人。初從鄉先生傅古直遊，出爲閩海儒學官。至京師，虞伯生見所爲文，歎曰：「我老將休，付子斯文。」朝夕以道義學問相講習，薦授國子助教，歷江浙儒學副提舉，應奉翰林文字、國子監丞而卒，年五十六。

祖望謹案：陳衆仲之學，乃其先世所得于趙南塘。

左丞王先生守誠

王守誠，字君實，陽曲人。從鄧文原、虞伯生遊。泰定元年進士，累官參議中書省事，出爲河南行省參知政事，進左丞。

參政蘇滋溪先生天爵別見靜修學案。

鄉舉劉先生霖

劉霖，安福人。從邵庵學。至正丙申舉于鄉，不仕。補。

李先生擴

陳先生伯柔

熊萬初先生本並見草廬門人。

衆仲講友

烏春風先生本良別見靜明寶峯學案。

玩齋門人

參政鄭先生桓別見師山學案。

杜氏門人

提舉張先生理

張理，字仲純，清江人。舉茂才異等，歷任泰寧教諭、勉齋書院山長，終福建儒學副提舉。著易象圖説三卷、大易象數鉤深圖三卷。後至元二十四年，貢師泰序其書傳世。從黃氏補本録入。

梓材謹案：是傳黃氏補本列李俞諸儒學案。閩書載先生嘗從杜清碧于武夷，盡得其學，以其所得于易者，演爲十有五圖，以發明天道自然之象，故入于此。

易象圖説自序

易曰：「河出圖，洛出書，聖人則之。」圖、書者，天地陰陽之象也；易者，聖人以寫天地陰陽之神也，故一動一靜，形而爲⚊⚋，⚊⚋奇耦，生生動靜，互變四象，上下左右相交，而易卦畫矣。☰以畫天，☷以畫地，☵以畫水，☲以畫火，☱以畫澤，☶以畫山，風因于澤，雷因于山，卦以表象，象以命名，名以顯義，義以正辭，辭達而易書作矣，將以順性命之理，究禮樂之原，成變化而行鬼神者，要皆不出乎圖、書之象與數而已。圖之天〇者，一也；圖之地∶者，一也；圖之中⁜者，四象×古五字。行也。陽數一三×參天也，三謂之參。陰數二四兩地也。二謂之兩。參天數九，陽之用也。兩地數六，陰之用也。書之衡三，卦之體也。書之井九，卦之位也。書之縱横十×，卦之合也。乾九坤六合十×，坎七離八合十×，震七巽八合十×，艮七兑八合十×。河圖、洛書，相爲經緯，×十者，圖、書之樞紐也。以×重十✢，則左右前後者，河圖四正之體也。以×交十⋇，則四正四隅者，洛書九宮之文也。順而左還者，天之圓，渾儀曆象之所由制；逆而右布者，地之方，封建井牧之所由啓也。以圓函方◎，以方局圓回，則範圍天地之化而不過，曲成萬物而不遺矣。惟人者，天地之德，陰陽之交，鬼神之會，五行之秀氣也，身半以上同乎天，身半以下同乎地，頭圓足方，腹陰背陽，離目外明，坎耳内聰，口鼻有肖乎山澤，聲氣有象乎雷風，故天下之理得而成位乎其中，是知易卽我心，我心卽易，故推而圖之，章之爲六位而三極備，敘之爲六節而四時行，合之爲六體而身形具，經之爲六脈而神氣完，表之爲六經而治教立，協之爲六律而音聲均，官之爲六典而政令修，統之爲六師而邦國平，是故因位以明道，因節以敘德，因體以原性，因脈以凝命，因經以考禮，因律以正樂，因典以平政，因師以愼刑，而大易八卦之體用備矣。已上八圖，今附外篇。八卦相錯相摩相盪，因而重之，變而通之，推而行之，而六十四卦圓方變用之圖出矣。圓者以效天，方者以法地，變者以從道，用者以和義，然後著策以綜其數，變占以明其筮，分掛揲歸，交重反變，悉皆爲圖以顯其象，爲説以敷其意，雖其言不本于先儒傳註之旨，或者庶幾乎聖人作易之大意，改而正之，諗而訂之，是蓋深有望于同志。

趙氏門人資中再傳。

倪先生尚誼

倪尚誼，趙東山門人。東山春秋屬辭成書，復改集傳，使歸于一，至正二十七年而齎志以殁。先生證以屬辭義例，質以平日所聞于東山者，參互考據，足成之。參東山行狀。

雲濠謹案：先生有春秋集傳後序。

宋元學案卷九十三

靜明寶峯學案

黄宗羲原本　黄百家纂輯　全祖望補定

靜明寶峯學案表

陳苑——祝蕃——危素

慈湖、曾潭續傳。

象山四傳。

李存——何琛

張翥

涂幾

附鄒矩。

張率

王埏

徐震

上官岊

李絅

劉禮

危素見上蕃遠門人。

舒衍

吳謙

曾振宗

閔甲

陳麟

趙偕 節齋孫。慈湖三傳。象山四傳。

桂彥良——從子宗儒
　　　　　從子宗蕃

烏本良

烏斯道——子熙

向壽——子樸

李善

羅拱

方原

王桓

葉心

李恒

鄭原殷

馮文棨

王真

顧寧

羅本

翁旭

洪璋

徐君道

方觀

裘善緝

翁昉

岑仁

王愼

童惠

王權

高克柔

顧勳

王直

裘重

周士楃
鄭慎
茅甫生
胡舜咨——李孝謙別見北山四先生學案。
桂烏講友。

時觀
王約
並寶峯講友。
楊芮別見慈湖學案。
寶峯學侶。

靜明寶峯學案序録

祖望謹案：徑畈歿而陸學衰。石塘胡氏雖由朱而入陸，未能振也。中興之者，江西有靜明，浙東有寶峯。述靜明寶峯學案。梓材案：是卷序録原底作陳趙二先生學案。又案：黄氏本金溪續傳，靜明與門人祝、李二先生並附金溪學案，自謝山始以靜明、寶峯別爲學案。

楊傅續傳象山四傳。

隱君陳靜明先生苑

陳苑，字立大，江西上饒人也。人稱爲靜明先生。幼業儒，不隨世碌碌。嘗有授以金丹術者，弗之信。既得陸象山書讀之，喜曰：「此豈不足以致吾知邪？又豈不足以力吾行邪？而他求邪？」于是盡求其書及其門人如楊敬仲、傅子淵、袁廣微、錢子是、陳和仲、周可象所著經學等書讀之，益喜。雲濠案：梨洲原傳作「所著易、書、詩、春秋、禮、孝經、論語等書」。益知益行。或病其違世所尚，答曰：「理則然耳。」是時，科舉方用朱子之學，聞先生說者，譏非之，毁短之，又甚者求欲中之，而先生誓以死不悔，一洗訓詁支離之習。從之遊者，往往有省，由是人始知陸氏學。生平剛方正大，于人情物理，靡不通練。强禦無所畏，奸慝無所逃，浮沈里巷之間，而毅然以昌明古道爲己任。困苦終其身，而拳拳于學術異同之辨。無千金之産、一命之貴，而有憂天下後世之心。人之所是，不苟是也；人之所非，不苟非也。其高弟子曰祝蕃、李存、舒衍、吴謙，所稱「江東四先生」者也。先生之卒，祝蕃狀其行甚詳，今不傳。雲濠案：原傳云：「至順元年卒，年七十五。」元儒如草廬調停朱、陸之間，石塘由朱入陸，師山由陸入朱，若篤信而固守，以嗣槐堂之緒，静明、寶峯而已。修。

宗羲案：陸氏之學，流于浙東，而江右反衰矣。至于有元，許衡、趙復以朱氏學倡于北方，故士人但知有朱氏耳，然實非能知朱氏也，不過以科目爲資，不得不從事焉，則無肯道陸學者，亦復何怪。陳靜明乃能獨得于殘編斷簡之中，興起斯人，豈非豪傑之士哉！

節齋續傳慈湖三傳。

隱君趙寶峯先生偕

趙偕，字子永，忠惠公與憲後，慈溪人也。學者稱爲寶峯先生。志尚敦實，不事矯飾，嘗習舉業，曰：「是富貴之梯，非身心之益也。」棄不治。及讀慈湖遺書，恭默自省，有見于「萬象森羅，渾爲一體，吾道一貫」之意，曰：「道在是矣，何他求爲！」乃確然自信三代之治可復，而百家之說可一也，遂隱于大寶山之麓。其鄉之秀烏本良輩皆從之，日舉遺經之言，以裁狂簡。或勸之仕，曰：「吾故宋宗子也，非不欲仕，但不可仕。且今亦非行道之時也。」然嘗謂「孔子以道設教，而未嘗一日心忘天下」，故雖處山林，時有憂世之色。慈令陳文昭執經請業，行弟子禮，先生以治民事宜告之，文昭以是得慈民心。嘗因馬易之入大都，寄聲危素曰：「疇昔所言聖賢治務，可行否邪？」元之亂也，方國珍據浙東，逼先生仕，不起。遺文有寶雲堂集，以兵火不完。嘉靖間，其後人文華，集爲一卷。先生之學，以靜虛爲宗，然其墮于禪門者，則固慈湖之餘習，要其立身行己，自可師也。補。

梓材謹案：謝山與鄭南谿論明儒學案事目云：「楊文元公之學，明初傳之者尚盛。其在吾鄉，桂文裕公彥良、烏先生春風、向獻縣樸，其著也。是爲慈湖四傳之世嫡，宜補入遜志學案之前。」蓋謝山又有意修補明儒而未暇，每于宋元儒之末補而附之。且所謂四傳世嫡，皆在寶峯之門，亦可見寶峯之爲三傳矣。

寶雲堂集

凡日夜云爲，若恐迷復，則于夙興入夜之時，宜靜坐以凝神。

祖望謹案：靜坐本于延平，而寶峯尤主之。然近于禪，非延平宗旨。

凡日夜靜坐之後，若即寢席，無非此道。若非此道，不即寢席，庶不失雖寢而不寢之妙。

凡得此道，融化之後，不可放逸。所寶者，清泰之妙。猶恐散失，宜靜坐以安之。

凡除合應用之事，外必入齋莊之所靜坐。

凡行住坐卧，雖未能精一，亦必有事焉。雖應酬交錯之間，未能無間斷，勿忘可也。以上示葉伯奇。

人苟不大明堯、舜之道，即百姓日用之心，豈能深信唐、虞、三代之政可以行于今日？代李元善贈友。

萬物有存亡，道心無生死。題修永齋。

人無固必自然安，有意于安便不安。人無動靜自然閒，有意于閒便不閒。安閒吟。

祖望謹案：無動靜之説，陷于異端，不如無固必之爲粹也。

治縣權宜爲陳令文昭作。

末世處至難仕之時，爲至難治之事，不勝掣肘。上下左右，無非陷吾于不義者。所幸山林間通今達古者不少。宜每日平明到縣治事畢，抽暇時往學宫，會集賢士，從容講明政事得失，人物善惡，及將諸簿所書，討論是否，從公議定，庶幾學校有資于政事，政事實出于學校，不致虚文。且親君子之時多，親小人之時少，雖不長坐縣廷，其功多矣。

言路不開，由于不喜聞過，則吏民之諛佞者，得以肆其奸邪。豈惟絶君子之來路，且爲小人匿過之窟。果喜聞過，則納忠者衆，非惟事之錯者得以改正，其奸吏邪民罔我之罪亦不可匿，孔壬不足畏矣！今宜置一簿記己過，詢同寮及吏貼，乃至鄉都里正、儒釋道人有公論者，用木櫃封固置學堂，俾進言者實封投于櫃，五日一啟，請至公無私之人共爲考校。吾過果實，勇改不吝，對衆責己謝過，然後究問吏貼之罪。

今各房司吏，俸禄甚薄，不足以養廉；各房貼書，全無俸禄以代其耕，不得不行詐徇私以爲生計。夫以吾塊然一君子，處于羣小人之中，無所見聞，何以行事？宜訪求忠直之士，以爲耳目。但忠直之士，或有避嫌疑利害，不敢盡言者，故必稽于衆，使不出于一人之口，嫌疑不生，則忠直者可以盡言矣。寮佐洎各吏，吾股肱也，而今無非掣吾肘者。是用禮請各都隅知禮識字里正，每半月輪流在縣，潔一舍，致敬以延之。每日所行公事，咨之以行，如其所未通未知，則俾轉問高見之人。然各里正既無禄養，又有奔走之費，凡有科差，宜量優恤。

正其衣冠，尊其瞻視，儼然人望而畏之。非惟吏卒恭謹，不敢放逸，抑且此心静明，可燭是非。

從上隨俗則道廢，違上戾俗則身危。不忠而佞固不可，不敬而傲亦不可。

御吏民以禮，必使整而不譁。各吏進退有規矩，止立必端方。民之詞訴者亦然。各吏有失禮節者，以簿書之，半月一考，違者罰責，庶幾公庭嚴肅，諸事井井，抑且吾心静正，可燭是非。

于其言不可有苟。

各房事各置一簿，責有所歸。

學校以明人倫。今之學校，雖尚虚文，然天秩天敘，人心所不磨滅。而學校非能家至户到，宜先體察各都隅，某人于人倫正，某人于人倫未正，悉知其姓名，各以一簿書之，雖不能如古者彰善癉惡之意，官其善以化其惡，而竊取其意以施行。善者以禮獎之，或有過誤，及有官事，量情優恤。有不然者，責任各主社，俾逐一教訓。果能改過不吝，亦書于彰善簿。如不從者，里正諭以利害，或俾到學校聽提調。學校官教戒再三，猶未率化，則俾執役以恥之。更或怙終，則㊀嚴其刑罰，懲一戒百。誠能使其天屬之愛頓興，良心所本，何止一縣！四方有興起者，此謂要道，且足使無訟。若待其有訟，縱斷之不失，已乖和氣，不教而刑，何以感動人心乎！

凡行刑罰，不作好惡，惟義所在。

考貧富以均賦役。

置句銷簿，以憑檢閱，不致忘失。

聽言信行，古人所戒。今庶人在官者，無厚禄以代耕，不得不外假公論，内懷私欲，以爲生計。又況吾未免有好惡之偏，未能全無玩人之病，難憑一時辭色處決，宜置一簿，勤察其所行而書之，以資去取。

今有司凡有所告不實者，惟不受其狀，而不究治其誑官之罪，以致妄告甚多。此風甚不可長。各都體勘公事，里正不畏罪責，不行從實回報，而有司于發落各都體勘之事，竟不問其回報結絶，有始無

㊀「則」字，原本作「以」，據龍本改。

終，反爲吏貼及里正循私賣弄，以致妄告者日甚一日。今凡有告訴，除所告至明至實者，即與受狀外，立一杜妄告簿，凡疑似者，盡入之，以備吾静中參詳。責令近上里正正身，多方體勘，從實回報，如虛，重治誣官之罪，里正不從實體勘者同罪，自然可息。

以上各項權宜，合用十簿書，其名有十：一曰顧聞過，二曰採公論，三曰謹禮節，四曰彰善，五曰癉惡，六曰均賦役，七曰考吏行，八曰考卒行，九曰杜妄告，十曰謹句銷。夫拘于今世之選法，竊行上古之遺意，豈不難哉！既限資格，又無久任，又不俾各辟其屬，況無重禄以勸士，及庶人在官者，無足以代其耕，乃欲行所不可行，責人于所不可責，雖竭力從事，小有可觀，然豈足以展盛德之治！可仕則仕，可止則止，君子必有定見矣。

祖望謹案：先生有與許尹書，大意畧同。

梓材謹案：謝山所録，寶雲堂集、治縣權宜外，凡十一條，今以其識李可道事一條移入可道傳後，又示子弟二條，其一移入象山學案，其一移入慈湖學案。

寶峯講友

時是齋先生觀

時觀，字子中，慈溪人。至正二十六年，與王子復祭寶峯文曰：「子復王約，先妣之姪也，時觀髫年同窗之友也。」又言，「翱翔乎山水之間，而同登楊夫子之門牆，獲覽聖書，忽覩自己光明正大，咸自知其非」云。參寶雲堂集附録。梓材謹案：先生號是齋，見烏春草文集。

布衣王相山先生約

王約，字子復，慈溪人也。于寶峯爲中表兄弟，同事慈湖之學，以布衣終。其緒言畧見于祭寶峯文。補。

寶峯學侶

徵君楊小隱先生芮別見慈湖學案。

靜明門人象山五傳。

經歷祝蕃遠先生蕃

祝蕃，字蕃遠，玉山人也。又徙貴溪。從遊靜明最早，稍長，頗不羈。已而感悔，復從焉，痛自刻厲。久而有省，大喜大信曰：「吾無隱乎爾！風霆流形，庶物露生，無非教也。」自是斯須不廢内觀，篤于陸氏本心之學。凡江西之士有志者，先生卽引而登之。雲濠案：梨洲原傳云：「因購陸氏師友遺書，特鈔廣傳，期以發明此道。朋友知向慕者，援之共進，得一善，躍然如出諸己。」靜明之門，一時推爲都講。其事師尤謹，以茂才異等薦校□州高節書院山長。重修象山講堂，帥同志舍菜焉。求文安之後而資給之，且爲之娶。累遷至饒州教授。雲濠案：原傳云：「以易中鄉舉，授饒州南溪書院山長，調集慶學正。」未幾，湖廣平章買住辟之，蘇參政天爵一見器之。海北憲使卜咱兒以罪徙，厚賄求徙近地，拒之。播州宣慰入朝謝，其贊曰：「非所以懷遠人也。」尋遷潯州總管經歷，以同知保童殺不辜，請于帥推問，即訊藤州。保童以賂，遷延不即赴辯，卒緣赦免，而先生卒于邸舍。先生雄于文，今遺集不傳。靜明高座四子，首推蕃遠，始及仲公，而遺集一傳一否，則命也。修。

徵君李俟庵先生存附門人何琛。

李存，字明遠，一字仲公，安仁人也。學者稱爲俟庵先生。生有異稟，弱冠慕古人，謂無所不通之爲大儒者，慨然于天文、地理、醫藥、卜筮、道家、法家、浮屠、諸名家之書皆致心焉。又學爲古文詞。事親以孝，撫其亡兄之子以慈，資其孀妹以及其孤。一日，友舒衍語以所聞于靜明者，未之信也。衍固要之，乃往請益。靜明告曰：「無多言，心虛而口實耳。」未契，復往請之。靜明告曰：「無多言，心恆虛而口恆實耳。」于是夙夜省察，始信力行之難，惟日孜孜究明本心。焚其所著書內外十一篇，曰：「無使誤天下後世也。」嘗一應科舉，不利，即爲隱居計，從遊者滿齋舍。守令禮爲經師，且主試事三。以高蹈、丘園薦，中丞御史等交章請召之。著作郎李孝光舉以自代，宰相將處以翰林，不果。葺講堂曰竹莊，恆語學者曰：「聖賢之立言垂訓，以先覺覺後覺，此豈口耳句讀之事！正學不明，人心日入于偷，甚可懼也。微陳子，吾其終爲小人之歸矣。」或請學文，則曰：「唐、虞所有之言，三代可以不言；三代所有之言，漢、唐可以不言。未有六經，此理無隱，前聖特形容之而已，惡能有所增損？昧于理道，而聲光是炫，尚得謂之文乎？」先生神古顏清，衣冠言笑不苟，憂世之意，見諸眉睫，謙恭和易，與物無競，雖童豎皆望而敬之。危素嘗問：「心之官則思，何思也？」曰：「思其本無俟于思者爾。」俄而兵起，門人何琛迎之臨川，二年而卒。所著有俟庵集。修。雲濠案：俟庵集，詩十一卷，文十九卷，合三十卷。先生子卓所編。

俟庵文集補。

人心積衰，風俗大壞，父詐其子，夫欺其妻，藻飾筆舌者謂之多才，紐韃術數者謂之適用，分章釋句者謂之至教，密文深察者謂之至治。嗚呼！尚志之士欲堯、舜吾君民者，亦烏得無情哉！且獸焉而不失其良能者，馬之乘，牛之服，犬之守，猫之捕也。至偶有失其性而曠職者，則皆知棄之，然亦千萬中無一二者。人亦失其所以爲人，舉安之而弗悟其非，則是獸之弗若也，不亦重可悲乎！

理之根夫人心者，亦何嘗一日泯絶，而非學則不能以自明。學之不絶如綫者，賴遺經，而經之義蕪于訓詁，近世尤盛。比得純庵周先生論語解，始知有簡易之學，然卒不得其要領者十餘年。今方稍有自得之實，無所可疑，戴天履地，有死無二心。以上上陳先生書。

謂伊、周之業，孔、孟之學，可行于古而不可行于今，則自爲申、韓可也，自爲黃、老可也，義不當含糊假借其名，以徒爲進取之資。若曰言其言不可心其心，則豈言行相顧之義哉！

此心苟得其正，則所謂書者此心之行事，詩者此心之詠歌，易者此心之變化，春秋者此心之是非，禮者此心之周旋中節。至孝友睦婣任卹，皆此心之推也。

疲精神于文藝之末，縱使幸而獲選，弱者爲羣逐隊，拱手署紙尾，持祿保位而已；强者爲驕爲亢，爲奮螳螂之臂，以當車轍，而不足以立事功，其高爲納履、爲挂冠而已耳。

此心之靈不可欺。以上俱與友人書。

分教成均，但當竭盡此誠，勤勤懇懇，告之以忠孝，使自敬其身，無自暴自棄。縱彼不信不聽，而吾之誠不改不移。人心皆靈，夫豈無萬一感悟！

任他千思百怪，我只是一箇至誠。知之爲知之，不知爲不知；能爲能，不能爲不能，莫相陵駕，莫相欺詐，亦是心逸日休。古今天下，惟至誠感人深。咸卦六爻，皆無大吉，以此見感人之難。纔有一毫私意，便不足以感人。上事天子，下接臧獲，臨難死生之際，皆當如此。以上與危太樸。

士逾月而葬，喪禮稱家有無。避貧賤，求富貴，此後世術家之説。與張孟循。

舒先生衍

舒衍，字仲昌，安仁人也。不詳其顛末。李仲公曰：「存生三十有三年，雖稍涉古經史傳記，而未知所以遺夫人者，果何爲徒竊取糟粕，以修飾其淺陋妄誕之言。侈然而談，囂然而居，弗之省也。戊申，友人舒衍謂存曰：『吾疇昔是子之學，近以祝蕃之言，從陳先生遊，而後知子之所學，末屑也。焦心竭神，蔽亦甚矣，若不改圖，則將誤惑其身。不惟誤惑其身，必將誤惑于天下後世之人。』存心竊笑之。他日復言，復笑之，累數十不已。雖疑焉，然朝諾而夕忘之。既而共宿，擁寢衣言曰：『相人者謂子不年。苟無聞以死，傷哉！至道所在，人固未易信也，然譬之涉，吾嘗先之矣。』遂大疑，早夜以思，至感泣，然終恥下于人。壬子之夏，始登先生之門，然猶以欲遂所請，跪起揖拜，慙且忿焉，雖語之，弗領。秋，復來，始稍知所致力。明年，遂大信。」觀仲公之自述，而知先生聞道之早矣。補。

吴先生謙

吴謙，字尊光，安仁人也。不詳其顛末，而與祝、李齊名。簞瓢陋巷，以道自安。其母故文安四世孫女，先生可謂克紹外家之學者矣。補。

宗羲案：祝蕃、李存、舒衍、吴尊光，志同而行合，人號「江東四先生」。皆出于陳氏，金溪之道，爲之一光。是故學術之在今古，患其未醇，不患其不傳。苟醇矣，雖昏蝕壞爛之久，一人提唱，皦然便如青天白日，所謂此心此理之同也。

曾先生振宗

曾振宗，字子翬，安仁人也。善治家。里中宿學舒衍、吴謙皆在其賓席，先生因之以登静明之門。嘗攜僕取貨于市，歸至中途，僕告以誤多得貨，即詬而還之。或有留貨而去者，偶遺其貨于道，先生復與之貨而不取直。莊户輸租已去，會其數有嬴，呼而還之。嘗手書易經一卷佩之。山厓水澨，休息之際，必出而誦。夜則孤燈危坐，揭卦畫于前而觀象玩辭焉。一日，忽告同志者曰：「予于易頗有得，應事接物，一本于此。」又曰：「萬物皆備之旨，今渙然矣。」其寢疾也，拱手而卧，舒衍過問之，曰：「吾心淡然，無異平時。」次日，盥洗而逝。補。

學長閔先生甲

閔甲，字仲魯，覃懷人也。遊于静明之門。後居揚州。仲公稱其神清以夷，質方以正，談經率詳明敷暢，使聽者鄙吝俱消云。金陵帥聘之主學宫，從遊者甚衆。補。

寶峯門人慈湖四傳。

秘監陳文昭先生麟

陳麟，字文昭，温州人也。以進士爲慈溪縣尹。慈有趙寶峯者，私淑楊文元公之學，講道山中，先生從之，北面問難。尤邃于易。其爲吏，善通下情，自薦紳先生、寓公以至父老，時時咨訪，因以得境内一切隱伏事，以相參考。又放古爲鍩筩，虚中而穴其上，置諸庭，令民有所欲言，投書其中，而削其主名，由是縣大小事無不周知，而胥吏輩不敢逞其奸。大嵐三女峯歲貢茶，所謂十二雷者也，有司緣爲蠹，先生計其常額，平價市之。山中之民，以蘇鳴鶴鄉有界塘與姚江接，每霖潦，江水大至，塘輒潰，鳴鶴爲壑。先生于塘五尺外，楗木籠竹，加之土而甃以石，自是無水患。轉運司禁瀕海之私鬻鹽者，杖而釱足以徒，先生言于司，聽民相貿易。高士大隱楊先生墓在南山，歲久夷其封，先生正其塋域，植碣表之。尤以教化爲重，慈溪之民，漸至有恥且格。説者以爲自來慈溪第一循吏。于時㊀，沿海被兵，山澤之間亦竊起。先生與紹興路録事司達魯花赤、邁里古思、同知餘姚州事秃堅，皆練民爲兵，以保障境内。凡盜起，輒誅之，民賴以安。有詔陞權浙東副元帥，仍領慈溪，而方國珍已盡破昌國、奉化，入鄞，使人要先生相見。先生欲拒之，歎曰：「吾不忍危其民。」單騎入謁，勸以勤王。國珍留之不遣。或説先生潛歸自守，先生念力不能抗，卽散其兵。國珍意欲臣之，以兵脅之，先生正色責曰：「吾不欲以兩虎相鬬，使民塗炭，故隻身來。殺我，非勇也。」國珍媿謝過，然終畏之，置之海上之岱山。先生卽自稱足疾，扶杖，著道士冠服，治田葺園，種牧自給。國珍時時遣人偵之，以爲真廢，乃不復加害。海上故有岱山書院，先生重興之，與山中子弟講學，行鄉飲酒禮，父老因名其臺曰陳公臺。沿海諸山酋長刼掠，獨相戒曰：「勿登此山，恐驚陳公。」朝廷方以尚書貢師泰督理閩中鹽賦，以先生爲户部主事副之，尋命知瑞安州。國珍留之不遣。擴廓亦聞先生名，承制授祕書監丞參其軍，亦不赴也。凡拘海上者十年，移入鄞，又三年而國珍亡，乃南遊閩中，竟卒于閩，君子哀之。補。

文裕桂清溪先生彦良

桂彦良，名德稱，以字行，號清溪，慈溪人。梓材案：儒林録先生故慶元府判葉同子也。生之夕，火光如流星，母謂不祥，棄勿育，桂氏鞠而子之，故從桂姓。元鄉貢進士，爲包山書院山長，改平江路學教授，罷歸。張士誠、方國

㊀「時」字，原本作「是」，據龍本改。

珍交辟，不就。洪武間，徵詣公車，奏對，授太子正字。帝嘗出御製詩，先生就帝前，誦聲徹殿外。左右驚愕，帝嘉其樸誠。因從容奏曰：「帝王之學，具載于經，典謨訓誥，願留聖意。詩，非所急也。」帝深然之。帝嘗從容問曰：「人有過，如何？」先生對曰：「過，雖聖賢不能免，勿憚改者，君子之道也。」又問：「仁者有惡乎？」先生對曰：「孔子言，惟仁者能好人，能惡人。仁者之心無私，故好惡得其正。」帝大喜。時選國子生蔣學等爲給事中，舉人張唯等爲編修，肄業文華堂。命先生及宋濂、孔克表爲之師。先生荷帝知遇，知無不言。每侍帝，必以二帝三王爲本，而折衷于孔、孟，要以明聖學，格君心爲務。至于歷代治忽，啟迪不倦，誠意懇至。凡所言，無一不當帝心，至書其語揭便殿。復謂諸大臣曰：「此彥良與朕論至于此，汝等宜親炙儒者。」遷晉王府右傅。帝親爲文賜之。先生入謝。帝曰：「江南儒者，惟卿一人。」對曰：「臣不如宋濂、劉基。」帝曰：「濂，文人耳。基峻隘，不如卿也。」先生至晉，製格心圖獻王。後更王府官制，改左長史。朝京師，上萬世太平治要十二策。帝曰：「彥良所陳，通邃事體，有裨治道。」世謂儒者泥古不通今，若彥良，可謂通儒矣。」既而請告歸，卒，追謚文裕。梓材案：前明有應謚名臣録，先生與焉。文裕疑是私謚。先生在鄉里與王子復論學，以存心養性爲本。教子弟，必先以孝弟忠信。與人交，久而益敬。所著有清節集、清溪集、山西集、拄笏集、老拙集。參慈溪舊志。

雲濠謹案：謝山橫溪南山書院記曰：「吾鄉之學，朱、陸二派並行，而明初如桂王傅清溪、烏高士春風、向獻縣遵博，皆出寶峯趙氏之傳，宗主慈湖。」是先生爲趙氏門人之證。

烏春風先生本良

烏本良，字性善，慈溪人。少好學，與弟斯道自相師友。窮經博史，精詩詞及書法，隱然爲一邑望。父没家貧，無以養母，時斯道方弱冠，季弟二，女弟二，俱髫齔，仰給先生，乃去而授徒錢塘。日與秋雲徐先生、衆仲陳先生講磨今古，業日益廣。時杭之大家願以女妻之，先生曰：「吾本爲母與弟衣食之謀未遂，何暇及婚事。」後俟二弟稍長，遣嫁二女弟畢，始婚，人用是高之。邑有王相山、趙寶峯、時子中三先生，得慈湖遺書，究明心學，先生與其弟從而講貫，遂盡棄舉子業學焉，謂如在春風中，即以春風名其齋，人稱爲春風先生。參天啓慈溪志。

縣令烏春草先生斯道附子熙。

烏斯道，字繼善，春風之弟，號春草齋。文尚體要，尤長于詩，興寄高遠，而清灑出塵，一掃元人過巧之弊，宋景濂題之曰：「春草之作，俊潔如明月珠，洶湧如春江濤，與兄齊名，故時稱『二烏』。」尤精書法。明初，用薦起爲永新令，有惠政。所著有秋吟稾，有春草集行世。子熙，字緝之，亦以詩文擅名。同上。

隱君向樂齋先生壽

向壽，字樂中，慈溪人。學者稱爲樂齋先生。生而静慤，八歲喪母，哀痛劇深。稍長，精思力學，至忘寢食。宗慈湖，爲趙寶峯門人。與同邑王相山、時子中講學湖上，攻治身明道之學，絶意仕進。嘗稱先文簡以來，家世宋臣，恥事元，有張子房不忍忘韓之意。尤多所著述，每論爲政之要，則畧漢、唐而本三代。有從政章十一篇行于世。年八十，忽遘疾，易簀起坐，進子樸命之曰：「丈夫仕不忠君，危不授命，所學何事也？」言畢而逝。後樸靖難就義，皆先生有以啟之。同上。

李先生善

李善，字元善，東平人也。遊慈溪，講學寶峯之門，遭亂，遂不歸。雲濠案：吾邑天啓志，先生父灝，仕元爲三山巡檢，遂家焉。先生著有崇陽稾。人雖侮之，不怨也。每言「三代之政，可以施于今日，絕無高遠難行」。補。

祖望謹案：寶峯嘗謂，「元善因大士觀音解脱之訓，如脱桎梏，見聞圓融，無有分隔，不勝悦懌，則其爲異學甚矣，何以行三代之政乎？

羅常明先生拱

羅拱，字彥威，慈之杜湖人也。寶峯爲作常明齋銘，因稱常明子。補。

方先生原

方原，字景淵，慈之杜湖人也。其母翁氏苦節。學于寶峯之門，與羅彥威齊名。補。

縣令王明白先生桓

王桓，字彥貞，慈溪人。從寶峯遊。洪武中，以通經學古薦于朝。太祖召見便殿，問：「先生處鄉里，好惡何如？」對曰：「臣處鄉里，善者好之，不善者惡之。」一言稱旨，上呼爲老學士，命與尚書魏杞山、錢惟明、學士宋景濂講論治道。踰年，授國子學正。未幾，知河南盧氏縣。先生感上知遇，殫心厥職，臨政無怠隋。日常至閭閻間，教耕勸織，相語如家人父子。民有兄弟相鬩而訟者，先生自責曰：「教化不明，彝倫斁壞　長民者之過也，民何罪焉。」遂連日不坐聽事，民乃自悔求責，兄弟遂相和合，民益信之。上方向用，而先生已有退志，遂致仕歸。先生是，先生家居，鄉人有不平，事無大小，咸取決于先生，遂稱爲明白先生。所著有明白先生集藏于家。參天啓慈溪志。

葉先生心

葉心，字伯奇，慈溪人。寶峯教以靜坐。補。

雲濠謹案：寶雲堂集有送葉伯奇人官詩。

李先生恒

李恒，字可道，慈溪人。寶峯謂其聞蛙聲而悟。補。

附錄

寶峯識李可道事曰：「可道日間靜觀，已見虚明之妙，但閉目及夜間，則不如是，終二而不一。忽夜悟蛙聲，無際皆在目中，前後晝夜，虚明混融，自然而然，非意識所能及。」

祖望謹案：此純乎禪矣！

鄭先生原殷

鄭原殷。

馮先生文榮

馮文榮。

王先生真

王真。

顧先生寧

顧寧。

羅先生本

羅本。

梓材謹案：戴九靈集書畫謠集詩序言：「沈師程之友羅彥直氏。」羅先生拱字彥威，則彥直蓋先生之字也。

翁先生旭

翁旭。

洪先生璋

洪璋。

徐先生君道

徐君道。

方先生觀

方觀。

裘先生善緝

裘善緝。

翁先生昉

翁昉。

岑先生仁

岑仁。

王先生愼

王愼。

童先生惠

童惠。

王先生權

王權。

高先生克柔

高克柔。

顧先生勳

顧勳。

雲濠謹案：寶雲堂集有寶峯題顧宏可梅花詩，疑是先生。

王先生直

王直。

裘先生重

裘重。

周先生士樞

周士樞。

鄭先生慎

鄭慎。

茅先生甫生

茅甫生。

梓材謹案：寶雲堂集附載門人祭寶峯先生文，自烏春風本良以至先生共三十一人。謝山學案標目並列之，大約慈產居多。

桂烏講友

縣令胡仲子先生舜咨

胡舜咨，字仲子，會稽人。嘗隨父宦遊于慈，以邑名三孝鄉，又有倡道者楊文元公，遂定居靈山之曲水。先生學博才贍，工于詩。所與遊者，金華戴良、蛟川丁鶴年、邑人烏斯道、桂彥良，率皆諸名士。

洪武初，與彥良並以賢良文學徵。拜燕王傅，尋除儀真令。歸而教授子弟，與賓客酌酒賦詩，間挾二三子甜山石間。參寧波府志。

蕃遠門人象山六傳。

承旨危雲林先生素

危素，字太樸，一字雲林，金溪人也。學于祝蕃遠之門，稱高座。其請業而退也，蕃遠必目送之，謂侍者曰：「他日能傳吾道而行之者，其斯人也夫！」亦學于李仲公，所以待之者如蕃遠。先生在元，累官承旨。國亡，將殉難，不果。入仕于明，亦官學士，謫居和陽以卒，君子惜之。補。

謝山跋危學士雲林集曰：「竹垞據貝清江集，頗疑學士晚年未嘗銜命守祠，特以其子於幰教授安慶，好事者遂附會之。案，潛溪銘學士墓，稱洪武三年冬，監察御史王著等，劾公亡國之臣不宜用，公坐免。詔出居和州，閱再歲卒。當時北平故官，豈止學士一人，在朝臺臣，何以獨見掊擊？其爲仰體當宁之旨明矣。學士以國史不死，固昧于輕重之義，然其出累朝實録于刀劍倉皇之下，功亦不小。乃史局既開，並未聞有一人過而問者，可以想見是時當宁眷睞之衰，黯然無色，所以潛溪又有『春秋既高，雅志不仕』之語。教授名㫃，亦見潛溪銘中。清江集作於幰，或是其字。」再跋曰：「學士曾受業于草廬。及予讀胡仲子集，乃知其又爲祝先生蕃遠高弟，則學士之于槐堂，其統緒固不自一家也。仲子稱蕃遠遇事不顧利害，與人開心見誠，所至以講學爲己任，指授有師法，尤屬意學士，與之語，或終夕不寐，去輒目送之，以爲『與吾教者，必若人也』，蓋學士爲其師友所期如此。予又見學士撰李先生仲公集序亦稱學生。嗚呼！學士徧請業于其鄉之碩儒，而大節卒不克自持，得無言有餘而行不足乎？蕃遠之所期于學士者虛矣！」

俟庵門人

承旨張蛻庵先生翥

張翥，字仲舉，晉寧人也。少時，負其才儁，豪放不羈，好蹴踘，喜音樂，不以家業屑意，其父以爲憂。先生一旦翻然曰：「大人勿憂，兒易業矣。」因謝客，閉門讀書，晝夜不倦。受業于江東大儒李存先生，得其道德性命之說。薄遊揚州，學者及門甚衆。至元末，以隱逸薦。至正初，召爲國子助教，分教上都。尋退居淮東，起爲翰林編修，與于宋、遼、金三史。累遷至侍講學士，以侍講兼祭酒。勤于誘掖後進，絶去崖岸，不徒以師道自尊，學者樂從之。有以經義請問者，必歷舉衆說，爲之折衷，厭其所得而後已。俄以翰林學士承旨致仕。孛羅帖木兒之入京也，以先生草詔，削奪擴廓帖木兒官爵，且討之，先生不從。左右或以爲懼，答曰：「吾臂可斷，筆不可操也。」乃命他學士爲之。孛羅既誅，詔以先生爲河南平章，仍以承旨致仕，俸終身。先生嘗學詩于仇遠，其近體、長短句尤工。及卒，國亦遽亡，無子，其集不傳，但存詩三卷。嘗集兵興以來殉節死事之人爲書，曰忠義録。補。

雲濠謹案：先生著有蛻庵集四卷，收入四庫集部。又案：金明昌、承安間亦有張翥，字仲揚。劉祁歸潛志稱其詩多浮豔。

諸書援引爲一人，非也。

涂先生幾附鄒矩。

涂幾，字守約，宜黄人也。工于詞賦，得騷些之遺音。學于李仲公之門，爲言乾、坤易簡之旨，有省，歎曰：「先生之道，吾不得而知也。渾渾乎千古之在吾前也，浩浩乎萬古之存吾後也，而先生以一心貫之。吴文正公所謂『陸子之學，如青天白日，皦然不可昧』者，至先生而益光乎？」洪武初，嘗擬進時事策十九篇，以疾不果。所著有東遊集、涂子類稾。其里人曰鄒矩，字元方，與先生齊名，亦由先生以傳李氏之學。明初，官南城訓導，有集。

張先生率

張率，字孟循，安仁人也。師事李仲公，嘗語之曰：「朋友講習，且宜痛改舊習爲第一義，求欲速成，非善學者也。胸襟苟未正當，而遽有見解，真所謂假寇兵而齎盜糧者也。」

税使王先生埏

王埏，字景達，本蜀之涪城人，後居安仁。端愿靜穆，寡言笑，喜怒不外見。官道州永明税大使。其疾也，仲公累視之。卒之夜，仲公勉以毋芥蔕，先生欣然頷㊀之而逝。

㊀「頷」字，原本作「領」，據龍本改。

徐先生震

徐震，字伯軿，上饒人也。仲公稱其「凝重而不浄，詳默而有幹，亦嘗見知于道園」云。

上官先生岊

上官岊，字伯升，上饒人也。仲公嘗教以「先静其心，心静則視聽言動皆得其正。静心在于寡欲」。

李先生絅

李絅，字伯尚，臨川人也。仲公嘗教以「先本後末，先内後外，不容有毫髮求知之心」。

劉先生禮

劉禮，字孟中，臨川人也。學于仲公。以上並補。

承旨危雲林先生素詳上蕃遠門人。

清溪家學慈湖五傳。

同知桂先生宗儒

文學桂先生宗蕃合傳。

桂宗儒，字文藪，慈溪人，長史從子也。嘗豫修永樂大典，書成，授蘄州同知。弟宗蕃，亦贍文學，偕修大典，將成，授官，以病告歸。參慈溪縣志。

梓材謹案：謝山石坡書院記：「文修之伉直。」文修疑卽文獻，傳寫之異。

樂齋家學

縣令向先生樸

向樸，字遵博，慈溪人，樂齋之子。宗慈湖之學，行務實踐。力學養親，不求聞達。洪武二十五年，命督府都事張允直訪求江南人材，以先生應詔，授獻縣令。時值兵燹之餘，爲之闢荆榛，畚瓦礫，教百姓農桑，與同甘苦，流移復業。靖難兵起，獻當兵衝，無城郭，先生集民兵，激以勇義，思爲保障，竟歿于難，獻民哀之。參天啓慈溪志。

仲子門人

處士李先生孝謙

別見北山四先生學案。

宋元學案卷九十四

師山學案 全祖望補本

師山學案表

鄭玉（夏大之、吳朝陽、洪復翁門人。融堂三傳。慈湖四傳。象山五傳。晦翁續傳。）
- 弟璉
- 族孫忠
- 鄭潛
  - 子桓
  - 鮑頫（見上師山門人。）
- 鮑元康
- 鮑深
  - 子頫
  - 子葆（並見師山門人。）
- 鮑浚
- 鮑淮
- 鮑頫
- 鮑觀

鮑偕
鮑葆
汪自明
王友直
洪斌
洪杰
洪宅
吳虎臣

鮑同仁——子深
子浚
子淮並見師山門人。

鮑葉——子觀
子偕並見師山門人。

危素別見靜明寶峯學案。
並師山講友。

唐仲實
附師錢水村。
師山學侶。

王廷珍

胡默——鮑頫

　　——洪斌並見師山門人。

程文——王友直見上師山門人。

並師山同調。

師山學案序録

祖望謹案：繼草廬而和會朱、陸之學者，鄭師山也。草廬多右陸，而師山則右朱，斯其所以不同。述師山學案。梓材案：是卷謝山所特立，其稾具存。

夏吳門人融堂三傳。

隱君鄭師山先生玉

鄭玉，字子美，徽州歙縣人。幼敏悟嗜學，既長，覃思六經，尤邃于春秋，絶意仕進，而勤于教。學者門人受業者衆，所居至不能容。學者相與即其地搆師山書院以處焉。先生爲文章，不事雕刻鍛煉，流傳京師，揭傒斯、歐陽玄咸加稱賞。至正十四年，朝廷除先生翰林待制、奉議大夫，遣使者賜以御酒名幣，浮海徵之。先生辭疾不起，而爲表以進曰：「名器者，祖宗之所以遺陛下，使與天下賢者共之者，陛下不得私與人。待制之職，臣非其才，不敢受。酒與幣，天下所以奉陛下，陛下得以私與人，酒與幣，臣不敢辭也。」先生既不仕，則家居，日以著書爲事。所著有周易纂註。十七年，明兵入徽州，守將將要致之，先生曰：「吾豈事二姓者邪！」因被拘囚。久之，親戚朋友攜具餉之，則從容爲之盡歡，且告以必死狀。其妻聞之，使語之曰：「君苟死，吾其相從地下矣。」先生使謂之曰：「若果從吾死，吾其無憾矣。」明日，具衣冠，北面再拜，自縊而卒。

雲濠案：先生著春秋經傳闕疑四十五卷、師山集八卷、遺文五卷、附録一卷。

梓材謹案：慈湖學案洪隱君傳謂先生學于淳安，嘗曰：「朝陽先生，吾師之。復翁、大之二先生，吾所資而事之。」朝陽爲吳先生暾，大之爲夏先生溥，復翁卽隱君震老也。

師山文集

曩歲，憒然日用心于句讀文辭之間，而無有得。其後，優游饜飫，爲日既久，若有所獲。以前所聞者讎之，往往不合，乃知道理在天地間，非真積力久，心融意會，不可恍惚想像，遽爲去取。

自孟子没，詩、書出秦火中，殘壞斷缺，無一完備，重以漢儒章句之習，破碎支離，唐人文章之弊，浮夸委靡，雖有董仲舒、韓愈之徒，或知理之當然，而終莫知道之所以然，故二氏之學，得以乘隙出入其間，以似是而實非之言，飾空虛無爲之説誘吾民，上焉者落明心見性之埸，下焉者落禍福報應之末，而吾儒無復古人爲己之學，徒以口舌辯給，卒不能勝，使天下如飲而醉、病而狂者，千四百年。貞元會合之氣，散而復聚，于是汝南周夫子出焉。河南兩程夫子接跡而起，相與昌明之而益大。至吾新安朱子，盡取羣賢之書，析其異同，歸之至當，集其大成，使吾道如青天白日，康衢砥道，千門萬户，無不可見，而天地之祕，聖賢之妙，發揮無餘蘊矣。然自是以來，三尺之童，即談忠恕，目未識丁，亦聞性與天道，一變而爲口耳之弊。蓋古人之學，是以所到之淺深，爲所見之高下，所言皆實事；今人之學，是遊心千里之外，而此身原不離家，所見雖遠，而皆空言，此豈朱子教世之意？其得罪于聖門而負朱子也深矣！

吾黨今日但當潛心聖賢之書，進退俯仰，一隨其節，久而吾心與之爲一，自有得焉，不可先立一說，積于胸中，主爲己見，而使私意得以積起，庶幾防邪存誠，雖有小失，隨時救正，不致大繆，如此死而後已，以冀于道可入。

近時學者，未知本領所在，先立異同，宗朱則毁陸，黨陸則非朱。此等皆是學術風俗之壞，殊非好氣象也。陸子静高明不及明道，縝密不及晦庵，然其簡易光明之説，亦未始爲無見之言也，故其徒傳之久遠，施于政事，卓然可觀，而無頹墮不振之習。但其教盡是略下工夫，而無先後之序，而其所見，又不免有知者過之之失，故以之自修雖有餘，而學之者有弊。學者自當學朱子之學，然亦不必謗象山也。以敬爲主，以謹獨爲要，則工夫無間斷，而自强不息，雖聖人之純亦不已，皆由此進。以上與王真卿。

天地一易也，古今一易也，吾身亦一易也。以天身而論之，心者，易之太極也；血氣者，易之陰陽也；四體者，易之四象也；進退出處之正與不正，吉凶存亡之所由應者，易之用也。近取諸身，易無不盡，雖無書可也。周易大傳附註序。

春秋損益四代之制，爲百王不刊之典，所以著聖人之大用，體天地之道而無遺，具帝王之法而有徵，其功足以遏人欲于橫流，存天理于既滅。明之者，帝王之治可復。六經無春秋，殆皆空言而已。（春秋經傳闕疑序。）

道外無文，外聖賢之道而爲文，非吾所謂文。文外無道，外六經之文而求道，非吾所爲道。（餘力稿自序。）

士君子在天地間，惟出處爲一大事，故觀其出處之節，而人之賢否可知。然出處之際，禍患之來，常有不可避者，聽其在天而已。（送徐推官序。）

陸子之質高明，故好簡易；朱子之質篤實，故好邃密。各因其質之所近，故所入之途不同。及其至也，仁義道德，豈有不同者？同尊周、孔，同排佛、老，大本達道，豈有不同者？後之學者，不求其所以同，惟求其所以異。江東之指江西則曰：「此怪說之行也。」江西之指江東則曰：「此支離之說也。」此豈善學者哉！朱子之說，教人爲學之常也；陸子之說，才高獨得之妙也。二家之說，又各不能無弊。陸氏之學，其流弊也，如釋子之談空說妙，工于鹵莽滅裂，而不能盡夫致知之功。朱子之學，其流弊也，如俗儒之尋行數墨，至于頹惰委靡，而無以收其力行之效。然豈二先生垂教之罪哉，蓋學者之流弊耳！（送葛子熙序。）

程子曰：「敬者，聖學之所以成始成終。」秦、漢以來，非無學者，而曰孟軻死，千載無眞儒，何也？不知用力于此，而溺于訓詁詞章之習，故雖專門名家，而不足以爲學，皓首窮經，而不足以知道，儒者之罪人耳。近世學者，忠恕之旨，不待呼而後唯；性與天道，豈必老而始聞，然出口入耳，其弊益滋，則又秦、濂以來諸儒之罪人。王居敬字序。

爲學之道，用心于支流餘裔，而不知大本大原之所在，吾見其能造道者鮮矣。太極圖說、西銘，其斯道之本原與！太極之說，是卽理以明氣；西銘之作，是卽氣以明理。太極之生陰陽，陰陽之生五行，豈有理外之氣？天地之塞吾其體，天地之帥吾其性，豈有氣外之理？天地之大，人物之繁，孰能出于理氣之外哉！二書之言雖約，而天地萬物無不備矣。跋太極圖西銘。

方今之吏，强者不過生事以立聲名，弱者不免廢事以市恩惠。也先脫囚碑。

梓材謹案：此下有一條，爲王處士立傳于後。

附錄

先生嘗謂學者曰：「斯道之懿，不在言語文字之間，而具于性分之內；不在高虛廣遠之際，而行乎日用常行之中。以此窮理，以此淑身，以此治民，以此覺後，庶乎無媿于古之人矣。」行狀。

師山講友

州同鮑先生同仁

鮑同仁，字國良，歙縣人。歷官會昌州同知，所至皆有治績。先生性慧巧，旁通鍼砭之術。參姓譜。

雲濠謹案：江南通志載先生著有通玄指要賦注二卷、經驗鍼法一卷。

鮑先生葉

鮑葉，字君茂。見師山所作亦政堂記。參師山文集。

承旨危雲林先生素別見靜明寶峯學案。

師山學侶

徵君唐白雲先生仲實附師錢水村。

唐仲實，名桂芳，歙之槐塘人，教授元第五子也。生有夙慧，年十五，受詩錢水村，盡得其學。時危太樸、鄭師山皆負人倫鑒，咸折節與交。薦除崇文學諭、南雄學正，皆不就。戊戌，明太祖幸歙，延訪耆碩，守臣鄧愈以其名聞。召見，首問平天下要道，對以不嗜殺人語，太祖大喜。因力陳築城之苦，立爲罷役。賜尊酒粟帛，撫慰而去。事載御製五倫書。所著有武夷小稾、白雲集畧行于世，學者稱爲白雲先生。參歙縣志。

梓材謹案：歙縣志古蹟：「三峯精舍在槐塘，唐白雲所築。常與危太樸、鄭師山講論此堂。前對三峯聳秀，故名。」

師山同調

處士王先生廷珍

王廷珍，字子真，祁門處士。師山誌其墓云：「子真讀書見大意，謂聖賢作經，意在言表，豈拘拘注腳者所可得其本旨，要當真體實認，見之日用常行間。」

胡石丘先生默

胡默，字孟成，婺源人，號石丘生。師山序其文集云：「孟成文奇崛而有氣，詩深遠而無瑕，善于學古者也。但奇崛者宜變而平易，深遠者當使之明白，是又在孟成種績之久，時至而骨自換也。予嘗以是語孟成。他日其徒洪生斌手鈔孟成所爲詩文若干卷，因以語孟成者語之，是亦朋友忠告之道也。」參師山遺文。

禮部程黟南先生文

程文，字以文，婺源人。自幼事父母以孝聞。家貧，勤苦自勵。比壯，束書遊學，四閱寒暑，研窮六經，博考諸子百氏，學業日進，遂挾策入京師。平章巎公、翰林虞公、歐公、揭公皆推許，然安分恬退，不務進取。受知虞、揭尤深。預修經世大典，書成，例授各路儒學教授，借注黃竹嶺巡給。任滿，調懷孟教授。丁內艱，廬于墓側。辛巳，科舉復興，浙省以掌卷官召。比還，丁外艱，復廬墓側，終喪未嘗御酒肉。再爲臨清漕運萬户教授，考滿，御史臺、翰林院交舉，任編修官云。家學得程、朱之旨，文章有史、漢之風。再授助教，拜監察御史，彈劾不避權貴。與待制余公闕爲忘年友。丞相賀公欲不次用之，以年老乞身，授禮部員外郎，奉命齎賜江浙省丞相達公。時浙東所屬郡邑半歸方氏，浙省屬張氏，徽、饒、衢、信、江西咸非元土，遂寓居紹興錢清僧舍。一日，張氏遣使致禮，堅卧不顧。既而兵四集，乃之杭，主貢憲使師泰所，遂卧疾。張氏之爲平章者就謁，擁衾面内卧，不回視。復遷寓西山僧舍，疾遂篤，謂師泰曰：「吾以死累子。」卒年七十一。有蚊雷小稾、師音集、黟南生集，刊之西湖書院云。參新安文獻志。

師山家學融堂四傳。

縣尹鄭先生璉

鄭璉，字希貢，師山弟也。慷慨有志略。自遭喪亂，追隨師山于患難，不避艱險。鮑仲安之起義兵，先生與焉。鄧愈購師山，先生自先赴難。既不能脱，師山挺身出，謂先生曰：「汝當屈身以保家。」先生泣應之，然且終其身不仕。

梓材謹案：先生在元，仕至歙縣尹。潘從善誌其墓云：「至正十三年，以復婺源州功，受太白渡巡司。十六年，克復黟、祁二縣，元帥李誠以其功呈樞密院，陞充行軍都鎮撫。是年予轉浙任，邑乏撫字官，元帥八爾思公薦公爲歙縣尹。」

訓導鄭溪西先生忠

鄭忠，字以孝，師山之族孫也。少隨師山。戊戌之難，師山以遺戒與之曰：「我之死也，所以爲天下立節義，爲萬世立綱常，其在汝輩所宜自勉。爲臣盡忠，爲子盡孝，以不辱爲親爲族足矣，何必區區悲慕邪？」先生後以薦爲歙學訓導，自號溪西漁。

州同鄭樗庵先生潛

鄭潛，字彥昭，歙縣人也。于師山不同譜，而以叔父事之。師山嘗稱其「敏悟堅篤，吾鄉子弟之千里駒也。」又曰：「吾嘗有後生無可語之歎，得潛而釋然。」官至監察御史、泉州總管。入明同知□州。所著有白沙稾、樗庵集。子桓，官至河南參政，亦有時名。

師山門人

鮑先生元康

鮑元康，字仲安，歙縣人也。少喜讀書，自經籍外，諸史諸子以及山經地志、岐黃醫書、孫吳兵法、道藏佛典無所不究，而尤以修飭行義爲先。已而學于師山，則曰：「前所學者，皆誤也，吾今知之矣。」乃日從事于六經、四書，而尤盡心于易，日讀一卦，周而復始，有得卽筆記之。且曰：「程、朱之說，謹問簡畧，蓋引而不發，學者宜盡心玩味，使與六十四卦三百八十四爻相出入，字字有所歸宿，方爲有得。」嘗語人曰：「自吾見鄭先生，于體認道理，識所謂大潑潑地者，于應事得經權之道焉。」先是，其父魯卿善治生，仲安代之承家曰：「先人將積有餘以及人，元康敢不善述之。」乃以其歲所入爲十分，其三以爲家用，其三以供貢賦及官府公用，其二貯之以防水旱，其一以賑族黨姻鄰各有差等，其一以待親友之有患難者，立社倉而不取其息。休寧有務官以負課粥二女爲倡，百計贖之；朱子祭田百畝爲族人所盜賣，以中統鈔一萬五千餘貫復之，其他不能枚舉也。紅巾兵至饒州，集鄉勇以捍州里。已而官軍棄城走，乃籍鄉里之貧者，計口給粟，使盡挈老幼入山避之。時師山正當厄，先生謀于諸生曰：「家破可以再營，師死不可再得。」傾家救之，得出。是年，官軍來復新安，先生與其從子深、師山之弟璉皆起義兵應之。出入山谷，積勞成疾，囈語諄諄，猶曰「殺賊」，竟卒。甫三日，紅巾復至，先生之家遂破。初，師山門下弟子日盛，先生爲築書院以處之，師山曰：「繼我主講席者，子也。」及先生卒，師山哭之慟。

梓材謹案：謝山于是卷劄記云：「尚有鮑安。」然查師山文集及諸書無及鮑安者，蓋即鮑仲安也。

山長鮑先生深

鮑先生浚合傳。

鮑先生淮合傳。

修撰鮑先生頫合傳。

鮑深，字伯原，仲安之從子也。其父同仁，與師山爲學侶，官至同知會昌州。先生與弟浚、淮並學于師山，行業與仲安等。師山之被購也，仲安爲行賕，先生冒死入城，自任其事，遂得免。師山被召，先生攝行師山書院山長，以教諸生。師山至四明而返，道出淳安，將留焉，先生迎之而還。元兵復新安，先生與仲安以義兵應之，時人稱爲「鄭門二鮑」。仲安死于行間，先生爲主其喪，出其柩于兵革之中而葬之。明師下徽州，鄧愈復購師山。先生先令遁去，而使己子頫代入獄。榜掠百輩，度不可免，師山乃挺身出。先生朝夕在獄，視其飲食。師山自罄㊀，先生躃踊號哭，如喪父母，痛無以救其師也。頫，字尚

㊀「罄」字，原本作「磬」，據龍本改。

褧，少隨其父講學師山，兼遊石丘先生胡默之門。洪武初，以薦起，歷官翰林修撰，同知耀州。非罪而死時，先生尚在堂，論者以爲天道之難諶也。

梓材謹案：萬姓統譜載尚褧云：「從學鄉先生張子經、胡孟成、鄭彥昭諸先生輩。」是其從遊者不獨師山、石丘也。

附錄

新安再陷，元軍復至，伯原被執。其帥欲殺之，伯原從容言曰：「山林遺民，捍禦鄉井，將軍奈何不撫綏之而反殲之乎？」帥乃釋之。

鮑先生觀

鮑先生偕合傳。

鮑觀，字以仁，仲安之從子也。其父棐，亦師山老友。先生與其弟偕並學于師山，孝友稱于鄉里。嘗築堂以奉親，師山名之曰亦政。師山將死，先生流涕而言曰：「觀願得一言以自警，則尊所聞，行所知，猶侍左右也。不然，死且不瞑。先生幸哀之。」師山援筆書曰：「予之以『亦政』名子堂也，其謂父父子子、兄兄弟弟、夫夫婦婦，刑于家，化于鄉，是亦爲政而已矣，奚必食君之祿，治民之事，而後爲政？子兄弟其勉之！」師山之死，先生周旋最力。

鮑先生葆

鮑葆，亦伯原子也。師山被囚，日侍側。一日，請曰：「先生素愛靈山之秀，近得西山釣石極佳，當俟先生事定後，築草堂以講學。」師山歎曰：「吾且死矣，子好爲之！」嘗考乾、淳之際，東陽郭氏、吴氏、何氏皆以富家子興起于學，徧遊東萊、同甫、説齋、止齋、水心諸公之門，父子兄弟交馳講舍，可謂一時之盛。師山之講學，亦資鮑氏之力。顧東陽諸子尚在承平之時，而鮑氏當喪亂。其崎嶇百死，以衞其師，蓋有古人之風。後世之泊然于師友之際者，足以感媿也夫！

汪先生自明

汪自明，字俊德，歙縣人也。師山之死，以孤逢辰託之。

王先生友直

王友直，字季温，婺源人也。初，師黟南。已而，黟南令助教于師山，出則講授諸生，入見則執弟子禮，相隨六年，師山愛之如骨肉。師山蒙難，自始囚至就死，未嘗一日舍去。時黟南避地越中，師山以所著春秋闕疑屬之，使歸請序于黟南而傳之。顧新安文獻志不載其人。

洪先生斌

洪先生杰合傳。

洪先生宅合傳。

洪斌，字節夫，歙縣人也。帥其弟曰杰，字仲德；曰宅，字季安，並學于師山。師山嘗登天目，宿獅子寺，盤桓玉立亭上，睹雲海之奇，見城南覆船山邃深險易，爲一郡最勝處，自是每夏攜書避暑山中，先生因爲搆招隱草堂于眠雲石下，師山偕黟南諸公賦詩焉。先生亦嘗師石丘先生胡默。

吴先生虎臣

吴虎臣，字道威，歙縣人也。師山先生之妹丈，因從學焉。家于縣南，其地曰富登，有一石巖然出江上，勢若飛入江中，師山每過之，輒坐釣其上，徘徊不能去，人因稱爲「鄭公釣臺」。淮閫余闕聞之，以篆書「鄭公釣臺」寄之，鮑以仁輩乃建草堂，以爲講學之地。

國良家學

山長鮑先生深

鮑先生浚

鮑先生淮並見師山門人。

君茂家學

鮑先生觀

鮑先生偕並見師山門人。

石丘門人

修撰鮑先生頫

洪先生斌並見師山門人。

黟南門人

王先生友直見上師山門人。

樗庵家學融堂五傳。

參政鄭先生桓

鄭桓，字居貞，歙縣人，同知潛子。先生從父官閩中，從貢泰甫遊。明初，以碩儒與唐仲實等召對，官終河南布政司左參政。後坐方正學黨死。參姓譜。

㮄庵門人

修撰鮑先生潁見上師山門人。

伯原家學

修撰鮑先生潁

鮑先生葆並見師山門人。

宋元學案卷九十五

蕭同諸儒學案

全祖望補本

蕭同諸儒學案表

蕭𣄬——孛朮魯翀——子遠

附師蕭克翁。——竇伯輝

——呂思誠——和希文

附翟彝。

——第五居仁

——賈仲元並見榘庵門人。

同恕——第五居仁

——賈仲元——石伯元

並晦翁續傳。

韓擇

侯均

並勤齋同調。

趙世延
渠庵同調。

蕭同諸儒學案序録

祖望謹案：有元立國，無可稱者，惟學術尚未替，上雖賤之，下自趨之，是則洛、閩之沾溉者宏也。如蕭勤齋、同渠庵輩，其亦許、劉之徒乎！述蕭同諸儒學案。梓材案：是卷亦謝山所特立，所以歸元儒之未詳師承者。

晦翁續傳

貞敏蕭勤齋先生𣂏

蕭𣂏，字惟斗，陝西奉元人。自兒時，性至孝。初出爲府史，語當道不合，即引退。讀書南山者三十年。製一革衣，由身半以下，及卧，輒倚榻玩誦不少置，學者及其門請業日衆。世祖分王秦，辟先生與韓擇同侍秦邸，以疾辭。授陝西儒學提舉，不赴。省憲大臣即其家具宴，使從史先詣先生舍。時先生方汲水灌園，從史固不識也，使飲馬，姑應之自若。少頃，冠帶出迎客，從史懼，伏地謝罪，亦殊不屑意。後累以集賢直學士、國子司業、集賢侍讀學士徵，皆不起。武宗嗣位，拜太子右諭德，扶病至京，入覲東宫，書酒誥爲獻，以朝廷時尚酒也。尋解去。或問其故，曰：「禮，東宫東面，師傅西面，此禮今可行乎？」再除集賢學士、國子祭酒，疾作，固辭歸。卒年七十八，賜謚貞敏。先生教人，必自小學始。爲文辭，立意精深，言近旨遠，侯均嘗謂：「元有天下百年，惟蕭惟斗爲識字人。」所著有三禮說、小學標題駁論、九州志及勤齋文集行世。從黄氏補本録入。

文貞同榘庵先生恕

同恕，字寬甫，其先太原人。五世祖遷秦中，遂居奉元。家世業儒，同居二百口，無間言。先生年十三，以書經魁鄉校。世祖至元間，朝廷始分六部，選名士爲吏屬，關陝以先生貢禮曹，辭不行。仁宗踐阼，即其家拜國子司業，使三召，不起。西臺㊀侍御史趙世延，即奉元置魯齋書院，以先生領教事，先後來學者以千計。延祐設科，再主鄉試，人服其公。六年，召爲左贊善大夫。明年，移疾歸。文宗天曆初，拜集賢侍讀學士，以老辭。其學由程、朱溯孔、孟，務貫浹事理，以利于行。平居，雖大暑，不去冠帶。時祀齋肅詳至。嘗曰：「養生有不備，事猶可復，追遠有不誠，是誣神也，可逭罪乎！」聚書數萬卷，扁所居曰榘庵。時蕭惟斗居南山下，亦以道高當世，入城，必主先生家，士論稱之曰蕭、同。卒年七十八，追封京兆郡侯，謚文貞。所著榘庵集二十卷。同上。

㊀「西臺」，元史本傳作「陝西行臺」。

勤齋同調

徵君韓先生擇

韓擇，字從善，與蕭惟斗同邑。其教人，雖中歲後，必使自小學始。或疑爲陵節勤苦，先生曰：「人不知學，白首童心。且童蒙所當知，而皓首不知，可乎？」世祖嘗召之赴京，不起。其卒也，門人服緦麻者百餘人。同上。

博士侯先生均

侯均，字伯仁，亦與惟斗同邑。少孤，獨與繼母居，賣薪以給奉養。積學四十年，羣經百氏無不淹貫。每讀書，必熟誦乃已。嘗言：「人讀書不及千徧，終于己無益。」名震關中，用薦起太常博士。後以上疏忤時相意，不待報卽歸。同上。

榘庵同調

文忠趙先生世延

趙世延，字子敬，其先雍古族人，居雲中北邊。祖按竺邇，幼孤，鞠于外大父朮要申㈠，謁爲趙家，因氏爲趙。後家成都。先生天資秀發，喜讀書，究心儒者體用之學。弱冠，世祖召見，俾入樞密院御史

㈠「朮要申」，元史本傳作「朮要甲」。

臺肄習官政。歷拜平章政事。至順元年，詔與虞集等纂修皇朝經世大典。至元改元，除奎章閣大學士、翰林學士承旨、魯國公。明年卒，年七十七，謚文忠。先生歷事九朝，敭歷省臺五十餘年，負經濟之資，而將之以忠義，守之以清介，飾之以文學，凡軍國利病，生民休戚，知無不言，而于儒者名教，尤拳拳焉。參史傳。

勤齋門人

文靖孛朮魯菊潭先生翀附師蕭克翁、子遠。

孛朮魯翀，字子翬，順陽人。狀貌魁梧，不妄言笑。父居謙，辟掾江西。先生稍長，即勤學，從新喻蕭克翁學。已復從蕭貞敏遊。梓材案：以上二十八字，從黃氏補本節入。其爲學一本于性命道德，文章典雅，深合古法。累官集賢直學士，兼國子祭酒。時諸生素已望先生，至是，私相歡賀。先生以古者教必有業，退必有居，遂作屋四區，以居學者。諸生積分，有六年未及釋褐者，先生至，皆使就試而官之。卒，封南陽郡公，謚文靖。有文集六十卷。子遠，字明道，以蔭調祕書郎，轉襄陽縣尹。未行，南陽賊起，明道以忠義自奮，傾財募丁壯，得千餘人，與賊拒戰，俄而賊大至，遂被害。

梓材謹案：先生傳向列北方學案魯齋門人中，而不詳師承，黃氏補本則詳之，故合訂之，以入是卷。

忠肅呂先生思誠附翟彝。

呂思誠，字仲實，平定州人。母馮氏，夢文昌星而生，目有神光，見者異之。及長，從蕭勤齋學治經。已而入國子學爲陪堂生。擢泰定元年進士，授同知遼州事，改景州蓨縣尹。刻孔子像，令社學祀事。有翟彝者，自其大父因河南亂，被掠爲人奴，歲納丁粟以免作。先生知彝力學，召其主與之約，終彝身粟三十石，仍代之輸，彝得爲良民。累擢國子監丞，陞司業，拜監察御史大夫，出僉廣西廉訪司事。移浙西。達識帖睦爾時爲南臺御史大夫，與江浙省臣有隙，嗾先生劾之，先生曰：「吾爲天子耳目，不爲臺臣鷹犬也。」不聽。已而聞行省平章應吉㊀貪墨，浙民多怨之，先生奏疏其罪，流之海南。復召爲國子司業，歷遷河東廉訪使。未幾，召爲集賢侍讀學士，兼國子祭酒。官至光祿大夫、大司農。卒年六十五。先生三爲祭酒，一法許文正之舊，諸生從化，後多爲名士。嘗病古注疏太繁，魏鶴山刪之太簡，將約其中以成書，不果。有文集若干卷、兩漢通紀若干卷。謚忠肅。參史傳。

靜安第五先生居仁

賈先生仲元並見樂庵門人。

樂庵門人

靜安第五先生居仁

第五居仁，字士安，□□人。幼師蕭惟斗。弱冠從同氏受學，博通經史。躬率子弟力農，學徒滿

㊀「應吉」，元史本傳作「左吉」。

門。嘗行田間，遇有竊其桑者，先生輒避之。鄉里高其行誼，率多化服。遊其門者，皆學明行修。卒之日，門人私謚靜安先生。從黄氏補本録入。

賈先生仲元

賈仲元，□□人。學于蕭貞敏公、同文貞公，一出于正者也。參王忠文集。

菊潭門人勤齋再傳。

博士竇先生伯輝

竇伯輝，中山人。師國子祭酒孛朮魯先生。有讀書之堂，名曰「醉經」，實祭酒所命。年既艾而學不倦。累官郡博士，所至以經術教授子弟。同上。

忠肅門人

侍郎和先生希文

和希文，平定人。學行過人。洪武中，擢用，涖職勤能。官至刑部侍郎。參姓譜。

梓材謹案：先生爲贊善時，北歸養母，宋景濂送之以序，言：「先生呂忠肅公之高第弟子也。在勝國時，肄業成均，通詩之傳疏，積試八分，丁外艱而去。養母太行山中，飲水著書以爲樂。」又言：「徐魏公聞其名，薦而起之，擢爲刑部郎中。未幾，遷太子贊善大夫。」

賈氏門人渠庵再傳。

鄉貢石先生伯元

石伯元，京兆人。嘗舉鄉貢進士，爲陝西第一。已而隱不仕。其學受于賈仲元氏。所著周易演說，謂易道不可以傳注求，求易傳于傳注，則其道愈不明。于是諸儒之說悉棄弗省，獨取河、洛二圖以玩索之，一旦恍然，若心領其義而神會其旨者，乃筆而爲書，每卦有說，專以明象爲要，非苟爲空言而已。至于河圖、洛書之數，重卦變卦揲卦之法，又爲十二圖以發揮其要指云。參王忠文集。

宋元學案卷九十六

元祐黨案　全祖望補本

元祐黨案表

曾任宰相者七人：

司馬光（別爲涑水學案。）

文彥博（別見泰山學案。）

呂公著（別爲范呂諸儒學案。）

呂大防（別見范呂諸儒學案。）

曾任執政者十六人，內除鄭雍、李淸臣：

梁燾（別見泰山學案。）

王巖叟（別見范呂諸儒學案。）

王存

傅堯俞（別見涑水學案。）

曾任待制以上者三十五人，內除楊畏：

蘇軾（別見蘇氏蜀學略。）

范祖禹（別爲華陽學案。）

王欽臣

姚勔

餘官三十九人：

秦觀（別見蘇氏蜀學略。）

湯馘

杜純（別見范呂諸儒學案。）

司馬康（別見涑水學案。）

又侍從官二人：

岑象求

上官均（別見范呂諸儒學案。）

又餘官四人：

孫諤

劉摯 別見泰山學案。
范純仁
韓忠彥 並見高平學案。

趙瞻 別見涑水學案。
韓維 別見范呂諸儒學案。
孫覺 別見涑水學案。
范百祿 別見范呂諸儒學案。
胡宗愈 別見廬陵學案。
蘇轍 別見蘇氏蜀學略。
劉奉世 別見廬陵學案。
范純禮 別見高平學案。
陸佃 別見荆公新學略。
安燾 別見安定學案。

顧臨 別見安定學案。
趙君錫 別見高平學案。
馬默 別見泰山學案。
孔武仲 別見濂溪學案。
王汾
孔文仲 別見濂溪學案。
朱光庭 別見劉李諸儒學案。
吳安持
錢勰
李玄純 別見蘇氏蜀學略。

宋保國 別見荆公新學略。
吳安詩
張耒 別見蘇氏蜀學略。
歐陽棐 別見廬陵學案。
呂希哲 別見滎陽學案。
劉唐老
晁補之 別見蘇氏蜀學略。
黃庭堅 別見范呂諸儒學案。
黃隱 別見涑水學案。
畢仲游

范柔中
鄧考甫
江公望

又曾任執政一人：

蔣之奇 別見廬陵學案。

又曾任待制以上一人：

龔原 別見荆公新學略。

又餘官九人：

鄧忠臣
馬涓 別見范呂諸儒學案。

孫覺 別見安定學案。

鮮于侁

趙彥若

趙卨

孫升

李周 別見涑水學案。

劉安世 別爲元城學案。

韓川

賈易

呂希純 別見范呂諸儒學案。

附弟仲愈。

常安民 別見范呂諸儒學案。

孫平仲 別見濂溪學案。

王鞏 別見蘇氏蜀學略。

張保源

汪衍

余爽

鄭俠 別見荆公新學略。

常立

程頤 別爲伊川學案。

尹材 別見涑水學案。

李深 別見范呂諸儒學案。

李之儀

范正平 並見高平學案。

蘇昞 別見范呂諸儒學案。

周鍔 別見士劉諸儒學案。

李昭玘 別見安定學案。

又不在碑目三人：

晁説之 別爲景迂學案。

李勉 附見范呂諸儒學案。

曾肇（別見廬陵學案。）
王覿
范純粹（別見高平學案。）
呂陶（別見蘇氏蜀學略。）
王古
陳次升
豐稷（別見范呂諸儒學案。）
謝文瓘
鄒浩（別爲陳鄒諸儒學案。）
張舜民（別見范呂諸儒學案。）

唐義問
余卞
李格非（別見蘇氏蜀學略。）
商倚
張庭堅（別見范呂諸儒學案。）
李祉
陳祐
任伯雨（別見蘇氏蜀學略。）
陳郛
朱光裔

家愿（別見蘇氏蜀學略。）

蘇嘉

陳瓘 別爲陳鄒諸儒學案。

龔夬

呂希績 並見范呂諸儒學案。

歐陽中立 別見涑水學案。

吳儔

元祐黨案序録

祖望謹案：元祐之學，二蔡、二惇禁之，中興而豐國趙公弛之。和議起，秦檜又禁之，紹興之末又弛之。鄭丙、陳賈忌晦翁，又啓之，而一變爲慶元之錮籍矣。此兩宋治亂存亡之所關。嘉定而後，陽崇之而陰摧之，而儒術亦漸衰矣。其事跡已散見諸公傳，又放大事表之意，述元祐、慶元黨案，以至晚宋如周密之徒，凡詆詈諸儒者皆附之。梓材案：元祐、慶元黨案爲謝山所特立，其稾無存，今照序録完葺，俾覽者可攷兩宋道學之興廢所由。是卷先譜元祐黨籍，以紹興攻專門之學者附之。

元豐八年乙丑

三月，神宗崩，哲宗即位，宣仁太后、高氏同聽政。

五月，時相王珪卒，蔡確、韓縝相。

起司馬温公光知陳州。

以宗正丞召程明道顥，未行而卒。

七月，以吕申公公著爲尚書左丞。

温公、申公、韓康公絳等薦程伊川頤。

十一月，除伊川汝州團練推官、西京國子監教授。

十二月，開經筵。

元祐元年丙寅

宣仁太后臨朝。

二月，修神宗實録。

伊川至京師，授宣德郎、祕書省校書郎。

臺諫孫覺、劉摯、王巖叟、朱光庭、上官均交論蔡確、章惇罪。閏月，蔡確罷。

温公相。

三月，章惇罷。以范純仁同知樞密院事。命韓維、吕大防、孫永、范純仁詳定役法。

詔伊川爲通直郎，充崇政殿説書。

四月，韓縝罷。

申公相。

温公請起文潞公彦博平章軍國重事。

是月，故相王荊公安石卒。

元祐二年丁卯

宣仁太后臨朝。

潞公、申公並相。

詔蘇轍、劉攽編次神宗御製。

二月，伊川差權同管句西京國子監，伊川乞歸田里。

四月，詔潞公十日一議事都堂。

八月，孔文仲劾伊川。

元祐三年戊辰

宣仁太后臨朝。

二月，伊川父乞致仕，章五上不得命。

四月，申公懇乞辭位。孔文仲卒。

呂汲公大防、范許公純仁並相。

轉孫固、劉摯門下中書侍郎，王存、胡宗愈左右丞，趙瞻簽書樞密院事。時元祐之治比隆嘉祐。無何，黨議復興，宗愈進君子無黨論。

十二月，頒元祐敕令式。

范蜀公鎮卒。

伊川受經筵之命。

六月庚辰，以呂惠卿惡首罪魁，竄之。八月，命伊川兼修國子監太學條制。

差判登聞鼓院。

九月，温公卒。

是年，調楊龜山。時徐州司法以憂去。

元祐四年己巳

宣仁太后臨朝。

潞公、申公、汲公、許公並相。

二月，申公卒。

三月，趙樞密瞻卒。

四月，孫樞密固卒。

五月，蔡確安置新州。

六月，許公出知潁昌府。

是年，李端伯籲卒。

元祐五年庚午

宣仁太后臨朝。

潞公、汲公並相。

伊川以父喪去官。

二月，潞公致仕。

四月，詔講讀官御經筵。

自温公卒後，王安石之徒多爲飛語，以搖動在位。汲公、許公畏之，欲參用其黨，以平舊怨，謂之調停。

十一月，傅侍郎堯俞卒。

元祐六年辛未

宣仁太后臨朝。

二月，劉忠肅拜相。

三月，汲公上神宗實録。

十一月，忠肅罷。

行元祐觀天歷。

是年，賜進士馬涓第一。

元祐七年壬申

宣仁太后臨朝。

三月，除伊川直祕閣、權判西京國子監。

六月，蘇子容頌相。

七月，詔修神宗史。

元祐八年癸酉

宣仁太后臨朝。

正月，范祖禹上仁皇訓典。

蔡確死于新州。

三月，蘇頌罷。

六月，中書省上元祐在京通用條貫。

七月，許公復相。

九月，宣仁太后崩。

十月，哲宗始親政事。

十一月，楊畏疏言神宗立法更制以垂萬世，乞賜講求用成繼述之道。

十二月，除章惇資政殿學士、呂惠卿中大夫、王中正遥郡團練使。

紹聖元年甲戌

二月，以李清臣爲中書侍郎，鄧潤甫爲尚書右丞。

三月，來之邵疏罷汲公。

紹聖二年乙亥

章惇專政。

正月，詔國史院增補先帝御集。

十一月，貶故相許公。

紹聖三年丙子

章惇專政。

二月，罷富鄭公弼配享。

試進士，李清臣發策有誅元祐諸臣議，尹和靖焞不對而出，自是紹述之論大興。

范淳夫乞復，召伊川還經筵。

四月，章惇相，以曾布爲翰林學士，張商英爲右正言。布請改元，以順天意，明紹述。許公求罷，以蔡卞爲國史修撰。

是月，章惇以王安石配享神宗廟庭，追復蔡確原官，重修神宗實録。

五月，從張商英言，編類元祐羣臣章疏及更改事條。

鄧潤甫死。

七月，奪温公、申公贈謚。王巖叟贈官。貶吕汲公、劉忠肅、蘇轍、梁燾等。

十二月，安置范祖禹、趙彦若、黄庭堅與汲公等。

紹聖四年丁丑

章惇專政。

哲宗心惡元祐宰執。

二月，命追貶温公、申公、王巖叟、趙瞻、傅堯俞、韓維、孫固、范百禄、胡宗愈，安置汲公、許公、劉摯、蘇轍、梁燾于循、雷、化、永、新五州。又安置劉奉世柳州。韓維再謫均州。安置王覿、韓川、孫升、吕陶、范純禮、趙君錫、馬默、顧臨、范純粹、孔武仲、王欽臣、吕希哲、希純、希績、姚勔、吴安詩、秦觀十七人通、隋、峽、衡、蔡、亳、單、饒、均、池、信、和、金、光、衢、連、横等州居住。王汾、孔平仲落職。張耒、晁補之、賈易並監當官。朱光庭、孫覺、趙卨、李之純、杜純、李周、孔文仲並追貶。

降潞公太子少保。

元符元年戊寅

章惇專政。

三月，同文館獄起，蔡京與安惇同訊，極意羅織遠錮，宰執劉摯、梁燾子孫重徙。諫官范祖禹、劉安世殺内侍陳衍停，王巖叟、朱光庭諸子不敍。遣吕升卿、董必盡殺元祐流人。

四月，梁況之燾卒于化州。

七月，復竄鄭俠，除秦觀名，編管雷州，重得罪者八百三十家。

范淳夫祖禹卒于化州。

十一月，除元祐餘黨及特旨行遣者並與量移。

元符二年己卯

章惇專政。

伊川追毁出身以來文字，放歸田里。

閏月，張君説坐上書詆訕先朝處死。徙蘇軾昌化軍，范祖禹、劉安世高、賓二州。

三月，命蹇序辰編類司馬温公等事狀及臣僚章疏，人爲一帙，凡一百四十三帙來上，縉紳由是無得脱禍者。

四月，復追貶温公朱厓、申公昌化、王岐公萬安，皆司户參軍。汲公卒于虔州。

五月，潞公卒。

十一月，伊川送涪州編管。

十二月，劉忠肅卒于新州。

元符三年庚辰

正月，哲宗崩，徽宗即位。

二月，進章惇特進，封申國公。以韓儀公忠彦爲門下侍郎，黄履爲尚書右丞，敍復黨人，范許公以下，劉奉

建中靖國元年辛巳

正月，許公卒。趙挺之建議紹述，復攻元祐舊臣，罷范純禮、豐稷、任伯雨、陳瓘、江公望、傅揖出、呂希純、晁補之。

崇寧元年壬午

三月，儀公罷。

五月，温公以下四十四人復行追降。伊川追所復官，依舊致仕。令三省籍記貶降人四十四人姓名，更不得與在

世、呂希純、王覿、吳安詩、韓川、唐義問並分司鄧、光、唐、和、澧、隨、安州，呂希哲、希績、呂陶、陳祐並宮觀，蘇軾、蘇轍、劉安世、秦觀、程頤移廉、衡、英、峽等州，王古、楊畏、王欽臣、范純禮、純粹、晁補之和、潤、襄、兖、亳、信等州，張耒河中府，劉唐老武勝軍，鄒浩、黄隱、黄庭堅、賈易、王回並與監當差，鄭俠任便居住。

四月，伊川復宣德郎，任便居住。

儀公相，許公等十九人再敍。

曾布相。

五月，上從儀公言，元祐臣僚，生者蒙恩，宜甄死者，詔復文潞公、王岐公、司馬温公、呂申公、汲公、劉忠肅、韓維、梁燾、孫固、傅堯俞、趙瞻、鄭雍、王巖叟、范祖禹、趙彥若、錢勰、顧臨、趙君錫、李之純、呂大忠、鮮于侁、孔文仲、武仲、姚勔、盛陶、趙卨、孫覺、

二月，章惇貶雷州司户參軍。

五月，蘇子容卒。

十一月，復召蔡京爲翰林學士承旨。

十二月，詔復邢恕、呂嘉問、路昌衡、安惇、蹇序辰宮觀。

京差遣。

敕榜朝堂并籍元祐、元符黨人新舊合五十餘人。

閏六月，曾布出知潤州。

七月，蔡京相，禁元祐法，創講議司，京自領之。

九月，詔中書籍元符三年臣僚章疏姓名，分正邪，各爲三等，中書奏：正上鍾世美等六人，正中耿毅等十三人，正下許奉世等三十二人，邪上尤甚范柔中等三十九人，邪上梁寬等四十一人，邪中趙越等一百五十人，邪下王鞏等三百十二人。立黨人碑于端禮門：文臣任宰執文潞公等二十四人，任待制以上蘇文忠等三十五人，餘官秦觀以下四十八人，内臣張士良等八人，武臣王獻可等四人，皆御書深刻其罪狀，列爲姦黨。

十月，追貶李清臣、黄履，竄曾肇以下

杜純、朱光庭、李周、張茂則、高士英、孫升凡生前官爵、致仕、遺表、恩澤皆追還之。貶邢恕均州。安惇、蹇序辰除名放歸。

十二月，復伊川通直郎、權判西京。國子監方提舉宙請還先年所奪伊川田土，未行。

崇寧二年癸未

蔡京專政。

正月，竄任伯雨等九人。

四月，范致明論伊川入山著書，覺察。

三十日，伊川追毀出身以來文字，除名。

八月，頒黨人姓名，下監司長吏廳刻石，凡九十有七。

十一月，言者論伊川聚徒傳授，乞禁絕，依之。

是年，有元祐學術政事之禁凡二十有十七人于遠州，貶韓儀公忠彥、梁燾、曾布、范純禮。

崇寧三年甲申

蔡京專政。

六月丁巳，詔元符姦黨通爲元祐姦黨，凡三百有九人，上親書刻石于文德殿之東壁。又命蔡京書而頒之天下。

八月，蔡京上神宗史。

十二月，安惇死。

崇寧四年乙酉

蔡京專政。

正月，蔡卞出知河南府。

三月，趙挺之相。

五月，除黨人父兄子弟之禁。

六月，挺之罷。

九月，還流人貶謫者，以次徙近地。

十一月，章惇死。

四年，至金人圍京師乃罷。

崇寧五年丙戌

正月，以星變，毁元祐黨人碑，劉忠肅摯以下二百有七人敍復有差。伊川復承務郎，依舊致仕。

二月，蔡京罷。

三月，詔黨人許到畿縣。伊川于餘官爲第二等二十三人，尋以通直郎致仕。

大觀元年丁亥

正月，蔡京復相。

五月，詔自今凡總一路及監司之任，勿以元祐學術及異議人充選。

七月，伊川卒。

八月，曾布死。

大觀二年戊子

三月，依詳赦文，看詳到孫固等四十五人，詔除孫固、安燾、賈易外，餘並出籍。又看詳到葉祖洽等六人，詔並出籍。

六月，復依赦，看詳到韓維等九十五人，詔並出籍。

大觀三年己丑

六月，蔡京罷。

七月，詔謫籍人，除元祐姦黨及得罪宗廟外，餘並録用。

大觀四年庚寅

三月，詔上書邪下等人，可依無過人例，今後改官升任，並免檢舉。

閏八月，詔戒朋黨。

政和元年辛卯

十一月，以上書邪等及曾經入籍人，並不許試學官。

政和二年壬辰

蔡京復相。

正月，制上書邪等人並不除監司。

十二月，蘇子由卒。

政和三年癸巳

政和四年甲午

政和五年乙未

政和六年丙申

政和七年丁酉

重和元年戊戌

正月，應元符末上書邪中等人，依無過人例。

九月，禁羣臣朋黨。

宣和元年己亥

王黼自中書侍郎加特進少宰兼中書侍郎。

十二月，召龜山爲祕書郎。

宣和二年庚子

六月，蔡京罷。

宣和三年辛丑

王黼專政。

正月，鄧洵武死。

宣和四年壬寅

王黼專政。

二月，陳了齋瓘卒于楚州。

十二月，上書邪上等人特與磨勘。

宣和五年癸卯

王黼專政。

五月，楊龜山爲崇政殿說書。

七月，禁元祐學術，凡舉人傳習元祐學術者，以違制論。

宣和六年甲辰

十一月，王黼罷。

十二月，蔡京依前太師領三省事。

宣和七年乙巳

四月，蔡京罷。

劉器之安世卒。

十二月，欽宗卽位。

靖康元年丙午

正月，金人犯邊。

以龜山爲右諫議大夫兼侍講。

張邦昌相。

二月，詔元祐學術政事及元祐黨籍指揮更不施行。

龜山兼祭酒。

七月，除元符上書邪等之禁。

种師道薦尹焞學行可備勸講，召至京師，焞不欲留，賜號和靖處士。

蔡京死于潭州。

十月，种師道卒。

謝山宋元祐黨籍碑跋曰：「元祐黨人碑記，世所見者，皆西粤重勒本。是刻爲故相梁公燾曾孫律所重勒，而吉州饒祖堯跋之。其中注已故者六十餘人，則西粤本所無也。內臣之後，別書王珪之名，而繼之曰，『爲臣不忠，曾任宰臣章惇』，亦與西粤本不同。王丞相雖具臣，故不應與章同列，當以梁碑爲是也。」

又跋元祐黨人碑曰：「張章簡公綱在紹興中奉詔看詳元祐黨人名籍狀云：『臣等看詳黨人碑刻，共有二本，一本計九十八人，一本計三百九人，雖皆出于蔡京私意，而九十八者，係是崇寧初年所定，多得其真，其後蔡京再將上書人及已所不喜者作附麗人添入黨籍，冗雜至三百九人。看詳九十八人內，除王珪一名不合在籍，自餘九十七人，多是名德之臣：曾任宰相者，司馬光、文彥博、呂公著、呂大防、劉摯、范純仁、韓忠彥七人；曾任執政者，梁燾、王巖叟、王存、鄭雍、傅堯俞、趙瞻、韓維、孫固、范百祿、胡宗愈、李清臣、蘇轍、劉奉世、范純禮、陸佃、安燾十六人；曾任待制以上者，蘇軾、范祖禹、王欽臣、姚勔、顧臨、趙君錫、馬默、孔武仲、王汾、孔文仲、朱光庭、吴安持、錢勰、李之純、孫覺、鮮于侁、趙彦若、趙卨、孫升、李周、劉安世、韓川、賈易、呂希純、曾肇、王覿、范純粹、楊畏、呂陶、王古、陳次升、豐稷、謝文瓘、鄒浩、張舜民三十五人；庶官，秦觀、湯馘、杜純、司馬康、宋保國、吴安詩、張耒、歐陽棐、呂希哲、劉唐老、晁補之、黄庭堅、黄隱、畢仲游、常安民、孔平仲、王鞏、張保源、汪衍、余爽、鄭俠、常立、程頤、唐義問、余卞、李格非、商倚、張庭堅、李祉、陳祐、任伯雨、陳郛、朱光裔、蘇嘉、陳瓘、龔夬、呂希績、歐陽中立、吴儔三十九人。所有三百九人，豁除九十七人，其餘更有侍從官上官均、岑象求，及餘官江公望、范柔中、鄧考甫、孫諤等六人，名德亦顯然可見。此外二百餘人，姓名有不顯者，及當時議論是非，年遠别無文字考究，難以雷同開具。』是後推恩指揮，止此一百三家，以章簡之奏也。予讀元城語録云，『元祐黨人只七十八人，則所謂九十七人者，已附益十九人矣。其中以予所知，如李清臣，豈應在元祐之内？鄭雍亦附章惇，而陸佃雖在荆公弟子中爲較勝，然要不得云元祐之人也。楊畏之惡，當駕李清臣而上之，至庶官中，亦多庸人廁其間，然則章簡以前碑爲定者，亦非不易之論也。後碑正自多賢人，特混入者，亦不可不考耳。』

元祐黨籍

曾任宰相者七人

文正司馬涑水先生光別爲涑水學案。

忠烈文寬夫先生彥博別見泰山學案。

正獻呂晦叔先生公著別爲范呂諸儒學案。

正愍呂微仲先生大防別見范呂諸儒學案。

忠肅劉莘老先生摯別見泰山學案。

忠宣范堯夫先生純仁

僕射韓先生忠彥並見高平學案。

曾任執政者十六人內除鄭雍、李清臣二人。

左丞梁況之先生燾別見泰山學案。

端明王彥霖先生巖叟別見范呂諸儒學案。

尚書王先生存

王存，字正仲，丹陽人。幼善讀書，年十二，辭親從師于江西，五年始歸。時學者方尚雕篆，獨爲古文數十篇，鄉老先生見之，自以爲不及。慶歷六年，登進士第，調嘉興主簿，累除密州推官。修潔自重，爲歐陽文忠公、呂正獻公、趙康靖公所知。治平中，入爲國子監直講，歷知太常禮院。先生故與王荆公厚，荆公執政，數引與論事，不合，卽謝不往。在三館歷年，不少貶以干進。嘗召見便殿，累上書陳時政，因及大臣，無所附麗，皆時人難言者。元豐元年，神宗察其忠實無黨，以爲國史編修官，修起居注。明年，以右正言、知制誥、同修國史兼判太常寺。五年，遷龍圖閣直學士、知開封府。進樞密直學士，改兵部尚書，轉户部。神宗崩，哲宗立，永裕陵財費，不踰時告備，宰相乘間復徙之兵部。元祐初，還户部，固辭不受。二年，拜中大夫、尚書右丞。三年，遷左丞。以端明殿學士知蔡州。歲餘，加資政殿學士、知揚州。召爲吏部尚書。時在廷朋黨之論寖熾，先生爲哲宗言：「人臣朋黨，誠不可長，然或不察，則濫及善人。」由是復與任事者戾，除知大名府，改知杭州。紹聖初，請老，提舉崇禧觀，遷右正議大夫致仕。既而降通議大夫。先生嘗悼近世學者，貴爲公卿，而祭祀其先，但循庶人之制。及歸老築居，首營家廟。建中靖國元年，卒，年七十九。贈左銀青光禄大夫。先生性寬厚，平居恂恂，不爲詭激之行，至其所守，確不可奪云。參史傳。

獻簡傅先生堯俞

懿簡趙先生瞻並見涑水學案。

少師韓持國先生維別見范呂諸儒學案。

温靖孫先生固別見涑水學案。

資政范先生百禄別見范呂諸儒學案。

尚書胡先生宗愈別見廬陵學案。

文定蘇潁濱先生轍別見蘇氏蜀學畧。

端明劉先生奉世別見廬陵學案。

恭獻范先生純禮別見高平學案。

右丞陸陶山先生佃別見荆公新學畧。

樞密安先生燾別見安定學案。

曾任待制以上者三十五人內除楊畏一人。

文忠蘇東坡先生軾別見蘇氏蜀學畧。

正獻范華陽先生祖禹別爲華陽學案。

待制王先生欽臣

王欽臣，字仲至，宋城人。文公洙之子。清亮有志操，以文贄歐陽兗公，兗公器重之。用蔭入官，文潞公薦試學士院，賜進士及第。歷陝西轉運副使。元祐初，爲工部員外郎。奉使高麗，還，進太僕少卿，遷祕書少監。開封尹錢勰入對，哲宗言：「比閱書詔，殊不滿人意，誰可爲學士者？」勰以先生對。哲宗曰：「章惇不喜。」乃以勰爲學士，先生領開封。改集賢殿修撰、知和州。徙饒州，斥提舉太平觀。徽宗立，復待制、知成德軍。卒，年六十七。先生平生爲文至多，所交盡名士，性嗜古，藏書數萬卷，手自讎正，世稱善本。參史傳。

祭酒姚先生勔

姚勔，字輝中，山陰人。舉進士，歷永康令。元祐初，召爲左正言，奏御史中丞趙君錫雷同俛仰，無所建明。遷起居郎，改國子祭酒。紹聖初，言者論其阿附呂大防、范純仁，謫知信州，再貶水部員外郎，分司南京。參嘉泰會稽志。

雲濠謹案：先生名一作緬。紹聖四年，衢州居住。

學士顧先生臨別見安定學案。

徽猷趙無愧先生君錫別見高平學案。

轉運馬先生默別見泰山學案。

待制孔先生武仲別見濂溪學案。

侍郎王先生汾

王汾，字□□，鉅野人。翰林學士禹偁曾孫。舉進士甲科，仕至工部侍郎。入元祐黨籍。參史傳。

舍人孔先生文仲別見濂溪學案。

學士朱先生光庭別見劉李諸儒學案。

待制吳先生安持

吳安持，字□□，浦城人。同平章事充次子。元祐時，爲都水使者，遷工部侍郎。仕終天章閣待制。參史傳。

龍圖錢先生勰

錢勰，字穆父，吳越王之後，知諫院彥遠之子也。生五歲，日誦千言。十三歲，制舉之業成。熙寧三年試應，既中祕閣選，廷對入等矣，會王荆公惡孔文仲策，遷怒罷其科，遂不得第。以蔭知尉氏縣，授流内銓主簿。判銓陳古靈襄嘗登進班簿，神宗稱之。古靈曰：「此非臣所能，主簿錢勰爲之耳。」明日召對，將任以清要官。荆公使弟和甫來見，許用御史。先生謝曰：「家貧母老，不能爲萬里行。」荆公知不附己，命權鹽鐵判官，歷提點京西、河北、京東刑獄。元豐定官制，先生方居喪。帝于左司郎中格自書其姓名，須終制日授之。奉使弔高麗。還，拜中書舍人。元祐初，遷給事中，以龍圖閣待制知開封府。老吏畏其敏，宗室、貴戚爲之斂手，雖丞相府謁吏干請，亦械治之。積爲衆所憾，出知越州，徙瀛州。召拜工部、户部侍郎，進尚書，加龍圖閣直學士，復知開封，臨事益精。哲宗涖政，翰林缺學士，章惇三薦林希，帝以命先生，仍兼侍讀。以嘗行惇謫辭，懼而求去。帝曰：「豈非『鞅鞅非少主之臣，硜硜無大臣之節』者乎？朕固知之，毋庸避也。」嘗侍經幄，帝留與之語曰：「臺臣論徐邸事，其辭及鄭雍，小人離間骨肉如此。若雍有請，當付卿以美詔慰安之。」既而雍章至，先生答詔。帝見之，謂能道所欲言者。惇因是極意排詆，諷全臺攻之，言不已。罷知池州，卒于官，年六十四。訃未至，帝猶即其從弟景臻問安否。元符末，追復龍圖學士。同上。

尚書李先生之純別見蘇氏蜀學畧。

龍圖孫莘老先生覺別見安定學案。

修撰鮮于先生侁

鮮于侁，字子駿，閬州人。唐劍南節度使叔明裔孫也。性莊重，力學。舉進士，爲江陵右司理參軍。慶歷中，天下旱，詔求言，先生推災變所由興，又條當世之失有四，其語剴切。調黟令，通判綿州，簽書永興軍判官，除利州路轉運判官。初，王介甫居金陵，有重名，士大夫期以爲相。先生惡其沽激要君，語人曰：「是人若用，必壞亂。」至是，乃上書論時政，曰：「可爲憂患者一，可爲太息者二，其他逆治體而召民怨者，不可概舉。」其意專指介甫。介甫怒，毀短之。神宗曰：「侁有文學，可用。」介甫曰：「陛下何以知之？」神宗曰：「有章奏在。」介甫乃不敢言。凡居郡九年，治所去閬中近，姻戚旁午，待之無所私，各得其歡心。蘇文忠稱其上不害法，中不廢親，下不傷民，以爲「三難」。徙京東西路。後兩路合爲一，以先生爲轉運使。時王、吕當路，正人多不容。先生曰：「吾有薦舉之權，而所列非賢，恥也。」故凡所薦皆守道背時之士。元豐二年召對，命知揚州。文忠自湖州赴獄，親朋皆絶交。過揚，先生往見。爲舉吏所累，罷主管西京御史臺。哲宗立，念東國困于役，吴居厚掊斂虐害，竄之，復以先生使京東。士民聞其重臨，如見慈父母。召爲太常少卿。拜左諫議大夫。見哲宗幼沖，首言君子小人消長之理甚備。在職三月，以疾求去。除集賢殿修撰、知陳州。詔滿歲進待制。居無何，卒，年六十九。先生刻意經術，著詩傳、易斷，爲范景仁、孫之翰推許。孫泰山與論春秋，謂今學者不能如之。作詩平澹淵粹，尤長于楚辭，蘇文忠讀九誦，謂近于屈原、宋玉，自以爲不可及也。參史傳。

學士趙先生彦若

趙彦若，宗室子。官翰林學士。紹聖初，章惇當國，惡元祐黨人，以先生預修神宗實録，謫澄州。參明一統志。

梓材謹案：先生臨淄人，宋史附其父師民傳，僅云「試中書舍人」。

端明趙先生卨

趙卨，字公才，邛州人。第進士，爲汾州司法參軍。元祐初，累遷至樞密直學士。五年，拜端明殿學士，遷太中大夫。卒，贈右光禄大夫。紹聖四年，以其與元祐棄地議，係其名于黨籍。參史傳。

待制孫先生升

孫升，字君孚，高郵人。第進士，簽書泰州判官。哲宗立，爲監察御史。朝廷更法度，逐姦邪，多所建明。嘗上疏曰：「自二聖臨御，登用正人，天下所謂忠信端良之士，豪傑俊偉之材，俱收並用，近世得賢之盛，未有如今日者。君子日進，而小人日退，正道日長，而邪慝日消，在廷濟濟有成周之風，此首開言路之效也。顧于耳目之臣，論議之際，置黨附之疑，杜小人之隙；疑問一開，則言者不安其職矣。言者不安其職，則循默之風熾，而壅蔽之患生，非朝廷之福也。」遷殿中侍御史。出知濟州。踰年，提點京西刑獄，召爲金部員外郎，尋拜殿中侍御史，進侍御史。由起居郎擢中書舍人，直學士院，以天章閣待制知應天府。董敦逸、黃廷基摭其過，改集賢院學士。紹聖初，翟思、張商英又劾之，削職，知房州、歸州；貶水部員外郎，分司；又貶果州團練副使，汀州安置。卒，年六十二。其在元祐初，嘗言：「王安石擅名世之學，爲一代文宗。及進居大位，出其私智，以蓋天下之聰明，遂爲大害。今蘇軾文章學問，中外所服，然德業器識，有所不足。爲翰林學士，極其任矣；若使輔佐經綸，願以安石爲戒。」世譏其失言。同上。

修撰李先生周別見涑水學案。

忠定劉元城先生安世別爲元城學案。

待制韓先生川

韓川，字元伯，陜人。進士上第，歷開封府推官。元祐初，用劉忠肅擧薦，爲監察御史。極論市易之害。遷殿中侍御史。張舜民論西夏事，乞停封册，朝廷以爲開邊隙，罷其御史。梁燾及舜民爭之。先生與呂陶、上官均謂舜民之言，實不可行。燾等去，先生亦改太常少卿，不拜，加集賢校理，知潁州。進爲侍御史、樞密都承旨，進中書舍人、吏禮二部侍郎，以龍圖閣待制復守潁，徙虢州。與孫君孚升同受責，由坊州、郢州貶屯田員外郎、分司、岷州團練副使，道州安置。徽宗立，得故官，知青、襄二州卒。參史傳。

待制賈先生易

賈易，字明叔，無爲人。七歲而孤。母彭，以紡績自給，日與十錢，使從學。先生不忍使一錢，每浹旬，輒歸之。年踰冠，中進士甲科，調常州司法參軍。自以儒者不閑法令，歲議獄，惟求合于人情，曰：「人情所在，法亦在焉。」訖去，郡中稱平。元祐初，爲太常丞、兵部員外郎，遷左司諫。宣仁后怒其訐，欲謫之，呂申公救之力，出知懷州。御史言其謝表文過，徙廣德軍。明年，提點江東刑獄，召拜殿中侍御史。改度支員外郎，孫升以爲左遷。又改國子司業，不拜，提點淮東刑獄。復入，爲侍御史。上書言：「天下大勢可畏者五：一曰上下相蒙，而毀譽不得其真。二曰政事苟且，而官人不任其責。三曰經費不充，而生財不得其道。四曰人材廢闕，而教養不以其方。五曰刑賞失中，而人心不知所向。」其言頗切直，然志于抵阨時事，無他奇畫。出知宣州。除京西轉運副使，徙蘇州、徐州，加直祕閣。元符中，累謫保静軍行軍司馬，邵州安置。徽宗立，召爲太常少卿，進右諫議大夫。陳次升論其爲曾布客，改權刑部侍郎，歷工部、吏部，未滿歲爲真。以寶文閣待制知鄧州，尋入黨籍。卒，年七十三。同上。

待制呂先生希純別見范呂諸儒學案。

文昭曾曲阜先生肇別見廬陵學案。

學士王先生覿

王覿，字明叟，如皋人。第進士。熙寧中，爲編修三司令式删定官。不樂久居職，求潤州推官。除司農寺主簿，轉爲丞。司農時爲要官，進用者多由此選。先生拜命一日，即求外，韓絳高其節，留檢詳三司會計。絳出潁昌，辟簽書判官。坐在潤公闕免，屏居累年，起爲太僕丞，徙太常。哲宗立，擢右正言，進司諫。先生在言路，欲深破朋黨之説。朱公掞光庭訐東坡試館職策問，呂陶辯其不然，遂起洛、蜀二黨之説。先生言：「蘇某之辭，不過失輕重之體耳。若悉攷同異，深究嫌疑，則兩歧遂分，黨論滋熾。夫學士命詞失指，其事尚小；使士大夫有朋黨之名，大患也。」帝深然之。尋改右司員外郎，未幾，拜侍御史、右諫議大夫。出知潤州、蘇州。徙江、淮發運使，入拜刑、户二部侍郎。紹聖初，知成都府。徙河陽，貶少府少監，分司南京，又貶鼎州團練副使。徽宗即位，還故職，知永興軍。過闕，留爲工部侍郎，遷御史中丞。改翰林學士。知潤州，徙海州，罷主管太平觀，遂安置臨江軍。先生清修簡澹，人莫見其喜愠。持正論始終，再罹讒逐，不少變。無疾而卒，年六十八。紹興初，追復龍圖閣學士。參史傳。

安撫范先生純粹別見高平學案。

修撰呂先生陶別見蘇氏蜀學案。

尚書王先生古

王古，字敏仲，莘縣人。文正公旦曾孫，太常少卿靖之子也。第進士。熙寧中，爲司農主簿，使行淮、浙賑旱菑，連提舉四路常平。王和甫安禮欲用爲太常丞，神宗謂其好異論，止以爲博士。出爲湖南轉運判官，提點淮東刑獄。歷工部、吏部右司員外郎、太府少卿。紹聖初，遷户部侍郎，詳定役法。與尚書蔡京不合，詔徙兵部，尋爲江淮發運使，進寶文閣待制、知廣州、袁州。徽宗立，復拜户部侍郎，遷尚書，與御史中丞趙挺之偕領放欠。挺之言其蠲除太多，欲盡傾天下之財，不可用，遂改刑部。攻不已，以寶文閣直學士知成都。隳崇寧黨籍，責衡州別駕，安置温州。復朝散郎，尋卒。參史傳。

梓材謹案：黨籍碑之爲三百九人者有兩王古，其一在餘官，宋史無傳；茅山志所云「崇寧五年，爲朝散郎，簽書榮州軍州事判官廳公事」者，當是也。

待制陳先生次升

陳次升，字當時，仙遊人。入太學，時學官始得王介甫字説，招諸生訓之，先生作而曰：「丞相豈秦學邪？美商鞅之能行仁政，而謂㊀李斯解事，非秦學而何？」坐屏斥。既而第進士，知安丘縣。御史中丞

㊀「謂」字，原本作「爲」，據龍本改。

黃履薦，爲監察御史。哲宗立，使察訪江、湖。提點淮南刑獄。紹聖中，復爲御史，轉殿中。論章惇、蔡卞植黨爲姦，乞收還威福之柄。時方編元祐章疏，毒流搢紳。先生言：「陛下初即位，首下詔令，導人使諫；親政以來，又揭敕牓，許其自新。今若考一言之失，致于譴累，則前之詔令適所以誤天下，後之敕牓適所以誑天下，非所以示大信也。」惇、卞乘間白爲河北轉運使，帝曰：「漕臣易得耳，次升敢言，不當去。」更進左司諫。呂升卿察訪廣南，先生言：「陛下無殺流人之意，而遣升卿出使。升卿資性慘刻，喜求人過，今使遂志釋憾，則亦何所不至哉？」乃止不遣。先生累章劾章惇，皆留中。蔡卞誣其毀先烈，擬謫監全州酒稅，帝以爲遠，改南安軍。徽宗立，召爲侍御史。極論惇、卞、曾布、蔡京之惡，竄惇于雷，居卞于池，出京于江寧。遷右諫議大夫。獻體道、稽古、修身、仁民、崇儉、節用六事，言多規切。崇寧初，以寶文閣待制知潁昌府，降集賢殿修撰，又落修撰，除名徙建昌，編管循州，皆以論京、卞故。政和中，用赦恩復舊職。卒，年七十六。先生三居言責，建議不苟合，劉元城安世稱其有功于元祐人，謂能遏呂升卿之行也。同上。

清敏豐相之先生稷別見范呂諸儒學案。

修撰謝先生文瓘

謝文瓘，字聖藻，陳州人。進士甲科，教授大名府。哲宗時，御史中丞黃履薦爲主簿，三年不詣執政府。召對，除祕書省正字，考功、右司員外郎。徽宗立，擢起居舍人、給事中。崇寧元年，出知濮州。尋治黨事，坐元豐上疏及嘗貽呂申公書，再調邵武軍，移處州。帝披黨籍曰：「朕究知文瓘本末。」命出籍，迺以爲集英殿修撰、知濟州，卒。參史傳。

忠公鄒道鄉先生浩別爲陳鄒諸儒學案。

待制張浮休先生舜民別見范呂諸儒學案。

餘官三十九人

宣德秦太虛先生觀別見蘇氏蜀學畧。

庶官湯先生馘

湯馘。

梓材謹案：先生宋史無傳。

侍郎杜先生純別見范呂諸儒學案。

諫議司馬先生康別見涑水學案。

庶官宋先生保國別見荆公新學畧。

諫官吴先生安詩

吳安詩，字傳正，浦城人。同平章事充長子。在元祐時，爲諫官、起居郎。參史傳。

龍圖張先生耒別見蘇氏蜀學畧。

直閣歐陽先生棐別見廬陵學案。

待講呂滎陽先生希哲別爲滎陽學案。

校理劉先生唐老

劉唐老，官祕閣校理。紹聖四年落職，監桂陽鹽稅務，以其爲元祐姦黨故也。參續資治通鑑。

梓材謹案：先生宋史附見陳忠肅傳。

知州晁濟北先生補之別見蘇氏蜀學畧。

文節黃涪翁先生庭堅別見范呂諸儒學案。

司業黃先生隱別見涑水學案。

郎中畢先生仲游附弟仲愈。

畢仲游，字公叔，鄭人。同中書門下平章事士安曾孫。與兄仲衍同登第，調壽丘柘城主簿、羅山令、環慶轉運司幹辦公事。元祐初，爲軍器衞尉丞。召試學士院，同策問者九人，乃黃魯直、張文潛、晁無咎輩。東坡爲考官，異其文，擢爲第一。加集賢校理、開封府推官，出提點河東路刑獄。召拜職方、司勳二員外郎，改祕閣校理、知耀州。徽宗時，知鄭、鄆二州，京南、淮南轉運副使。入爲吏部郎中，言孔子廟自顏子以降，皆爵命于朝，冠冕居正；而伯魚、子思乃野服幅巾以祭，爲不稱。詔皆追侯之。先生早受知于司馬温公、吕申公，不及用；范堯夫尤知之，當國時，又適居母喪，故未嘗得尺寸進。然亦墮黨籍，坎凜散秩而終，年七十五。弟仲愈，歷國子監丞、諸王府侍講、知鳳翔府，坐先生陷黨籍，例廢黜，徽宗曰：「畢仲衍被遇先帝，可除罪籍。」以爲都官郎中，擢祕書少監，卒。參史傳。

諫議常先生安民

別見范吕諸儒學案。

郎中孔先生平仲

別見濂溪學案。

宗丞王先生鞏

別見蘇氏蜀學畧。

庶官張先生保源

張保源，字澄之，□□人。元符元年，三省言其與王定國鞏累上書議論朝政，詔特勒停，峽州居住。參續資治通鑑。

朝散汪先生衍

汪衍，□□人。官朝散郎。元符元年，詔除官勒停，永不收敍，送昭州編管。同上。

校書余先生爽

余爽，字荀龍，分宜人。知宣州良肱子。與兄卞，皆以任子恩試校書郎。先生尚氣自信，不少貶以合世。應元豐詔，上便宜十五事，言過剴切。元祐末，復極言，請太皇太后還政，章惇憾其不附己，乃摘其言爲謗訕，以瀛州防禦推官除名，竄封州。久之，起知明州，未行，以言者罷，監東嶽。崇寧中，與卞俱入黨籍。參史傳。

朝奉鄭一拂先生俠別見荆公新學畧。

諫官常先生立

常立，字□□，汝陰人。秩之子。始爲天平推官，校書崇文院。紹聖中，蔡卞薦爲祕書正字、諸王府侍講、崇政殿説書，召對，以爲諫官。曾布欲傾卞，貶監酒税而卒。參宏簡録。

正公程伊川先生頤別爲伊川學案。

修撰唐先生義問

唐義問，字士宣，江陵人。質肅公介之次子。善文辭，試禮部，用舉者召試祕閣，質肅引嫌罷之。熙寧中，辟京西轉運司管勾文字。累擢湖南轉運判官。免歸。元祐中，起知齊州，提點京東刑獄、河北轉運副使。用文潞公薦，加集賢修撰，帥荆南，請廢渠陽諸砦。蠻楊晟秀斷之以叛，即拜湖北轉運使，討降之，復砦爲州。進直龍圖閣，以集賢殿修撰知廣州。章惇秉政，治棄渠陽罪，貶舒州團練副使。後七年，復故官，知潁昌府，卒。參史傳。

奉議余先生卞

余卞，字洪範，分宜人，校書爽之兄也。博學多大畧，累爲唐州判官、湖北安撫使司句當機宜文字。討叛蠻有功，知沅州。蠻殺沿邊巡檢，設方畧復平之。五溪蠻叛，斷渠陽道。先生適使湖北，節制諸將。伐山開道，入渠陽，蠻遂降。尋有詔廢渠陽軍爲砦，盡拔居人護出之。紹聖初，治棄渠陽罪，免歸。徽宗卽位，復奉議郎，管句玉隆觀。未幾，復渠陽爲靖州，又論前事免，終于家。崇寧中，入黨籍。同上。

員外李先生格非別見蘇氏蜀學畧。

博士商先生倚

商倚，字□□，淄川人。官太學博士。入元祐黨籍。有詩，見同文館集。參宋詩紀事。

正言張先生庭堅別見范呂諸儒學案。

庶官李先生祉

李祉。

梓材謹案：先生宋史無傳。

正言陳先生祐

陳祐，雲濠案：碑刻作「祐」，史作「祐」。字純益，仙井人。第進士。元符末，以吏部員外郎拜右正言。上疏徽宗曰：「有旨令臣與任伯雨論韓忠彦援引元祐臣僚事。按賈易、岑象求、豐稷、張耒、黄庭堅、龔原、晁補之、劉唐老、李昭玘人才均可用，特迹近嫌疑而已。今若分别黨類，天下之人，必且妄意陛下逐去元祐之臣，復與紹聖政事。今紹聖人才比肩于朝，一切不問；元祐之人數十，輒攻擊不已，是朝廷之上，公然立黨也。」遷右司諫。又論章惇、蔡京、蔡卞、郝隨、鄧洵武，忤旨，通判滁州。卞乞貶伯雨等，先生在數中，編管澧州，徙歸州。復承議郎，卒。參史傳。

忠敏任先生伯雨別見蘇氏蜀學畧。

朝請陳先生郛

陳郛，字彦聖，建陽人。第進士。知崑山縣，歲饑，屬邑希部使者意不敢蠲賦，先生曰：「歲歉而賦不蠲，饑莩滿壑，何以奉公！」竟蠲之。後爲司農丞，未嘗謁政府，遷太府丞。請外，除閩漕。以元祐黨坐廢。復朝請大夫卒。先生性清鯁，歷官五十年，猶爲寒士。參姓譜。

通判朱先生光裔

朱光裔，字公遠，河南人。紹聖二年，通判府事。參草堂寺題名。

庶官蘇先生嘉

梓材謹案：先生疑是公揆光庭兄弟行。

蘇嘉。

梓材謹案：先生宋史無傳。

忠肅陳了齋先生瓘別爲陳鄒諸儒學案。

諫議龔先生夬

庶官呂先生希績並見范呂諸儒學案。

節孝歐陽先生中立別見涑水學案。

承議吴先生儔

吴儔，建安人，正肅公育之孫。官承議郎，名在黨籍。紹興五年，贈直祕閣，官其家一人。參續資治通鑑。

又侍從官二人

待制岑先生象求

岑象求，字巖起，梓州人。終寶文閣待制，入黨籍。參宋詩紀事。

待制上官先生均別見范呂諸儒學案。

又餘官四人

司諫孫先生諤

孫諤，字元忠，睢陽人。父文用，以信厚稱鄉里，歿謚慈靜居士。少挺特不羣，爲張文定方平所器重。登進士第，調哲信主簿，選爲國子直講。陷虞蕃獄，免。元祐初，起爲太常博士，遷丞。出爲利、梓路轉運判官，召拜左正言。紹聖治元祐黨，先生言：「漢、唐朋黨之禍，其監不遠。」蹇序辰編類章疏，先生又言：「朝廷當示信，以靜安天下，請如前詔書，一切勿問。」章惇惡其拂己，出知廣德軍，徙唐州，提點湖南刑獄。徽宗立，復爲右司諫，遷左司諫，俄以疾卒。參史傳。

博士范先生柔中

范柔中，字元翼，南城人。舉進士，官至宣德郎、太學博士。其學長于春秋，著春秋見微十卷行于世，折衷三傳，去取諸家，深得聖人之意。元祐間，上書言事，後被禁錮遷謫死。紹興初，朝廷崇尚節義，追贈直祕閣，得官一子。參江西人物志。

提點鄧先生考甫

鄧考甫雲濠案：碑刻作「考甫」，史作「孝甫」。字成之，臨川人。積官提點開封府界河渠，坐事去官。元符末，詔求直言。先生年八十一，上書云：「亂天下者，新法也，末流之禍，將不可勝言」云云。蔡京嫉之，謂爲詆訕宗廟，削籍羈筠州。崇寧去黨碑，釋逐臣，同類者五十三人，其五十人得歸，惟先生與范柔中、封覺民獨否，遂卒于筠。參史傳。

諫議江先生公望

江公望，字民表，睦州人。舉進士。建中靖國元年，由太常博士拜左司諫。出知淮陽軍。未幾，召爲左司員外郎，以直龍圖閣知壽州。蔡京爲政，編管南安軍。遇赦還家，卒。建炎末，與陳了翁瓘同贈右諫議大夫。同上。

又曾任執政一人

文穆蔣潁叔之奇別見廬陵學案。

又曾任待制以上一人

侍郎龔先生原別見荆公新學畧。

又庶官九人

考功鄧玉池先生忠臣

鄧忠臣，字謹思，長沙人。熙寧二年進士。仕至考功郎，坐元祐黨廢。參宋詩紀事。

梓材謹案：范忠宣文集補編，載先生覆忠宣謚議跋云：「因覆謚忠宣，遂入黨籍。出守彭門，改汝海，以宮祠罷歸，終于家。後贈直祕閣。所居玉池峯，自號玉池先生。」

臺諫馬先生涓別見范呂諸儒學案。

學官尹先生材別見涑水學案。

朝散李先生深別見范呂諸儒學案。

朝請李姑溪先生之儀

縣尉范先生正平並見高平學案。

博士蘇先生昞別見范呂諸儒學案。

銀青周鄞江先生鍔別見士劉諸儒學案。

舍人李先生昭玘別見安定學案。

又不在碑目三人

詹事晁景迂先生説之別爲景迂學案。

縣令李先生勉附見范呂諸儒學案。

知州家先生愿別見蘇氏蜀學略。

附攻元祐之學者

章惇字子厚，浦城人。左僕射。專以紹述爲事。

安惇字處厚，廣安人。同知樞密院事。議閱訴理書牘。

蔡京字元長，浦城人。左僕射。等元祐黨籍自書其碑。

蔡卞字元度，京弟。知樞密院事。章惇引居要地。

邢恕字和叔，陽武人。待制。與惇、卞謀陷元祐舊臣。

曾布字子宣，南豐人。右僕射。贊章惇紹述。

鄭雍字公肅，襄邑人。尚書左丞。附章惇。

李清臣字邦直，魏人。中書侍郎。發策絀元祐之政。

楊畏字子安，洛陽人。禮部侍郎。陰結章惇。

趙挺之字正夫，諸城人。右僕射。建議紹述，復排擊元祐諸人。

黃履字安中，邵武人。尚書右丞。附章惇，排擊元祐之臣。

張商英字天覺，新津人。右僕射。力攻元祐大臣。
林希字子中，福州人。同知樞密院事。
來之邵字祖德，延平人。御史。
周秩字□□，秦州人。京西轉運使。
翟思字□□，□□人。□□□□□。以上四人，章惇引居要地。
蹇序辰字授之，雙流人。蘇州守。議閱訴理書牘。
吴材字聖取，處州人。□□□□。
王能甫字□□，□□人。□□□□。以上二人，排斥元祐諸賢。
强浚明字□□，錢塘人。□□□□。
葉夢得字少蘊，吴縣人。户部尚書。以上二人，爲蔡京客，與定黨籍。
吕惠卿字吉甫，晉江人。參知政事。阿附新法，攻擊善類。

建炎元年丁未	建炎二年戊申	建炎三年己酉
四月，欽宗北歸。	十二月，黄潛善、汪伯彦並相。	二月，潛善、伯彦俱罷。

五月，高宗即位，改元。

十二月，擢楊龜山時工部侍郎兼內殿侍講。取孟子論治道之語，書之座右。正誣謗宣仁太后之罪，追貶蔡確、蔡卞、邢恕等官，子孫不許入朝仕宦。

三月，朱勝非相。

四月，呂頤浩相。

建炎四年庚戌

五月，范宗尹相。

十一月，詔追封贈故相呂汲公、申公、范許公。

紹興元年辛亥

七月，高宗諭張守、秦檜：「黨籍至今，追贈未畢，程頤、任伯雨、龔夬、張舜民四人名德尤著，宜即褒贈。」

八月，秦檜相。

贈伊川直龍圖閣，召其孫將仕郎晟赴行在。

紹興二年壬子

四月，賜進士張橫浦九成第一。

八月，秦檜罷。

九月，朱勝非復相。

紹興三年癸丑

四月，朱勝非以母憂去位。

七月，勝非復相。

九月，呂頤浩罷。

紹興四年甲寅

四月，范元長沖直史館。

五月，元長薦尹和靖。授和靖右宣教郎，充崇政殿説書。

九月趙豐公鼎相。

十一月，邵伯温卒。

紹興五年乙卯

二月，張魏公浚相。

四月，魏公出行邊。

楊龜山卒。

九月，賜進士汪玉山應辰第一。

紹興六年丙辰

魏公、豐公並相。

朱內翰震論孔、孟之學傳于二程。五月，謝上蔡良佐子克念特補右迪功郎。十二月，豐公免相。

陳公輔論伊川之學惑亂天下，乞屏絶。自崇寧後，伊川之學爲世大禁者二十有五年，靖康初乃罷之，至是僅十年而復禁。

紹興七年丁巳

魏公、豐公並相。

正月，周祕劾董弅沮格詔令。九日，董弅除集賢殿修撰、提舉江州太平觀。

呂祉論君子小人之中庸。

三月，胡文定安國乞封爵邵、張、二程列于從祀。魏公奏入，報聞，陳公輔、周祕、石公揆共劾文定學術頗僻，行義不修，改文定提舉太平觀。

四月，和靖以師程子之久辭經筵。

九月，朱漢上震卒。

和靖至國門，命爲祕書郎兼説書，力辭詔不受。

魏公罷，謫居永州。

豐公復相。

紹興八年戊午

二月，除和靖祕書少監，進除太常少卿。

三月，秦檜復相。

六月，以呂東萊本中直學士院。

十月，豐公免相，秦檜專政。

十一月，和議起，直學士院曾開與從官張燾、晏敦復、魏矼、李彌遜、尹焞、梁汝嘉、樓炤、蘇符、薛徽言、御史方廷實、館職胡珵、朱松、張擴、成景夏、常明、范如圭、馮時中、趙雍皆極言不可和，許吏部忻、胡忠簡銓並抗疏。

紹興九年己未

秦檜專政。

正月，和靖辭免待制、侍講，差提舉江

紹興十年庚申

秦檜專政。

四月，録用伊川孫陽補將仕郎。

紹興十一年辛酉

秦檜專政。

州、太平，待制如故。
四月，呂頤浩卒。

八月，貶梗和議者，張九成知邵州，喻樗知懷寧，陳剛中知安遠，凌景夏知辰州，樊光遠閬州教授，毛叔度嘉州司户參軍。

紹興十二年壬戌

秦檜專政。
十一月，和靖卒。

紹興十三年癸亥

秦檜專政。
五月，張橫浦坐豐公黨，南安軍居住。

紹興十四年甲子

秦檜專政。
四月，秦檜請禁野史。
八月，汪勃乞戒科場主司去專門曲說。
十月，何若乞申戒師儒黜伊川、橫渠之學，自是又設專門之禁者十有餘年，逮檜死乃已。
十一月朱勝非死。

紹興十五年乙丑

秦檜專政。
四月，秦檜入居賜第，是夜，彗出東方，乃封天下赦書，內一項云：「勘會數十年來，學者黨同伐異，今當禁雅黜浮，抑其專門議者，以爲祖宗以來未有此

紹興十六年丙寅

秦檜專政。

紹興十七年丁卯

秦檜專政。
八月，豐公卒于吉陽軍。

比，蓋欲天下户知之也。」

六月，吕東萊本中卒于上饒。

紹興十八年戊辰

秦檜專政。

四月，賜進士得朱晦庵熹。

十二月，竄胡忠簡于海南。潘舍人良貴卒。

紹興十九年己巳

秦檜專政。

九月，劉白水勉之卒。

紹興二十年庚午

秦檜專政。

正月，竄胡致堂寅于新州。

九月，曹筠論考官取專門之學者令御史彈劾。

紹興二十一年辛未

秦檜專政。

紹興二十二年壬申

秦檜專政。

紹興二十三年癸酉

秦檜專政。

十一月，鄭仲熊論豐公立專門之學可爲國家慮。

紹興二十四年甲戌

秦檜專政。

鄭仲熊復論。

紹興二十五年乙亥

秦檜專政。

十月，張震乞申劾天下學校禁專門之學。秦檜死，士大夫之攻伊川者自是少息。

紹興二十六年丙子

六月，葉伯益謙論程學不當一切擯棄。詔取士毋拘程頤、王安石一家之説。自檜專國柄，程學爲世大禁者凡十有二年，至是始解。

十月，安置魏公于永州。

紹興二十七年丁丑

三月，賜進士王梅溪十朋第一。

紹興二十八年戊寅

附攻專門之學者

秦檜字會之，江甯人。左僕射，首唱和議。

陳公輔字國佐，臨海人。吏部員外郎，乞屏程學。

謝山跋宋史陳公輔傳後曰：「玉山汪慤，文定公曾孫也。其跋王信伯集云：『尹和靖年譜但載陳公輔之見詆，而不察其反覆。蓋自趙忠簡公進朱子發、范元長于資善堂，朱嘗奏疏，以爲伊川實繼孔、孟不傳之緒，又乞宦謝顯道之子；而尹之召，陳公輔之除吏部郎，皆范所薦。公輔首對，論王安石學術之害，宜行禁止。且言：「臣初無知，未免從事王氏學，既而心知其非，遂自感悔。」遂除司諫。又言：「有見今被舉行誼可稱而尚在遠方未至者，乞下有司，多方禮請。」蓋指和靖。已而忠簡去位，所引用多罷去，惟朱以上眷獨存。公輔遂上言：「伊川之徒，僞爲大言，皆宜屏絕。」于是朱公震求去，上堅留之。和靖亦辭召命，有旨促赴闕陳，尋除禮侍。既嘗上意，知不能回，則又請「明詔多士，今次科舉，將安石三經義與諸儒之説並行，以消偏黨」。可爲嗟歎。』案，公輔之爲小人至此，宋史未能盡抉其前後情狀，予故特表而出之。」

周祕字□□，秦州人。秩弟。中丞。

石公揆字道任，新昌人。侍御史。以上二人劾胡文定。

汪勃字彥及，黟縣人。簽書樞密院事。乞去專門。

何若字□□，□□人。右正言、簽樞。乞黜程、張之學。

曹筠字□□，□□人。□□□□。請劾專門之學。

鄭仲熊字行可，西安人。權參知政事。論專門之學。

張震字真父，□□人。□□□□。乞申劾專門之學。

宋元學案卷九十七

慶元黨案　全祖望補本

慶元黨案表

曾任宰執者四人：

趙汝愚　別見玉山學案。

留正

周必大　別見范許諸儒學案。

王藺

曾任待制以上者十三人：

朱熹　別爲晦翁學案。

徐誼　別爲徐陳諸儒學案。

彭龜年　別爲嶽麓諸儒學案。

陳傅良　別爲止齋學案。

薛叔似　別見艮齋學案。

餘官三十一人：

劉光祖　別爲丘劉諸儒學案。

呂祖儉　別見東萊學案。

葉適　別爲水心學案。

楊方　別見滄洲諸儒學案。

項安世　別見晦翁學案。

武臣三人：

皇甫斌

范仲壬

張致遠

士人八人：

楊宏中

周端朝　別見嶽麓諸儒學案。

張衟

林仲麟

蔣傳

章頴 別見玉山學案。
鄭湜
樓鑰 別見丘劉諸儒學案。
林大中 別見丘劉諸儒學案。
黄由
黄黼 別見涑水學案。
何異
孫逢吉

李皐
沈有開 並見嶽麓諸儒學案。
曾三聘 別見滄洲諸儒學案。
游仲鴻 別見丘劉諸儒學案。
吴獵 別見嶽麓諸儒學案。
李祥
楊簡 別爲慈湖學案。
趙汝譡 別見水心學案。
趙汝談 別見滄洲諸儒學案。
陳峴 別見玉山學案。

徐範
蔡元定 別爲西山蔡氏學案。
吕祖泰 別見東萊學案。

范仲黼 別見㊀二江諸儒學案。

汪逵 別見玉山學案。

孫元卿

袁燮 別爲絜齋學案。

陳武 別見止齋學案。

田澹

黃度 別見止齋學案。

詹體仁 別見滄洲諸儒學案。

蔡幼學 別見止齋學案。

㊀「見」字，原本作「爲」，據龍本改。

紹興二十九年己卯

紹興三十年庚辰

紹興三十一年辛巳

慶元黨案序録

梓材謹案：是卷序録，統見上卷元祐黨案。

黃灝 別見滄洲諸儒學案。

周南 別見水心學案。

吴柔勝 別見晦翁學案。

王厚之 別見象山學案。

孟浩

趙鞏 別見丘劉諸儒學案。

白炎震

八月，陳魯公康伯言朱晦庵熹之賢，召赴行在。晦庵辭不出。九月，魯公相。

魯公相。

魯公相。

紹興三十二年壬午

魯公相。

六月，高宗内禪，孝宗即位。

十二月，胡籍溪憲卒。

隆興元年癸未

正月，史忠定浩相。

以魯公言，再召晦庵。晦庵既見，首論講學、復讎二事。不合意，除武學博士待次。

四月，賜進士得呂東萊祖謙。

五月，忠定罷。

十二月，張魏公浚相。陳龍川亮上中興論。魯公罷。

隆興二年甲申

十一月，魯公復相。

乾道元年乙酉

二月，魯公卒。

促晦庵就職。又以執政錢端禮等議論不合，引歸。

乾道二年丙戌

十二月，魏文節杞相。

乾道三年丁亥

陳正獻俊卿、劉忠肅珙初秉政。

晦庵差充樞密院編修官。九月，丁母憂。

乾道四年戊子

十月，陳正獻相。

乾道五年己丑

春，釋奠先聖。大學録魏元履掞之白宰相，請罷王安石父子從祀，而追爵二程。宰相不可。

八月，虞雍公允文相。是年賜進士鄭僑第一。

乾道六年庚寅

五月，正獻罷。

乾道七年辛卯

雍公獨相。

乾道八年壬辰

八月，梁儀公克家相。

九月，雍公罷。

乾道九年癸巳

五月，晦庵主管台州崇道觀。

淳熙元年甲午

二月，雍公卒。

十一月，葉衡相。

淳熙二年乙未

葉衡獨相。

淳熙三年丙申

二月，汪玉山卒。

龔莊敏行丞相事，薦晦庵，除祕書郎。後奉祠。

除吕東萊祕書郎、國史院編修。

淳熙四年丁酉

六月，龔莊敏罷。

趙侍郎粹中奏，乞去王雱而擇本朝名

淳熙五年戊戌

三月，史忠定復相，薦召晦庵、東萊、張南軒栻及曾逢南。軒不至。趙衛公

淳熙六年己亥

衛公獨相。

儒列于從祀。孝宗諭以范司馬二文正、歐陽蘇二文忠從祀。趙衛公欲置范、歐，而升司馬、蘇于堂上；參政龔茂良、李彥穎不以爲可，乃不行。

秋，去王雱畫像。

雄執政。

忠定薦晦庵，差知南康軍。

十一月，忠定罷。

衛公相。

淳熙七年庚子

衛公獨相。

二月，南軒卒。

晦庵除提舉江西常平茶鹽，待四年闕。

七月，除直祕閣，改除提舉浙東常平茶鹽。

九月，陸復齋九齡調全州教授，未上，卒。

十二月，胡忠簡卒。

淳熙八年辛丑

二月，象山訪晦庵于南康。

五月，以史忠定爲少師。

六月，忠定薦薛象先、楊慈湖、陸象山、陳益之、石應之、宗昭、葉水心、袁絜齋、趙靜之，善譽張子智等十五人。

七月，東萊卒。

八月，王魯公淮相。

是年賜進士黃由第一。

淳熙九年壬寅

魯公獨相。

正月，除象山國子學正。

八月，晦庵以浙東賑濟有勞，進徽猷閣。

淳熙十年癸卯

魯公獨相。

正月，晦庵差主管台州崇道觀，自是杜門不出，作武夷精舍居之。

淳熙十一年甲辰

魯公獨相。

十一月，令峽州歲時存問郭白雲雍。

淳熙十二年乙巳

魯公獨相。

六月，陳賈論道學欺世盜名，乞擯斥。時鄭丙爲吏部尚書，亦上言「近世有所謂道學者，欺世盜名，不宜信用」，遂有道學之目。

十二月，象山遷敕令所刪定官。

淳熙十三年丙午

魯公獨相。

十一月，除象山將作監丞，王給事信論駁，改主管台州崇道觀。

十二月，陳魏公卒。

淳熙十四年丁未

二月，周益公必大相。

六月，梁儀公卒。

七月，晦庵除江西提刑，力辭。

魯公秉政日久，士多失職。益公相，拱默無所預。詹元善體仁率同志者請于益公，反覆極論，責以變通之理，因疏納知名士廢不用者。陳君舉傅良而下三十三人，益公雖不能用，然其後亦多所收擢。

十二月，郭白雲卒。

淳熙十五年戊申

五月，魯公罷。

詔晦庵主管西太乙宮、並崇政殿説書。除祕閣修撰，依舊主管崇福宮。辭職，依舊直寶文閣。

八月，晦庵除兵部郎官，未供職。林栗劾晦庵奏狀，葉水心適爲晦庵辯誣及論陳賈封事。

晦庵除江東轉運副使，辭。十月，差知漳州。

淳熙十六年己酉

正月，留魏公正相，擢何澹爲諫官，攻

紹熙元年庚戌

魏公獨相。

紹熙二年辛亥

魏公獨相。

益公。

二月，孝宗內禪，光宗卽位。

五月，益公罷。

八月，王淮死。

九月，劉子澄清之卒。大學博士沈應元有開力勸魏公以拔用知名之士，魏公從之，自是一時善類多聚于朝。

十二月，詔起象山主荊門軍。

正月，起陳止齋爲吏部員外郎。

二月，劉文節光祖論道學非程氏之私言。入對，復論「前諫議大夫陳賈、今右正言黃掄，憸黠佞柔，清議所非」。出賈與祠，掄補郡，二人皆攻道學者也。

春，晦庵除祕閣修撰，奉祠。九月，除湖南轉運副使，差知靜江府，辭。差知潭州。

冬，光宗不豫，繼而以疑畏得疾，于是過重華之禮始簡。

紹熙三年壬子

魏公獨相。

十一月，羅尚書點、尤給事袤、黃舍人裳、黃御史度、葉郎官適等請光宗朝重華宮，不從。

紹熙四年癸丑

三月，葛邲相。

五月，賜進士陳龍川第一，授建康簽判，未至，卒。

六月，胡簽樞晉臣卒。

紹熙五年甲寅

六月，孝宗崩。

七月，寧宗卽位，尊光宗爲「太上皇」。授黃直卿榦爲迪功郎。

八月，晦庵除煥章閣待制、侍講。

魏公罷。

趙忠定汝㊀愚相。

擢徐子宜誼中書門下省檢正諸房公事。韓侂胄用事。

㊀「汝」字，原本作「如」，據龍本改。

九月，張叔椿除諫議大夫，上奏論學術不可偏尚。

羅樞密點卒。

十月辛卯，晦庵入見。又約彭子壽龜年，同請對白發侂冑之奸。黄正言度欲論侂冑，謀泄，以内批斥去。閏十月，晦庵除宫觀，忠定獨袖内批還上。樓宣獻鑰封還録黄，鄧舍人馹面奏乞留，上許，除京祠。已而不下，劉文節光祖又言之，陳文節傅良再封還録黄，除晦庵寶文閣待制與郡。劉文節再上疏留行，不報。樓宣獻再封還録黄，有旨，依已降指揮孫侍郎逢吉上疏，留晦庵。吴文定獵入劄子乞留，不報。晦庵在朝甫四十六日。

自是，陳文節、吴文定、劉文節各先後斥去。十一月，晦庵差知江陵府，再辭，提舉鴻慶宫。

是年，黄尚書裳亦卒。

慶元元年乙卯

侂胄用事。

三月，忠定以右正言李沐論其擅權求勝而罷。章茂獻穎上疏留之，李沐劾其附下罔上，與郡。徐子宜亦上疏請留之，子宜罷。李元德祥、楊敬仲簡復疏留忠定，沐又劾之，元德、敬仲俱罷。

四月，呂子約祖儉又疏留忠定併晦庵、彭子壽等不當去，語侵侂胄，子約詔送韶州安置，鄧舍人馹封還録黃。太學生楊宏中、周端朝、張衜、林仲麟、蔣傳、徐範六人伏闕上書。

六月，詔宏中等各送五百里外軍州編管。劉德秀又劾孫東伯元卿、袁和叔燮、陳蕃叟武，皆罷去。汪季路逵入劄子辯之，亦罷。德秀上疏，乞考覈真僞而辨邪正。

七月，何澹論「專門之學，短拙姦詐，

慶元二年丙辰

侂胄用事。

正月，京鏜相，何澹同知樞密院事，自是主僞學之禁者凡六年。忠定至衡州，服藥而卒。

劉德秀論留魏公引僞學之徒以危社稷，僞學之稱自此始。

二月，省闈知貢舉葉翥等奏論文弊，六經、語、孟、中庸、大學之書爲世大禁。

七月，呂子約卒于筠州。

八月，胡紘論「僞學猖獗，圖不軌，豈可容其並進」。

沈繼祖以胡紘稾劾晦庵。

十二月，蔡西山元定編管道州。

慶元三年丁巳

侂胄用事。

先是，有詔「監司、帥守薦舉改官，並于奏牘前聲説不是僞學，如是僞學，甘伏朝典」。

二月，邵褒請「自今權臣之黨，僞學之徒，不得除在内差遣」。○梓材案：邵褒，道命録作趙衰然。

三月，劉三傑論「僞學黨變而爲逆黨，防之不可不至」。

留魏公送邵州居住。

六月，言者楊寅論廷省魁兩優釋褐皆僞徒，不可輕召。

十二月，王沇乞置僞學之籍，于是著籍者：宰執則有趙忠定等四人，待制以上則有朱晦庵等十三人，餘官則有劉文節光祖等三十一人，武臣則有皇甫斌等三人，士人則有楊宏中等八人，共五十九人。

宜録真去僞」。詔榜朝堂，于是忠定引用之人一網盡矣。

十一月，責忠定永州安置，徐子宜南安軍安置。

十二月，晦庵罷待制，仍舊宫觀。

慶元四年戊午

侂胄用事。

四月，姚愈論「姦僞之徒，盗名欺世，乞定國是」。

五月，命高文虎草詔，諭告僞邪之徒，改視回聽。

十二月，晦庵乞致仕。

慶元五年己未

侂胄用事。

正月，詔彭子壽追三官勒停，曾無逸三聘追兩官。

二月，詔劉文節落職，房州居住。

五月，賜進士得真西山德秀、魏鶴山了翁。

九月，進士呂泰然祖泰擊登聞鼓上書，論不當立僞學之禁，送連州拘管，又配欽州牢城收管。

十二月，言者乞虛僞之徒姑與外祠，使宿道向方。

晦庵依所乞，守朝奉大夫致仕。

是年，蔡西山卒于舂陵。

慶元六年庚申

侂胄用事。

閏二月，謝深甫相。

三月晦庵卒于考亭。

八月，京鏜死。

言者施康年論「僞徒會送僞師朱某之葬，乞嚴行約束」。

嘉泰元年辛酉

侂胄用事。

二月，議者又言：「僞學之徒，未能盡革，願于用人聽言之際，防微杜漸。」貶益公爲少保。

八月，李肅簡祥卒。

嘉泰二年壬戌

侂胄用事。

正月，言者論：「習僞之徒，倡㊀爲攻僞之説，乞禁止。」

二月朔，以張孝伯、陳景思言，追復趙忠定資政殿大學士，黨人之見在者徐子宜誼、劉德修㊁光祖、陳止齋傅良、章茂獻穎、薛象先叔似、葉水心適、林正甫大中、詹元善體仁、蔡行之幼學、曾無逸三聘、項平甫安世、范文叔仲黼、黃商伯灝、游子正仲鴻之流，咸先後復官自便，或典州郡、宮觀。又削薦牘中不係僞學一節，俾毋復有言。

十月，除晦庵華文閣待制與致仕恩澤。

十二月，周益公復少傅，留魏公復少保，自是學禁稍稍解矣。

嘉泰三年癸亥

侂胄用事。

五月，陳自強相。

㊀「倡」字，原本作「唱」，據龍本改。

㊁「修」字，原本作「秀」，據龍本改。

嘉泰四年甲子

侂胄用事。

十二月，益公卒。

開禧元年乙丑

侂胄用事。

七月，留魏公卒。

侂胄以太師、永興軍節度使、平原郡王平章軍國事。

開禧二年丙寅

侂胄專政。

七月，楊誠齋萬里卒。

十二月，吳曦受金命稱王。

彭子壽龜年卒。

開禧三年丁卯

侂胄專政。

十一月三日，定計，侂胄伏誅。

十二月，錢象祖相。

嘉定元年戊辰

二月，詔趙忠定盡復原官，賜謚。

六月，林正惠大中卒。

七月，丘忠定崈卒。

十月，史彌遠相。

晦庵有旨賜謚。

詔褒録上書六士。

趙忠定轉贈太師，追封沂國公。

十二月，象祖罷。

是年號爲更化。

嘉定二年己巳

史彌遠獨相。

正月，以樓攻媿鑰參知政事。

十二月，晦庵賜謚文公。博士章徠議謚「文忠」，劉考功彌正去「忠」存「文」。于是彭龜年、孫逢吉、吕祖儉以次賜謚。

蔡西山特贈迪功郎。

嘉定三年庚午

彌遠獨相。

嘉定四年辛未

彌遠獨相。

嘉定五年壬申

彌遠獨相。

五月，追贈晦庵中大夫、寶謨閣直學士。

十二月，李仲貫道傳乞下除學禁之詔，頒朱子四書，定周、邵、程、張五先生從祀。未行。

是年，呂泰然卒。

劉晦伯爚乞以晦庵語、孟集註列于學官。從之。

嘉定六年癸酉

彌遠獨相。

嘉定七年甲戌

彌遠獨相。

八月，衛資政涇奏，爲張南軒請謚。

嘉定八年乙亥

彌遠獨相。

六月，丘嫠州壽雋奏，爲呂東萊請謚。

八月，賜南軒謚。博士孔煒議謚曰「宣」，楊考功汝明覆議，從之。

嘉定九年丙子

彌遠獨相。

正月，賜東萊謚。孔煒議謚曰「成」，丁考功端祖覆議，從之。

魏鶴山了翁爲周濂溪請謚。

十一月，任伯起希夷爲二程請謚。

嘉定十年丁丑

彌遠獨相。

魏鶴山爲周、二程、張四先生請謚。

賜陸象山九淵謚曰文安。

是年，賜進士吳潛第一。

嘉定十一年戊寅

彌遠獨相。

嘉定十二年己卯

彌遠獨相。

嘉定十三年庚辰

彌遠獨相。

嘉定十四年辛巳

彌遠獨相。

嘉定十五年壬午

彌遠獨相。

六月，減太常格議謚濂溪曰「元」，明道曰「純」，伊川曰「正」，樓考功觀覆議，從之。

嘉定十六年癸未

彌遠獨相。

五月，賜進士蔣重珍第一。

博士議謚橫渠曰「達」。禮部侍郎議謚于「明」、「誠」、「中」三字取一字用之。鶴山擬用「誠」字，議者以爲不可。〇雲濠案：道命録自註云：國史本傳稱謚曰「明」，熊氏去非性理羣書稱謚曰「獻」，未知孰是。〇梓材案：鶴山人爲太常少卿，定謚曰「明」，然最後定謚曰「獻」。

三月，李蘄州誠之死節。

十二月，魏鶴山再爲橫渠請謚。

嘉定十七年甲申

彌遠獨相。

正月，録用伊川後人，補伊川曾孫觀之登仕郎。

六月，詔補伊川玄孫源迪功郎。

八月，寧宗崩，理宗即位。

慶元黨禁

曾任宰執者四人

忠定趙子直先生汝愚別見玉山學案。

忠宣留仲至先生正

留正，字仲至，泉州晉江人。鄂國公從效六世孫。紹興十三年，第進士。孝宗朝除給事中，兼權吏部尚書，言：「用人莫先論相。望精選人才，與圖大計。」時相不樂，出知紹興府。後爲四川制置使，兼知成都府。以簡素化民，除端明殿學士、參知政事、同知樞密事。孝宗密諭内禪意，拜右丞相。光宗受禪，姜特立擢知閤門事，聲勢浸盛。乞斥逐，上意猶未決。特立謁之曰：「上以丞相在位久，欲選左相，葉翥、張杓當擇一人執政，未知孰先？」先生奏之，上大怒，詔特立提舉興國宫。孝宗聞之，曰：「真宰相也。」紹熙元年，進左丞相。謹法度，惜名器，毫髮不可干以私。引趙汝愚首從班，卒與之共政。用黄裳爲皇子嘉王翊善，世號得人。拜少傅，封魯國公。力辭。孝宗疾篤，數請車駕過宫。先生引裾泣諫，隨至福寧殿門洒退。孝宗崩，光宗以疾未能執喪，率同列乞早正嘉王儲位。不報。即出國門，上表請老。寧宗即位，遣使召還，進少保，封衛國公。積數事，失上意，韓侂胄從而間之，詔以少師、觀文殿大學士判建康府。又以張叔椿言落職。以張釜言，責授中大夫、光禄卿，分司西京，邵州居住。明年，令自便。量移南劍州。詔復元官職致仕。嘉泰元年，進封魏國公。開禧元年七月卒，年七十八。贈太師。寶慶三年，賜謚忠宣。參史傳。

文忠周平園先生必大別見范許諸儒學案。

獻肅王軒山先生藺

王藺，字謙仲，廬江人。乾道五年，擢進士第。爲信州上饒簿，累除武學諭。孝宗幸學，先生迎法駕，立道周，上目而異之，命小黄門問知姓名，由是簡記。遷樞密院編修官，轉對，奏五事，讀未竟，上喜見顔色。明日，諭輔臣曰：「王藺敢言，宜加奬擢。」除宗正丞，出守舒州。尋出手詔：「王藺鯁直敢言，除監察御史。」遷起居舍人，言：「朝廷除授失當，臺諫不悉舉職，給、舍始廢繳駁，内官、醫官、藥官賜予之多，遷轉之易，可不思警懼而正之乎？」上竦然曰：「非卿言，朕皆不聞。磊磊落落，惟卿一人。」除禮部侍郎兼吏部。會以母憂去。服除，召還爲禮部尚書，進參知政事。光宗即位，遷知樞密院事兼參政，拜樞密使。光宗精厲初政，先生亦不存形迹，除目或自中出，未㥦人心者，輒留之，納諸御坐。或議建皇后㊀家廟，力争以爲不可，因應詔上疏「願陛下先定聖志」，條列八事，疏入，不報。中丞何澹論之，以罷去。起帥閫，易鎮蜀，皆不就。後領祠，帥江陵。寧宗即位，改帥湖南。臺臣論罷，歸里奉祠。七年卒。先生盡言無隱，嫉惡太甚，同列多忌之，竟以不合去。有奏議傳于世。參史傳。

梓材謹案：直齋書録解題，軒山集十卷，言先生任經帷，論宫僚攀附而登輔佐，道諛濟私，陳義凜然。嘉定以來，子孫不敢求仕，亦不敢請謚。至端平乃得謚獻肅云。

㊀「皇后」，原本作「里居」，據宋史本傳改。

曾任待制以上者十三人

文公朱晦庵先生熹別爲晦翁學案。

忠文徐宏父先生誼別爲徐陳諸儒學案。

正肅彭止堂先生龜年別爲嶽麓諸儒學案。

文節陳止齋先生傅良別爲止齋學案。

文節薛象先先生叔似別見艮齋學案。

文肅章先生穎別見玉山學案。

文肅鄭補之先生湜

鄭湜，字溥之，福州人。光宗卽位，爲祕書郎。因轉對，首乞盡事親之道，以全帝王之大孝，慶元初，權直學士院。時趙忠定汝愚罷相，去知福州，先生草制，坐無貶辭免。參姓譜。

謝山答臨川論慶元黨籍鄭湜帖曰：「昨問慶元黨籍之第七人鄭湜，宋史無傳。愚攷福建通志，湜，字溥之，一字補之。閩縣人也。乾道中，成進士。光宗時，官祕書郎，所陳皆讜論。慶元初，以起居郎權直學士院。趙忠定公罷相，湜草制，有持危定傾、任忠竭節語，韓侂胄以其爲褒詞，大怒，出知本州。後爲刑部侍郎，隸名黨籍。卒，謚文肅。按：李栟嘗問朱子曰：『溥之草趙丞相罷相詞，固好。以某觀之，當時不做便乞出，尤爲奇特。』朱子以爲，不必如此。但後來既遷之後，便出，亦自好。溥之卻不肯出，所以可疑。若不做而遽出，亦無此例。枅曰：『如富鄭公繳「遂國夫人」之封，以前亦何曾有此！』朱子笑而不答。然則溥之草制之後，當遷一官，其後始被外轉耳。溥之又有與朱子論戢盜法亦載語録。宋史寧宗本紀：『紹熙五年七月，遣鄭湜至金，告禪位。』金史交聘表：『明昌五年閏十月，宋翰林學士鄭湜來。』攷之宋制，翰林學士承旨之下爲翰林學士，學士之下爲直學士院，承旨不常置，以學士久次者爲之，他官入院，未除學士，謂之直院。溥之本直院使金，時暫假學士銜以行耳，若陸文安公之卒，溥之祭文以江淮總領署銜，然則以祕書出爲總領，以總領入爲直院也。忠定罷相在慶元元年三月，次年即有僞學之禁。溥之既斥知外郡，何以得遽入爲侍郎？既召用，何以又遭禁錮？愚意或即草制時所遷之官，而後人誤記之者。溥之于黨籍列在高等，其生平歷官之詳，必尚有見于他書，宋史自荒陋耳。」梓材案：謝山奉臨川帖子三云：「鄭溥之，即鄭湜，閩人，慶元黨籍之魁。諸葛誠之，名千能，會稽人；陳蕃叟，即陳武，乃止齋從弟，亦黨籍中人也，其顛末具有別紙詳之，而俱非陸子之徒。」所云別紙，即此帖也。

宣獻樓攻媿先生鑰

正惠林先生大中並見丘劉諸儒學案。

少師黃先生由

黄由，字子由，平江人。舉進士第一，累官權禮部尚書兼直學士院。侍御史張巖奏其植僞黨與，遂奉祠。嘉定間，起爲浙東安撫使，仍官刑部尚書兼直學士院。卒，贈少師。參姓譜。

侍郎黄先生黼別見涑水學案。

尚書何月湖先生異

何異，字同叔，崇仁人。紹興二十四年進士，調石城主簿，歷兩任，知萍鄉縣。丞相周必大、參政留正以院轄擬之，孝宗問有無列薦，正等以萍鄉政績對，迺遷國子監主簿。遷丞，轉對，所言帝喜之，曰：「君臣一體，初不在事形迹，有所見聞，于銀臺司繳奏。」擢監察御史。先生奏與丞相留正舊同官，不敢供職，御札不許引嫌，遂拜命。遷右正言。累權禮部侍郎、太常寺。太廟芝草生，韓侂庸率百官觀焉。先生謂其色白，慮生兵妖。侂胄不悦。又以劉光祖于先生交密，言者遂以先生在言路不彈丞相留正及受趙汝愚薦，劾罷之。久乃予祠。起知夔州，兼本路安撫。七月丙戌，西北有星，白芒，墜地，其聲如雷，先生曰：「戊日酉時，火土交會，而妖星自東南衝西北，化爲天狗，蜀其將有兵乎？」丐祠，以寶謨閣待制提舉太平興國宫。後四年，吴曦果叛。嘉定元年，召爲刑部侍郎。明年，擢工部尚書。以寶章閣直學士知泉州，從所乞，予祠，進寶章閣學士，轉一官致仕。卒，年八十一。先生高自標置㊀，有詩名，所著月湖詩集行世。參史傳。

㊀「置」字，原本作「致」，據龍本改。

獻簡孫先生逢吉

孫逢吉，字從之，吉州人也。隆興元年進士第，授郴縣司户。乾道七年，太常黄鈞薦于丞相虞允文、梁克家，將處以學官，先生竟就常德教授以歸。紹熙元年，遷祕書郎兼皇子嘉王府直講。二年春二月，雷雪之沴交作，詔求直言，疏八事：去蔽諛，親講讀，伸親駁，崇氣節，省用度，惜名器，拔材武，飭戎備。擢爲右正言。在諫垣七十日，章二十上，詞旨剴切，皆人所難言者。改國子司業，求去，爲湖南提刑。以祕書監召，兼吏部侍郎。俄爲孝宗攢宫按行使。朱元晦熹在經筵，持論切直，小人共不便，潛激上怒，中批與祠。劉後溪光祖與先生同在講筵，吏請曰：「今日某侍郎輪講，以疾告。孫侍郎居次，請代之。」先生曰：「常所講論語，今安得卽有講義？」已而問某侍郎講義安在，取觀之，則講詩權輿篇㊀，刺康公與賢者有始而無終，與逐元晦事相類。先生欣然代之講，因于上前争論甚苦。上曰：「朱熹言多不可用。」先生曰：「熹議祧廟與臣不合，他所言皆正，未見其不可用。」寖失上意。會彭忠肅龜年論韓侂冑專僭，出補郡。先生入疏曰：「道德崇重，陛下所敬禮者無若朱熹；志節端亮，陛下所委信者無若彭龜年。熹既以論侂冑去，龜年復以論侂冑絀，臣恐賢者皆無固志。陛下所用，皆庸鄙憸薄之徒，何以立國？」侂冑見而惡之。趙丞相既罷，侂冑專國，出知太平。丐祠，提舉江州太平興國宫。起知贛州，已屬疾，卒，謚獻簡。弟逢年、逢辰，皆有文學行義，時稱「孫氏三龍」。同上。

㊀「詩」字，原本作「論」，據宋史本傳改。

餘官三十一人

文節劉後溪先生光祖別爲丘劉諸儒學案。

忠公吕大愚先生祖儉別見東㊀萊學案。

忠定葉水心先生適別爲水心學案。

提刑楊淡軒先生方別見滄洲諸儒學案。

龍圖項平庵先生安世別見晦翁學案。

文肅李悦齋先生埴

龍圖沈先生有開並見嶽麓諸儒學案。

忠節曾先生三聘別見滄洲諸儒學案。

忠公游先生仲鴻別見丘劉諸儒學案。

文定吴畏齋先生獵別見嶽麓諸儒學案。

肅簡李先生祥

㊀「東」字，原本作「東」，據龍本改。

李祥，字元德，無錫人。隆興元年進士，爲錢塘縣主簿。調濠州録事參軍。累遷國子司業、宗正少卿、國子祭酒。趙丞相以言去國，上疏争之，曰：「頃壽皇㊀崩，兩宮隔絶，中外洶洶，留正棄印亡去，國命如髪。汝愚不畏滅族，決策立陛下，風塵不揺，天下復安，社稷之臣也。奈何無念功至意，忽體貎常典，使精忠巨節怫鬱黯闇，何以示後世？」除直龍圖閣、運副，言者劾罷之。于是太學諸生楊宏中、周端朝等六人上書留之，俱得罪。主沖祐觀，再請老，以直龍圖閣致仕。嘉泰元年八月卒，謚肅簡。參史傳。

文元楊慈湖先生簡別爲慈湖學案。

知州趙嬾庵先生汝讜別見水心學案。

文懿趙南塘先生汝談別見滄洲諸儒學案。

宣奉陳東齋先生峴別見玉山學案。

知州范月舟先生仲黼別見㊁二江諸儒學案。

尚書汪先生逵別見玉山學案。

國博孫先生元卿

孫元卿，字東伯，□□人。國子博士。

㊀「皇」字，原本作「星」，據龍本改。

㊁「見」字，原本作「爲」，據龍本改。

正獻袁絜齋先生燮別爲絜齋學案。

知州陳先生武別見止齋學案。

宗丞田先生澹

田澹，字□□，南劍人。官宗正丞，兼權工部郎官。

宣獻黃文叔先生度別見止齋學案。

龍圖詹先生體仁別見滄洲諸儒學案。

文懿蔡先生幼學別見止齋學案。

提舉黃西坡先生灝別見滄洲諸儒學案。

正字周山房先生南別見水心學案。

正肅吳先生柔勝別見晦翁學案。

寶文王先生厚之別見象山學案。

直閣孟先生浩

孟浩，字養直，宜春人。乾道進士，知武寧縣，有聲。累遷知湖州。以忤權貴罷。後復起，官至直祕閣。爲人廉介，一毫不妄取與。爲文章有法度，所著有賠技集。參姓譜。

修撰趙西林先生鞏別見丘劉諸儒學案。

通判白先生炎震

白炎震，字□□，普州人。成都府通判。

武臣三人

統制皇甫先生斌

皇甫斌，字文仲，華山人。官池州都統制。

鈐轄范先生仲壬

范仲壬，蜀人。贈太保瑑之弟瓌四世孫寥，徽宗時有功，避不以自名，官至右武大夫，先生其從孫也。武舉中第，裁，八年，出知金州。後爲利路鈐轄。瓌尚使氣，鄉里敬服，故其後以武聞云。參氏族譜。

轄張先生致遠

張致遠，字□□，南劍人。江南兵馬鈐轄。

士人八人

知軍楊先生宏中

楊宏中，字充甫，福州人。弱冠補國子生。孝宗崩，光宗以疾不能執喪。時趙忠定知樞密院，奏請太皇太后迎立寧宗于嘉邸，以成喪禮，朝野晏然。遂命忠定爲右丞相，登進耆德及一時知名之士，有意慶曆、元祐之治。韓侂胄竊弄國柄，引將作監李沐爲右正言，首論罷忠定，中丞何澹、御史胡紘章繼上，竄忠定永州。國子祭酒李祥、博士楊簡連疏救争，俱被斥。先生曰：「師儒能辯大臣之冤，而諸生不能留師儒之去，于誼安乎？」衆莫應，獨林仲麟、徐範、張衜、蔣傅、周端朝五人願預其議。遂上疏曰：「自古國家禍亂之由，初非一道，惟小人中傷君子，其禍尤慘。君子登庸，杜絶邪枉，要其處心，實在于愛君憂國。小人得志，仇視正人，必欲空其朋類，然後可以肆行而無忌。于是人主孤立，而社稷危矣。黨錮敝漢，朋黨亂唐，大率由此。元祐以來，邪正交攻，卒成靖康之變，臣子所不忍言，而陛下所不忍聞也。臣竊見近者諫臣李沐論前宰相趙汝愚數談夢兆，擅權植黨，將不利于陛下。以此加誣，實不其然。汝愚乞去，中外咨憤，而言者以爲父老懽呼，蒙蔽天聽，一至于此。章穎力辯其非，首遭斥逐，聞者已駭，既而祭酒李祥、博士楊簡相繼抗論，毅然求去，告假幾月，善類皇皇。一旦有外補之命，言者惡其扶植正論，極力詆排，同日報罷，六館之士，爲之憤惋涕泣。今李沐自知邪正之不兩立，而公議之不直己也，乃欲盡去正人，以便其私，于是託朋黨以罔陛下之聽。臣謂二人之去若未足惜，殆恐君子小人消長之機于此一判，則靖康已然之監，豈堪復見于今日邪？陛下厲精圖政，方將正三綱以維人心，采羣議以定國是，遽聽奸回，槩疑善類，此臣等之所未諭也。臣願陛下鑒漢、唐之禍，懲靖康之變，精加宸慮，特奮睿斷。念汝愚之忠勤，察祥、簡之非黨，灼李沐之回邪，明示好惡，旌别淑慝，竄李沐以謝天下，還祥、簡以收士心，臣雖身膏鼎鑊，實所不辭。」書奏不報，則繳副封于臺諫、侍從。侂胄大怒，坐以不合上書之罪，六人皆編置，以先生爲首，將竄之嶺南。中書舍人鄧馹上書救之，不聽。右丞相余端禮拜于榻前至數十，丐免遠徙。上惻然許之，乃送太平州編管。天下號爲「六君子」。明年，移福州聽讀。嘉泰三年，寧宗幸學，特旨放還。開禧元年，登進士第，教授南劍州。侂胄誅，先以言得罪者悉加褒録。嘉定元年，特遷先生一秩，亦不拜。累改宣教郎，通判潭州。以親老請祠，差知武岡軍，未受卒，年五十三。參史傳。

忠文周先生端朝别見嶽麓諸儒學案。

縣令張先生衜

張衜，字用叟，侯官人。官終泰和令。嘗同楊宏中上書。參福建通志。

梓材謹案：先生之名，福建通志作「道」，道與衜，古今字爾。宋史忠義傳稱先生以父任補官，有二子，與周端朝同登進士第。

太學林先生仲麟

林仲麟，字景仲，寧德人。倜儻有大志。淳熙五年，試太學第一。慶元中，與楊宏中等六人上疏救趙忠定，韓侂胄怒，送毘陵編管。先生毅然不少詘。時有慶元「六君子」之稱。參姓譜。

太學蔣先生傳

蔣傳，字象夫，信州人。先生久居太學，忠鯁有聞。叩閽之事，皆其屬稾云。參宋元通鑑。

朝奉徐先生範

徐範，字彝父，侯官人。少孤，刻苦授徒以養母。與兄同舉于鄉，入太學，未嘗以疾言遽色先人。趙丞相去位，祭酒李祥、博士楊簡論救之，俱被斥逐。同舍生議叩閽上書，書已具，有閩士亦署名，忽夜傳韓侂胄將寘言者重辟，閩士怖，請削名，其友亦勸止之。先生曰：「業已書名矣，尚何變？」書奏，侂胄果大怒，謂其扇搖國是，各送五百里編管。先生謫臨海，與兄歸同往，禁錮十餘年。登嘉定元年進士第。授清江縣尉。歷知邵武軍，遷國子監丞，徙太常丞，權都官郎官，改祕書丞、著作郎、起居郎、兼國史編修、實録檢討。以朝奉大夫致仕。卒，贈朝請大夫、集英殿修撰。參史傳。

文節蔡西山先生元定別爲西山蔡氏學案。

監嶽呂先生祖泰別見東萊學案。

附攻慶元僞學者

韓侂冑字節夫，安陽人。平章軍國事。力攻僞學。

京鏜字仲遠，洪州人。右丞相。實發僞學之名。

何澹字自然，處州人。樞密。與京鏜主僞學之禁者六年。

劉德秀字仲洪，洪州人。諫議大夫。首論留忠宣引僞學之罪。

胡紘字□□，處州人。御史。論僞學猖獗，圖爲不軌。

李沐字□□，湖州人。正言。論罷趙忠定，又劾留忠宣。

劉三傑字□□，婺州人。正言。論僞學黨變爲逆黨。

施康年字□□，通州人。正言。乞嚴行約束僞徒送葬。

姚愈字次愈，平江人。大諫。論姦僞之徒盜名欺世。

陳賈字□□，舒州人。兵部侍郎。乞擯斥道學。

楊大法字元範，婺州人。侍御。

張釜字□□，鎮江人。大諫。指劉文節涪州學記爲謗訕。

錢象祖字□□，錢塘人。參政。

葉翥字□□，處州人。尚書。奏禁語、孟、學、庸等書。

許及之字深甫，温州人，樞密。

張巖字□□，揚州人。侍御。奏黄少師由植僞黨。

陳讜字□□，興化人。侍御。

傅伯壽字□□，泉州人。侍郎。

汪義端字子充，黟縣人。勅孫。中書舍人。

高文虎字炳如，明州人。直院。草「僞徒改視回聽」詔。

張伯垓字□□，秀州人。察院。

糜師旦字周卿，平江人。吏部侍郎。

趙善堅字德固，宜春人。婺州簽判。

林采字□□，□□人。監察御史。

沈繼祖字□□，興國人。監察御史。以胡紘奏稟劾晦庵。

丁逢字□□，常州人。川秦都大。

邵褎字□□，秀州人。司直。請僞學不得除在内差遣。

王沇字□□，□□人。衡州守。乞著僞學籍。

錢鍪字□□，□□人。衡州守。

余嘉字□□，漳州人。新州教授。上書乞斬晦庵。

趙師召字□□，□□人。迪功郎。

張貴謨字子智，處州人。

黄掄字□□，□□人。右正言。

鄭丙字少融，福州人。淳熙間吏部尚書。言僞學不宜信用。

林栗字黄中，福州人。淳熙間兵部尚書。劾晦庵不供職。

王淮字季海，金華人。淳熙間右丞相。實始慶元僞學之禁。

趙彦逾字德老，明州人。資政殿大學士。

謝山跋趙彦逾傳曰："深寧先生所著四明七觀，甚稱彦逾之清節。不意大儒立言，亦尚有阿私也。彦逾之爲人，尚足道乎！案，彦逾晚與樓、林二參政並召，右司諫王居安言「樓鑰、林大中用，宗廟社稷之靈，天下蒼生之福，彦逾豈可與之同日而語！彦逾始以趙汝愚不引入政府，遂啓侂冑專政之謀，汝愚斥死，彦逾之力居多，汝愚之罪人也。陛下乃使與二人同升，薰蕕共器，非所以示趨向于天下也。』疏已具，有微聞者，除居安下遷起居郎兼崇政殿説書，時爲諫官才十八日。居安直前奏曰：『陛下特遷臣柱下者，豈非欲使臣不得言邪？二史直前奏事，祖宗法也。」遂極論之。此足爲彦逾定案矣。彦逾之子鐓夫，實有清節，乃幹蠱之子也。

寶慶元年乙酉

史彌遠專政。

八月，賜張橫浦謚曰文忠。

寶慶二年丙戌

彌遠專政。

正月，賜陸復齋九齡謚文達，沈定川煥謚端憲。

召布衣李微之心傳赴闕。

寶慶三年丁亥

彌遠專政。

正月，贈晦庵太師，追封信國公。

紹定元年戊子

彌遠專政。

紹定二年己丑

彌遠專政。

九月，晦庵改封徽國公。

紹定三年庚寅

彌遠專政。

五月，蔡九峯沈卒。

紹定四年辛卯

彌遠專政。

紹定五年壬辰

彌遠專政。

紹定六年癸巳

十月，鄭忠定清之相。彌遠卒。

是年賜進士徐元杰第一。

十一月，召陳和仲埴爲樞密院編修官。

端平元年甲午

忠定獨相。

五月，召徐文清僑爲太常少卿。

九月，召真西山爲翰林學士，魏鶴山直學士院。

端平二年乙未

正月，詔議胡安定、孫泰山、邵康節、歐陽永叔、周濂溪、司馬温公、蘇東坡、張横渠、程明道、伊川等十人從祀孔子廟庭。

三月，真西山參知政事。

五月，西山卒。

六月，喬文惠行簡相。

八月，詔趙忠定配享寧宗廟廷。

十二月，知沔州高稼死節。

端平三年丙申

九月，崔與之相。

嘉熙元年丁酉

八月，詔趙忠定追封福王。

嘉熙二年戊戌

嘉熙三年己亥

正月，喬文惠平章軍國重事，李宗勉、史嵩之相。

十二月，崔清獻與之卒。

以陳和仲爲國子司業。

嘉熙四年庚子

淳祐元年辛丑

淳祐二年壬寅

閏月，李文清宗勉卒。	史嵩之專政。 正月，周、二程、張、朱列于從祀，濂溪封汝南伯，明道封河南伯，伊川封伊陽伯，横渠封郿伯。 二月，喬文惠卒。 五月，賜進士得王厚齋應麟。	嵩之專政。
淳祐三年癸卯 嵩之專政。	淳祐四年甲辰 嵩之專政。 九月，嵩之去位。 十二月，范文肅鍾、杜清獻範相。	淳祐五年乙巳 四月，杜清獻卒。 六月，徐侍郎元杰暴卒。 十二月，游似相。
淳祐六年丙午	淳祐七年丁未 四月，鄭忠定復相。	祐八年戊申 忠定獨相。
淳祐九年己酉 正月，范文肅卒。 閏二月，趙葵相。	淳祐十年庚戌 是年，賜進士方逢辰第一。	淳祐十一年辛亥 十一月，謝方叔、吳潛相。
淳祐十二年壬子 方叔獨相。	寶祐元年癸丑 方叔獨相。	寶祐二年甲寅 八月，董槐相。

寶祐三年乙卯

寶祐四年丙辰

十月，程元鳳相。

五月，賜進士文文山天祥第一。

寶祐五年丁巳

元鳳獨相。

八月，嵩之死。

寶祐六年戊午

四月，丁大全相。

開慶元年己未

十月，吴潛復相。

賈似道相。

景定元年庚申

四月，吴潛罷。

景定二年辛酉

似道專政。

正月，加封張南軒華陽伯，吕東萊開封伯，並從祀孔子廟庭。

景定三年壬戌

似道專政。

六月，吴毅夫潛暴卒于循州。

景定四年癸亥

似道專政。

五月，婺州布衣何基、建寧布衣徐幾並授迪功郎。

景定五年甲子

似道專政。

九月，竄建寧教授謝疊山枋得于興國軍。

十月，度宗卽位。

咸淳元年乙丑

似道專政。

咸淳二年丙寅

似道專政。

咸淳三年丁卯

咸淳四年戊辰

咸淳五年己巳

似道專政。

三月，程元鳳復相。

八月，葉夢鼎相。

似道專政。

十二月，程元鳳卒。

似道專政。

三月，江萬里、馬廷鸞相。

咸淳六年庚午

似道專政。

正月，江萬里罷。

咸淳七年辛未

似道專政。

咸淳八年壬申

似道專政。

咸淳九年癸酉

似道專政。

咸淳十年甲戌

似道專政。

七月，瀛國公即位。

十一月，王爚相。

十二月，章鑑相。

德祐元年乙亥

二月，似道罷。

四月，陳宜中、留夢炎相。

五月，賜婺州處士何基諡文定、王柏承事郎。

九月，似道拉殺于南劍州。

十一月，以謝疊山爲江西招諭使。

德祐二年丙子

正月，吴堅、文天祥相。李芾死節。

趙良淳死節。

附晚宋詆詈諸儒者

周密字公謹，吳興人。義烏令。自號弁陽老人，又號四水潛夫。

梓材謹案：周公謹先爲齊人，後徙湖。其著齊東野語云：「伊洛之學行于世，至乾道、淳熙間盛矣。其能發明先賢旨意，遡流徂源，論著講解，卓然自爲一家者，惟廣漢張敬夫、東萊呂伯恭、新安朱元晦而已。此外有橫浦張子韶、象山陸子靜，亦皆以其學傳授，而張嘗參宗杲禪，陸又參杲之徒德光，故其學往往流于異端而不自知。至于永嘉諸公，則以詞章議論馳騁，固已不可同日語也。」又云：「世又有一種淺陋之士，自視無堪以爲進取之地，輒亦自附于道學之名，裒衣博帶，危坐闊步，或鈔節語録以資高談，或閉眉含眼爲默識，而叩擊其所學，則于古今無所聞知，考驗其所行，則于義利無所分別。此聖人之大罪人，吾道之大不幸，而遂使小人得以藉口爲僞學之目，而君子受玉石俱焚之禍者也。」由前之說，尚爲平允之論。由後之說，不無有所詆詈。故其癸辛雜識後集謂饒雙峯自詭爲黃勉齋門人，雜識別集目王厚齋爲形拘，言徐徑畈沽激太過，且謂其無忌憚云。至其浩然齋雅談有云：「宋之文治雖盛，然諸公率崇性理卑藝文。朱氏主程而抑蘇，呂氏文鑑去取多朱意，故文字多遺落者，極可惜。」且引葉水心「洛學興而文字壞」爲至言，意欲伸文詞以抑道學，與野語前說不自相矛盾邪？

宋元學案卷九十八

荆公新學略

全祖望補本

荆公新學略表

王安石廬陵門人。——子雱

——龔原——鄒浩別爲陳鄒諸儒學案。

　　　　——沈躬行別見周許諸儒學案。

——王無咎

——晏防

——陸佃——子宰——孫游

——呂希哲別爲滎陽學案。

——汪澥

——鄭俠

——蔡肇

——陳祥道——弟暘

許允成
別附呂惠卿
蔡京
蔡卞
林希
蹇序辰
父周輔。
楊畏
馬希孟
方慤
孟厚別見劉李諸儒學案。
王昭禹
鄭宗顔
耿南仲
王安中
並爲新學者。

李純甫別爲屏山鳴道集説畧。
王學餘派。

王安禮

王安國

並荆公弟。

曾鞏別見廬陵學案

孫侔

並荆公講友。

宋保國

荆公學侶。

玄孫

厚之別見象山學案。

荆公新學畧序録

祖望謹案：荆公淮南雜説初出，見者以爲孟子。老泉文初出，見者以爲荀子。已而聚訟大起。三經新義累數十年而始廢，而蜀學亦遂爲敵國。上下學案者，不可不窮其本末也。且荆公欲明聖學而雜于禪，蘇氏出于縱横之學而亦雜于禪，甚矣，西竺之能張其軍也！述荆公新學畧及蜀學畧。梓材案：是條序録兼蜀學而言之，謝山以其並爲雜學，故列之學案之後，別謂之學畧云。

廬陵門人

文公王臨川先生安石

王安石，字介甫，臨川人。蚤有盛名。舉進士高第，簽書淮南節度判官。召試館職，固辭。知鄞縣，三日一治縣事，起堤堰，決陂塘，爲水陸之利，貸穀于民，立息以償，俾新陳相易，邑人便之。通判舒州，以文潞公薦，再召試爲羣牧判官，出知常州，提點江東刑獄。入爲三司度支判官，獻書萬餘言，極陳當世之務。除直集賢院，累辭，不獲命，始就職。除同修起居注，固辭，遂除知制誥。神宗卽位，除知江寧府。召爲翰林學士，未幾，參知政事。先生既執政，設制置三司條例司，與知樞密院陳升之同領之，而青苗、免役、市易、保甲等法相繼興矣。自變法以來，御史中丞呂誨等力請罷條例司并青苗等法，諫官孫莘老覺、李公擇常、胡完夫宗愈、御史張天祺戩、王子韶、陳古靈襄、程明道顥皆論安石變法非是，以次罷去。前宰相韓魏公琦，亦上疏論青苗之害，先生稱疾求分司，不許。三年，拜禮部侍郎同中書門下平章事、監修國史、知制誥。其徒呂惠卿修撰經義。先生提舉王韶取熙河、洮、岷、疊、宕等州，先生率羣臣入賀，神宗解玉帶賜之，以旌其功。慈聖光獻皇后、宣仁聖烈皇后間見神宗，流涕言新法之不便者，且言王安石亂天下，神宗亦流涕，退，命先生裁損之，先生重爲解，乃已。七年，神宗以久旱，益疑新法之不便，遂以吏部尚書、觀文殿大學士知江寧府。明年，復拜同中書門下平章事。初，呂惠卿爲先生所知，驟引至執政。洎先生再相，苟可以中先生，無不爲也。會先生子雱卒，先生丐奉祠，以使相爲集禧觀使，封舒國公。又辭使相，乃以左僕射爲觀文殿大學士。元豐三年，改封荆國公，退居金陵，始悔恨爲惠卿所誤。哲宗即位，拜司空。明年，卒，贈太傅。紹聖初，謚曰文，配享神宗廟庭。崇寧二年，配享文宣王廟。靖康元年，停文宣王配享，列于從祀。後又罷配享神宗廟，而奪其封爵。初，先生提舉修撰經義訓釋詩、書、周官，既成，頒之學官，天下號曰「新義」。雲濠案：荆公著有臨川集一百卷、後集八十卷、易義二十卷、洪範傳一卷、詩經新義三十卷、左氏解一卷、禮記要義二卷、孝經義一卷、論語解十卷、孟子解十四卷、老子注二卷。晚歲，爲字說二十四卷，學者争傳習之，且以經試于有司，必宗其說，少異，輒不中程。先生性强忮，遇事無可否，自信所見，執意不回。至議變法，而在廷交執不可，先生傅經義，出己意，辯論輒數百言，衆皆不能詘。甚者謂：「天變不足畏，祖宗不足法，人言不足卹。」罷詘中外老成人幾盡，多用門下儇慧少年。久之，以旱引去。洎復相，歲餘罷，終神宗世八年不復召，而恩顧不久衰云。參東都事畧。

祖望謹案：靖康間，以龜山言不當配享，乃降安石于從祀。紹興六年，張魏公獨相，以陳公輔言，禁臨川學。乾道五年，魏元履請去荆公父子，不果。淳熙四年，趙粹中又言之。上以輔臣之言，謂前後毀譽雖不同，其文章終不可掩，但去王雱，而議升范、歐、馬、蘇，亦不果。

臨川文集

仁義禮信，天下之達道，而王霸之所同也。夫王之與霸，其所以用者則同，而其所以名者則異。何也？蓋其心異而已矣。其心異則其事異，其事異則其功異，其功異則其名不得不異也。王者之道，其心非有求于天下也，所以爲仁義禮信者，以爲吾所當爲而已矣。以仁義禮信修其身而移之政，則天下莫不化之也。是故，王者之治，知爲之于此，不知求之于彼，而彼固已化矣。霸者之道則不然，其心未嘗仁也，而患天下惡其不仁，于是示之以仁；其心未嘗義也，而患天下惡其不義，于是示之以義；其于禮信亦若是而已矣。是故，霸者之心爲利，而假王者之道以示其所欲，其有爲也，唯恐民之不見而天下之不聞也，故曰其心異也。齊桓公劫于曹沫之刃而許歸其地，夫欲歸其地者，非吾之心也，許之者，免死而已。由王者之道，則勿歸焉可也，而桓公必歸之地。晉文公伐原，約三日而退。三日而原不降，由王者之道，則雖待其降焉可也，而文公必退其師，蓋欲其信示于民者也。凡所爲仁義禮亦無以異于此矣，故曰其事異也。王者之大，若天地然，天地無所勞于萬物，而萬物各得其性，萬物雖得其性，而莫知其爲天地之功也，王者無所勞于天下，而天下各得其治，雖得其治，然而莫知其爲王者之德也。霸者之道則不然，若世之惠人耳，寒而與之衣，饑而與之食，民雖知吾之惠，而吾之惠亦不能及夫廣也，故曰其功異也。夫王霸之道則異矣，其用至誠以求其利，而天下與之，故王者之道，雖不求利之所歸，霸者之道，不主于利，然不假王者之事以接天下，則天下孰與之哉！王霸論。

性、情一也。世有論者曰：「性善情惡。」是徒識性、情之名，而不知性、情之實也。喜怒哀樂好惡欲，未發于外而存于心，性也。喜怒哀樂好惡欲，發于外而見于行，情也。性者情之本，情者性之用，故吾曰：「性、情一也。」彼曰性善，無它，是嘗讀孟子之書而未嘗求孟子之意耳。彼曰情惡，無它，是有見于天下之以此七者而入于惡，而不知七者之出于性耳。故此七者，人生而有之，接于物而後動焉，動而當于理則聖也，賢也，不當于理則小人也。彼徒有見于情之發于外者爲外物之所累而遂入于惡也，因曰「情，惡也」；「害性者，情也」，是曾不察于情之發于外而爲外物之所感而遂入于善者乎！蓋君子養性之善故情亦善，小人養性之惡故情亦惡，故君子之所以爲君子莫非情也，小人之所以爲小人莫非情也。彼論之失者，以其求性于君子，求情于小人耳。自其所謂情者，莫非喜怒哀樂好惡欲也。舜之聖也，象喜亦喜；使舜當喜而不喜，則豈足以爲舜乎？文王之聖也，王赫斯怒；當怒而不怒，則豈足以爲文王乎？舉此二者而明之，則其餘可知矣。如其廢情，則性雖善，何以自明哉！誠如今論者之說，無情者善，則是若木石者尚矣！是以知性情之相須，猶弓矢之相待而用，若夫善惡，則猶中與不中也。曰：「然則性有惡乎？」曰：「孟子曰：『養其大體爲大人，養其小體爲小人。』揚子曰：『人之性，善惡混。』是知性可以爲惡也。」性情論。

世之論者曰：「惠者輕與，勇者輕死，臨財而不訾，臨難而不避者，聖人之所取，而君子之行也。」吾曰：「不然。惠者重與，勇者重死，臨財而不訾，臨難而不避者，聖人之所疾，而小人之行也。」故所謂君子之行者有二焉：其未發也，慎而已矣；其既發也，義而已矣。慎則待義而後決，義則待宜而後動，蓋不苟而已也。易曰：「吉凶悔吝生乎動。」言動者，賢不肖之所以分，不可以苟耳。是以，君子之動，苟得已，則斯靜矣。故于義，有可以不與、不死之道，而必與、必死者，雖衆人之所謂難能，而君子未必善也；于義，有可與、可死之道，而不與、不死者，雖衆人之所謂易出，而君子未必非也。是故尚難而賤易者，小人之行也；無難無易而惟義之是者，君子之行也。傳曰：「義者，天下之制也，制行而不以義，雖出乎聖人所不能，亦歸于小人而已矣。」季路之爲人，可謂賢也，而孔子曰：「由也好勇過我，無所取材。」夫孔子之行，惟義之是，而子路過之，是過于義也，爲行而過于義，宜乎孔子之無取于其材也。勇過于義，孔子不取，則惠之過于義，亦可知矣。孟子曰：「可以與，可以無與，與傷惠。可以死，可以無死，死傷勇。」蓋君子之動，必于義無所疑而後發，苟有疑焉，斯無動也。語曰：「多見闕殆，慎行其餘，則寡悔。」言君子之行，當慎處于善耳。而世有言孟子者曰：「孟子之文，傳之者有所誤也。孟子之意，當曰『無與傷惠，無死傷勇』。」嗚呼！蓋亦勿思而已矣。勇惠論。

仁者，聖之次也；知者，仁之次也。未有仁而不知者也，未有知而不仁者也。然則，何知仁之別哉？以其所以得仁者異也。仁，吾所有也，臨行而不思，臨言而不擇，發之于事而無不當于仁也，此仁者之事也。仁，吾所未有也，吾能知其爲仁也，臨行而思，臨言而擇，發之于事而無不當于仁也，此知者之事也。其所以得仁則異矣，及其爲仁則一也。孔子曰：「仁者靜，知者動。」何也？曰，譬今有二賈也，一則既富矣，一則知富之術而未富也。既富者，雖焚舟折車無事于賈可也；知富之術而未富者，則不得無事也。此仁、知之所以異其動靜也。吾之仁，足以上格乎天，下浹乎草木，旁溢乎四夷，而吾之用不匱也，然則吾何求哉！此仁者之所以能靜也。吾之知，欲以上格乎天，下浹乎草木，旁溢乎四夷，而吾之用有時而匱也，然則吾可以無求乎！此知者之所以必動也。故曰：「仁者樂山，知者樂水。」山者靜而利物者也，水者動而利物者也，其動靜則異，其利物則同矣。曰「仁者壽，知者樂」，然則仁者不樂，知者不壽乎？曰，知者非不壽，不若仁者之壽也；仁者非不樂，樂不足以盡仁者之盛也。能盡仁之道，則聖人矣，然不曰仁，而目之以聖者，言其化也，蓋能盡仁道則能化矣，如不能化，吾未見其能盡仁道也。顏回，次孔子者也，而孔子稱之曰「三月不違仁」而已，然則能盡仁道者，非若孔子者，誰乎？仁知論。

君子所求于人者薄，而辨是與非也無所苟。孔子罪宰予曰：「于予與何誅！」罪冉有曰：「小子鳴鼓而攻之可也。」二子得罪于聖人，若當絶也。及爲科以列其門弟子，取者不過數人，于宰予，有辭命之善則取之；于冉求，有政事之善則取之，不以不善而廢其善。孔子豈阿其所好哉，所求于人者薄也。管仲功施天下，孔子小之；門弟子三千人，孔子獨稱顏回爲好學，問其餘，則未爲好學者，閔損、原憲、曾子之徒不與焉，冉求、宰我之得罪又如此，孔子豈不樂道人之善哉，辨是與非無所苟也。所求于人者薄，所以取人者厚，蓋辨是與非者無所苟，所以明聖人之道。如宰予、冉求二子之不得列其善，則士之難全者衆矣，惡足以取人善乎？如管仲無所貶，則從政者若是而止矣；七十子之徒皆稱好學，則好學者若是而止矣，惡足以明聖人之道乎？取人如此，則吾之自取者重，而人之所取者易；明道如此，則吾之與人，其所由可知已。故薄于責人而非匿其過，不苟于論人所以求其全，聖人之道，本乎中而已，春秋之旨，豈易于是哉！中述。

古之人，僕僕然勞其身，以求行道于世，而曰吾以學孔子者，惑矣！孔子之始也，食于魯。魯亂而適齊，齊大夫欲害己，則反而食乎魯。魯受女樂，不朝者三日，義不可以留也，則烏乎之？曰：「甚矣，衞靈公之無道也！其遇賢者，庶乎其猶有禮耳。」于是之衞。衞靈公不可與處也，于是不暇擇而之曹，以適于宋、鄭、陳、蔡、衞、楚之郊，其志猶去衞而之曹也。老矣，遂歸于魯以卒。孔子之行如此，烏在其求行道也？夫天子諸侯不以身先于賢人，其不足與有爲明也，孔子而不知，其何以爲孔子也？曰：「沽之哉！沽之哉！我待價者也。」僕僕然勞其身，以求行道于世，是沽也。子路曰：「君子之仕，行其義也。道之不行，已知之矣。」蓋孔子之心云耳。然則，孔子無意于世之人乎？曰：「道之將興與，命也；道之將廢與，命也。」苟命矣，則如世之人何！行述。

或曰：「孟、荀、揚、韓四子者，皆古之有道仁人，而性者，有生之大本也，以古之有道仁人，而言有生之大本，其爲言也，宜無惑，何其說之相戾也？吾願聞子之所安。」曰：「吾所安者，孔子之言而已。夫太極者，五行之所由生，而五行非太極也；性者，五常之太極也，而五常不可以謂之性，此吾所以異于韓子。且韓子以仁義禮知信五者謂之性，而曰天下之性，惡焉而已矣。五者之謂性而惡焉者，豈五者之謂哉！孟子言人之性善，荀子言人之性惡。夫太極生五行，然後利害生焉，而太極不可以利害言也；性生乎情，有情然後善惡形焉，而性不可以善惡言也，此吾所以異于二子。孟子以『惻隱之心，人皆有之』，因以謂人之性無不仁。就所謂性者如其說，必也怨毒忿戾之心人皆無之，然後可以言人之性無不善，而人果皆無之乎？孟子以惻隱之心爲性者，以其在內也。夫惻隱之心，與怨毒忿戾之心，其有感于外而後出乎？中者有不同乎？荀子曰：『其爲善者，僞也。』就所謂性者如其說，必也惻隱之心人皆無之，然後可以言『善者，僞也』，爲人果皆無之乎？荀子曰：『陶人化土而爲埴。』埴豈土之性也哉！夫陶人不以木爲埴者，惟土有埴之性焉，烏在其爲僞也？且諸子之所言，皆吾所謂情也、習也，非性也。揚子之言爲似矣，猶未出乎以習而言性也。古者有不謂喜怒愛惡慾情者乎？喜怒愛惡慾而善，然後從而命之曰仁也、義也，喜怒愛惡慾而不善，然後從而命之曰不仁也、不義也，故曰：『有情然後善惡形焉。』然則，善惡者，情之成名而已矣。孔子曰：『性相近也，習相遠也。』吾之言如此。」「然則，『上知與下愚不移』有說乎？」曰：「此之謂知愚。吾所云者，性與善惡也。惡者之于善也，爲之則是；愚者之于知也，或不可强而有也。伏羲作易，而後世聖人之言也，非天下之至精至神，其孰能與于此！孔子作春秋，則游、夏不能措一辭。蓋伏羲之知，非至精至神不能與；惟孔子之知，雖游、夏不可强而能也，況所謂下愚者哉！其不移，明矣！」或曰：「四子之云爾，其皆有意于教乎？」曰：「是說也，吾不知也。聖人之教，正名而已。」原性。

善教者藏其用，民化上而不知所以教之之源。不善教者反此，民知所以教之之源，而不誠化上之意。善教者之爲教也，致吾義忠，而天下之君臣義且忠矣；致吾孝慈，而天下之父子孝且慈矣；致吾恩于兄弟，而天下之兄弟相爲恩矣；致吾禮于夫婦，而天下之夫婦相爲禮矣。天下之君君、臣臣、父父、子子、兄兄、弟弟、夫夫、婦婦皆吾教也，民則曰：「我何賴于彼哉！」此謂化上而不知所以教之之源也。不善教者之爲教也，不此之務，而暴爲之制，煩爲之防，劬劬于法令誥戒之間，藏于府，憲于市，屬民于鄙野，必曰臣而臣，君而君，子而子，父而父，兄弟者無失其爲兄弟也，夫婦者無失其爲夫婦也，率是也有賞，不然則罪，鄉閭之師，族酇之長，疏者時讀，密者日告，若是其悉矣，顧不有服教而附于刑者，于是嘉石以慙之，圜土以苦之，甚者棄之于市朝，放之于裔末，卒不可以已也。此謂民知所以教之之源，而不誠化上之意也。善教者，浹于民心，而耳目無聞焉，以道擾民者也。不善教者，施于民之耳目，而求浹于心，以道强民者也。擾之爲言，猶山藪之擾毛羽，川澤之擾鱗介也，豈有制哉！自然然耳。强之爲言，其猶囿毛羽，沼鱗介乎，一失其制，脱然逝矣。噫！古之所以爲古，無異焉，由前而已矣。今之所以不爲古，無異焉，由後而已矣。或曰：「法令誥戒不足以爲教乎？」曰：「法令誥戒，文也。吾云爾者，本也。失其本而求之文，吾不知其可也。」原教。

天有過乎？有之，陵歷鬬蝕是也。地有過乎？有之，崩弛竭塞是也。天地舉有過，卒不累覆且載者何？善復常也。人介乎天地之間，則固不能無過，卒不害聖且賢者何？亦善復常也。故太甲思庸，孔子曰：「勿憚改過。」揚雄貴遷善，皆是術也。予之朋，有過而能悔，悔而能改，人則曰：「是向之從事云爾，今從事與向之從事弗類，非其性也，飾表以疑世也。」夫豈知言哉？天播五行于萬靈，人固備而有之，有而不思則失，思而不行則廢。一日咎前之非，沛然思而行之，是失而復得，廢而復舉也，顧曰非其性，是率天下而將性也。且如人有財，見篡于盜，已而得之，曰：「非夫人之財，向篡于盜矣！」可歟？不可也。財之在己，固不若性之爲己有也，財失復得，曰非其財，且不可，性失復得，曰非其性，可乎？原過。

附錄

神宗問王安石之學何如，明道對曰：「安石博學多聞則有之，守約則未也。」

明道昔見上稱介甫之學，對曰：「王安石之學不是。」上愕然問曰：「何故？」對曰：「臣不敢遠引，止以近事明之。臣嘗讀詩，言周公之德云：『公孫碩膚，赤舄几几。』周公盛德，形容如是之盛，如王安石，其身猶不能自治，何足以及此！」以上程氏遺書。

温公戒金陵用小人，金陵曰：「法行卽逐之。」温公曰：「誤矣！小人得路，豈可去也？他日將悔之。」元城語録。

梓材謹案：元城語移此者五條，其四條見後。

韓絳自請前日謬于敷奏之罪，乞旨改正。上欣然歎曰：「卿不遂非，甚好。若王安石則言宰臣之道矣。」

元豐末，不得已，創爲户馬之説。神宗俯首歎曰：「朕于是乎媿文彦博矣。」王珪問故，上曰：「彦博嘗争國馬，奏曰：『陛下十年必思臣言。』」珪曰：「國馬是王安石堅請，本非聖意。」上復歎曰：「安石誤朕，豈止一事！」

安石在金陵，見元豐官制行，變色曰：「許大事，安石竟畧不得與聞。」始漸有畏懼，作前後元豐行以諛上，蓋求保全也。

先是，安石作詩義序，極諛上，神宗卻之，令別撰。

安石與吕惠卿一帖，無令上知。惠卿既叛，安石以帖上之。上問熙河歲費之實于安石，安石諭王韶，不必以盡數對。韶叛，安石亦以其言上之。

神宗一日盡釋市易務禁錮保人在京師者，無慮千人，遠近驩喜。神宗歎曰：「百姓富家猶不肯圖小利，國家何必屑屑如此！若更在位數年，則躬自除之，不使後日議者紛紛。」

梓材謹案：以上諸條皆晁景迂初見欽宗之言，其全文載邵氏聞見後録。邵氏云：「亦陳瑩中尊堯之意也。」今所録者，字句似微有不同。

□□□曰：「本朝因楊炎之税法，租庸調已并矣。近又納義倉，是再租也。五等之民，歲納役錢，是再庸也。常役則調春夫，非時則調急夫，否則納夫錢，是再三調也。而又爲擧放利息之術，曰常平錢，曰預買錢，曰鬻鹽錢，曰過月錢。其餘尚有難以條擧者。廟堂之所謨謀者，錢也；刑罰之所重而不赦者，錢也；文移之所急者，錢也。能催科者爲賢，不能者爲不賢，廉恥盡矣！」

劉元城曰：「漢大臣于人主前説人長短，各以其實，如匡衡謂朱雲好勇，數犯法亡命，受易頗有師道是也。金陵亦非常人，其質樸儉素，終身好學，不以官爵爲意，與温公同。但學有邪正，各欲行其所學，而諸人輒溢惡，謂其爲盧杞、李林甫、王莽，故人主不信。此進言之過。」

又曰：「五帝之法尚不同，金陵乃欲以成、周之法行之今。祖宗所以不多爲法令者，正恐官吏緣此擾民也。金陵欲行新法，恐州縣慢易，故擢用新進少年，至于特旨、御前處分、金字牌子，一時指揮之類，紛紛而出，其枋必爲奸臣所竊，天下欲不亂，得乎？」

又曰：「金陵三不足之説，謂『天變不足畏，祖宗不足法，人言不足卹』。此三句，非獨爲趙氏禍，爲萬世禍！人主之勢，天下無能敵者，人臣欲回之，必思有大于此者把攬之。今乃教之不畏天變，不法祖宗，不卹人言，則何事不可爲也？」

又曰：「祖宗以仁慈治天下，至嘉祐末，似乎舒緩不振，故神廟必欲變法。金陵揣知上意，以一身當之，又有虚名，實行强辯，堅志不可動，反覆詰難，使人主從之乃已。□及元豐初，主德已成，天容毅然，正君臣之分，非熙寧比矣。」

呂滎陽曰：「王介甫解經，皆隨文生義，更無含蓄。學者讀之，更無可以消詳處，更無可以致思量處。」

晁景迂上封事曰：「三經之學，義理必爲一說，辭章必爲一體，以爲一道德，道德如是其多忌乎？古人謂『寧道孔聖誤，諱言鄭、服非』，正今日之患也。援釋、老誕慢之說以爲高，挾申、韓刻覈之說以爲理，使斯士浮僞慘薄。古人謂王衍清談之害甚于桀、紂，致今日之害者，其罪又甚于王衍也。其尚書之說，如老不可敬，禍不足畏之類，誣經害教，陰貽天下之禍。王安禮爲臣，言神宗皇帝天度高遠，常患三經義未副其意，宜論異日當别刊修，則今之承學之士，兢兢三經惟謹者，未必當神宗之意也。若其字說，則神宗本留中，不以列學官，近乃列之，破律亂常尤甚，果何等書也？」

又答袁季皐曰：「荆公戲明道曰：『伯純縱高不過至十三級而止。』明道謝曰：『公自十三級而出，上據相輪，恐難久以安也。』」

楊龜山曰：「荆公在上前争論，或爲上所疑，則曰：『臣之素行，似不至無廉恥，如何不足信？』且論事當問之是非利害如何，豈可以素有廉恥，劫人使信己也？夫廉恥，在常人足道；若君子，更自矜其廉恥，亦淺矣！蓋廉恥，自君子所當爲者，如人守官，曰：『我固不受贓。』不受贓，豈分外事乎？」

陳右司曰：「陰陽災異之説，雖儒者不可泥，亦不可全廢。王介甫不用，若爲政依之，是不畏天者也。」

又曰：「學者非特習于誦數發于文章而已，將以學古人之所爲也。自荆公之學興，此道壞矣。」

吴叔揚曰：「字説，詩字從言從寺，謂法度之言也。詩本不可以法度拘，若必以法度言，然則侍㊀者法度之人，峙者法度之山，痔者法度之病也？不知此乃諧聲。」吕氏童蒙訓。

劉静春曰：「介甫不憑注疏，欲修聖人之經；不憑今之法令，欲新天下之法，可謂知務，第出于己者，反不逮舊，故上誤裕陵，以至于今。後之君子，必不安于注疏之學，必不局于法令之文，此二者既正，則人材自出，治道自舉。」

祖望謹案：此條最精。

倪氏經鉏堂雜志曰：「荆公字説以轉注假借皆爲象形象意，此其所以爲徇也，若其間説象形象意處，亦自有當理者。新法若雇役，至今用之，東南爲便，不見其害。前十年，海外四州守臣，奏民間願從中州雇役，朝廷從之，當時一切力排之，所以其心不服。故曰：『憎而知其善，可也。』」

魏鶴山師友雅言曰：「王介甫錯看膳夫一義，以爲王者受天下之奉。後王黼等置應奉司，以成政、宣之禍，至于亡國，不知他經原無此義。古人只説恭儉，釋經不可不嚴哉！」

又曰：「口率出泉，康成以漢制解經，三代安有口賦？又如國服爲息，息字，凡物之生歇處，康成引莽法以注息字，古人原不取民以錢，土地所出原無錢。介甫錯處，盡是康成錯處。歐、蘇以前，未嘗有人罵古注，承其誤以至此。」

㊀「侍」字，原本作「待」，據龍本改。

又周禮折衷曰：「周禮國服之法，鄭康成直以王莽二分之息解之。此自誤引，致得荆公堅守以爲成、周之法。當時諸老雖攻荆公，但無敢自鄭康成處説破，推原其罪者。」

又曰：「荆公嘗以道揆自居，而不曉道與法不可離。如舜爲法于天下，可傳于後世，以其有道也。法不本于道，何足以爲法！道而不施于法，亦不見其爲道！荆公以法不豫道，故其新法，皆商君之法，而非帝王之道。所見一偏，爲害不小。永嘉二陳所作制度紀綱論云：『得古人爲天下法，不若得之于其法之外。』彼謂仁義道德皆法外事，皆因荆公判道法爲二，後學從而爲此説。豈知周禮一部，教忠教孝，道正寓于法中。後世以刑法爲法，故流于申、商，以漢制没入家財爲奪以馭貧，尤害理，三代安得有没入人臣家財之法？古者臣下去國，待放于郊，然猶爵禄有列于朝，出入有詔于國，三年然後收其田里，此所謂馭。」

又跋了齋日録辯曰：「古人自格物致知以至平治天下，初無二本，自本身徵民以至考建質俟，初無二理。今曰『不通政事卻深于經術』，又曰『其人節行過人甚多』，審如其説，是能格致誠正而不能行之天下國家，本諸身矣而庶民且不合，他可知也。此理曉然易知，而能惑世誣民于十九年間，以養成亂本，又能使紹聖以後，守其説而莫之改也，嗚呼！」

林竹溪鬳齋學記曰：「和靖曰：『介甫未嘗廢春秋。廢春秋以爲斷爛朝報，皆後來無忌憚者託介甫之言也。韓玉汝之子宗文，字求仁，嘗上介甫書，請六經之旨，介甫皆答之。獨于春秋曰：「此經比他經尤難。」蓋三傳皆不足信也。介甫亦有易解，其辭甚簡，疑處甚缺。後來有印行者，名曰易義，非介甫之書。』和靖去介甫未遠，其言如此，甚公。今人皆以斷爛朝報爲荆公罪，冤矣！然亦荆公有以招之。」

又曰：「鄭溪西曰：『半山字說，不足爲穿鑿。許慎識文識字，而求義太□，是可謂之穿鑿。半山未能別文字也。某有三語曰：「無義之理理之真，有義之理理之失，多義之理理之妄。」此言高矣哉！』」

祖望謹案：此說似未可據。

謝山荆公周禮新義題詞曰：「三經新義，盡出于荆公子元澤所述，而荆公門人輩皆分纂之。獨周禮則親出于荆公之筆，蓋荆公生平用功此書最深，所自負以爲致君堯、舜者俱出于此，是固熙、豐新法之淵源也，故鄭重而爲之。蔡絛以爲政和祕閣所藏，其書法如斜風細雨，定爲荆公手蹟。其後國學頒行之板，爲國子司業莆田黄隱所毁，世間流傳遂少，僅見王氏訂義所引而已。荆公解經，最有孔、鄭諸公家法，言簡意該，惟其牽纏于字說者，不無穿鑿，是固荆公一生學術之祕，不自知其爲累也。蓋嘗統荆公之經學而言之，易傳不在三經之内，說者謂荆公不愜意而置之，然伊川獨令學者習其書。容齋記毛詩『八月剝棗』，荆公一聞野老之言輒改其說，則亦非任情難挽者。朱子于尚書推四家，荆公與焉，且謂其不强作解事。而禮記之方、馬數家，亦稟荆公之意而爲之者，至今禮記注中不能廢。爾雅成于陸氏，而以其餘爲埤雅，既博且精，彼其門人所著尚有不可掩者如此。至若春秋之不立學官，則公亦以其難解而置之，而並無斷爛朝報之說，見于和靖語録中所辯。予觀宋志，荆公嘗作左氏解一卷，則非不欲立，明矣。荆公又嘗與陳用之、許允成解論、孟，然則去其字說之支離而存其菁華，所謂六藝不朽之妙，良不可雷同而詆也，而況是書又荆公所最屬意者乎！」

又記荆公三經新義事曰：「荆公三經新義，至南渡而廢棄。元祐時不過曰經義兼用註疏及諸家，不得專主王氏之解，所禁者，字説耳。獨莆田黄隱作司業，竟焚其書。當時在廷諸公不以爲然，彈章屢上。案山堂考索所載，元祐元年十月癸丑，劉摯言：『國子司業黄隱，學不足以教人，行不足以服衆。故相王安石經訓，視諸儒義説，得聖賢之意爲多，故先帝立之于學，程式多士。而安石晚年字説，溺于釋典，是以近制禁學者無習而已。至其經義，蓋與先儒之説並存，未嘗禁也。隱猥見安石政事多已更改，妄意迎合，欲廢其學，每見生員試卷引用，輒加排斥，何以勸率學校！』同時吕陶亦言：『經義之説，蓋無古今新舊，惟貴其當。先儒之傳註未必盡是，王氏之解未必盡非。隱之誦記王氏新義，推尊久矣，一旦聞朝廷議科舉，則語太學諸生，不可復從王氏。或引用者，類多黜降。諸生有聞安石之死，而欲設齋致奠，以伸師資之報者，隱輒忿怒欲繩以法，尤可鄙也。』于是上官均等皆乞罷隱慰公論。由此觀之，元祐諸賢平心，亦已至矣。嗟乎！蔡京之欲毁通鑑，蓋隱有以啟之，韓忠獻所云『鬼怪輩壞事』也。」

附傳

左丞王先生安禮

王安禮，字和甫，荆公之弟。早登科，辟河東幕職轉運使。吕公弼薦于朝，召對。適荆公當國，除著作佐郎、崇文院校書。破例特賜之坐。遷直集賢院，歷知潤與湖州，爲開封判官。嘗偕尹奏事，既退，獨留訪天下事，帝甚向納。俄直舍人院、同修起居注。言：「自古大度之主，不可以言語罪人。蘇軾以才自奮，今一旦致于理，恐後世謂陛下不能容才。」帝曰：「朕固不深譴也，行爲卿貰之。」尋進知制誥。帝數失皇子，用太史言，欲徙民墓迫京城者，無慮數萬，諫曰：「文王卜世三十，其政先于掩骼埋胔，未聞遷人之冢以利其嗣者。」帝惻然而罷。拜中大夫、尚書右丞。轉左丞。徐禧永樂之敗，帝始悟歎曰：「安禮每勸朕勿用兵，少置獄，蓋爲是也。」久之，御史張汝賢論其過，以端明殿學士出知江寧。紹聖初，還職，知永興軍。二年，知太原。卒，年六十二，贈銀青光祿大夫。爲人偉風儀，論議明辯，常以經綸自任，而闊略細謹，以故數詒口語云。參史傳。

祕閣王先生安國

王安國，字平甫，亦荊公弟。自丱角，未嘗從人受學，操筆爲文，語皆驚人。神宗卽位，近臣薦其才行，爲武昌軍節度推官，教授西京國子監。召對，神宗問：「安石秉政，物議如何？」對曰：「但恨聚斂太急，知人不明耳。」神宗默然。久之，除崇文院校書，改著作佐郎、祕閣校理。初，呂惠卿諂事荊公，先生惡之。一日，荊公與惠卿論新法于其第，先生好吹笛，荊公諭之曰：「宜放鄭聲。」先生曰：「亦願兄遠佞人。」惠卿深銜之，乃因鄭俠獄陷先生，坐非毀其兄，放歸田里，歲餘而卒，年四十七。有文集六十卷。元祐中，復祕閣校理。參東都事畧。

荆公講友

文定曾南豐先生鞏別見廬陵學案。

縣令孫正之先生侔

孫侔，字少述，吳興人。四歲而孤，七歲能屬文。既長，讀書多自得之。文甚奇古。內行孤峻，少許可，非其所善，雖鄉不與通也。慶歷、皇祐中，與王介甫、曾子固名聞江、淮。母病革，義不得仕。客居吳門、吳興、丹陽、揚子間，士大夫敬畏之。劉原父知揚州，薦其居則孝悌，仕則忠信，足以矯俗扶世。詔試祕書省校書郎、揚州州學教授，不赴。英宗卽位，沈遘、王陶薦其可備侍從，以忠武軍節度推官知來安縣。熙寧三年，韓維復薦之，以爲常州團練推官，皆不受。介甫少與友善，兄事之。介甫爲宰相，道過真州，先生待之如布衣時。參哲宗實錄。

梓材謹案：劉公是雜錄云：「處士之有道者，孫侔、常秩、王令。侔，揚州人，好爲古文章，尤方廉，不能與俗浮沈，而接物則恭以和。」實錄謂其晚年卞急，至于罵坐怒鄰，異矣！朱子爲劉子和傳，言子和之父娶長垣趙氏，實吳興孫侔先生外孫女，讀書能文，實生子和云。又案：林希爲先生傳云：「從其母家揚州，母親教之。」又云：「慶曆、皇祐間，與臨川王安石南豐曾鞏知名于江、淮間。侔初名處，字正之。安石自序所謂『淮之南，有賢人曰正之，余得而友之』者也，則正之卽先生矣。」

荆公學侶

庶官宋先生保國

宋保國，不知何許人。荆公嘗答其書曰：「使人之至，示以經解，副之佳句，勤勤如此，豈敢鹵莽，以虚來旨？所示極好，尚有少疑，想榮從非久淹于符離，冀異時肯顧我，可以究懷未爾。」參臨川文集。

梓材謹案：先生蓋荆公學侣，後入元祐黨籍，宋史無傳。

荆公家學廬陵再傳。

龍圖王元澤雱

王雱，字元澤，荆公之子也。性敏甚，未冠，已著書數萬言。年十三，得秦卒言洮、河事，歎曰：「此可撫而有也。使西夏得之，則吾敵强而邊患博矣。」其後王韶開熙河，荆公力主其議，蓋兆于此。舉進士，調旌德尉。元澤氣豪，睥睨一世，不能作小官。作策二㊀十餘篇，極論天下事，又作老子訓傳及佛書義解，亦數萬言。時荆公執政，所用多少年，元澤欲預選，乃與父謀曰：「執政子雖不可預事，而經筵可處。」荆公欲上知而自用，乃以元澤所作策及注道德經鏤板鬻于市，遂傳達于上。鄧綰、曾布又力薦之，召見，除太子中允、崇政殿説書。神宗數留與語，受詔註詩、書義，擢天章閣待制兼侍講。書成，遷龍圖閣直學士，以病辭不拜。荆公更張政事，元澤實導之。常稱商鞅爲豪傑之士，言不誅異議者法不行。荆公與明道程子語，元澤囚首跣足，攜婦人冠以出，問父所言何事。曰：「以新法數爲人所阻，故與程君議。」元澤大言曰：「梟韓琦、富弼之頭于市，則法行矣。」荆公遽曰：「兒誤矣。」卒時纔三十三，特贈

㊀「二」字，宋史本傳作「三」。

左諫議大夫。參史傳。

荆公門人

侍郎龔先生原

龔原，字深父，雲濠案：宋史列傳作深之。遂昌人。嘉祐八年進士。紹聖初，爲國子司業，遷祕書少監，改起居舍人，擢中書舍人。徽宗初，爲兵部侍郎。先生力學，以經術尊敬介甫，始終不易也。有易傳、春秋解、論語孟子解十卷。參東都事畧。

直講王先生無咎

王無咎，字補之，南城人。第進士，爲儀真主簿、天台令，棄而從王荆公學，久之，無以衣食其妻子，復調南康主簿，已又棄去。好書力學，寒暑行役不暫釋，所在學者歸之，去來常數百人。荆公爲政，先生至京師，士大夫多從之遊，然與人寡合，常閉門治書，惟荆公言論莫逆也。荆公上章薦其文行該備，守道安貧，而久棄不用，詔以爲國子直講，命未下而卒，年四十六。參史傳。

縣丞晏先生防

晏防，字宗武，臨川人，丞相殊之姪。雲濠案：謝溪堂誌先生墓云：「大丞相元獻公，宗武叔祖也。」則當爲姪孫。幼學于王荆公。主崇仁簿、萬載丞，行李蕭然，遣家奴致米乃得歸。赴調，卒于京。先生寬厚好學，安于義命，不可榮辱。所著有侯門集十卷、俱胝集一卷。同上。

右丞陸陶山先生佃

陸佃，字農師，山陰人。居貧苦學，夜無燈，映月讀書。躡屩從師，不遠千里，受經于王荆公。入京，適荆公當國，首問新政，先生曰：「法非不善，但推行不能如初意，還爲擾民，如青苗是也。」擢甲科，授蔡州推官。召補國子監直講。荆公子雱用事，好進者坌集其門，先生待之如常。同王子韶修定説文。入見，神宗問大裘襲衮，先生攷禮以對。神宗悦，用爲詳定郊廟禮文官。每有所議，神宗輒曰：「自王、鄭以來，言禮未有如佃者。」加集賢校理、崇政殿説書。元豐定官制，擢中書舍人、給事中。哲宗立，去荆公之黨。荆公卒，先生率諸生哭而祭之，識者嘉其無向背。徽宗即位，召爲禮部侍郎。拜尚書右丞。讒者詆先生，名在黨籍，罷爲中大夫、知亳州，數月卒，年六十一。追復資政殿學士。先生著書二百四十二卷，于禮家、名數之説尤精，如埤雅、禮象、春秋後傳皆傳于世。同上。

侍講呂原明先生希哲別爲滎陽學案。

司成汪先生澥

汪澥，字仲容，宣州人。少從胡安定學。又學于荆公。熙寧太學成，分録學正。復第進士，累遷大司成。議學制不合，以顯謨閣待制知婺州，改潁昌諸州，後徙應天府。予祠卒，贈宣奉大夫。先生自布衣録太學，至爲正，爲司業、祭酒，迄于司成，以儒名者三十年，一時人士推之。然惜其守安定之學不終，而染于新經之説。

梓材謹案：是傳本在安定學案，以其卒染新學，故移入是卷。

朝奉鄭一拂先生俠

鄭俠，字介夫，福清人。調光州司法。秩滿，至京，會荆公秉政，問以所聞，先生因爲具言青苗、免役、用兵之害。荆公不答。又數以書論之，亦不報。監安上門。熙寧六年七月不雨，至于七年之三月，流民塞道。先生悉繪所見爲圖，上之。神宗反覆觀圖。翌日，又下詔責躬求言。越三日，大雨。輔臣入賀，帝示以先生所進圖狀，羣姦切齒。荆公去，吕惠卿執政，先生又上疏論之。惠卿奏爲謗訕，編管汀州。徙英州。哲宗立，始得歸。元符七年，再竄于英。徽宗立，赦之，仍還故官，又爲蔡京所奪。宣和元年，卒。里人揭其閭爲鄭公坊，州縣皆祀之于學。紹熙初，詔贈朝奉郎。參史傳。

梓材謹案：先生言行録云：「王荆公居憂金陵時，嘗從學。」是先生固在荆公之門，而能邁其師者。陸放翁書其逸事，謂先生晚居福清，自號一拂居士。

待制蔡先生肇

蔡肇，字天啓，丹陽人。能爲文，最長歌詩。初事王荆公，見器重。又從蘇東坡遊，聲譽益顯。第進士，歷明州司户參軍、江陵推官。元祐中，爲太學正，通判常州，召爲衛尉寺丞，提舉永興路常平。徽宗初，入爲户部員外郎，兼編修國史，言者論其學術反覆，提舉兩浙刑獄。張商英當國，引爲禮部員外，進起居郎，拜中書舍人。前此，試三題，卒以宰相上馬爲之候，先生援筆立就，不加潤飾，商英讀之擊節。纔踰月，以草御史辛義責詞不稱，罷爲顯謨閣待制、知明州，言者又論其包藏異意，非議辟雍，以爲不臣，奪職，提舉洞霄宮。會赦，復之，卒。同上。

雲濠謹案：劉氏明本釋言王荆公云：「吕惠卿、蔡京、蔡卞、林希、蹇序辰、楊畏、蔡肇皆門人之達者也。」

正字陳先生祥道

陳祥道，字用之，福州人。元祐中，爲太常博士，終祕書省正字。所著禮書一百五十卷。同上。

謝山陳用之論語解序曰：「荆公六藝之學，各有傳者。攷之諸家著録中，耿南仲、龔深父之易，陸佃之尚書、爾雅，蔡卞之詩，王昭禹、鄭宗顏之周禮，馬希孟、方慤、陸佃之禮記，許允成之孟子，其淵源具在，而陳祥道之論語，鮮有知者，但見于昭德晁氏讀書志而已。荆公嘗自解論語，其子雱又衍之，而成于祥道。長樂陳氏兄弟，深于禮樂，至今推之，乃其得荆公之傳，則獨在論語。昭德謂「紹聖以後，場屋皆遵此書」，則固嘗頒之學官矣。或曰：「是書本出于道鄉鄒公，而託于祥道。」予謂：「道鄉，偉人也，豈肯襲阮逸輩之所爲哉！諸家爲荆公之學者，多牽于字説，祥道疵纇獨寡，爲可喜也。況荆公父子之論語不傳，而是書獨存，亦已幸矣。予家居，細爲校讎，欲覓窮經家之有力者，取荆公周禮新義、王昭禹周禮解、鄭宗顏考工記注、陸佃爾雅新義暨是書合梓之，以見熙、豐之學之概，無使蔡卞之詩獨行，而未能也。經師之作，存于今者稀矣，雖或不醇，要當力爲存之。」

許先生允成

許允成，王荆公門人，著有孟子新義十四卷。荆公喜孟子，自爲之解，其子雱與先生皆有注釋，崇、觀間，場屋舉子宗之。參晁氏郡齋讀書志。

別附

參政呂吉甫惠卿

呂惠卿，字吉甫，晉江人。起進士，爲真州推官。秩滿入都，見王荆公，論經義，意多合，遂定交。熙寧初，荆公爲政，吉甫方編校集賢書籍，荆公言于帝曰：「惠卿之賢，豈特今人，雖前世儒者未易比也。學先王之道而能用者，獨惠卿而已。」及設制置三司條例司，以爲檢詳文字，事無大小，必謀之，凡所建請章奏皆其筆。擢太子中允、崇政殿説書、集賢校理，判司農寺。司馬温公諫帝曰：「惠卿憸巧非佳士，使安石負謗于中外者，皆其所爲。安石賢而愎，不閑世務，惠卿爲之謀主，而安石力行之，故天下并指爲姦邪。近者進擢不次，大不厭衆心。」帝曰：「惠卿進對明辯，亦似美才㊀。」温公曰：「惠卿誠文學辯慧，然用心不正，願陛下徐察之。江充、李訓若無才，何以能動人主？」帝默然。温公又貽書荆公曰：「諂諛

㊀「才」字，原本無，據宋史本傳補。

之士，于公今日誠有順適之快，一旦失勢，將必賣公自售矣。」荆公不悦。會吉甫以父喪去，服除，召爲天章閣待制，同修起居注，進知制誥，判國子監，與荆公子雱同修三經新義。又知諫院，爲翰林學士。荆公力薦吉甫爲參知政事。鄭俠疏吉甫朋姦壅蔽，吉甫怒，又惡馮京異己，而荆公弟安國惡吉甫姦諂，面辱之，于是乘勢并陷三人，皆獲罪。荆公以安國之故，始有隙。吉甫既叛荆公，凡可以害王氏者無不爲。御史蔡承禧論其惡，出知陳州。久之，以資政殿學士知延州。元豐五年，加大學士、知太原府。斥知單州，明年復知太原。右司諫蘇轍條奏其姦，乃貶爲光禄卿，分司南京。再責建寧軍節度副使，建州安置。紹聖中，知大名府、延州。拜保寧、武勝兩軍節度使。徽宗立，易節鎮南，徙爲杭州，復知大名，致仕。崇寧五年，起知杭州。坐其子，責祁州團練副使，安置宣州，再移廬州。復觀文殿學士，爲醴泉觀使，致仕。卒，贈開府儀同三司。參史傳。

僕射蔡元長京

蔡京，字元長，仙遊人。登熙寧三年進士第，調錢塘尉，累遷起居郎。使遼還，拜中書舍人。時弟卞已爲舍人，故事，入官以先後爲序，卞乞班其下。兄弟同掌書命，朝廷榮之。元豐末，知開封府。司馬温公復差役法，爲期五日，同列病太迫，元長獨如約。温公喜曰：「使人人奉法如君，何不可行之有！」已爲臺、諫言其挾邪壞法，出知成德軍，歷知成都。紹聖初，入權户部尚書。章惇復變役法，置司講議，久不決。元長謂惇曰：「取熙寧成法施行之爾，何以講爲？」雇役遂定。差雇兩法不同。十年間元長再泄其事，成于反掌，識者有以見其姦。卞拜右丞，以元長爲翰林學士兼侍讀、修國史。元長覬執政，曾布忌之，但進承旨。徽宗卽位，罷爲端明、龍圖兩學士，知太原，皇太后命帝留之畢史事。諫官陳瓘論其交通近侍，出知江寧，遷延不之官。御史陳次升、龔夬、陳師錫交論其惡，奪職，居杭州。已而宮妾、宦官合爲一詞譽之，起知定州。崇寧元年，徙大名府。韓忠彥與曾布交惡，謀引元長自助，復用學士承旨。忠彥罷，拜尚書左丞，俄代布爲右僕射。徽宗命之曰：「神宗創法立制，先帝繼之，兩遭變更，國是未定。朕欲上述父兄之志，卿何以教之？」元長頓首謝，願盡死。進左僕射，遂以其黨吳居厚、王漢之十餘人爲僚屬。用馮澥、錢遹之議，復廢元祐皇后。罷科舉法，令盡更鹽錢法，祖宗之法蕩然無餘。累轉司空，封嘉國公。時元祐羣臣貶竄畧盡，元長尤未愜意，命等罪狀，首以司馬光，目曰姦黨，刻石文德殿門，又自書爲大碑，偏頒郡國。初，元符末以日食求言，言者多及熙寧、紹聖之政，則又籍范柔中以下爲邪等。凡名在兩籍者三百九人，皆錮其子孫，不得官京師及近甸。進司空、開府儀同三司、安遠軍節度使，改封魏國。倡爲豐、亨、豫、大之説，視官爵財物如糞土。五年正月，彗出西方，其長竟天。帝以言者毁黨碑，凡其所建置，一切罷之。元長免爲開府儀同三司。大觀元年，復拜左僕射。以南丹納土，躐拜太尉、太師。三年，臺、諫交論其惡，遂致仕。改封楚國，朝朔望。四年五月，彗復出奎、婁間，貶太子少保，出居杭。政和二年，召還京師，復輔政，徙封魯國，二(一)日一至都堂治事。元長患言者議己，故作御筆密進，而丐徽宗親書以降，謂之御筆手詔，違者以違制坐之。事無巨細，皆託而行，至有不類帝札

(一)「二」字，宋史本傳作「三」。

者，羣下皆莫敢言。既又更定官名，以僕射爲太、少宰，自稱公相，總治三省。追封王安石、蔡確皆爲王，省吏不復立額，至五品階以百數，有身兼十餘奉者。公論益不與，帝亦厭薄之。宣和二年，令致仕。六年，以朱勔爲地，再起三省。元長至是四當國，目昏眊不能事事，悉決于季子絛。未幾，褫絛侍讀，而元長亦致仕。欽宗即位，邊遽日急，元長盡室南下，爲自全計。天下罪元長爲六賊之首，侍御史孫覿等始極疏其姦惡，乃以祕書分司西京，連貶崇信、慶遠節度副使，衡州安置，又徙韶、儋二州。行至潭州死，年八十。天下猶以不正典刑爲恨云。同上。

文正蔡元度卞

蔡卞，字元度，京弟。與京同年登科，調江陰主簿。王荆公妻以女，因從之學。元豐中，張璪薦爲國子直講，歷同知諫院、侍御史。居職不久，皆以荆公執政親嫌辭。拜中書舍人兼侍講，進給事中。哲宗立，遷禮部侍郎。使遼還，以龍圖閣待制知宣州，徙江寧府，歷揚、廣、越、潤、陳五州。廣州寶貝叢湊，一無所取。及徙越，夷人清其去，以薔薇露灑衣送之。紹聖元年，復爲中書舍人，兼國史修撰。初，荆公且死，悔其所作日録，命從子防焚之，詭以他書代。至是，元度即防家取以上，因芟落事實，文飾姦僞，盡改所修實録、正史，于是吕大防、范祖禹、趙彦若、黄庭堅皆獲深譴。遷翰林學士。四年，拜尚書左丞，專託紹述之説，上欺天子，下脅同列。凡中傷善類，皆密疏建白，然後請帝親札付外行之。章惇雖鉅姦，然猶在其術中。論者以爲惇迹易明，卞心難見。徽宗即位，任伯雨言「卞之惡有過于惇」。詔以資政殿學士知江寧府，連貶少府少監，分司池州。纔踰歲，起知大名府，徙揚州，擢知樞密院。時京居相位，元度禮辭，不許。一意以婦公王氏所行爲至當。兄晚達而位在上，致己不得相，故二府政事時有不合。京于帝前詆元度，元度求去，以天章閣待制知河南。坐妖人張懷素降職。旋加觀文殿學士，拜昭慶軍節度使，入爲侍讀，進檢校少保、開府儀同三司，易節鎮東。政和末，謁歸上冢，道死，年六十。贈太傅，謚曰文正。高宗卽位，追責爲寧國軍節度副使。紹興五年，又貶單州團練副使。同上。

文節林子中希

林希，字子中，福州人。舉進士，調涇縣主簿，爲館閣校勘、集賢校理。神宗朝，同知太常禮院。遣使高麗，聞命，懼形于色，辭行。神宗怒，責監杭州樓店務。歲餘，通判秀州，復知太常禮院。元祐初，歷祕書少監，進中書舍人。言者疏其行誼浮僞，士論羞薄，不足以玷從列。以集賢殿修撰知蘇州，更宣、湖、潤、杭、亳五州。紹聖初，知成都府。道闕下，會哲宗親政，章惇用事，子中遂留行。復爲中書舍人，修神宗實録兼侍讀。時方推明紹述，盡黜元祐羣臣，子中皆密豫其議。一日，草制罷，擲筆于地曰：「壞了名節矣。」遷禮部、吏部尚書、翰林學士，擢同知樞密院。罷知亳州，移杭州。旋知太原府。徽宗立，徙大名府。奪職知揚州，徙舒州。未幾卒，年六十七。追贈資政殿學士，謚曰文節。同上。

州守蹇授之序辰父周輔。

蹇序辰，字授之，雙流人。父周輔，字幡翁，少與范鎮、何郯爲布衣交。再舉進士，知宜賓、石門二縣。累改刑部侍郎，罷知利州、廬州，卒。强學，善屬文，神宗常命作答高麗書，屢稱善。爲吏深文刻覈，故老而獲戾。授之登第後數年，以泗州推官主管江西常平。改京西，累除龍圖閣待制、知揚州。徽宗立，中書言其類元祐章牘，傅致語言，指爲謗訕。詔與安惇並除名勒停，放歸田里。蔡京爲相，復拜禮部、刑部侍郎，爲翰林學士，進承旨。有言其在先帝時遏密中以音樂自娛者，黜知汝州。二年，徙蘇州。謫單州團練副使、江州安置。移永州。會赦，復官中奉大夫，遂卒。授之亦有文，善傅會，深文刻覈，似其父云。同上。

侍郎楊子安畏

楊畏，字子安，其先遂寧人，徙洛陽。子安累提點夔州路刑獄。元祐初，請祠歸洛。恐得罪司馬温公，稱其盛德。温公卒，復言其「不知道」。吕正愍大防、劉忠肅摯爲相，用爲工部員外郎，擢殿中侍御史。助正愍攻忠肅十事。忠肅罷，蘇子容頌爲相，復攻子容。子容罷，子安欲蘇文定轍爲相。宣仁后召范忠宣純仁，子安攻忠宣。子安本附文定，知文定不相，復詆文定。其傾危反覆如此。遷禮部侍郎，薦章惇、吕惠卿可大任。廷試，發策有紹述意，考官第主元祐者居上，子安復考，悉下之。惇入相，子安遣所親陰結之。惇至，徙子安吏部。尋以寶文閣待制知真定府。天下目爲「楊三變」，謂其進于元豐，顯于元祐，遷于紹聖也。尋落職知虢州，入元祐黨。知郢州，復集賢殿修撰、知襄州，移荆南，提舉洞霄宫。未幾，知鄧州，再丐祠，主管崇禧觀。蔡京爲相，出黨籍。尋復寶文閣待制，卒。同上。

爲新學者

進士馬先生希孟

馬希孟，雲濠案：一作晞孟。字彥醇，廬陵人。熙寧癸丑登第。著有禮記解七十卷。陳振孫曰："亦宗王氏者。"

侍郎方先生慤

方慤，字性夫，桐廬人。性至孝，父死，廬墓三年。領鄉薦表，進禮記解于朝。詔賜上舍釋褐，而頒其書于天下，學者宗之。居官以剛廉稱。雲濠案：先生政和八年進士，仕至禮部侍郎。家置萬卷書堂，雖老，手不釋卷。朱文公嘗曰："方氏禮記解儘有說得好處，不可以新學而黜之。"

孟先生厚

別見劉李諸儒學案。

王先生昭禹

王昭禹，字光遠。著有周禮詳解，用荆公而加詳。參周禮訂義。

謝山題王昭禹周禮詳解跋曰："荆公三經，當時以之取士，而祖述其說以成書者，耿南仲、龔深父之易，方性夫、陸農師之禮，于今皆無完書。其散見諸書中，皆其醇者也。獨王光遠周禮至今無恙，因得備見荆公以字說解經之畧。荆公周禮存于今者五官，缺地、夏二種，得光遠之書，足以補之。嘗笑孔穎達于康成依阿過甚，今觀此書亦然。」

鄭先生宗顏

鄭宗顏，著有考工記注一卷。參萬曆內閣書目。

門下耿希道南仲

耿南仲，字希道，開封府人。與余深同年登第，提舉兩浙常平，歷試太子詹事。欽宗即位，拜資政殿大學士、簽書樞密院事。未幾，免簽書。以東宮舊臣，賜宅一區，升尚書左丞、門下侍郎。金人再舉鄉京師，李綱等謂不可和，力沮之，爲主和議，故戰守之備皆罷。康王起兵入衞京師，二帝北行，乃與文武官吏勸進。高宗既卽位，薄其爲人，罷知宣州。已而言者論其主和誤國罪，責臨江軍居住。降授別駕，安置南雄，行至吉州卒。建炎四年，復觀文殿大學士。參史傳。

太保王初寮安中

王安中，字履道，號初寮，曲陽人。進士及第。宣和中，累官翰林學士，尚書左丞。金人來歸燕，以初寮爲燕山府路㊀宣撫使。以郭藥師將叛，力求罷。靖康初，貶官。初寮爲文，豐潤敏拔。有初寮集七十六卷。參姓譜。

㊀「燕山府路」，原本作「燕王府路」，據宋史本傳改。

梓材謹案：初寮官至太保，亦從新學者。其爲人，詳見景迂學案。

龔氏門人廬陵三傳。

忠公鄒道鄉先生浩別爲陳鄒諸儒學案。

太學沈石經先生躬行別見周許諸儒學案。

陸氏家學

陸元鈞先生宰

陸宰，字元鈞，農師佃之子，放翁游之父。農師撰春秋後傳補遺者，先生所作也。參直齋書録解題。

梓材謹案：宋史藝文志載農師春秋後傳二十卷，又載先生春秋後傳補遺一卷。朱氏經義考並云未見。

陳氏家學

侍郎陳先生暘

陳暘，字晉之，福州人，祥道弟。中紹聖制科，授順昌軍節度推官。徽宗初，進迓衡集以勸導紹述，得太學博士、祕書省正字。禮部侍郎趙挺之，言其所著樂書二十㊀卷，貫穿明備，乞援其兄進禮書故事給札。既上，遷太常丞。累官禮部侍郎，以顯謨閣待制提舉醴泉觀。嘗坐事奪，已而復之。卒，年六十

㊀「十」字，原本作「百」，據宋史本傳改。

八。參史傳。

元鈞家學廬陵四傳。

中大陸放翁先生游

陸游，字務觀，山陰人，農師佃之孫也。母夢秦少游而生，故以秦字爲名而字其名。紹興間已爲浙漕鎖廳第一，有司竟首秦熺，寘先生于末。及南宮一人，又以秦檜所諷見黜，蓋疾其喜論恢復也。紹興末，賜第。學詩于曾茶山，又嘗從張紫巖遊，具知西北事。官至中大夫，遂致仕，誓不復出。後韓侂胄固欲其出，慈福賜韓以南園，先生爲之記云：「天下知公之功而不知公之志，知上之倚公而不知公之自處。」公之自處，與上之倚公，本自不相侔，蓋寓微詞云。參四朝聞見錄。

陸務觀語

一言可以終身行之者，其恕乎？此聖門一字銘也。「詩三百，一言以蔽之曰，思無邪。」此聖門三字銘也。

梓材謹案：此從謝山節録王氏困學紀聞移入。

和甫續傳

寶文王復齋先生厚之別見象山學案。

王學餘派

翰林李屏山先生純甫別爲屏山鳴道集説畧。

宋元學案卷九十九

蘇氏蜀學略 全祖望補本

蘇氏蜀學畧表

蘇洵 廬陵學侶。
子軾
孫邁
孫迨
孫過
從孫元老——張浚別爲趙張諸儒學案。
黄庭堅別見范吕諸儒學案。
晁補之——李植父中行。
秦觀
張耒
李廌
王鞏

李之儀別見高平學案。
孫勰別見高平學案。
孫勴別見高平學案。
蔡肇別見荆公新學畧。
李格非

子轍 —— 孫遲
孫适
孫遜
張耒見上東坡門人。

鍾棐
鍾槩

家勤國 —— 子愿
附師劉巨。
家安國

蘇友龍別見北山四先生學案。
潁濱續傳。

李純甫別爲屏山鳴道集説畧。
蘇學餘派。

家定國 並二蘇講友。

呂陶 東坡同調。

李之純 潁濱同調。——從弟之儀 別見高平學案。

任孜——子伯雨——孫象先——曾孫盡言 附兄質言。

孫申先——五世孫希夷 別見滄洲諸儒學案。

任汲 並老泉講友。

蘇氏蜀學略序録

梓材謹案：是卷序録，統見上卷荆公新學略。

廬陵學侶

文公蘇老泉先生洵

蘇洵，字明允，眉州眉山人。年二十七始發憤爲學，歲餘舉進士，又舉茂才異等，皆不中。悉焚常所爲文，閉户益讀書，遂通六經、百家之説，下筆頃刻數千言。嘉祐時，與其二子軾、轍皆至京師，歐陽兗公得其所著書二十二篇，大愛其文辭，以爲賈誼、劉向不過也。書既出，公卿大夫争傳之，一時學者競效蘇氏爲文章。以其父子俱知名，號爲老蘇。召試不就，除試校書郎。是時，王荆公名始盛，兗公勸先生與之遊，而荆公亦願交先生，先生曰：「吾知其人矣，是不近人情者，鮮不爲天下患。」乃作辨姦論。後十年，荆公用事，其言乃信。先生既命以官，會太常修纂建隆以來禮書，乃以爲文安簿，與項城令姚闢同修太常因革禮。仁宗山陵事從其厚，公私騷然，先生言于韓魏公曰：「昔華元厚葬其君，君子以爲不臣。曷若遂先帝恭儉之德，紓百姓目前之患。」魏公謝之，爲省其過盛者。禮書既成，未報，而先生卒，年五十八。特贈光禄寺丞。先生晚而好易曰：「易之道深矣！汩而不明者，諸儒以附會之説亂之。去之，則聖人之旨見矣。」作易傳未成。著有謚法、文集若干卷。參史傳。雲濠案：先生文集二十卷，謚法三卷。梓材謹案：張樂全文集載先生墓志，題曰文安先生，文安其爲主簿縣名也。其謚曰文，見宋文憲文集。

老泉文集

聖人之道，得禮而信，得易而尊，信之而不可廢，尊之而不敢廢，故聖人之道所以不廢者，禮爲之明，而易爲之幽也。生民之初，無貴賤，無尊卑，無長幼，不耕而不饑，不蠶而不寒，故其民逸。民之苦勞而樂逸也，若水之走下，而聖人者，獨爲之君臣而使天下貴役賤，爲之父子而使天下尊役卑，爲之兄弟而使天下長役幼，蠶而後衣，耕而後食，率天下而勞之。一聖人之力，固非足以勝天下之民之衆，而其所以能奪其樂而易之以其所苦，而天下之民亦遂肯棄逸而即勞，欣然戴之以爲君師而遵蹈其法制者，禮則使然也。聖人之始作禮也，其説曰：「天下無貴賤，無尊卑，無長幼，是人之相殺無已也。不耕而食鳥獸之肉，不蠶而衣鳥獸之皮，是鳥獸與人相食無已也。有貴賤，有尊卑，有長幼，則人不相殺。食吾之所耕，而衣吾之所蠶，則鳥獸與人不相食。」人之好生也甚于逸，而惡死也甚于勞，聖人奪其逸、死而與之勞、生，此雖三尺豎子知所趨避矣。故其道之所以信于天下而不可廢者，禮爲之明也。雖然，明則易達，易達則褻，褻則易廢，聖人懼其道之廢而天下復于亂也，然後則易。觀天地之象以爲爻，通陰陽之變以爲卦，攷鬼神之情以爲辭，探之茫茫，索之冥冥，童而習之，白首而不得其源，故天下視聖人，如神之幽，如天之高。尊其人而其教亦隨而尊，故其道之所以尊于天下而不敢廢者，易爲之幽也。凡人之所以見信者，以其中無所不可測者也。人之所以獲尊者，以其中有所不可窺者也。是以禮無所不可測，而易有所不可窺，故天下之人信聖人之道而尊之。不然，則易者，豈聖人務爲新奇祕怪以夸後世邪？聖人不因天下之至神則無所施其教，卜筮者，天下之至神也，而卜者聽乎天而人不預焉者也；筮者，決之天而營之人者也。龜，漫而無理者也，灼荆而鑽之，方功義弓，惟其所爲，而人何預焉？聖人曰：「是純乎天技耳。」技何所施吾教？于是取筮。夫筮之所以或爲陽，或爲陰者，必自分而爲二始。掛一，吾知其爲一而掛之也。揲之以四，吾知其爲四而揲之也。歸奇于扐，吾知其爲一爲二爲三爲四而歸之也，人也；分而爲二，吾不知其爲幾而分之也，天也。聖人曰：「是天人參焉，道也。」道有所施吾教于不窮也。易論。

矣，于是因而作易，以神天下之耳目，而其道遂尊而不廢。此聖人用其機權，以持天下之心，而濟其道

夫人之情，安于其所常爲，無故而變其俗，則其勢必不從。聖人之始作禮也，不因其勢之可以危亡困辱之者以厭服其心，而徒欲使之輕去其舊而樂就吾法，不能也。故無故而使之事君，無故而使之事父，無故而使之事兄，彼其初，非如今之人，知君父兄之不事則不可也，而遂翻然以從我者，吾以恥厭服其心也。彼爲吾君，彼爲吾父，彼爲吾兄，聖人曰：「彼爲吾君父兄，何以異于我？」于是坐其君與其父以及其兄，而己立于其旁，且俛首屈膝于其前以爲禮而爲之拜，率天下之人而使之拜其君父兄。夫無故而使之拜其君，無故而使之拜其父，無故而使之拜其兄，則天下之人將復咄笑，以爲迂怪而不從，而君父兄又不可以不得其臣子弟之拜而徒爲其君父兄，于是聖人者又有術焉，以厭服其心而使之肯拜其君父兄。然則，聖人者果何術也？恥之而已。古之聖人，將欲以禮法天下之民，故先自治其身，使天下皆信其言，曰：「此人也，其言如是，是必不可不如是也。」故聖人曰：「天下有不拜其君父兄者，吾不與之齒！」而使天下之人亦曰：「彼將不與我齒也。」于是相率以拜其君父兄，以求齒于聖人。雖然，彼聖人者，必欲天下之拜其君父兄，何也？其微權也。彼爲吾君，彼爲吾父，彼爲吾兄，聖人之拜不用于世，吾與之皆坐于此，皆立于此，比肩而行于此，無以異也，吾一旦而怒，奮手舉梃而搏逐之可也。何則？彼其心常以爲吾儕也。何則？不見其異于吾也。聖人知人之安于逸而苦于勞，故使貴者逸而賤者勞；且又知坐之爲逸而立且拜者之爲勞也，故舉其君父兄坐之于上而使之立且拜于下。明日，彼將有怒作于

心者，徐而自思之，必曰：「此吾鄉之所坐而拜之且立于其下者也，聖人固使之逸而使我勞，是賤于彼也，奮手舉梃以搏逐之，吾心不安焉。」刻木而爲人，朝夕而拜之，他日析之以爲薪而猶且忌之。彼其始木焉，已拜之，猶且不敢以爲薪，故聖人以其微權，而使天下尊其君父兄，而權者又不可以告人，故先之以耻。嗚呼！其事如此，然後君父兄得以安其尊而至于今。今之匹夫匹婦莫不知拜其君父兄，乃曰拜起坐立禮之末也，不知聖人其始之教民拜起坐立如此之勞也，此聖人之所慮而作易以神其教也。禮論。

禮之始作也，難而易行；既行也，易而難久。天下未知君之爲君，父之爲父，兄之爲兄，而聖人爲之君父兄；天下未有以異其君父兄，而聖人爲之拜起坐立；天下未肯靡然以從我拜起坐立，而聖人身先之以耻。嗚呼！其亦難矣。天下惡夫死也久矣，聖人招之曰：「來，吾生爾！」既而其法可以生天下之人，天下之人視其嚮也如此之危，而今也如此之安，則宜何從？故當其時，雖難而易行。既行也，天下之人視君父兄如頭足之不待別白而後識，視拜起坐立如寢食之不待告語而後從事，雖然，百人從之，一人不從，則其勢不得遽至乎死。天下之人不知其初之無禮而死，而見其今之無禮而不至乎死也，則曰：「聖人欺我！」故當其時，雖易而難久。嗚呼！聖人之所恃以勝天下之勞逸者，獨有死生之說耳。死生之說不信于天下，則勞逸之說將出而勝之，勞逸之說勝，則聖人之權去矣。酒有鴆，肉有堇，然後人不敢飲食；藥可以生死，然後人不敢以苦口爲諱。去其鴆，徹其堇，則酒肉之權固勝于藥。聖人之始作禮也，其亦逆知其勢之將必如此也，曰：「告人以誠，而後人信之。」幸今之時，吾之所以告人者，其理誠然，而其事亦然，故人以爲信。吾知其理，而天下之人知其事，事有不必然者，則吾之理不足以折天下之口，此告語之所不及也。告語之所不及，必有以陰驅而潛率之，于是觀之天地之間，得其至神之機而竊之以爲樂。雨，吾見其所以溼萬物也；日，吾見其所以燥萬物也；風，吾見其所以動萬物也。隱隱谹谹而謂之雷者，彼何用也？陰凝而不散，物蹙而不遂。雨之所不能溼，日之所不能燥，風之所不能動，雷一震焉而凝者散，蹙者遂。曰雨者，曰日者，曰風者，以形用；曰雷者，以神用。用莫神于聲，故聖人因聲以爲樂。爲之君臣父子兄弟者，禮也，禮之所不及而樂及焉。正聲入乎耳，而人皆有事君事父事兄之心，則禮者，固吾心之所有也，而聖人之說又何從而不信乎？樂論。

人之嗜欲，好之有甚于生，而憤懣怨怒有不顧其死，于是禮之權又窮。禮之法曰：「好色不可爲也。爲人臣，爲人子，爲人弟，不可以有怨于其君父兄也。」使天下之人皆不好色，皆不怨其君父兄，夫豈不善？使人之情皆泊然而無思，和易而優柔，以從事于此，則天下固亦大治。而人之情又不能皆然，好色之心驅諸其中，是非不平之氣攻諸其外，炎炎而生，不顧利害，趨死而後已。噫！禮之權止于死生。天下之事，不至乎可以博生者，則人不敢觸死以違吾法。今也，人之好色與人之是非不平之心勃然而發于中，以爲可以博生也，而先以死自處其身，則死生之機固已去矣。死生之機去，則禮爲無權。區區舉無權之禮，以强人之所不能，則亂益甚而禮益敗。今吾告人曰：「必無好色，必無怨爾君父兄」，彼將遂從吾言，而忘其中心所自有之情邪，將不能也。彼既已不能純用吾法，將遂大棄而不顧。吾法既已大棄而不顧，則人之好色與怨其君父兄之心，將遂蕩然無所隔限，而易内竊妻之變，與弑其君父兄之禍，必反公行于天下。聖人憂焉，曰：「禁人之好色而至于淫，禁人之怨其君父兄而至于叛，患生于責人太詳。」好色之不絕而怨之不禁，則彼將反不至于亂，故聖人之道，嚴于禮而通于詩。禮曰：「必無好色，必無怨爾君父兄。」詩曰：「好色而無至于淫，怨爾君父兄而無至于叛。」嚴以待天下之賢人，通以全天下之中人。吾觀國風，婉孌柔媚而卒守以正，好色而不至于淫者也；小雅，悲傷詬讟而君臣之情卒不忍去，怨而不至于叛者也，故天下觀之曰：「聖人固許我以好色，而不尤我之怨吾君父兄也。許我以好色，不淫可也；不尤我之怨吾君父兄，則彼雖以虐遇我，我明譏而明怨之，使天下明知之，則吾之怨亦得當焉，不叛可也。」夫背聖人之法而自棄于淫叛之地者，非斷不能也。斷之始生于不勝，人不自勝其忿，然後忍棄其身，故詩之教，不使人之情至于不勝也。夫橋之所以爲安于舟者，以有橋而言也。水潦大至，橋必解，而舟不至于必敗，故舟者，所以濟橋之所不及也。吁！禮之權，窮于易達而有易焉，窮于後世之不信而有樂焉，窮于强人而有詩焉。吁！聖人之慮事也蓋詳。詩論。

風俗之變，聖人爲之也。聖人因風俗之變而用其權，聖人之權用于當世。而風俗之變益甚，以至于不可復反，幸而又有聖人焉，承其後而維之，則天下可以復治。不幸其後無聖人，其變窮而無所復入則已矣。昔者，吾嘗欲觀古之變而不可得也。于詩見商與周焉而不詳。及觀書，然後見堯、舜之時與三代之相變如此之亟也。自堯而至于商，其變也，皆得聖人而承之，故無憂。至于周，而天下之變窮矣。忠之變而入于質，質之變而入于文，其勢便也。及夫文之變而又欲反之于忠也，是猶欲移江河而行之山也。人之喜文而惡質與忠也，猶水之不肯避下而就高也。彼其始未嘗文焉，故忠質而不辭，今吾日食之以太牢，而欲使之復茹其菽哉！嗚呼！其後無聖人，其變窮而無所復入則已矣。周之後而無王焉，固也。其始之制其風俗也，固不容爲其後者計也，而又適不值乎聖人，固也，後之無王者也。當堯之時，舉天下而授之舜，舜得堯之天下而又授之禹。方堯之未授天下于舜也，天下未嘗聞有如此之事也，度其當時之民，莫不以爲大怪也。然而，舜與禹也，受而居之，安然若天下固其所有，而其祖宗既已爲之累數十世者，未嘗與其民道其所以當得天下之故也，又未嘗悦之以利。而開之以丹朱、商均之不肖也，其意以爲，天下之民以我爲當在此位也，則亦不俟乎援天以神之，譽己以固之也。湯之伐桀也，囂囂然數其罪而以告人，如曰：「彼有罪，我伐之宜也。」既又懼天下之民不已悦也，則又囂囂然以言柔之曰：「萬方有罪，在予一人。予一人有罪，無以爾萬方。」如曰：「我如是而爲爾之君，爾可以許我焉耳。」吁！亦既薄矣。至于武王，而又自言其先祖父偕有顯功，既已受命而死，其大業不克終，今我奉承其志，舉兵而東伐，而東國之士女，束帛以迎我，紂之兵倒戈以納我。吁，又甚矣！如曰：「吾家之當爲天子久矣，如此乎民之欲我速入商也。」伊尹之在商也，如周公之在周也，伊尹攝位三年而無一言以自解，周公爲之紛紛乎急于自疏其非篡也，夫固由風俗之變而後用其權。權用而風俗成，吾安坐而鎮之，夫孰知夫風俗之變而不復反也？書論。

賞罰者，天下之公也；是非者，一人之私也。位之所在，則聖人以其權爲天下之公，而天下以懲以勸；道之所在，則聖人以其權爲一人之私，而天下以榮以辱。周之衰也，位不在夫子而道在焉，夫子以其權是非天下可也。而春秋賞人之功，赦人之罪，去人之族，絕人之國，貶人之爵，諸侯而或書其名，大夫而或書其字，不惟其法，惟其意，不徒曰此是此非，而賞罰加焉，則夫子固曰：「我可以賞罰人矣。」賞罰人者，天子諸侯事也，夫子病天下之諸侯大夫僭天子諸侯之事而作春秋，而已則爲之，其何以責天下！位，公也；道，私也，私不勝公，則道不勝位。位之權得以賞罰，而道之權不過于是非。道在我矣，而不得爲有位者之事，則天下皆曰：「位之不可僭也如此。」不然，天下其誰不曰：「道在我，則是道者，位之賊也。」曰：「夫子豈誠賞罰之邪？」徒曰：「賞罰之耳，庸何傷？」曰：「我非君也，非吏也，執塗之人而告之曰，『某爲善，某爲惡，可也。』繼之曰，『某爲善，吾賞之；某爲惡，吾誅之，』則人有不笑我者乎？」夫子之賞罰何以異此！然則，何足以爲夫子？何足以爲春秋？曰夫子之作春秋也，非曰孔氏之書也，又非曰我作之也，賞罰之權不以自與也。曰此魯之書也，魯作之也。有善而賞之，曰魯賞之也；有惡而罰之，曰魯罰之也。何以知之？曰夫子繫易謂之繫辭，言孝謂之孝經，皆自名之，則夫子私之也。而春秋者，魯之所以名史，而夫子託焉，則夫子公之也。公之以魯史之名，則賞罰之權固在魯矣。春秋之賞罰，自魯而及于天下，天子之權也。魯之賞罰不出境，而以天子之權與之，何也？曰天子之權在周，夫子不得已而以與魯也。武王之崩也，天子之位當在成王，而成王幼，周公以爲天下不可以無賞罰，故不得已而攝天子之位，以賞罰天下，以存周室。周之東遷也，天子之權當在平王，而平王昏，故夫子亦曰，天下不可以無賞罰，而魯，周公之國也，居魯之地者宜如周公，不得已而假天子之權，以賞罰天下，以尊周室，故以天子之權與之也。然則，假天子之權宜如何？曰如齊桓、晉文可也。夫子欲魯如齊桓、晉文而不遂，以天子之權與齊、晉者何也？齊桓、晉文陽爲尊周而實欲富强其國，故夫子與其事而不與其心。周公心存王室，雖其子孫不能繼，而夫子思周公而許其假天子之權以賞罰天下，其意曰，有周公之心而後可以行桓、文之事。此其所以不與齊、晉而與魯也。夫子亦知魯君之才不足以行周公之事矣，顧其心以爲，今之天下無周公，故至此。是故，以天子之權與其子孫，所以見思周公之意也。吾觀春秋之法，皆周公之法而又詳內而略外，此其意，欲魯法周公之所爲，且先自治而後治人也，明矣。夫子歎禮樂征伐自諸侯出，而田常弒其君，則沐浴而請討，然則，天子之權，夫子固明以與魯也。子貢之徒不達夫子之意，讀經而書孔某卒。夫子既告老矣，大夫告老而卒，不書，而夫子獨書，夫子作春秋以公天下，而豈私一孔某哉！嗚呼！夫子以爲魯國之書，而子貢之徒以爲孔氏之書也歟？遷、固之史，有是非而無賞罰，彼亦史臣之體宜爾也。後之效夫子作春秋者，吾惑焉。春秋有天子之權，天下有君，則春秋不當作；天下無君，則天下之權，吾不知其誰與！天下之人，烏有如周公之後之可與者？與之而不得其人則亂，不與人而自與則僭，不與人，不自與，而無所與則散。嗚呼！後之春秋，亂邪？僭邪，散邪？春秋論。

附錄

林竹溪鬳齋學記曰：「老泉上歐公書，如曰：『近養其心，幸其道之將成，可以復見于當世賢人君子。』又曰：『斯人之去，而道雖成，不復足以爲榮。』又曰：『姑養其心，使其道大有成，而待之何傷？』又曰：『道既已粗成，而果將有以發之也。』愚嘗以爲己、爲人之訓參之，無乃不可。」

老泉講友

寺丞任先生孜

知州任先生汲合傳。

任孜，字道聖，眉山人。以問學氣節推重鄉里，與蘇明允埒。累官至光禄寺丞。與弟汲知名于蜀，東坡時稱爲大任、小任。汲，字師中，通判黄州，郡人爲作師中庵、任公亭。後知瀘州。不主開邊之議。參姓譜。

梓材謹案：秦淮海爲瀘州墓表云：「與兄號二任，而蘇先生洵尤與厚善。」是先生兄弟皆老蘇友也。

老泉家學

文忠蘇東坡先生軾

蘇軾，字子瞻，老泉長子。生十年，老泉宦學四方，母程氏親授以書，聞古今成敗，輒能語其要。程氏讀東漢范滂傳，慨然太息，先生請曰：「軾若爲滂，母許之否乎？」程氏曰：「汝能爲滂，吾顧不能爲滂母邪？」比冠，博通經史，屬文日數千言，好賈誼、陸贄書。既而讀莊子，歎曰：「吾昔有見，口未能言，今見是書，得吾心矣。」嘉祐二年，試禮部。主司歐陽兗公得先生刑賞忠厚論，疑其客曾子固所爲，但置第二；復以春秋對義居第一，殿試中乙科。授福昌簿。兗公以才識兼茂，薦之祕閣。制策，入三等。英宗在藩邸聞其名，欲以唐故事召入翰林、知制誥。宰相韓魏公曰：「軾之才，遠大器也，要在朝廷培養之。今若驟用，天下士未必以爲然，且請召試。」英宗曰：「試之未知其能否，如軾有不能邪？」及試二論，復入三等，得直史館。王荊公執政，素惡其議論異己，以判官告院。四年，荊公欲變科舉、興學校，詔兩制、三館議。先生議上有曰：「性命之說，自子貢不得聞，而今之學者，恥不言性命，讀其文，浩然無當而不可窮；觀其貌，超然無著而不可挹，此豈真能然哉！蓋中人之性，安于放而樂于誕耳。陛下亦安用之？」神宗悟曰：「吾固疑此，得軾議，意釋然矣。」召問：「何以助朕？」先生言：「求治太急，聽言太廣，進人太銳。願鎮以安靜。」時荊公創行新法，先生上書論條例司、青苗等法不便于民，且言：「國家之所以存亡者，在道德之淺深，不在乎强與弱；歷數之所以長短者，在風俗之厚薄，不在乎富與貧。」荊公怒，嗾御史誣奏其過，窮治無所得。先生請外，判杭州。徙知密州，再徙徐州。河決曹村，先生築隄障之。又徙湖州，上表以謝。又以事不便民者，以詩託諷。御史李定、舒亶、何正言摭其表語，並媒蘖所爲詩以爲訕謗，逮赴臺獄，欲置之死。神宗憐之，以黄州團練副使安置。先生與田父野老相從溪山間，築室于東坡，自號東坡居士。哲宗立，累除翰林學士，旋兼侍讀。每進讀至治亂興衰、邪正得失之際，未嘗不反覆開導。哲宗雖恭默不言，輒首肯之。嘗對便殿，宣仁后問曰：「卿今爲何官？」曰：「臣今待罪翰林學士。」曰：「何以遽至此？」曰：「遭遇太皇太后、皇帝陛下。」曰：「非也。此先帝意也。先帝每讀卿文章，必歎曰：『奇才，奇才！』但未及進用卿耳。」先生不覺哭失聲，宣仁后與哲宗亦泣。已而命坐賜茶，徹御前金蓮燭送歸院。積以論事，爲當軸者所恨。先生恐不見容，請外，拜龍圖閣學士知杭州，濬湖治井，民受其利。召爲翰林承旨，復以讒請外，出知潁州。徙揚州。俄以兵部尚書召兼侍讀。尋兼端明殿、翰林侍讀兩學士，爲禮部尚書。宣仁后崩，哲宗親政。先生乞補外，出知定州。時國事將變，先生不得入辭。既行，上書言：「毋進好利之臣，輕有變改。顧虛心循理，區別邪正。」紹聖初，御史論先生掌內外制日，所作詞命，譏斥先朝。遂以本官知英州，尋貶寧遠軍節度副使，惠州安置。居三年，泊然無所蔕芥，人無賢愚，皆得其歡心。又貶瓊州別駕，居昌化，著書以爲樂。徽宗立，移廉州，改舒州團練副使，徙永州。更三大赦，還提舉玉局觀，復朝奉郎。建中靖國元年，卒于常州，年六十有六。先生與弟轍，夙承家學，自謂：「作文如行雲流水，初無定質，但行于所當行，止于所不可不止。」雖嬉笑怒駡之辭，皆可書而誦之。其體渾涵光芒，雄視百代，有文章以來，蓋亦解矣。老泉作易傳未成，命述其志。先生成易傳，復作論語說。後居海南，作書傳。又有東坡集四十卷、後集二十卷、奏議十五卷、內制十卷、外制三卷、和陶詩四卷。雲濠案：郡齋讀書志別增應詔集十卷，合稱「東坡七集」。一時文人如黃庭堅、晁補之、秦觀、張耒、陳師道，舉世未之識，先生待之如朋儔，未嘗以師資自予也。自爲舉子至出入侍從，忠規讜論，挺挺大節。但爲小人擠排，不得安于朝廷。鬱憏無聊之甚，轉而逃入于禪，斯亦通人之蔽也。累贈太師，謚文忠。三子：邁、迨、過，俱善爲文。參史傳。

蘇氏易解

朱子曰：「乾之彖辭，發明性命之理，與詩、烝民、維天之命。書、湯誥、太誓。中庸、孟子相表裏，而大傳之言亦若符契。蘇氏不知其說，而欲以其所臆度者言之，又畏人之指其失也，故每爲不可言、不可見之說以先後之，務爲閃倏滉漾不可捕捉之形，使讀者茫然，雖欲攻之，而無所措其辯。殊不知性命之理甚明，而其爲説至簡。今將言之，而先曰不可言；既指之，而又曰不可見，足以眩夫未嘗學問之庸人矣。由學者觀之，豈不適所以爲未嘗見、未嘗知之驗哉！然道衰學絶，世頗惑之，故爲之辯，以待後之君子，而其他言死生鬼神之不合者，亦并附焉。」

大哉乾元，萬物資始，乃統天。此論元也。元之爲德，不可見也，所可見者，萬物資始而已。天之德不可勝言也，惟是爲能統之。

朱子曰：「四德之元，猶四時之春，五常之仁，乃天地造化發育之端，萬物之所從出，故曰『萬物資始』，言取其始于是也。存而察之心目之間，體段昭然，未嘗不可見也。然惟知道者乃能識之，是以蘇氏未之見耳。不知病此，顧以己之不見爲當然，而謂真無可見之理，不亦惑之甚與！」

雲行雨施，品物流行。此所以爲亨也。

大明終始，六位時成，時乘六龍以御天。此所以爲利也。

朱子曰：「此言聖人體元亨之用，非言利也。」

乾道變化，各正性命，保合太和。此所以爲貞也。

朱子曰：「此兼言利貞，而下句結之也。」

乃利貞。并言之也。

朱子曰：「此結上『乾道變化，各正性命，保合太和』之文，與『大明終始，六位時成，時乘六龍以御天』不相蒙。蘇氏之説亦誤矣。」

正，直也。方其變化，各之于情，無所不至。反而循之，各直其性，以至于命。此所以爲貞也。

朱子曰：「品物流行，莫非乾道之變化，而于其中，物各正其性命，以保合其太和焉，此乾之所以爲利且貞也。此乃天地化育之源，不知更欲反之于何地？而又何性之可直，何命之可至乎？若如其說，則『保合太和』一句無所用矣。」

古之君子，患性之難見也，故以可見者言性。以可見者言性，皆性之似也。

朱子曰：「古之君子，盡其心則知其性矣，未嘗患其難見也。其言性也，亦未嘗不指而言之，非但言其似而已也。且夫性者，又豈有一物似之，而可取此以況彼邪？然則，蘇氏所見，始徒見其似者，而未知夫性之未嘗有所似也。」

君子日修其善以消其不善，不善者日消，有不可得而消者焉。小人日修其不善以消其善，善者日消，有不可得而消者焉。夫不可得而消者，堯、舜不能加焉，桀、紂不能逃焉，是則性之所在也。又曰：「性之所在，庶幾知之，而性卒不可得而言也。」

朱子曰：「蘇氏此言，最近于理。前章所謂性之所似，殆謂是邪？夫謂『不善日消，而有不可得而消者』，則疑若謂夫本然之至善矣。謂『善日消，而有不可得而消者』，則疑若謂夫良心之萌櫱矣。以是爲性之所在，則似矣。而蘇氏初不知性之所自來，善之所從立，則其意似不謂是也，特假于浮屠『非幻不滅，得無所還者』而爲是說，以幸其萬一之或中耳。是將不察乎繼善成性之所由，梏亡反覆之所害，而謂人與犬羊之性無以異也，而可乎？夫其所以重歎性之不可言，蓋未嘗見所謂性者，是以不得而言之也。」

聖人以爲猶有性者存乎吾心，則是猶有是心也。有是心也，僞之始也，于是又推其至者，而假之曰命。命，令也，君之命曰令，天之令曰命。性之至者，非命也，無以名之，而寄之命耳。

朱子曰：「蘇氏以『性存于吾心，則爲僞之始』，是不知性之真也。以『性之至者，非命而假名之』，是不知命之實也。如此，則是人生而無故有此大僞之本，聖人又爲之計度隱諱，僞立名字以彌縫之，此何理哉！此蓋未嘗深攷夫大傳、詩、書、中庸、孟子之說，以明此章之義，而溺于釋氏『未有天地，已有此性』之言，欲語性于天地生物之前，而患夫命者之無所寄，于是爲此說以處之，使兩不相病焉耳。使其誠知性命之說矣，而欲語之于天地生物之前，蓋亦有道，必不爲是支離淫遁之辭也。」

死生壽夭，無非命者，未嘗去我也，而我未嘗覺知焉。聖人之于性也，至焉，則亦不自覺知而已矣，此以爲命也。又曰：「命之與性，非有天人之辨也，于其不自覺知，則謂之命。」

朱子曰：「如蘇氏之說，則命無所容。命無所容，則聖人所謂至命者，益無地以處之，故爲是說以自迷罔，又以罔夫世之不知者而已。豈有命在我，而不自覺知，而可謂之聖人哉！蘇氏又引文言利貞性情之文，傅會其說，皆非經之本旨，今不復辯。」

首出庶物，萬國咸寧。至于此，則無爲而物自安矣。

朱子曰：「此言聖人體利貞之德也。蘇氏說無病，然其于章句有未盡其說者。」

一陰一陽之謂道，繼之者善也，成之者性也。陰陽果何物哉？雖有婁、曠之聰明，未有能得其髣髴者也。陰陽交然後生物，物生然後有象，象立而陰陽隱，凡可見者，皆物也，非陰陽也。然謂陰陽爲無有，可乎？雖至愚，知其不然也。物何自生哉！是故，指生物而謂之陰陽，與不見陰陽之髣髴而謂之無有，皆惑也。

朱子曰：「陰陽盈天地之間，其消息闔闢，終始萬物，觸目之間，有形無形，無非是也。而蘇氏以爲，『象立而陰陽隱，凡可見者，皆物也，非陰陽也』，失其理矣！達陰陽之本者，固不指生物而謂之陰陽，亦不別求陰陽于物象見聞之外也。」

聖人知道之難言也，故借陰陽以言之曰，一陰一陽之謂道。一陰一陽者，陰陽未交，而物未生之謂也。喻道之似，莫密于此者矣。陰陽一交而生物，其始爲水。水者，無有之際也，始離于無而入于有矣。老子識之，故其言曰：「上善治水。」又曰：「水幾于道。」聖人之德，雖可以名，而不囿于一物，若水之無常形，此善之上者，幾于道矣，而非道也。若夫水之未生，陰陽之未交，廓然無一物，而不可謂之無有，此真道之似也。

朱子曰：「一陰一陽，往來不息，舉道之全體而言，莫著于此者矣。而以爲借陰陽以喻道之似，則是道與陰陽各爲一物，借此而況彼也。陰陽之端，動靜之機而已，動極而靜，靜極而動，故陰中有陽，陽中有陰，未有獨立而孤居者，此一陰一陽所以爲道也。今曰『一陰一陽者，陰陽未交，而物未生』，『廓然無一物，不可謂之無有者，道之似也』，然則，道果何物乎？此皆不知道之所以爲道，而欲以虛無寂滅之學，揣摹而言之，故其說如此。」

陰陽交而生物，道與物接而生善；物生而陰陽隱，善立而道不見矣，故曰：「繼之者善也，成之者性也。」仁者見道而謂之仁，知者見道而謂之知，夫仁知，聖人之所謂善也。善者，道之繼，而指以謂道則不可。今不識其人而識其子，因之以見其人則可，以謂其人則不可，故曰：「繼之者善也。」學道而自其繼者始，則道不全。

朱子曰：「『繼之者善』，言道之所出無非善也，所謂元也，物得是而成之，則各正其性命矣。而所謂道者，固自若也，故率性而行，則無往而非道。此所以天人無二道，幽明無二理，而一以貫之也。而曰『陰陽交而生物，道與物接而生善；物生而陰陽隱，善立而道不見』。『善者，道之繼而已。』『學道而自其繼者始，則道不全。』何其言之繆邪！且道外無物，物外無道，今曰『道與物接』，則是道與物爲二，截然各居一方，至是而始相接，則不亦繆乎！」

昔于孟子以爲性善，以爲至矣，讀易而後知其未至也。孟子之于性，蓋見其繼者而已矣。夫善，性之效也，孟子未及見性，而見其性之效，因以所見者爲性。猶火之能熟物也，吾未見火，而指天下之熟物以爲火，夫熟物則火之效也。

朱子曰：「孟子道性善，蓋探其本而言之，與易之旨未始有毫髮之異，非但言性之效而已也。蘇氏急于立說，非特不察于易，又不及詳于孟子，故其言之悖如此！」

敢問性與道之辨。曰，難言也，可言其似。道之似則聲也，性之似則聞也。有聲而後聞邪？有聞而後聲邪？是二者果一乎？果二乎？孔子曰：「人能宏道，非道宏人。」又曰：「神而明之，存乎其人。」性者，所以爲人者也，非是，無以成道矣。

朱子曰：「子思子曰：『率性之謂道。』邵子曰：『性者，道之形體也。』與大傳此章之旨相爲終始。言性與道，未有若此言之著者也。蘇氏之言，曲譬巧喻，欲言其似而不可得，豈若聖賢之言，直示而無隱邪？昔孔子順謂公孫龍之辯：『幾能令臧三耳矣。然謂兩耳者甚易，而實是也；謂三耳者甚難，而實非也。將從其易而是者乎？將從其難而非者乎？』此言似之矣！」

仁者見之謂之仁，知者見之謂之知，百姓日用而不知，故君子之道鮮矣。屬目于無形者，或見其意之所存，故仁者以道爲仁，意存乎仁也；知者以道爲知，意存乎知也。賢者存意而妄見，愚者日用而不知，是以君子之道，成之以性者鮮矣。

朱子曰：「蘇氏不知仁知之根于性，顧以仁知爲妄見，乃釋、老之說。聖人之言，豈嘗有是哉！謂之不見其全，則或可矣。又曰『君子之道，成之以性者鮮矣』，文義亦非。」

原始反終，故知死生之說。人所以不知死生之說者，駭之耳。原始反終，使之了然而不駭也。

朱子曰：「人不窮理，故不知死生之說，不知死生之說，故不能不駭于死生之變。蘇氏反謂由駭之而不知其說，失其指矣。窮理者，原其始之所自出，則知其所以生；反其終之所于歸，則知其所以死。夫如是，凡所以順生而安死者，蓋有道矣，豈徒以了然不駭爲奇哉！蘇氏于原始反終言之甚略，無以知其所謂，然以不駭云者驗之，知其溺于坐亡立化、去來自在之說以爲奇，而于聖人之意則昧矣。」

精氣爲物，遊魂爲變，是故知鬼神之情狀。物，鬼也。變，神也。鬼常與體魄俱，故謂之物。神無適而不可，故謂之變。精氣爲魄，魄爲鬼；志氣爲魂，魂爲神，故禮曰：「體魄則降，知氣在上。」鄭子産曰：「其用物也宏矣，其取精也多矣。」古之達者已知此矣。一人而有二知，無是道也。然而有魄者，有魂者，何也？衆人之志，不出于飲食男女之間，與凡養生之資，其資厚者其氣强，其資約者其氣微，故氣勝志而爲魄。聖賢則不然，以志一氣，清明在躬，氣志如神，雖禄之天下，窮至匹夫，無所損益也，故志勝氣而爲魂。衆人之死爲鬼，而聖人爲神，非有二致也，志之所在者異也。

朱子曰：「精聚則魄聚，氣聚則魂聚，是以爲人物之體。至于精竭魄降，則氣散魂遊而無不至矣。降者屈而無形，故謂之鬼，遊者伸而不測，故謂之神，人物皆然，非有聖愚之異也。孔子答宰我之問，言之詳矣。蘇氏蓋不考諸此，而失之；子産之言，是或一道，而非此之謂也。」

梓材謹案：東坡易解與潁濱老子解，即謝山序録所謂蘇氏之學雜于禪者，故特爲著録。朱子以是二解與張無垢中庸解、呂氏大學解並駁之，謂之雜學辯，而友人臺溪何鎬爲之跋云。

附録

汪玉山答李仲信曰：「文章于事，必求其實；于理，必求其正。東坡謂賈誼當先交絳、灌，使其不忌，然後舉天下惟所欲爲。賈生痛哭之時，灌已死矣，絳已之國矣，此非其實也；先交之，而實欲取其權，此非其正也，致使荊公得以藉口。」

又與朱元晦曰：「東坡初年亦闢禪學，其後乃溺之，謂其不知道可也，概與王氏同貶，恐太甚。論法者必原其情。」

劉剛中問東坡何如人，朱子曰：「天情放逸，全不從心體上打點，氣象上理會；喜怒哀樂，發之以嬉笑怒罵，要不至悍然無忌，其大體段尚自好耳，『放飯流歠而問無齒決』，吾于東坡，宜若無罪焉。」

葉水心習學記言曰：「以文爲論，自蘇氏始，而科舉希世之學，爛漫放逸，無復實理，不可收拾。」

車玉峰腳氣集曰：「東坡萬言書，前面説時事儘好，至于厚風俗、存紀綱處，便澹泊枯槁，蓋其本原處歉，所以如此。」

王深寧困學紀聞曰：「東坡答王定國詩：『謹勿怨謗讒，乃我得道資。淤泥生蓮花，糞土出菌芝。賴此善知識，使我枯生荑。』此尹和靖所謂：『困窮拂鬱，能堅人之志，而熟人之仁也。』詩曰：『他山之石，可以攻玉。』」

又曰：「『浮雲世事改，孤月此心明。』坡公晚年，所造深矣。」

文定蘇潁濱先生轍

蘇轍，字子由，文忠弟也。年十九，與文忠同登進士，又同策制舉。因極言得失，而于禁廷之事爲尤切，授商州軍事推官。時老泉敕修禮書，先生乞養親京師。既爲大名推官。神宗立，先生上書言事，召對延和殿。時王荆公執政，吕惠卿附荆公，先生與論多相牾。荆公出青苗書使先生議，曰：「有不便，以告。」先生曰：「以錢貸民，本以救民，然出納之際，吏緣爲姦，雖有法不能禁。」荆公曰：「君言有理。」自此不言青苗。會河北轉運判官王廣廉言與荆公合，青苗法遂行。荆公召用謝卿材等，訪求四方遺利。先生力陳其不可。荆公怒，奏除河南推官。改著作佐郎，移知績溪縣。哲宗立，以秘書省校書郎召。未至，除右司諫。温公以荆公私設詩、書新義考試天下士，欲改科舉，别爲新格。先生言：「進士來年秋試，日月無幾，而議不時決。至于治經，誦讀講解，尤不輕易。要之，急難施行。惟經義兼取注疏及諸家論議，或出己見，不專用王氏學。仍罷律義，令舉人知有定論，一意爲學，以待選試，然後徐議元祐五年以後科舉格式，未爲晚也。」遷起居郎、中書舍人。吕汲公爲相，先生條論部事，多所建白。代兄爲翰林學士，尋權吏部尚書。使契丹，館客者侍讀學士王師儒能誦其父兄之文及先生茯苓賦，恨不得見全集。使還，爲御史中丞。自元祐初，一新庶政，至是人心已定，惟元豐舊黨分布中外，多起邪說以搖撼在位，執政患之，欲稍引用，以平夙怨，謂之「調停」。先生疏斥其非。宣仁后命宰執讀于簾前，曰：「轍疑吾君臣兼用邪正，其言極中理。」調停之說遂已。又奏導河、築堡、雇役、差役四弊。六年，拜尚書右丞，進門下侍郎。紹聖初，起李清臣爲中書，鄧潤甫爲左丞。二人久在外，不得志，稍復言熙、豐事以激怒。會廷試進士，清臣撰策題，絀元祐政。先生諫曰：「先帝之睿算，元祐以來，上下奉行，未嘗失墜。若輕變九年已行之事，擢任累歲不用之人，人懷私忿，而以先帝爲辭，大事去矣。」哲宗覽奏，以疏中引漢武事，不悦。落職知汝州。再責知袁州。未至，降朝議大夫、試少府監，分司南京，筠州居住。又責化州别駕，雷州安置，移循州。徽宗即位，徙永州、岳州，已而復太中大夫。蔡京當國，又降朝請大夫，居許州，再復太中大夫致仕。築室于許，號潁濱遺老，自作傳萬餘言，不復與人相見。終日默坐，如是者幾十年。政和二年，卒，年七十四。追復端明殿㊀學士，謚文定。先生性沈靜簡潔，爲文汪洋澹泊，似其爲人，而秀傑之氣終不可掩。王偁稱其「心閒神王，學道有得」。又曰：「年益加而道益邃，道益邃而世事愈淡。」蓋其名迹與兄東坡相上下。所著詩傳、春秋傳、古史、老子解、欒城文集並行于世。參史傳。雲濠案：先生著又有龍川畧志十卷、别志八卷。

蘇黄門老子解

朱子曰：「蘇侍郎晚爲是書，合吾儒于老子，以爲未足，又并釋氏而彌縫之，可謂舛矣！然其自許甚高，至謂『當世無一人可與語此者』，而其兄東坡公亦以爲『不意晚年見此奇特』。以予觀之，其可謂無忌憚者與！因爲之辯。而或者謂蘇氏兄弟以文義贊佛乘，蓋未得其所謂，如傳燈録解之屬，其失又有甚焉，不但此書爲可辯也。應之曰：『予之所病，病其學儒之失，而流于異端，不病其學佛未至，而溺于文義也。其不得已而論此，豈好辯哉！誠懼其亂吾學之傳，而失人心之正耳。若求諸彼而不得其説，則予又何暇知焉？』」

孔子以仁義禮樂治天下，老子絶而棄之。或者以爲不同。易曰：「形而上者謂之道，形而下者謂之器。」

㊀「端明殿」原本作「端平殿」，據宋史本傳改。

朱子曰：「道器之名雖異，然其實一物也，故曰『吾道一以貫之』。此聖人之道，所以爲大中至正之極，亘萬世而無弊者也。蘇氏誦其言，不得其意，故其爲說，無一辭之合。學者于此，先以予說求之，使聖人之意曉然無疑，然後以次讀蘇氏之言，其得失判然矣。」

孔子之慮後世也深，故示人以器而晦其道。

朱子曰：「道器一也，示人以器，則道在其中，聖人安得而晦之！孔子曰：『吾無隱乎爾！』然則，晦其道者，又豈聖人之心哉！大抵蘇氏所謂道者，皆離器而言，不知其指何物而名之也。」

使中人以下守其器，不爲道之所眩，以不失爲君子。

朱子曰：「如蘇氏此言，是以道爲能眩人，而使之不爲君子也，則道之在天下，適所以爲斯人之禍矣！」

而中人以上，自是以上達也。

朱子曰：「聖人所謂達，兼本末精粗而一以貫之也。蘇氏之所謂達，則舍器而入道矣。」

老子則不然，志于明道，而急于開人心。

朱子曰：「老子之學，以無爲爲宗。果如此言，乃是急急有爲，惟恐其緩而失之也。然則，老子之意，蘇氏亦有所不能窺者矣。」

故示人以道而薄于器，以爲學者惟器之知則道隱矣，故絕仁義、棄禮樂以明道。

朱子曰：「道者，仁義禮樂之總名，而仁義禮樂皆道之體用也。聖人之修仁義，制禮樂，凡以明道故也。今曰『絶仁義、棄禮樂以明道』，則是舍二五而求十也，豈不悖哉！」

天道不可言，可言者，皆其似者也。達者因似以識真，而昧者執似以陷于僞。

朱子曰：「聖人之言道，曰君臣也，父子也，夫婦也，昆弟也，朋友之交也。不知此言道邪？抑言其似者而已邪？執此而行，亦有所陷者邪？然則，道豈真不可言！但人自不識道與器之未嘗相離也，而反求之于昏默無形之中，所以爲是言耳。」

故後世執老子之説以亂天下者有之，而學孔子者無大過。

朱子曰：「善學老子者，如漢文、景，曹參，則亦不至亂天下。如蘇氏之説，則其亂天下也必矣。學孔子者，所得亦有淺深，有過無過，未可槩論。且如蘇氏，非不讀孔子之書，而其著書立言，以惑誤天下後世如此，謂之無過，其可得乎？」

因老子之言以達道者，不少，而求之于孔子者，嘗苦其無所從。

朱子曰：「『因老子之言以達道者，不少』，不知指謂何人？如何其達？而所達者何道也？且曰『不少』，則非一二人而已。達道者果如是之衆邪？孔子循循善誘，誨人不倦，入德之途，坦然明白，而曰『常苦其無所從入』，則其未嘗一日從事于此，不得其門而入，可知矣！宜其析道與器，而以仁義禮樂爲無與于道也！然則，無所從入之言，非能病孔子之道，而絶學者之志，乃所以自狀其不知道而妄言之實耳！」

二聖人者，皆不得已也。

朱子曰：「以孔子、老聃並稱聖人，可乎？世人譏太史公先黄、老，後六經，然太史公列孔子于世家，而以老子與韓非同傳，豈不有微意焉？其賢于蘇氏遠矣！」

全于此必略于彼矣。

朱子曰：「有彼有此，則天下當有二道也。」

六祖所云「不思善，不思惡」，卽喜怒哀樂之未發也。

朱子曰：「聖賢雖言未發，然其善者固存，但無惡耳。佛者之言，似同而實異，不可不察。」

中者，佛性之異名，而和者，六度萬行之總目也。

朱子曰：「喜怒哀樂而皆中節謂之和，而和者，天下之達道也。六度萬行，吾不知其所謂，然毀君臣，絶父子，以人道之端爲大禁，所謂達道，固如是邪？」

天下固無二道，而所以治人則異。君臣父子之間，非禮法則亂，知禮法而不知道，則世之俗儒，不足貴也。居山林，木食澗飲，而心存至道，雖爲人天師可也，而以之治世則亂。古之聖人，中心行道而不毀世法，然後可耳。

朱子曰：「天下無二道，而又有至道、世法之殊，則是有二道矣！然則，道何所用于世，而世何所資于道邪？王氏有『高明處己，中庸處人』之論，而龜山楊公以爲：『如此，則是道常無用于天下，而經世之務皆私智之鑿。』愚于蘇氏亦云。

老泉門人

鍾先生棐

鍾先生棐合傳。

鍾棐，字子翼，虔州人。博學篤行，爲江南之秀，歐陽永叔、尹師魯、余安道、曾子固皆知之，然卒不遇以歿。蘇明允歸自江南，南遊至虔，先生與其弟槩從之遊。時明允未爲時所知，放遊萬里，舍者常爭席，而先生獨知敬異之。參東坡文集。

二蘇講友

家先生勤國附師劉巨。

監郡家先生安國合傳。

司法家先生定國合傳。

家勤國，眉山人。慶歷、嘉祐間，與從兄安國、定國同從劉巨遊，與東坡兄弟爲同門友。王荆公廢春秋學，先生憤之，著春秋新義。熙寧、元豐諸人紛更，而元祐諸賢矯枉過正，先生憂之，爲築室，作室喻，二蘇讀之驚歎云。參史傳。

梓材謹案：萬姓統譜載：「安國，字復禮，初在教授，晚監郡。定國，官永康司法參軍。」宋史著録家安國春秋通義二十四卷。

東坡同調

修撰呂先生陶

呂陶，字元鈞，成都人。蔣侍郎堂守蜀，延多士入學，親程其文，嘗得其論，集諸生誦之，曰：「此賈誼之文也。」時年十三，一坐皆驚。由是禮諸賓筵。一日，同遊僧舍，共讀寺碑，酒闌，侍郎索筆書碑十紙，行斷句闕，以示之曰：「老夫不能盡憶，子爲我具之。」遂書以獻，不繆一字。第進士，知壽陽縣。府帥唐介辟簽書判，每暇日促膝晤語，告以立朝事君大節，曰：「君廊廟人也。」以介薦，應熙寧制科，元祐初，擢殿中侍御史，首獻邪正之辨曰：「君子小人之分辨，則王道可成，雜處于朝，則政體不純。今蔡確、韓縝、張璪、章惇，在先朝，則與小人表裏，爲賊民害物之政，使人主德澤不能下流；在今日，則觀望反覆，爲異時子孫之計。安燾、李清臣又依阿其間，以伺勢之所在而歸之。昔者負先帝，今日負陛下，願亟加斥逐，以清朝廷。」于是數人相繼罷去。先生謁告歸。還，奏十事，皆利害切于蜀者。蘇東坡軾策館職，爲朱光庭所論，軾亦乞補郡，争辯不已。先生言：「臺諫當殉至公，不可假借事權以報私隙。議者皆謂軾嘗戲薄程頤，光庭乃其門人，故爲報怨。夫欲加軾罪，何所不可，必指其策問以爲譏謗，恐朋黨之敝，自此起矣。」由是兩置之。後以集賢院學士知陳州，徙河陽、潞州，奪職，再貶庫部員外郎，分司。徽宗立，復集賢殿修撰、知梓州，致仕。卒，年七十七。同上。

梓材謹案：先生嘗入元祐黨籍，以其爲川黨羽翼，則亦蜀學之魁也。黄司業隱欲火王氏三經板，而先生攻之，其持平又如是。

潁濱同調

尚書李先生之純

李之純，字端伯，無棣人。登進士第。熙寧中，爲度支判官、江西轉運副使。徙成都路轉運使。成都歲發官米六千石，損直與民，言者謂惠民損上，詔下其議。先生曰：「蜀郡人恃此爲生百年，奈何一旦奪之。」事遂已。秩滿復留，凡數歲，始還朝。神宗勞之曰：「遐方不欲數易大吏，使劍外安靖，年穀屢豐，以彰朝廷綏遠之意，汝知之乎？」以爲右司郎中，轉太僕卿。元祐初，三遷御史中丞。董敦逸、黃慶基論蘇軾託詞命以毀先帝，蘇轍以名器私所親，皆以監司罷，先生疏其誣罔，乃更黜之。以疾，改工部尚書。紹聖中，劉拯劾其阿附蘇轍，出知單州。卒，年七十五。端叔之儀，其從弟也，亦與黨籍。同上。

任氏家學

忠敏任先生伯雨

任伯雨，字德翁，眉山人。寺丞孜子。累擢右正言。徽宗初政，納用讜論，先生首擊章惇，繼論蔡京。建中靖國改元，當國者欲和調元祐、紹聖之人，故以「中」爲名。先生言：「人才固不當分黨與，然自古未有君子小人雜然並進可以致治者。唐德宗坐此致播遷之禍，建中乃其紀號，不可以不戒。」先生居諫省半歲，所上一百八疏，大臣畏其多言，俾權給事中。徙度支員外郎，知虢州。崇寧黨事作，削籍編管通州。爲蔡卞所陷，與陳瓘、龔夬、張庭堅等十三人皆南遷，獨先生徙昌化。居海上三年而歸。宣和初，卒。紹興初，贈直龍圖閣，加諫議大夫。淳熙中，謚忠敏。同上。

東坡家學老泉再傳。

員外蘇先生邁

蘇邁，字伯達，東坡長子。知仁化縣，文章政事，綽有父風，以政最遷雄州防禦推官。終駕部員外郎。參姓譜。

承務蘇先生迨

蘇迨，東坡中子。官承務郎。與弟過俱善爲文。同上。

承務蘇斜川先生過

蘇過，字叔黨，東坡季子也。年十九，以詩賦解兩浙路。任右承務郎。東坡累遭貶謫，獨先生侍以往來。其初爲嶺外之役，時先生居母喪，有以動塗人涕泣者。先生于東坡飲食服用凡生理晝夜寒暑之所須者，一身百爲，而不知其難，翁版則兒築之，翁樵則兒薪之，翁賦詩著書則兒更端起拜之。初之海上，爲文一篇曰志隱。東坡嘗命作孔子弟子別傳。家于潁昌，自號斜川居士。卒，年五十有二。叔父欒城，每稱其孝，以訓宗族。參晁景迂集。

少卿蘇先生元老

蘇元老，字在廷，東坡從孫。幼力學，善屬文，黃山谷奇之。舉進士，累官太常少卿。時禁元祐學術，東坡方在黨禁，先生亦罷，提點明道宮。先生歎曰：「昔顔子附驥尾而名顯，元老以家世坐，豈不榮哉！」有詩文行世。參姓譜。

東坡門人

文節黄涪翁先生庭堅別見范呂諸儒學案。

知州晁濟北先生補之

晁補之，字無咎，鉅野人，景迂先生説之從兄也。聰明强記，自幼即善屬文，王安國一見奇之。十七歲從父端友官杭州倅，見錢塘山川風物之麗，著七述以謁州判蘇文忠東坡。文忠先欲有所賦，讀之歎曰：「吾可以閣筆矣！」又稱其文博辯儁偉，絶人遠甚，由是知名。舉進士，試開封及禮部別院，皆第一。神宗閲其文曰：「是深于經術者，可革浮薄。」官北京國子監教授。元祐初，爲太學正，李清臣薦堪館閣，召試，累除著作佐郎。章惇當國，出知齊州，羣盜斂迹。坐修神宗實録失實，降秩監處、信二州酒税。徽宗立，復以著作召。晉國史㊀編修、實録檢討官。黨論起，爲諫官管師仁所論，出知河中府，修

㊀「史」字，原本作「子」，據宋史本傳改。

河橋以便民，民畫祠其象。徙湖州、密州、果州，遂主管鴻慶宮。還家，葺歸來園，自號歸來子，忘情仕進，慕陶靖節爲人。大觀末，出黨籍，起知達州，改泗州，卒，年五十八。先生才氣俊逸，嗜學不倦，文章温潤典縟，其淩麗奇卓出于天得。尤精楚辭，論集屈、宋以來賦詠爲變離騷等三書。安南用兵，著罪言一篇，大意欲擇仁厚勇略吏爲五官郡守，及修海上諸郡武備，議者以爲通達世務云。參史傳。雲濠案：先生著有雞肋集七十卷。

宣德秦太虚先生觀

秦觀，字少游，一字太虚，高郵人。少豪雋，慷慨溢于文詞，舉進士不中。强志盛氣，喜讀兵家書。嘗介其詩于王荆公，荆公謂其清新似鮑、謝。又見東坡于徐，爲賦黄樓，東坡謂有屈、宋才，勉以應舉養親，始登第，調定海主簿、蔡州教授。元祐初，東坡以賢良方正薦于朝，累除國史院編修。紹聖初，坐黨籍，出判杭州。以御史劉拯論其增損實録，貶監處州酒税。使者承風望指，候伺過失，既而無所得，則以謁告寫佛書爲罪，削秩徙郴州，繼編管横州，又徙雷州。徽宗立，復宣德郎，放還，至滕州，出游華光亭，爲客道夢中長短句，索水飲，水至，笑視之而卒。先自作挽詞，其語哀甚，讀者悲之，年五十三，有文集四十卷。先生長于議論，文麗而思深。及死，東坡聞之，歎曰：「少游不幸死道路，哀哉！世豈復有斯人乎！」同上。

龍圖張先生耒

張耒，字文潛，淮陰人。幼穎異，十三能爲文，十七作函關賦，習傳人口。遊學于陳，學官蘇潁濱愛之。東坡稱其文汪洋沖澹，有一倡三歎之聲。先生感切知己，因從之遊。由進士歷官太學録，以范忠宣薦，居三館八年，顧義自守，泊如也。擢起居舍人。紹聖初，請郡，以直龍圖閣知潤州。坐黨籍，徙宣州，謫監黃州酒稅，徙復州。徽宗立，起判黃州，知兗州，召爲太常少卿，甫數月，出知潁州、汝州㊀。崇寧初，復坐黨籍落職，主管明道宮。初，先生在潁，聞東坡訃，爲舉哀行服，言者以爲言，遂貶房州别駕，安置于黃。五年，得自便，居陳州。先生儀觀甚偉，有雄才，筆力絶健，于騷辭尤長。時二蘇及黃魯直、晁无咎輩相繼殁，先生獨存，士人就學者衆。作文以理爲主，嘗著論云：「自六經以下，至于諸子百氏、騷人辯士論述，大抵皆將以爲寓理之具也。故學文之端，急于明理，如知文而不務理，求文之工，世未嘗有也。」學者以爲至言。作詩，晚年務平淡，效長慶體，而樂府得盛唐之髓。投閒困苦，口不言貧，晚節愈厲。監南嶽廟，主管崇福宮。卒，年六十一。建炎初，贈集賢殿修撰。同上。

鄉舉李先生廌

李廌，字方叔，其先自鄆徙華。先生六歲而孤，能自奮立，少長，以學問稱鄉里。謁蘇文忠東坡于黃州，贄文求知。東坡謂其筆墨瀾翻，有飛沙走石之勢，拊其背曰：「子之才，萬人敵也，抗之以高節，莫之能禦矣。」先生再拜受教。家素貧，三世未葬，一夕，撫枕流涕曰：「吾忠孝焉是學而親未葬，何以學

㊀「汝州」原本作「洺州」，據宋史本傳改。

爲！」且而別東坡，將客遊四方，以蕆其事。東坡解衣爲助，又作詩以勸風義者。于是，不數年，盡累世之喪二十㊀餘柩，歸葬華山下，范蜀公爲表墓以美之。益閉門讀書，又數年，再見東坡，閱其所著，歎曰：「張耒、秦觀之流也。」鄉舉試禮部，東坡典貢舉，遺之，賦詩以自責。呂汲公歎曰：「有司試藝，乃失此奇才邪！」東坡與范正獻謀曰：「廌雖在山林，其文有錦衣玉食氣，棄奇寶于路隅，昔人所歎，我曹得無意哉！」將同薦諸朝，未幾，相繼去國，不果。東坡卒，先生哭之慟，曰：「吾愧不能死知己，至于事師之勤，詎敢以生死爲間！」即走許、汝間，相地卜兆授其子，作文祭之曰：「皇天后土，鑒一生忠義之心；名山大川，還萬古英靈之氣。」詞語奇壯，讀者爲悚。中年絶進取意，謂潁爲人物淵藪，始定居長社，縣令李佐及里人買宅處之。卒，年五十一。先生喜論古今治亂，條暢曲折，辯而中理。當喧溷倉卒間如不經意，睥睨而起，落筆如飛馳。元祐求言，上忠諫書、忠厚論，并獻兵鑒二萬言論西事。朝廷擒羌酋鬼章，將致法，先生深論利害，以爲殺之無益，願加寬大。蓋先生經濟博通，言達于行，不得僅以經生目之矣。同上。

宗丞王先生鞏

王鞏，字定國，莘縣人。文正公旦之孫，工部尚書素之子也。長于詩，從東坡遊。東坡守滁州，先生往訪之，與客遊泗水，登魋山，吹笛飲酒，乘月而歸。東坡待之于黃樓上，謂先生曰：「李太白死，世無

㊀「二」字，原本作「三」，據宋史本傳改。

此樂三百年矣。」東坡得罪，先生亦竄賓州。數歲㈠得還。後歷宗正丞，每除官，輒爲言者所議，故終不顯。同上。

附錄

劉元城談錄曰：「王定國多識前言往行，乃服林靈素丹藥，得疾焚死。」

朝請李姑溪先生之儀

知州孫先生勰

孫先生勱並見高平學案。

待制蔡先生肇別見荊公新學略。

員外李先生格非

李格非，字文叔，濟南人。其幼時，俊警異甚。有司方以詩賦取士，先生獨用意經學，著禮記說至數十萬言，遂登進士第。紹聖立局編元祐章奏，以爲檢討，不就，戾執政意，通判廣信軍。召爲校書郎，遷著作佐郎、禮部員外郎，提點京東刑獄，以黨籍罷。卒。先生工于辭章，嘗言：「文不可以苟作，誠不著焉，則不能工。」參史傳。

㈠「歲」字，原本作「月」，據宋史本傳改。

雲濠謹案：先生嘗以文章受知于東坡。娶王氏宣徽使拱辰孫女。女清照，自號易安居士，皆能文。並見宋史本傳。

潁濱家學

直閣蘇先生遲

蘇遲，字伯克，文定長子。建炎二年，以右朝請大夫直秘閣、知婺州。奏減稅額，父老爲立生祠，因家焉。卒葬蘭溪靈洞。後贈少傅。婺之蘇氏始此。參金華賢達傳。

蘇先生适

蘇适。

蘇先生遜

蘇遜，潁濱之子。潁濱改定春秋集解，顧謂之曰：「『仰之彌高，鑽之彌堅。瞻之在前，忽焉在後。』此孔子之不可及，而顏子之所太息也，而況于予哉！安知後世不復有能規予過者？其于昔之諸儒，或庶幾焉耳。汝能傳予說，使後生有聞焉者，千載之後，學儻在于是也。」參春秋集解自序。

潁濱門人

龍圖張先生耒見上東坡門人。

家氏家學

知州家先生愿

家愿，字處厚，勤國之子。紹聖初，舉進士。廷問力詆元祐之政，先生對策惟以守元祐已行者爲言。任普州樂至令。元符初，應詔論時政凡萬言。後入黨籍，禁錮凡十年。大觀中，始知雙流縣。高宗時，擢知閬州，移彭州。初，蘇子由讀先生策，謂異時當以直道聞，至是果驗。參姓譜。

李氏家學

朝請李姑溪先生之儀別見高平學案。

忠敏家學

司户任先生象先

舍人任先生申先合傳。

任象先，忠敏長子。登世科，又中詞學兼茂舉，有司啓封，見爲黨人子，不奏名，調秦州户曹掾。聞父謫，棄官歸養。王安中辟燕山宣撫幕，勉應之，道引疾還，終身不復仕。弟申先，以布衣特起至中書舍人。參史傳。

少卿門人老泉三傳。

忠獻張紫巖先生浚別爲趙張諸儒學案。

晁氏門人

忠襄李先生植父中行。

李植㊀，字元直，臨淮人。幼明敏篤學，兩舉于鄉。從父中行客東坡門，太史晁無咎見之曰：「此國士也。」以女妻焉。靖康初，高宗以康王開大元帥府。湖南向子諲轉運京畿，時盜起，餉絶，使督犒師，卒以計達。高宗大悦，授承直郎。三上表勸進，爲汪、黄所忌，出知湘陰縣。歷尚書户部員外郎。秦檜當國，丐祠奉親，寓居長沙之醴陵，杜門不仕十九年。檜死，子諲以户部尚書居邇列，語及龍飛舊事，識先生姓名，除户部郎中。帝曰：「朕故人也。」方有意大用，以母老，每辭，願便養，除知桂陽軍㊁。丁母憂，歸葬，哀毁廬墓，有白鷺朱草之祥。劉錡㊂遺之書曰：「忠臣孝子，元直兼之矣。」乾道二年，以江南東路轉運使兼知建康府本路安撫使，以寶文閣學士致仕，還湘。時胡文定父子家南嶽下，劉錡家湘潭，相與往還講論，言及國事，必憂形于色，始終以和議爲恨。年七十有六卒。有文集十卷，題曰臨淮集，廬陵胡銓爲之序。謚忠襄。參史傳。

㊀「植」字，宋史本傳作「稙」。㊁「桂陽軍」，原本作「淮陽軍」，據宋史本傳改。㊂「劉錡」，原本作「劉鎮」，據宋史本傳改。

司戶家學

庶官任先生盡言附兄質言。

任盡言，字元受，華亭人，象先之子。與兄質言同舉進士。居下僚，論事慷慨。秦檜死，朝廷召湯鵬舉爲臺官，先生授啓賀之云：「每愧朱雲之請劍，未聞林甫之斲棺。」上聞，始黜檜朋黨，釋趙豐公子沛罪。參姓譜。

梓材謹案：先生蓋自眉山徙華亭者，著有小醜款。

蘇學餘派

翰林李屏山先生純甫別爲屏山鳴道集説畧。

舍人續傳

宣獻任斯庵先生希夷別見滄洲諸儒學案。

潁濱續傳

都事蘇先生友龍別見北山四先生學案。

宋元學案卷一百

屏山鳴道集説略

全祖望補本

屏山鳴道集説略表

李純甫（王學、蘇學餘派。）——雷淵——子膺
　　宋九嘉
　　張㲄
　　李經
　　王權
　　張瑴英
　　周嗣明（雷、宋同調。）——王德元——劉世安
　　　　張居禮
　　　　郝守寧

趙秉文（屏山講友。）——張邦直

劉從益——子祁——郝經別見魯齋學案。
李、趙學侶。
子郁
張邦直見上滏水門人。
王鬱
董文甫——子安仁
滏水同調。

屏山鳴道集説略序録

祖望謹案：關、洛陷於完顏，百年不聞學統，其亦可歎也！李屏山之雄文而溺於異端，敢爲無忌憚之言，盡取涑水以來大儒之書，恣其狂舌，可爲齒冷。然亦不必辯也，略舉其大旨，使後世學者見而嗤之。其時河北之正學且起，不有狂風怪霧，無以見皎日之光明也。述屏山鳴道集説略。梓材案：是卷與上兩卷，皆謝山所特立，以闢禪學者。不曰「案」而曰「略」，蓋示外之之意云。

王蘇餘(一)派

翰林李屏山先生純甫

(一)「餘」字，原本作「學」，據龍本改。

李純甫，字之純，別自號屏山居士，宏州襄陰人。祖安上，嘗魁西京進士。父采，卒於益都府治中。屏山幼穎悟異常，初業辭賦，愛左氏春秋，更爲經學。擢承安二年經義進士。爲文師法莊、列、左氏、戰國策。且喜談兵，慨然有經世心。章宗南征，兩上疏策其勝負，咸送軍中，後多如所料。宰執奇其文，薦入翰林。值元兵起，復上萬言書，援宋爲證，甚切時事，當路者以迂闊見抑，故不報。宣宗遷汴，時相高琪擅權，擢爲左司都事。屏山審其必敗，以母老辭去。既而琪誅，復入翰林，連知貢舉。正大末，以取人踰新格，出倅坊州。未赴，改京兆府判官。卒於汴，年四十七。屏山幼自負其材，謂功名可俯拾，作矮柏賦，以諸葛孔明、王景略自期。中年，度其道不行，益縱酒自放，無仕進意。得官未及考，卽歸隱。日與禪僧士子游，梓材案：先生嘗自作屏山居士傳有云：「雅喜推借後進。」如周嗣明、張瑴、李經、王權、雷淵、劉從益、宋九嘉，皆以兄呼之。嘯歌袒裼出禮法外，然未嘗廢書。晚年喜佛，力探奧義。自類其文，凡論性理及關佛、老二家者號「內稾」，其餘應物文字爲「外稾」。又解楞嚴、金剛經、老子、莊子。中庸集解、鳴道集解，號爲「中國心學、西方文教」，數十萬言。參史傳。

謝山跋鳴道集說曰：「屏山鳴道集說，鈍翁駁之詳矣。雲濠案：汪堯峰文鈔鳴道集說序云：「其說根柢性命，而加之以變幻詭譎，大略以堯、舜、禹、湯、文、武之後，道術將裂，故奉老聃、孔子、孟子、莊周洎佛如來爲五聖人，而推老、莊、浮屠之言，以爲能合於吾孔、孟。又推唐之李習之、宋之王介甫父子、蘇子瞻兄弟，以爲能陰引老、莊、浮屠之言，以證明吾孔、孟諸書。於是發爲雄辭怪辯，委曲疏通其所見，而極其旨趣，則往往歸之於佛。凡宋儒之闢佛者，大肆掊擊，自司馬文正公而下，訖於程、朱，無得免者。」又云：「蓋自唐、宋以來，士大夫浸淫釋氏之學，借以附會經傳，粉飾儒術者，間亦有之，然未有縱橫捭闔敢於偭聖人之規矩如屏山者。一何衞浮屠如是之誠，而翦吾儒之羽翼如是之嚴且力歟？迹其流弊，視荀卿氏之言性惡，墨翟子之論短喪，殆加甚焉。」偶閲湛然居士所爲序，言其二十九歲閲復性書，知李習之亦年二十九歲參藥山而退，因發憤參萬松師，著此書。噫！屏山歷詆諸儒，以恣其説，自我成佛足矣，何必援昔人以自重？習之斷非佞佛者，即或其言間爲未純，不過學之小疵耳。浮屠輩迨爲此説以誣之，而屏山援之以爲例，可爲一笑。」

又跋雪庭西舍記曰：「屏山爲金代文章大家，著述多於滏水，而今不傳，唯永樂大典中有其集。屏山援儒入釋，推釋附儒，既已決波排瀾，不足爲怪。其所著鳴道集説一書，濂、洛以來，無不遭其掊擊。近見其爲雪庭西舍記石本，猶此説也。其引致堂讀史管見，以爲致堂崇正辯之作，滿紙罵破戒之説，而實未嘗不心折於老、佛。噫！屏山佞佛已耳，亦何用取古人而周内之！」

鳴道集説

學者内有三疵，外有四孽。何謂三疵？識鑿之而賊，氣憑之而亢，才蕩之而浮。何謂四孽？學封之而塞，辯譁之而疑，文甘之而狂，名錮之而死。

雲濠謹案：汪鈍翁云：「此則深中學者之病。」故録之。

自莊周後，惟王績、元結、鄭厚與吾，或談儒、釋異同，環而攻之，莫能屈。中國之書，不及西方之書。

學至於佛，則無所學。伊川諸儒，雖號深明性理，發揚六經聖人心學，然皆竊吾佛書者也。

梓材謹案：劉京叔歸潛志云：「屏山因此大爲諸儒所攻。」又案：屏山作重修面壁記，言：「佛教云其著而成書者，清凉得之以疏華嚴，圭峯得之以鈔圓覺，無盡得之以解法華，潁濱得之以釋老子，吉甫得之以註莊子，李翱得之以述中庸，荆公父子得之以論周易，伊川兄弟得之以訓詩、書，東萊得之以議左氏，無垢得之以説語、孟，使聖人之道不墮于寂滅，不死于虛無，不縛于形器，相爲表裏，如符券然。」觀此，則屏山之所爲「内槖」，可以槩見，真所謂無忌憚之説也。

屏山講友

資善趙滏水先生秉文

趙秉文，字周臣，自號閑閑老人，滏陽人。幼穎悟，弱冠登進士第，調安塞主簿。歷官至同知制誥，以言事坐免。起爲北京路轉運判官。泰和初，改户部主事，遷翰林修撰。出爲寧邊刺史，改平定州。所至有治聲。入爲兵部郎兼太常少卿，上封事言天變，當國者怒爲妖言，章不得達。貞祐初，請守殘破一州，上以先生「宿儒當在左右」，不許，乃除侍講轉侍讀。興定中，拜禮部尚書，知集賢院。致仕，雖已家居，朝廷恩遇如故。先生亦顧開忠讜，進無逸直解、貞觀政要。天興改元，京師戒嚴，上命先生爲露布，士氣爲振。是年夏，以疾卒，年七十有四。雲濠案：史傳與墓誌合。歸潛志作七十三，誤。積官資善大夫，封天水郡開國公。元遺山誌其墓，稱其「不汨於利欲，不溺於流俗，慨然以仁義道德性命自任，故其文辨析義理，極所欲言者而止，不以繩墨自拘。喜觀佛、老之説，以窮其指歸，然晚年自編詩文，凡涉二家者，槩不存録，而以中和誠諸説冠之集首，以擬退之、明道，則猶有扶教傳古之意焉。」所著易叢説十卷、中庸説一卷、刪集論、孟解各十卷、揚子發微一卷、太玄贊六卷、文中子類說㊀一卷、南華略釋一卷、列子補註一卷、資暇録十五卷，詩文號滏水集者前後三十卷。參元遺山集。雲濠案：滏水集二十卷，別有十卷，則其外集也。

梓材謹案：盧氏所藏原底，謝山本爲滏水別立學案，而百卷序録無之，蓋已歸併屏山之後矣。

滏水文集

夫道，何謂者也？總妙體而爲言者也。教者何？所以示道也。傳道之謂教，教有方內，有方外，道不可以內外言之也，言內外者，人情之私也。聖人有以明夫道之體，窮理盡性，語夫形而上者也。聖人有以明夫道之用，開物成務，語夫形而下者也。是故語夫道也，無彼無此，無小無大，備萬物，通百氏，聖人不私道，道私聖人乎哉？語夫教也，有正有偏，有大有小，開百聖，通萬世，聖人不外乎大中，大中外聖人乎哉？吾聖人之所獨也。仁者，人此者也；義者，宜此者也；禮者，體此者也；智者，知此者也；信者，誠此者也。天下之達道五，此之謂也。五常之目何謂也？是非孔子之言也。孟子言四端而不及信，雖兼言五者之實，主仁義而言之，於時未有五常之目也。漢儒以天下之達道莫大於五者，天下從而是之。揚子五事，繫諸道德仁義信，闢老氏而言也。韓子以仁義爲定名，以道德爲虛位，闢佛氏而言也。言各有當而已矣。然自韓子言仁義而不及道德，王氏所以有道德性命之說也。然學韓而不至，不失爲儒者；學王而不至，其蔽必至於佛、老，流而爲申、韓。何則？道德性命之說，固聖人罕言之也。求

㊀「中子類說」，原本作「中子類總」，據金史本傳改。

其說而不得，失之緩而不切，則督責之術行矣，此老、莊之後，所以流爲申、韓也與！過於仁，佛、老之教也；過於義，申、韓之術也；仁義合而爲孔子。孟子守先王，荀卿法後王，荀、孟合而爲孔子。原教。

祖望謹案：總、妙、體三字，便夾雜佛、老家矣。

性之說，難言也。何以明之？上焉者，雜佛、老而言；下焉者，兼情與才而言之也。佛則滅情以歸性，老則歸根以復命，非吾所謂性之中也。荀卿曰「人性惡」，揚子曰人性善惡混，言其情也。韓子曰性有上中下，言其才也，非性之本也。記曰：「人生而靜，天之性也。」又曰：「中者，天下之大本也。」此指性之本體也。方其喜怒哀樂未發之際，無一毫人欲之私，純是天理而已，故曰「天命之謂性」。孟子又於中形出性善之說，曰惻隱也，羞惡也，辭讓也，是非也。孟子學於子思者也，其亦異於曾子、子思之所傳乎？曰：「否，不然也。此四端含藏而未發者也，發則見矣。譬之草木萌芽，其茁然出者必直，間有不直，物礙之耳。惟大人爲能不失其赤子之心，此率性而行之者也，故謂之道。人欲之勝久矣，一旦求復其天理之真，不亦難乎！固當務學以致其知，先明乎義理之辨，使一字一物，了然吾胸中，習察既久，天理日明，人僞日消，庶幾可以造聖賢之域，故聖人修道以教天下，使之遏人欲，存天理，此修道之謂教也。孟子之後，不得其傳，獨周、程二夫子，紹千古之絕學，發前聖之秘奧，教人於喜怒哀樂未發之前求之，以戒慎恐懼於不見於不聞爲入道之要，此前聖之所未到，其最優乎！其徒遂以韓、歐諸儒爲不知道，此好大人之言也。後儒之扶教，得聖賢之一體者多矣，使董子、揚子、文中子之徒遊於聖人之門，則游、夏矣。使諸儒不見傳註之學，豈能遽先毛、鄭哉！聞道有淺深，乘時有先後耳。」或曰：「韓、歐之學失之淺，蘇氏之學失之雜，如其不純何？」曰：「歐、蘇長於經濟之變，如其常，自當歸周、程。」或曰：「中庸之學，孔子傳之曾子，曾子傳之子思，而後成書，不以明告羣弟子，何也？」曰：「詩、書、執禮，皆雅言也。雅言，猶言素所言耳。至於天道性命，聖所難言，且易之一經，夫子晚而喜之，蓋慎言之也。孟子不言易。荀卿曰：『始乎爲士，終乎讀禮。』於時未嘗言易。後世猶曰孟子不言易，所以深言之也。聖人於尋常日用之中，所語無非性與天道，故曰吾無隱乎爾。但門弟子有不知者，迨子貢曰：『夫子之言性與天道，不可得而聞也。』子貢聞一貫之後，蓋知之矣，然亦未嘗以窮高極遠爲得也。自王氏之學興，士大夫非道德性命不談，而不知篤厚力行之實，其蔽至於以世教爲俗學，而道學之蔽，亦有以中爲正位，仁爲種性，流爲佛、老而不自知，其蔽反有甚於傳註之學，此又不可不知也。且中庸之道何道也？天道也，大中至正之道也。典禮德刑，非人爲之私也，且子以爲外，是別有所謂性與天道乎？吾恐貪高慕遠，空談無得也，雖聖學如天，亦必自近始，然則何自而入哉？曰慎獨。」性道教說。

祖望謹案：此章最斷得平允，盡宋人之得失。

蘇黄門云：「喜怒哀樂之未發謂之中，卽六祖所謂不思善惡之謂也。發而皆中節謂之和，卽六度萬行是也。」藍田吕氏云：「寂然不動，中也；赤子之心，中也。」伊川又云：「性與天道，中也。」若如所論，和，固可位天地，育萬物矣。只如不思善，不思惡；寂然不動；赤子之心謂之中，果可以位天地，育萬物乎？又言「性與天道，中也」，何不言喜怒哀樂未發謂之性與道邪？或者謂物物皆中。且不可溟涬其說，請指眼前一物明之，何者爲中？只如「權衡亦中」之類。如何得雜佛、老之說而言之，而明聖人所謂中也？或云：「無過與不及之謂中。」此四者已發而中節者也，言中庸之道則可，言大中則未可。若然，則「寂然不動」、「赤子之心」，皆中正也？非邪？

試論之曰：「不偏之謂中，不倚之謂中，中者，天下之正理。夫不偏、不倚、正理，似涉乎喜怒哀樂已發而中節者也，然未發之前，亦豈外是哉！學者固不可求之於氣形質未分之前，老。胞胎未具之際，佛。只於尋常日用中試體夫喜怒哀樂未發之際，果是何物邪？此心未形，不可謂有；必有事焉，不可謂無。果喜與？果怒與？喜怒且不可得，倘何過與不及之有邪？亭亭當當，至公至正，無一毫之私意，不偏倚於一物，當如是不謂之中，將何以形容此理哉？及其發之於人倫事物之間，喜無過喜，喜所當喜；怒無過怒，怒所當怒，只是循其性固有之中也。其間不中節者，人欲雜之也。然則中者，和之未發；和者，中之已發。中者和之體，和者中之用，非有二物也，純是天理而已矣。故曰，天命之謂性，中之謂也；率性之謂道，和之謂也。所以不謂之性與道者，蓋中者因無過與不及而立名，所言中，以形道與性也，言各有當云耳。何以知其爲天理？今夫天地之化，日月之運，陰陽寒暑之變，四時不相貸，五行不相讓，無適而非中也。大夏極暑，至於鑠金，而夏至一陰已生；隆冬祁寒，至於凍海，而冬至一陽已萌，庸非中乎？后以財成天地之道，輔相天地之宜，經綸君臣、父子、兄弟、夫婦、朋友之大經，不亦和乎？由是而天地可位，萬物可育，此聖人致中和之道也。」曰：「然則，『中』固天道，『和』人道與？」曰：「天人交有之。乾道變化，各正性命，中也；保合太和乃利貞，和也。民受天地之中以生，中也；能者養之以福，和也。」「然則，『寂然不動』，『赤子之心』，非中與？」曰：「皆是也。方喜怒哀樂未發之時，不偏不倚，非寂然不動而何？純一無爲，非赤子之心而何？直所從言之異耳。但蘇黄門言『不思善，不思惡』，與夫李習之『滅情以歸性，近乎寒灰槁木』，雜佛而言也。」「佛、老之説皆非與？」曰：「非此之謂也。天下殊塗而同歸，一致而百慮。殊塗同歸，世皆知之；一致百慮，未之思也。夫道一而已，而教有别焉，有虚無之道，有大中之道。不斷不常，不有不無，釋氏之所謂中也。中論有五百問。彼是莫得其偶，謂之道樞，樞始得乎環中，以應無窮，老、莊之所謂中也，非吾聖人所謂大中之道也。其所謂大中之道者，何也？即堯、舜、禹、湯、文、武、周、孔之道也。書曰：『執厥中。』傳曰：『易有太極，極，中也。』非向所謂佛、老之中也。且雖聖人，喜怒哀樂亦有所不免，中節而已，非滅情之謂也。位天地，育萬物，非外化育、離人倫之謂也。然則聖人所謂中者，將以有爲也，以言乎體則謂之不動，以言純一則謂之赤子，以言稟受則謂之性，以言共由則謂之道，以言其修則謂之教，以言不易則謂之庸，以言無妄則謂之誠。中則和也，和則中也，其究一而已矣。」以上中説。

夫道，何謂者也？非太高難行之道也。今夫清虚寂滅之道，絶世離倫，非切于日用，或行焉，或否焉，自若也。至于君臣、父子、兄弟、夫婦、朋友之大經，可一日離乎？故曰：「可離非道。」其所以行之者，一曰誠也。誠自不欺入，固當戒慎恐懼于不見不聞之際，所以養夫誠也；而誠由學始，博學、審問、慎思、明辨、篤行五者，所以學夫誠也，故曰：「不明夫善，不誠乎身矣。」聖人又懼夫貪高慕遠，空談無得也，指而示之近，曰：「不欺，自妻子始。」身不行道，不行于妻子。使自身行家，自家行國，由近以及遠，由淺以至深，無駭于高，無眩于奇，無精粗大小之殊，一于不欺而已，所以致夫誠也。不欺盡誠乎？曰：

「未也。無妄之謂誠，不欺其次矣。今夫雷始發聲，蟄者奮，萌者達，譬猶啐啄相感，無有先後，及乎十月而雷，物不與之矣，故曰：『天下雷行，物與無妄。』使伏羲垂唐、虞之衣裳，文王制周公之禮樂，亦妄矣。」無妄盡誠乎？曰：「亦未也。無息之謂誠。天一日一夜運周三百六十五度，自古及今，未嘗少息也。天未嘗一歲誤萬物，聖人未嘗一息非天道。若顏子三月不違仁，其與文王純亦不已，則有間斷矣。天其有間乎？」無息盡誠乎？曰：「亦未也。贊化育之謂誠。聖人盡其心以知性，盡性以盡人物之性。德至乎天，則鳶飛戾天；德至乎地，則魚躍于淵。上際下蟠，無一物不得其所，此成己成物，合內外之道也。」可以盡誠乎？曰：「至矣！未盡也。抑見而敬，言而信，動而變，行而成，猶有言動之道在。至于不動而變，不行而成，不怒而威，神也。不言而信，天也。上天之載，無聲無臭，此文王之德，孔子之所以爲大也。」誠說。

易稱「天尊地卑」，書稱「天秩天敍」，春秋書「天王」，詩稱「天生烝民，有物有則」，明此道出於天，皆中庸所謂庸也。孟子言「經正則庶民興」，此孟子所傳於子思子者也。經卽庸也，百世常行之道也，親親長長、尊賢貴貴而已。而有親親之等，尊賢之差，又在夫時中而已。此權所以應時變也，呂氏論之詳矣。見中庸解。譬猶五穀必可以療飢，藥石必可以治病，今夫玉山之禾，八瓊之丹，則美矣，果可以療飢乎？果可以治病乎？則太高難行之論，其不可經世也，亦明矣。其不及者，猶食糠糒而不若五穀之味也。故夫接輿之狂，沮、溺之狷，仲子之廉，師、商過不及，高柴之過哀，宰我之短喪，管仲之奢，晏嬰之儉，與夫非禮之禮，非義之義，隘與不恭，皆非庸也。然則，夷、齊非邪？聖人有時乎清，清而至於隘，非庸也；有時乎和，和而至於不恭，非庸也，其要不出乎中而已！庸說。

聖人未嘗無喜，天命有德，五服五章是也；未嘗無怒，天討有罪，五刑五用是也；未嘗無哀，哀而不傷是也；未嘗無樂，樂而不淫是也。孰知夫至喜無喜，天地變化草木蕃，聖人之至喜也；至怒無怒，鼓之以雷霆，聖人之至怒也；至哀無哀，寒暑不時則疾，風雨不節則飢，聖人之至哀也；至樂無樂，鳶飛、魚躍，聖人之至樂也。又孰知夫樂天知命，哀之大者也；窮理盡性，樂之極者也。然則，舉八元非喜也，誅四凶非怒也，號泣於天非哀也，被袗衣鼓琴非樂也，當理而已，當理則常也。何以謂之和？蓋和者，因喜怒哀樂而名之也。譬如陽并於陰則喜，陰毗於陽則怒，則亦二氣之失和也。聖人之心，無私如天地，喜怒哀樂通四時，和氣沖融於上下之間，則天地安得不位？萬物安得不育？四時安得不至？故此和之致也！和說。

祖望謹案：建炎南渡，學統與之俱遷，完顏一代，遂無人焉。元裕之曰：「國初經術，祖金陵之餘波，槩可知已。垂晚始得滏水。」予初讀其論學諸篇，所得雖淺，然知所趨向，蓋因文見道者，其亦韓、歐之徒歟？及讀其論米芾臨終事而疑之，則仍然佞佛人也。迨取歸潛志攷之，乃知滏水本學佛，而襲以儒，其視李屏山，特五十步百步之差耳。雖然，猶知畏名教之閑，則終不可與屏山同例論也。劉從益、宋九嘉能排佛，可謂豪傑之士，顧其書無傳焉。董文甫者，亦滏水之亞也，皆附見之，聊爲晦冥中存一綫耳。

李趙學侶

御史劉蓬門先生從益

劉從益，字雲卿，渾源人也。以進士累官御史，坐言事去。金南渡後，寓居淮陽。最爲滏水、屏山所重。工詩文，滏水尋薦之入翰林曰：「吾將老而得此公，有代興之寄矣。」然尤喜其政事，曰：「官業當爲本朝第一。」滏水頗欲挽先生學佛，先生不可，嘗以詩諸屏山曰：「談言正自伯陽孫，佞佛真成次律身。畢竟諸儒攀不去，可憐饒舌費精神。」屏山笑而不忤也。所著有蓬門集。子祁。

滏水同調

治中董無事先生文甫附子安仁。

董文甫，字國華，潞州人也。以進士累官司直，後爲河南府治中。醇謹篤實，循循當道，不喜高遠奇異。其于六經、語、孟之書，一章一句，皆深思而有得，必以力行爲事，不徒誦說而已。其所爲文，亦皆論道者居多。晚年，自稱無事老人，然稍參老、佛二家。臨終，豫知死期，齋沐而逝，時人異之。子安仁，傳其學。

屏山門人

御史雷季默先生淵

雷淵，字希顔，渾源人。幼喪父，以孤童入太學，讀書晝夜不休，雖貧甚，不以介意。從李屏山遊，遂知名。俄中高第，官至監察御史，彈劾不避貴臣。參歸潛志。

雲濠謹案：先生別字季默。

翰林宋先生九嘉

宋九嘉，字飛卿，夏津人也。雲濠案：歸潛志云：「從屏山遊。」元氏屏山傳亦云：「李經、宋九嘉皆從之遊。」文章有奇氣，學宋祁，與雷淵、李經埒。以進士累官右巡院使，入翰林。先生所歷，甚著風采，以不能事權要，累蹶。晚得風疾，遭亂北歸，道病卒，猶未五十。性不喜佛，雖與屏山以文相契，而時與之爭。在關中，有楊奐者赴舉，貽書屏山薦之曰：「楊郎佳士，往見吾兄，慎無以佛、老嫚之。」雲濠案：知不足齋校歸潛志云：「三句似有脱誤。」屏山出其書示人，以爲笑，以爲挺特守道不回之士。

梓材謹案：金史先生本傳云：「少遊太學，有能賦聲。長從李純甫讀書。」又言其「没于癸巳之難」。

太學張先生轂

張轂，字伯玉，許州人，運使伯英弟也。初入太學，有聲。從李屏山遊，雅尚氣任俠，不肯下人。再舉不中，遂輟科舉。參歸潛志。

州倅李先生經

上。

李經，字天英，錦州人。少有異才，入太學肄業。屏山見其詩，盛稱諸公間。再舉不第，拂衣歸。同上。

梓材謹案：金史先生本傳云：「朝議以武功就命倅其州，後不知所終。」

王先生權

王權，字士衡，真定人，又名之奇。從屏山遊，屏山稱之。爲人跌宕不羈，博學，無所不覽。同上。

司直張無著先生轂英

張轂英，字仲傑，趙州人。擢經義高第。從屏山諸公遊，爲文以多爲勝。嘗爲南頓令。從軍數年，入爲省掾大理司直。自號無著道人。同上。

雷宋同調

主簿周放翁先生嗣明

周嗣明，字晦之，真定人，名士德卿從子。先生爲人有學，長于議論，自號放翁。屏山嘗爲作真贊，與雷、宋、張、李輩頡頏。同上。

梓材謹案：先生嘗主淶水簿。

滏水門人

翰林張先生邦直

張邦直，字子忠，河南人。少工詞賦，嘗魁進士。平陽南渡，爲國史院編修官，遷應奉翰林文字，在館五六年。從趙閑閑遊。性樸澹，好學，尤善談論，人多愛之。閑閑本注太玄，先生嘗言親受于關中，羅子明因相與講辯甚久。俄丁母艱，出館居南京。從學者甚衆，束脩惟以市書。惡衣糲食，雖仕宦，如貧士也。同年如雷、宋諸人，皆以聲名意氣相豪，先生獨恬退，以學自樂。正大初，劉蓬門入翰林，先生從之遊。後蓬門下世，有挽詩，爲諸公所稱。同上。

蓬門家學

進士劉神川先生祁

劉祁，字京叔，御史從益子。以文與元裕之齊名，亦見賞于滏水諸公。傳其父學，終身不談佛。歸潛志，其所作也。

雲濠謹案：歸潛志十四卷，以所居之堂爲名。謝山鮚埼亭集外編有讀歸潛志，語論其與元遺山互委撰崔立碑事。

梓材謹案：先生所著又有神川遯士集二十二卷、處言四十三篇。少舉進士，不第。後魁南京。卒年四十八。見王秋澗集。

御史劉歸愚先生郁

劉郁，字文季，御史從益次子，亦名士。中統元年，肇建中省，辟左右司都事。出尹新河，召拜監察御史。能文，工書翰，别號歸愚。卒年六十一。參王秋澗集。

蓬門門人

翰林張先生邦直見上滏水門人。

隱君王先生鬱

王鬱，字飛伯，初名青雄，大興府人也。少居釣臺㊀。家素富，貲累千金，遭亂，蕩散無幾，先生殊不以爲意，發憤讀書。是時，學者惟事科舉時文，先生爲文一掃積弊，專法古人。最早爲麻徵君九疇所賞，其後潛心述作，未嘗輕求人知。去釣臺，放遊四方。又移隱陘山，覃思古學。正大五年，遊京師。明年，以兩科舉進士不中，西遊洛陽，放懷詩酒，盡山水之歡。先生平日好議論，尚氣，自以爲儒中俠。其論學孔氏能兼佛、老，佛、老爲世害，然有從事于孔氏之心，學者徒能言，而不能行，縱欲行之，又皆執于一隅，不能周徧。故嘗欲著書，推明孔氏之心學。又别言之、行之二者之不同，以去學者之鬱。其論經學，以爲宋儒見解最高，雖皆笑東漢之傳注，今人惟知蹈襲前人，不敢誰何，使天然之智識不具，而經世實用不宏，視東漢傳注尤爲甚。亦欲著書，專與宋儒商訂。其論爲文，以爲近代文章爲習俗所蠹，不能遽洗其陋，非有絶世之人，奮然以古作者自任，不能唱起斯文。故嘗欲爲文，取韓、柳之辭，程、張之理，合

㊀「釣臺」，原本作「鈞臺」，據金史本傳改。

而爲一，方盡天下之妙。其論詩，以爲世人皆知作詩，而未嘗有知學詩者，故其詩皆不足觀；詩學當自三百篇始，其次離騷、漢、魏、六朝、唐人，過此皆置之不論，蓋以尖慢浮雜，無復古體。故先生之詩，必求盡古人之所長，削去後人之所短。其論出處，以爲仕宦本求得志，行其所知，以濟斯民，其或進而不能行，不若居高養蒙，行道自適，不爲世網所羈，頗以李白爲則。先生受知最深者，曰樗軒完顏璹、閑閑趙秉文、劉從益、李獻能、王若虛、麻九疇、史學優、程震、宋九嘉；其遊從最久者，李汾、元好問、杜仁傑、雷琯、劉源、楊奐、劉郁諸公；至于心交者，惟李冶、劉祁二人而已。八年，先生復至京師。十二月，遇兵難，京城被圍，先生上書言事，不報。明年四月，圍稍解。五月，先生挺身獨出，遠隱名山，不知所終。參歸潛志。

梓材謹案：神川歸潛志又云：「正大初，余先子令葉，飛伯持諸公書來投，先子異其文，置門下，遂與余定交。」是先生可稱劉氏門人也。又案：金史先生本傳言其「挺身突出，爲兵士所得」，又言其「徑㊀行無機防，爲其下所忌，見殺」云。

雷氏家學屏山再傳。

文穆雷先生膺

雷膺，字彥正，修撰淵子。幼孤，篤學，以文章稱。中統初，爲監察御史，首以正君心、正朝廷百官爲言。累遷至江南浙西道按察使，致仕。徵拜集賢學士。卒，謚文穆。參姓譜。

㊀「徑」字，金史本傳作「經」。

周氏門人

庶官王先生德元

王德元，字仲元，邢臺人。金大安中，舉經童第二人。既受官，又從常山周晦之先生學。歲壬辰，避兵至許，許人以爲師，出其門者前後數十百人。先生爲人，豈弟敦厚，與人言，必本于忠信；待朋友有禮，所與交，或死已久，歲時往撫其家，如生存；鄰里有喪疾，皆親捄問，無間貴賤，許人化之。年八十而卒。參道園學古錄。

神川門人蓬門再傳。

文忠郝陵川先生經別見魯齋學案。

王氏門人放翁再傳。

劉先生世安

張先生居禮合傳。

郝先生守寧合傳。

劉世安、張居禮、郝守寧，皆許人王仲元門人。仲元卒，葬諸姚范之村，而私心時祀之。參道園學古錄。

附龍汝霖跋

宋元學案百卷，道光戊戌刊於浙江，後值夷變，版燬。道州何氏重刊於京師，旋災於火。浙版後雖復刊，祕庋慈谿馮氏，世罕傳購。去歲兒子璋計偕京師，令求是書，卒未得也。汝霖少承庭訓，服膺性理之學。竊思宋、元以來，若閩、洛諸儒，猶有專書，自餘諸老儒，闇修蓬户，抱遺訂墜，其精卓堅苦，實有不朽之業，而生不求聞，没無黨援，惟恃黄氏此編，捃摭百一，以傳其心得，乃一再逢戹，遺書弗昌，豈無道墜之懼乎！

同志君子楊石泉中丞、龔雲浦軍門、吴誠齋方伯、蘇子溪軍門、儲鶴翅都轉、黄雲岑都轉、朱宇田廉訪、張力臣方伯、黄子壽方伯、陶少雲廉訪，出貲若干金，不足者汝霖益之，爰取李仲雲都轉所藏何氏本，屬王君豫、胡子彜、子政分任讐校，翻刻傳之。冀以發明道術，甄録遺賢，待後之有志於學者。

是書之外，又有鄞王氏補遺百卷，未及刊行，何氏求得之，與所刊版俱燼。海内藏書家儻有副本，刻附此編以傳，則尤黄氏之志也。

光緒己卯年七月望日，龍汝霖跋尾。

宋元學案人名索引

説　　明

一、本索引以姓名作主目，其他稱謂一律附注於後。例如：徐僑（崇甫、毅齋、文清）

二、爲方便查閲，主目後所注稱謂一律列出參見條目。例如：

文清（參見徐僑）

毅齋（參見徐僑）

崇甫（參見徐僑）

三、主目後列出師承關係及所在卷數和頁數。例如：

徐僑（崇甫、毅齋、文清）

晦翁門人*69/2262

葉氏門人 73/2453

前一數碼"69"、"73"是卷數，後一數碼是頁數。

"*"號標志傳文所在。出處單一者不標"*"號。

四、索引後附有拼音和筆畫檢字。

0010₄ 主

10主一(見張洽)
(見張匡敬)
48主敬(見丁儀)
57主静先生(見汪深)

童

21童偕
北山門人82/2743
26童伯羽(蜚卿、敬義先生、敬義堂)
晦翁門人69/2323
27童俱
北山門人82/2743
40童大定(持之)
庇民門人*25/981
龜山門人25/975
息齋門人25/981
公路門人30/1085
50童惠
竇峯門人93/3116
77童居易(行簡、杜洲先生)
慈湖門人74/2491
80童金(子丹、端介先生、一間齋)
杜洲家學74/2511
童鏞(松簷)
杜洲家學74/2510
83童鉉(聲伯)
杜洲家學74/2510

0010₈ 立

00立齋(見王偘)
(見杜範)
立方(見胡常)
30立之(見郭忠孝)
(見王楨)
(見王闢禮)
(見潘楨)
(見曹建)
(見陳宗禮)
38立道(見黄超然)
(見陳卓)
40立大(見王天與)
(見徐直方)
(見陳苑)
50立夫(見趙必愿)
(見吴萊)

0014₁ 𤸫

00𤸫齋(見杜旟)

0020₇ 亨

26亨泉先生(見張方)
38亨道(見朱泰卿)
80亨父(見羅必元)
(見嚴世文)

0021₁ 庇

77庇民(見趙敦臨)

鹿

40鹿皮子(見陳樵)

龐

40龐直温
范鎮師19/784

0021₃ 充

30充之(見唐廣仁)

（見汪義端）
充安老人（見戴表元）
充安閣（見戴表元）
53充甫（見楊宏中）

0021_6 兗

80兗公（見歐陽修）

庵

22庵山（見陳淵）

0021_7 廬

74廬陵（見歐陽修）

0022_2 彥

00彥文（見黄渠）
10彥正（見雷㢈）
彥平（見莫砥）
彥醇（見馬希孟）
彥霖（見王巖叟）
16彥聖（見陳郛）
17彥承（見龔節亨）
彥及（見汪勃）
20彥信（見周孚）
21彥衡（見上官均）
彥貞（見王桓）
彥穎（見王庭秀）
22彥山（見黄裳）
24彥先（見高登）
彥德（見周潤祖）
26彥和（見龔夬）
27彥修（見朱震亨）
彥將（見李迎）
彥約（見周賁）
30彥淳（見袁韶）
彥實（見謝暉）
（見黄叔英）
32彥淵（見鄭謐）
34彥遠（見趙善應）
35彥沖（見劉子翬）
36彥澤（見趙霑）
40彥直（見趙方）
（見羅本）
44彥執（見施德操）
彥楚（見王珩）
50彥肅（見戴良齊）
53彥威（見羅拱）
60彥國（見富弼）
彥思（見唐棣）
67彥明（見尹焞）
（見邵清）
彥昭（見蔣浚明）
（見趙嘗）
（見鍾炤之）
（見鄭潛）
77彥隆（見白棟）

序

77序賢（見朱右）

廖

00廖應淮（學海、溟涬生）
杜氏門人*78/2623
祝氏門人78/2622
10廖晉卿
晦翁門人69/2325
21廖衙（仲辰）
龜山門人*25/971

豫章講友39/1278
24廖德明(子晦、槎溪)
晦翁門人*69/2260
晦翁門人49/1593
72廖剛(用中、高峯、古溪先生)
龜山門人*25/966
了翁門人35/1224

0022_3 齊

00齊齋(見倪思)
27齊魯瞻(興龍、怡堂)
山屋講友89/2974
30齊之(見陳長方)
44齊英(見方來)
60齊國公(見朱熹)
(見劉子翬)
(見鄭清之)
77齊賢(見王師愈)
(見李思齊)

0022_7 方

03方誼(賓王)
晦翁門人69/2320
09方麟
白雲門人82/2795
10方一夔(時佐、富山先生)
奉直家學82/2749
方丕父
勉齋門人*63/2049
遠庵家學70/2339
方元寀(道輔)
伊川學侶16/654
方雲林(見戴良)
20方壬(若水)
晦翁門人*69/2302
方氏家學16/658
方禾(耕叟)
晦翁門人*69/2302
方氏家學16/658
22方豐之(德亨)
紫微門人36/1249
方山(見杜知仁)
23方峻
方元寀父16/654
24方德順
劉胡學侶43/1402
27方叔(見郭黄中)
(見李廌)
28方儀(儀父、懋翁)
木居門人*66/2134
起巖門人66/2135
33方溥(成大)
慈湖門人74/2499
36方暹(明甫、連雲先生)
勉齋門人*63/2042
宏齋門人70/2330
雙峯講友83/2814
37方逢振(君玉、山房先生)
奉直家學82/2749
方逢辰(君錫、蛟峯先生、方夢魁)
奉直家學82/2744
38方道叡(以愚、愚泉)
朝陽門人*74/2520
蛟峯續傳82/2806
40方大壯(履之、履齋)
晦翁門人69/2303
方士繇(伯謨、伯休、遠庵)
晦翁門人*69/2283

方氏家學36/1250
方壺先生(見劉□□)
方南一
叠山門人84/2850
方來(齊英)
水心門人*55/1808
子量門人32/1158
勉齋門人63/2047
41方樗(壽父)
方鳳子56/1857
44方翥(次雲)
震澤門人*29/1058
方氏家學16/658
施氏門人29/1059
艾軒講友47/1473
方夢魁(見方逢辰)
方孝孺(希古、希直、遜志、正學先生、文正)
濳溪門人82/2807
46方坦
龍川門人56/1852
方觀
寶峯門人93/3115
47方慤(性夫、萬卷書堂)
爲新學者98/3267
50方耒(耕道)
屏山門人*43/1407
方氏家學16/658
次雲家學29/1059
籍溪門人43/1405
晦翁講友49/1587
60方景山(見方鳳)
64方疇(耕道、困叟、困齋先生、守正堂、觀養堂)
紫微門人*36/1248
武夷門人34/1190
横浦門人40/1326
五峯門人43/1389
71方原(景淵)
寶峯門人93/3112
77方鳳(韶父、存雅、方景山、嵓南先生)
全歸講友56/1857
方用(希才、茗谷)
白雲門人82/2772
83方鎔(伯冶)
朱學續傳*82/2728
朱學續傳49/1599
88方敏中(明軒、自明軒)
張學之餘50/1647

帝

71帝臣(見鄭獻翁)
86帝錫(見孫潼發)

席

30席之(見袁聘儒)

商

10商霖(見鮑若雨)
24商倚
元祐黨籍96/3182
26商伯(見黄灝)

高

00高商老
象山門人77/2590
高廉

高栴父45/1447
高文虎(炳如)
攻慶元僞學者97/3227
03高誠(則明)
高明弟70/2358
10高元之(端叔、萬竹先生)
沙隨門人*25/989
松老續傳45/1449
高平(見范仲淹)
12高登(彦先、東溪先生)
梁氏講友41/1360
22高峯(見廖剛)
高崇(西叔)
鶴山學侶*80/2672
李氏門人71/2403
宋氏門人72/2425
23高弁(公儀、高夫子)
劉顔師6/252
高稼(南叔、縮齋、忠)
鶴山學侶80/2672
27高象先
戚同文門人3/133
30高定子(瞻叔、著齋先生、忠襄)
鶴山學侶80/2673
高宗商(應朝)
象山門人77/2595
37高凝(道凝)
魯齋門人90/3014
高選(德舉)
和靖門人27/1016
40高克柔
寶峯門人93/3116
41高樞(見高拱辰)
42高斯得(不妄、斯信、恥堂)
縮齋家學*80/2688
秀巖門人30/1091
中父門人80/2689
43高載(東叔)
鶴山學侶*80/2671
雙流門人72/2425
44高材(國任)
和靖門人*27/1016
息齋門人25/982
48高松(國楹)
止齋門人*53/1728
晦翁門人49/1594
高栴
香溪門人45/1447
50高夫子(見高弁)
54高拱辰(高樞)
徂徠門人2/120
55高耕(志伊、天逸)
起巖門人66/2135
67高明(則誠)
文貞門人70/2358
高明之所(見朱公遷)
77高閌(抑崇、息齋、憲敏)
龜山門人*25/968
和靖私淑27/1021
公路門人30/1084
80高公亮(和叔)
誠之門人*77/2607
國任家學27/1022
88高節先生(見嚴侶)

鷹

22鷹山先生(見游酢)

庸

00庸齋(見趙汝騰)
　　(見趙葵)
　庸齋先生(見陸九皋)

0023_1 應

08應謙之
　　晦翁門人69/2288
22應繇(之道、葺芷、臨海郡侯)
　　樓氏門人73/2455
24應先(見沈有開)
25應傃(自得、蘭坡)
　　應繇弟73/2455
　應純之(純甫)
　　晦翁門人69/2288
30應之(見石宗昭)
　　(見木待問)
　　(見楊國寶)
　　(見聞人夢吉)
38應祥(見危和)
43應求(見王説)
　　(見陳俊卿)
44應茂之
　　晦翁門人69/2288
47應朝(見高宗商)
　應期(見胡紘)

0023_2 康

00康文虎(炳道)
　　東萊門人73/2446
　康文豹(蔚道)
　　東萊門人73/2446
05康靖(見孟夢恂)
25康仲(見潘拯)
27康侯(見胡安國)
32康淵(叔臨)
　　上蔡續傳24/938
80康年(見黄榗)
88康敏(見黄超然)
　康節(見邵雍)

0023_7 庶

80庶善先生(見翁巖壽)

庚

51庚振(見劉震)

廉

00廉彦(見周鍔)
05廉靖處士(見滕洂)
25廉仲(見李處廉)
50廉夫(見楊維楨)
　　(見周清叟)

0024_1 庭

44庭芳(見胡一桂)
　庭植(見董槐)

0024_7 度

10度正(周卿、性善)
　　晦翁門人69/2275

慶

60慶國公(見吴潛)

0026_7 唐

00唐廣仁(充之)

陳鄒同調*35/1220
涑水私淑8/357
10唐震(景實、忠介)
存齋門人*80/2690
修齋門人80/2691
17唐鞏(處厚)
武夷講友34/1181
20唐季乙(述之)
鶴山門人80/2685
25唐仲實(桂芳、白雲先生)
師山學侶94/3130
唐仲溫
説齋學侶60/1961
唐仲友(與政、説齋)
永嘉同調*60/1952
止齋同調53/1722
唐仲義
説齋學侶60/1961
28唐以仁
凝熙門人82/2801
30唐良驥
仁山門人82/2760
40唐堯封
唐仲友父60/1952
45唐棣(彦思)
伊川門人30/1080
46唐恕(處厚)
元祐之餘35/1222
54唐轅(伯度)
遯齋門人*74/2522
九靈門人82/2806
77唐卿(見王世傑)
80唐父(見李陶)
唐義問(士宣、君益)
元祐黨籍96/3181
90唐懷德(思誠、存齋)
白雲門人82/2770
唐光祖(仲遲、委順夫)
唐氏家學82/2807

0028_6 廣

10廣平(見舒璘)
廣平先生(見程頤)
(見游酢)
25廣仲(見胡實)
28廣微(見袁甫)
74廣陵郡侯(見貢士瞻)
(見貢奎)

0029_4 㢝

21㢝師旦(周卿)
攻䳢元僞學者97/3227

0033_0 亦

01亦顔(見陸祐)
24亦佳(見宋自適)

0040_0 文

00文(見王安石)
(見朱熹)
(見姚燧)
(見蘇洵)
(見歐陽玄)
文彦博(寬夫、忠烈、潞國公)
泰山門人*2/112
元祐黨籍96/3166
02文端(見戴溪)
05文靖(見貢奎)

(見魏了翁)
(見徐毅)
(見李侗)
(見李道傳)
(見李术魯翀)
(見楊時)
(見史彌忠)
(見劉子翬)
(見劉因)
(見鄭昭先)
(見舒璘)
07文毅(見洪天錫)
(見陳亮)
10文正(見方孝孺)
(見許衡)
(見耶律有尚)
(見司馬光)
(見竇默)
(見范仲淹)
(見蔡卞)
(見蔡沈)
(見吴澄)
文元(見楊簡)
(見饒魯)
文于(見戴栩)
文天祥(宋瑞、履善、文山、雲孫、忠烈、信國公)
巽齋門人88/2946
文可(見吴應奎)
12文璣(見史伯璿)
17文子(見戴栩)
20文季(見錢文子)
(見劉郁)
(見司馬朴)
21文貞(見同恕)
文貞先生(見黄溍)
22文山(見文天祥)
23文獻(見劉肅)
(見陳大猷)
(見黄溍)
(見姚樞)
24文先生(見張洽)
25文仲(見皇甫斌)
26文伯(見王允文)
(見丁黼)
(見利元吉)
文穆(見雷膺)
(見蔣之奇)
(見吕埅)
(見滕安上)
27文修(見葉味道)
(見桂宗儒)
文約(見李孟博)
(見戚同文)
文叔(見宋斌)
(見潘友文)
(見梁璩)
(見李格非)
(見范仲黼)
(見黄度)
(見黄裳)
(見鄭清之)
30文之(見朱埜)
文憲(見王柏)
(見張洽)
(見程鉅夫)
(見宋濂)
(見薛季宣)

(見楊奐)
文安(見趙景緯)
(見揭傒斯)
(見劉爚)
(見陸九淵)
(見陳淳)
(見金履祥)
文安先生(見蘇洵)
文定(見王淮)
(見張方平)
(見何基)
(見朱震)
(見汪應辰)
(見李燔)
(見蘇轍)
(見韓忠彦)
(見葉適)
(見胡安國)
(見吴獵)
(見劉克莊)
(見陳宗禮)
(見邱崈)
(見曾鞏)
31文潛(見張耒)
(見李孟珍)
34文遠(見陳藻)
文達(見陸九齡)
(見陳亮)
35文清(見徐僑)
(見湯漢)
(見游九言)
(見袁桷)
(見董槐)
(見吕本中)
(見劉宰)
(見曾幾)
37文潔先生(見黄震)
文通(見李孟堅)
38文裕(見桂彦良)
40文友堂(見曾震)
44文莊(見李大同)
(見曾漸)
文恭(見胡宿)
(見曹豳)
(見羅點)
文藪(見桂宗儒)
47文懿(見許謙)
(見傅立)
(見李壁)
(見蔡幼學)
(見趙汝談)
(見陳居仁)
50文肅(見章穎)
(見鄧文原)
(見包恢)
(見游酢)
(見李埴)
(見黄榦)
(見蔡杭)
(見柳貫)
(見曹叔遠)
(見暢師文)
(見吴儆)
(見曾布)
(見鄭伯熊)
(見鄭湜)
文惠(見喬行簡)
(見李道傳)

（見楊長孺）
（見史浩）
文忠（見京鏜）
（見張九成）
（見包希魯）
（見富弼）
（見江萬里）
（見真德秀）
（見蘇軾）
（見郝經）
（見胡寅）
（見敬儼）
（見趙世延）
（見周必大）
（見歐陽修）
52文授（見李孟傳）
57文静先生（見倪淵）
67文昭（見王守誠）
（見朱黼）
（見林之奇）
（見胡瑗）
（見陳麟）
（見曾肇）
72文質（見羅從彦）
77文舉（見張特立）
（見倪稱）
（見楊翮）
文卿（見倪樸）
（見竇從周）
80文介（見林亦之）
84文饒（見張行成）
88文簡（見許師可）
（見宋之才）
（見李燾）
（見尤袤）
（見范百禄）
（見黄潍）
（見蔡杭）
（見曹彦約）
（見劉爚）
文範（見鄧約禮）
文敏（見元明善）
（見趙孟頫）
文節（見謝枋得）
（見王禕）
（見魏杞）
（見倪思）
（見李道傳）
（見薛叔似）
（見黄庭堅）
（見黄震）
（見蔡元定）
（見林希）
（見林光朝）
（見楊萬里）
（見趙蕃）
（見趙卯發）
（見劉光祖）
（見陳傅良）

0040_1 辛

80辛介甫
丘葵師68/2240

0040_6 章

00章康（季思、聘君、雪崖）
晦翁門人69/2293
07章望之（表民）

古靈同調*6/259
古靈同調5/240
10章貢先生(見李朴)
12章璀
潛齋門人65/2116
21章衡(子平、公甫)
古靈門人5/242
章穎(茂獻、文肅)
玉山門人*46/1461
慶元黨禁97/3215
23章允
龍川門人56/1854
24章仕堯(時雍、清所)
石塘門人65/2116
26章泉先生(見趙蕃)
30章憲(叔度、復軒先生)
震澤門人*29/1055
龜山門人25/974
紫微門人36/1247
34章濤
龍川門人56/1853
36章渭
龍川門人56/1853
章湜
龍川門人56/1853
38章海
龍川門人56/1853
45章椿
龍川門人56/1854
52章悊(季明)
震澤門人*29/1056
龜山門人25/974
紫微門人36/1247
53章甫(見車倬)
77章用中(端叟)
止齋門人*53/1725
東萊門人51/1685
章輿
龍川門人56/1854
88章敏(見滕元發)
章節夫(仲制、從軒先生)
象山門人77/2594
90章惇(子厚、申國公)
攻元祐之學者96/3188

0063_1 譙

25譙仲午(仲甫、説齋)
鶴山講友80/2675
30譙定(天授、譙夫子、涪陵居士)
伊川門人30/1079
50譙夫子(見譙定)

0073_2 哀

30哀實(見安實)

0080_0 六

10六一居士(見歐陽修)

0090_6 京

27京叔(見劉祁)
32京兆郡侯(見同恕)
80京父(見黄必昌)
89京鏜(仲遠、莊定、文忠)
攻慶元僞學者97/3226

0121_1 龍

22龍川先生(見陳亮)
44龍坡先生(見孫調)

77龍岡先生(見藍朴)

0128_6 顏

24顏岐(夷仲)
滎陽門人*23/913
元城學侶20/832

0164_6 譚

86譚知禮(子立)
武夷門人34/1189

0173_2 襲

44襲蓋卿(夢錫)
晦翁門人*69/2324
南軒門人50/1644

0180_1 龔

40龔大壯
龔氏家學19/814
50龔夬(彥和)
元祐之學*19/804
元祐黨籍96/3184
71龔原(深父、深之)
荆公門人*98/3257
元祐黨籍96/3186
88龔節亨(彥承)
龔氏家學19/814
97龔煥(幼文、右文、泉峯先生)
廳中門人83/2828

0212_7 端

03端誠(見陳正)
23端獻(見葛洪)
26端伯(見李之純)
(見李顧)
27端叔(見高元之)
(見潘友端)
(見李之儀)
30端憲(見沈煥)
47端朝(見翁彥國)
53端甫(見姚燧)
77端叟(見章用中)
80端介先生(見童金)

0292_1 新

30新安伯(見邵雍)
60新恩(見鄭夢協)

0363_2 詠

27詠歸堂(見曾震)
38詠道(見趙師葳)

0365_0 誠

00誠齋先生(見楊萬里)
17誠子(見張明之)
26誠伯(見田腴)
27誠叔(見沈貴瑤)
30誠之(見諸葛千能)
(見游九言)
(見葉武子)
50誠夫(見袁明善)
53誠甫(見張信)
(見錢檛)
77誠叟(見王綽)
(見徐存)

0460_0 謝

00謝文瓘(聖藻)

元祐黨籍96/3177
01謝襲(智崇)
上蔡續傳24/938
06謝諤(昌國、定齋、艮齋先生、桂山先生)
白雲門人28/1037
10謝天申(用休、謝佃)
程呂門人32*/1136
藍田門人31/1124
23謝獻子
竇默師90/3004
24謝升賢(景芳、恕齋)
質齋講友68/2238
26謝佃(見謝天申)
27謝翺(皐羽、晞髮子、晞髮先生)
全歸講友*56/1857
梅邊同調88/2966
30謝良佐(顯道、逍遥、上蔡先生)
二程門人*24/916
明道門人14/581
伊川門人16/655
36謝湜(持正)
伊川門人30/1078
37謝逸(無逸、溪堂先生)
榮陽門人23/912
40謝枋得(君直、君和、仲直、疊山、謝鐘、文節)
徑畈門人84/2845
44謝夢生(性之、夢頤)
陳葉講友*65/2106
晦翁私淑49/1597
謝邁(幼槃、竹友)
滎陽門人23/912
67謝暉(彦實)
石塘門人65/2114
77謝用賓
南軒門人71/2389
80謝鐘(見謝枋得)
88謝鑰(君啓)
謝翱父56/1857

0461_4 謹

25謹仲(見陽恪)
(見滕處厚)
46謹獨先生(見楊璿)
60謹思(見鄧忠臣)
80謹翁(見葉審言)

0462_7 訥

00訥庵先生(見余端臣)
訥齋(見趙師淵)

0466_0 諸

44諸葛説(夢叟、艮園、易園、傃室)
諸葛家學32/1154
諸葛千能(誠之)
象山門人*77/2576
晦翁門人49/1595
諸葛純
草堂門人32/1151
諸葛伯衡
正傳門人82/2797
諸葛十朋(見諸葛□)
諸葛□(諸葛十朋)
元英門人76/2560
諸葛□(受之)
象山門人77/2577

0468_6 讀

60讀易先生(見李光)

0512_7 靖

00靖齋(見魏克愚)
17靖君(見劉愚)
37靖逸(見葉紹翁)
50靖肅(見胡憲)
靖惠(見牟子才)

0668_6 韻

27韻鄉贅翁彦安(見黄仲元)

0710_4 望

50望春先生(見王該)

0724_7 毅

00毅齋(見徐僑)
毅齋先生(見沈貴珤)
23毅然(見黄義剛)
50毅夫(見吴潛)
53毅甫(見張千載)

0733_8 戇

00戇庵先生(見黄叔英)

0742_7 郭

00郭雍(子和、白雲先生、頤正先生、沖晦處士)
兼山家學28/1028
10郭磊卿(子奇、兑齋、正肅)
晦翁門人69/2289
17郭子昭
仁山門人82/2759
23郭允中
東萊門人73/2451
30郭良臣(德鄰)
東萊同調51/1680
31郭江(伯山)
郭氏家學51/1686
32郭澄(伯清)
東萊門人*73/2445
郭氏家學51/1686
薛王學侶52/1701
33郭溥(伯廣)
郭氏家學51/1687
44郭黄中(方叔)
鶴山門人*80/2678
中父門人80/2689
50郭忠孝(立之、兼山先生)
伊川門人*28/1026
伊川門人16/656
53郭成範
戚同文門人3/133
64郭時中
東萊門人73/2451
71郭頤(養正、固齋先生)
東萊門人73/2447
87郭欽止(德誼)
橫浦門人40/1330
88郭敏中
東萊門人73/2451
90郭粹中
東萊門人73/2450
郭□
郭粹中父73/2450

0748$_6$ 贛

77贛叟(見韓琦)
80贛父(見劉攽)

0762$_0$ 詢

00詢齋(見韓翼甫)

0762$_2$ 謬

16謬醜(見秦檜)

0766$_2$ 韶

32韶溪(見車安行)
80韶父(見方鳳)

0821$_2$ 施

00施康年
攻媿元僞學者97/3226
施庭先
震澤門人*29/1057
施氏家學40/1331
10施霆亨(榮南、尊道先生)
章泉門人59/1949
23施允壽(伯和)
晦翁門人69/2298
24施德操(彦執、持正先生)
横浦講友40/1318

0823$_3$ 於

43於越先生(見黄震)

0824$_0$ 放

00放齋(見曹粹中)
80放翁(見陸游)
(見周嗣明)

0844$_0$ 敦

21敦仁(見吴給)
50敦夫(見孟厚)
(見周師厚)

0861$_6$ 説

00説齋(見唐仲友)
(見譙仲午)

0863$_7$ 謙

05謙靖先生(見劉愚)
25謙仲(見王藺)
(見李大有)
30謙之(見潘柄)
(見林光朝)
53謙甫(見葉大有)
80謙父(見王撝)

0864$_0$ 許

00許亨(存禮)
白雲家學*82/2769
南陽門人82/2803
許應庚(春伯、許應寅)
雙峯門人*83/2822
宏齋門人70/2330
許應庭
許應庚弟83/2822
許應寅(見許應庚)
08許謙(益之、白雲先生、文懿)
仁山門人82/2756
10許元(存仁)
白雲家學*82/2768

南陽門人82/2803
許晉孫(伯昭)
草廬門人92/3081
17許瑶
程氏門人89/2986
許及之(深甫)
攻慶元僞學者97/3227
許子春(景陽)
静春門人*59/1948
晦翁門人49/1593
18許玠(介之)
鶴山門人80/2687
20許孚(止齋)
慈湖門人74/2498
21許衡(仲平、魯齋、魯齋先生、魏國公、文正)
江漢所傳90/2995
許師可(可臣、文簡)
魯齋家學90/3008
許師敬(敬臣)
魯齋家學90/3008
23許允成
荆公門人98/3261
24許升(順之、升之、存齋)
晦翁門人69/2300
34許渤(仲容)
濂溪講友12/530
48許翰(崧老)
梁溪講友*45/1444
梁溪講友25/977
60許國公(見董槐)
(見吴潛)
許景衡(少伊、横塘先生、忠簡)
程吕門人*32/1134
伊川門人16/656
藍田門人31/1124
70許驤(允升)
戚同文門人3/133
77許月卿(太空、宋士、山屋先生)
介軒門人*89/2973
鶴山門人80/2686
92許忻(子禮)
紫微講友*45/1445
紫微講友36/1243

0865₁ 詳

38詳道(見包約)

1000₀ 一

12一飛(見吴雄)
26一得叟(見馬道貫)
30一之(見林易簡)
55一拂居士(見鄭俠)
77一間齋(見童金)

1010₀ 二

31二江先生(見范仲黼)

1010₁ 三

10三石草堂(見全鏊)
22三山(見鄭鍔)
三山先生(見李樗)
(見林之奇)
31三江(見李元白)
三顧先生(見蕭楚)

正

10正平(見上官愷)

11正孺(見孫蒙正)
17正子(見崔與之)
正君(見余端臣)
正己(見陳剛)
23正獻(見袁燮)
(見范祖禹)
(見呂公著)
(見陳俊卿)
25正仲(見王存)
(見宋德之)
(見林頤叔)
(見吴表臣)
(見劉莊孫)
(見陳讜)
正傳(見吴師道)
正純(見萬人傑)
27正叔(見程頤)
(見董楷)
(見余大雅)
30正淳(見萬人傑)
正之(見王勳)
(見孫倖)
(見崔與之)
(見胡誼)
(見羅適)
50正夫(見張端義)
(見朱臨)
(見趙挺之)
正肅(見郭磊卿)
(見王遂)
(見袁甫)
(見吴柔勝)
正惠(見林大中)
正素先生(見戚同文)
53正甫(見倪思)
(見茍宗道)
(見林湜)
(見羅開禮)
(見劉漢弼)
60正思(見程端蒙)
62正則(見葉適)
67正路(見車安行)
71正臣(見孫諤)
77正學先生(見方孝孺)
正卿(見沈清臣)
(見左揆)
(見林學蒙)
78正愍(見呂大防)
80正翁(見董楷)
正介(見周穎)
正公(見程頤)
88正簡(見葉顒)
正節(見衛富益)
正節侯(見李誠之)

1010_3 玉

00玉齋(見王珹)
(見胡方平)
10玉吾(見俞琰)
22玉巖(見陳天澤)
玉峯山民(見車若水)
玉峯逸老(見張宗説)
玉山先生(見汪應辰)
26玉泉(見喻樗)
34玉池先生(見鄧忠臣)
玉汝(見江介)
(見陳成父)
44玉華居士(見楊準)

51玉振（見董琮）
53玉成（見王珹）
（見薛疑之）
玉甫（見丘珏）
80玉父（見丘珏）
玉合（見黄珏）

1010_4 王

00王充耘（耕野、與耕）
劉氏門人67/2215
王庭秀（彦穎）
龜山門人*25/975
黄氏門人19/817
王度（君玉）
水心門人55/1817
王應麟（伯厚、深寧、厚齋先生）
王徐門人*85/2857
王氏家學73/2457
王徐門人81/2715
東澗學侶84/2845
王應鳳（仲儀、默齋）
深寧學侶*85/2867
王氏家學73/2457
王文淵（巨卿、貞孝先生）
東庵門人91/3029
王文貫（貫道）
余氏門人64/2060
王該（蘊之、望春先生）
鄞江家學6/265
02王彰（伯遠、黄伯遠）
草廬門人92/3076
08王説（應求、桃源先生）
鄞江家學*6/264
楊氏門人6/264
09王麟
白雲門人82/2793
10王正己（伯仁、王慎言）
王勳子6/265
王元亮（見王粹）
王元章
威象祖師73/2458
王元粹（見王粹）
王秀（元澤）
荆公家學98/3256
王震
慈湖門人*74/2502
北溪門人68/2236
王无咎（見王無咎）
王天與（立大、梅浦）
西山續傳81/2716
王晉老（子康）
慈湖門人74/2504
王雲龍（雲卿）
王珹子82/2751
11王珩（彦楚）
王説子6/264
王礪（汝堅）
戚同文門人3/133
12王登（景宋）
硯彌堅師90/3007
王廷珍（子真）
師山同調94/3130
王延齡
王麟子82/2793
13王珹（玉成、玉齋、成齋先生）
魯齋家學82/2751
14王瓘（元圭）
王該子6/265

王琦(表文)
慈湖門人74/2500
17王羽儀
王遇父69/2295
王豫(悦之、天悦)
百源門人*33/1160
百源門人10/475
王子庸
慈湖門人74/2499
王鞏(定國)
東坡門人*99/3308
元祐黨籍96/3180
18王致(君一、鄞江先生)
安定同調6/257
20王雋
北溪門人*68/2236
白石門人68/2238
王秉鈞
王文淵孫91/3029
王秉彝
王文淵孫91/3029
21王能甫
攻元祐之學者96/3189
王偁(伯武、牧菴)
雲峯門人89/2988
王師愈(與正、齊賢)
默成門人*25/979
龜山門人25/975
紫微門人36/1247
王綽(誠叟)
水心學侶55/1806
22王巖叟(彥霖、恭簡)
明道同調*19/794
明道同調14/581
元祐黨籍96/3166
23王佖(敬巖)
魯齋家學*82/2750
撝堂門人70/2343
雙峯門人82/2822
王允文(文伯)
象山門人77/2597
24王德元(仲元)
周氏門人100/3333
王偉(見王褘)
王休
童居易師74/2491
王勳(上達、正之)
鄞江家學6/265
王科(子純)
草廬講友92/3062
26王自中(道甫、厚軒先生)
龍川同調56/1846
王侃(剛仲、立齋、王偘)
北山門人*82/2737
撝堂門人70/2343
魯齋家學82/2750
王偘(見王侃)
27王象祖(德甫、大田先生)
水心門人55/1807
王約(子復、相山)
寶峯講友 93/3103
王紹孫
王城子82/2751
28王復構
王文淵子91/3029
30王淮(季海、文定)
攻慶元僞學者97/3228
王濟淵(道可)

壘山門人84/2851
王汶(希道)
水心門人*55/1807
王氏門人55/1823
王寧孫(叔遠)
深寧家學85/2869
王寬
魯齋門人90/3016
王之奇(見王權)
王守誠(君實、文昭)
邵庵門人*92/3090
匪石門人82/2802
王安石(介甫、臨川先生、舒國公、荆國公、文)
廬陵門人*98/3238
廬陵門人4/210
王安禮(和甫)
附傳98/3253
王安中(履道、初寮)
爲新學者*98/3268
景迂門人22/900
王安國(平甫)
附傳98/3254
王良學
深寧家學*85/2868
三江門人76/2563
王賓(子立)
魯齋門人90/3016
32王沆
攻慶元僞學者97/3228
33王梁(純子、西齋)
草廬門人*92/3076
王氏家學92/3082
34王濤(東之)
唐氏門人80/2691
王淳(見王褘)
王褘(子充、華川、王偉、王淳、忠文、文節)
文貞門人*70/2356
吕學續傳51/1688
王禧翁(馬山)
韓信同門人64/2081
王邁(實之、臞軒)
西山門人81/2713
35王清
潛齋門人65/2117
36王湜
百源續傳10/478
王遇(子合、東湖先生、東淵先生)
晦翁門人*69/2295
南軒門人50/1644
東萊門人51/1685
勉齋講友63/2038
北溪講友68/2233
37王次傳(迪甫)
白石門人*68/2239
北溪門人68/2236
王深源(王深厚、王深原)
東萊門人73/2452
王深厚(見王深源)
王深原(見王深源)
王祁
草廬門人92/3078
王過(幼觀、拙齋先生)
晦翁門人69/2282
王逢(原夫、松塢先生、松隖先生)

野谷門人83/2836
38王汾
元祐黨籍96/3169
王瀚(伯海、定菴、王翰)
東萊門人*73/2438
説書家學25/987
晦翁門人49/1594
王洽(伯禮)
東萊門人*73/2438
説書家學25/987
晦翁門人49/1594
王遂(去非、實齋、穎叔、正肅)
游氏門人71/2400
王遵禮(安卿)
魯齋門人90/3013
40王十朋(龜齡、梅溪、不欺、忠文)
紫巖門人*44/1424
公叔講友32/1152
王力行(近思)
晦翁門人69/2318
王大受(宗可、拙齋)
水心門人55/1815
王大寶(元龜)
得全門人44/1423
王友直(季温)
師山門人*94/3136
黟南門人94/3138
王士毅(子英、東皋處士)
戇庵門人86/2907
王直
寶峯門人93/3116
王希旦(葵初、愈明)
余氏門人8)/2976
王存(正仲)
元祐黨籍96/3166
王古(敏仲)
元祐黨籍96/3176
王真
寶峯門人93/3114
王賁(蕴文、石潭)
魯齋門人*82/2751
玉峯講友66/2132
41王桓(彦貞、明白先生)
寶峯門人93/3112
王樞(致榮)
武夷門人34/1194
42王埏(景達)
俟庵門人93/3120
44王埜(子文、潛齋)
西山門人*81/2709
忠簡家學73/2456
王夢松(曼卿、慎齋先生、順齋處士)
西山門人65/2110
王蘭(謙仲、軒山、獻肅)
慶元黨禁97/3214
王蘋(信伯、震澤、福清先生)
程楊門人*29/1047
伊川門人16/656
龜山門人25/962
和靖講友27/1009
王萬(萬里、淡齋)
鶴山門人80/2679
王世傑(唐卿)
毅齋門人70/2331
王鬱(飛伯、王青雄)
蓬門門人100/3331
王楚鼈

艮齋門人87/2942
王權(士衡、王之奇)
屏山門人100/3329
王權
寶峯門人93/3116
王楨(立之)
水心門人55/1812
46王觀
胡志仁門人84/2852
王覿(明叟)
元祐黨籍96/3175
王柏(會之、長嘯、敬齋、魯齋、文憲)
北山門人*82/2730
西山門人65/2110
朝奉家學73/2456
王相(元章)
魯齋家學82/2750
47王都中(邦翰、元俞、本齋、清獻)
魯齋門人*90/3012
石澗門人49/1603
王起宗(起巖)
王楚鼇父87/2942
王枏(木叔、和叔、合齋)
艮齋門人52/1700
48王翰(見王瀚)
50王青雄(見王鬱)
51王振
王天輿子81/2716
54王撝(謙父)
樓氏門人*73/2453
獨善門人74/2508
王拱宸(君貺、懿恪、王拱壽)
濂溪講友12/529
王拱壽(見王拱宸)
60王冕(元章)
莊節門人64/2080
王回(深父、深甫)
廬陵門人*4/212
劉氏門人4/215
王昌世(昭甫、静學居士)
深寧家學85/2868
63王默
樓鑰師79/2633
64王時敏(德修)
和靖門人*27/1012
紫微門人36/1247
67王昭(潛軒)
北溪門人68/2234
王昭禹(光遠)
爲新學者98/3267
王昭復(見楊昭復)
71王厚孫(叔載、遂初老人)
深寧家學85/2869
王厚之(順伯、復齋)
象山學侶*58/1921
慶元黨禁97/3221
和甫續傳98/3270
77王閏
王珹孫82/2751
王居正(剛中、竹西先生)
龜山門人25/964
王居仁(習隱)
南軒門人71/2384
王聞禮(立之)
梅溪家學44/1435
王聞詩(興之)
梅溪家學44/1435

王開祖(景山、儒志先生)
安定同調6/253
王闓
王瑊孫82/2751
王閶
王瑊孫82/2751
王卿月(清叔、醒庵居士)
百源續傳78/2618
王閑
王瑊孫82/2751
80王介(元石、渾尺居士、忠簡)
東萊門人*73/2437
鄭氏門人46/1467
晦翁門人49/1594
王無咎(補之、王无咎)
荆公門人98/3257
87王欽臣(仲至)
元祐黨籍96/3168
88王餘慶(叔善)
白雲門人82/2789
90王惟賢(思齊)
深寧門人85/2876
王惟義
王惟賢弟85/2876
王炎午(鼎翁、梅邊先生、太學觀化齋生)
文山門人88/2966
王粹(子正、王元亮、王元粹)
江漢學侶90/3006
94王愼
寶峯門人93/3116
王愼言(見王正己)
98王爚(仲潛、伯晦、修齋)
存齋同調80/2688

至

27至叔(見傅誠)
30至之(見楊至)
(姜濬)

1010_7 五

10五雲先生(見韓謣)
22五峯先生(見胡宏)

亞

50亞夫(見爰淵)

1010_8 靈

31靈源(見何□)

1017_7 雪

00雪齋(見孫介)
(見姚樞)
11雪矼(見江凱)
22雪崖(見章康)
雪巢(見林憲)
25雪岫居士(見林子沖)
30雪窗先生(見張良臣)
31雪江先生(見江凱)
32雪溪(見趙次誠)
45雪樓(見程鉅夫)
雪樓先生(見程鉅夫)

1020_0 丁

00丁康夫
丁昌期子6/254
26丁儀(主敬)
草廬門人92/3080

30丁寬夫
丁昌期子6/254
33丁驌(文伯、延溪、恭愍)
宏父門人*61/1972
白石門人61/1975
37丁逢
攻慶元僞學者97/3228
40丁希亮(少詹)
水心門人*55/1807
東萊門人51/1685
龍川門人56/1855
丁志夫
丁昌期子6/254
50丁泰亨(巖老)
丁驌父61/1972
60丁昌期(經行先生、醉經堂)
安定同調6/254
71丁騭(公點)
廬陵門人4/209

1021₁ 元

00元方(見鄒矩)
元度(見蔡卞)
(見楊璲)
(見金式)
元章(見王冕)
(見王相)
(見黄驌)
03元誠(見沈大經)
10元亞(見鄧名世)
元石(見王介)
元晉(見趙溍)
17元承(見劉安節)
元翼(見范柔中)
18元瑜(見車瑾)
20元受(見任盡言)
24元德(見張洽)
(見李祥)
(見韓川)
27元龜(見王大寶)
元魯(見胡三省)
元約(見沈該)
28元倫(見吴錫疇)
30元適(見江泳)
元賓(見舒璘)
34元達(見鍾穎)
35元禮(見劉安上)
(見饒子儀)
36元澤(見王雱)
37元潔(見陳藻)
元通(見傅楫)
38元祥(見鄭夢遇)
元道(見趙彦twisted)
(見趙介如)
40元大(見陳孔碩)
元圭(見王瓚)
元直(見李楨)
元吉(見沈鞏)
(見黄叔豐)
(見黄裳)
(見葉祐之)
43元城先生(見劉安世)
44元英(見舒琪)
元老(見周壽)
50元中(見蘇權)
元中子(見黎立武)
元忠(見孫諤)
(見孫朴)

(見柴衛)
(見周良)
元素(見劉安禮)
51元振(見柴禹聲)
60元思(見汪開之)
(見蔡念成)
63元默(見晁百談)
67元明善(復初、清河郡公、文敏)
草廬門人92/3072
元昭(見沈夢麟)
68元晦(見朱熹)
71元長(見范沖)
(見蔡京)
72元質(見洪濤)
(見舒璘)
77元用(見沈晦)
元履(見魏掞之)
元卿(見鄧諫從)
(見范端臣)
80元翁(見周壽)
元俞(見王都中)
元善(見詹體仁)
(見李善)
元會(見朱夏)
元公(見周敦頤)
81元矩(見陳昭度)
84元鎮(見黄鎮成)
(見趙鼎)
87元鈞(見吕陶)
(見陸宰)
88元簡(見沈大廉)
元範(見楊大法)

1022_3 𪏮

22𪏮峯先生(見李洧孫)

1022_7 兩

22兩峯先生(見陳德永)

1023_2 弦

00弦齋(見林□)

震

30震之(見朱震)
36震澤(見王蘋)

1024_7 夏

00夏庭簡(迪卿)
水心門人55/1815
27夏侯旄(節夫)
元祐之餘35/1222
31夏潛之
自然家學74/2514
33夏溥(大之)
自然家學74/2513
35夏清之
自然家學74/2514
40夏九鼎(見夏友蘭)
夏友蘭(幼安、夏九鼎)
草廬門人92/3074
夏希賢(自然、自然先生、安正)
融堂門人*74/2509
慈湖門人74/2505
50夏泰亨(叔通)
莊節門人64/2081
67夏明誠(敬仲)
東萊門人73/2442

1040_0 于

30于憲
　　橫浦門人40/1326
37于湖先生(見張孝祥)
　于湖居士(見張孝祥)
46于恕(忠甫)
　　橫浦門人40/1326

1040_9 平

00平庵(見項安世)
　平齋(見洪咨夔)
22平巖(見葉采)
　平山先生(見曾子良)
25平仲(見蘇伯衡)
53平甫(見王安國)
　　(見項安世)
　　(見劉玶)
　　(見陳概)
　　(見陳均)
60平園(見劉宰)
　平園(見周必大)
71平原郡王(見韓侂胄)
76平陽郡公(見徐穀)
　平陽縣伯(見宋之才)
77平叟(見舒澬)
80平翁(見葉采)
　平父(見項安世)
　　(見劉玶)

1041_0 无

00无妄先生(見曹建)
28无咎(見韓元吉)
　　(見晁補之)

1043_0 天

09天麟(見汪時中)
12天水郡侯(見趙宏偉)
　天水郡開國公(見趙秉文)
23天台教僧(見説之)
24天德(見繆主人)
27天彝(見時少章)
28天儀(見何鳳)
33天心水面亭(見李漑之)
34天祺(見張戩)
37天逸(見高耕)
38天游(見曾開)
　天啓(見蔡肇)
44天英(見李經)
52天授(見譙定)
53天成(見范純祐)
72天隱(見繆主一)
　　(見阮逸)
　　(見曾恬)
74天隨(見魏幾)
77天覺(見張商英)
　天叟(見邵古)
　　(見黄仲元)
　天民(見石斗文)
　天民先生(見徐畸)
90天慵先生(見熊朋來)
98天悦(見王豫)

1060_0 石

08石整(見石憝)
　石憝(子重、克齋、石整)
　　晦翁講友49/1587
10石一鰲(晉卿、蟠松)

唐卿門人70/2345
17石子殖(見石子植)
石子植(石子殖)
元城學侶20/832
21石經先生(見沈躬行)
22石川(見魏新之)
26石伯元
賈氏門人95/3148
30石室(見江致一)
石定子(安叔)
蟠松家學70/2352
石宗昭(應之)
象山門人*77/2578
晦翁門人49/1595
東萊門人51/1685
31石潭(見王賁)
34石斗文(天民)
象山門人*77/2578
晦翁門人49/1595
東萊門人51/1685
石洪慶(子餘)
晦翁門人69/2298
37石澗先生(見俞琰)
40石臺(見杜醇)
石塘(見胡長孺)
44石坡(見桂萬榮)
石林(見葉夢得)
72石丘生(見胡默)
74石陵先生(見倪樸)
77石卿(見車似慶)
80石介(守道、徂徠先生)
泰山門人*2/103
安定學侶1/31
高平門人3/155
石公揆(道任、道佐)
攻專門之學者96/3195
石余亨(成己、休休翁、遯翁)
石氏續傳77/2613
88石範(宗卿)
東萊門人73/2438
90石堂先生(見陳普)

西

00西齋(見王梁)
(見黃樞)
22西山(見葉味道)
西山先生(見汪大度)
(見李郁)
(見真德秀)
(見蔡元定)
(見陳紹大)
西山夫子(見陳紹大)
27西叔(見高崇)
32西浮先生(見鮑恂)
37西湖先生(見樓郁)
40西士(見曹豳)
44西坡先生(見黃灝)
西麓(見陳允平)
西莊(見江泳)
西林先生(見趙鞏)
51西軒子(見陳昭度)
60西園(見宋甡)
(見胡伯履)
80西美(見舒琥)

百

34百洪(見韓度)

1060_1 吾

51吾軒(見黄補)

晉

00晉彦(見張祁)
　晉齋(見袁甫)
26晉伯(見吕大忠)
　　(見羅晉君)
30晉之(見陳暘)
34晉遠(見胡衍)
44晉老(見游烈)
77晉卿(見石一鰲)
　　(見黄潛)

1060_3 雷

00雷膺(彦正、文穆)
　　雷氏家學100/3332
32雷淵(希顔、季默、半千)
　　屏山門人100/3327

1062_0 可

21可行(見陳戌)
27可久(見程迥)
38可道(見李恒)
40可大(見陳澔)
50可中(見喻仲可)
　　(見陳高)
62可則(見周憲)
71可臣(見許師可)
90可堂先生(見吴迂)

1064_7 醇

44醇老(見錢藻)
　醇叟(見趙師孟)

1064_8 醉

21醉經堂(見丁昌期)
　　(見竇伯輝)
80醉翁(見歐陽修)

1073_1 雲

12雲孫(見文天祥)
20雲住師(見陳澔)
22雲峯先生(見胡炳文)
　雲山老人(見楊知章)
　雲巢(見曾極)
27雲壑(見吴琚)
31雲源先生(見何□)
33雲海居士(見宋之才)
44雲莊(見劉爚)
　　(見陳澔)
　雲莊山房(見劉爚)
　雲莊先生(見陳澔)
　雲林(見貢奎)
　　(見危素)
　雲林先生(見戴良)
77雲叟(見葉士龍)
　雲卿(見王雲龍)
　　(見劉從益)
80雲谷老人(見朱熹)

1080_6 賈

25賈仲元
　　槃庵門人*95/3147
　　勤齋門人95/3146
34賈漢英
　　復齋門人65/2111

60賈易(明叔)
元祐黨籍96/3174

貢

21貢師泰(泰甫、玩齋)
草廬門人*92/3073
貢氏家學92/3083
40貢士濬(見貢士瞻)
貢士瞻(廣陵郡侯、貢士濬)
貢奎父92/3062
貢奎(仲章、雲林、文靖、廣陵郡侯)
草廬同調92/3062
80貢父(見劉攽)

1090_0 不

00不妄(見高斯得)
26不息齋(見毛以謨)
47不欺(見王十朋)
77不朋(見孫介)

1090_4 栗

00栗齋(見鞏豐)
(見蘇友龍)

1096_3 霜

10霜露堂(見張煇)

1111_0 北

00北齋(見吳定翁)
22北山(見陳澔)
北山先生(見何基)
(見陳孔碩)
32北溪(見陳淳)
80北谷山人(見羅必元)

1111_1 玩

00玩齋(見貢師泰)

1113_6 蜚

77蜚卿(見童伯羽)

1118_6 項

30項安世(平甫、平父、平庵)
晦翁學侶*49/1588
水心學侶55/1806
慶元黨禁97/3219
36項涓(見劉涓)

1120_7 琴

22琴山(見傅子雲)
51琴軒(見劉剛中)

1122_7 彌

12彌發(見范啓)

1123_2 張

00張主善(木齋)
張匡敬父82/2793
張方(義立、亨泉先生)
南軒私淑*72/2416
南軒私淑50/1646
張方平(安道、樂全居士、文定)
高平門人3/154
張商佐(輔之)
象山門人77/2573
張商英(天覺)
攻元祐之學者96/3189

張庶(晞顏)
南軒家學50/1637
張應霆
北溪門人68/2236
張庭堅(才叔、忠愍、節愍)
豐氏門人*19/811
元祐黨籍96/3182
張唐(張鏜)
張氏續傳50/1646
張文謙(仲謙、頤齋、魏國公、忠宣)
魯齋同調90/3005
張文選(士銓)
横陽門人65/2119
張率(孟循)
俟庵門人93/3120
張諒(子京)
行可門人70/2351
02張端義(正夫、荃翁)
慈湖門人*74/2503
菊坡門人25/991
説齋門人60/1964
習庵門人74/2510
同庵門人74/2512
鶴山門人80/2688
07張鄗(見張時)
0張元簡(敬父)
勉齋門人63/2043
張震(真交)
攻事門之學者96/3195
張雲卿(伯紀)
涑水門人*8/356
百源門人10/476
張貢(壯夫)
行可門人70/2351
13張戩(天祺)
横渠學侶18/777
14張珪(公瑞、澹庵、蔡國公)
鄧氏門人88/2967
張琪(同美)
了翁門人35/1225
16張理(仲純)
杜氏門人92/3091
17張珣(見張峋)
18張致遠
慶元黨禁97/3222
20張舜民(芸叟、矴齋、浮休居士)
横渠門人*31/1120
元祐黨籍96/3178
張信(誠甫)
仲本門人87/2942
張千載(毅甫、張鶚)
文山講友88/2964
21張衎(頤齋、頤庵)
張匡敬大父82/2793
張縉(達善、導江先生)
魯齋門人82/2753
張行成(文饒、觀物先生)
百源續傳*78/2616
百源續傳10/478
天授門人30/1085
張衙(用叟、張道)
慶元黨禁97/3224
22張巖(肖翁、閱靜老人)
攻慶元僞學者97/3227
24張仕佺(子真、張士佺)
南軒門人*72/2410
南軒門人50/1643

張特立(文舉、中庸先生、張永)
伊川續傳16/65)
25張仲賓(穆之)
百源門人33/1163
26張伯垓
攻慶元僞學者97/3227
張保源(澄之)
元祐黨籍96/3180
張繹(思叔)
伊川門人*30/1071
和靖講友27/1009
震澤講友29/1053
27張龜年
香溪門人45/1448
張峋(子堅、張珣)
百源門人33/1161
張嶓(子望)
百源門人*33/1161
百源門人10/476
28張以寧(志道、翠屏)
古遺門人64/2083
張以忠
王氏門人89/2989
張復(怡陽)
翠屏門人70/2356
張復(明善、書隱先生)
宋魯同調74/2516
30張淳(忠甫)
艮齋同調*52/1697
景望同調32/1154
張永(見張特立)
張寓
張巽父*71/2384
南軒學侶50/1636
張良臣(武子、漢卿、雪窗先生)
碧溪門人*25/988
史氏門人40/1337
張宗說(巖夫、玉峯逸老)
晦翁門人69/2288
33張必大
北山門人82/2743
張浚(德遠、紫巖、和國公、魏國公、忠獻)
天授門人*44/1414
天授門人30/1085
橫浦講友40/1317
少卿門人99/3312
35張迪
張載父18/662
36張渭(渭叔)
慈湖門人*74/2497
大愚門人51/1688
37張洞(明遠)
泰山門人*2/115
劉氏門人6/263
張湖南(見張栻)
張潤之(伯誠、思誠子)
北山門人82/2736
張祁(晉彥、總得翁)
衡麓講友41/1359
38張汾(清叔)
慈湖門人74/2497
張洽
南軒家學50/1642
張洽(元德、文憲、主一、文先生)
晦翁門人*69/2258
晦翁門人49/1592
勉齋講友63/2038

潛庵學侶64/2058
鶴山講友80/2674
西山講友81/2709
張道(見張衜)
40張九成(子韶、橫浦居士、無垢居士、崇國公、文忠)
龜山門人*40/1303
龜山門人25/962
張士佺(見張仕佺)
張垓(伯廣)
水心門人55/1820
張杰(孟遠)
玉山門人*46/1462
紫巖門人44/1433
晦翁講友49/1587
南軒講友50/1636
41張樞(子長)
白雲學侶82/2760
43張載(子厚、橫渠、明、獻、郿伯)
高平門人*17/662
高平門人3/155
古靈同調5/240
涑水講友8/374
百源學侶10/472
明道學侶14/581
伊川學侶16/653
張栻(敬夫、樂齋、南軒、華陽伯、張湖南、宣)
五峯門人*50/1609
順寧門人20/843
五峯門人42/1387
紫巖家學44/1423
元龜門人44/1434
晦翁講友49/1587
東萊講友51/1679
44張翥(仲舉、仲揚、蛻庵)
俟庵門人93/3119
張莘夫
絃齋同調82/2755
張孝祥(安國、于湖居士、于湖先生)
張氏家學41/1362
張孝直(英甫)
象山門人77/2587
張孝愷(思豫)
草堂家學32/1151
46張櫰
張洽子69/2259
47張圯
張庶子50/1637
張轂(伯玉)
屏山門人100/3328
張杓(見張枃)
張枃(定叟、張杓)
紫巖家學*44/1423
順寧門人20/843
張穀英(仲傑、無著道人)
屏山門人100/3329
張櫧
張洽子69/2259
50張忠恕(行父、拙齋先生)
南軒家學*50/1638
定叟家學44/1435
張貴謨(子智)
攻媿元僞學者97/3228
張耒(文潛)
東坡門人*99/3306
元祐黨籍96/3179

潁濱門人99/3310

52張播

馬紹師2/130

57張邦直(子忠)

滏水門人*100/3330

蓬門門人100/3331

61張顯父(敬之)

晦翁門人69/2320

62張昕

黎明師34/1190

63張默(成父)

武夷再傳34/1200

64張時(居卿、張鄘)

雪窗家學25/991

67張明之(誠子)

象山門人77/2592

張明卿(子晦、務光、務光先生)

紘齋門人*82/2766

學正家學82/2766

張瞻(景前)

晉伯門人31/1123

張鷚(見張千載)

71張匡敬(主一)

白雲門人82/2793

張巨(微之)

廬陵門人*4/210

安定門人1/55

72張所

彪虎臣附34/1193

77張堅(適道、八行先生)

安定門人1/50

張居禮

王氏門人100/3333

張閎中

伊川門人30/1081

張巽(子文、錦溪先生)

南軒門人*71/2384

晦翁門人49/1594

張貫之

歐陽玄師82/2771

80張釜

攻慶元僞學者97/3226

張公諤

古靈門人5/242

87張鈞(子和)

月舟門人72/2423

89張鑑(見張唐)

97張煇(子充、草堂先生、霜露堂)

周許講友*32/1144

伊川私淑16/658

1162_0 矴

00矴齋(見張舜民)

1162_7 礪

00礪齋(見戚秉肅)

1180_1 冀

60冀國公(見歐陽龍生)

(見歐陽新)

80冀公(見史簡)

1210_8 登

00登庸(見程時登)

1223_0 水

33水心(見葉適)

水心先生(見羅開禮)

50水東先生(見史泳)
88水簷(見朱元昇)

1240_1 廷

12廷瑞(見卓琮)
20廷秀(見楊萬里)
24廷佐(見宋之才)
25廷傑(見蔡和)
44廷老(見饒榦)

延

10延平先生(見李侗)
30延之(見尤袤)
32延溪(見丁黼)

1241_0 孔

00孔文仲(經父)
孔氏家學*12/533
元祐黨籍96/3170
10孔元(見孔延之)
孔元龍(季凱)
西山門人81/2710
孔元忠(復君、静樂)
水心門人55/1818
孔平仲(義父)
孔氏家學*12/534
元祐黨籍96/3180
12孔延之(長源、孔元)
濂溪講友12/530
13孔武仲(常父)
孔氏家學*12/534
元祐黨籍96/3169
22孔山(見喬行簡)
38孔道
孔元忠父55/1818

1241_3 飛

26飛伯(見王鬱)
77飛卿(見宋九嘉)

1249_3 孫

00孫立節(介夫)
盱江門人3/176
孫應時(季和、燭湖先生)
象山門人*77/2578
雪齋家學35/1229
晦翁門人49/1595
06孫諤(元忠、正臣)
元祐黨籍96/3185
07孫調(和卿、龍坡先生)
晦翁門人69/2294
10孫元卿(東伯)
慶元黨禁97/3220
14孫璹(壽朋)
孫願賓子70/2343
17孫子昇
孫疇伯父子35/1227
21孫處(見孫侔)
23孫允
公權門人30/1086
孫侔(少述、正之、孫處)
荆公講友98/3255
24孫勴(志舉)
孫氏家學*3/177
東坡門人99/3309
孫偉(奇甫)
元城門人20/833
孫升(君孚)

元祐黨籍96/3173
26孫自新
晦翁門人69/2321
孫自任(仁甫)
晦翁門人69/2321
孫自修(敬甫)
晦翁門人69/2321
28孫復(明復、富春先生、泰山先生)
高平講友*2/72
安定學侶1/31
高平講友3/139
29孫嵘叟(仁則、忠敏)
孫氏家學55/1825
30孫潼發(帝錫、君文、盤峯)
石川講友82/2762
孫之宏(偉夫、忠敏)
水心門人55/1811
孫安
魯齋門人90/3015
37孫逢吉(從之、賢侍從、静閲居士、獻簡)
慶元黨禁97/3218
43孫朴(元忠)
孫氏家學8/358
44孫棠正(正孺)
孫氏家學*20/839
五峯門人42/1389
孫懋(見孫貫)
孫枝(吉甫)
晦翁門人*69/2307
教授家學30/1087
絜齋門人75/2537
攻媿門人77/2643
46孫勰(志康)
孫氏家學*3/177
東坡門人99/3309
47孫起予
孫枝子69/2307
48孫松壽(牧齋、巖老)
張庶師50/1637
60孫固(和父、温靖)
涑水同調*8/352
元祐黨籍96/3167
64孫疇(壽朋)
定翁門人35/1227
67孫明仲
慈湖門人74/2497
71孫願質
吉甫家學70/2343
77孫覺(莘老)
安定門人*1/43
古靈門人5/242
滎陽講友23/909
元祐黨籍96/3171
孫貫(沖季、孫懋)
龍川門人56/1853
78孫覽(傳師、傅師)
孫覺弟1/43
80孫介(不朋、雪齋)
定翁門人35/1228

1310_0 恥

90恥堂(見高斯得)

1314_0 武

10武平(見胡宿)
17武子(見張良臣)

（見司馬通國）
25武仲（見趙范）
50武夷先生（見胡安國）
97武恪（伯威）
草廬同調92/3071

1412_7 功

53功甫（見翁敏之）

勁

25勁仲（見徐子石）

1420_0 耐

27耐久道人（見陶凱）

1512_7 聘

17聘君（見章康）

1523_6 融

90融堂先生（見錢時）

1540_0 建

10建可（見黄極）
30建寧伯（見胡安國）
60建國公（見蔡沈）
80建翁（見劉起晦）

1610_4 聖

17聖取（見吴材）
24聖先（見馮理）
26聖泉先生（見盛象翁）
44聖藻（見謝文瓘）
77聖與（見朱同善）
（見馮曾）
80聖俞（見梅堯臣）
86聖錫（見汪應辰）

1613_2 環

50環中居士（見胡埜）
80環谷先生（見汪克寬）

1623_6 强

33强浚明
攻元祐之學者96/3189
46强恕齋（見柴元裕）
强恕先生（見柴元裕）

1660_1 碧

22碧崖先生（見吴雄）
32碧溪（見魏杞）

1661_0 硯

11硯彌堅（伯固、鄖城、硯堅）
江漢同調90/3007
20硯禹功
硯彌堅子90/3007
硯禹謨
硯彌堅子90/3007
77硯堅（見硯彌堅）

1661_4 醒

00醒庵居士（見王卿月）

1710_7 孟

22孟循（見張率）
24孟德（見倪公武）
25孟傳（見史守道）
26孟程

艮齋門人28/1042
30孟容(見倪公度)
孟宗儒
徂徠門人2/121
34孟浩(養直)
慶元黨禁97/3221
孟遠(見張杰)
35孟清(見黄潤玉)
37孟涣(濟父
象山門人*77/2590
著作門人47/1483
正字門人47/1484
淡軒門人70/2342
38孟導(達甫)
水心門人55/1813
43孟博(見曾滂)
44孟夢恂(長文、森碧、康靖)
簡齋門人*82/2763
南村門人82/2764
50孟中(見劉禮)
53孟成(見黄玠)
(見胡默)
58孟敷(見程榮秀)
71孟厚(敦夫)
伊川門人*30/1077
爲新學者98/3267
76孟陽(見倪公晦)
77孟堅(見徐筠)
83孟猷(良甫)
水心門人55/1812

1712_7 耶

25耶律有尚(伯强、文正)
魯齋門人90/30?)

鄧

00鄧文原(善之、匪石、文肅)
學正門人82/2767
05鄧諫從(元卿)
南軒私淑*72/2415
南軒私淑50/1646
25鄧傳之(師孟)
水心門人55/1816
27鄧名世(元亞)
元祐之餘35/1223
鄧約禮(文範、直齋先生)
象山門人*77/2572
象山門人58/1930
李氏門人58/1933
33鄧泳(德栽、巽坡、巽波)
鄧約禮子77/2572
34鄧遠
象山門人77/2572
44鄧夢真
廣平門人76/2560
鄧考甫(成之、鄧孝甫)
元祐黨籍96/3185
鄧孝甫(見鄧考甫)
50鄧忠臣(謹思、玉池先生)
元祐黨籍96/3186
90鄧光薦(中父、中乂、中義、中甫、中齋、鄧剡)
巽齋門人88/2963
92鄧剡(見鄧光薦)

1714_7 瓊

40瓊臺外史(見趙謙)

1720_7 了

00了齋(見鍾宏)
了齋先生(見陳瓘)
80了翁(見陳瓘)

1721_4 翟

10翟霖
伊川門人30/1080
27翟彝
吕思誠附95/3145
60翟思
攻元祐之學者96/3189

1722_7 務

30務實(見尹穀)
46務觀(見陸游)
90務光(見張明卿)
務光先生(見張明卿)

1723_2 承

30承之(見李格)

豫

00豫章郡公(見揭傒斯)
豫章先生(見黄庭堅)
(見羅從彦)
60豫國公(見程顥)
(見韓侂胄)

1740_7 子

00子立(見譚知禮)
(見王賓)
(見司馬植)
子充(見王禕)
(見張煇)
(見汪義端)
(見周必大)
子方(見金若洙)
子高(見周敬孫)
子應(見葉邽)
(見林夢英)
子康(見王晉老)
子文(見王埜)
(見張巽)
(見邵伯温)
(見邵持正)
(見潘閔)
(見樓郁)
子京(見張諒)
03子誠(見李雄)
07子望(見張嵱)
(見劉顔)
子韶(見張九成)
(見虞剛簡)
08子敦(見顧臨)
子謙(見鄭合生)
10子正(見王粹)
(見游仲鴻)
(見陸景端)
(見常同)
子元(見戴亨)
子平(見章衡)
(見楊璿)
子雲(見時澐)
子栗(見周必剛)
11子彊(見陸九思)
子斐(見洪簡)

子裴(見洪簡)
12子發(見朱震)
(見姜愚)
子烈(見袁灼)
子廷(見蘇元老)
13子武(見林夔孫)
14子功(見范百祿)
15子融(見徐昭然)
17子羽(見黃翔鳳)
子翬(見孛术魯翀)
(見曾振宗)
子翼(見鍾棐)
子柔(見周必彊)
20子重(見石憝)
子信(見邵恂)
子乘(見鄭轙)
21子順(見楊履正)
子上(見鄭可學)
子仁(見安實)
(見史守之)
子虛(見鍾宏)
子經(見陳桱)
24子勉(見李□□)
(見劉懋)
25子純(見王科)
26子伯(見楊長孺)
子泉(見洪源)
子和(見郭雍)
(見張鈞)
(見江端禮)
(見劉靖之)
27子約(見李撰)
(見呂祖儉)
28子徵(見陳著)
子復(見王約)
(見彭仲剛)
子儀(見徐鳳)
30子宣(見劉炎)
(見曾布)
子宜(見徐誼)
子永(見趙偕)
子進(見呂希純)
子安(見楊畏)
子實(見魏掞之)
31子涇(見祝泌)
子澐(見時澐)
子潛(見陳剛)
(見金文剛)
32子淵(見傅夢泉)
子澄(見劉清之)
34子洪(見黃士毅)
子遠(見江萬里)
(見羅椅)
35子禮(見許忻)
37子瀾(見時瀾)
子初(見余季芳)
子通(見陸律)
38子祥(鄒夢遇)
40子直(見趙汝愚)
(見楊方)
子垓(見范子該)
子才(見喻樗)
(見馬存)
子南(見詹阜民)
子古(見蘇轍)
子奇(見郭磊卿)
子壽(見彭龜年)
(見陸九齡)

子真(見王廷珍)
(見張仕佺)
子木(見黄輅)
(見邱漸)
42子荆(見蕭楚)
44子莊(見蕭顗)
子恭(見何基)
子華(見陳韡)
子英(見王士毅)
(見趙宏偉)
子權(見朱巽)
(見楊興立)
47子聲(見竇默)
48子敬(見黄師雍)
(見鄭寅)
(見趙世延)
50子中(見黄虫)
(見林希)
(見楊訓)
(見時觀)
子夷(見范正平)
子忠(見張邦直)
子由(見蘇轍)
(見黄由)
55子耕(見黄簪)
57子静(見萬鎮)
(見陸九淵)
(見周端朝)
(見翁谷)
60子量(見吳潔)
子昂(見葉顒)
(見趙孟頫)
子思(見李舜臣)
(見范正思)
(見劉儼)
子固(見趙鞏)
(見劉厚南)
(見曾鞏)
子是(見葉湜)
(見錢時)
63子默(見范正思)
子賤(見潘良貴)
64子時(見劉欽)
67子瞻(見蘇軾)
子昭(見陸九皋)
子嗣(見吳紹古)
68子晦(見廖德明)
(見張明卿)
(見蔣元)
71子厚(見章惇)
(見張載)
(見黄銖)
子長(見張樞)
73子駿(見鮮于侁)
77子堅(見張峋)
子居(見呂羲山)
子駒(見劉芮)
子丹(見童金)
子開(見曾肇)
子卿(見馬紹)
(見劉荀)
子與(見徐幾)
(見蔡希點)
子賢(見李東)
80子益(見陳端己)
子美(見陳九韶)
(見周天驂)
(見鄭玉)

子義(見呂權)
子合(見王遇)
子善(見潘時舉)
　(見吴思齊)
子公(見陳均)
86子智(見張貴謨)
87子欽(見趙彦肅)
88子節(見楊驤)
子餘(見石洪慶)
90子常(見趙汸)
　(見吴倫)

1740_8 翠

77翠屏(見張以寧)
　(見鄭儀孫)

1742_7 邢

10邢天榮
　忠叟講友88/2966
25邢純(叔端)
　和靖門人27/1017
32邢沂(邢祈)
　柏軒門人82/2802
邢祈(見邢沂)
44邢世材(邦用)
　東萊門人73/2444
46邢旭(景暘)
　邢沂子82/2802
邢恕(和叔)
　二程門人*30/1070
　明道門人14/582
　攻元祐之學者96/3188
60邢國公(見劉肅)
77邢居實(惇夫)
　莘老門人*1/61
　涑水門人8/357
　呂氏門人19/809
　和叔家學30/1082

1750_6 鞏

22鞏豐(仲至、栗齋)
　東萊門人73/2447
26鞏峴
　東萊門人73/2448
29鞏嶸(仲問、仲同、厚齋)
　東萊門人73/2448

1750_7 尹

27尹叔(見楊仕訓)
35尹洙(師魯、河南先生)
　廬陵講友4/203
44尹材(處初)
　涑水門人*8/356
　百源門人10/476
　元祐黨籍96/3187
47尹穀(耕叟、務實)
　忠叟講友88/2965
90尹焞(彦明、德充、和靖處士、和靖先生、肅公)
　伊川門人*27/1002
　尹氏家學8/359
　伊川門人16/656
　震澤講友29/1053

1760_2 習

00習庵(見陳塤)
習庵先生(見曾逮)
30習之(見黄學臯)

(見陳説)
53習甫(見劉漢傳)
57習静先生(見劉彌邵)
72習隱(見王居仁)

1760_7 君

00君文(見孫潼發)
君章(見杜紘)
君奕(見劉燮)
04君謨(見吳祕)
(見蔡襄)
10君一(見王致)
君玉(見方逢振)
(見王度)
17君子堂(見馬光祖)
20君孚(見孫升)
君采(見陳樵)
21君行(見李潛)
君衡(見陳允平)
22君任(見趙綸)
24君倚(見錢公輔)
26君和(見謝枋得)
30君濟(見蔡元康)
君審(見蔡汝揆)
君實(見王守誠)
(見司馬光)
(見洪皜)
君寶(見楊珏)
38君啓(見謝鑰)
40君友(見嚴侶)
君直(見謝枋得)
44君茂(見鮑棐)
60君曼(見劉燮)
64君疇(見洪天錫)
66君貺(見王拱宸)
77君舉(見陳傅良)
80君益(見唐義問)
(見陳攄)
君美(見韓居仁)
君善(見敖繼公)
86君錫(見方逢辰)
(見趙希錧)
(見劉子玠)

1762_0 司

71司馬康(公休)
涑水家學*8/353
華陽門人21/857
元祐黨籍96/3178
司馬宏
涑水家學8/354
司馬通國(武子)
涑水家學8/355
司馬朴(文季、忠潔)
涑水家學8/354
司馬植(子立)
子文門人*10/477
涑水家學8/354
司馬光(君實、涑水、温國公、先儒司馬子、文正)
古靈同調*7/276
古靈同調5/240
伊川講友16/653
元祐黨籍96/3165

磵

80磵谷(見羅椅)

1762_7 邵

00邵庵（見虞集）
邵雍（堯夫、安樂先生、新安伯、先儒邵子、康節）
涑水講友*9/365
涑水講友8/347
邵褒
攻慶元僞學者97/3228
24邵德新
邵雍祖9/365
26邵伯温（子文）
百源家學*10/472
明道門人14/582
伊川門人16/656
兼山同調28/1027
27邵魯子
機宜家學77/2612
邵叔誼（邵叔義）
象山門人*77/2598
絜齋門人75/2537
邵叔義（見邵叔誼）
33邵溥（澤民）
伊川門人*30/1081
百源家學10/475
太中門人22/900
35邵清（彦明、八行先生）
横渠門人31/1119
40邵大椿（春叟、顧齋）
邵氏家學74/2512
邵古（天叟、伊川丈人）
邵雍父9/365
44邵桂子（古香）
蛟峯門人82/2762
50邵素心
張明卿師82/2766
54邵持正（子文）
水心門人55/1814
58邵整（宋舉、蒙谷遺老）
彦明家學31/1125
60邵甲
慈湖門人*74/2502
北溪門人68/2236
邵景之（季山、秀山）
籍溪門人*43/1404
彦明家學31/1125
64邵睦
百源家學10/472
97邵恂（子信）
香溪門人45/1447

1771_7 己

00己齋（見滕處厚）

1780_1 翼

30翼之（見衛翼）
（見胡瑗）

1814_0 攻

46攻媿主人（見樓鑰）

致

21致虚（見曾集）
34致遠（見鄭轂）
38致道（見趙師夏）
40致堯（見周棐）
50致中（見劉勉之）
55致曲先生（見俞浙）

致曲老人(見俞浙)
77致用(見韓謬)
90致堂先生(見胡寅)
99致榮(見王樞)

1918_0 耿

40耿南仲(希道)
爲新學者98/3268

2021_8 位

00位辛(見熊禾)

2022_7 秀

22秀巖先生(見李心傳)
秀山(見邵景之)
26秀伯(見陳堯英)
30秀之(見曹穎叔)

喬

21喬行簡(壽朋、孔山、魯國公、文惠)
東萊門人*73/2436
東萊門人51/1684
白石門人61/1975
44喬夢符(世用)
東萊門人73/2438
80喬年(見朱松)

2025_2 舜

00舜文(見徐鼒)
14舜功(見符敍)
17舜弼(見周謨)
18舜弢(見周謨)
24舜徒(見姚孳)
(見呂好問)
27舜俟(見舒嶽祥)
28舜從(見呂切問)
50舜夫(見熊凱)
77舜舉(見毛以謨)
舜卿(見宋晉之)
舜民(見虞舜臣)
80舜俞(見洪咨夔)
97舜鄰(見徐時動)

2026_1 信

00信齋先生(見楊復)
信庵(見趙葵)
25信仲(見李復)
26信伯(見王蘋)
30信安郡王(見趙希館)
信安郡公(見徐誼)
(見趙希館)
38信道(見馮正符)
(見舒亶)
60信國公(見文天祥)
(見朱熹)
77信民(見汪革)

2033_1 焦

12焦瑗(公路、焦援)
伊川門人30/1076
20焦千之(伯强、焦館)
廬陵門人4/205
30焦寅
張載附17/662
52焦援(見焦瑗)
83焦館(見焦千之)

2040_0 千

20千乘先生(見倪天隱)
30千之(見鄭真)
60千里(見鄭駒)

2040_4 委

21委順夫(見唐光祖)

2040_7 受

00受齋先生(見游九功)
30受之(見諸葛□)
(見朱塾)
(見苗授)
80受益(見李謙)

季

00季立(見胡大本)
季亨(見董鼐)
季高(見蔣允升)
(見杜旟)
季庸(見湯中)
季度(見滕宬)
季文(見沈炳)
(見淩景夏)
(見樓昞)
(見馬樸)
(見劉黻)
季章(見李璧)
(見劉黼)
17季子(見李季札)
21季仁(見趙師恕)
22季山(見邵景之)
23季允(見李臯)
26季臯(見胡襄)
季和(見孫應時)
(見李五峯)
27季凱(見孔元龍)
季魯(見傅子雲)
30季永(見胡泳)
(見吴昌裔)
季安(見洪宅)
32季淵(見俞浙)
36季温(見王友直)
37季通(見蔡元定)
38季海(見王淮)
40季友(見鄒近仁)
季才(見范蓀)
季克(見吕勝己)
季真(見董真卿)
44季莊(見蔣瑨)
季慕(見江端禮)
季恭(見江端禮)
50季本(見樂良)
53季甫先生(見陳烈)
56季揚(見洪揚祖)
60季思(見章康)
(見洪夢炎)
63季默(見雷淵)
67季明(見章掞)
(見蘇昞)
季野(見黄犓)
季路(見汪逵)
74季隨(見胡大時)
77季輿(見程公許)
季賢(見劉君舉)
80季全(見黄補)
季鏞(伯韶)

北山門人82/2737
季慈(見陳烈)
88季節(見徐庭筠)
90季常(見薛疑之)
(見郝庸)
(見鄭修)

雙

22雙峯(見車若綰)
(見饒魯)
30雙流(見范子長)
32雙溪(見蘇大璋)
37雙湖先生(見胡一桂)

2042_7 禹

22禹任(見曾震)
40禹圭(見徐天錫)
64禹疇(見徐天彝)

2060_9 香

32香溪先生(見范浚)

2071_4 毛

28毛以諒(舜舉、不息齋)
衡麓門人41/1361
40毛友誠(伯明、竹簡先生)
康氏門人24/938
51毛振(翔父)
唐氏門人80/2691
90毛當時
水心門人55/1820

2090_7 秉

20秉信(見蔣存誠)

2091_4 稚

40稚圭(見韓琦)

2093_2 絃

00絃齋(見林□)

2108_6 順

00順齋處士(見王夢松)
26順伯(見王厚之)
30順寧(見劉芮)
順之(見許升)

2110_0 上

30上官謐(安國)
晦翁門人69/2303
上官續傳19/817
上官均(彥衡)
元祐之學*19/804
元祐黨籍96/3185
上官岊(伯升)
俟庵門人93/3121
上官愔(仲雍)
上官家學19/814
上官恢(閎中)
上官家學19/815
上官愷(正平)
上官家學19/815
34上達(見王勳)
44上蔡先生(見謝良佐)

止

00止齋(見許孚)
止齋先生(見陳傅良)

12止水亭(見江萬里)
21止止先生(見宇文之邵)
27止叔(見闕治)
80止翁(見饒延年)
90止堂(見彭龜年)

2110_3 衍

38衍道(見胡衍)

2111_0 此

00此庵(見羅點)

2121_0 仁

00仁齋(見陳駿)
13仁武(見吕弼中)
22仁山先生(見金履祥)
25仁仲(見朱右)
(見杜知仁)
(見胡宏)
(見趙不息)
26仁伯(見徐元杰)
(見梁子强)
(見吴梅)
40仁壽郡公(見虞集)
50仁夫(見真志道)
(見吕廣問)
53仁甫(見孫自任)
(見李燾)
(見趙復)
62仁則(見孫嵘叟)
77仁卿(見趙宏毅)
80仁翁(見杜汝霖)

2121_1 徑

61徑畈(見徐霖)

2121_2 虛

77虛間居士(見常同)
80虛谷先生(見黄翔鳳)

2121_7 盧

20盧秉(仲甫)
安定門人1/51
22盧任
龍川門人56/1855
24盧魁(公圭、盧毋我、毋我先生、盧奎)
龜山門人25/971
34盧汝瑄
東萊門人73/2450
盧汝琰
東萊門人73/2450
40盧奎(見盧魁)
77盧毋我(見盧魁)

2122_0 何

10何琥(見何兑)
何元壽
慈湖門人74/2504
17何琛
李存門人93/3104
何羣(通夫、安逸處士、白衣御史)
徂徠門人2/119
26何伯熋
勉齋門人82/2726
30何宗誠
白雲門人*82/2794
北山家學82/2729

何宗瑞
白雲門人*82/2794
北山家學82/2729
何宗映
白雲門人*82/2794
北山家學82/2729
37何澹(自然)
攻慶元僞學者97/3226
何凝
龍川門人56/1855
40何大猷(少嘉)
龍川門人56/1853
何南坡(何□)
北山學侶*82/2728
勉齋門人63/2042
何壽朋(德齡、歸全先生)
南陽門人82/2803
44何基(子恭、北山先生、文定)
勉齋門人*82/2726
勉齋門人63/2042
何英(積中、梅谷)
松塢門人83/2837
何若
攻專門之學者96/3195
60何異(同叔)
慶元黨禁97/3217
77何鳳(天儀　遯山翁)
北山家學82/2729
80何鎬(叔京、臺溪先生)
晦翁講友*49/1588
龜津家學30/1086
何兑(太和、龜津、何琉)
東平門人30/1083
87何欽
北山家學82/2729
何□(雲源先生、靈源)
九峯門人*67/2213
節齋門人62/2015
何□(見何南坡)

2122_1 行

10行可(見邱富國)
(見鄭仲熊)
30行之(見蔡幼學)
(見鄭闓)
50行中(見朱服)
行素(見黃奇孫)
80行父(見張忠恕)
(見劉强學)
88行簡(見童居易)
(見翁彥約)

2122_7 儒

40儒志先生(見王開祖)

肯

00肯齋(見李萜)
90肯堂(見余嶸)

膚

25膚仲(見陳孔碩)

膚

00膚齋(見林希逸)

2123_4 虞

00虞唐佐(堯卿)
香溪門人45/1447

20虞舜臣(舜民)
疊山門人84/2850
虞集(伯生、邵庵、道園、仁壽郡公)
草廬門人*92/3073
虞氏家學92/3082
24虞兟(退夫、義夫、虞兹)
鶴山門人*82/2685
盧氏家學72/2425
25虞仲琳
和靖門人27/1016
28虞復(從道、遠齋)
倪氏門人53/1734
37虞汲(井齋)
草廬講友*92/3062
虞氏續傳72/2428
72虞剛簡(仲易、子韶、滄江先生)
南軒私淑*72/2413
南軒私淑50/1646
80虞兹(見虞兟)

2124_1 處

08處謙(見李壯祖)
37處初(見尹材)
71處厚(見唐鞏)
(見唐恕)
(見家愿)
(見安淳)
(見馬默)

2128_6 須

32須溪(見劉辰翁)

潁

22潁川郡公(見韓元吉)
27潁叔(見蔣之奇)
33潁濱遺老(見蘇轍)

2133_1 熊

00熊慶胄(竹谷、夢渭)
西山門人*81/2714
節齋門人62/2014
靜齋門人70/2346
10熊酉
節齋門人62/2014
20熊禾(去非、勿軒先生、退齋、位辛、熊鉌)
劉氏門人*64/2068
希泌講友70/2346
27熊凱(舜夫、遥溪先生)
應中門人83/2828
熊紹
熊本父92/3080
30熊良輔(任重、梅邊)
泉峯門人*83/2831
遥溪門人83/2831
40熊太古(鄰初)
熊朋來子49/1599
50熊本(萬卿、萬初)
草廬門人*92/3080
邵庵門人92/3090
72熊剛大(古溪先生)
節齋門人*62/2014
勉齋門人63/2048
77熊朋來(與可、天慵先生)
朱學續傳49/1599
82熊鉌(見熊禾)
88熊鑑

象山門人77/2573

2140_6 卓

13卓琮(廷瑞)
北溪門人*68/2235
白石門人68/2238

2150_6 衛

17衛翼(翼之)
静一門人70/2339
30衛富益(耕讀居士、正節)
白雲門人*82/2790
仁山門人82/2760
38衛道(見胡衛)
60衛國公(見李夔)
(見韓琦)
(見留正)
(見鄭清之)
91衛炳(晦仲)
二竇門人70/2339

2172_7 師

01師顔(見鍾如愚)
16師聖(見侯仲良)
17師孟(見鄧傳之)
22師川(見徐俯)
師山(見鄭玉)
24師德(見陳定)
26師和(見李夔)
27師魯(見尹洙)
(見胡方平)
(見饒魯)
28師復(見陳宓)
36師遇(厚卿)
月舟門人72/2425
38師道(見汪興立)
40師雄(見杜默)
42師樸(見韓忠彦)
43師朴(見韓忠彦)
50師中(見任汲)
(見陳守)

2180_6 貞

00貞文(見吴萊)
貞文處士(見黄鎮成)
23貞獻(見趙宏偉)
26貞白先生(見危復之)
(見戚如琥)
44貞孝先生(見王文淵)
(見戚紹)
77貞卿(見賀伯顔)
88貞敏(見蕭㪺)
貞節先生(見蔣元)

2190_3 紫

22紫巖(見張浚)
紫巖先生(見周潤祖)
28紫微先生(見周潤祖)
76紫陽(見朱熹)
(見楊奂)
紫陽先生(見楊奂)

2190_4 柴

10柴元祐(柴元裕)
柴元裕(益之、强恕先生、强恕齋、柴中立、柴元祐)
南溪學侶79/2640
14柴瑾(懷叔、退翁)

逸平門人25/986
20柴禹功(懋績)
龜山門人25/974
柴禹聲(元振)
龜山門人25/974
21柴衛(元中、潛心)
逸平門人25/986
44柴喆(吉卿)
香溪門人45/1447
50柴中立(見柴元裕)
柴中行(與之、南溪先生、獻肅)
晦翁私淑*79/2638
晦翁私淑49/1596
柴中守(蒙堂)
南溪學侶*79/2640
北谷講友77/2612

2191_1 經

00經(見潘墀)
02經訓樓(見羅晉君)
21經行先生(見丁昌期)
經師(見陳瀟)
27經歸先生(見陳瀟)
71經臣(見車若綰)
80經父(見孔文仲)

2196_1 縉

10縉雲先生(見馮時行)

2198_6 穎

27穎叔(見王遂)

2210_8 豐

03豐誼(叔賈、宜之)
象山學侶*58/1927
豐氏續傳19/817
26豐稷(相之、清敏)
王樓門人*19/797
鄞江門人6/266
西湖門人6/268
元祐黨籍96/3177
30豐安常
豐氏家學19/810
40豐有俊(宅之)
象山門人*77/2591
豐氏家學58/1934
60豐國公(見趙鼎)

2220_7 岑

21岑仁
寶峯門人93/3115
27岑象求(巖起)
元祐黨籍96/3184
40岑士貴(尚周、栲峯)
慾庵門人86/2906

2221_2 彪

21彪虎臣(漢明)
武夷門人*34/1193
五峯學侶42/1385
27彪約
彪虎臣父34/1193
50彪夫子(見彪居正)
77彪居正(德美、彪夫子)
五峯門人*42/1387
彪氏家學34/1199

2221_4 任

18任孜(道聖、遵聖、大任)

老泉講友99/3285
20任重(見熊良輔)
26任伯雨(德翁、忠敏)
任氏家學*99/3303
元祐黨籍96/3183
27任象先
忠敏家學99/3311
37任汲(師中、小任)
老泉講友99/3285
40任士林(叔實、松鄉)
莊節學侶64/2066
任希夷(伯起、斯庵、宣獻)
晦翁門人*69/2276
舍人續傳99/3313
50任申先
忠敏家學99/3311
任盡言(元受)
司户家學99/3313
72任質言
任盡言兄99/3313

崔

44崔世明
崔與之父77/2639
77崔與之(正之、正子、菊坡、南海郡公、清獻)
攻媿講友79/2639

2222_1 鼎

71鼎臣(見敬鉉)
80鼎翁(見王炎午)

2222_7 嵩

22嵩山景迂生(見晁説之)

2224_7 後

22後山先生(見陳師道)
32後溪(見劉光祖)
44後村(見劉克莊)
後林(見李義山)

2224_8 巖

44巖老(見丁泰亨)
(見孫松壽)
47巖起(見岑象求)
50巖夫(見張宗説)
68巖晦先生(見沈清臣)

2244_1 艇

00艇齋(見曾季貍)

2245_3 幾

25幾仲(見戴迅)
38幾道(見趙師淵)
77幾叟(見陳淵)

2266_6 嵓

40嵓南先生(見方鳳)

2266_9 皤

80皤翁(見蹇周輔)

2277_0 山

00山立(見劉南甫)
30山房(見周南)
山房先生(見方逢振)
(見林夢英)
77山屋先生(見許月卿)

80山谷道人(見黄庭堅)

2290_0 利

10利元吉(文伯)
象山門人77/2576

2290_1 崇

30崇安伯(見蔡沈)
35崇禮(見胡搏)
53崇甫(見徐僑)
60崇國公(見張九成)
(見李舜臣)
(見趙不息)
88崇節廟(見秦不華)

2290_4 樂

00樂齋(見張栻)
樂齋先生(見向壽)
20樂舜咨
董朴師90/3016
21樂衎
樂良從弟89/2941
22樂山樓(見馬光祖)
28樂復
樂良從弟87/2941
30樂良(仲本、季本)
畏齋門人87/2941
34樂洪(德秀、曲肱先生)
武夷門人34/1193
50樂中(見向壽)
51樂軒(見陳藻)
57樂静先生(見李昭玘)
樂静堂(見李昭玘)
60樂圃先生(見朱長文)
80樂全居士(見張方平)

2291_3 繼

38繼道(見黄祖舜)
80繼翁(見敖繼公)
繼善(見烏斯道)

2293_8 崧

44崧老(見許翰)

2300_0 卜

99卜憐吉台(見孛憐吉䚟)

2320_2 參

25參仲(見李繒)

2321_0 允

03允誠(見彭庭堅)
24允升(見許驤)
(見朱升)
(見吕大猷)
(見周𤩽)
40允南(見馮山)
50允夫(見程洵)

2323_4 俟

00俟庵先生(見李存)

獻

00獻(見張戴)
05獻靖(見朱松)
10獻可(見吕誨)
17獻子(見楊琛)
30獻之(見牟巘)

50獻肅(見王藺)
(見柴中行)
(見胡沂)
(見陳良翰)
53獻甫(見牟巘)
88獻簡(見孫逢吉)
(見傅堯俞)

2324_2 傅

00傅壅(仲珍)
竹隱家學70/2335
傅立(權甫、初庵先生、文懿)
祝氏續傳*78/2624
彭氏門人78/2625
傅康(仲良)
竹隱家學70/2336
03傅誠(至叔)
晦翁門人69/2303
10傅正夫
慈湖門人*74/2504
絜齋門人75/2537
曾潭家學77/2605
17傅子雲(季魯、琴山)
象山門人*77/2573
象山門人58/1930
直齋門人77/2605
21傅師(見孫覽)
26傅伯壽(景仁)
攻媿元僞學者97/3227
傅伯成(景初、竹隱居士、忠簡)
晦翁門人69/2274
30傅定(敬子)
杏溪家學*60/1964
晦翁門人49/1595
傅定保(見傅古直)
傅寅(同叔、杏溪先生、古村先生)
說齋門人60/1961
38傅道夫
曾潭家學77/2604
40傅大東
傅寅子60/1961
傅大原
傅寅子*60/1961
慈湖門人74/2505
傅堯俞(欽之、獻簡)
涑水同調*8/351
元祐黨籍96/3167
傅希龍
傅氏家學5/247
傅古直(傅定保)
陳旅師92/3089
44傅芷(升可)
杏溪門人60/1965
傅夢泉(子淵、若水、曾潭先生)
象山門人*77/2570
晦翁門人49/1595
南軒門人50/1644
象山門人58/1930
傅耆(伯成、伯壽)
濂溪講友12/528
46傅楫(元通)
古靈門人*5/243
莘老門人1/62

2324_7 俊

24俊德(見汪自明)
53俊甫(見鄒斌)

2333_3 然

38然道(見趙師雍)

2344_0 弁

76弁陽老人(見周密)
弁陽嘯翁(見周密)

2350_0 牟

00牟應龍(成父、隆山、伯成、伯成父)
存齋家學80/2690
13牟瓛(見牟巘)
17牟子才(存叟、節叟、存宴、存齋、靖惠、清忠)
鶴山門人*80/2679
果齋門人70/2331
23牟獻(見牟巘)
牟巘(獻甫、獻之、陵陽先生、牟瓛、牟獻)
存齋家學80/2689
41牟楷(仲裴、九溪、静正先生)
魯齋續傳82/2767

2393_2 稼

77稼學(見袁俊明)

2396_1 縮

00縮齋(見高稼)

2420_0 斛

22斛峯(見李伯玉)

2421_0 壯

50壯夫(見張貢)
77壯輿(見劉羲仲)
88壯節(見韓性)

2421_1 先

21先儒司馬子(見司馬光)
先儒邵子(見邵雍)
先儒朱子(見朱熹)
先儒程子(見程顥)
(見程頤)
先儒范子(見范仲淹)
先儒胡子(見胡瑗)
先儒陸子(見陸九淵)
先儒周子(見周敦頤)
先儒歐陽子(見歐陽修)
30先之(見李朴)
(見劉牧)

佐

77佐卿(見趙善佐)

2423_1 德

00德亨(見方豐之)
(見黄渙)
德充(見尹焞)
德方(見李直方)
德章(見李纓)
(見滕珙)
德言(見劉剛中)
02德新(見余芑舒)
03德誼(見郭欽止)
07德鄘(見潘時)
10德元(見吕稽中)
德平(見袁袞)

11德孺(見范純粹)
14德功(見江默)
18德珍(見馬道貫)
20德秀(見樂洪)
22德稱(見劉嘉譽)
24德先(見魏天祐)
(見趙彥逾)
25德仲(見鄭芳叔)
26德和(見鄭雍)
27德修(見王時敏)
(見陳天瑞)
(見劉光祖)
德久(見鄒柄)
(見林至)
28德齡(見何壽朋)
30德容(見陳縝)
31德源(見劉涓)
(見鄭清之)
32德淵(見趙與篙)
34德遠(見張浚)
(見李浩)
(見木天駿)
(見黄績)
36德温(見汪洙)
41德柄(見黄謙)
43德栽(見鄧泳)
44德基(見吴履)
德藻(見黄瑀)
德華(見胡幼文)
德老(見薛徽言)
(見趙彥逾)
德林(見胡埜)
46德觀(見舒皦)
47德起(見蕭振)

50德夫(見魏新之)
(見胡一桂)
(見吴獵)
德惠(見林叔豹)
53德輔(見汪克寬)
德甫(見王象祖)
(見蘇思恭)
56德操(見饒節)
60德固(見趙善堅)
71德臣(見徐中行)
77德叟(見林居安)
德舉(見高選)
德輿(見劉軫)
80德全(見韓瓘)
德翁(見任伯雨)
德父(見趙景緯)
德美(見彪居正)
90德粹(見滕璘)
97德鄰(見郭良臣)
德輝(見胡理)

2424_1 待

35待清軒(見潘音)

2425_6 偉

50偉夫(見孫之宏)

2429_0 休

24休休翁(見石余亨)

2440_0 升

10升可(見傅芷)
26升伯(見湯千)
30升之(見許升)

(見史詔)

2441_2 勉

00勉齋(見黄榦)
30勉之(見游九功)

2472_7 幼

00幼高(見杜旝)
幼度(見曾丰)
幼文(見龔煥)
27幼槃(見謝邁)
30幼安(見夏友蘭)
35幼清(見吴澄)
40幼直(見李直方)
46幼觀(見王過)

帥

37帥初(見戴表元)

2474_7 岐

22岐山先生(見魯淵)

2492_1 綺

22綺川(見倪稱)

2493_0 紘

00紘齋(見林□)

2500_0 牛

21牛師德(祖仁)
百源私淑*10/477
涑水門人8/357
60牛思純
牛師德子10/477

2520_6 仲

00仲齊(見歐陽新)
仲高(見杜旝)
仲庸(見黄中)
仲文(見朱質)
(見吴彬)
仲章(見貢奎)
(見薛紱)
仲雍(見上官愔)
03仲誠(見彭鉉)
07仲郊(見吴坰)
08仲謙(見張文謙)
10仲一(見沈體仁)
仲正(見黄叔雅)
仲玉(見黄振龍)
仲至(見王欽臣)
(見鞏豐)
(見留正)
仲元(見王德元)
(見饒魯)
仲平(見許衡)
(見蔡權)
仲可(見蔣行簡)
11仲珩(見宋璲)
仲碩(見潘安固)
仲裴(見牟楷)
12仲發(見鄭括)
17仲瑶(見黄寶)
仲子(見胡舜咨)
18仲珍(見傅壅)
20仲孚(見鮑恂)
21仲止(見韓淲)
仲能(見湯巾)

仲虎(見胡炳文)
仲衡(見宋璲)
22仲制(見章節夫)
24仲德(見洪杰)
25仲傑(見張穀英)
仲純(見張理)
26仲和(見韓夔)
(見吳塤)
27仲修(見董德修)
仲躬(見曾逮)
仲魯(見閔甲)
28仲倫(見李序)
仲儀(見王應鳳)
30仲寬(見俞偉)
仲安(見鮑元康)
仲宏(見倪士毅)
(見李唐)
仲容(見許勃)
(見汪澥)
(見韓境)
仲良(見傅康)
仲實(見黄穎)
(見吕思誠)
(見鄭鼎新)
31仲馮(見劉奉世)
仲潛(見王瀹)
(見宋剛仲)
仲迂(見吳迂)
32仲淵(見李組)
仲遜(見程公碩)
34仲洪(見劉德秀)
仲遠(見京鏜)
35仲禮(見滕安上)
36仲�(見唐光祖)
37仲深(見倪淵)
仲退(見吳存)
仲遂父(見劉敞)
38仲裕(見汪克寬)
40仲圭(見葉采)
仲直(見謝枋得)
仲才(見戴璹)
仲嘉(見汪大猷)
44仲莊(見沈倜)
仲埜(見曹希文)
仲蒙(見芮煜)
仲恭(見彭欽)
(見林文瑛)
(見羅靖)
48仲敬(見彭欽)
50仲申(見胡翰)
仲車(見徐積)
仲本(見樂良)
仲素(見羅從彦)
53仲咸(見戚崇僧)
仲甫(見譙仲午)
(見盧秉)
(見吕敬伯)
56仲揚(見張翥)
60仲易(見虞剛簡)
仲思(見楊道夫)
仲昌(見舒衍)
63仲默(見蔡沈)
68仲晦(見郭忠孝)
(見朱熹)
(見藍光)
70仲璧(見程珙)
71仲辰(見廖衙)
仲長(見趙演)

77仲覺(見蔡模)
仲同(見鞏嶸)
仲舉(見張藹)
仲問(見鞏嶸)
仲與(見舒衍)
80仲谷(見吳定翁)
仲公(見李存)
87仲欽(見李肅)
仲舒(見鄭濤)
88仲節(見蔡杭)

2523_5 佚

00佚庵(見劉肅)

2524_8 傳

00傳齋(見史守道)
10傳正(見吳安詩)
21傳師(見孫覽)
63傳貽先生(見輔廣)

2529_0 傢

30傢宝(見諸葛說)

2590_0 朱

04朱塾(受之)
晦翁家學*49/1591
東萊門人51/1684
西山門人62/2013
08朱說(見范仲淹)
10朱元龍(景雲、冠之、厲志先生、勵志先生)
毅齋門人*70/2332
絜齋門人75/2535
朱元昇(日華、水簷)
邵學之餘78/2620
朱震(子發、文定、漢上先生)
上蔡門人*37/1252
上蔡門人24/934
武夷講友34/1180
朱震(震之、坦齋)
絜齋門人75/2536
朱震亨(彥修、丹溪先生)
白雲門人82/2788
朱夏(元會、好謙)
草廬門人92/3076
18朱致中
魯齋門人82/2753
23朱弁(少章)
景迂門人22/898
24朱仕立(起潛)
朱元昇子78/2620
朱仕可(起予)
朱元昇子78/2620
朱升(允升、楓林)
定宇門人70/2369
26朱伯起
景望門人32/1156
27朱絳
羅適師1/59
28朱以實(梧岡)
準軒門人83/2826
33朱浚(深源)
朱在孫49/1591
朱黼(文昭)
止齋門人53/1727
34朱洪範(小翁)
晦翁續傳*89/2972
晦翁家學49/1592

40朱在(敬之、叔敬)
晦翁家學49/1591
朱熹(元晦、仲晦、晦翁、晦庵、雲谷老人、遯翁、考亭、紫陽、滄州病叟、信國公、徽國公、齊國公、先儒朱子、文)
延平門人*48/1495
延平門人39/1297
韋齋家學39/1299
白水門人43/1402
籍溪門人43/1404
屏山門人43/1407
玉山學侶46/1460
南軒講友50/1636
東萊講友51/1679
慶元黨禁97/3215
朱右(仁仲)
北溪門人68/2237
朱右(伯賢、序賢、白雲)
兩峯門人*82/2802
朱氏續傳30/1091
42朱桴(濟道)
象山門人77/2581
44朱埜(文之)
晦翁家學*49/1591
西山門人62/2013
48朱松(喬年、韋齋先生、清獻、獻靖)
豫章門人*39/1294
涑水續傳8/359
子莊門人25/978
劉胡學侶43/1402
50朱中
毅齋門人70/2333
朱泰卿(亨道)
象山門人77/2581
67朱嗣壽(得仁、鞠隱、鞠隱先生、東園)
紫巖講友82/2799
71朱長文(伯原、樂圃先生)
泰山門人*2/118
伊川學侶16/654
72朱質(仲文)
東萊門人*73/2439
說齋門人60/1964
77朱同善(聖與、裕軒先生)
白雲門人82/2791
朱鵬飛
潛庵門人64/2059
朱服(行中)
朱臨子1/49
朱巽(子權、公權)
漢上學侶*37/1260
上蔡門人24/937
78朱臨(正夫)
安定門人1/49
80朱介
慈湖門人*74/2498
絜齋門人75/2537
朱公遷(克升、明所先生、高明之所)
梧岡家學*83/2829
白雲門人82/2771
88朱鑑
朱埜子49/1591
90朱光裔(公遠)
元祐黨籍96/3183
朱光庭(公掞)

二程門人*30/1068
安定門人1/59
泰山門人2/114
明道明人14/582
元祐黨籍96/3170

2590_6 种

21种師道(彝叔、老种、种師極、忠憲)
横渠門人31/1115
种師極(見种師道)

2591_7 純

17純子(見王梁)
30純之(見李周)
44純孝先生(見范祖幹)
純老(見曹粹中)
純菴(見周可象)
53純甫(見應純之)
(見李伯玉)
(見暢師文)
80純益(見陳祐)
純父(見劉涇)
純公(見程顥)
88純節先生(見胡長孺)

2598_6 積

00積齋(見程端學)
30積之(見宋之源)
50積中(見何英)

2600_0 白

10白衣御史(見何羣)
10白石(見蔡和)
(見錢文子)
白石先生(見錢文子)
白雲(見朱右)
白雲先生(見唐仲實)
(見郭雍)
(見許謙)
12白水(見劉勉之)
25白牛居士(見陳舜俞)
白牛鎮(見陳舜俞)
40白圭(見楊瑰)
45白棟(彥隆)
魯齋門人90/3012
90白炎震
慶元黨禁97/3222

自

00自亨(見史泳)
自齋(見史彌忠)
23自然(見夏希賢)
(見何澹)
自然先生(見夏希賢)
26自得(見應傃)
67自明(見鄭鑑)
自明軒(見方敏中)

2610_4 皇

53皇甫斌(文仲)
慶元黨禁97/3222

2620_0 伯

00伯充(見吕堅)
伯高(見李棟)
(見李義山)
(見杜旟)

伯度(見唐幹)
伯廣(見郭溥)
(見張垓)
03伯誠(見張潤之)
(見胡大正)
04伯談(見陳貽範)
05伯諫(見李宗思)
07伯韶(見季鏞)
08伯謙(見徐道隆)
10伯正(見胡時)
伯玉(見張穀)
(見曾成叔)
伯至(見蔡格)
伯元(見向浯)
伯醇(見劉壘)
伯貢(見曾震)
11伯珩(見宋璲)
13伯武(見王偁)
16伯强(見耶律有尚)
(見焦千之)
(見喻南强)
17伯子(見楊長孺)
20伯秀(見余宋傑)
伯禹(見歐陽鎮)
21伯仁(見王正己)
(見侯均)
伯虞(見曾機)
伯經(見喻偘)
22伯豐(見吴必大)
伯巖(見胡巖起)
伯幾(見江凱)
伯循(見韓信同)
伯山(見郛江)
伯崇(見范念德)
23伯允(見宋元之)
24伯休(見方士繇)
伯升(見上官岊)
25伯生(見虞集)
伯傳(見鄒曾)
26伯和(見施允壽)
(見孛术魯翀)
(見歐陽發)
27伯修(見蘇天爵)
(見陳敏)
伯紀(見張雲卿)
(見湯漢)
(見李綱)
28伯以父(見晁説之)
伯微(見陸持之)
30伯宣(見劉宣)
伯淳(見程顥)
伯永(見饒延年)
伯宏(見徐毅)
伯宗(見李本)
31伯源(見向浯)
33伯冶(見方鎔)
34伯遠(見范如圭)
伯遠(見王彰)
伯達(見蘇邁)
(見范如圭)
35伯清(見郭澄)
(見吴澄)
(見金濂)
伯禮(見王洽)
36伯温(見程珦)
(見周恭先)
伯澡(見陳沂)
37伯逢(見胡大原)

38伯海(見王瀚)
40伯大(見楊長孺)
伯圭(見陳廷玉)
伯克(見蘇遲)
伯奇(見葉心)
伯壽(見傅耆)
43伯始(見林起宗)
44伯協(見劉恭)
伯恭(見林溫)
(見呂祖謙)
伯華(見宋文仲)
伯謩(見方士繇)
伯模(見陳貽範)
47伯起(見任希夷)
50伯中(見解觀)
53伯威(見武恪)
伯成(見傅耆)
(見牟應龍)
(見江凱)
伯成父(見牟應龍)
57伯輗(見徐震)
伯靜(見蔡淵)
60伯量(見胡泳)
伯愚(見呂延年)
伯昌(見楊子謨)
伯固(見硯彌堅)
伯圜(見胡澥)
67伯明(見毛友誠)
伯昭(見許晉孫)
68伯晦(見王爚)
(見尤焴)
71伯厚(見王應麟)
伯原(見朱長文)
(見鮑深)
(見杜本)
伯長(見袁桷)
72伯剛(見程公說)
76伯陽(見張復)
77伯堅(見周穎)
伯輿(見饒魯)
伯賢(見朱右)
80伯益(見潘好謙)
伯夔(見蘇友龍)
84伯鎮(見秦玠)
87伯翔(見梁集)
90伯尚(見李綱)
(見吳當)
伯常(見郝經)
94伯忱(見周孚先)
伯煒(見趙必𤩽)

2623_2 泉

22泉峯先生(見龔煥)
32泉溪(見戴良齊)

2624_1 得

21得仁(見朱嗣壽)
30得之(見江致一)
(見蔣山)
80得全(見趙鼎)

2633_0 息

00息庵(見湯中)
(見葉武子)
息齋(見高閌)
(見余芑舒)

2640_1 皐

17皐羽(見謝翱)

2641_3 魏

00魏文翁(嘉父、果齋)
鶴山家學*80/2677
中父門人80/2689
02魏新之(德夫、石川)
蛟峯門人82/2761
08魏謙光(見魏益之)
10魏天應(梅野)
疊山門人84/2851
魏天祐(德先)
中父學侶80/2676
魏天啓
魏天祐兄80/2676
17魏了翁(華父、鶴山、秦國公、文靖)
范氏所傳*80/2651
晦翁私淑49/1597
南軒私淑50/1646
潛庵學侶64/2058
范氏所傳72/2425
西山講友81/2709
魏郡王(見韓琦)
(見鄭清之)
魏郡公(見暢師文)
22魏幾(天隨)
艾軒門人47/1479
40魏克愚(靖齋)
鶴山家學80/2677
47魏杞(南夫、碧溪、文節)
庇民門人25/979
50魏夫(見汪相)
52魏挺之(見魏掞之)
59魏掞之(子實、元履、艮齋先生、魏挺之)
籍溪門人43/1402
60魏國公(見許衡)
(見張文謙)
(見張浚)
(見竇默)
(見李夔)
(見韓琦)
(見蔡京)
(見趙孟頫)
(見趙葵)
(見史浩)
(見陳俊卿)
(見留正)
80魏益之(魏謙光)
陳葵師61/1970
魏公(見秦不華)
81魏槩
慈湖門人*74/2498
絜齋門人75/2537

2690_0 和

05和靖處士(見尹焞)
和靖先生(見尹焞)
21和旨(見史彌林)
25和仲(見胡寧)
(見趙順孫)
(見陳塤)
(見舒鈃)
26和伯(見李楠)
27和叔(見高公亮)
(見王相)
(見邢恕)
(見袁燮)

(見林大中)
(見呂大鈞)
(見滕鉛)
40和希文
忠肅門人95/3147
50和中(見莫君陳)
53和甫(見王安禮)
60和國公(見張浚)
77和卿(見孫調)
(見向子韶)
80和父(見孫固)
(見蘇在鎔)

2691₄ 程

00程文(以文、黟南生)
師山同調94/3131
程文海(見程鉅夫)
02程端禮(敬叔、畏齋先生)
靜清門人87/2913
程端蒙(正思、蒙齋)
晦翁門人*69/2279
玉汝門人25/990
程端中
伊川家學16/654
程端學(時叔、積齋)
靜清門人87/2934
10程正則(古山)
槃澗門人*89/2971
槃澗門人70/2338
14程珙(仲璧、柳湖)
晦翁門人69/2283
17程珦(伯溫)
濂溪講友*12/526
百源講友10/472
20程壬孫
程遇孫見72/2415
25程仲文
雪峯門人89/2988
27程紹開(月巖、曹紹開)
古爲同調*84/2849
金溪續傳58/1935
30程永奇(次卿、格齋先生)
晦翁門人69/2312
36程遇孫(叔達)
南軒私淑*72/2415
南軒私淑50/1646
37程洵(允夫、欽國)
晦翁門人69/2269
程迥(可久、沙隨)
湍石門人25/982
40程直方(道夫、前村、觀易堂)
傅氏門人78/2625
程存
定宇門人70/2360
41程櫄之(見程鉅夫)
44程若庸(逢原、勿齋、徽庵先生)
雙峯門人*83/2817
毅齋門人89/2980
61程顯道(松谷)
草窗門人70/2355
程顥(伯淳、明道先生、河南伯、豫國公、先儒程子、大程子、純公)
濂溪門人*13/537
涑水講友8/348
百源學侶10/472
濂溪門人12/532
程氏家學12/533
橫渠學侶18/779

64程時登(登庸)
　古山門人89/2974
程暐
　和靖門人*27/1018
　伊川家學16/655
71程頤(正叔 養正、伊川伯、伊陽伯、洛國公、伊川先生、廣平先生、先儒程子、小程子、正公)
　胡周門人*15/589
　安定門人1/32
　涑水講友8/348
　百源學侶10/472
　濂溪門人12/532
　程氏家學12/533
　明道學侶14/581
　橫渠學侶18/779
　元祐黨籍96/3181
80程公説(伯剛、克齋)
　宇文門人72/2419
程公許(季與、希穎、滄州、忠文)
　宇文門人72/2420
程公碩(仲遜)
　宇文門人72/2419
81程鉅夫(雪樓、遠齋、遠齋先生、雪樓先生、楚國公、程文海、程櫃之、周輸、文憲)
　徽庵門人83/2827
90程掌(叔運)
　鶴山門人*80/2681
　洪氏門人79/2646
　西山門人81/2714
99程榮秀(孟敷)
　山屋門人89/2985

2692_2 穆

30穆之(見張仲賓)
80穆父(見錢勰)

2693_0 總

26總得翁(見張祁)

2694_1 緝

30緝之(見烏熙)

2710_7 盤

22盤峯(見孫潼發)
32盤洲叟(見徐寓)
　盤溪先生(見李孟傳)
67盤野居士(見黄由)
72盤隱(見林湜)
80盤谷(見胡大時)

2711_7 龜

22龜山先生(見楊時)
28龜齡(見王十朋)
35龜津(見何兑)

2712_7 歸

31歸潛堂(見劉祁)
40歸來子(見晁補之)
　歸來之廬(見黄震)
51歸軒(見鄒近仁)
　歸軒先生(見鄒近仁)
60歸愚(見劉郁)
　歸愚先生(見汪莘)
　歸愚翁(見鄭伯英)
80歸全先生(見何壽朋)

2713_2 黎

00黎立武(以常、寄翁、所寄先生、元中子)
二郭續傳28/1044
14黎確(介然)
滎陽門人23/912
25黎仲基(黎載)
草廬門人92/3076
43黎載(見黎仲基)
50黎貴臣
晦翁門人69/2311
67黎明(才翁)
武夷門人34/1190

2721_0 徂

24徂徠先生(見石介)

2721_2 危

24危科(見危稹)
危稹(逢吉、驪塘先生、危科)
象山門人77/2593
26危和(應祥、閒静居士、蟾塘、蟾堂)
驪塘學侶77/2604
28危復之(見心、貞白先生)
東澗門人84/2845
50危素(太樸、雲林)
蕃遠門人*93/3118
草廬門人92/3079
俟庵門人93/3121
師山講友94/3130

2721_7 倪

10倪天隱(茅岡、千乘先生)
安定門人1/54
20倪千里(起萬)
止齋門人*53/1728
東萊門人51/1685
22倪偁(見倪稱)
倪稱(文舉、綺川、倪偁)
橫浦門人40/1328
32倪淵(仲深、文静先生)
敖氏門人52/1704
40倪士毅(仲宏、道川先生)
定宇門人70/2359
42倪樸(文卿、石陵先生)
龍川學侶56/1844
60倪思(正甫、文節、齊齋)
倪氏家學40/1331
80倪公度(孟容)
北山門人82/2736
倪公武(孟德)
北山門人82/2736
倪公晦(孟陽)
北山門人82/2736
90倪尚誼
趙氏門人92/3092

2722_0 勿

00勿齋(見程若庸)
(見胡大時)
51勿軒先生(見熊禾)

仰

30仰之(見屠高)

向

01向語(見向浯)

17向子韶(和卿、忠毅)
武夷講友34/1180
30向涪
武夷門人34/1191
31向浯(伯源、伯元、向語)
五峯門人*42/1389
武夷門人34/1191
靜春學侶59/1944
34向沈(深之)
武夷門人*34/1191
向氏家學34/1194
40向壽(樂中、樂齋先生)
寶峯門人93/3111
42向樸(遵博)
樂齋家學93/3122

2722_2 修

00修齋(見王煸)
(見全璧)

2723_2 衆

25衆仲(見陳旅)

象

22象山先生(見陸九淵)
象山翁(見陸九淵)
24象先(見薛叔似)
50象夫(蔣傳)

2723_4 侯

10侯可(無可、華陰先生)
關學之先6/260
25侯仲良(師聖、希聖、荆門先生)
二程門人*30/1067
侯氏家學6/270
明道門人14/582
27侯紹曾(孝傑)
百源門人33/1163
47侯均(伯仁)
勤齋同調95/3144

2724_2 將

22將樂伯(見楊時)

2724_7 殷

40殷士(見黄昪)

2725_2 解

17解子尚(見解觀)
46解觀(解子尚、解觀生、觀我、伯中)
草廬門人92/3077
解觀生(見解觀)

2725_7 伊

22伊川先生(見程頤)
伊川伯(見程頤)
伊川丈人(見邵古)
76伊陽伯(見程頤)

2726_1 詹

24詹勉(力行)
上蔡門人*24/937
了翁門人35/1224
27詹阜民(子南、默信)
象山門人*77/2575
南軒門人50/1644
28詹儀之(體仁)

東萊門人*73/2444
晦翁門人49/1594
南軒門人50/1644
32詹淵(景憲)
晦翁門人69/2323
37詹初(以元、流塘)
勉齋講友*63/2039
晦翁私淑49/1597
75詹體仁(元善)
晦翁門人*69/2273
屏山門人43/1408
慶元黨禁97/3221

2731_2 鮑

10鮑元康(仲安、鮑安)
師山門人94/3133
21鮑偕
師山門人*94/3135
君茂家學94/3138
鮑頴(尚褧)
師山門人*94/3134
石丘門人94/3138
樗庵門人94/3139
伯原家學94/3139
30鮑淮
師山門人*94/3134
國良家學94/3137
鮑安(見鮑元康)
33鮑浚
師山門人*94/3134
國良家學94/3137
37鮑深(伯原)
師山門人*94/3134
國良家學94/3137
44鮑葆
師山門人*94/3136
伯原家學94/3139
鮑若雨(商霖、敬亭先生)
伊川門人32/1142
鮑棐(君茂)
師山講友94/3130
46鮑觀(以仁)
師山門人*94/3135
君茂家學94/3138
77鮑同仁(國良)
師山講友94/3129
97鮑恂(仲孚、西溪先生)
草廬門人92/3074

2732_7 烏

26烏緝(見烏熙)
35烏沖(叔備、存齋)
靜修門人91/3027
42烏斯道(繼善、春草齋、春草先生)
寶峯門人93/3111
50烏本良(性善、春風先生、春風齋)
寶峯門人*93/3110
衆仲講友92/3090
60烏蜀山人(見柳貫)
77烏熙(緝之、烏緝)
烏斯道子93/3111

2740_0 身

30身之(見胡三省)

2742_7 鄒

00鄒應博

槎溪門人70/2330
03鄒斌(俊甫、南堂先生)
象山門人77*/2588
鄧氏續傳35/1230
李氏門人57/1879
11鄒柔(克恭)
劉氏門人1/63
32鄒近仁(魯卿、季友、歸軒、歸軒先生)
慈湖門人74/2494
33鄒補之(公兖)
東萊門人*73/2440
晦翁門人49/1594
34鄒浩(志完、道鄉、忠)
龔氏門人*35/1216
伊川私淑16/657
上蔡講友24/934
龜山講友25/958
武夷講友34/1180
元祐黨籍96/3178
龔氏門人98/3269
41鄒柄(德久)
道鄉家學*35/1226
龜山門人25/974
44鄒夢遇(子祥、艮齋、元祥)
慈湖門人74/2494
52鄒括(仲發)
鄒氏家學1/66
80鄒夔(堯叟)
劉氏門人1/63
鄒曾(伯傳)
鄒近仁子74/2494
81鄒矩(元方)
涂幾附93/3120

2744₉ 彝

27彝叔(見种師道)
77彝叟(見范純禮)
80彝父(見徐範)

2746₁ 船

22船山先生(見楊興立)

2760₁ 磐

32磐溪先生(見李孟傳)

2760₃ 魯

00魯庵(見林起宗)
魯齋(見許衡)
(見王柏)
魯齋先生(見許衡)
07魯望(見游汶)
24魯仕能(見魯士能)
26魯伯(見包希魯)
32魯淵(道源、岐山先生)
楊錢續傳74/2515
40魯士能(時舉、寶潭、魯仕能)
雙峯門人83/2816
魯直(見黄庭堅)
60魯國公(見喬行簡)
(見蔡京)
(見敬儼)
(見趙葵)
(見趙世延)
(見留正)
77魯卿(見鄒近仁)

2771₂ 包

27包約(詳道)

象山門人*77/2589
晦翁門人49/1595
32包遜(敏道)
象山門人*77/2589
晦翁門人49/1595
40包希魯(魯伯、文忠)
草廬門人92/3079
56包揚(顯道、克堂)
象山門人*77/2589
晦翁門人49/1595
94包恢(宏父、宏齋、文肅)
克堂家學77/2610

2774_7 岷

72岷隱(見戴溪)

2780_0 久

10久可(見曹漢炎)
51久軒(見蔡杭)

2790_4 絜

37絜澗先生(見董銖)

2791_7 紀

90紀常(見呂希績)

2792_0 約

53約甫(見厲仲方)
77約叟(見汪大章)

綱

00綱齋(見李閎祖)

網

22網山山人(見林亦之)
網山先生(見林亦之)

2792_2 繆

00繆主一(天隱、天德)
西山門人65/2109
繆文子
象山門人77/2599
16繆醜(見秦檜)

2794_0 叔

00叔方(見陳昉)
叔高(見杜斿)
叔度(見章憲)
(見潘景憲)
(見吴漢)
叔文(見江塤)
叔章(見李芾)
叔京(見何鎬)
02叔端(見邢純)
04叔謹(見楊恪)
(見周介)
07叔贛父(見劉攽)
10叔正(見楊泰之)
叔夏(見韓璜)
(見吴昶)
(見陳德永)
叔平(見李深)
叔賈(見豐誼)
17叔弼(見歐陽棐)
20叔重(見董銖)
21叔能(見戴良)
叔虎(見林夢英)
24叔備(見烏沖)

27叔向(見陳葵)
叔阜(見沈昌)
30叔永(見湯泳)
(見吳泳)
叔容(見薛嵲)
叔實(見任士林)
34叔遠(見王寧孫)
叔達(見程遇孫)
(見曹夙)
35叔清(見竇澄)
37叔通(見夏泰亨)
叔運(見程掌)
40叔友(見鄭厚)
叔嘉(見汪大猷)
43叔載(見王厚孫)
44叔恭(見羅竦)
叔權(見姜大中)
48叔敬(見朱在)
60叔因(見錢廓)
叔昌(見潘景愈)
67叔野(見汪莘)
68叔晦(見沈煥)
78叔臨(見康淵)
80叔善(見王餘慶)
88叔範(見徐畸)
90叔光(見劉鏡)
叔黨(見蘇過)

2796_2 紹

24紹先(見劉陶)

2810_0 以

00以齋(見陽恪)
以文(見程文)
10以元(見詹初)
21以仁(見鮑觀)
37以初(見胡淳)
38以道(見晁說之)
(見鄭覺民)
44以孝(見鄭忠)
48以敬(見汪汝懋)
60以愚(見方道叡)
90以常(見黎立武)

2820_0 似

30似之(見李彌遜)
50似表(見李彌正)
81似矩(見李彌大)

2821_1 作

50作肅(見馮允中)

2824_0 微

25微仲(見呂大防)
30微之(見張巨)
(見李心傳)

徽

00徽庵先生(見程若庸)
60徽國公(見朱熹)

2824_7 復

00復庵先生(見李直方)
復齋(見王厚之)
(見董琮)
(見黃嵤)
(見趙彥肅)
(見趙□)

(見陳宓)
(見陳源長)
復齋先生(見董琮)
(見趙彥肅)
(見陸九齡)
復齋居士(見蔡沆)
17復君(見孔元忠)
25復仲(見符初)
30復之(見彭復初)
(見蔡沆)
(見劉朔)
(見陳侁)
(見陳源長)
(見陳易)
35復禮(見家安國)
37復初(見元明善)
51復軒先生(見章憲)
80復翁(見洪震老)

2825_3 儀

50儀夫(見杜範)
60儀國公(見韓琦)
(見韓忠彥)
80儀父(見方儀)
(見陳象祖)

2828_1 從

25從仲(見李大同)
30從之(見孫逢吉)
38從道(見虞復)
51從軒先生(見章節夫)
80從善(見韓擇)
(見黃隱)

2828_6 儉

90儉光(見沈季豐)

2829_4 徐

00徐庸
長民私淑2/123
徐庭蘭
八行家學1/62
徐庭槐
八行家學1/62
徐庭筠(季節、志節、溫節)
八行家學1/62
徐度(惇立)
和靖門人27/1015
徐唐(守忠)
安定門人*1/52
盱江門人3/176
徐文虎
東萊門人73/2451
03徐誼(子宜、宏父、信安郡公、忠文)
陳陸同調*61/1968
平陽續傳32/1155
止齋學侶53/1722
象山同調58/1928
慶元黨禁97/3215
07徐榖(伯宏、平陽郡公、文靖)
魯齋門人90/3011
10徐一夔(大章、始豐)
明所門人83/2836
徐正夫
和靖門人27/1018
徐元德(居厚)

艮齋門人52/1699
徐元德(靜甫)
徐子石弟77/2596
徐元杰(仁伯、棋埜、忠愍)
西山門人*81/2712
克齋門人70/2343
徐震(伯翰)
俟庵門人93/3121
徐霆(長孺)
潛室門人65/2107
徐天彝(禹疇)
汪氏門人64/2079
徐天錫(禹圭、梅江先生)
汪氏門人64/2079
徐霖(景説、徑畈)
晦靜門人84/2844
11徐碩
龍川門人56/1853
17徐子石(勁仲)
象山門人77/2596
徐君道
寶峯門人93/3115
20徐俯(師川)
龜山門人25/970
21徐仁
畏齋門人87/2942
徐倬
東萊門人73/2452
22徐僑(崇甫、毅齋、文清)
晦翁門人*69/2262
葉氏門人73/2453
徐幾(子輿、進齋)
西山門人*81/2714
節齋門人62/2014
25徐仲誠
象山門人*77/2600
梭山門人57/1878
徐積(仲車、節孝)
安定門人1/32
26徐侃
東萊門人73/2452
29徐嶸(見余嶸)
30徐寓(居父、盤洲叟、徐寓)
晦翁門人69/2311
徐寓(見徐寓)
徐宗實(靜齋、徐㬻)
史氏門人65/2118
32徐遁
徂徠門人2/120
33徐黼(舜文)
胡爽門人70/2358
38徐道隆(伯謙)
景程同調83/2824
40徐直方(立大、古爲)
徑畈門人84/2849
徐存(誠叟、南塘、逸平先生)
子莊門人*25/978
龜山門人25/974
43徐載孫
徐道隆子83/2824
45徐椿年(壽卿)
横浦門人40/1327
50徐中行(德臣、真定、八行先生)
安定門人1/46
60徐日升
徐庭筠孫1/62
64徐畸(南夫、叔範、天民先生)
漢上門人37/1621

徐時勛(疏鄰)
　　武夷門人34/1193
徐時乂
　　徐文虎父73/2451
67徐昭然(子融)
　　晦翁門人69/2317
71徐原(均善)
　　正傳門人82/2798
徐愿(恭先)
　　絜齋門人75/2536
72徐垕(見徐宗實)
77徐鳳(子儀)
　　慈湖門人74/2496
徐興祖(宗起、横陽先生)
　　史氏門人65/2119
80徐無黨
　　廬陵門人4/213
88徐筠(孟堅、國堅)
　　止齋門人53/1729
徐範(彝父)
　　慶元黨禁97/3225
90徐炎午
　　疊山門人84/2850

2835_1 鮮

10鮮于侁(子駿)
　　元祐黨籍96/3171

2845_3 饑

80饑翁(見陳取青)

2854_0 牧

00牧庵(見姚燧)
牧齋(見孫松壽)
30牧之(見胡謙)
44牧莽(見王偁)
90牧堂老人(見蔡發)

2891_6 稅

77稅與權(巽甫)
　　鶴山門人80/2683

3010_6 宣

00宣(見張栻)
23宣獻(見任希夷)
　　(見黃度)
　　(見樓鑰)
60宣國公(見吕大防)
88宣簡(見趙不息)

3010_7 宜

30宜之(見豐誼)

3011_3 流

40流塘(見詹初)

3011_4 淮

38淮海(見秦觀)

3012_3 濟

10濟可(見翁仲通)
11濟北(見晁補之)
32濟溪老人(見李迎)
38濟道(見朱桴)
40濟南(見李廌)
濟南生(見林玉勝)
80濟父(見孟渙)

3013₂ 濠

33濠梁郡公(見董槐)

3013₇ 濂

32濂溪先生(見周敦頤)

3014₇ 淳

50淳夫(見汪大經)
(見游元)
(見范祖禹)
53淳甫(見范祖禹)
77淳叟(見劉堯夫)

3016₁ 涪

22涪皤(見黄庭堅)
74涪陵居士(見譙定)
80涪翁(見黄庭堅)

3019₆ 涼

60涼國公(見趙世延)

3020₁ 寧

30寧之(見李康)
80寧翁(見梁祖康)

3021₁ 完

50完夫(見胡宗愈)

3021₃ 寬

26寬伯(見杜欽禹)
50寬夫(見文彦博)
53寬甫(見同恕)

3022₇ 肩

10肩吾(見李從周)
(見蔡迨)

3023₂ 永

27永叔(見陳九言)
(見歐陽修)
(見翁泳)
30永之(見余元發)
60永國公(見蔡沈)
77永卿(見馬大年)

家

30家安國(復禮)
二蘇講友99/3301
家定國(退翁)
二蘇講友99/3301
44家勤國
二蘇講友99/3301
53家損(本仲)
勉齋門人63/2048
71家愿(處厚)
家氏家學*99/3311
元祐黨籍96/3188

3030₁ 進

00進齋(見徐幾)
26進伯(見吕大忠)
37進祖(見李階)
38進道(見姚述堯)

3030₂ 適

00適齋(見汪大猷)

38適道(見張堅)

3030_7 之

25之純(見李純甫)
38之道(見應傜)
　　(見晁詠之)
40之壽(見呂椿)
53之甫(見李純甫)

3033_6 憲

00憲章(見林憲)
71憲臣(見潘及甫)
88憲敏(見高閌)

3034_2 守

10守正堂(見方疇)
27守約(見沈該)
　　(見涂幾)
　　(見李閎祖)
38守道(見石介)
50守忠(見徐唐)
51守軒(見嚴滋)

3040_1 宇

00宇文紹節(挺臣、顧齋、忠惠)
　　南軒門人*72/2408
　　南軒門人50/1643
　宇文之邵(公南、宇文之紹、止止先生)
　　蜀學之先6/262
　宇文之紹(見宇文之邵)

準

51準軒(見吳中)

3040_4 安

10安正(見夏希賢)
21安行(見劉居正)
　　(見陳居仁)
22安樂先生(見邵雍)
25安仲(見吳師禮)
27安叔(見石定子)
30安定先生(見胡瑗)
　安實(子仁、哀實)
　　熊氏門人64/2082
37安逸處士(見何羣)
　安退處士(見劉師正)
38安道(見張方平)
　　(見李勉)
　　(見姚宏中)
　　(見楊適)
40安燾(厚卿)
　　安定門人*1/58
　　元祐黨籍96/3168
50安中(見黄履)
60安國(見張孝祥)
　　(見上官謐)
67安晚(見鄭清之)
　安煦(素庵)
　　默庵家學91/3029
72安劉(東山)
　　三江門人*76/2562
　　輔氏所傳64/2061
　　東發同調86/2902
77安熙(敬仲、滹川學者、默庵)
　　静修私淑91/3028
　安卿(見王遵禮)
　　(見趙謐)

（見陳淳）
88安簡（見李光）
90安惇（處厚）
攻元祐之學者96/3188

3040_7 字

32字溪（見陽枋）

3043_2 宏

00宏齋（見包恢）
（見李燔）
（見曹涇）
10宏可（見顧勳）
80宏父（見包恢）
（見徐誼）

3060_6 富

17富弼（彦國、富皋、鄭國公、韓國公、文忠）
高平門人*3/153
百源講友10/472
22富山先生（見方一夔）
26富皋（見富弼）
50富春先生（見孫復）

3060_8 容

00容齋（見桂同德）
30容之（見宋之汪）
40容直（見袁轂）
43容城郡公（見劉因）
80容父（見葛洪）

3060_9 審

00審言（見吕機）
25審律（見吴儀）
審律先生（見吴儀）

3062_1 寄

80寄翁（見黎立武）

3071_4 宅

30宅之（見豐有俊）
（見曾祖道）

3073_2 良

24良佐（見李直方）
（見楊邦弼）
25良仲（見李杞）
（見杜煜）
27良叔（見史彌忠）
50良貴（見蔣重珍）
（見吴貴）
53良甫（見孟猷）

3077_2 密

44密林（見車景山）

3080_1 定

00定齋（見謝諤）
（見黄鏞）
14定功（見劉若川）
22定川（見沈煥）
30定宇（見陳櫟）
34定遠（見曾熠）
44定菴（見王瀚）
50定夫（見游酢）
（見蕭佐）
60定國（見王鞏）

77定叟(見張栻)
80定翁(見胡宗伋)
(見馬應之)

蹇

00蹇序辰(授之)
別附*98/3265
攻元祐之學者96/3189
77蹇周輔(皤翁)
蹇序辰父98/3265

3080_6 賓

10賓王(見方誼)
30賓之(見劉夙)
77賓卿(見梁觀國)

實

00實齋(見王遂)
30實之(見王邁)
(見真志道)
50實夫(見黄櫄)
(見林宗臣)
(見馬光祖)

賽

60賽因囊加帶(見燕公楠)

竇

25竇傑(見竇默)
26竇伯煇(醉經堂)
菊潭門人95/3147
28竇從周(文卿)
晦翁門人*69/2284
游氏門人71/2400
32竇澄(叔清)
晦翁門人69/2284
63竇默(子聲、竇傑、漢卿、魏國公、文正)
魯齋講友90/3004

寶

22寶峯先生(見趙偕)
寶山(見劉厚南)
30寶之(見李如圭)
31寶潭(見魯士能)

3090_1 宗

00宗度
戚同文門人3/133
10宗可(見王大受)
12宗孔(見李仕魯)
13宗武(見晏防)
17宗豫(見黄淮)
23宗台(見黄以翼)
27宗魯(見呂洙)
宗約(見羅博文)
35宗禮(見羅博文)
(見劉立之)
47宗起(見徐興祖)
71宗驥(見陽枋)
77宗卿(見石範)
(見丘密)

3090_4 宋

00宋文仲(伯華)
南軒門人71/2387
03宋斌(文叔)
晦翁門人*69/2276

勉齋門人63/2050
宏齋門人70/2330
10宋元龜
沙隨門人25/989
宋元之(伯允)
沙隨門人25/989
宋晉之(舜卿、樟坡居士、宋孝先)
梅溪門人44/1435
12宋瑞(見文天祥)
17宋習之
宋晉之弟44/1435
18宋璲(仲珩、伯珩、仲衡)
宋濂子82/2800
24宋德之(正仲、彭山)
南軒門人*72/2412
南軒門人50/1643
25宋甡(茂叔、西園)
南軒門人*71/2393
東萊門人51/1685
26宋自適(亦佳、吉甫)
宋甡子71/2393
宋保國
荆公學侶*98/3255
元祐黨籍96/3178
30宋宜之
震澤門人29/1058
宋濂(景濂、潛溪、太史公、文憲)
凝熙門人*82/2800
呂學續傳51/1688
吴氏門人56/1859
文貞門人70/2356
静倹門人82/2795
宋之汪(容之)
晦翁門人69/2309
宋之源(積之、深之)
静春門人*59/1947
晦翁門人49/1593
戴氏門人53/1733
宋之潤(澤之)
晦翁門人69/2309
宋之才(廷佐、雲海居士、平陽縣伯、文簡)
龜山門人25/972
40宋九嘉(飛卿)
屏山門人100/3328
宋士(見許月卿)
44宋夢鼎(翔仲)
楊錢續傳74/2515
宋孝先(見宋晉之)
72宋剛仲(仲潛)
南軒門人71/2387
77宋駒(厩父)
水心門人55/1816
宋舉(見邵整)

3111_0 江

02江端禮(子和、季恭、季慕)
節孝門人*1/60
劉氏門人4/215
10江夏郡公(見黄溍)
14江琦(全叔、江錡)
武夷門人*34/1183
龜山門人25/975
廌山門人26/998
衡麓講友41/1358
18江致一(得之、石室)
安定門人1/54
20江孚

白雲門人82/2793
27江凱(伯幾、雪矼、伯成、江愷、雪江先生)
山屋門人89/2985
33江泳(元適、西莊)
逸平門人25/986
34江漢先生(見趙復)
44江萬里(子遠、古心、止水亭、南康郡公、益國公、文忠)
蒙谷門人70/2334
46江塤(叔文)
西山門人*81/2711
玉峯門人70/2340
47江起
白雲門人82/2793
50江泰之
象山門人77/2600
63江默(德功)
晦翁門人69/2312
77江與權
白石門人*68/2239
北溪門人68/2236
80江介(邦直、玉汝)
逸平門人25/985
江公望(民表)
元祐黨籍96/3186
84江錡(見江琦)
92江愷(見江凱)
96江煜(江燁)
94江燁(見江煜)
江萬里父70/2334

3111₁ 涇

53涇甫(見祝泌)
76涇陽王(見賀伯顔)

3111₄ 汪

00汪應昇
東山家學83/2828
汪應辰(聖錫、孝伯、玉山先生、汪師閔、汪洋、文定)
呂張門人*46/1453
湍石門人25/982
武夷門人34/1192
紫微門人36/1247
横浦門人40/1324
趙張學侣44/1418
10汪元春(景新)
王氏門人*64/2061
余氏門人64/2060
21汪衍
元祐黨籍96/3180
汪行簡
廣平門人76/2560
汪師閔(見汪應辰)
24汪先生(見汪洙)
25汪仲儀
東萊門人73/2450
26汪自明(俊德)
師山門人94/3136
汪伯時
玉山家學46/1460
30汪淳
東萊門人73/2442
34汪斗建
蛟峯門人82/2762
汪汝懋(以敬、遯齋)
大之門人*74/2519

朝陽門人74/2520
本一門人74/2520
汪氏家學82/2798
汪逵(季路)
玉山家學*46/1461
慶元黨禁97/3220
35汪洙(德温、汪先生)
鄞江門人6/266
37汪澥(仲容)
荆公門人*98/3258
安定門人1/46
汪深(萬頃、主静先生)
金溪續傳*58/1935
安定續傳1/68
38汪洋(見汪應辰)
40汪大亨(時升)
東萊門人73/2443
汪大度(時法、獨善、西山先生)
東萊門人73/2442
汪大章(約叟)
東萊門人73/2442
汪大經(淳夫)
青溪家學*23/914
溪堂門人23/914
汪大明(時晦)
東萊門人73/2443
汪大猷(仲嘉、適齋、叔嘉、莊靖)
庇民門人*25/980
汪氏家學6/271
汪克寬(德輔、仲裕、環谷先生)
東山再傳*83/2832
可堂門人83/2829
44汪莘(叔野、歸愚先生)
滎陽門人23/911
汪勃(彦及)
攻專門之學者96/3195
汪華(榮夫、東山)
雙峯門人*83/2823
元道門人70/2354
汪革(信民、青溪先生、清溪先生)
滎陽門人*23/910
景迂學侶22/897
46汪相(魏夫)
雙峯門人83/2823
60汪思温(汝直、友恭)
汪洙子6/266
64汪時中(天麟、查山先生)
東山再傳83/2835
77汪開之(元思)
北山門人*82/2735
汪氏家學73/2458
汪輿立(師道)
柏軒門人82/2803
80汪義端(子充、充之)
攻慶元僞學者97/3227
90汪炎昶(懋遠、古逸)
江凱友89/2985

3112_0 河

40河南王(見孛憐吉䚟)
河南先生(見尹洙)
河南伯(見程顥)

3112_7 馮

00馮文榮
寶峯門人93/3114
10馮正符(信道)
安逸門人2/125

16馮理(聖先、東皋居士)
伊川門人*30/1078
和靖講友27/1009
22馮山(鴻頭先生、允南)
馮澥父45/1448
23馮允中(作肅、見齋)
晦翁門人69/2304
37馮澥(長源)
三顧門人45/1448
40馮堯民(希元)
馮正符父2/125
50馮忠恕(貫道)
和靖門人*27/1011
東皋家學30/1085
60馮國壽
慈湖門人74/2482
64馮時行(當可、縉雲先生、馮當可)
天授門人30/1085
77馮興宗(振甫)
慈湖門人74/2482
80馮曾(聖與)
北谷講友77/2612
90馮當可(見馮時行)

3114_9 滹

22滹川學者(見安熙)

3116_1 潛

00潛庵(見輔廣)
潛齋(見王埜)
潛齋先生(見陳剛)
30潛室先生(見陳埴)
32潛溪(見宋濂)
33潛心(見柴衛)
38潛道(見暢大隱)
50潛夫(見劉克莊)
(見劉炎)
51潛軒(見王昭)
77潛學先生(見陳剛)

3116_8 濬

00濬文(見李希明)
25濬仲(見吴沈)

3126_6 福

10福王(見趙汝愚)
35福清先生(見王蘋)
60福國公(見真德秀)

3128_6 顧

00顧齋(見邵大椿)
(見宇文紹節)
10顧平甫
默信門人*77/2606
慈湖門人74/2503
24顧勳(宏可)
寶峯門人93/3116
30顧寧
寶峯門人93/3114
78顧臨(子敦)
安定門人*1/46
元祐黨籍96/3169

3130_3 遯

00遯齋(見汪汝懋)
22遯山翁(見何鳳)
80遯翁(見石余亨)
(見朱熹)

(見全彦)

3130_4 迂

00迂齋(見李樗)
(見樓昉)
25迂仲(見李樗)
80迂父(見歐陽守道)

3210_0 淵

21淵穎先生(見吳萊)

3211_8 澄

00澄齋(見吳翌)
30澄之(見張保源)

3212_1 沂

60沂國公(見趙汝愚)

3212_7 湍

10湍石(見喻樗)

3213_0 冰

40冰壺(見趙湝)
冰壺散人(見劉欽)

3213_4 溪

00溪齋(見滕璘)
10溪西先生(見鄭樵)
溪西漁(見鄭忠)
50溪東先生(見鄭厚)
90溪堂先生(見謝逸)
(見滕愷)

3214_7 浮

24浮休居士(見張舜民)
31浮沚先生(見周行己)
77浮屠文誠(道元)
別附65/2115

3216_9 潘

00潘音(聲甫、待清軒)
草廬門人92/3078
17潘及甫(憲臣)
安定門人1/57
21潘鯁(昌言)
公闢門人5/246
27潘凱(南夫)
子量門人32/1157
30潘安固(仲碩)
周許學侶*32/1145
伊川私淑16/658
潘良佐
潘時父20/842
潘良貴(義榮、子賤、默成)
龜山門人25/963
40潘友文(文叔)
象山門人*77/2592
潘氏家學20/843
潘友端(端叔)
南軒門人*71/2394
潘氏家學20/843
晦翁門人49/1594
東萊門人51/1685
潘友恭(恭叔)
晦翁門人*69/2309
潘氏家學20/843
潘希宗(景昭、柏峯居士、潘焳)
玉峯門人*66/2135

春山門人66/2136
41潘柄(謙之、瓜山先生)
晦翁門人69/2291
44潘植(立之)
晦翁門人69/2291
47潘墀(經、介巖、芥軒、大潘君)
魯齋學侶82/2743
潘好謙(伯益、矯齋)
默成家學25/978
57潘拯(康仲)
橫渠門人31/1116
60潘景尹
東萊門人*73/2440
矯齋家學25/987
潘景憲(叔度)
東萊門人73/2439
潘景夔
東萊門人*73/2440
矯齋家學25/987
潘景愈(叔昌)
東萊門人73/2440
64潘時舉(子善)
晦翁門人69/2317
潘畤(德鄜)
李氏門人*20/842
默成家學25/978
晦翁講友49/1587
南軒講友50/1636
東萊講友51/1680
77潘閔(子文)
伊川門人32/1143
94潘煃(見潘希宗)

3230_2 近

21近仁(見劉剛中)
60近思(見王力行)

3230_7 遥

32遥溪先生(見熊凱)

3230_9 遜

40遜志(見方孝孺)

3300_0 心

00心齋先生(見董德修)
32心淵(見余濟)
38心道(見饒宗魯)
46心如(見劉翼)

必

16必强(見黃千能)
40必大(見葉誕)
67必明(見劉愚)

3312_7 浦

43浦城伯(見真德秀)

3313_2 泳

30泳之(見甘泳)

3314_2 溥

30溥之(見鄭湜)

3314_7 浚

67浚明(見胡宗伋)

3316_0 治

24治先(見呂大器)

3318_6 濱

44濱老(見李吕)

3322_7 補

30補之(見王無咎)
(見鄭湜)

3330_9 述

30述之(見唐季乙)
40述古(見陳襄)

3390_4 梁

17梁琭(文叔)
晦翁門人69/2304
梁子强(仁伯)
南軒門人71/2385
20梁集(伯翔)
北溪門人68/2235
32梁溪(見李綱)
37梁祖康(寧翁)
勉齋門人63/2046
40梁燾(況之)
至之門人*2/124
元祐黨籍96/3166
46梁觀國(賓卿)
衡麓學侶41/1358

3400_0 斗

40斗南(見吴仁傑)

3411_2 沈

00沈度(公雅)
默堂門人38/1266
沈文彪(清逷居士)
慈湖講友74/2480
沈該(守約、元約)
漢上同調37/1260
10沈可亨
玉峯講友66/2133
14沈琪(東美、嘉慶先生)
石經家學32/1149
17沈晕(元吉)
慈湖門人74/2497
20沈季豊(儉光)
沈大廉子32/1149
22沈繼祖
攻慶元僞學者97/3227
25沈傳曾
定川家學76/2561
27沈躬行(彬老、石經先生)
程吕門人*32/1137
林氏門人5/248
藍田門人31/1124
龔氏門人98/3269
沈僴(仲莊)
晦翁門人69/2288
沈魯曾(沈木山)
定川家學76/2561
31沈源
遯齋門人*74/2522
清逷續傳74/2522
35沈清臣(正卿、巖晦先生、晦巖先生)
横浦門人40/1325
40沈大廉(元簡)
石經家學32/1149
沈大經(元城)

石經家學32/1150
沈有開(應先)
南軒門人*71/2385
東萊門人51/1685
艮齋門人52/1701
止齋門人53/1732
慶元黨禁97/3219
沈木山(見沈魯曾)
44沈夢麟(元昭)
正節門人82/2804
50沈貴珤(誠叔、敬齋、毅齋先生)
介軒門人89/2973
60沈昌(叔阜)
止齋門人53/1726
68沈晦(元用)
和靖門人27/1018
75沈體仁(仲一)
止齋門人*53/1732
石經續傳32/1157
77沈民獻
慈湖門人*74/2498
清遐家學74/2507
85沈銖(公權)
公路門人30/1084
87沈銘
公路門人30/1084
88沈敏曾
定川家學76/2561
89沈鏜
公路門人30/1084
90沈省曾(智甫)
定川家學76/2561
91沈炳(季文)
象山門人*76/2559
公權家學30/1086
象山門人58/1931
97沈煇卿(明大)
清遐續傳74/2521
沈煥(叔晦、定川、端憲)
復齋門人*76/2551
公權家學30/1086
復齋門人57/1878
慈湖講友74/2480
絜齋講友75/2529

3411_8 湛

23湛然(見吴表臣)

3412_7 渤

38渤海郡侯(見歐陽龍生)
渤海伯(見歐陽逢泰)

3413_4 漢

21漢上先生(見朱震)
67漢明(見彪虎臣)
77漢卿(見張良臣)
(見竇默)
(見趙卯發)
(見輔廣)

3414_0 汝

21汝行(見蔣復)
26汝泉(見陳泌)
37汝資(見陳深)
40汝直(見汪思温)
汝南伯(見周敦頤)
汝南公(見范仲淹)
67汝明(見李鑑)

77汝堅(見王礪)

3414_7 淩

10淩雲先生(見饒子儀)
60淩景夏(季文)
橫浦門人40/1323
77淩堅
龍川門人56/1852

3416_1 浩

00浩齊(見楊子謨)
34浩卿(見李季淵)

3418_1 洪

03洪斌(節夫)
師山門人*94/3137
石丘門人94/3138
10洪天錫(君疇、陽巖、文毅)
後村門人47/1486
洪瑋
寶峯門人93/3115
洪震老(復翁)
大之同調74/2514
洪霖
止齋門人53/1727
17洪璵
洪源子74/2515
30洪宅(季安)
師山門人94/3137
31洪源(子泉)
楊錢續傳74/2515
34洪濤(元質)
潛齋門人65/2117
37洪初(義初、野谷先生)
明所門人83/2835
洪咨夔(舜俞、平齋、忠文)
菊坡門人79/2644
38洪道(見周必大)
40洪杰(仲德)
師山門人94/3137
44洪夢炎(季思、默齋)
慈湖門人74/2487
56洪揚祖(季揚、錦溪先生)
融堂門人*74/2508
慈湖門人74/2505
絜齋門人75/2537
蒙齋門人75/2538
75洪曊(君實、本一)
默齋續傳74/2516
88洪篰(子斐、子裴)
慈湖門人74/2500
洪範(見余卞)

淇

12淇水(見李清臣)

3426_0 祐

30祐之(見陳祥道)

3430_8 遠

00遠庵(見方士繇)
(見趙師夏)
遠齋(見虞復)
(見程鉅夫)
遠齋先生(見程鉅夫)
27遠叔(見游儆)
30遠之(見鍾宏)

3430_4 逵

10逵可(見湯建)
逵不花(見泰不華)
38逵道(見滕元發)
44逵材(見黄枏)
(見胡拱)
46逵觀(見楊準)
53逵甫(見孟導)
80逵兼善(見泰不華)
逵善(見張璽)

3510_6 沖

20沖季(見孫貫)
68沖晦處士(見郭雍)

3512_7 淸

16淸碧先生(見杜本)
23淸獻(見王都中)
(見崔與之)
(見朱松)
(見游似)
(見杜範)
(見趙挺之)
(見趙忭)
27淸叔(見王卿月)
(見張汾)
30淸憲(見趙挺之)
淸容居士(見袁桷)
31淸河郡公(見元明善)
32淸溪(見桂彥良)
淸溪先生(見汪革)
34淸遠(見黄景昌)
37淸退居士(見沈文彪)
50淸惠(見陳昉)
淸忠(見牟子才)
53淸甫(見曹涇)
71淸臣(見車若水)
72淸所(見章仕堯)
88淸簡(見閻邱昕)
淸敏(見豐稷)
(見陳卓)
淸節先生(見蕭楚)

3519_6 湅

12湅水(見司馬光)

3520_6 神

22神川遯士(見劉祁)
77神輿(見蔡發)

3530_0 連

10連雲先生(見方暹)

3530_6 迪

53迪甫(見王次傳)
77迪卿(見夏庭簡)

3610_0 湘

27湘鄉先生(見鄭厚)

3611_0 況

30況之(見梁燾)

3611_7 溫

35溫淸(見孫固)
60溫國公(見司馬光)
(見李燾)

88溫節(見徐庭筠)

3612_7 湯

10湯千(見湯千)
15湯建(達可、藝堂先生)
慈湖講友74/2481
20湯千(升伯、存齋、隨適居士、湯千、大湯)
柴真門人*84/2841
南溪門人79/2643
西山門人81/2714
24湯德威(臨齋)
湯千父84/2841
26湯伯陽(湯伯易)
雙峯門人83/2816
湯伯易(見湯伯陽)
湯程
白石門人61/1975
33湯泳(叔永、靜一先生)
晦翁門人69/2284
34湯漢(伯紀、東澗、文清)
晦靜家學*84/2843
南溪門人79/2644
强恕門人79/2645
40湯巾(仲能、晦靜)
柴真門人*84/2841
金溪續傳58/1934
南溪門人79/2644
西山門人81/2714
50湯中(季庸、息庵、抑齋、小湯)
柴真門人*84/2841
南溪門人79/2644
西山門人81/2714
83湯鹹
元祐黨籍96/3178

渭

22渭川居士(見呂勝己)
27渭叔(見張渭)

3614_1 澤

22澤山行館(見黄震)
30澤之(見宋之潤)
53澤甫(見蔣沐)
77澤民(見邵溥)
(見陳天澤)
80澤父(見呂凝之)

3614_7 漫

33漫浪翁(見劉羲仲)
40漫塘(見劉宰)
80漫翁先生(見劉羲仲)
90漫堂(見劉宰)

3621_0 祝

33祝泌(子涇、涇甫、觀物老人)
邵學之餘78/2619
44祝蕃(蕃遠)
靜明門人93/3103
90祝常(履中)
安定門人1/51

3711_0 汎

80汎翁(見劉因)

3712_0 洵

84洵饒(見黄寬)

洞

31洞源先生(見胡泳)

湖

78湖陰居士(見韋許)

潤

26潤泉(見韓淲)

3712_7 鴻

11鴻碩先生(見馮山)
53鴻甫(見曾漸)

潏

12潏水先生(見李復)

3713_6 漁

25漁仲(見鄭樵)

3714_7 汲

17汲郡公(見呂大防)
25汲仲(見胡長孺)

3715_6 渾

77渾尺居士(見王介)

3716_1 澹

00澹庵(見張珪)
　　(見胡銓)
30澹室(見陳居仁)
51澹軒先生(見李呂)

3716_4 洛

60洛國公(見程頤)

潞

60潞國公(見文彦博)

3718_0 溟

34溟涬生(見廖應淮)

3718_1 凝

77凝熙先生(見聞人夢吉)

3718_2 次

10次元(見周燾)
　次雲(見方嶽)
　次賈(見陳策)
55次農(見金履祥)
77次卿(見程永奇)
80次愈(見姚愈)

3719_3 潔

00潔齋先生(見袁燮)

3719_4 深

00深褒山道人(見吴萊)
　深褒先生(見吴萊)
22深山(見董鼎)
30深寧(見王應麟)
　深之(見龔原)
　　(見向沈)
　　(見宋之源)
31深源(見朱浚)
38深道(見韋許)
53深甫(見許及之)
　　(見王回)

80深父(見龔原)
(見王回)

3721_0 祖

21祖仁(見牛師德)
24祖德(見來之邵)
祖勉(見黄夢榦)
80祖無擇(擇之)
泰山門人2/116

3721_4 冠

30冠之(見朱元龍)

3722_0 初

00初庵先生(見傅立)
30初寮(見王安中)

3722_7 祁

30祁寬(居之)
和靖門人27/1011

3730_1 逸

00逸齋(見范處義)
10逸平先生(見徐存)
77逸民(見吴迂)

3730_2 通

00通齋先生(見菜由庚)
28通微先生(見楊剛中)
44通老(見楊楫)
(見周憼)
50通夫(見何羣)
53通甫(見袁易)
77通叟(見舒津)
通卿(見林子沖)
80通父(見袁易)

3730_3 退

00退庵(見吴淵)
(見劉强學)
退齋(見熊禾)
(見劉彌正)
(見滕安上)
30退之(見陳思謙)
50退夫(見虞甡)
80退翁(見柴瑾)
(見家定國)
(見劉彌正)

遷

80遷父(見劉敞)

3730_4 逢

40逢吉(見危稹)
(見吕大同)
71逢辰(見閭邱昕)
逢原(見程若庸)
(見樊賓深)

3772_7 郎

44郎焘(見郎鵬舉)
60郎景明
龍川門人56/1852
77郎鵬舉(郎焘)
郎景明父*56/1852
景望同調32/1154
96郎煜(晦之)
横浦門人*40/1328

于氏門人40/1331

3780_6 資

50資中(見黄澤)

3811_9 滏

12滏水先生(見趙秉文)

3813_2 滋

32滋溪先生(見蘇天爵)

3814_7 游

08游𤀹(游議)

景叔家學31/1124

游議(見游𤀹)

10游元(淳夫)

象山門人77/2594

游醇

游酢兄25/994

12游烈(晉老)

安定門人1/52

18游酢(定夫、廣平先生、廌山先生、文肅)

二程門人*26/994

明道門人14/581

伊川門人16/655

上蔡講友24/934

21游師雄(景叔)

横渠門人31/1114

25游仲鴻(子正、忠)

慶元之學*79/2642

慶元黨禁97/3219

28游似(景仁、克齋、南充國公、清獻)

後溪門人*79/2642

游氏家學79/2646

鶴山門人80/2678

游儆(敬仲、遠叔)

晦翁門人69/2300

游復(執中)

龜山講友25/958

30游汶(魯望)

克齋家學79/2646

40游九言(誠之、默齋、默齋先生、游九思、文清)

南軒門人*71/2380

南軒門人50/1643

游九功(勉之、受齋先生、莊簡)

南軒門人*71/2380

南軒門人50/1643

游九思(見游九言)

3816_7 滄

31滄江先生(見虞剛簡)

32滄洲(見程公許)

(見史彌堅)

滄州病叟(見朱熹)

3819_4 涂

22涂幾(守約)

俟庵門人93/3120

3826_8 裕

51裕軒先生(見朱同善)

80裕父(見舒益)

3830_3 遂

37遂初(見尤袤)

遂初老人(見王厚孫)

3830_4 遵

16遵聖(見任孜)
38遵道(見楊迪)
43遵博(見向樸)
53遵甫(見蔡範)

3830_6 道

10道元(見浮屠文誠)
(見劉夔)
道可(見王濟淵)
16道聖(見任孜)
17道勇(見陳師凱)
22道川先生(見倪士毅)
道任(見石公揆)
24道佐(見石公揆)
25道傳(見柳貫)
27道鄉(見鄒浩)
(見陸賀)
30道濟(見劉德淵)
31道源(見魯淵)
(見劉恕)
37道凝(見高凝)
道潔(見袁溉)
50道夫(見程直方)
(見黄樵仲)
(見吴淵)
道貴堂(見李道恒)
53道輔(見方元寀)
道威(見吴虎臣)
道甫(見王自中)
60道國公(見周敦頤)
道園(見虞集)
71道原(見劉恕)

3834_3 導

31導江先生(見張𢌿)

3860_4 啓

26啓伯(見樓鑰)

3912_0 沙

74沙隨(見程迥)

3918_9 淡

00淡庵老人(見胡銓)
淡齋(見王萬)
22淡巖(見蔣復)
30淡室(見胡銓)
51淡軒(見葉士龍)
(見楊方)

3930_2 逍

32逍遥(見謝良佐)

4001_1 左

52左揆(正卿)
艮齋門人28/1042

4001_7 九

10九靈山人(見戴良)
22九峯先生(見蔡沈)
32九溪(見牟楷)
60九思(見鄭穀)

4002_7 力

21力行(見詹勉)

30力之(見曹穎叔)

4003_0 大

00大亨(見呂聲之)
大章(見徐一夔)
(見楊芮)
22大任(見任孜)
26大程子(見程顥)
30大寧先生(見敬鉉)
大之(見夏溥)
32大潘君(見潘墀)
36大湯(見湯千)
43大戴先生(見戴述)
44大蓬(見趙必睾)
大老(見呂沖之)
46大觀(見趙瞻)
50大東萊(見呂本中)
60大田先生(見王象祖)
大愚叟(見呂祖儉)
70大雅(見車瑢)
大防(見樓鑰)
72大劉先生(見劉安節)
大隱先生(見楊適)
大隱樓(見劉衡)
76大陽先生(見陽枋)
80大年(見吳壽昌)
87大鄭公(見鄭伯熊)

太

21太虛(見秦觀)
26太和(見何兑)
30太空(見許月卿)
37太初(見董朴)
42太樸(見危素)
50太史公(見宋濂)
60太易(見晏明中)
77太學觀化齋生(見王炎午)
太卿(見劉肅)

4003_8 夾

32夾漈先生(見鄭樵)
80夾谷之奇(士常)
導江門人82/2764

4004_7 友

44友恭(見汪思温)
90友堂(見吳昶)

4010_0 士

00士彦(見周長孺)
01士龍(見薛季宣)
15士建中(熙道)
泰山同調*6/252
泰山同調2/103
21士衡(見王權)
25士傑(見楊俊民)
30士宜(見唐義問)
士安(見第五居仁)
47士都(見李昶)
88士銓(見張文選)
90士常(見夾谷之奇)

4010_4 圭

00圭齋(見歐陽玄)
27圭叔(見呂大圭)

臺

32臺溪先生(見何鎬)

4010_6 查

22查山先生(見汪時中)

4010_7 直

00直齋先生(見鄧約禮)
50直夫(見李浩)
77直卿(見黄榦)
　　(見吴中)
80直翁(見黄寅)
　　(見史浩)

壺

22壺山(見黄士毅)
72壺隱先生(見黄文晟)

4013_6 鑫

72鑫隱(見吴仁傑)

4016_7 塘

27塘奥先生(見林石)

4020_0 才

25才仲(見趙栩)
27才叔(見張庭堅)
44才老(見吴棫)
77才卿(見劉甫)
　　(見陳文蔚)
80才翁(見黎明)

4021_1 堯

50堯夫(見邵雍)
　　(見范純仁)
77堯叟(見鄒夔)
堯卿(見虞唐佐)
　　(見李唐咨)

4021_4 在

12在廷(見蘇元老)

4021_6 克

00克齋(見石𡼖)
　　(見程公説)
　　(見游似)
　　(見董楷)
　　(見楊泰之)
　　(見陳琦)
克齋先生(見陳文蔚)
24克升(見朱公遷)
44克恭(見鄒渠)
90克堂(見包揚)

4022_7 希

00希文(見范仲淹)
01希顔(見雷淵)
10希元(見馮堯民)
　　(見真德秀)
希貢(見鄭璉)
16希聖(見侯仲良)
21希穎(見程公許)
32希遜(見歐陽謙之)
33希泌(見劉應李)
38希道(見王汶)
　　(見耿南仲)
　　(見劉庠)
40希直(見方孝孺)
希才(見方用)
希古(見方孝孺)

（見常安民）
77希賢（見薛師邵）
90希光（見趙昱）

南

00南充國公（見游似）
南康郡公（見江萬里）
22南豐先生（見曾鞏）
南山先生（見黄潤玉）
25南仲（見趙葵）
（見周南）
（見翁升）
27南叔（見高稼）
（見史彌鞏）
32南溪先生（見柴中行）
37南湖先生（見杜煜）
南澗先生（見韓元吉）
南澗翁（見韓元吉）
38南海郡公（見崔與之）
40南塘（見徐存）
（見趙汝談）
（見趙汝騰）
44南坡先生（見葉秀發）
南英（見吴仁傑）
南村（見陳天瑞）
50南夫（見魏杞）
（見徐畸）
（見潘凱）
（見滕愷）
（見鄭宗强）
南夫子（見林光朝）
51南軒（見張栻）
60南田耕舍（見黄鎮成）
67南墅（見陳策）
76南陽郡公（見孛术魯翀）
（見韓維）
南陽先生（見葉儀）
80南公（見李耆壽）
90南堂（見時瀾）
南堂先生（見鄒斌）

4024_{7} 皮

21皮縉（見皮溍）
31皮溍（昭德、皮縉）
草廬門人92/3077

存

00存齋（見唐懷德）
（見許升）
（見牟子才）
（見烏沖）
（見湯千）
（見吕勝己）
（見劉季偉）
（見陸九淵）
（見陽岊）
存齋先生（見黄鎮成）
21存仁（見許元）
30存安（見牟子才）
35存禮（見許亨）
70存雅（見方鳳）
77存叟（見牟子才）

4033_{1} 赤

43赤城（見羅適）

志

00志康（見孫緦）

21志仁(見楊復)
志行(見楊剛中)
27志伊(見高耕)
30志完(見鄒浩)
38志道(見張以寧)
77志舉(見孫勱)
88志節(見徐庭筠)

4034₁ 奪

20奪秀亭(見劉衡)

4040₁ 幸

00幸庵(見趙善應)

4040₇ 支

00支離先生(見陸祐)

李

00李彥(見李世弼)
李序(仲倫)
白雲門人82/2792
李齊(公平)
莊節門人64/2080
李方子(公晦、果齋)
晦翁門人*69/2260
晦翁門人49/1593
勉齋講友63/2038
西山講友81/2709
李高
李光父20/835
李廌(方叔、濟南)
東坡門人99/3307
李康(寧之)
石塘門人65/2115
李唐(仲宏、靜學、李公常)
白雲門人82/2790
李唐咨(堯卿)
晦翁門人69/2297
李亦
白雲門人82/2795
李文子(公謹、耘叟、耘子)
晦翁門人69/2260
李文炳
魯齋門人90/3013
03李謐(見李希明)
李誠(見李伯玉)
李誠之(茂欽、正節侯)
東萊門人73/2436
04李誥
李深父19/806
08李謙(受益、野齋先生)
尚書門人2/129
10李天勇(養吾)
疊山門人84/2850
李天篪
靜修門人91/3028
李五峯(季和、李孝光)
朱右師82/2802
李元白(景平、三江)
廣平門人*76/2559
蔡氏門人53/1733
李雲
象山門人77/2591
11李彌正(似表)
李氏家學4/219
李彌遜(似之、筠溪先生)
李氏家學4/217
李彌大(似矩)

李氏家學4/217
12李發(見李彝)
李彝(李發)
北溪門人68/2236
13李武伯
勉齋門人63/2049
17李孟珍(文潛)
李氏家學20/841
李孟傳(文授、磐溪先生、盤溪先生)
李氏家學20/841
李孟博(文約)
李氏家學20/841
李孟堅(文通)
李氏家學20/841
李君平(見李初平)
20李舜臣(子思、崇國公、蜀先生)
縉雲門人30/1086
李季淵(浩卿)
李本從父92/3075
李季札(季子)
晦翁門人*69/2312
鍾山家學27/1023
21李仁昱(載叔)
洞源門人70/2341
李處廉(廉仲)
伊川門人30/1082
李處遯(嘉仲)
伊川門人30/1081
李經(天英)
屏山門人100/3328
23李參
伊川門人30/1079
李俊民(用章、鶴鳴先生、莊靖先生)
明道續傳*14/583
荆氏門人78/2624
24李仕魯(宗孔、李士魯)
明所門人83/2835
李仕開
李孝謙父82/2805
李壯祖(處謙)
晦翁門人*69/2295
滄軒家學25/990
李德駿
龜山門人25/975
李勉(安道)
李深弟*19/806
元祐黨籍96/3187
25李純甫(之純、之甫、屏山居士)
王蘇餘派*100/3316
王學餘派98/3271
蘇學餘派99/3313
26李伯誠
晦翁門人69/2326
李伯玉(純甫、恕堂、斛峯、李誠)
强恕門人79/2645
李伯源
李本父92/3075
李伯敏(敏求、好古)
象山門人77/2582
李緼(仲淵)
泰山門人*2/117
士氏私淑6/262
李纓(德章)
復齋門人57/1879
27李侗(愿中、延平先生、越國公、文靖)

豫章門人39/1278
李修己(思永)
南軒門人*72/2409
南軒門人50/1643
復齋門人57/1879
李絅(伯尚)
俟庵門人93/3121
李綱(伯紀、梁溪、忠定)
衛公家學25/977
28李以制(景禮)
李元白子76/2559
李以稱(景平)
李元白子76/2559
李似祖
龜山門人25/973
李復(履中、潏水先生)
横渠門人31/1116
李復(信仲)
象山門人*77/2595
仲欽家學77/2612
李從周(肩吾)
鶴山講友80/2675
李聳
童居易師74/2491
李繒(參仲、鍾山先生)
節夫門人27/1021
30李之純(端伯)
穎濱同調*99/3303
元祐黨籍96/3171
李之儀(端叔、姑溪居士)
忠宣門人*3/175
元祐黨籍96/3187
東坡門人99/3309
李氏家學99/3311
李之才(挺之)
邵雍師9/365
李實
胡志仁門人84/2852
李實
雙峯門人83/2824
李宗思(伯諫)
晦翁門人69/2324
31李漑之(李洞、天心水面亭)
黄澤傳附92/3063
李潛(君行)
清敏同調19/802
李祉
元祐黨籍96/3182
33李心傳(微之、秀巖先生)
子思家學30/1087
李心原
草廬門人92/3077
34李洧孫(甫山、霽峯先生)
通叟門人76/2563
李浩(德遠、直夫、橘園)
象山學侶58/1920
李沐
攻慶元僞學者97/3226
35李清臣(邦直、淇水)
攻元祐之學者96/3188
36李昶(士都)
李氏家學2/128
37李洞(見李漑之)
李鴻漸
樓鑰師79/2633
李深(叔平)
元祐之學*19/806
元祐黨籍96/3187

李初平(李君平)
濂溪講友12/529
李迎(彦將、濟溪老人)
浮沚門人32/1146
38李祥(元德、肅簡)
慶元黨禁97/3219
李裕(公饒)
白雲門人82/2791
李道傳(貫之、文節、文惠、文靖)
子思家學*30/1090
晦翁私淑49/1597
勉齋講友63/2038
李道恒(道貫堂)
靜修門人91/3027
40李大有(謙仲)
東萊私淑*51/1686
晦翁私淑49/1597
南軒私淑50/1646
李大同(從仲、蝸室老人、文莊)
東萊門人*73/2446
晦翁門人49/1594
李士魯(見李仕魯)
李士興
默庵門人91/3030
李埴(季允、悅齋先生、文肅)
南軒門人*71/2391
巽巖家學8/362
靜春門人59/1947
樓氏門人73/2453
慶元黨禁97/3219
李直方(德方、良佐、幼直、復庵先生)
鱍翁同調70/2353
李希明(濬文、李謐)
靜學家學82/2804
李存(明遠、仲公、俟庵先生、竹莊)
靜明門人93/3104
李燾(仁甫、巽巖先生、溫國公、文簡)
涑水續傳8/359
李雄(子誠)
晦翁門人*69/2309
康氏門人24/938
41李樗(迂仲、迂齋、三山先生)
紫微門人*36/1247
陸氏門人43/1408
43李朴(先之、章貢先生)
君行家學*19/812
伊川門人16/656
豐氏門人19/811
44李芾(叔章、肯齋、無暴棄齋)
修齋門人80/2690
李孝謙(李本)
九靈門人*82/2805
則誠門人70/2363
仲子門人93/3122
李孝光(見李五峯)
李耆壽(南公)
晦翁門人*69/2285
象山門人58/1931
李植(元直、忠襄)
晁氏門人*99/3312
武夷講友34/1181
李楠(和伯)
紫微門人*36/1246
陸氏門人43/1408
李世弼(李彥)

泰山續傳2/128
45李坤臣(中父)
鶴山講友80/2674
李椿(壽翁)
武夷門人*34/1190
五峯學侶42/1384
李棟(伯高)
草廬門人92/3075
46李如圭(寶之)
晦翁門人69/2289
李相祖(時可)
晦翁門人*69/2294
澹軒家學25/990
47李郁(光祖、西山先生)
龜山門人*25/972
朝散家學19/817
了翁門人35/1225
李杞(良仲、木川)
晦翁門人*69/2308
康氏門人24/938
李格(承之)
君行家學19/813
李格非(文叔)
東坡門人*99/3309
元祐黨籍96/3182
50李中行
李植父99/3312
李撊
草廬門人*92/3079
邵庵門人92/3090
李鼒(仲欽)
象山門人*77/2595
李氏家學58/1933
李本(伯宗)
草廬門人92/3075
李本(見李孝謙)
李忠謙
九靈門人82/2805
李東(子賢)
晦翁門人69/2302
56李覯(泰伯、盱江先生)
高平門人3/155
57李撰(子約)
曾氏門人4/215
60李國鳳(景儀)
白雲門人82/2769
李思齊(齊賢)
胡潨門人70/2358
李呂(濱老、東萊、澹軒先生)
西山家學25/984
64李時可
潛齋門人65/2117
67李昭玘(成季、樂靜先生、樂靜堂)
莘老門人*1/61
元祐黨籍96/3187
68李晦(隨甫)
勉齋門人63/2049
70李璧(見李壁)
李壁(季章、雁湖居士、李璧、文懿)
南軒門人*71/2389
巽巖家學8/362
樓氏門人73/2453
71李階(進祖)
朝散家學19/816
72李氏山房(見李常)
77李周(純之)

涑水同調*8/352
元祐黨籍96/3173
李周翰
晦翁門人69/2326
李陶(唐父)
涑水門人8/357
李閎祖(守約、綱齋)
晦翁門人*69/2294
澹軒家學25/990
李舉
李燔子69/2258
80李鏞
李燔孫69/2258
李夔(師和、衛國公、魏國公)
龜山講友25/960
李義山(伯高、後林)
李氏家學72/2422
李善(元善)
寶峯門人93/3112
李公常(見李唐)
88李鑑(汝明)
勉齋門人*63/2047
信齋門人70/2342
尚質門人70/2344
李簡(蒙齋)
伊川續傳16/659
李籲(端伯)
二程門人*30/1066
百源門人10/476
明道門人14/581
伊川門人16/655
90李光(泰發、安簡、讀易先生、莊簡)
元城門人20/835
李常(公擇、李氏山房)
涑水同調*19/790
涑水同調8/351
滎陽講友23/909
91李恒(可道)
寶峯門人93/3113
92李燔(敬子、宏齋、文定)
晦翁門人*69/2258
晦翁門人49/1592
勉齋講友63/2038
鶴山講友80/2674
西山講友81/2709
95李性傳(成之)
子思家學30/1091
97李煇(晦叔)
晦翁門人69/2308
98李悌謙
九靈門人82/2805
99李燊
李本祖92/3075
李□□(子勉)
震澤學侶29/1053

43孛术魯翀(子翬、伯和、菊潭、南陽郡公、孛术思溫、文靖)
勤齋門人*95/3145
牧庵門人90/3018
虞氏門人92/3082
孛术魯遠(明道)
孛术魯翀子95/3145
孛术思溫(見孛术魯翀)
99孛憐吉䚟(河南王、卜憐吉台)
魯齋門人90/3015

4046_5 嘉

00嘉慶先生(見沈琪)
25嘉仲(見李處遯)
60嘉國公(見蔡京)
80嘉父(見魏文翁)

4050_6 韋

00韋齋先生(見朱松)
08韋許(深道、湖陰居士、獨樂、獨樂堂)
李氏門人3/176
80韋羌山人(見陳基)

4051_4 雖

00雖齋(見趙蕃)

4060_0 古

10古靈先生(見陳襄)
20古香(見邵桂士)
古香先生(見桂瑔)
22古山(見程正則)
26古泉(見林夢正)
32古溪先生(見廖剛)
(見熊剛大)
33古心(見江萬里)
34古爲(見徐直方)
35古遺(見韓信同)
古遺先生(見韓信同)
37古逸(見汪炎昶)
44古村先生(見傅寅)
90古堂先生(見陳天瑞)

右

00右文(見龔煥)

4060_1 吉

53吉甫(見孫枝)
(見宋自適)
(見甘節)
(見吕惠卿)
(見丘葵)
(見曾幾)
77吉卿(見柴喆)
80吉父(見金履祥)

4060_9 杏

32杏溪先生(見傅寅)

4062_1 奇

53奇甫(見孫偉)

4064_1 壽

10壽雲(見黄超然)
40壽南(見陳峴)
44壽老(見陳耆卿)
77壽朋(見孫璹)
(見孫疇)
(見喬行簡)
壽卿(見徐椿年)
80壽父(見方樗)
壽翁(見李椿)
(見劉彌邵)
(見陳櫟)
(見俞廷椿)
(見饒延年)

4071_0 七

44七者翁(見劉玶)

4073_1 去

11去非(見王遂)
(見熊禾)
22去私(見黃義勇)

4073_2 袁

00袁裒(德平)
蒙齋續傳75/2539
07袁韶(彥淳、越國公)
絜齋門人75/2537
15袁聘儒(席之)
水心門人55/1819
22袁傒
袁裒父75/2539
23袁俊明(稼學)
勉齋門人63/2050
31袁溉(道潔、袁滋)
伊川門人30/1075
38袁滋(見袁溉)
47袁轂(容直、公濟)
西湖門人*6/268
鄞江門人6/266
袁桷(伯長、清容居士、陳留郡公、文清)
剡源門人*85/2876
彥淳續傳75/2540
深寧門人85/2876
50袁申儒
止齋門人53/1729
袁肅(晉齋)
絜齋家學*75/2529
廣平門人76/2560
53袁甫(廣微、蒙齋、正肅)
絜齋家學*75/2530
慈湖門人74/2482
60袁易(通甫、通父、静春堂)
石川講友*82/2762
雙峯私淑83/2825
67袁明善(誠夫、樓山)
草廬門人92/3075
97袁灼(子烈)
袁轂子6/268
99袁燮(和叔、絜齋先生、潔齋先生、正獻)
吕陸門人*75/2525
袁氏續傳6/271
東萊門人51/1685
復齋門人57/1878
象山門人58/1930
慈湖講友74/2480
舒沈講友76/2557
慶元黨禁97/3221

4080_1 真

00真交(見張震)
24真德秀(景元、希元、景希、西山先生、福國公、浦城伯、文忠)
詹氏門人*81/2695
元善門人70/2333
慈湖私淑74/2507
絜齋私淑75/2538
鶴山講友80/2674
30真定(見徐中行)
40真志(見全謙孫)
真志道(仁夫、實之)
西山家學*81/2709
蒙齋門人75/2539

72真隱先生(見史浩)
90真常(見吴道)

4090_0 木

00木齋(見張主善)
10木天駿(德遠)
張學續傳*50/1646
止齋續傳53/1734
木石(見尤焴)
22木川(見李杞)
24木待問(蘊之、應之)
别附32/1156
27木叔(見王枏)
77木居先生(見丘漸)

4090_8 來

30來之邵(祖德)
攻元祐之學者96/3189

4094_6 棹

44棹城居士(見宋晋之)

4099_4 森

16森碧(見孟夢恂)

4122_7 獅

22獅山處士(見鄭玉)

4192_7 愣

00愣庵(見鄭滘)
60愣園(見劉莊孫)

4196_0 柘

77柘岡(見羅天西)

4196_1 梧

77梧岡(見朱以實)

4212_2 彭

00彭庭堅(允誠、忠愍)
章氏門人65/2118
22彭山(見宋德之)
25彭仲剛(子復)
東萊門人*73/2448
王氏門人56/1855
宏父門人61/1974
27彭龜年(子壽、止堂、忠肅)
南軒門人*71/2373
晦翁門人49/1593
南軒門人50/1642
静春學侶59/1944
慶元黨禁97/3215
28彭復初(復之)
廖氏門人78/2624
34彭泫
伯高門人*72/2428
彭氏家學71/2395
彭汝礪(器資)
倪氏門人1/65
43彭城郡公(見劉宣)
77彭興宗(世昌)
象山門人77/2574
80彭鉉(仲誠)
彭氏家學71/2394
87彭欽(仲恭、仲敬)
彭氏家學71/2394

4240_0 荆

32荆溪（見吳子良）
60荆國公（見王安石）
77荆門先生（見侯仲良）
　荆□
　　　邵學别派78/2622

4241_3 姚

14姚勔（輝中、姚緬）
　　　元祐黨籍96/3169
21姚緬（見姚勔）
30姚宏中（安道）
　　　象山私淑58/1932
33姚述堯（進道、姚穀）
　　　横浦講友40/1318
41姚樞（公茂、雪齋、文獻）
　　　魯齋講友90/3003
47姚穀（見姚述堯）
80姚愈（次愈）
　　　攻慶元僞學者97/3226
　姚孶（弈徒）
　　　鄞江門人6/266
98姚燧（端甫、牧庵、文）
　　　魯齋門人*90/3009
　　　雪齋家學90/3016
　　　紫陽門人90/3017
　姚燉
　　　魯齋門人90*/3015
　　　雪齋家學90/3016

4252_1 靳

43靳裁之
　　　明道私淑14/582

4257_7 韜

25韜仲（見劉炳）

4282_1 斯

00斯立（見劉跂）
　斯庵（見任希夷）
20斯信（見高斯得）
40斯士（見陳鯿）

4291_3 桃

31桃源先生（見王説）
80桃谷先生（見余季芳）

4292_2 彬

44彬老（見沈躬行）
50彬夫（見蔣允汶）

4292_7 橋

00橋齋（見杜旟）

4293_4 樸

27樸鄉（見吕大圭）

4300_0 弋

32弋溪先生（見胡志仁）

4301_0 尤

00尤袤（延之、遂初、文簡）
　　　湍石門人*25/982
　　　玉山門人46/1461
90尤焴（伯晦、木石）
　　　王氏門人*55/1823
　　　遂初續傳25/992

4313_2 求

00求齋(見鄭覺民)
31求過(見范啓)

4346_0 始

22始豐(見徐一夔)

4355_0 截

24截德(見林阿盟)
27截叔(見李仁昱)

4373_2 裘

20裘重
　　寶峯門人93/3117
80裘父(見曾季貍)
　裘善緝
　　寶峯門人93/3115

4380_5 越

10越王(見史浩)
60越國公(見李侗)
　　(見袁韶)
　　(見鄭清之)
80越公(見史詔)

4385_0 戴

00戴亨(子元、蠢物、蠢翁)
　　木居門人66/2134
08戴許
　　水心門人*55/1822
　　王氏門人55/1823
14戴璹(仲才)
　　可堂門人83/2829
30戴良(叔能、九靈山人、方雲林、雲林先生、囂囂生)
　　静儉門人*82/2796
　　文貞門人70/2357
　戴良齊(彦肅、泉溪)
　　玉峯同調66/2133
32戴溪(肖望、少望、岷隱、文端)
　　止齋同調53/1722
33戴泳
　　廣平門人76/2560
　戴述(明仲、大戴先生)
　　伊川門人32/1141
37戴迅(幾仲、小戴先生)
　　戴述弟32/1141
44戴埜(見戴蒙)
　戴蒙(養伯、戴埜)
　　晦翁門人69/2312
47戴栩(文子、文于)
　　水心門人55/1818
50戴表元(帥初、曾伯、剡源先生、質野翁、充安老人、質野堂、充安閣)
　　深寧門人*85/2875
　　舒氏門人55/1826

4394_7 棱

22棱山居士(見陸九韶)

4410_4 荃

80荃翁(見張端義)

董

00董文甫(國華、無事老人)
　　滏水同調100/3327

13董琮(玉振、復齋、復齋先生)
　　槃澗門人*89/2971
　　槃澗門人70/2338
22董鼎(季亨、深山)
　　介軒家學89/2972
24董德修(仲修、心齋先生)
　　象山門人77/2593
27董僎
　　季真家學89/2989
30董永
　　董槐父64/2058
董安仁
　　董文甫子100/3327
40董真卿(季真)
　　雙湖門人*89/2988
　　熊氏門人64/2082
　　深山家學89/2980
41董楷(正翁、正叔、克齋)
　　潛室門人65/2107
42董樸(見董華翁)
43董朴(太初、龍岡先生)
　　道濟門人90/3016
44董夢程(萬里、介軒)
　　黄程門人*89/2971
　　勉齋門人63/2044
　　蒙齋門人70/2338
　　槃澗家學70/2338
董華翁(董樸)
　　陳潛室弟子66/2135
46董槐(庭植、槃堂、濠梁郡公、許國公、文清)
　　潛庵門人64/2058
60董景舒
　　忠叟講友88/2966
85董銖(叔重、槃澗先生)
　　晦翁門人*69/2280
　　允夫門人70/2333

4410$_7$　藍

60藍田先生(見吕大臨)
90藍光(仲晦)
　　草廬門人92/3074

4411$_2$　范

00范育(巽之)
　　横渠門人*31/1113
　　横渠門人18/779
范文甫(范公甫)
　　伊川門人30/1081
范奕
　　徽庵門人83/2827
02范端臣(元卿、蒙齋先生)
　　香溪家學*45/1446
　　少南門人44/1434
10范正平(子夷)
　　忠宣家學*3/173
　　元祐黨籍96/3187
范正思(子思、子默)
　　忠宣家學3/175
范百禄(子功、文簡)
　　范氏家學*19/806
　　元祐黨籍96/3168
17范子該(少約、子垓)
　　南軒門人*72/2411
　　范氏續傳21/857
　　南軒門人50/1643
范子長(少才、雙流)
　　南軒門人*72/2411

范氏續傳21/857
南軒門人50/1643
范柔中(元翼)
元祐黨籍96/3185
21范處義(逸齋)
蒙齋門人45/1449
25范仲壬
慶元黨禁97/3222
范仲黼(文叔、月舟先生、二江先生)
南軒門人*72/2410
范氏續傳21/857
南軒門人50/1643
慶元黨禁97/3220
范仲淹(希文、朱說、高平、楚國公、汝南公、先儒范子、文正)
睢陽所傳3/135
范純仁(堯夫、忠宣)
高平家學*3/143
安定門人1/32
泰山門人2/114
徂徠學侶2/118
盱江學侶3/172
元祐黨籍96/3166
范純佑(見范純祐)
范純祐(天成、范純佑)
高平家學*3/143
安定門人1/32
范純禮(彝叟、恭獻)
高平家學*3/150
元祐黨籍96/3168
范純粹(德孺)
高平家學*3/152
元祐黨籍96/3176
30范濟美
龜山門人25/973
33范浚(茂明、香溪先生)
默成講友*45/1438
默成講友25/976
35范沖(元長、益謙)
華陽家學*21/856
伊川門人16/656
默堂講友38/1266
37范祖禹(淳夫、夢得、淳甫、華陽先生、正獻)
涑水門人*20/846
涑水門人8/355
伊川學侶16/654
范氏家學19/807
元祐黨籍96/3168
范祖述
范百祿子19/806
范祖幹(景先、柏軒、純孝先生)
白雲門人82/2769
38范啓(彌發、求遁、風月處士)
毅齋門人89/2980
40范大冶
范氏續傳72/2428
43范域(見范棫)
范棫(范域)
伊川門人30/1078
44范蓀(季才、華陽)
南軒門人*72/2412
南軒門人50/1643
46范如圭(伯達、伯逵)
武夷門人*34/1185
震澤門人29/1057
80范念德(伯崇)

晦翁門人*69/2310
范氏家學34/1198
范公甫(見范文甫)
84范鎮（景仁、長嘯公、蜀郡公、忠文）
涑水同調*19/784
涑水同調8/351

4412_7 勤

00勤齋(見蕭𣄃)

4415_3 戢

22戢山先生(見韓度)

4420_7 夢

26夢得(見范祖禹)
34夢達(見俞聞中)
36夢渭(見熊慶胄)
40夢吉(見劉因)
44夢協(見桂萬榮)
71夢驥(見劉因)
夢頤(見謝夢生)
77夢叟(見諸葛説)
86夢錫(見龔蓋卿)

考

00考亭(見朱熹)
40考古先生(見趙謙)

4421_4

05莊靖(見汪大猷)
莊靖先生(見李俊民)
30莊定(見京鏜)
(見黄祖舜)
88莊簡(見游九功)
(見李光)
莊敏(見苗授)
(見馬光祖)
莊節先生(見韓性)

4421_7 蘆

22蘆山老人(見林秀仲)
72蘆隱(見喻偘)

4422_2 茅

53茅甫生(周翰)
寶峯門人93/3117
77茅岡(見倪天隱)
90茅堂先生(見胡寧)

4422_7 芮

96芮煜(仲蒙、國器)
趙張同調44/1420

蕭

00蕭齋(見周密)
21蕭顗(子莊)
龜山門人25/962
24蕭佐(定夫)
南軒門人*71/2389
蕭氏家學42/1391
40蕭克翁
李术魯翀師95/3145
44蕭𣄃(惟斗、勤齋、貞敏)
晦翁續傳95/3142
蕭楚（子荆、三顧先生、清節先生）
伊川門人*45/1446
伊川門人16/657

51蕭振(德起)
橫塘門人32/1148
蕭□
五峯門人42/1389

蘭

26蘭皋(見吴錫疇)
44蘭坡(見應傃)
74蘭陵(見杜汝霖)

4422_8 芥

51芥軒(見潘墀)

4423_1 蔗

00蔗庵(見胡虢)

4423_2 蒙

00蒙齋(見程端蒙)
(見李簡)
(見袁甫)
(見蔡正孫)
蒙齋先生(見范端臣)
80蒙谷(見林夢孫)
蒙谷遺老(見邵整)
90蒙堂(見柴中守)

4424_0 蔚

38蔚道(見康文豹)

4424_7 蔣

10蔣琉
了翁門人35/1225
蔣元(子晦、若晦、薛元、貞節先生)
白雲門人*82/2792
蔣氏家學82/2798
蔣元中
周許講友*32/1145
伊川私淑16/658
蔣元夫
南軒門人*71/2385
象山門人58/1930
11蔣璿
了翁門人35/1225
18蔣瑲(季莊)
高閌傳附25/968
20蔣重珍(良貴、忠文)
鶴山門人80/2685
21蔣行簡(仲可)
白雲門人*28/1040
道潔門人30/1083
22蔣山(得之)
鶴山門人80/2686
23蔣傅(見蔣傳)
蔣允升(季高)
文貞門人*70/2357
若晦家學82/2805
方李門人82/2805
蔣允汶(彬夫)
章氏門人65/2118
25蔣傳(象夫、蔣傅)
慶元黨禁97/3225
28蔣復(汝行、淡巖)
南軒門人71/2382
30蔣之奇(穎叔、文穆)
別附*4/213
元祐黨籍96/3186
蔣宗簡(敬之)

艮齋門人87/2940
33蔣浚明(彥昭)
蔣瑎父35/1225
34蔣沐(澤甫)
蛟峯同調82/2749
40蔣存誠(秉信)
慈湖講友74/2480
80蔣公順(成父)
鶴山門人80/2682

4425_3 茂

23茂獻(見章穎)
27茂叔(見宋甡)
(見葉秀發)
(見周敦頤)
30茂實(見樊光遠)
(見趙汝騰)
(見吳英)
40茂才(見楊復)
67茂明(見范浚)
87茂欽(見李誠之)

4429_4 葆

90葆光庵人(見饒子儀)

4430_4 蓮

40蓮塘(見晏淵)

蓬

77蓬門(見劉從益)

4433_1 燕

80燕公楠(國材、賽因囊加帶)
元道門人70/2354

4433_3 蕙

44蕙林(見周良)

4433_8 恭

17恭翼(見薛叔似)
23恭獻(見范純禮)
24恭先(見徐愿)
27恭叔(見潘友恭)
(見周行己)
53恭甫(見羅天酉)
78恭愍(見丁黼)
88恭簡(見王巖叟)

4433_9 懋

22懋山(見曹漢炎)
25懋績(見柴禹功)
34懋遠(見汪炎昶)
80懋翁(見方儀)

4439_4 蘇

00蘇唐詢
徂徠門人2/120
10蘇天爵(伯修、滋溪先生)
默庵門人*91/3030
邵庵門人92/3090
蘇元老(在廷、子廷)
東坡家學99/3305
26蘇伯衡(平仲)
栗齋門人82/2803
32蘇适
潁濱家學99/3310
蘇遜
潁濱家學99/3310

33蘇迨
東坡家學99/3304
34蘇邁(伯達)
東坡家學99/3304
37蘇洵(明允、老泉、老蘇、文安先生、文)
廬陵學侶*99/3275
廬陵學侶4/204
蘇遲(伯克)
潁濱家學99/3310
蘇過(叔黨、斜斗川居士、小坡)
東坡家學99/3304
40蘇大璋(顯之、雙溪)
蒙谷門人31/1126
蘇友龍(伯夔、栗齋)
白雲門人*82/2772
潁濱續傳99/3313
蘇在鎔(和父)
月舟門人72/2422
蘇嘉
元祐黨籍96/3184
44蘇權(元中)
南軒門人70/2388
47蘇郱
魯齋門人90/3015
53蘇軾(子瞻、東坡居士、文忠)
老泉家學*99/3285
廬陵門人4/212
濂溪私淑12/533
元祐黨籍96/3168
58蘇轍(子由、子古、潁濱遺老、文定)
老泉家學*99/3295
廬陵門人4/212
元祐黨籍96/3168
60蘇國台
瓜山門人*70/2340
蘇氏家學71/2402
蘇思恭(欽甫、德甫、省齋)
北溪門人*68/2234
白石門人68/2238
61蘇昞(季明)
張程門人*31/1112
明道門人14/582
伊川門人16/656
和靖講友27/1009
元祐黨籍96/3187
80蘇尊己
蘇思恭祖68/2234

4440_0 艾

51艾軒先生(見林光朝)

4440_1 莘

44莘老(見孫覺)
(見劉摯)

葺

44葺芷(見應儵)

4440_6 草

00草廬先生(見吴澄)
30草窗(見周密)
草窗先生(見黄智孫)
90草堂(見嚴畏)
(見劉勉之)
草堂先生(見張煇)

4440_7 孝

25孝傑(見侯紹曾)

26孝伯(見汪應辰)
48孝敬先生(見劉靖之)
80孝善先生(見胡斗元)
86孝錫(見杜純)

4441_7 執

50執中(見游復)
　　(見劉彝)

4442_7 萬

21萬頃(見汪深)
37萬初(見熊本)
44萬菊(見滕鉛)
60萬里(見王萬)
　　(見董夢程)
　　(見樊萬)
77萬卿(見熊本)
80萬人傑(正淳、正純)
　　晦翁門人*69/2322
　　復齋門人57/1879
　　象山門人58/1931
84萬鎮(子静)
　　雙峯門人*82/2816
　　連雲門人63/2050
88萬竹先生(見高元之)
90萬卷書堂(見方慤)

4443_0 葵

37葵初(見王希旦)

莫

08莫説
　　泰山門人*2/118
　　徂徠門人2/120
12莫砥(彦平)
　　莫君陳子1/50
17莫君陳(和中)
　　安定門人1/50
26莫伯虚(思濟堂)
　　莫氏家學1/67
50莫表深(智行、如如居士)
　　安定門人*1/57
　　通議家學2/125

樊

37樊資深(逢源)
　　涑水門人8/356
44樊萬(萬里)
　　魯齋門人82/2754
90樊光遠(茂實)
　　横浦門人40/1324

4445_6 韓

00韓亢(見韓忼)
　韓度(百洪、蕺山先生)
　　静春門人*59/1947
　　韓氏家學59/1949
　　慈湖學侶74/2481
06韓謌(致用、五雲先生)
　　韓忼孫59/1949
10韓元吉(无咎、南澗翁、南澗先生、
　　潁川郡公)
　　和靖門人*27/1017
　　韓氏續傳19/817
　　横浦門人40/1323
　　晦翁講友49/1587
14韓璀(德全)
　　元城門人*20/838

韓氏續傳19/817

韓琦(稚圭、贛叟、儀國公、衛國公、魏國公、魏郡王、忠獻)

高平同調3/139

韓璜(叔夏)

武夷門人*34/1189

韓氏續傳19/817

衡麓講友41/1359

17韓翼甫(恂齋、詢齋)

輔氏所傳64/2060

20韓侂胄(節夫、豫國公、平原郡王)

攻慶元僞學者97/3226

韓信同(伯循、古遺先生、中村、古遺、韓基)

陳氏門人64/2081

韓維(持國、南陽郡公)

明道同調*19/791

明道同調14/581

伊川講友16/653

元祐黨籍96/3167

22韓川(元伯)

元祐黨籍96/3173

24韓先生(見韓性)

30韓宜卿

靜春門人*59/1946

韓氏續傳3/178

慈湖講友74/2480

31韓淲(仲止、澗泉)

靜春門人*59/1947

南澗家學27/1022

37韓冠卿(貫道)

靜春門人*59/1946

韓氏續傳3/178

40韓境(仲容)

韓冠卿從子59/1946

44韓基(見韓信同)

50韓忠彥(師樸、師朴、儀國公、文定)

韓氏家學*3/172

韓琦子3/139

元祐黨籍96/3166

51韓耘之

韓忼子59/1949

52韓撝則

元城學侶20/833

56韓擇(從善)

勤齋同調95/3144

60韓思永

魯齋門人90/3014

韓國公(見富弼)

77韓居仁(君美)

小陽門人70/2347

90韓忼(義行、韓亢、義行先生)

韓氏家學*59/1949

恂齋家學64/2062

95韓性(明善、韓先生、壯節、莊節先生)

恂齋家學*64/2061

韓氏家學59/1950

深寧學侶85/2868

99韓燮(仲和)

韓冠卿子59/1946

4446_0 姑

32姑溪居士(見李之儀)

4450_4 華

22華川(見王褘)

76華陽(見范蓀)
華陽先生(見范祖禹)
華陽伯(見張栻)
78華陰先生(見侯可)
80華父(見魏了翁)
(見馬光祖)

4453_0 英

25英仲(見陳士楚)
53英甫(見張孝直)

4460_0 苗

52苗授(受之、授之、莊敏)
安定門人1/48

4460_4 若

12若水(見方壬)
(見傅夢泉)
44若蒙(見余嘉)
68若晦(見蔣元)

著

00著齋先生(見高定子)

4460_7 茗

80茗谷(見方用)

蒼

88蒼筤先生(見劉震)

4460_9 蕃

34蕃遠(見祝蕃)
77蕃叟(見陳武)

4462_7 苟

30苟宗道(正甫、苟宗直)
陵川門人90/3017
苟宗直(見苟宗道)

荀

01荀龍(見余爽)

4471_1 老

25老种(見种師道)
26老泉(見蘇洵)
44老蘇(見蘇洵)
46老楊先生(見楊庭顯)
75老陳郎中(見陳傅良)

4471_7 世

24世德(見陳光祖)
28世綸堂(見陳卓)
53世成(見黄文晟)
60世昌(見彭興宗)
77世用(見喬夢符)

4472_7 葛

34葛洪(容父、蟠室、東陽郡公、端獻)
東萊門人*73/2435
東萊門人51/1684

4473_1 芸

77芸叟(見張舜民)

藝

90藝堂先生(見湯建)

4474$_1$ 薛

10薛元(見蔣元)
11薛璩(叔容、薛據)
玉成家學74/2513
20薛季宣(士龍、艮齋、文憲)
袁氏門人*52/1691
道潔門人30/1083
薛氏家學34/1198
龍川講友56/1844
21薛師邵(希賢)
勉齋門人63/2048
23薛紱(仲章、符谿先生)
南軒私淑*72/2415
南軒私淑50/1646
27薛疑之(季常、玉成、薛凝之)
慈湖門人74/2505
薛叔似(象先、恭翼、文節)
艮齋家學*52/1698
止齋學侶53/1722
慶元黨禁97/3215
28薛徽言(德老)
武夷門人34/1185
37薛凝之(見薛疑之)
44薛蒙
王氏門人55/1823
48薛松年
魯齋門人82/2753
51薛據(見薛璩)
60薛昌朝(景庸)
横渠門人31/1121
80薛翁
袁溉師30/1075

4477$_0$ 甘

33甘泳(中夫、泳之、東溪先生)
吴定翁師84/2851
88甘節(吉甫)
晦翁門人69/2319

4477$_7$ 舊

77舊學堂(見史浩)

4480$_1$ 共

80共父(見劉珙)

楚

07楚望(見黄澤)
60楚國公(見程鉅夫)
(見范仲淹)
(見蔡京)
(見胡安國)
(見歐陽玄)

4480$_6$ 黄

00黄庭堅(魯直、山谷道人、涪翁、涪皤、黔安居士、八桂老人、豫章先生、文節)
公擇門人*19/809
濂溪私淑12/533
華陽門人21/857
元祐黨籍96/3179
東坡門人99/3305
黄度(文叔、宣獻)
止齋學侶*53/1720
慶元黨禁97/3221
黄文晟(世成、壺隱先生)

黄桐父*77/2597
象山學侶58/1928
黄章(觀復)
止齋門人*53/1729
黄氏家學53/1732
08黄敦義
黄涣父73/2443
黄謙(德柄)
東萊門人*73/2443
晦翁門人49/1594
10黄正孫(長孺、尚絅翁)
東發家學*86/2903
本堂門人86/2906
黄震(東發、於越先生、歸來之廬、杖錫山居士、澤山行館、文節、文節先生)
二王門人*85/2884
王氏門人64/2061
王氏門人71/2403
曹嚴講友74/2511
深寧同調85/2868
11黄珏(玉合、菊東)
慧庵門人86/2906
黄棐(彦文)
象山門人77/2597
12黄璠(德藻)
黄榦父63/2020
18黄玠(孟成)
東發家學86/2904
20黄千能(必强)
九峯同調67/2211
21黄師雍(子敬)
勉齋門人63/2045
黄穎(仲實)
古靈門人5/245
22黄循聖
和靖門人27/1018
25黄仲元(善甫、天叟、黄淵、四如老人、韻鄉贅翁彦安)
德遠家學70/2348
黄績(德遠)
瓜山門人*70/2340
復齋門人70/2338
26黄伯遠(見王彰)
27黄黎獻
長民門人2/122
黄翱(季野)
艾軒門人47/1479
黄彝
正節門人82/2804
黄叔豐(元吉)
象山門人*77/2573
象山門人58/1930
黄叔英(彦實、慧庵先生)
東發家學*86/2903
莊節學侶64/2067
黄叔雅(仲正)
東發家學*86/2903
深寧門人85/2875
28黄以翼(宗台)
北溪門人*68/2235
白石門人68/2238
黄復
劉氏門人71/2403
30黄淮(宗豫、介庵、文簡)
靜齋門人65/2119
黄寬(洵饒)
古遺門人64/2083

黄寅(直翁)
晦翁門人69/2303
黄寶(仲瑶)
黄榦子92/3075
31黄滔(晉卿、文貞先生、江夏郡公、文獻)
蟠松門人*70/2352
方氏門人56/1858
黄灝(商伯、西坡先生)
晦翁門人*69/2275
慶元黨禁97/3221
32黄淵(見黄仲元)
33黄必昌(景文、京父)
北溪門人*68/2235
白石門人68/2238
黄補(季全、吾軒)
少南門人44/1434
黄黼(元章)
黄氏續傳*8/360
慶元黨禁97/3217
36黄澤(楚望、資中)
草廬同調92/3063
37黄潤玉(南山先生、孟清)
遜翁門人74/2520
黄渙(德亨)
東萊門人73/2443
黄祖舜(繼道、莊定)
葉氏門人34/1194
40黄士毅(子洪、壺山)
晦翁門人69/2301
黄奇孫(行素)
莊節門人*64/2080
默翁門人49/1602
遜翁門人77/2614
黄樵仲(道夫、敬齋)
晦翁學侶49/1589
41黄極(建可、西齋)
草廬門人92/3075
42黄櫄(實夫、黄樣)
三山學侶*36/1249
龜山續傳25/984
了翁續傳35/1229
44黄夢榦(祖勉)
東發家學86/2902
黄孝恭(令裕)
晦翁門人69/2306
45黄椿(康年)
象山門人77/2597
47黄超然(立道、壽雲、康敏)
魯齋門人*82/2752
超巖門人66/2135
黄枏(達材)
象山門人77/2597
48黄幹(尚質)
晦翁門人69/2325
黄榦(直卿、勉齋、文肅)
朱劉門人*63/2020
晦翁門人49/1592
靜春門人59/1948
黄樣(見黄櫄)
50黄中(仲庸)
宏父門人61/1974
黄中(見林栗)
黄盅(子中)
草廬門人92/3078
黄由(子由、盤野居士)
慶元黨禁97/3216
51黄振龍(仲玉)

勉齋門人63/2046
53黄榦
勉齋家學*63/2042
洞源門人70/2341
57黄輅(子木)
勉齋家學63/2042
58黄掄
攻慶元僞學者97/3228
60黄彛(殷士)
草廬門人92/3079
黄景昌(清遠、明遠、田居子)
全歸門人*56/1858
方氏門人56/1859
謝氏門人56/1859
64黄晞(景微、聱隅子、贅隅子)
古靈同調6/260
67黄昭復(見楊昭復)
72黄隱(從善、黄降)
涑水私淑*8/357
元祐黨籍96/3179
77黄履(安中)
攻元祐之學者96/3188
黄降(見黄隱)
黄學皐(習之)
晦翁門人69/2325
80黄鐘(器之、定齋、黄鍾)
西軒門人47/1479
黄義勇(去私)
晦翁門人69/2321
黄義剛(毅然)
晦翁門人69/2321
黄公坦
黄穎子5/245
82黄鍾(見黄鐘)
黄鍰(川和)
龜山門人25/971
84黄鎮成(元鎮、存齋先生、南田耕舍、貞文處士)
九峯續傳67/2215
85黄銖(子厚、穀城)
屏山門人43/1407
86黄智孫(常甫、草窗先生)
萬菊門人70/2350
87黄翔鳳(子羽、虚谷先生)
東發學侶86/2900
90黄裳(彥山)
陳氏門人*64/2081
黄裳(文叔、兼山、忠文)
平甫講友72/2417
黄裳(元吉)
象山門人77/2574
99黄營(子耕、復齋)
晦翁門人69/2276

4490₁ 蔡

00蔡卞(元度、文正)
別附*98/3264
攻元祐之學者96/3188
蔡襄(君謨、忠惠)
公闢學侶5/241
蔡京(元長、嘉國公、魏國公、楚國公、魯國公)
別附*98/3262
攻元祐之學者96/3188
10蔡正孫(蒙齋)
疊山門人84/2851

蔡元康(君濟)
周許學侶*32/1145
伊川私淑16/658
蔡元定(季通、西山先生、文節)
晦翁門人*62/1979
晦翁門人49/1592
慶元黨禁97/3225
12蔡發(牧堂老人、神與)
蔡元定父*62/1979
百源續傳10/478
横渠續傳18/780
13蔡武子
蔡迨子27/1018
24蔡幼學(行之、文懿)
止齋門人*53/1723
景望門人32/1156
國器門人44/1434
慶元黨禁97/3221
26蔡白石(見蔡和)
蔡和(廷傑、白石、蔡白石)
復之學侶*68/2233
晦翁私淑49/1597
27蔡仍
和靖門人27/1018
蔡仍
水心門人*55/1822
王氏門人55/1823
30蔡沆(復之、復齋居士、蔡知方)
西山家學*62/2012
晦翁門人49/1592
32蔡淵(伯静、節齋)
西山家學*62/2001
晦翁門人49/1592
33蔡迨(肩吾)
和靖門人27/1018
34蔡沈(仲默、九峯先生、榮國公、建國公、永國公、崇安伯、文正)
晦翁門人*67/2138
晦翁門人49/1593
西山家學62/2012
蔡汝揆(君審、愚泉先生)
雙峯門人83/2823
38蔡肇(天啓)
荆公門人*98/3259
東坡門人99/3309
40蔡希點(子輿、春山)
玉峯同調66/2133
蔡杭(仲節、久軒、文簡、文肅)
九峯家學67/2212
44蔡夢説(起巖)
敬齋門人66/2127
蔡權(仲平、静軒先生)
九峯家學67/2212
蔡模(仲覺、覺軒先生)
九峯家學67/2211
47蔡格(伯至、素軒、素軒先生)
節齋家學62/2013
60蔡國公(見張珪)
80蔡念誠(見蔡念成)
蔡念成(元思、蔡念誠)
晦翁門人*69/2311
勉齋門人63/2044
86蔡知方(見蔡沆)
88蔡範(遵甫)
蔡氏家學53/1733

4490_4 茶

22茶山(見曾幾)

葉

02葉誕(必大)
東萊門人73/2451
10葉元老(葉祐之)
鶴山門人*80/2687
伯微門人58/1934
葉霖
葉氏家學73/2452
12葉廷珪(嗣忠)
武夷同調34/1181
13葉武子(成之、誠之、息庵)
晦翁門人69/2305
20葉秀發(茂叔、南坡先生)
東萊門人*73/2439
説齋門人60/1964
慈湖學侶74/2481
葉采(仲圭、平巖、平翁)
西山家學*65/2108
節齋門人62/2014
北溪門人68/2236
葉采
果齋門人*70/2331
子是家學70/2344
21葉顗
葉顒兄34/1196
葉師雍
董槐師64/2058
24葉先覺
橫浦講友40/1318
27葉紹翁(靖逸、嗣宋、嗣宗)
水心門人55/1819
28葉儀(景翰、南陽先生)
白雲門人82/2770
30葉適(正則、水心、文定、忠定)
鄭氏門人*54/1738
景望門人32/1156
艮齋學侶52/1697
龍川講友56/1844
慶元黨禁97/3219
葉審言(謹翁、贅翁、四勿齋、曲全道人)
葉氏家學73/2452
33葉心(伯奇)
寶峯門人93/3113
34葉祐之(元吉、同庵先生)
慈湖門人74/2495
葉祐之(見葉元老)
36葉湜(子是)
晦翁門人69/2321
40葉大有(謙甫)
定宇門人70/2363
葉士龍(雲叟、淡軒)
勉齋門人63/2048
葉真
勉齋門人63/2050
44葉翥
攻慶元僞學者97/3227
葉夢得(是齋)
琴山門人77/2605
葉夢得(少蘊、石林)
攻元祐之學者96/3189
46葉賀新(見葉味道)
葉賀孫(見葉味道)

葉賀深(見葉味道)
47葉邽(子應、菊莊)
東萊門人*73/2434
東萊門人51/1684
50葉由庚(成甫、通齋先生)
毅齋門人*70/2332
北山學侶82/2728
61葉顒(子昂、正簡)
葉氏門人34/1196
65葉味道(知道、葉賀孫、葉賀深、葉賀新、西山、文修)
晦翁門人*65/2105
晦翁門人47/1592
99葉榮發
葉氏家學73/2452

4491_0 杜

08杜旟(季高)
杜氏家學1/67
杜旂(叔高、杜福)
晦翁門人*69/2309
杜氏家學1/67
杜旃(仲高、中高、癖齋、杜旓、杜斿)
杜氏家學1/67
杜斿(見杜旃)
杜旓(見杜旃)
杜旝(幼高)
晦翁門人*69/2310
杜氏家學1/67
杜旟(伯高、橋齋)
東萊門人*73/2441
杜氏家學1/67
10杜可大
邵學別派*78/2622
天悦續傳33/1165
杜醇(石臺先生)
安定同調6/256
24杜紘(君章)
杜氏家學19/815
25杜純(孝錫)
元祐之學*19/804
元祐黨籍96/3178
31杜福(見杜旂)
32杜洲先生(見童居易)
34杜汝霖(仁翁、蘭陵)
安定門人1/50
42杜彭壽
杜純父19/804
44杜蕭
靜修門人91/3028
50杜本(伯原、清碧先生、思學齋)
道園講友92/3081
63杜默(師雄)
徂徠門人2/120
74杜陵
杜氏家學1/66
86杜知仁(仁仲、方山)
朱石門人*66/2123
晦翁門人49/1592
克齋門人49/1598
87杜欽禼(寬伯)
杜氏家學19/816
88杜範(成之、成己、儀夫、立齋、清獻)
南湖家學*66/2124
方山家學66/2126

96杜煜(良仲、南湖先生)
朱石門人*66/2123
晦翁門人47/1592
克齋門人49/1598

4491_4 桂

00桂彦良(清溪、桂德稱、文裕)
寶峯門人*93/3109
石坡續傳74/2521
11桂瑮(懷英、古香先生)
石坡續傳74/2521
22桂山翁(見聞人詵)
桂山先生(見謝諤)
24桂德稱(見桂彦良)
30桂宗儒(文藪、文修)
清溪家學93/3121
桂宗蕃
清溪家學93/3121
44桂芳(見唐仲實)
桂萬榮(夢協、石坡)
慈湖門人74/2490
77桂同德(容齋)
石坡續傳74/2521
86桂錫孫
桂萬榮從子74/2490

權

53權甫(見傅立)

4491_7 植

00植齋(見鄭鑑)

蘊

00蘊文(見王賁)
30蘊之(見王該)
(見木待問)

4492_7 菊

31菊潭(見孛术魯翀)
44菊坡(見崔與之)
菊坡先生(見陳居仁)
菊莊(見葉邽)
50菊東(見黄珏)

栲

22栲峯(見岑士貴)

4494_7 蔋

26蔋和(見全汝梅)

4498_1 棋

44棋埜(見徐元杰)

4498_6 横

31横渠(見張載)
33横浦居士(見張九成)
40横塘先生(見許景衡)
76横陽先生(見徐興祖)

4499_0 林

00林亦之(學可、月漁、月魚氏、月魚先生、網山先生、網山山人、文介)
艾軒門人47/1474
林文琪(仲恭、林琪)
古遺門人64/2083
10林玉勝(濟南生)
林晟子1/51

林至(德久)
晦翁門人69/2315
林石(介夫、塘奥先生)
管氏門人5/247
林栗(黄中、簡肅)
攻慶元僞學者97/3228
14林珙(見林文珙)
17林羽(見林學蒙)
林子沖(通卿、雪岫居士、林子冲)
林氏家學36/1249
林子冲(見林子沖)
林子燕(中甫、林子熙)
止齋門人53/1729
林子熙(見林子燕)
20林季仲(懿成、竹軒、蘆山老人)
横塘門人32/1146
林季貍
横塘門人32/1147
林采
攻慶元僞學者97/3227
21林處恭
舒氏門人55/1826
林師中
林湜父69/2287
23林俊民
林晟孫1/51
25林仲麟(景仲)
慶元黨禁97/3224
林仲熊
横塘門人32/1147
27林叔豹(德惠、懿文)
横塘門人32/1146
30林之奇(少穎、拙齋、三山先生、文昭)
紫微門人*36/1243
陸氏門人43/1408
林憲(景思、憲章、雪巢、景獻)
惇立門人27/1022
林宗臣(實夫)
高氏門人41/1362
林宗卿(見林宋卿)
林宋卿(朝彦、林宗卿)
龜山門人*25/971
了翁門人35/1225
32林淵叔(懿仲)
止齋門人53/1726
36林温(伯恭)
潛齋門人65/2117
林湜(正甫、盤隱)
晦翁門人69/2287
40林大中(和叔、正惠)
慶元之學*79/2640
慶元黨禁97/3216
林大節
伊川門人30/1081
林希(子中、文節)
別附*98/3265
攻元祐之學者96/3189
林希逸(肅翁、竹溪、鬳齋)
樂軒門人47/1484
44林夢正(古泉)
曼碩講友83/2830
林夢英(叔虎、子應、山房先生)
象山門人77/2586
47林朝价
林晟孫1/51
林起宗(伯始、魯庵)
静修門人91/3028

60林昜簡(一之)
晦翁門人69/2297
林晟(美中)
安定門人1/51
71林阿盥(載德)
艾軒門人47/1479
林頤叔(正仲)
止齋門人53/1726
77林屋山人(見俞琰)
林用
林晟子1/51
林居安(德叟)
水心門人55/1811
林學蒙(正卿、林羽)
晦翁門人69/2311
80林夔孫(子武、蒙谷)
晦翁門人69/2274
90林光朝(謙之、艾軒先生、南夫子、文節)
子正門人*47/1471
子正門人27/1022
次雲講友29/1059
公叔講友32/1154
少南門人44/1434
94林慥
龍川門人56/1851
林□(絃齋、弦齋、絃齋)
齋魯門人82/2754

4590_0 杖

80杖錫山居士(見黃震)

4594_4 樓

00樓應元
龍川門人56/1854
17樓孟愷
東萊門人73/2450
20樓季愷
東萊門人73/2450
22樓山(見袁明善)
25樓仲愷
東萊門人73/2450
27樓叔愷
東萊門人73/2450
47樓郁(子文、西湖先生)
安定同調6/258
60樓昉(暘叔、迂齋)
東萊門人*73/2435
東萊門人51/1684
61樓昞(季文)
東萊門人73/2435
71樓巨卿
白雲門人82/2792
77樓民範
樓應元父56/1854
88樓鑰(大防、攻媿主人、啓伯、忠簡、宣獻)
晦翁私淑*79/2633
西湖續傳6/271
晦翁私淑49/1596
王氏門人52/1702
西山學侶62/2000
慶元黨禁97/3216
90樓常
西湖家學6/268

4611_0 坦

00坦齋(見朱震)

32坦溪(見鄭宗强)
43坦求(見吴師仁)

4621_0 觀

23觀我(見解觀)
27觀物先生(見張行成)
　觀物老人(見祝泌)
28觀復(見黄章)
60觀易堂(見程直方)
80觀養堂(見方疇)

4622_7 獨

22獨樂(見韋許)
　獨樂堂(見韋許)
80獨善(見汪大度)
　　(見史彌鞏)

4633_0 恕

00恕齋(見謝升賢)
　　(見滕處厚)
90恕堂(見李伯玉)

4640_0 如

22如山(見翁巖壽)
46如如居士(見莫表深)

4680_6 賀

26賀伯顔(貞卿、寧安、秦國公、涇陽王、賀勝、惠愍、忠宣)
　　魯齋門人90/3010
79賀勝(見賀伯顔)
80賀善
　　晦翁門人69/2327

4690_0 柏

22柏峯居士(見潘希宗)
51柏軒(見范祖幹)

相

22相山(見王約)
30相之(見豊稷)

4692_7 楊

00楊方(子直、淡軒)
　　晦翁門人*69/2296
　　慶元黨禁97/3219
　楊庭顯(時發、老楊先生)
　　象山學侣58/1921
02楊訓(子中)
　　武夷門人*34/1192
　　勉齋講友63/2038
10楊至(至之)
　　晦翁門人*69/2299
　　西山門人62/2013
　楊雲
　　龜山家學25/961
11楊珏(君寶、簡齋)
　　魯齋門人82/2752
　楊璿(子平、謹獨先生)
　　横浦同調40/1323
12楊瑀
　　楊璲弟82/2796
13楊琬(白圭)
　　陳氏門人64/2081
14楊瑛(見楊瑛)
17楊琛(獻子)
　　廣平同調76/2557

楊翩(文舉)
楊剛中子82/2764
楊子謨(伯昌、浩齋)
楊氏家學72/2420
18楊璲(元度)
靜儉門人82/2796
19楊琰(楊瑛)
楊璲兄82/2796
20楊維楨(廉夫、鐵崖、鐵笛子、抱遺先生、東維先生)
倪氏門人*52/1705
東發續傳86/2907
21楊虞仲
楊泰之父72/2426
23楊俊民(士傑、靜思齋)
默庵門人91/3030
24楊仕訓(尹叔、楊士訓)
晦翁門人*69/2304
北溪講友68/2233
26楊伯純(楊伯成)
楊芮子74/2518
楊伯成(見楊伯純)
27楊奂(煥然、紫陽先生、楊煥、楊英、紫陽、關西夫子、文憲)
雪齋學侶90/3005
28楊復(志仁、茂才、信齋先生)
晦翁門人69/2297
30楊適(安道、大隱先生)
安定同調*6/255
安定同調1/31
楊準(公平、玉華居士、達觀)
草廬門人92/3077
楊安止
龜山家學25/960
楊宏中(充甫)
慶元黨禁97/3223
33楊黼(見楊輿立)
35楊迪(遵道)
龜山家學*25/960
伊川門人16/657
38楊道夫(仲思)
晦翁門人69/2317
40楊大法(元範)
攻慶元僞學者97/3226
楊大異(同伯)
胡氏所傳42/1390
楊士訓(見楊仕訓)
楊圭
楊芮孫74/2518
44楊芮(大章、小隱)
慈湖續傳*74/2518
寶峯學侶93/3103
楊萬里(廷秀、誠齋先生、文節)
紫巖門人*44/1426
澹庵門人34/1199
楊英(見楊奂)
46楊楫(通老、悦堂)
晦翁門人*69/2296
勉齋講友63/2038
47楊慤
戚同文師3/133
50楊泰之(叔正、克齋)
黄氏門人72/2426
57楊邦弼(良佐)
震澤門人29/1055
60楊國寶(應之)
百源門人*33/1162
伊川門人16/657

楊畏(子安)
別附*98/3266
攻元祐之學者96/3188
64楊時(中立、龜山先生、吴國公、將樂伯、文靖)
二程門人*25/944
明道門人14/581
伊川門人16/655
67楊昭復(王昭復、黄昭復)
北溪門人68/2234
70楊驤(子節)
晦翁門人69/2316
71楊長孺(伯大、東山、子伯、伯子、東山潛夫、文惠)
誠齋家學44/1436
72楊剛中(志行、通微先生)
導江門人82/2764
77楊履正(子順)
晦翁門人69/2306
楊輿立(子權、船山先生、鉛山先生、楊黼)
晦翁門人69/2316
楊賢寶
百源門人33/1162
86楊知章(雲山老人)
南軒門人*72/2409
南軒門人50/1643
88楊簡(敬仲、慈湖先生、文元)
象山門人*74/2466
象山門人58/1930
楊氏家學58/1934
絜齋講友75/2529
舒沈講友76/2557
慶元黨禁97/3220
97楊恪(叔謹、磐齋)
慈湖家學74/2481
楊煥(見楊奂)

4712_0 均

80均善(見徐原)

4712_7 鄞

31鄞江先生(見王致)
(見周鍔)

4713_8 懿

00懿文(見林叔豹)
25懿仲(見林淵叔)
53懿成(見林季仲)
88懿簡(見趙瞻)
97懿恪(見王拱宸)

4722_7 鶴

22鶴山(見魏了翁)
44鶴林(見吴泳)
67鶴鳴先生(見李俊民)

4732_7 郝

00郝庸(季常)
靜修門人*91/3027
陵川家學90/3017
21郝經(伯常、陵川、文忠)
江漢學侶*90/3006
紫陽門人90/3017
神川門人100/3333
30郝守寧
王氏門人100/3333

4740_1 聲

26聲伯(見童鋐)
34聲遠(見胡斗元)
53聲甫(見潘音)

4742_0 朝

00朝彦(見林宋卿)
30朝宗(見劉若川)
76朝陽(見吴儆)
(見戚崇僧)
朝陽先生(見戚崇僧)

4744_7 好

08好謙(見朱夏)
40好古(見李伯敏)

4748_6 嬾

00嬾庵(見趙汝譡)
90嬾堂(見舒亶)

4752_0 鞠

72鞠隱(見朱嗣壽)
鞠隱先生(見朱嗣壽)

4760_1 磬

00磬齋(見楊恪)

4762_0 胡

00胡方平(玉齋、師魯)
介軒門人*89/2973
毅齋門人89/2980
胡應之(泰來)
唐氏門人80/2691
胡襄(季皋)
武夷門人*34/1188
衡麓講友41/1359
03胡誼(正之)
絜齋門人75/2535
08胡詮(見胡銓)
胡謙(牧之)
絜齋門人75/2535
10胡一桂(德夫、人齋先生)
庶善門人*65/2110
節卿續傳32/1158
胡一桂(庭芳、雙湖先生)
玉齋家學*89/2980
希泌講友70/2346
疊山門人84/2850
胡三省(身之、元魯、梅磵)
深寧門人85/2869
12胡瑗(翼之、安定先生、先儒胡子文昭)
高平講友*1/24
泰山學侶2/103
高平講友3/139
16胡珵(德輝)
元城門人*20/836
龜山門人25/974
17胡子廉
東萊門人73/2445
20胡舜咨(仲子)
桂島講友93/3117
21胡衍(衍道、晉遠)
崇禮家學*77/2608
燭湖門人77/2607
胡衛(衛道)
崇禮家學77/2608

胡師夔(易簡居士)
朱洪範師89/2972
22胡巖起(伯巖)
胡長孺祖65/2112
24胡仕寧
委順門人82/2807
胡幼文(德華)
梅磵家學*85/2876
本堂門人86/2906
胡紘(應期)
攻慶元僞學者97/3226
26胡伯履(西園)
勉齋講友63/2038
30胡淳(以初)
章康門人69/2293
胡寧(和仲、茅堂先生)
武夷家學*34/1182
荊門門人30/1082
衡麓學侶41/1358
胡宿(武平、文恭)
濂溪講友12/526
胡憲(原仲、籍溪、靖肅、簡肅)
武夷家學*43/1397
天授門人30/1085
武夷家學34/1183
五峯學侶42/1384
胡安國(康侯、武夷先生、楚國公、建寧伯、文定)
朱靳門人*34/1171
樂圃門人2/125
靳氏門人14/583
伊川私淑16/657
上蔡講友24/934
龜山講友25/958
廌山講友26/997
胡宏(仁仲、五峯先生)
武夷家學*42/1367
龜山門人25/963
荊門門人30/1082
武夷家學34/1183
衡麓學侶41/1358
胡寔(見胡實)
胡寅(明仲、致堂先生、文忠)
武夷家學*41/1341
龜山門人25/963
荊門門人30/1082
武夷家學34/1181
胡實(廣仲、擴齋、胡寔)
五峯家學42/1385
胡宗伋(浚明、定翁)
元祐之餘35/1222
胡宗愈(完夫、簡修)
廬陵門人*4/210
胡氏家學12/533
元祐黨籍96/3168
32胡沂(周伯、獻肅)
定翁家學35/1226
33胡泳(季永)
澹庵家學34/1198
胡泳(伯量、洞源先生、桐柏先生)
晦翁門人69/2292
胡淀
胡炳文族子89/2986
胡減(景雲、蔗庵、胡濊)
復庵門人70/2358
胡濊(見胡減)
34胡斗元(聲遠、孝善先生)
小翁門人89/2976

37胡澥(伯圜)
澹庵家學34/1199
40胡大正(伯誠)
衡麓家學41/1361
胡大本(季立)
五峯家學*42/1387
茅堂家學34/1197
南軒學侶50/1636
胡大時(季隨、盤谷、勿齋)
南軒門人*71/2368
五峯家學42/1386
晦翁門人49/1594
南軒門人50/1642
止齋門人53/1732
戴氏門人53/1733
象山門人58/1930
胡大原(伯逢)
五峯家學*42/1386
衡麓家學41/1360
胡太和
胡溉門人70/2358
胡志仁(弋溪先生)
饒氏學侶84/2852
44胡埜(德林、環中居士)
孫氏門人3/177
45胡棣
胡志仁門人84/2852
48胡翰(仲申、長山先生)
白雲門人*82/2772
吴氏門人56/1859
正傳門人82/2797
52胡括
龍川門人56/1854
54胡拱(達材)
象山門人*77/2579
獻肅家學35/1229
58胡撙(崇禮)
象山門人*77/2580
獻肅家學35/1229
63胡默(孟成、石丘生)
師山同調94/3131
64胡時(伯正)
止齋門人53/1727
71胡長孺(汲仲、石塘、純節先生)
余氏門人*65/2112
金溪續傳58/1935
77胡居仁
胡長孺父65/2112
88胡銓(邦衡、胡詮、澹庵、淡庵老人、淡室、忠簡)
武夷門人*34/1187
漢上學侶37/1260
三顧門人45/1448
90胡常(立方、思齋)
玉峯講友66/2132
91胡炳文(仲虎、雲峯先生)
孝善家學89/2986

4780₁ 起

17起予(見朱仕可)
22起巖(見王起宗)
(見蔡夢說)
31起潛(見朱仕立)
44起萬(見倪千里)

4791₀ 楓

44楓林(見朱升)

4792_0 柳

37柳湖(見程珙)
77柳貫(道傳、烏蜀山人、靜儉齋、文肅)
仁山門人*82/2759
方氏門人56/1859

桐

46桐柏先生(見胡泳)

4792_7 橘

60橘園(見李浩)

4794_7 榖

27榖叔(見鄭耕老)
43榖城(見黄銖)

4796_4 格

00格齋先生(見程永奇)
(見趙順孫)

4864_0 敬

00敬亭先生(見鮑若雨)
敬齋(見王柏)
(見沈貴珤)
(見黄樵仲)
(見車瑾)
(見周天駿)
17敬子(見傅定)
(見李燔)
22敬巖(見王佖)
25敬仲(見夏明誠)
(見安熙)
(見游儆)
(見楊簡)
26敬儼(威卿、魯國公、文忠)
白雲門人82/2770
27敬叔(見程端禮)
(見馬燮)
30敬之(見張顯父)
(見朱在)
(見蔣宗簡)
37敬初(見陳基)
46敬恕(見陳守)
50敬夫(見張栻)
53敬甫(見孫自修)
71敬臣(見許師敬)
77敬叟(見陳以莊)
80敬鉉(鼎臣、大寧先生)
敬儼從祖82/2770
敬父(見張元簡)
敬義先生(見童伯羽)
敬義堂(見童伯羽)
90敬堂(見劉□)

4891_1 槎

32槎溪(見廖德明)

4893_2 松

10松雪道人(見趙孟頫)
27松鄉(見任士林)
32松淵先生(見吴遂)
37松澗先生(見趙宏偉)
47松塢先生(見王逢)
77松隖先生(見王逢)
80松年(見嚴松)
松谷(見程顥道)

88松簷(見童鐘)

4895_7 梅

17梅磵(見胡三省)
31梅江先生(見徐天錫)
32梅溪(見王十朋)
33梅浦(見王天與)
36梅邊(見熊良輔)
梅邊先生(見王炎午)
40梅堯臣(聖俞)
廬陵講友4/203
67梅野(見魏天應)
72梅隱(見喻南强)
80梅谷(見何英)

4980_2 趙

00趙彦柾(周錫)
東萊門人73/2446
趙彦逾(德老、德先)
攻慶元僞學者97/3228
趙彦道(景平)
伊川門人30/1080
趙彦若
元祐黨籍96/3172
趙彦肅(子欽、復齋先生、復齋)
象山私淑*58/1931
沈氏門人40/1331
趙彦誠(元道)
慈湖門人74/2492
趙方(彦直、忠肅)
南軒門人*71/2384
趙氏家學42/1391
03趙謐(安卿)
得全家學44/1422
08趙敦臨(庇民)
龜山門人*25/967
公路門人30/1084
趙謙(考古先生、撝謙、趙古則、瓊臺外史)
鄭氏門人89/2989
10趙霈(彦澤)
趙霄弟32/1144
趙霄(彦昭)
周許講友*32/1144
伊川私淑16/657
趙雷(省之)
溪齋門人70/2340
趙不悳(見趙不息)
趙不惡(見趙不息)
趙不息(仁仲、崇國公、趙不悳、趙不惡、宣簡)
晦翁同調*49/1590
南軒同調50/1637
13趙弘毅(見趙宏毅)
17趙孟頫(子昂、魏國公、松雪道人、文敏)
雪樓門人*83/2830
敖氏門人52/1705
趙子新
象山門人77/2600
趙子漸(趙嗣鴻)
白雲門人82/2792
趙鞏(子固、西林先生)
慶元之學*79/2642
慶元黨禁97/3222
趙君錫(無愧、無媿)
韓氏門人*3/172
節孝同調1/59

元祐黨籍96/3169
20趙秉文（周臣、閒閒老人、閑閑老人、滏水先生、天水郡開國公）
屏山講友100/3319
21趙順孫（和仲、格齋先生）
省之家學70/2348
趙偕（子永、寶峯先生）
節齋續傳*92/3098
節齋續傳74/2518
趙卨（公才）
元祐黨籍96/3172
趙師雍（然道）
象山門人*77/2588
晦翁門人49/1596
趙師夏（致道、遠庵）
晦翁門人69/2299
趙師孟（醇叟）
五峯門人42/1389
趙師召
攻慶元僞學者97/3228
趙師淵（幾道、訥齋）
晦翁門人*69/2299
絜齋講友75/2529
趙師晢（見趙師蒧）
趙師蒧（詠道、趙師晢）
象山門人*77/2588
晦翁門人49/1596
趙師恕（季仁）
勉齋門人*63/2044
晦翁門人49/1593
22趙鼎（元鎮、得全、豐國公、忠簡）
子文門人*44/1411
子文門人10/477
衡麓同調41/1359
趙崇度（履節、節齋）
趙氏家學*46/1465
晦翁門人49/1593
趙崇憲（履常）
趙氏家學*46/1464
晦翁門人49/1593
趙崇實
趙氏家學46/1465
趙崇模
趙氏家學46/1465
28趙復（仁甫、江漢先生）
程朱續傳*90/2994
伊川續傳16/660
茅堂續傳34/1201
朱學續傳49/1599
趙綸（君任、時齋）
晦翁門人*69/2286
得全續傳44/1436
30趙汸（子常、東山先生）
資中門人*92/3083
大之門人74/2519
趙宏毅（仁卿、趙弘毅）
草廬門人92/3078
趙宏偉（子英、松澗先生、天水郡侯、貞獻）
導江講友*82/2754
白雲同調82/2761
趙良淳（景程）
雙峯門人*83/2815
趙氏家學46/1466
31趙涽（元晉、冰壺）
庸齋家學70/2344
33趙必睪（伯煒、大蓬、趙必睪）
庸齋續傳49/1602

趙必㬪(見趙必𣅗)
趙必愿(立夫)
趙氏家學*46/1465
勉齋門人63/2050
趙演(仲長)
滎陽門人23/913
34趙汝讜(見趙汝譡)
趙汝譡(蹈中、嬾庵、趙汝讜)
水心門人*55/1814
宣簡家學49/1598
慶元黨禁97/3220
趙汝談(履常、南塘、文懿)
晦翁門人*69/2289
宣簡家學49/1598
水心門人55/1819
慶元黨禁97/3220
趙汝靚
晦翁講友49/1587
趙汝愚(子直、沂國公、福王、周王、忠定)
玉山學侶*46/1457
艾軒講友47/1473
晦翁講友49/1587
南軒講友50/1636
慶元黨禁97/3213
趙汝騰(茂實、庸齋、南塘)
晦翁私淑49/1597
趙汝鐸(振文)
水心門人55/1811
37趙次誠(學之、雪溪)
章氏門人65/2118
38趙遂(景初、野塘先生、野塘書院、企疏堂)
趙蕃子59/1945
40趙希喆(見趙希錧)
趙希錧(君錫、時隱居士、信安郡公、信安郡王、趙希喆)
宏父門人*61/1971
止齋門人53/1732
趙古則(見趙謙)
43趙狩
徂徠門人*2/121
士氏門人6/262
44趙范(武仲、忠敏)
宏齋門人*70/2329
趙氏家學71/2401
鄭氏門人73/2458
存齋門人80/2690
趙恭
趙宏毅子92/3078
趙葵(南仲、信庵、庸齋、魯國公、魏國公、忠清、忠靖)
宏齋門人*70/2329
趙氏家學71/2402
鄭氏門人73/2458
存齋門人80/2690
趙蕃(昌父、章泉先生、思隱齋、雜齋、文節)
靜春門人*59/1945
晦翁門人49/1593
趙世延(子敬、魯國公、涼國公、文忠)
榘庵同調95/3144
47趙栴(才仲)
趙演子23/913
50趙抃(閱道、清獻)
濂溪同調12/531
52趙挺之(正夫、清憲、清獻)

攻元祐之學者96/3188
60趙昱(希光、中川)
南軒私淑50/1644
趙景緯(德父、星渚、文安)
性善門人*70/2336
西山門人65/2110
67趙聡(大觀、懿簡)
涑水同調*8/351
元祐黨籍96/3167
趙嗣鴻(見趙子漸)
77趙卯發(漢卿、文節)
修齋門人80/2691
趙與𥳍(德淵、節齋)
慈湖門人74/2505
80趙介如(元道)
古心門人70/2346
趙普應(彥遠、幸庵)
趙汝愚父46/1457
趙善談
東萊門人73/2446
趙善佐(佐卿)
南軒門人*71/2381
晦翁門人49/1594
趙善堅(德固)
攻慶元僞學者97/3227
81趙矩(義臣)
魯齋門人90/3013
90趙炎(光叔)
本堂門人86/2905
趙棠
五峯門人42/1389
91趙焯(景昭)
玉山門人*46/1463
東萊門人51/1684
趙□(復齋)
潛室門人65/2107

5000_6 中

00中立(見楊時)
(見陶凱)
中齋(見鄧光薦)
中高(見杜旟)
中庸先生(見張特立)
21中行(見吴中)
22中川(見趙昱)
30中實(見鄭鼎新)
40中乂(見鄧光薦)
44中村(見韓信同)
50中夫(見甘泳)
53中甫(見鄧光薦)
80中父(見鄧光薦)
(見李坤臣)
中義(見鄧光薦)

史

03史詠(見史泳)
07史詔(升之、八行先生、越公)
西湖門人*6/269
史氏家學6/270
11史彌鞏(南叔、獨善)
慈湖門人*74/2484
八行家學6/271
絜齋門人75/2535
史彌林(和旨)
慈湖門人*74/2485
八行家學6/271
絜齋門人75/2535
史彌忠(良叔、自齋、文靖)

慈湖門人*74/2482
八行家學6/271
絜齋門人75/2535
史彌堅(固叔、開叔、滄洲、忠宣)
慈湖門人*74/2483
史氏家學40/1337
絜齋門人75/2535
燭湖門人77/2607
26史伯璿(文璣)
石塘門人65/2116
27史繩祖(長慶、學齋)
鶴山門人80/2686
30史守之(子仁)
慈湖門人*74/2488
史氏家學40/1337
絜齋門人75/2535
攻媿門人77/2643
史守道(孟傳、傳齋)
鶴山門人80/2682
史定之
慈湖門人*74/2488
史氏家學40/1337
絜齋門人75/2535
史賓之
宗卿門人*79/2642
滄洲家學74/2507
32史漸
史彌忠父74/2482
33史泳(自亨、水東先生、史詠)
雙峯門人83/2824
34史浩(直翁　真隱先生、明良慶會閣、舊學堂、越王、會稽郡王、魏國公、文惠、忠定)
横浦門人*40/1328
八行家學6/271
36史涓
史彌林父74/2485
44史蒙卿(景正、果齋、靜清處士、景召)
陽王門人*87/2910
小陽門人70/2347
獨善續傳74/2513
深寧門人85/2875
88史笴(冀公)
鄞江門人6/266
97史炤
文彥博師2/112

申

01申顏
關學之先6/260
10申王(見秦檜)
53申甫(見林子燕)
60申國公(見章惇)
(見呂公著)
(見鄭清之)

車

13車瑢(大雅)
車氏家學65/2111
14車瑾(元瑜、敬齋)
南湖同調66/2123
21車倬(章甫)
敬齋家學66/2127
28車似度
敬齋家學66/2126
車似慶(石卿、隘軒、車卿)
敬齋家學66/2126

30車安行(正路、韶溪)
潛室門人*65/2106
敬齋家學66/2127
40車垓(見車若綰)
44車若水(清臣、玉峯山民)
立齋門人*66/2128
質廳門人55/1824
車氏家學65/2110
敬齋家學66/2127
魯齋門人82/2752
車若綰(經臣、雙峯、車垓)
車氏家學*65/2111
敬齋家學66/2127
60車景山(密林)
敬齋家學66/2127
77車卿(見車似慶)
90車惟賢
車氏家學65/2111

5003_2 夷

25夷仲(見顔岐)
26夷伯先生(見陳基)
80夷介先生(見時瀾)

5008_6 擴

00擴齋(見胡實)

5013_2 泰

10泰不華(兼善、魏公、崇節廟、達不花、達兼善、忠介)
本心門人82/2799
12泰發(見李光)
22泰山先生(見孫復)
23泰然(見吕祖泰)
26泰伯(見李覯)
(見嚴滋)
30泰之(見陳倫)
40泰來(見胡應之)
53泰甫(見貢師泰)

5013_6 螽

27螽物(見戴亨)
80螽翁(見戴亨)

5014_8 蛟

22蛟峯先生(見方逢辰)

5022_7 青

32青溪先生(見汪革)
44青村先生(見劉涓)
77青風里(見陳舜俞)

肅

80肅翁(見林希逸)
肅公(見尹焞)
88肅簡(見李祥)

5023_0 本

00本齋(見王都中)
10本一(見洪璸)
23本然(見全鼎孫)
25本仲(見家演)
33本心(見周仁榮)
(見全晉孫)
90本堂(見陳著)

5033_3 惠

27惠叔(見鄭僑)

78惠愍(見賀伯顏)

5033$_6$ 忠

00忠(見高稼)
(見鄒湝)
(見游仲鴻)
(見吕祖儉)
(見劉漢弼)
忠亮(見吕祖謙)
忠文(見王禕)
(見王十朋)
(見程公許)
(見徐誼)
(見洪咨夔)
(見范鎮)
(見蔣重珍)
(見黄裳)
(見陳襄)
(見周端朝)
忠襄(見高定子)
(見李植)
05忠靖(見趙葵)
07忠毅(見向子韶)
12忠烈(見文彦博)
(見文天祥)
23忠獻(見張浚)
(見韓琦)
(見秦檜)
30忠宣(見張文謙)
(見范純仁)
(見賀伯顏)
(見史彌堅)
(見留正)
忠憲(見种師道)
(見劉宣)
忠定(見李綱)
(見葉適)
(見趙汝愚)
(見史浩)
(見劉安世)
(見邱密)
(見鄭清之)
35忠清(見趙葵)
37忠潔(見司馬朴)
50忠肅(見彭龜年)
(見趙方)
(見吴昌裔)
(見吕思誠)
(見劉珙)
(見劉摯)
(見陳瓘)
(見陳韡)
忠惠(見宇文紹節)
(見蔡襄)
(見鄭僑)
53忠甫(見于恕)
(見張淳)
77忠叟(見歐陽逢泰)
78忠愍(見張庭堅)
(見徐元杰)
(見彭庭堅)
80忠介(見唐震)
(見秦不華)
88忠簡(見許景衡)
(見王介)
(見傅伯成)
(見樓鑰)
(見胡銓)

(見趙鼎)
(見劉欽)
忠敏(見孫蝶叟)
(見孫之宏)
(見任伯雨)
(見趙范)
忠節(見李芾)
(見曾三聘)

5060_0 由

16由聖(見劉□□)

5060_1 書

72書隱先生(見張復)

5060_3 春

22春山(見蔡希點)
26春伯(見許應庚)
(見羅點)
44春草齋(見烏斯道)
春草先生(見烏斯道)
77春風齋(見烏本良)
春風先生(見烏本良)
春叟(見邵大椿)

5073_2 表

00表文(見王琦)
77表民(見章望之)

5080_6 貴

02貴新(見陳經邦)
10貴一(見陳經正)
77貴與(見馬端臨)

5090_3 素

00素庵(見安煦)
51素軒(見蔡格)
素軒先生(見蔡格)

5090_4 秦

18秦玠(伯鎮)
百源門人33/1164
46秦觀(少游、太虛、淮海)
東坡門人*99/3306
元祐黨籍96/3178
48秦檜(會之、申王、忠獻、謬醜、繆醜)
攻專門之學者96/3194
60秦國公(見魏了翁)
(見賀伯顏)

5090_6 東

00東庵(見滕安上)
東齋(見陳峴)
(見陳大猷)
07東畝(見曹豳)
10東平郡公(見吕埅)
東平先生(見馬伸)
12東發(見黄震)
20東維先生(見楊維楨)
22東山(見安劉)
(見汪華)
(見楊長孺)
東山先生(見趙汸)
東山潛夫(見楊長孺)
26東伯(見孫元卿)
東皋處士(見王士毅)

東皋居士(見馮理)
27東皁老人(見陳櫟)
東叔(見高載)
30東之(見王濤)
32東淵先生(見王遇)
東溪先生(見高登)
(見甘泳)
37東湖先生(見王遇)
東澗(見湯漢)
44東坡居士(見蘇軾)
東老(見曾震)
東萊(見李呂)
東萊郡侯(見呂好問)
東萊先生(見呂祖謙)
(見呂好問)
(見呂本中)
東萊公(見呂好問)
60東園(見朱嗣壽)
(見金若洙)
62東畎(見曹豳)
76東陽郡公(見葛洪)
東陽隱君子(見陳樵)
80東美(見沈琪)
東谷(見歐陽鎮)

5103_2 振

00振文(見趙汝鐸)
53振甫(見馮興宗)

5104_0 軒

22軒山(見王藺)

5193_1 耘

17耘子(見李文子)
77耘叟(見李文子)

5204_1 挺

30挺之(見李之才)
71挺臣(見宇文紹節)

5204_7 授

30授之(見蹇序辰)
(見苗授)

5207_2 拙

00拙齋(見王大受)
(見林之奇)
(見曾撙)
拙齋先生(見王遇)
(見張忠恕)

5216_9 蟠

30蟠室(見葛洪)
48蟠松(見石一鰲)

5302_7 輔

00輔廣(漢卿、潛庵、傳貽先生)
朱呂門人*64/2053
晦翁門人49/1592
東萊門人51/1684
鶴山講友80/2674
30輔之(見張商佐)
44輔萬
潛庵學侶*64/2057
晦翁門人49/1592

5320_0 成

00成(見呂祖謙)

成齋先生(見王瑊)
17成己(見石余亨)
(見杜範)
20成季(見李昭玘)
27成叔(見歐陽龍生)
30成之(見鄭考甫)
(見李性傳)
(見葉武子)
(見杜範)
40成大(見方溥)
53成甫(見葉由庚)
(見陳紹大)
80成父(見張默)
(見牟應龍)
(見蔣公順)

威

77威卿(見敬儼)

戚

20戚秉肅(礪齋)
艮齋門人87/2941
22戚崇僧(仲咸、朝陽、朝陽先生)
白雲門人*82/2790
戚氏家學73/2458
27戚象祖(性傳)
戚氏家學73/2458
戚紹(貞孝先生)
戚氏家學73/2458
46戚如玉
東萊門人73/2441
戚如琥(少白、貞白先生)
東萊門人73/2441
戚如圭
東萊門人73/2441
77戚同文(文約、正素先生、堅白先生、堅素先生)
高平所出3/133

5320_7 盛

22盛僑
安定門人1/54
27盛象翁(景則、聖泉先生)
魯齋門人*82/2754
玉峯門人66/2135

5322_7 甫

22甫山(見李淯孫)

5402_7 撝

08撝謙(見趙謙)
90撝堂(見劉炎)

5404_1 持

00持齋(見鄭可學)
10持正(見謝湜)
持正先生(見施德操)
30持之(見童大定)
60持國(見韓維)

5500_0 井

00井齋(見虞汲)

5523_2 農

21農師(見陸佃)

5560_0 曲

27曲阜先生(見曾肇)

74曲肱先生(見樂洪)
80曲全道人(見葉審言)

5560_6 曹

00曹彦純
晦翁門人69/2269
曹彦約(簡甫、昌谷、文簡)
晦翁門人69/2269
10曹正(性之)
慈湖門人74/2502
15曹建(立之、无妄先生、無妄先生)
晦翁門人*69/2322
沙隨門人25/990
復齋門人57/1879
象山門人58/1931
20曹集
南軒門人70/2388
21曹穎叔(力之、秀之、曹熙)
公闢學侶5/241
22曹豳(西士、東畝、東甽、文恭)
白石門人61/1975
27曹叔遠(器遠、曹叔遐、文肅)
止齋門人53/1725
曹叔遐(見曹叔遠)
曹紹開(見程紹開)
31曹涇(清甫、宏齋)
晦翁續傳89/2972
33曹滅炎(見曹漢炎)
34曹漢炎(久可、懋山、曹滅炎)
杜洲門人74/2511
40曹希文(仲埜)
曹涇子89/2972
47曹起
李組傳附*2/117
劉氏門人6/263
56曹粗(見曹令德)
77曹夙(叔達)
慈湖門人74/2496
曹熙(見曹穎叔)
80曹令德(曹粗)
龜山門人25/973
88曹筠
攻專門之學者96/3195
90曹粹中(純老、放齋)
李氏門人20/842

5590_0 耕

04耕讀居士(見衛富益)
38耕道(見方耒)
(見方疇)
(見竺大年)
67耕野(見王充耕)
77耕叟(見方禾)
(見尹穀)

5602_7 揭

22揭傒斯(曼碩、豫章郡公、文安)
雪樓門人*83/2830
白雲門人82/2771

揚

00揚庭(見鄭夬)

暢

21暢師文(純甫、魏郡公、文肅)
魯齊門人90/3015
40暢大隱(潛道)
伊川門人30/1080

50暢中伯
伊川門人30/1081

5604_1 擇

30擇之(見祖無擇)
(見陳琦)
(見曾祖道)

5701_2 抱

35抱遺先生(見楊維楨)

5702_0 抑

00抑齋(見湯中)
(見陳韡)
22抑崇(見高閌)

5702_7 邦

00邦彥(見陳良翰)
21邦衡(見胡銓)
40邦直(見江介)
(見李清臣)
48邦翰(見王都中)
77邦用(見邢世材)

5712_7 蝸

30蝸室老人(見李大同)

5716_1 蟾

40蟾塘(見危和)
90蟾堂(見危和)

5725_7 静

00静庵先生(見曾機)
静齋(見徐宗實)
(見劉垕)
静齋先生(見劉垕)
10静一先生(見湯泳)
静正先生(見牟楷)
22静樂(見孔元忠)
27静修先生(見劉因)
28静儉齋(見柳貫)
30静安先生(見第五居仁)
35静清處士(見史蒙卿)
50静春(見劉𪾢)
静春先生(見劉清之)
静春堂(見袁易)
51静軒先生(見蔡權)
53静甫(見徐元德)
60静思齋(見楊俊民)
67静明先生(見陳苑)
77静閱居士(見孫逢吉)
静學(見李唐)
(見余仲敬)
静學居士(見王昌世)

5790_3 絜

00絜齋先生(見袁燮)

5804_6 撙

00撙齋先生(見曾丰)

5811_6 蜕

00蜕庵(見張翥)

5824_0 敖

22敖繼公(君善、繼翁)
忠甫續傳52/1702

5840_1 聱

76聱隅子(見黃晞)

5880_6 贅

76贅隅子(見黃晞)
80贅翁(見葉審言)

6001_4 唯

30唯室先生(見陳長方)

6010_0 日

37日湖(見鄭昭先)
44日華(見朱元昇)
67日昭(見陳如晦)

6010_4 星

34星渚(見趙景緯)

6010_7 疊

22疊山(見謝枋得)

6011_3 晁

03晁詠之(之道、晁崇福)
　景迂學侶22/897
08晁説之(以道、伯以父、景迂生、景迂先生、嵩山景迂生、天台教僧、國安堂老法華)
　涑水門人*22/860
　至之門人2/125
　涑水門人8/355
　百源私淑10/476
　横渠私淑18/780
　朝散門人33/1165
　元祐黨籍96/3187
10晁百談(元默、晁伯談)
　象山門人77/2596
22晁崇福(見晁詠之)
26晁伯談(見晁百談)
33晁補之(無咎、无咎、歸來子、濟北)
　東坡門人*99/3305
　杜氏門人19/816
　元祐黨籍96/3179

6011_4 讜

00讜文(見劉翼)

6012_7 蜀

17蜀郡公(見范鎮)
24蜀先生(見李舜臣)

6015_3 國

20國秀(見余宋傑)
22國任(見高材)
24國佐(見陳公輔)
30國安堂老法華(見晁説之)
　國良(見鮑同仁)
44國華(見董文甫)
　(見吴儀)
　國材(見燕公楠)
47國楹(見高松)
66國器(見芮燁)
77國堅(見徐筠)

6021_0 四

12四水潛夫(見周密)
27四勿齋(見葉審言)

46四如老人(見黄仲元)
67四明先生(陳瓘)

見

00見齋(見馮允中)
33見心(見危復之)

6022_7 易

00易庵(見陳謙)
60易圜(見諸葛説)
88易簡居士(見胡師夔)

6033_0 思

00思齊(見王惟賢)
思齋(見胡常)
(見翁泳)
03思誠(見唐懷德)
(見陳景思)
思誠子(見張潤之)
17思豫(見張孝愷)
27思叔(見張繹)
30思濟堂(見莫伯虚)
思永(見李修己)
72思隱齋(見趙蕃)
77思學齋(見杜本)

6033_2 愚

26愚泉(見方道叡)
愚泉先生(見蔡汝揆)

6040_0 田

33田述古(明之)
安定門人*1/56
涑水門人8/356
百源門人10/476
明道門人14/582
伊川門人16/656
37田澹
慶元黨禁97/3221
64田疇(興齋)
沈氏續傳37/1261
77田腴(誠伯)
横渠門人31/1118
田居子(見黄景昌)
田□
歐陽龍生師88/2967

6040_4 晏

08晏敦復(景初)
伊川門人30/1075
67晏明中(太易)
□□□□29/1060
70晏防(宗武)
荆公門人98/3257

6040_7 曼

11曼碩(見揭傒斯)
30曼容(見劉長福)
77曼卿(見王夢松)

6043_0 吴

00吴應奎(文可)
本堂門人86/2906
08吴謙(尊光)
静明門人93/3107
10吴平甫
丘葵師68/2240
吴天澤

吴思齊從父56/1856
17吴翌(晦叔、澄齋)
五峯門人42/1387
吴琚(居父、雲壑)
止齋門人53/1730
吴子良(明輔、荆溪)
篔牕門人*55/1823
水心門人55/1822
吴柔勝(勝之、正肅)
晦翁私淑*49/1596
慶元黨禁97/3221
18吴孜
安定門人1/55
21吴衎
尚書門人2/130
吴仁傑(斗南、南英、蠹隱)
晦翁門人69/2277
吴虎臣(道威)
師山門人94/3137
吴師仁(坦求、吴存仁)
安定同調*6/255
古靈同調5/240
吴師禮(安仲)
吴氏家學6/263
吴師道(正傳)
白雲學侶82/2760
22吴偁(見吴儆)
24吴儔
元祐黨籍96/3184
27吴紹古(子嗣)
象山門人77/2594
28吴倫(子常)
南軒門人71/2382
吴儆(益恭、竹洲、吴偁、文肅)
南軒門人*71/2388
安定續傳1/68
吴儀(國華、審律、審律先生)
羅從彦師39/1270
吴給(敦仁)
伊川門人30/1074
30吴安詩(傳正)
元祐黨籍96/3178
吴安持
元祐黨籍96/3170
吴定翁(仲谷、北齋)
平山門人84/2851
31吴潛(毅夫、履齋、許國公、慶國公)
南堂門人*77/2609
正肅家學49/1599
吴迂(仲迂、可堂先生、逸民)
雙峯門人83/2823
32吴淵(道夫、退庵、金陵侯)
南堂門人*77/2608
正肅家學49/1598
吴澄(幼清、草廬先生、伯清、臨川郡公、吴澂、文正)
程戴門人*92/3037
金溪續傳58/1936
泉溪門人66/2136
徽庵門人83/2827
月巖門人84/2853
33吴必大(伯豐)
晦翁門人*69/2318
南軒門人50/1644
東萊門人51/1684
吴泳(叔永、鶴林)
鶴山門人*80/2678

勉齋門人63/2044
吴浚
廖應淮傳附78/2623
吴祕(君謨)
長民門人2/122
吴邃(松淵先生)
吴氏家學56/1856
34吴沈(濬仲)
正傳家學82/2797
吴漢(叔度)
本堂門人86/2906
吴漢英(長卿)
止齋門人53/1729
吴濤(見吴滐)
36吴昶(叔夏、友堂)
晦翁門人69/2320
37吴深
龍川門人56/1851
38吴澂(見吴澄)
吴道(真常)
古靈門人5/242
39吴滐(子量、吴濤)
湛然續傳32/1157
40吴存(仲退)
梧岡同調*83/2826
雙峯私淑82/2825
吴存仁(見吴師仁)
吴壽昌(大年)
晦翁門人69/2319
吴雄(一飛、碧崖先生)
石塘門人65/2115
42吴獵(德夫、畏齋先生、文定)
南軒門人*71/2374
南軒門人50/1642
慶元黨禁97/3219
吴彬(仲文)
定宇門人70/2363
43吴棫(才老)
景迂同調22/897
44吴葵(景陽)
説齋門人*60/1963
徐氏門人37/1261
吴英(茂實)
晦翁門人69/2306
吴材(聖取)
攻元祐之學者96/3189
吴萊(立夫、淵穎先生、深褒山道人、深褒先生、貞文)
方氏門人56/1858
46吴垻(仲和)
慈湖門人74/2501
47吴坰(仲郊)
慈湖門人74/2501
48吴松年(公叔)
湛然家學*32/1151
艾軒講友47/1473
南軒講友50/1636
吴梅(仁伯)
北山門人82/2737
50吴中(中行、準軒、直卿)
雙峯門人83/2815
吴表臣(正仲、湛然)
浮沚門人32/1146
吴貴(良貴)
謝翱門人56/1857
60吴國公(見楊時)
吴思齊(子善、全歸子)
松淵家學56/1856

吴昌裔(季永、忠肅)
勉齋門人63/2044
吴果
徐唐師1/52
68吴暾(朝陽)
大之同調74/2514
77吴履(德基)
凝熙門人82/2800
86吴錫疇(元倫、蘭皋)
徽庵門人83/2827
90吴當(伯尚)
草廬家學92/3072
吴□
吴柔勝父49/1596

6044_0 昇

77昇卿(見吕陟)

6044_7 晏

32晏淵(亞夫、蓮塘)
晦翁門人69/2283

6050_4 畢

25畢仲游(公叔)
元祐黨籍96/3179
畢仲愈
畢仲游弟96/3179

6060_0 吕

00吕康年
大愚家學51/1687
吕廣問(仁夫)
和靖門人27/1010
02吕端善(見吕堅)
08吕誨(獻可)
涑水同調8/350
12吕延年(伯愚)
大愚家學51/1687
17吕弸中(仁武、吕朋中)
和靖門人27/1011
20吕喬年(巽伯)
大愚家學*51/1687
晦翁門人49/1594
定川門人76/2562
23吕稽中(德元)
和靖門人27/1010
26吕和問(節夫)
和靖門人27/1009
27吕約
龍川門人56/1855
30吕良才(賢甫)
西山門人81/2711
31吕涉(見吕陟)
33吕溥(公甫、竹溪)
白雲門人82/2789
35吕沖之(大老)
止齋門人53/1725
吕洙(宗魯)
白雲門人82/2789
37吕凝之(澤父)
張氏門人78/2619
吕祖謙(伯恭、東萊先生、小東萊開封伯、成、忠亮)
林汪門人*51/1652
南澗門人27/1023
公叔講友32/1154
倉部家學36/1249
林氏門人36/1250

白水門人43/1402
國器門人44/1433
玉山門人46/1461
晦翁講友49/1587
南軒講友50/1636
龍川講友56/1843
吕祖儉(子約、大愚叟、忠)
東萊家學*51/1680
倉部家學36/1249
舒沈講友76/2557
慶元黨禁97/3219
吕祖泰(泰然)
東萊家學*51/1683
慶元黨禁97/3225
吕逢時(原道)
古靈門人5/245
40吕大倫(時敍)
紫微家學*36/1243
仁武家學27/1021
吕大圭(圭叔、樸鄉)
楊氏門人*68/2240
王氏門人68/2240
吕大中(見吕本中)
吕大忠(晉伯、進伯)
張程門人*31/1095
明道門人14/582
伊川門人16/655
橫渠門人18/779
上蔡講友24/934
吕大器(治先)
紫微家學*36/1243
仁武家學27/1021
曾氏門人34/1198
吕大防(微仲、汲郡公、宣國公、正愍)
橫渠同調*19/796
橫渠同調18/779
元祐黨籍96/3166
吕大同(逢吉)
紫微家學*36/1243
仁武家學27/1021
玉山學侶46/1457
吕大臨(與叔、藍田先生)
張程門人*31/1105
明道門人14/582
伊川門人16/655
橫渠門人18/779
吕大猷(允升)
紫微家學*36/1243
仁武家學27/1021
吕大鈞(和叔)
張程門人*31/1096
明道門人14/582
伊川門人16/655
橫渠門人18/779
吕希純(子進)
吕氏家學*19/808
安定門人1/42
焦氏門人4/214
百源門人10/476
元祐黨籍96/3175
吕希績(紀常)
吕氏家學*19/807
焦氏門人4/214
百源門人10/476
元祐黨籍96/3184
吕希哲(原明、榮陽先生、榮陽公)
胡程門人*23/902

安定門人1/42
泰山門人2/114
徂徠學侶2/118
盱江學侶3/172
焦氏門人4/214
百源門人10/476
明道學侶14/581
伊川門人16/655
橫渠學侶18/779
吕氏家學19/807
華陽講友21/855
元祐黨籍96/3179
荆公門人98/3258

42吕機(審言)
白雲門人82/2789

44吕蕡
吕大防父19/796

吕權(子義)
白雲門人82/2789

45吕椿(之壽)
丘氏門人68/2243

47吕聲之(大亨)
止齋門人53/1725

吕好問(舜徒、東萊先生、東萊公、東萊郡侯)
滎陽家學*23/909
田氏門人1/66
君行門人19/813
誠伯門人31/1125

吕切問(舜從)
滎陽家學*23/910
田氏門人1/66
君行門人19/813
誠伯門人31/1125

48吕敬伯(仲甫、吕中)
西山門人81/2711

50吕中(見吕敬伯)

吕本中(居仁、東萊先生、大東萊、吕大中、文清)
滎陽家學*36/1233
元城門人20/833
滎陽家學23/910
龜山門人25/962
廌山門人26/997
和靖門人27/1010
震澤學侶29/1053
了翁門人35/1224
唐氏門人35/1226

吕惠卿(吉甫)
別附*98/3261
攻元祐之學者96/3189

53吕掔(伯充、東平郡公、吕端善、文穆)
魯齋門人90/3010

60吕思誠(仲實、忠肅)
勤齋門人95/3145

71吕陟(昇卿、吕涉)
南軒學侶*50/1637
誠齋門人44/1436

77吕堅中(景實)
和靖門人27/1010

吕朋中(見吕弸中)

吕陶(元鈞)
東坡同調*99/3302
元祐黨籍96/3175

79吕勝己(季克、存齋、渭川居士)
晦翁門人*69/2304
南軒門人50/1644

80吕人龍(首之、鳳山先生)
融堂門人74/2509
吕義山(子居)
和叔家學*31/1123
伊川門人16/657
吕公著(晦叔、申國公、正獻)
涑水同調*19/787
廬陵講友4/203
涑水同調8/351
伊川講友16/653
元祐黨籍96/3166

昌

00昌言(見潘鯁)
60昌國(見謝諤)
80昌父(見趙蕃)
昌谷(見曹彦約)

6060_4 固

00固齋先生(見郭頣)
27固叔(見史彌堅)

6073_2 畏

00畏齋先生(見程端禮)
(見吴獵)

6080_1 是

00是齋(見葉夢得)
(見時覵)

6090_4 困

00困齋先生(見方嶠)
77困叟(見方嶠)

果

00果齋(見魏文翁)
(見李方子)
(見史蒙卿)

6090_6 景

00景庸(見薛昌朝)
景文(見黄必昌)
02景新(見汪元春)
07景望(見余崇龜)
(見鄭伯熊)
08景説(見徐霖)
10景正(見史蒙卿)
景元(見真德秀)
(見鄭伯英)
景平(見李元白)
(見李以稱)
(見趙彦道)
景雲(見朱元龍)
(見胡泳)
15景建(見曾極)
17景召(見史蒙卿)
(見鄭棠)
20景重(見滕處厚)
景千(見鄭思忱)
21景仁(見傅伯壽)
(見游似)
(見范鎮)
景虞(見劉世南)
景衛(見陳元中)
22景山(見王開祖)
23景獻(見林憲)
24景先(見范祖幹)

25景仲(見林仲麟)
26景程(見趙良淳)
27景修(見鄭思永)
景叔(見游師雄)
景紹(見鄭昭先)
28景微(見黄晞)
景儀(見李國鳳)
30景濂(見宋濂)
景憲(見詹淵)
景實(見唐震)
(見吕堅中)
景宋(見王登)
31景迂先生(見晁説之)
景迂生(見晁説之)
32景淵(見方原)
34景達(見王埏)
35景禮(見李以制)
37景初(見傅伯成)
(見趙遂)
(見晏敦復)
40景希(見真德秀)
景韋(見鄭厚)
44景芳(見謝升賢)
景薛(見舒嶽祥)
48景翰(見葉儀)
60景思(見林憲)
(見元一)
62景則(見盛象翁)
66景暘(見邢旭)
67景明(見鄭昭先)
景瞻(見余嶸)
景昭(見潘希宗)
(見趙焯)
76景陽(見許子春)
(見吴葵)
80景前(見張瞻)

6091₄ 羅

05羅靖(仲恭)
二吕講友*27/1020
伊川私淑16/658
羅竦(叔恭)
二吕講友*27/1020
伊川私淑16/658
10羅天酉(恭甫、栢岡)
雙峯門人83/2815
羅晉君(晉伯、經訓樓)
勷塘門人*77/2611
蟾塘門人77/2613
東谷門人77/2613
蒙堂門人79/2645
17羅子有
廣平門人76/2560
28羅從彦(仲素、豫章先生、文質)
程楊門人*39/1270
伊川門人16/657
龜山門人25/962
默堂講友38/1266
30羅適(正之、赤城)
安定私淑*1/59
西湖門人6/268
33羅必元(亨父、北谷山人)
勷塘門人*77/2611
敏道門人77/2611
蟾塘門人77/2613
43羅博文(宗約、宗禮)
延平門人*39/1298
紫巖門人44/1433

44羅椅(子遠、磵谷)
雙峯門人83/2824
50羅本(彦直)
寶峯門人93/3114
54羅拱(彦威、常明子、常明齋)
寶峯門人93/3112
61羅點(春伯、此庵、文恭)
象山學侶58/1927
77羅用理(見羅開禮)
羅開禮(正甫、水心先生、羅用理)
文山講友88/2964

6104_0 盱

31盱江郡侯(見陳宗禮)
盱江先生(見李覯)

6138_6 顋

38顋道(見謝良佐)
(見包揚)

6148_6 顋

30顋之(見蘇大章)

6217_7 蹈

50蹈中(見趙汝譡)

6280_0 則

03則誠(見高明)
50則中(見鄭鍔)
67則明(見高誠)

6333_4 默

00默庵(見安熙)
默齋(見王應鳳)
(見洪夢炎)
(見游九言)
默齋先生(見游九言)
20默信(見詹阜民)
53默成(見潘良貴)
80默翁先生(見俞浙)
90默堂先生(見陳淵)

6401_4 睦

90睦堂(見劉炳)

6402_7 晞

01晞顏(見張庶)
72晞髮子(見謝翶)
晞髮先生(見謝翶)

6404_1 時

00時亨(見嚴世文)
時齋(見趙綸)
時雍(見章仕堯)
10時可(見李相祖)
12時發(見楊庭顯)
24時佐(見方一夔)
時升(見汪大亨)
27時叔(見程端學)
31時澐(子雲、子澐、夷介先生、學古)
東萊門人73/2447
34時法(見汪大度)
37時瀾(子瀾、南堂)
東萊門人73/2447
46時觀(子中、是齋)
寶峯講友93/3102
50時中(見馬伸)

68時晦(見汪大明)
77時舉(見魯士能)
81時敍(見吕大倫)
90時少章(天彝、所性)
時氏家學73/2457

峕

72崎隱居士(見趙希錧)

6509_0 味

38味道子(見全耆)

6602_7 暘

27暘叔(見樓昉)

6624_8 嚴

00嚴高士(見嚴畏)
26嚴侶(君友、高節先生)
賈氏門人65/2112
38嚴滋(泰伯、守軒)
象山門人77/2586
44嚴世文(時亨、亨父)
晦翁門人69/2316
嚴植
鶴山門人80/2688
48嚴松(松年)
梭山門人*57/1877
象山門人58/1930
60嚴畏(草堂、嚴高士)
杜洲門人74/2511

6666_3 器

30器之(見黄鐘)
(見劉安世)
(見陳埴)
34器遠(見曹叔遠)
37器資(見彭汝礪)

6666_8 囂

66囂囂生(見戴良)

6699_4 槑

72槑隱(見喻南强)

6702_0 明

00明(見張載)
23明允(見蘇洵)
25明仲(見戴述)
(見胡寅)
26明白先生(見王桓)
27明叔(見賈易)
28明復(見孫復)
30明之(見田述古)
明良慶會閣(見史浩)
34明遠(見張泂)
(見李存)
(見黄景昌)
38明道(見孛术魯遠)
(見劉顔)
明道先生(見程顥)
40明大(見沈輝卿)
51明軒(見方敏中)
53明輔(見吴子良)
明甫(見方暹)
72明所先生(見朱公遷)
77明叟(見王覲)
80明善(見張復)
(見韓性)

6706_1 瞻

27瞻叔(見高定子)

6706_2 昭

24昭德(見皮滑)
53昭甫(見王昌世)

6712_2 野

00野齋先生(見李謙)
40野塘先生(見趙遂)
野塘書院(見趙遂)
80野谷先生(見洪初)

6722_0 嗣

30嗣宗(見葉紹翁)
嗣宋(見葉紹翁)
50嗣忠(見葉廷珪)

6732_7 黟

40黟南生(見程文)

6782_7 鄖

43鄖城(見硯彌堅)

6802_1 喻

25喻仲可(可中)
默信門人*77/2605
晦翁門人49/1595
趙氏門人58/1934
26喻偘(伯經、盧隱、喻宏)
龍川門人56/1850
30喻寬(見喻南強)
喻宏(見喻偘)
34喻汝方(見喻民獻)
40喻南強(伯強、梅隱、粿隱、喻寬)
龍川門人56/1850
41喻樗(子才、湍石、玉泉)
龜山門人*25/969
横浦講友40/1317
77喻民獻(喻汝方)
龍川門人56/1849

6805_7 晦

00晦庵(見朱熹)
22晦巖先生(見沈清臣)
25晦仲(見衛炳)
26晦伯(見劉爚)
27晦叔(見李煇)
(見吴翌)
(見吕公著)
30晦之(見郎煜)
(見周嗣明)
57晦静(見湯巾)
80晦翁(見朱熹)

6832_7 黔

30黔安居士(見黄庭堅)

7121_1 阮

37阮逸(天隱)
安定學侶1/31

7121_4 厩

80厩父(見宋騊)

雁

37雁湖居士(見李壁)

7122_7 厲

24厲德輔
孫介傳附35/1228
25厲仲方(約甫、厲仲詳)
水心門人*55/1817
龍川門人56/1855
厲仲詳(見厲仲方)
40厲志先生(見朱元龍)

7124_7 厚

00厚齋(見鞏嶸)
厚齋先生(見王應麟)
51厚軒先生(見王自中)
77厚卿(見師遇)
(見安燾)

7129_6 原

14原功(見歐陽玄)
25原仲(見胡憲)
26原伯(見曾逢)
27原凱(見鄭忠)
38原道(見呂逢時)
50原夫(見王逢)
67原明(見呂希哲)
80原父(見劉敞)

7131_1 驪

40驪塘先生(見危稹)

7132_7 馬

00馬應之(定翁)
慈湖門人74/2500
02馬端臨(貴與、竹洲)
曹氏門人89/2977
22馬山(見王禧翁)
25馬伸(時中、東平先生)
伊川門人30/1072
27馬紹(子卿)
尚書門人2/130
36馬涓
晉伯門人*31/1122
元祐黨籍96/3187
38馬道貫(德珍、一得叟)
白雲門人82/2793
40馬大年(永卿)
元城門人20/838
馬希孟(彥醇、馬晞孟)
爲新學者98/3267
馬存(子才)
節孝門人1/60
42馬樸(季文)
慈湖門人74/2500
63馬默(處厚)
徂徠門人*2/119
元祐黨籍96/3169
64馬晞孟(見馬希孟)
90馬光祖(華父、實夫、樂山樓、君子堂、莊敏)
西山門人81/2710
99馬燮(敬叔)
慈湖門人*74/2500
馬氏家學74/2512

7133_9 愿

50愿中(見李侗)

7171_1 匪

10匪石(見鄧文原)

7171₇ 巨

77巨卿(見王文淵)

7173₂ 長

00長慶(見史繩祖)
長文(見孟夢恂)
11長孺(見徐霆)
(見黄正孫)
22長山先生(見胡翰)
31長源(見孔延之)
(見馮澥)
(見劉淮夫)
65長嘯(見王柏)
長嘯公(見范鎮)
77長卿(見吴漢英)
長民(見劉牧)

7178₆ 頤

00頤庵(見張衍)
頤齋(見張文謙)
(見張衍)
10頤正先生(見郭雍)

7210₀ 劉

00劉立之(宗禮)
二程門人*30/1068
明道門人14/582
劉充實
劉若川子35/1223
劉應李(希泌、劉棨)
靜齋家學70/2345
劉康夫(公南)
公闢門人5/246
劉庠(希道)
劉氏家學6/262
劉唐老
元祐黨籍96/3179
01劉顔(子望、明道)
泰山同調*6/252
泰山同調2/103
05劉靖之(子和、孝敬先生)
朱張同調*59/1939
晦翁同調49/1591
南軒同調50/1637
東萊同調51/1680
10劉三傑
攻慶元僞學者97/3226
劉震(庚振、蒼筤先生)
劉實翁子67/2214
劉耳
吴存門人83/2826
劉天益
劉軫子32/1155
劉霖
邵庵門人92/3090
11劉玶(平甫、七者翁、平父、劉琿)
屏山家學43/1406
劉彌正(退翁、退齋)
著作家學47/1482
劉彌邵(壽翁、習靜先生)
著作家學47/1483
劉礪(用之)
晦翁門人*69/2318
劉氏家學39/1299
西山學侣62/2000
勉齋講友63/2038
12劉砥(履之)

晦翁門人*69/2318
劉氏家學39/1299
西山學侶62/2000
勉齋講友63/2038
13劉武(見劉若川)
14劉珙(共父、忠肅)
屏山家學43/1405
16劉珵(見劉玶)
劉强學(行父、退庵)
南軒門人*71/2392
彪氏門人42/1391
17劉孟容(公度)
晦翁門人*69/2310
象山門人58/1931
静春家學59/1945
劉子翬(彦沖、屏山先生、齊國公、文靖)
洛學私淑*43/1399
伊川私淑16/658
劉子玠(君錫、劉玠)
勉齋門人*63/2044
履之家學70/2343
劉君舉(季賢)
静修門人91/3027
劉翼(躔文、心如)
樂軒門人47/1485
18劉玠(見劉子玠)
19劉琰(見劉炎)
20劉季偉(存齋)
魯齋門人90/3014
21劉仁卿
硯彌堅師90/3007
劉衡(兼道、大隱樓、小隱堂、奪秀亭)
百源續傳*10/478
衡麓講友41/1359
劉師正(安退處士)
李潛師19/802
24劉德秀(仲洪)
攻慶元僞學者97/3226
劉德淵(道濟)
魯齋同調90/3004
劉勉之(致中、白水、草堂、劉白水先生、簡肅)
劉楊門人*43/1395
元城門人20/838
龜山門人25/963
天授門人30/1085
26劉白水先生(見劉勉之)
劉儼(子思)
誠齋門人44/1436
27劉彝(執中)
安定門人*1/47
古靈講友5/240
劉名叔
白雲門人82/2769
劉絢(質夫)
二程門人*30/1056
明道門人14/581
伊川門人16/655
28劉從益(雲卿、蓬門)
李趙學侶100/3327
劉牧(先之、長民)
泰山門人*2/113
高平門人3/172
30劉宣(伯宣、彭城郡公、忠憲)
魯齋門人90/3010
劉淮夫(長源)

古靈門人*5/245
劉氏家學1/63
劉宰(平國、漫塘、漫堂、文清)
游氏門人*71/2395
慈湖私淑74/2507
絜齋私淑75/2538
劉安上(元禮、劉安世、小劉先生)
伊川門人32/1139
劉安禮(元素)
大劉家學32/1150
劉安世(器之、元城先生、殿上虎、忠定)
涑水門人*20/821
涑水門人8/355
元祐黨籍96/3173
劉安世(見劉安上)
劉安中
魯齋門人90/3015
劉安節(元承、大劉先生)
伊川門人32/1138
劉定夫
晦翁門人*69/2326
象山門人58/1931
劉實翁(竹坪先生)
九峯續傳67/2214
31劉涇(純父)
劉氏家學67/2213
32劉淵(見劉範)
33劉黼(季章、劉黻)
静春門人*59/1948
晦翁門人49/1593
劉黻(季文、静春)
晦翁門子69/2285
劉黻(見劉黼)
34劉漢弼(正甫、劉漢鼎、忠)
忠愍同調81/2715
劉漢鼎(見劉漢弼)
劉漢傳(習甫、全歸居士)
何氏門人*67/2214
劉氏家學81/2715
35劉清之(子澄、静春先生)
孝敬家學*59/1940
晦翁同調49/1591
南軒同調50/1637
東萊同調51/1680
象山學侶58/1920
劉禮(孟中)
俟庵門人93/3121
36劉涓(德源、青村先生、金涓、項涓)
白雲門人*82/2791
文貞門人70/2357
37劉祁(京叔、歸潛堂、神川遯士)
蓬門家學100/3330
38劉滁
劉靖之父59/1939
劉棨(見劉應李)
40劉堯夫(淳叟)
象山門人*77/2602
庸齋門人8/362
復齋門人57/1879
劉克遜(無競)
退翁家學47/1486
劉克莊(潛夫、後村、文定)
退翁家學*47/1485
西山門人81/2713
劉南甫(山立、月澗)
古心學侶70/2335

劉嘉譽(德稱)
延平門人39/1298
劉賁(炳文)
晦翁門人69/2308
44劉莊孫(正仲、樗園)
吳氏門人55/1826
劉芮(子駒、順寧)
孫氏門人*20/839
忠肅家學2/128
和靖門人27/1014
武夷門人34/1190
劉恭(伯協)
劉氏續傳*4/220
象山學侶58/1928
劉懋(子勉、恒軒先生)
籍溪門人*43/1404
屏山門人43/1407
劉摯(莘老、忠肅)
至之門人*2/123
元祐黨籍96/3166
劉若川(朝宗、劉武、定功)
元祐之餘35/1223
劉荀(子卿)
衡麓門人*41/1361
忠肅家學2/128
橫浦門人40/1328
劉世安
王氏門人100/3333
劉世南(景虞)
劉氏家學*39/1299
林氏門人36/1250
46劉恕(道原、道源)
涑水學侶*8/348
華陽講友21/855
47劉郁(文季、歸愚)
蓬門家學100/3330
劉起晦(建翁)
正字家學47/1483
50劉肅(太卿、佚庵、才卿、邢國公、文獻)
伊川續傳16/659
劉奉世(仲馮)
劉氏家學*4/214
元祐黨籍96/3168
51劉虹
周文敏門人12/528
58劉軫(德輿)
平陽續傳32/1155
60劉愚(必明、謙靖先生、靖君)
水心學侶55/1805
劉曼(見劉燮)
劉因(夢吉、靜修先生、夢驥、汎翁、容城郡公、劉駰、劉駟、文靖)
江漢別傳*91/3020
江漢別傳90/3008
郥城門人90/3017
62劉蹈
忠肅家學2/127
64劉跂(斯立)
忠肅家學2/126
71劉辰翁(會孟、須溪)
巽齋門人88/2963
劉厚南(子固、寶山)
慈湖門人74/2498
劉巨
家勤國師99/3301
劉長福(曼容)

忠肅家學*2/127
漢上門人37/1261
72劉埕(伯醇、静齋、静齋先生)
雲莊家學70/2333
劉剛中(德言、近仁、琴軒)
晦翁門人*69/2264
勉齋講友63/2038
76劉駟(見劉因)
劉駰(見劉因)
77劉夙(賓之)
艾軒門人*47/1474
艮齋講友52/1697
劉陶(紹先)
劉若川父35/1223
劉居正(安行)
劉摯父2/123
80劉鏡(叔光)
晦翁門人69/2301
劉夔(道元)
公闢學侶5/240
劉羲仲(壯輿、漫浪翁、漫翁先生)
道原家學*8/358
景迂學侶22/897
87劉欽(子時、冰壺散人、忠簡)
九峯門人*67/2213
静齋家學70/2345
劉朔(復之、劉翔)
艾軒門人*47/1477
艮齋講友52/1697
劉翔(見劉朔)
88劉攽(叔贛父、公非先生、貢父、贛父)
廬陵門人*4/209
涑水學侶8/350
劉範(劉淵)
龍川門人59/1853
90劉光祖(德修、後溪、文節)
晦翁同調*79/2630
晦翁同調49/1591
慶元黨禁97/3219
劉尚友
劉辰翁子88/2963
劉省吾
王氏門人88/2968
劉炎(潛夫、撝堂、劉琰)
晦翁門人*69/2301
西山門人81/2711
91劉炳(韜仲、睦堂)
晦翁門人*69/2264
恒軒家學43/1408
東萊門人51/1684
西山學侶62/2000
98劉敞(仲邍父、公是先生、原父、邍父)
廬陵門人4/206
劉爚(晦伯、雲莊、文安、雲莊山房、文簡)
晦翁門人*69/2263
恒軒家學43/1408
東萊門人51/1684
西山學侶62/2000
99劉燮(君曼、君奕、劉曼)
武夷講友34/1180
劉□(敬堂)
輔氏所傳64/2060
劉□□(由聖、方壺先生)
劉南甫從子70/2335

7210_1 丘

10丘元壽
象山門人77/2601
11丘珏(玉父、玉甫)
晦翁門人69/2306
30丘富國(行可)
晦翁再傳70/2344
丘崈(宗卿、文定、忠定)
張呂同調*79/2629
南軒同調50/1637
東萊同調51/1680
32丘漸(子木、木居先生)
南湖門人66/2125
44丘葵(吉甫、釣磯翁)
呂氏門人*68/2240
陽巖門人47/1487

7220_0 剛

25剛仲(見王侃)
50剛中(見王居正)
(見鄭鍔)

7222_1 所

30所寄先生(見黎立武)
95所性(見時少章)

7223_0 瓜

22瓜山先生(見潘柄)

7226_1 后

22后山先生(見陳師道)

7280_6 質

50質夫(見劉絢)
67質野翁(見戴表元)
質野堂(見戴表元)

7421_4 陸

25陸律(子通)
逸平門人25/986
26陸佃(農師、陶山)
荊公門人*98/3258
元祐黨籍96/3168
30陸宰(元鈞)
陸氏家學98/3269
34陸祐(亦顏、支離先生)
劉胡學侶43/1401
38陸游(放翁、務觀)
元鈞家學*98/3270
曾氏門人34/1198
紫巖門人44/1433
40陸九韶(子美、梭山居士)
道鄉家學*57/1862
道鄉家學8/362
陸九臯(子昭、庸齋先生)
道鄉家學8/361
陸九齡(子壽、復齋先生、文達)
道鄉家學*57/1868
道鄉家學8/362
子禮門人45/1448
玉山學侶46/1460
陸九淵(子靜、存齋、象山翁、象山先生、先儒陸子、文安)
艾軒講友*58/1884
道鄉家學8/362
次雲講友29/1059
艾軒講友47/1473

道鄉家學57/1877
靜春學侶59/1944
陸九思(子疆)
道鄉家學8/361
46陸賀(道鄉)
涑水續傳8/359
54陸持之(伯微)
象山家學*58/1929
世昌門人77/2605
60陸景端(子正)
和靖門人*27/1015
震澤門人29/1057

7422_7 勵

40勵志先生(見朱元龍)

7423_2 隨

30隨適居士(見湯千)
53隨甫(見李晦)

7424_7 陵

22陵川(見郝經)
76陵陽先生(見牟巘)

7521_8 體

21體仁(見詹儀之)

7529_6 陳

00陳亮(同甫、龍川先生、陳同、同父、文達、文毅)
鄭丙門人*56/1830
景望門人32/1156
國器門人44/1434
東萊學侶51/1680
艮齋學侶52/1697
水心學侶55/1805
陳彥
龜山門人25/974
陳高(可中)
安定門人1/57
陳文蔚(才卿、克齋先生)
晦翁門人69/2320
陳襄(述古、古靈先生、忠文)
安定同調*5/225
安定同調1/31
02陳端己(子益)
止齋門人53/1726
07陳韶
仲本門人87/2942
08陳旅(衆仲)
邵庵門人*92/3089
大蓬門人49/1603
陳説(習之)
止齋家學53/1723
陳謙(益之、易庵)
止齋學侶53/1720
09陳麟(文昭)
寶峯門人93/3108
陳讜(正仲)
攻塊元僞學者97/3227
10陳天瑞(德修、南村、古堂先生)
魯齋門人82/2752
陳天澤(澤民、玉巖)
葉氏門人70/2345
陳正(端誠)
元祐之餘35/1222
陳正彙
了翁家學35/1224

陳元中(景衛、陳元忠)
梁氏講友41/1360
陳元忠(見陳元中)
陳賈
攻慶元僞學者97/3226
陳栗
陳概兄72/2409
12陳烈(季慈、季甫先生)
古靈講友5/238
陳廷玉(伯圭)
雲峯門人89/2988
陳孔碩(膚仲、北山先生、元大)
晦翁門人*69/2277
南軒門人50/1644
東萊門人51/1685
陳孔夙
晦翁門人69/2277
陳砥
古靈門人5/245
13陳武(蕃叟)
止齋學侶*53/1719
國器門人44/1434
慶元黨禁97/3221
14陳瓘(瑩中、了齋先生、了翁、四明先生、陳右司、忠肅)
清敏門人*35/1206
涑水私淑8/357
百源私淑10/476
明道私淑14/583
伊川私淑16/657
豐氏門人19/811
元城同調20/833
龜山講友25/958
廌山講友26/997
元祐黨籍96/3184
陳琦(擇之、克齋)
南軒門人71/2382
17陳取青(巇翁、間巇翁)
蟠松門人70/2352
20陳舜俞(令舉、白牛居士、白牛鎮、青風里)
安定門人*1/52
廬陵門人4/209
涑水講友8/348
21陳仁伯
大蓬門人49/1603
陳卓(立道、世綸堂、清敏)
菊坡家學25/990
陳衡(公權)
陳孔碩父69/2277
陳師凱(道勇)
九峯續傳67/2215
陳師道(履常、無己、後山先生、后山先生、陳夫子)
曾氏門人4/216
陳經正(貴一)
伊川門人32/1143
陳經德
伊川門人32/1143
陳經郛
伊川門人32/1143
陳經邦(貴新)
伊川門人32/1143
23陳允平(君衡、西麓)
菊坡家學25/991
陳傅良(君舉、止齋先生、老陳郎中、文節)
鄭薛門人*53/1710

架閣門人32/1154
景望門人32/1156
國器門人44/1434
南軒學侶50/1636
東萊學侶51/1680
艮齋門人52/1699
絜齋講友75/2529
慶元黨禁97/3215
陳俊卿(應求、魏國公、正獻)
葉氏門人*34/1196
艾軒講友47/1473
24陳侁(復之)
廌山門人26/997
陳德永(叔夏、兩峯先生)
紘齋門人*82/2765
聖泉門人82/2765
陳偉器
江萬里門人70/2334
陳縝(德容)
晦翁私淑49/1596
26陳伯柔
草廬門人*92/3079
邵庵門人92/3090
陳峴(壽南、東齋)
忠定同調*46/1460
慶元黨禁97/3220
27陳象祖(儀父)
勉齋門人63/2047
陳象輿
戚同文門人3/133
陳郛(彥聖)
元祐黨籍96/3183
陳叔盥
艾軒門人47/1479
陳紹大(成甫、西山先生、西山夫子)
静正同調*82/2768
子善所傳70/2351
28陳以莊(敬叟)
黄銖門人43/1407
陳倫(泰之)
勉齋門人63/2048
30陳淳(安卿、北溪、文安)
朱林門人*68/2220
林氏門人41/1363
晦翁門人49/1593
陳宓(師復、復齋)
晦翁門人*69/2278
陳氏家學34/1201
陳宓(見陳泌)
陳守(師中、敬恕)
晦翁門人*69/2277
陳氏家學34/1201
陳良翰(邦彥、獻肅)
趙張同調44/1419
陳定(師德)
晦翁門人*69/2278
陳氏家學34/1201
陳宗禮(立之、盱江郡侯、文定)
蒙齋門人75/2538
31陳源長(復之、復齋、陳履長)
草窗同調70/2350
32陳淵(知默、幾叟、默堂先生、廌山、陳漸)
程楊門人*38/1264
伊川門人16/657
龜山門人25/962
了翁家學35/1224

陳沂(伯澡、貫齋)
北溪門人*68/2234
陳氏家學62/2015
槎溪門人70/2331
果齋門人70/2331
雲莊門人70/2333
至之門人70/2342
陳漸(見陳淵)
33陳泌(汝泉、陳宓)
本堂門人86/2904
陳鬴(斯士)
東萊門人73/2443
34陳澔(可大、雲莊、北山、雲莊先生、經師、雲住師、經歸先生)
東齋家學83/2825
陳祜(純益、陳祐)
元祐黨籍96/3183
陳祐(見陳祜)
陳禧
陳孔碩祖69/2277
35陳洙
本堂家學86/2905
37陳次升(當時)
元祐黨籍96/3176
陳深(汝資)
本堂家學*86/2904
虛谷門人86/2904
38陳祥道(用之、祐之)
荆公門人98/3260
40陳九言(永叔)
香溪門人45/1447
陳大方
陳正彙子35/1224
陳大猷(文獻、東齋)
雙峯門人83/2814
陳士允
復庵門人70/2359
陳士楚(英仲)
艾軒門人47/1478
陳堯英(秀伯)
陳昂祖55/1814
陳右司(見陳瓘)
陳去華
象山門人77/2576
陳樵(君采、鹿皮子、東陽隱君子)
巉翁家學*70/2356
復庵門人70/2358
41陳桱(子經)
本堂家學*86/2905
東發續傳86/2907
陳概(平甫)
南軒門人*72/2409
南軒門人50/1643
42陳壎(見陳塤)
陳櫟(壽翁、定宇、東皐老人)
草窗門人*70/2354
復齋家學70/2355
44陳基(敬初、夷白先生、韋羌山人)
文貞門人70/2357
陳埴(器之、潛室先生)
朱葉門人*65/2087
晦翁門人49/1592
水心門人55/1820
陳藻(元潔、樂軒、文遠)
網山門人47/1480
陳苑(立大、靜明先生)
楊傅續傳*93/3097
金溪續傳58/1936

- 楊錢續傳74/2515
- 曾潭續傳77/2613

陳蒙
- 習庵家學74/2509

陳葵(叔向)
- 金溪同調*61/1970
- 象山同調58/1929

陳韡(子華、抑齋、忠肅)
- 水心門人*55/1820
- 北山家學70/2337

陳耆卿(壽老、篔窻)
- 水心門人55/1806

陳著(本堂、子微)
- 東發學侶86/2900

46陳塤(和仲、習庵、陳壎)
- 慈湖門人74/2489

陳如晦(日昭)
- 勉齋門人63/2046

47陳坰(平甫)
- 晦翁私淑49/1597

陳均(子公、公齋)
- 西山門人*81/2712
- 陳氏家學46/1467

陳猛
- 龍川門人56/1852

48陳檜
- 龍川門人56/1852

50陳夫子(見陳師道)

51陳攄(君益)
- 鄞江門人6/267

53陳戊(可行)
- □□□□29/1060

陳成父(玉汝)
- 陳駿子69/2293

60陳昉(叔方、清惠)
- 陳氏家學46/1466

陳易(復之)
- 北溪講友*68/2233
- 晦翁門人49/1593

陳思謙(退之)
- 堯卿門人70/2342

陳昂
- 水心門人55/1814

陳景思(思誠)
- 晦翁學侶*49/1590
- 水心學侶55/1806

63陳貽範(伯模、伯謨)
- 古靈門人*5/243
- 安定門人1/58

66陳暘(晉之)
- 陳氏家學98/3269

67陳昭度(元矩、西軒子)
- 艾軒講友47/1473

71陳長方(齊之、唯室先生)
- 震澤門人*29/1054
- 陳氏家學26/998

陳頤
- 龍川門人56/1851

陳槩(見陳概)

72陳剛(公潛、潛齋先生、子潛、潛學先生)
- 石塘門人65/2114

陳剛(正己)
- 象山門人*77/2580
- 東萊門人51/1685
- 龍川門人56/1855

73陳駿(敏仲、仁齋)
- 晦翁門人69/2293

77陳同(見陳亮)
陳鵬飛(少南)
趙張同調44/1421
陳履長(見陳源長)
陳居仁(安行、菊坡先生、瀹室、文懿)
碧溪門人25/987
陳留郡公(見袁桷)
80陳普(尚德、石堂先生、懼齋)
恂齋門人64/2062
陳善
潛齋門人65/2117
陳公輔(國佐)
攻專門之學者96/3194
81陳槃
陳淳子68/2220
86陳錫
東萊門人73/2451
88陳敏(伯修)
安定門人1/54
陳策(次賈、南墅)
劉氏門人81/2715
90陳少方(同之)
震澤門人*29/1054
陳氏家學26/998
陳光祖(世德)
節齋門人*62/2013
九峯門人67/2212
96陳煜(民表)
陳埴父65/2087
陳□
陳鎮子49/1596
陳□
陳鎮孫49/1596

7621$_4$ 臞

51臞軒(見王邁)

7622$_7$ 陽

22陽巖(見洪天錫)
40陽枋(字溪、大陽先生、宗驥、陽昌朝)
蓮塘門人70/2338
60陽昌朝(見陽枋)
77陽岊(存齋、小陽先生)
蓮塘門人70/2339
97陽恪(以齋、謹仲)
小陽家學70/2347

7710$_4$ 堅

26堅白先生(見戚同文)
50堅素先生(見戚同文)

7721$_0$ 風

10風雩亭(見舒璘)
77風月處士(見范啓)

鳳

22鳳山先生(見呂人龍)

7721$_4$ 隆

22隆山(見牟應龍)

7721$_6$ 閟

38閟道(見趙忭)
57閟静老人(見張嚴)

覺

51覺軒先生(見蔡模)

7722_0 月

22月巖(見程紹開)
27月魚先生(見林亦之)
　月魚氏(見林亦之)
　月舟先生(見范仲黼)
37月澗(見劉南甫)
　月漁(見林亦之)

用

00用章(見李俊民)
24用休(見謝天申)
26用和(見黄鍰)
30用之(見劉礪)
　　(見陳祥道)
50用中(見廖剛)
77用叟(見張衛)

同

00同庵先生(見葉祐之)
26同伯(見楊大異)
27同叔(見何異)
　　(見傅寅)
30同之(見陳少方)
46同恕(寬甫、榘庵、京兆郡侯、文貞)
　　晦翁續傳95/3143
53同甫(見陳亮)
80同父(見陳亮)
　同美(見張琪)

周

00周文敏
　　濂溪講友12/528
02周端朝(子静、忠文)
　　周氏家學*71/2402
　　蔡氏門人53/1733
　　水心門人55/1820
　　章泉門人59/1948
　　後溪門人77/2643
　　慶元黨禁97/3224
04周謨(舜弼、舜敔)
　　晦翁門人69/2307
08周敦實(見周敦頤)
　周敦頤(茂叔、濂溪先生、汝南伯、道國公、周敦實、先儒周子、元公)
　　高平講友*11/481
　　高平講友3/139
10周王(見趙汝愚)
　周天駿(子美、敬齋)
　　西山門人81/2712
　周可象(純菴)
　　金溪續傳58/1935
11周棐(致堯)
　　始豐講友83/2836
20周孚(彦信)
　　逸平門人25/986
　周孚先(伯忱)
　　伊川門人30/1074
21周仁榮(本心)
　　子高家學*82/2763
　　簡齋門人82/2763
　　南村門人82/2764
　周行己(恭叔、浮沚先生)
　　程吕門人*32/1131
　　伊川門人16/656
　　藍田門人31/1124

周師厚(敦夫)
鄞江門人6/265
周穎(伯堅、正介)
安定門人1/53
25周純明(全伯)
伊川門人*30/1077
百源門人10/476
都官家學33/1165
周秩
攻元祐之學者96/3189
26周伯(見胡沂)
28周作
龍川門人56/1855
30周憲(可則)
震澤門人*29/1056
紫微門人36/1247
周良(元忠、蕙林)
象山門人*77/2592
晦翁門人49/1595
周密(公謹、弁陽老人、四水潛夫、草窗、蘋齋、弁陽嘯翁)
晚宋詆詈諸儒者97/3234
33周必彊(子柔)
劉氏門人35/1228
周必大(子充、洪道、平園、益國公、文忠)
劉氏門人*35/1229
澹庵門人34/1199
慶元黨禁97/3214
周必剛(子栗)
劉氏門人35/1228
周祕
攻專門之學者96/3195
35周清叟(廉夫)
象山門人77/2586
37周潤祖(彥德、紫巖先生、紫微先生)
木心門人82/2798
40周爽(允升、斂齋)
南軒門人*71/2381
戴氏門人53/1733
周士樞
寶峯門人93/3117
周希孟(公闢)
古靈講友5/239
周南(南仲、山房)
水心門人*55/1809
黄氏門人53/1732
慶元黨禁97/3221
周燾(通老、次元)
周敦頤子11/481
周壽(元老、元翁)
周敦頤子11/481
周去非
南軒門人*71/2389
浮沚續傳32/1151
周貢(彥約)
逸平門人25/986
44周恭先(伯温)
伊川門人30/1074
48周翰(見程鉅夫)
(見茅甫生)
周敬孫(子高)
魯齋門人82/2752
50周擴
龍川門人56/1855
53周輔成
周敦頤父11/481

67周嗣明(晦之、放翁)
雷宋同調100/3329
71周臣(見趙秉文)
周長孺(士彥)
百源門人33/1162
77周卿(見度正)
(見糜師旦)
80周介(叔謹、公謹)
東萊門人*73/2448
晦翁門人49/1594
85周銖
周氏家學6/270
86周錫(見趙彥秬)
周鍔(廉彥、鄞江先生)
西湖門人*6/268
周氏家學6/270
元祐黨籍96/3187

陶

22陶山(見陸佃)
27陶凱(中立、耐久道人)
鞠隱門人82/2806

7722_7 鄏

26鄏伯(見張載)

閒

77閒閒老人(見趙秉文)

7724_1 屏

22屏山先生(見劉子翬)
77屏山居士(見李純甫)

7724_7 殿

21殿上虎(見劉安世)

履

00履齋(見方大壯)
(見吳潛)
30履之(見方大壯)
(見劉砥)
38履道(見王安中)
50履中(見祝常)
(見李復)
80履善(見文天祥)
88履節(見趙崇度)
90履常(見趙崇憲)
(見趙汝談)
(見陳師道)

7726_4 居

21居仁(見呂本中)
居貞(見鄭桓)
30居之(見祁寬)
71居厚(見徐元德)
77居卿(見張畤)
80居父(見徐寓)
(見吳琚)

屠

00屠高(仰之)
唐氏門人80/2692

7733_1 熙

38熙道(見王建中)

7740_0 閔

60閔甲(仲魯)

靜明門人93/3108

7740$_1$ 闢

30闢之(見鄭闢)
57闢靜居士(見危和)
80闢人詵(桂山翁、闢人詵老)
魯齋門人82/2753
闢人詵老(見闢人詵)
闢人夢吉(應之、凝熙先生)
桂山家學82/2765

7740$_7$ 學

00學齋(見史繩祖)
10學可(見林亦之)
30學之(見趙次誠)
38學海(見廖應淮)
40學古(見時澐)

7743$_0$ 閬

50閬中(見上官恢)
(見鄭穆)

7744$_0$ 丹

32丹溪先生(見朱震亨)

7744$_1$ 開

27開叔(見史彌堅)
44開封伯(見吕祖謙)

7750$_8$ 舉

30舉安(見賀伯顔)

7755$_0$ 毋

23毋我先生(見盧魁)

7760$_2$ 留

10留正(仲至、魯國公、衛國公、魏國公、忠宣)
慶元黨禁97/3213

7760$_6$ 闐

72闐丘昕(逢辰、清簡)
武夷門人34/1192

7760$_7$ 間

28間鱶翁(陳取青)

7773$_2$ 艮

00艮齋(見鄭夢遇)
(見薛季宣)
艮齋先生(見謝諤)
(見魏掞之)
60艮園(見諸葛説)

閬

77閬風先生(見舒嶽祥)

7774$_7$ 民

50民表(見江公望)
(見陳煜)

7777$_2$ 關

10關西夫子(見楊奂)
33關治(止叔)
龜山門人*35/1221
龜山門人25/962

7778$_2$ 歐

76歐陽玄(原功、圭齋、楚國公、歐陽

元、文)
白雲門人*82/2771
忠叟家學88/2968
虞氏門人92/3082
歐陽龍生(成叔、渤海郡侯、冀國公)
忠叟家學88/2967
歐陽新(仲齋、冀國公)
巽齋學侶88/2946
歐陽謙之(希遜)
晦翁門人69/2293
歐陽元(見歐陽玄)
歐陽棐(叔弼)
廬陵家學*4/204
元祐黨籍96/3179
歐陽發(伯和)
廬陵家學*4/204
安定門人1/49
歐陽修(永叔、醉翁、六一居士、廬陵、兗公、先儒歐陽子、文忠)
高平同調*4/181
高平同調3/142
歐陽守道(公權、迂父、巽齋、歐陽巽)
劉氏門人*88/2944
歐陽家學70/2342
月潤門人70/2346
歐陽必泰
歐陽新子88/2946
歐陽逢泰(忠叟、渤海伯)
仲齊家學88/2965
歐陽朴(全真)
艮齋門人28/1042
歐陽中立(節孝先生)
涑水門人*8/355
元祐黨籍96/3184
歐陽巽(見歐陽守道)
歐陽鎮(伯禹、東谷)
北谷講友77/2612

7780_1 輿

10輿正(見王師愈)
輿可(見熊朋來)
18輿政(見唐仲友)
27輿叔(見吕大臨)
30輿之(見柴中行)
55輿耕(見王充耘)

巽

00巽齋(見歐陽守道)
22巽巖先生(見李燾)
26巽伯(見吕喬年)
30巽之(見范育)
34巽波(見鄧泳)
44巽坡(見鄧泳)
53巽甫(見税與權)

輿

00輿齋(見田疇)
01輿龍(見齊魯瞻)
30輿之(見王聞詩)

7780_6 貫

00貫齊(見陳沂)
30貫之(見李道傳)
38貫道(見王文貫)
(見馮忠恕)
(見韓冠卿)

賢

24賢侍從(見孫逢吉)
53賢甫(見吕良才)

7790_4 閑

77閑閑老人(見趙秉文)

7821_7 隘

51隘軒(見車似慶)

7870_0 卧

10卧雲先生(見管師復)

7876_6 臨

00臨齋(見湯德威)
22臨川郡公(見吴澄)
臨川先生(見王安石)
38臨海郡侯(見應繇)

7922_7 勝

30勝之(見吴柔勝)

7923_2 滕

10滕元發(達道、滕甫、章敏)
安定門人1/45
14滕珙(德章)
晦翁門人69/2292
19滕璘(德粹、溪齋)
晦翁門人69/2291
21滕處厚(謹仲、景重、恕齋、己齋)
鶴山門人80/2684
22滕宬(見滕宬)
30滕宬(季度、廉靖處士、滕宬)
水心門人55/1812
滕安上(仲禮、退齋、東庵)
静修講友*91/3026
鄖城門人90/3017
31滕涉
戚同文門人3/133
53滕甫(見滕元發)
87滕鉛(和叔、萬菊)
德章家學70/2341
92滕愷(南夫、溪堂先生)
節夫學侣27/1020

8000_0 八

21八行先生(見張堅)
(見邵清)
(見徐中行)
(見史詔)
44八桂老人(見黄庭堅)

人

00人齋先生(見胡一桂)

8010_1 企

10企疏堂(見趙遂)

8010_4 全

00全彦(遯翁)
本心家學74/2517
08全謙孫(真志)
習庵家學74/2510
10全晉孫(本心)
習庵門人74/2510
22全鼎孫(本然)
全謙孫兄74/2510

26全伯(見周純明)
27全歸子(見吳思齊)
全歸居士(見劉漢傳)
全叔(見江琦)
34全汝梅(葳和)
全謙孫父74/2510
40全真(見歐陽朴)
44全耆(味道子)
真志家學74/2517
58全整(修齋、三石草堂)
本心家學74/2518
71全頤孫
全謙孫弟74/2510

8010₇ 益

08益謙(見范沖)
30益之(見許謙)
(見柴元裕)
(見陳謙)
44益恭(見吳儆)
60益國公(見江萬里)
(見周必大)

8010₉ 金

00金文剛(子潛)
西山門人81/2710
09金麟
北山門人82/2742
27金叔明
玉峯門人66/2135
35金濂(伯清)
龍川門人56/1852
36金涓(見劉涓)
43金式(元度)
說齋門人60/1964
44金若洙(子方、東園)
徽庵門人83/2826
74金陵侯(見吳淵)
77金履祥(吉父、仁山先生、次農、文安)
北山門人*82/2737
魯齋門人82/2751

8012₇ 翁

00翁彥約(行簡)
開府家學1/63
翁彥深(養源、鍾離子)
開府家學1/64
翁彥國(端朝)
開府家學1/64
22翁巖壽(如山、翁夔、庶善先生)
潛室門人65/2106
24翁升(南仲)
安定門人1/53
25翁仲通(濟可)
安定門人1/49
33翁泳(永叔、思齋)
節齋門人62/2014
37翁深父
方齋傳附29/1058
46翁旭
寶峯門人93/3114
60翁昉
寶峯門人93/3115
80翁夔(見翁巖壽)
翁谷(子靜)
龜山門人25/975
88翁敏之(功甫)

潛室門人65/2106

8021_6 兑

00兑齋(見郭磊卿)

8022_0 介

00介庵(見黃淮)
22介巖(見潘墀)
23介然(見黎確)
30介之(見許玠)
50介夫(見孫立節)
(見林石)
(見鄭俠)
51介軒(見董夢程)
53介甫(見王安石)

8022_1 俞

12俞廷椿(壽翁)
象山門人77/2598
19俞琰(玉吾、林屋山人、石澗先生)
朱學續傳49/1600
24俞偉(仲寬)
鄞江門人6/267
32俞浙(季淵、致曲先生、默翁先生、致曲老人)
朱學續傳49/1599
77俞聞中(夢達)
晦翁門人69/2305

前

44前村(見程直方)

8030_7 令

38令裕(見黃孝恭)
77令舉(見陳舜俞)

8033_1 無

00無競(見劉克遜)
無妄先生(見曹建)
10無可(見侯可)
17無己(見陳師道)
28無咎(見晁補之)
37無逸(見謝逸)
(見曾三聘)
42無垢居士(見張九成)
44無著道人(見張縠英)
46無媿(見趙君錫)
50無事老人(見董文甫)
60無暴棄齋(見李芾)
96無愧(見趙君錫)

8033_2 愈

67愈明(見王希旦)

8033_3 慈

37慈湖先生(見楊簡)

8033_7 兼

22兼山(見黃裳)
兼山先生(見郭忠孝)
38兼道(見劉衡)
80兼善(見秦不華)

8034_6 尊

38尊道先生(見施震亨)
90尊光(見吳謙)

8040₄ 姜

31姜潛(至之)
泰山門人*2/115
徂徠門人2/119
40姜大中(叔權)
晦翁門人69/2317
60姜愚(子發)
百源門人33/1163

8043₀ 美

50美中(見林晟)

8050₁ 羊

30羊永德
東萊門人73/2446
52羊哲
羊氏家學*73/2456
寺丞門人51/1688

8055₃ 義

00義立(見張方)
21義行(見韓伉)
義行先生(見韓伉)
37義初(見洪初)
50義夫(見虞兟)
71義臣(見趙矩)
80義父(見孔平仲)
99義榮(見潘良貴)

8060₁ 合

00合齋(見王柟)
52合剌不花
白雲門人82/2794

首

30首之(見呂人龍)

8060₅ 善

30善之(見鄧文原)
53善甫(見黄仲元)

8060₆ 曾

10曾三聘(無逸、忠節)
晦翁門人*69/2292
慶元黨禁97/3219
曾正中(見曾集)
曾雩
艮齋門人28/1043
曾需(見曾機)
曾震(東老、禹任、伯貢、曾括、文友堂、詠歸堂)
艮齋門人28/1042
12曾發(見曾信道)
17曾子良(平山先生、節居)
徑畈門人84/2849
曾鞏(子固、文定、南豐先生)
廬陵門人*4/210
盱江門人3/176
荆公講友98/3255
20曾伉
公闢門人5/246
曾信道(曾發)
曾摶父71/2386
曾季貍(裘父、艇齋)
紫微門人*36/1247
師川門人25/983
曾集(致虚、曾正中、曾中節)

曾氏家學*26/998
曾氏家學34/1198
南軒門人50/1643
22曾豐(見曾丰)
曾幾(吉甫、茶山、文清)
武夷門人*34/1184
二孔門人12/534
元城門人20/839
震澤門人29/1057
紫微講友36/1243
五峯學侶42/1384
26曾伯(見戴表元)
30曾滂(孟博)
復齋門人57/1878
31曾潭先生(見傅夢泉)
32曾漸(鴻甫、文莊)
武夷再傳34/1200
35曾逮(仲躬、習庵先生)
震澤門人*29/1058
曾氏家學34/1197
37曾祖道(宅之、擇之)
晦翁門人*69/2319
象山門人58/1931
静春門人59/1948
曾逢(原伯)
曾氏家學34/1197
38曾肇(子開、曲阜先生、文昭)
曾氏家學*4/215
元祐黨籍96/3175
40曾克己
東老家學28/1043
曾克允
東老家學28/1043
曾克寬
東老家學28/1043
曾克家
東老家學28/1043
曾布(子宣、文肅)
攻元祐之學者96/3188
41曾極(景建、雲巢)
曾滂子57/1878
42曾機(伯虞、曾霜、静庵先生)
艮齋門人28/1042
50曾丰(幼度、撙齋先生、曾豐)
鄧傳之師55/1816
曾中節(見曾集)
51曾振宗(子舉)
静明門人93/3107
52曾括(見曾震)
53曾成叔(伯玉)
勉齋門人63/2046
58曾撙(節夫、拙齋)
南軒門人71/2386
77曾開(天游)
廌山門人*26/997
武夷講友34/1180
92曾恬(天隱)
上蔡門人*24/934
元城門人20/838
龜山門人25/974
了翁門人35/1224
97曾熠(定遠)
慈湖門人74/2493

17會孟(見劉辰翁)
23會稽郡王(見史浩)
30會之(見王柏)

(見秦檜)

8060₈ 谷

10谷雲(見余濟)

8073₂ 公

00公齋(見陳均)
公度(見劉孟容)
公袞(見鄒補之)
04公謹(見李文子)
(見周密)
(見周介)
10公平(見李齊)
(見楊準)
11公非先生(見劉攽)
12公瑞(見張珪)
24公休(見司馬康)
27公叔(見吴松年)
(見畢仲游)
28公儀(見高弁)
30公濟(見袁轂)
31公濳(見陳剛)
34公遠(見朱光裔)
40公圭(見盧魁)
公才(見趙卨)
公南(見宇文之邵)
(見劉康夫)
44公茂(見姚樞)
公權(見朱巽)
(見沈銖)
(見陳衡)
(見歐陽守道)
50公肅(見鄭雍)
53公甫(見章衡)
(見吕溥)
56公擇(見李常)
59公掞(見朱光庭)
60公是先生(見劉敞)
61公點(見丁騭)
67公明(見鄭升之)
(見鄭向)
公路(見焦瑗)
68公晦(見李方子)
70公雅(見沈度)
77公闢(見周希孟)
84公饒(見李裕)

養

10養正(見郭頤)
(見程頤)
養吾(見李天勇)
26養伯(見戴蒙)
31養源(見翁彦深)
40養直(見孟浩)

8090₄ 余

30余卞(洪範)
元祐黨籍96/3182
02余端臣(正君、訥庵先生)
濳庵門人64/2059
10余元一(景思)
勉齋講友*63/2041
晦翁門人49/1593
余元發(永之)
慈湖門人74/2501
20余季芳(子初、桃谷先生)
介軒同調*89/2971
朱學續傳49/1599

22佘崇龜(景望)
景思學侶63/2041
25佘仲敬(靜學)
佘氏家學89/2976
29佘嵘(景瞻、肯堂、徐嵘)
劉氏門人55/1822
30佘濟(心淵、谷雲)
佘氏家學89/2975
佘宋傑(伯秀、國秀)
晦翁門人69/2308
36佘澤
北山門人82/2743
40佘大雅(正叔)
晦翁門人69/2300
佘爽(荀龍)
元祐黨籍96/3180
佘嘉(見佘嚞)
佘嚞(佘嘉、若蒙)
攻慶元僞學者97/3228
44佘芑舒(息齋、德新)
佘氏家學89/2975
77佘學古
慎齋門人65/2112

8190_4 桀

00桀庵(見同恕)
90桀堂(見董槐)

8211_4 鍾

00鍾離子(見翁彦深)
11鍾棐(子翼)
老泉門人99/3301
20鍾季正
王氏門人74/2512
21鍾穎(元達)
應之門人77/2607
22鍾山先生(見李緒)
30鍾宏(遠之、子虚、了齋)
慈湖門人74/2501
46鍾如愚(師顔)
南軒門人71/2383
71鍾槩
老泉門人99/3301
97鍾炤之(彦昭)
南軒門人71/2385

8242_7 嬌

00嬌齋(見潘好謙)

8315_0 鐵

22鐵崖(見楊維楨)
88鐵笛子(見楊維楨)

8315_3 錢

00錢廓(叔因、錢擴)
龍川門人56/1851
錢文子(文季、白石先生、白石、錢宏)
永嘉同調*61/1969
止齋同調53/1722
12錢水村
唐仲實師94/3130
18錢鍪
攻慶元僞學者97/3228
23錢允文(竹間先生)
融堂家學74/2508
27錢象祖
攻慶元僞學者90/3227

30錢宏(見錢文子)
41錢柄(誠甫)
融堂家學*74/2508
慈湖門人74/2505
44錢藻(醇老)
安定門人1/48
46錢勰(穆父)
元祐黨籍96/3170
50錢擴(見錢廓)
60錢景臻
吕逢時門人5/245
64錢時(子是、融堂先生)
慈湖門人74/2485
80錢公輔(君倚)
安定門人1/42

8471_1 饒

00饒應中
雙峯門人83/2822
12饒延年(伯永、止翁、壽翁)
象山門人*77/2587
復齋門人57/1879
17饒子儀(元禮、凌雲先生、葆光庵)
泰山門人*2/117
安定門人1/52
27饒魯(伯輿、仲元、雙峯、師魯、文元)
黄榦門人*83/2812
勉齋門人63/2042
宏齋門人70/2329
尚質門人70/2344
南溪門人79/2643
强恕門人79/2645
饒約(見饒敬仲)
30饒宗魯(心道)
平山門人84/2852
48饒幹(廷老)
晦翁門人69/2306
饒敬仲(饒約)
草廬門人*92/3081
饒氏家學84/2853
88饒敏學
晦翁門人69/2294
饒節(德操)
滎陽門人23/913

8490_0 斜

34斜斗川居士(見蘇過)

8612_7 錦

32錦溪先生(見張巽)
(見洪揚祖)

8640_0 知

38知道(見葉味道)
63知默(見陳淵)

8660_0 智

21智行(見莫表深)
22智崇(見謝襲)
53智甫(見沈省曾)

8712_0 鈞

12鈞磯翁(見丘葵)

8716_1 鉛

22鉛山先生(見楊輿立)

8718_2 欽

30欽之(見傅堯俞)

53欽甫(見蘇思恭)

60欽國(見程洵)

8742_7 鄭

00鄭雍(德和)
　　逸平門人25/986
　鄭雍(公肅)
　　攻元祐之學者96/3188
03鄭謐(彦淵)
　　范葉學侣82/2795
10鄭玉(子美、師山、獅山處士)
　　夏吳門人*94/3125
　　大之門人74/2519
　　朝陽門人74/2520
　　復翁門人74/2520
　鄭丙(少融、簡肅)
　　葉氏門人*34/1196
　　攻慶元僞學者97/3228
　鄭可學(子上、持齋)
　　晦翁門人69/2300
15鄭璉(希貢)
　　師山家學94/3132
21鄭行(見鄭閭)
22鄭鼎新(中實、仲實)
　　勉齋門人63/2047
　鄭僑(惠叔、忠惠)
　　玉山門人46/1463
23鄭獻翁(帝臣)
　　德遠門人70/2348
24鄭俠(介夫、一拂居士)
　　荆公門人*98/3259
　　元祐黨籍96/3181
　鄭升之(公明)
　　逸平門人25/985
25鄭仲熊(行可)
　　攻專門之學者96/3195
26鄭伯謙(節卿)
　　景望家學32/1155
　鄭伯熊(景望、大鄭公、文肅)
　　公叔講友*32/1152
　　季節門人1/66
　　艮齋講友52/1697
　鄭伯英(景元、歸愚翁、小鄭公)
　　鄭伯熊弟*32/1152
　　艮齋講友52/1697
　鄭穆(閎中)
　　古靈講友5/237
27鄭向(公明)
　　周敦頤舅11/481
　鄭修(季常)
　　龜山講友25/959
28鄭儀孫(翠屏)
　　行可門人70/2351
30鄭寅(子敬)
　　鄭氏家學46/1467
　鄭宗顔
　　爲新學者98/3268
　鄭宗强(南夫、坦溪)
　　東萊門人73/2442
31鄭潛(彦昭、樗庵)
　　師山家學94/3132
34鄭濤(仲舒)
　　静儉門人82/2795
35鄭清之（德源、文叔、安晚、鄭燮、
　　中國公、齊國公、魏郡王、衛國

公、越國公、忠定)
樓氏門人73/2454
36鄭湜(溥之、補之、文肅)
慶元黨禁97/3215
40鄭真(千之)
鄭氏家學*85/2882
楊氏門人52/1706
草廬門人92/3081
鄭樵(漁仲、溪西先生、夾漈先生)
鄭僑從父46/1463
41鄭桓(居貞)
樗庵家學*94/3138
玩齋門人92/3091
44鄭夢協(新恩)
章泉門人59/1948
鄭芳叔(德仲)
深寧門人85/2875
47鄭轂(致遠、九思)
上蔡門人24/937
50鄭夬(揚庭)
百源門人*33/1164
提刑門人2/126
鄭忠(原凱)
正節門人82/2805
鄭忠(以孝、溪西漁)
師山家學94/3132
55鄭耕老(穀叔)
廬陵續傳4/219
58鄭輸(子乘)
古遺門人64/2083
60鄭國公(見富弼)
鄭四表
張氏門人89/2989
鄭思永(景修)
白石門人*68/2239
北溪門人68/2236
鄭思忱(景千)
白石門人*68/2239
北溪門人68/2236
67鄭昭先(景明、景紹、日湖、文靖)
晦翁門人69/2310
71鄭厚(景韋、叔友、溪東先生、湘鄉先生)
鄭僑從父46/1463
鄭原殷
寶峯門人93/3114
77鄭覺民(以道、求齋)
鄭氏家學85/2881
鄭駒(千里)
鄭氏家學85/2881
鄭聞(行之、聞之、鄭行)
北溪門人*68/2237
王氏門人73/2457
80鄭合生(子謙)
可堂門人83/2829
86鄭鍔(則中、剛中、三山)
樓鑰師79/2633
88鄭鑑(自明、植齋)
止齋學侶53/1722
鄭節夫
游氏門人*71/2401
慈湖門人74/2503
絜齋門人75/2537
90鄭棠(景召)
顧齋門人74/2518
94鄭慎
寶峯門人93/3117

99鄭燮(見鄭清之)

8752_0 翔

25翔仲(見宋夢鼎)

80翔父(見毛振)

8762_2 舒

00舒亶(信道、嬾堂)

西湖門人6/270

11舒琥(西美)

象山門人*76/2551

象山門人58/1930

12舒烈

公權門人30/1086

14舒琪(元英)

象山門人*76/2551

象山門人58/1930

19舒璘(元質、元賓、廣平、風雩亭、文靖)

張陸門人*76/2544

持之門人25/988

舒氏家學25/988

晦翁門人49/1595

南軒門人50/1644

東萊門人51/1685

象山門人58/1930

楊氏門人58/1934

慈湖講友74/2480

絜齋講友75/2529

21舒衍(仲輿、舒沂)

絜齋門人*75/2536

大愚門人51/1688

慈湖門人74/2501

定川門人76/2562

舒衍(仲昌)

靜明門人93/3106

22舒嶽祥(舜侯、景薛、閬風先生)

吴氏門人55/1825

32舒沂(見舒衍)

33舒黻(德觀)

持之講友25/981

35舒津(通叟)

舒氏續傳76/2562

38舒滸(平叟)

舒氏續傳76/2562

60舒國公(見王安石)

80舒益(裕父)

慈湖門人74/2500

81舒鉦

廣平家學76/2558

舒鏞

廣平家學76/2559

舒銧(和仲)

廣平家學*76/2558

定川門人76/2562

舒銟

廣平家學76/2559

84舒銑

廣平家學*76/2558

慈湖門人74/2499

8810_1 竺

40竺大年(耕道)

定川門人76/2561

8812_7 筠

32筠溪先生(見李彌遜)

8822_0 竹

10竹西先生(見王居正)
32竹洲(見吴儆)
(見馬端臨)
竹溪(見林希逸)
(見吕溥)
40竹友(見謝邁)
41竹坪先生(見劉實翁)
44竹莊(見李存)
51竹軒(見林季仲)
72竹隱居士(見傅伯成)
77竹間先生(見錢允文)
80竹谷(見熊慶胄)
88竹簡先生(見毛友誠)

8822_7 簡

00簡齋(見楊珏)
27簡修(見胡宗愈)
40簡克己
南軒門人71/2382
50簡肅(見林栗)
(見胡憲)
(見劉勉之)
(見鄭丙)
53簡甫(見曹彦約)

第

10第五居仁(士安、静安先生)
槩庵門人*95/3146
勤齋門人95/3146

8824_3 符

28符谿先生(見薛紱)
37符初(復仲)
象山門人77/2582
81符敍(舜功)
晦翁門人*69/2323
象山門人58/1931

8854_0 敏

25敏仲(見王古)
(見陳駿)
38敏道(見包遜)
43敏求(見李伯敏)

8872_7 節

00節齋(見蔡淵)
(見趙崇度)
(見趙與簄)
44節孝(見徐積)
節孝先生(見歐陽中立)
50節夫(見夏侯旄)
(見洪斌)
(見韓侂胄)
(見吕和問)
(見曾撙)
77節居(見曾子良)
節叟(見牟子才)
節卿(見鄭伯謙)
78節愍(見張庭堅)

8877_7 管

21管師復(卧雲先生)
古靈門人*5/244
安定門人1/51
管師常
古靈門人*5/244

安定門人1/51

8880_6 箕

26箕腮(見陳耆卿)

8884_0 斂

00斂齋(見周奭)

8896_1 籍

32籍溪(見胡憲)

9000_0 小

22小任(見任汲)
26小程子(見程頤)
36小湯(見湯中)
43小戴先生(見戴迅)
44小坡(見蘇過)
50小東萊(見呂祖謙)
72小劉先生(見劉安上)
小隱(見楊芮)
小隱堂(見劉衡)
76小陽先生(見陽岊)
80小翁(見朱洪範)
87小鄭公(見鄭伯英)

9001_4 惟

34惟斗(見蕭𣛮)

9003_2 懷

27懷叔(見柴瑾)
44懷英(見桂璞)

9004_7 惇

00惇立(見徐度)
50惇夫(見邢居實)

9020_0 少

00少章(見朱弁)
07少望(見戴溪)
15少融(見鄭丙)
21少穎(見林之奇)
26少白(見戚如琥)
27少伊(見許景衡)
少詹(見丁希亮)
少約(見范子該)
33少述(見孫侔)
38少游(見秦觀)
40少才(見范子良)
少南(見陳鵬飛)
少嘉(見何大猷)
44少蘊(見葉夢得)

9021_1 光

27光叔(見趙炎)
34光遠(見王昭禹)
37光祖(見李郁)

9022_7 肖

07肖望(見戴溪)
80肖翁(見張巖)

尚

19尚褧(見鮑潁)
24尚德(見陳普)
27尚絅翁(見黄正孫)
72尚質(見黄幹)
77尚周(見岑士貴)

常

00常立
元祐黨籍96/3181
30常安民(希古)
元祐之學*19/805
元祐黨籍96/3180
53常甫(見黃智孫)
67常明齋(見羅拱)
常明子(見羅拱)
77常同(子正、虛間居士)
常氏家學19/816
80常父(見孔武仲)

9050_0 半

20半千(見雷淵)

9060_2 省

00省齋(見蘇思恭)
30省之(見趙雷)

9060_6 當

10當可(見馮時行)
64當時(見陳次升)

9101_6 恒

51恒軒先生(見劉懋)

9182_7 炳

00炳文(見劉貢)
38炳道(見康文虎)
46炳如(見高文虎)

9280_0 剡

31剡源先生(見戴表元)

9306_0 怡

90怡堂(見齊魯瞻)

9408_1 慎

00慎齋先生(見王夢松)

9501_0 性

25性傳(見戚象祖)
30性之(見謝夢生)
(見曹正)
50性夫(見方愨)
80性善(見度正)
(見烏本良)

9601_4 懼

00懼齋(見陳普)

9682_7 燭

37燭湖先生(見孫應時)

9702_0 恂

00恂齋(見韓翼甫)

9722_7 鄰

37鄰初(見熊太古)

9725_6 輝

50輝中(見姚勔)

9783_4 煥

23煥然(見楊奐)

9801_6 悦

00悦齋先生(見李壆)
30悦之(見王豫)
90悦堂(見楊楫)

9910_8 瑩

50瑩中(見陳瓘)

9923_2 滎

76滎陽先生(見吕希哲)
滎陽公(見吕希哲)

9990_4 榮

40榮南(見施霆亨)
50榮夫(見汪華)
60榮國公(見蔡沆)
□□□(番禺大商子)
安定門人1/59
□伯充
和靖門人27/1019
□顯仲
象山門人77/2602

拼音檢字表

A

ai	哀	12
	艾	115
	隘	178
an	安	78
	庵	3
ao	敖	147
	聱	148

B

ba	八	178
bai	白	62
	百	28
	柏	129
ban	半	191
bang	邦	147
bao	包	71
	葆	114
	寶	80
	抱	147
	鮑	70
bei	北	30
ben	本	141
bi	必	86
	庇	2
	畢	152
	碧	37
bian	弁	56
biao	彪	52
	表	143
bin	彬	108
	賓	80
	濱	87
bing	冰	85
	秉	47
	炳	191
bo	伯	62
	孛	104
	渤	88
bu	卜	54
	補	87
	不	30

C

cai	才	97
	蔡	122
can	參	54
cang	滄	94
	蒼	118
cao	曹	146
	草	115
cen	岑	52
cha	茶	124
	查	97
	槎	135
chai	柴	51
chan	蟾	147
	躔	148
chang	昌	155
	長	161
	常	191
	暢	146
chao	晁	148
	朝	132
che	車	140
chen	陳	167
cheng	成	144
	承	39
	程	66
	誠	13
	澄	85

chi 持 145
恥 36
赤 98
chong 沖 90
充 2
种 62
崇 54
chu 初 93
樗 107
處 50
楚 119
chuan 船 71
傳 60
chun 春 143
純 62
淳 77
醇 29
蠢 141
ci 慈 180
此 48
次 92
cong 從 74
cu 徂 68
cui 崔 53
翠 42
cun 存 98

D

da 達 90
大 96
dai 待 57
戴 109
dan 丹 176
淡 95
澹 92
dang 當 191
dao 導 95
蹈 157
道 95
de 得 64
德 56
deng 登 34
鄧 38
di 迪 90
帝 5
第 189
dian 殿 175
diao 釣 185
die 疊 148
ding 丁 24
鼎 53
定 79
矴 34
dong 東 143
董 109
洞 92
dou 斗 87
竇 80
du 獨 129
讀 15
杜 125
度 7
蠹 97
duan 端 13
dui 兑 180
dun 惇 190
敦 16
遯 84
duo 奪 99

E

er 二 17

F

fan 蕃 118
樊 116
汎 91
范 110
fang 方 4
放 16
fei 飛 35
蜚 30
匪 160
feng 風 172
楓 134
豐 52
逢 93

	馮	83
	鳳	172
fu	膚	49
	浮	85
	涪	77
	符	189
	福	84
	甫	145
	滏	94
	輔	144
	復	73
	富	79
	傅	55
	G	
gan	甘	119
	贛	16
gang	剛	166
	綱	72
gao	高	5
	皋	64
ge	格	135
	葛	118
gen	艮	176
geng	庚	7
	耕	146
	耿	45
gong	公	183
	功	37
	攻	44
	恭	114
	龔	13
	鞏	42
	共	119
	貢	30
gou	苟	118
gu	姑	117
	古	105
	谷	183
	穀	135
	固	155
	顧	84
gua	瓜	166
guan	關	176
	觀	129
	管	189
	冠	93
	貫	177
guang	光	190
	廣	8
gui	圭	96
	歸	67
	龜	67
	桂	126
	貴	143
guo	郭	15
	國	148
	果	155
	H	
han	韓	116
	漢	88
hang	行	49
hao	濠	77
	郝	131
	好	132
	浩	89
he	合	181
	何	48
	河	83
	和	65
	賀	129
	鶴	131
heng	亨	2
	恒	191
	横	126
hong	宏	79
	洪	89
	紘	58
	閎	176
	鴻	92
hou	侯	69
	后	166
	後	53
	厚	160
hu	滹	84
	胡	132

	壺	97
	斛	56
	湖	92
hua	華	117
huai	淮	76
	懷	190
huan	環	37
	鬟	152
	煥	191
huang	皇	62
	黄	119
hui	撝	145
	輝	191
	徽	73
	會	182
	晦	159
	惠	141
	蕙	114
hun	渾	92

J

ji	奇	105
	積	62
	緝	67
	汲	92
	吉	105
	蕺	112
	籍	190
	幾	53
	己	44
	季	46
	濟	76
	紀	72
	繼	54
	寄	79
	冀	34
	霽	26
jia	夾	96
	家	77
	嘉	105
	賈	29
	稼	56
jian	堅	172
	肩	77
	兼	180
	間	176
	儉	74
	蹇	80
	簡	189
	見	149
	建	37
	澗	92
	磵	43
jiang	江	81
	將	69
	姜	181
	蔣	113
jiao	蛟	141
	焦	45
	嬌	184
jie	揭	146
	節	189
	潔	92
	絜	147
	介	180
	芥	113
jin	金	179
	錦	185
	謹	14
	進	77
	近	86
	晉	29
	靳	108
	縉	52
jing	京	12
	荆	108
	涇	82
	經	52
	井	145
	景	155
	勁	37
	徑	48
	敬	135
	靖	15
	靜	147
jiu	九	95
	久	72

舊 119
廐 159
ju 居 175
鞠 132
菊 126
橘 135
舉 176
榘 184
巨 161
懼 191
jue 覺 172
jun 均 131
君 43
筠 188
俊 55
浚 86
濬 84

K

kai 開 176
kang 康 7
kao 考 112
栲 126
ke 可 29
克 97
ken 肯 49
kong 孔 35
kuan 寬 77
kuang 況 90
kui 葵 116
kun 困 155
kuo 擴 141

L

lai 來 107
lan 蘭 113
藍 110
嬾 132
lang 郎 93
閬 176
lao 老 118
lei 雷 29
li 黎 68
驪 160
李 99
力 95
立 2
厲 160
勵 167
利 54
栗 30
礪 34
lian 連 90
廉 7
蓮 114
濂 77
斂 190
liang 良 79
涼 77
梁 87
兩 26
liao 了 39
廖 3
lin 鄰 191
林 126
臨 178
ling 靈 24
淩 89
陵 167
令 180
liu 劉 161
流 76
留 176
柳 135
六 12
long 龍 12
隆 172
lou 樓 128
lu 盧 48
廬 3
蘆 112
魯 71
陸 166
鹿 2
潞 92
lü 閭 176
呂 152

履 175
luo 羅 156
洛 92

M

ma 馬 160
man 曼 149
漫 91
mao 毛 47
茅 112
茂 114
懋 114
mei 梅 136
槑 158
郿 175
美 181
meng 蒙 113
孟 37
夢 112
mi 彌 30
縻 8
密 79
mian 勉 58
miao 苗 118
繆 72
min 民 176
岷 72
敏 189
閔 175
ming 明 158
茗 118
溟 92
miu 謬 16
mo 莫 116
默 157
mou 牟 56
mu 木 107
牧 76
睦 157
穆 67

N

nai 耐 37
nan 南 98
難 105
ne 訥 14
ni 倪 68
ning 寧 77
凝 92
niu 牛 58
nong 農 145

O

ou 歐 176

P

pan 潘 85
盤 67
槃 72
磐 71
蟠 144
pang 龐 2
peng 彭 107
蓬 114
pi 皮 98
癖 2
pin 聘 37
ping 平 27
屏 175
po 皤 53
pu 浦 86
溥 86
樸 108

Q

qi 七 105
戚 145
齊 4
祁 93
岐 58
奇 105
淇 89
棋 126
企 178
啓 95
起 134
綺 58
葺 115

器 158

qian 千 46

謙 16

前 180

潛 84

黔 159

錢 184

qiang 强 37

qiao 喬 45

橋 108

譙 12

qin 欽 186

秦 143

琴 30

勤 112

qing 青 141

清 90

慶 7

磬 132

qiong 瓊 38

qiu 丘 166

求 109

裘 109

qu 曲 145

臞 172

去 106

quan 權 126

全 178

荃 109

泉 64

虞 49

R

ran 然 56

rao 饒 185

ren 人 178

仁 48

任 52

ri 日 148

rong 榮 192

容 79

融 37

ru 如 127

儒 49

汝 88

ruan 阮 159

rui 芮 112

ruo 若 118

S

sai 賽 80

san 三 17

sen 森 107

sha 沙 95

shan 山 53

剡 191

善 181

shang 商 5

上 47

尚 190

shao 韶 16

少 190

邵 44

紹 73

shen 申 140

身 70

參 54

莘 115

深 92

神 90

沈 87

審 79

慎 191

sheng 升 57

昇 152

聲 132

省 191

聖 37

勝 178

盛 145

shi 師 51

施 16

獅 107

石 27

時 157

實 80

史 139

始 109
士 96
世 118
是 155
適 77
shou 守 78
首 181
壽 105
受 46
授 144
shu 書 143
叔 72
菽 126
舒 188
蜀 148
述 87
恕 129
庶 7
shuai 帥 58
shuang 雙 47
霜 30
shui 水 34
稅 76
shun 舜 45
順 47
si 司 43
思 149
斯 108
四 148
似 73
俟 54
嗣 159
song 松 135
嵩 53
崧 54
宋 80
su 蘇 114
肅 141
涑 90
素 143
傃 60
sui 隨 167
遂 94
sun 孫 35
suo 梭 109
縮 56
所 166

T

tai 臺 96
太 95
泰 141
tan 譚 13
坦 128
tang 湯 91
唐 7
塘 97
tao 韜 108
桃 108
陶 175
teng 滕 178
ti 體 167
tian 天 27
田 149
tie 鐵 184
ting 廷 35
庭 7
挺 144
艇 53
tong 通 93
同 173
桐 135
童 2
tu 屠 175
涂 94
tuan 湍 85
tui 退 93
蜕 147

W

wan 完 77
玩 30
萬 116
wang 汪 82
王 19
網 72
望 15

wei	危	68
	威	145
	微	73
	韋	105
	惟	190
	唯	148
	委	46
	偉	57
	衛	51
	位	45
	味	158
	畏	155
	渭	91
	蔚	113
	魏	65
wen	温	90
	文	8
	聞	176
weng	翁	179
wo	蝸	147
	卧	178
wu	於	16
	烏	70
	无	27
	無	180
	毋	176
	吾	29
	吴	149
	梧	107
	五	24
	武	36
	勿	68
	務	39
X		
xi	西	28
	希	97
	息	64
	晞	157
	溪	85
	熙	175
	習	42
	席	5
	襲	13
xia	夏	26
xian	先	56
	鮮	76
	弦	26
	絃	47
	閑	178
	閒	175
	賢	178
	顯	157
	憲	78
	獻	54
xiang	相	129
	香	47
	湘	90
	翔	188
	詳	17
	向	68
	項	30
	象	69
xiao	肖	190
	逍	95
	蕭	112
	囂	158
	小	190
	孝	115
xie	絜	147
	斜	185
	解	69
	謝	13
xin	心	86
	辛	11
	莘	115
	新	13
	信	45
xing	興	177
	星	148
	邢	42
	行	49
	省	191
	醒	31
	杏	105
	性	191
	幸	99

xiong	熊	50
xiu	休	57
	修	69
	秀	45
xu	盱	157
	虛	48
	須	50
	徐	74
	許	16
	序	3
xuan	宣	76
	軒	144
xue	薛	119
	學	176
	雪	24
xun	洵	91
	恂	191
	荀	118
	詢	16
	遜	85
	巽	177
	Y	
ya	亞	24
yan	燕	114
	嚴	158
	延	35
	巖	53
	嵒	53
	鉛	185
	顏	13
	兗	3
	衍	48
	剡	191
	彥	3
	晏	149
	硯	37
	雁	159
yang	羊	181
	陽	172
	揚	146
	楊	129
	暘	158
	仰	68
	養	183
yao	堯	97
	姚	108
	遥	86
ye	耶	38
	野	159
	葉	124
yi	一	17
	伊	69
	黟	159
	儀	74
	夷	141
	沂	85
	宜	76
	怡	191
	頤	161
	彝	71
	以	73
	艤	76
	弋	108
	義	181
	藝	118
	亦	8
	抑	147
	佚	60
	易	149
	益	179
	逸	93
	毅	15
	翼	44
	懿	131
yin	殷	69
	鄞	131
	尹	42
ying	應	7
	英	118
	滎	192
	瑩	192
	潁	50
	穎	52
yong	庸	7
	顒	157
	永	77

	泳	86
	詠	13
	用	173
you	尤	108
	由	143
	游	94
	友	96
	右	105
	幼	58
	祐	89
yu	迂	85
	于	27
	於	16
	余	183
	俞	180
	虞	49
	愚	149
	漁	92
	與	177
	宇	78
	禹	47
	玉	18
	裕	94
	喻	159
	愈	180
	豫	39
	潏	92
yuan	淵	85
	元	25
	袁	106
	原	160
	邍	93
	遠	89
	愿	160
yue	約	72
	月	173
	樂	54
	悦	192
	越	109
	説	16
	閲	172
yun	雲	29
	芸	118
	耘	144
	鄖	159
	筠	188
	篔	190
	允	54
	韻	15
	蘊	126

Z

zai	在	97
	載	109
ze	則	157
	澤	91
	擇	147
zeng	曾	181
zha	查	97
zhai	宅	79
	翟	39
	擇	147
zhan	詹	69
	瞻	159
	湛	88
zhang	章	11
	張	30
	樟	107
	杖	128
zhao	昭	159
	朝	132
	趙	136
zhe	柘	107
	蔗	113
zhen	貞	51
	真	106
	振	144
	震	26
	正	17
	鄭	186
zhi	之	78
	支	99
	知	185
	執	116
	直	96
	植	126
	止	47

	至	24
	志	98
	治	86
	質	166
	致	44
	畤	158
	智	185
	稚	47
	廌	6
zhong	中	139
	忠	141
	鍾	184
	衆	69
	仲	58
zhou	周	173
zhu	朱	60
	諸	14
	竹	189
	竺	188
	燭	191
	主	2
	祝	91
	著	118
zhuang	莊	112
	壯	56
	戇	15
zhui	贅	148
zhǔn	準	78
zhuo	拙	144
	卓	51
	著	118
zi	滋	94
	資	94
	子	39
	紫	51
	字	79
	自	62
zōng	宗	80
	總	67
zou	鄒	70
zu	祖	93
zui	醉	29
zun	尊	180
	遵	95
	撙	147
zuo	左	95
	佐	56
	作	73

筆畫檢字表

一畫

一 17

二畫

丁 24
七 105
九 95
了 39
二 17
人 178
八 178
力 95
卜 54

三畫

三 17
上 47
久 72
于 27
千 46
士 96
大 96
子 39
小 190
山 53
己 44
弋 108
才 97

四畫

不 30
中 139
丹 176
之 78
五 24
井 145
仁 48
介 180
元 25
允 54
六 12
公 183
勿 68
巨 161
升 57
友 96
天 27
太 95
孔 35
少 190
尤 108
尹 42
心 86
支 99
文 8
斗 87
方 4
无 27
日 148
月 173
木 107
止 47
毋 176
毛 47
水 34
牛 58
王 19

五畫

世 118
丘 166
主 2
以 73

令 180
功 37
包 71
北 30
半 191
去 106
可 29
司 43
古 105
右 105
史 139
四 148
左 95
平 27
幼 58
弁 56
必 86
本 141
正 17
民 176
永 77
玉 18
瓜 166
甘 119
用 173
申 140
由 143
田 149
白 62
皮 98
石 27
立 2
艾 115

六畫

亦 8
任 52
休 57
仲 58
仰 68
伊 69
企 178
充 2
先 56
光 190
全 178
共 119
冰 85
危 68
向 68
吉 105
吕 152
后 166
同 173
合 181
圭 96
在 97
夷 141
如 129
好 132
字 79
存 98
守 78
宇 78
安 78
宅 79
延 35
廷 35
曲 145
朱 60
次 92
此 48
江 81
汝 88
汎 91
牟 56
百 28
祁 93
竹 189
羊 181
考 112
老 118
自 62
至 24
艮 176
行 49
西 28

迂 85
邢 42
邦 147
阮 159

七畫

兩 26
亨 2
位 45
何 48
佐 56
佚 60
伯 62
似 73
作 73
余 183
克 97
兑 180
利 54
初 93
吾 29
君 43
吴 29
困 155
均 131
壯 56
夾 96
孛 104
孝 115
完 77
宏 79
宋 80
岑 52
岐 58
希 97
庇 2
序 3
志 98
成 144
抑 147
攻 44
李 99
杏 105
杜 125
杖 128
汪 82
沂 85
沈 87
沖 90
汲 92
沙 95
求 109
甫 145
矴 34
秀 45
肖 190
良 79
芮 112
芥 113
芸 118
見 149
谷 183
赤 93
身 70
車 140
辛 11
近 86
邵 44

八畫

亞 24
京 12
來 107
卓 51
參 54
受 46
叔 72
和 65
味 158
周 173
固 155
坦 128
奇 105
委 46
始 109
姑 117
孟 37

季 46
宜 76
定 79
宗 80
尚 190
居 175
岷 72
幸 99
庚 7
建 37
弦 26
徂 68
忠 141
怡 191
性 191
所 166
承 39
拙 144
抱 147
放 16
於 16
易 149
昇 152
昌 155
明 158
杰 126
松 135
東 143
果 155
武 36
河 83
泳 86
治 86
況 90
牧 76
玩 30
直 96
盱 157
知 185
秉 47
竺 188
耶 38
肯 49
肩 77
臥 178
范 110
茅 112
茂 114
英 118
苗 118
若 118
苟 118
表 143
述 87
迪 90
郎 93
金 179
長 161
青 141

九畫

信 45
俟 54
俊 55
修 69
侯 69
俞 180
兗 3
冠 93
則 157
前 180
勁 37
勉 58
98
厚 160
哀 12
姚 108
威 145
姜 181
宣 76
屏 175
帝 5
帥 58
度 7
庭 7
彥 3
後 53

待 57
思 43
恒 191
恂 191
持 145
挺 144
施 16
春 143
星 148
是 155
昭 159
查 97
柘 107
柏 129
柳 135
泉 64
洪 89
洵 91
洞 92
洛 92
炳 191
畏 155
皇 62
相 129
省 191
祐 89
神 90
祝 91
祖 93
禹 47
种 62
紀 72
約 72
美 181
耐 37
胡 132
荆 108
荃 109
草 115
茗 118
荀 118
茶 124
衍 48
貞 51
退 93
郝 131
韋 105
風 172
飛 35
首 181
香 47

十畫

倪 68
兼 180
凌 89
剛 166
剡 191
務 39
匪 160
原 160
唐 7
夏 26
孫 35
家 77
容 79
師 51
席 5
徑 48
徐 74
恥 36
息 64
恭 114
恕 129
悦 192
振 144
敖 147
晉 29
晁 148
晏 149
時 157
書 143
柴 51
栗 30
桃 108
栲 126
桂 126

桐 135
格 135
殺 69
涑 90
流 76
涇 82
浮 85
浦 86
浚 86
浩 89
涂 94
泰 141
烏 70
留 176
益 179
真 106
秦 143
純 62
素 143
紘 58
翁 179
耘 144
耕 146
耿 45
致 44
莊 112
莘 115
莫 116
袁 106
貢 30
起 134
軒 144
連 90
通 93
逢 93
逍 95
郭 15
陸 166
陵 167
陳 167
陶 175
馬 160
高 5

十一畫

偉 57
厩 159
商 5
啓 95
唯 148
國 148
執 116
堅 172
寄 79
密 79
屠 175
崔 53
崇 54
崧 54
常 191
庵 3
庸 7
庶 7
康 7
張 30
彪 52
彬 108
得 64
從 74
惟 190
惇 190
戚 145
授 144
敏 189
斛 56
斜 185
曹 146
曼 149
晞 157
晦 159
望 15
梁 87
梧 107
梭 109
梅 136
淮 76

淳 77
涪 77
涼 77
淵 85
淇 89
清 90
深 92
淡 95
焕 191
將 69
畢 152
時 158
章 11
符 189
絃 47
紹 73
習 42
船 71
著 118
華 117
菊 126
菽 126
虛 48
處 50
訥 14
許 16
象 69
貫 177
進 77
逸 93
鄘 175
野 159
釣 185
陽 172
隆 172
雪 24
鹿 2
黄 119

十二畫

傅 55
傢 60
勝 178
喬 45
喻 159
善 181
堯 97
壺 97
富 79
尊 180
嵓 53
巽 177
幾 53
强 37
彭 107
復 73
惠 141
揚 146
揭 146
捣 145
敬 135
敦 16
斯 108
景 155
曾 181
智 185
朝 132
森 107
植 126
棋 126
欽 186
湍 85
湛 88
渤 88
湘 90
温 90
湯 91
渭 91
湖 92
渾 92
滋 94
游 94
焦 45
然 56
無 180
琴 30
登 34

盛	145
硯	37
程	66
稅	76
童	2
第	189
紫	51
絜	147
翔	188
皐	64
舒	188
舜	45
艇	53
董	109
葆	114
葺	115
萬	116
葵	116
葛	118
葉	124
蛟	141
衆	69
補	87
裕	94
詠	13
賀	129
貴	143
越	109
逵	90
遂	94
道	95
隘	178
閎	176
閔	175
開	176
間	176
閑	178
閒	175
鄉	70
鄖	159
雁	159
雲	29
項	30
順	47
須	50
馮	83

十三畫

傳	60
勤	112
嗣	159
塘	97
夢	112
嵩	53
廌	6
廉	7
微	73
愚	149
愈	180
慈	180
慎	191
新	13
㬅	152
暘	158
會	182
楚	119
楊	129
楓	134
榘	184
殿	175
準	78
溪	85
溥	86
溟	92
滄	94
溢	94
熙	175
獅	107
當	191
福	84
睦	157
稚	47
筠	188
節	189
經	52
義	181
聘	37

聖 37
肅 141
與 177
蒙 113
蒼 118
蓬 114
蓮 114
虞 49
蜕 147
蜀 148
裘 109
解 69
詢 16
詳 17
詹 69
賈 29
資 94
載 109
農 145
遜 86
遠 89
遥 86
鄞 131
鉛 185
雷 29
靖 15
靳 108
鼎 53

十四畫

厲 160
嘉 105
壽 105
奪 99
寧 77
寬 77
實 80
廖 3
廣 8
愿 160
暢 146
槃 72
槎 135
槑 158
榮 192
滹 84
漢 88
漫 91
漁 92
滎 192
熊 50
碧 37
端 13
管 189
綺 58
綱 72
網 72
翟 39
翠 42
聞 176
臺 96
蔗 113
蔚 113
蔣 113
蔡 122
蜚 30
蝸 147
誠 13
説 16
賓 80
趙 136
輔 144
適 77
遯 84
鄧 38
鄭 186
鄰 191
閭 176
閩 176
隨 167
韶 16
静 147
鳳 172
齊 4

十五畫

儀 74
儉 74

劉 161
審 79
履 175
導 95
德 56
慶 7
撙 147
樂 54
樟 107
槬 107
樊 116
横 126
樓 128
歐 176
毅 15
潏 92
潁 50
澄 85
潘 85
潛 84
澗 92
潔 92
滕 178
瑩 192
盤 67
磐 71
稼 56
穀 135
緝 67
膚 49
蕙 114
蕃 118
衛 51
諸 14
豫 39
質 166
賢 178
輝 191
遵 95
醇 29
醉 29
閱 172
震 26
鞏 42
養 183
魯 71
黎 68

十六畫

儒 49
冀 34
凝 92
勵 167
器 158
學 176
憲 78
擇 147
橋 108
樸 108
橘 135
濂 77
澤 91
澹 92
潞 92
燕 114
獨 129
盧 48
磬 132
積 62
穆 67
篔 190
縉 52
鼙 148
興 177
薛 119
蕭 112
蕺 112
融 37
螙 97
醒 37
錢 184
錦 185
頤 161
穎 52
盧 49
鮑 70
默 157
黔 159

龍 12
龜 67

十七畫

彌 30
徽 73
應 7
懋 114
戴 109
擴 141
斂 190
濟 76
濠 77
濬 84
濱 87
燭 191
環 37
皤 53
矯 184
磵 43
縻 8
縮 56
總 67
繆 72
翼 44
聲 132
臨 178
舉 176
藍 110
謝 13
謙 16
賽 80
贅 148
蹇 80
蹈 157
鍾 184
霜 30
鞠 132
韓 116
顆 157
鮮 76
鴻 92

十八畫

彝 71
歸 67
癖 2
瞻 159
簡 189
舊 119
藴 126
藝 118
蟠 144
謹 14
謬 16
豐 52
雙 47
顔 13
魏 65
黟 159

十九畫

廬 3
嬾 132
懷 190
瓊 38
礪 34
羅 156
艤 76
蘆 112
蘇 114
蟾 147
譙 12
譚 13
關 176
難 105
韜 108
韻 15
龐 2

二十畫

嚴 158
寶 80
獻 54
竇 80
籍 190
繼 54

藺 113
覺 172
蘧 93

二十一畫

囂 158
懼 191
權 126
蠢 141
鐵 184
顧 84
饒 185
鶴 131

二十二畫

懿 131
疊 148
臞 172
襲 13
讀 15
彝 26
體 167
龔 13

二十三畫

巖 53
臚 148
顯 157

二十四畫

觀 129
靈 24

二十五畫

贛 16

二十八畫

戇 15

二十九畫

驪 160